# 海南大学年鉴

# 2010

海南大学年鉴编辑部　编

海南出版社

## 《海南大学年鉴》（2010）编委会



## 《海南大学年鉴》（2010）编辑部

2009年9月24日，省委副书记、省长罗保铭（右）代表省政府向南开大学原校长候自新（左）颁发“海南大学顾问”聘书。

2009年11月14日，教育部副部长郝平（前左一)到学校考察。

2009年6月9日，省委常委、组织部部长楼阳生到学校进行学习实践科学发展观活动调研。

2009年3月12日，副省长姜斯宪（右三）在北京主持天津大学对口支援海南大学合作协议签字暨正式启动仪式。

2009年9月23日，副省长符跃兰（中)慰问学校的全国劳动模范李建保（左二）、张本(右二)和全国先进工作者周永灿（右一）。

2009年1月4日，校党委书记黄国泰(前右一）陪同清华大学校长顾秉林(前左一）考察学校。

2009年5月11日，校长李建保（右一)会见来访的马来西亚高等教育部副部长何国忠博士（左）。

2009年4月21日，校党委常务副书记刘康德(右)会见来访的台湾宜兰大学校长江彰吉教授（左）。

2009年1月26日（大年初一），校党委副书记韦勇与留校学生一起欢度春节。图为副书记韦勇与留校学生一起包饺子。

2009年5月12日，副校长谭基虎（右二）到学生公寓和4号教学楼建筑工地指导工程建设。

2009年6月3-6日，副校长严庆应香港海南商会邀请赴香港访问。图为副校长严庆（左二）向香港田氏化工有限公司董事长、田家炳基金会董事会主席田家炳（右二）赠送纪念品。

2009年5月19日，副校长周兆德（左一）在2009年度“海南大学海钢贫困研究生助学金”颁发仪式上给优秀贫困研究生颁发助学金。

2009年4月27日，副校长林强作学习实践科学发展观专题报告。

2009年9月10日，副校长曹献坤（右一）了解新生入学情况。

2009年11月7–21日，副校长刁晓平率校中层干部团赴美国犹他大学培训。图为开班典礼上副校长刁晓平（右五）和校中层干部团成员与犹他大学校长助理Sandi Parkes博士及项目办Anne Olsen主任合影。

2009年9月27日，副校长傅国华应邀在上海大学做分层次管理学术报告。图为副校长傅国华（左三）与该校师生合影。

2009年1月4日，学校与海口市人民政府签订合作框架协议。

2009年1月，学校面向全国公开招聘艺术学院院长、副院长陈晓。

2009年3月23日，学校召开深入学习实践科学发展观活动动员大会。

2009年3月31日，由中华农业科教基金会主办、海南大学承办的中华农业科教基金会何康农业教育科研基金工作第三次座谈会在学校召开。

2009年4月15日，校党委召开离退休老领导老专家座谈会，听取离退休老领导老专家对加快“211工程”大学建设、促进新海大科学发展的意见和建议。

2009年4-5月，校工会组织教职工排球比赛，各学院、各单位共62支球队参加比赛。

2009年5月8日，学校召开“211工程”三期建设方案论证会。

2009年5月15日，学校举行海南大学学生创业试点项目——海口书香海韵旅行社有限公司揭牌仪式。

2009年6月2日，香港言爱基金邢李㷧先生（前左三）来访。图为邢李㷧先生在他资助的“思源学堂”项目规划场地考察。

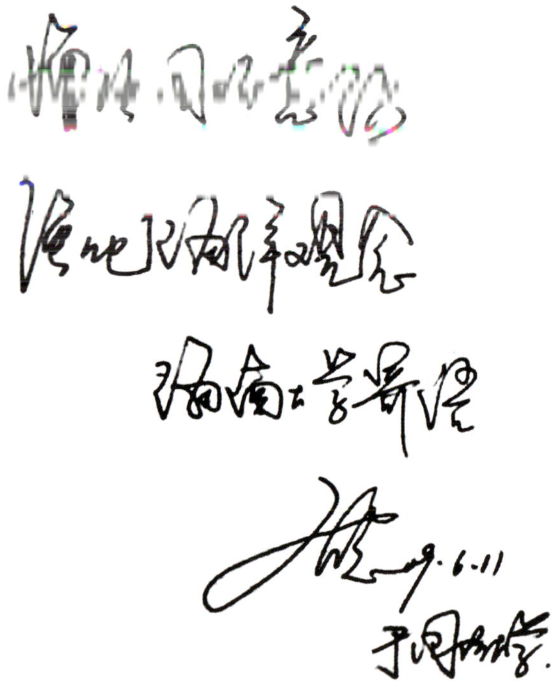

2009年6月11日，国防大学知名教授张召忠少将为海南大学学生题字：“增强国防意识，强化海洋观念”。

2009年6月30日，学校召开学部学术委员会成立大会暨2009年科研项目评审会。

2009年7月8日，全国台胞青年千人夏令营海南分营开营仪式在学校举行。

2009年7–9月，学校举行首届大学生职业生涯规划大赛。

2009年7月24日，学校举行桥西教工住宅小区建设项目委托代建合同签约仪式。

2009年9月9日，学校首届“十佳教师”获奖后合影。

2009年9月29日晚，学校举行“我爱我的祖国”庆祝新中国成立60周年教职工歌咏比赛。

2009年10月29日，英国诺丁汉大学孔子学院院长、著名华人经济学家、校友姚树洁在学校举行学术讲座。

2009年11月18日，由学校承办的贵州省平塘县妇女干部培训班开学典礼在海口举行。

2009年11月25-30日，由中国毒理学会生物毒素毒理专业委员会和中国生物化学与分子生物学会天然毒素专业委员会主办，海南大学热带生物资源教育部重点实验室承办的第九届中国生物毒素学术研讨会在海口召开。

2009年12月2-3日，由信息科学技术学院承办的第七届软件工程研究、管理与应用国际会议在海口召开。

2009年12月4日，台湾成功大学校长赖明诏在学校作学术演讲。

2009年12月5日，“世博校园行”海南大学站启动仪式暨“世博会·走进中国时代”专题讲座在学校举行。

2009年12月7日，政治与公共管理学院硕士研究生赵红亮同学获海南省第二届助人为乐模范称号，信息科学技术学院潘东升同学获海南省第二届见义勇为模范称号。图为赵红亮同学（右）与潘东升同学（左）合影留念。

# 目　　录

# 学 校 概 况

海南大学是2007年8月由原华南热带农业大学与原海南大学合并组建的省属综合性重点大学，是海南省人民政府与教育部共建高校和国家“211工程”重点建设高校。原华南热带农业大学创建于1958年，是以橡胶和热带农业为主攻方向、特色鲜明的农业部直属知名高校；原海南大学创建于1983年，是海南省学科专业体系较为齐全的省属综合性重点大学。

在50多年的办学历程中，学校与时代同呼吸，与海南共成长，为海南及热区经济社会发展做出了重大贡献。办学以来培养了7万多名毕业生，他们中的许多人成为各行各业的杰出人才。包括原国务院扶贫办主任吕飞杰，广西壮族自治区副主席陈章良，南京农业大学校长郑小波，美籍国际知名科学家林辰涛、卢江，知名经济学者姚树洁、何帆等。先后承担了包括主持或参加“863计划”项目19项、“国家科技支撑计划”项目（含子课题）23项、国家自然科学基金83项、国家社会科学基金20项在内的各类科研项目近2000项。

学校现有海甸、儋州和城西3个校区，校园占地面积5206.91亩。校舍建筑面积86.70万平方米，固定资产总值36921万元，教学仪器设备总值2.53亿元。图书馆藏书313.2万册（含电子图书）。建有体育馆、田径场、游泳池和足球场、网球场等场地，各类体育运动场馆设施齐全。海甸主校区位于海口市海甸岛，校园滨海抱湖，椰风海韵，风光秀丽，是治学求知和生活的理想之地。

学校学科覆盖哲学、经济学、法学、文学、理学、农学、工学、管理学等8个门类。设有热带农业与生命科学学部、理工学部、人文学部和社会科学学部；20个学院和1个公共教学部。拥有国家级重点学科1个、农业部重点学科2个、海南省重点学科10个、国家重点实验室培育基地1个、教育部重点实验室3个、教育部工程研究中心2个、海南省重点实验室5个、海南省工程中心2个。设有一级学科博士点1个、二级学科博士点11个、一级学科硕士点3个、二级学科硕士点70个、专业学位授权点4个、高等学校教师在职攻读硕士学位专业16个、博士后流动站1个，本科专业65个。拥有国家级特色专业4个、国家级精品课程2门、省级精品课程36门，国家级教学团队1个、省级教学团队6个。

学校在编教职工2551人。其中专任教师1538人，正高职称人员194人，副高职称464人，博士245人，硕士716人。中国十大杰出青年1人，国家级教学名师1人，长江学者特聘教授岗位1个，中国科学院“百人计划”入选人员1人，国家突贡专家5人，国务院特贴专家106人，部级突贡专家4人，省优专家66人，海南省“515人才工程”第一、二层次31人，国家“新世纪优秀人才支持计划”3人，“新世纪百千万人才工程”国家级人选4人。聘请316名国内外专家担任兼职或客座教授。学校在校学生37300，其中全日制学生29854人（博士研究生107人，硕士研究生2122人，本科生27317人，专科生308人），成人学历教育6253人（本科生1960人，专科生4293人），在职研究生1119人，外国留学生74人。

学校不断深化教育教学改革，提高人才培养质量。通过开设“文理科实验班”、实施冬季小学期、开展“1+2+1中美人才培养计划”、改革人才培养方案等一系列举措，进一步创新学校人才培养模式，促进人才培养质量全面提高，得到了社会各界和用人单位的高度评价。用人单位普遍反映，学校毕业生适应社会快，发展后劲足，毕业生就业率连续多年达到 82%以上。学校及在校学生获得“挑战杯”全国大学生课外学术科技作品竞赛一等奖和优秀组织奖、全国大学生数学建模竞赛一等奖、全国大学生社会实践活动先进单位、全国高校校园文化建设优秀成果奖、全国大学生文艺汇演一等奖等 500 多项奖励。

学校全力推进学科建设与科研创新。围绕“热带、海洋、特区”三大特色，凝炼学科方向，增创学科特色，确定了热带作物遗传育种与生态保育、海洋经济动物和海洋生物利用、热带特有优势资源开发加工新技术、海洋通信与信息岛建设、海南特区体制机制创新研究、海南历史文化和黎族研究等 6 个“211 工程”重点建设学科。通过整合优化重点实验室、引进科研人才、凝聚科研创新团队和加大科研投入，促进了学校科研创新能力的提高。学校鼓励教师开展与海南经济社会紧密结合的科学研究，仅 2009 年就投入了 1800 万元用于教师科研(包含流动科研编制津贴等 10 个专项)，专任教师人均 1.5 万元。

学校对外合作交流活跃。先后与境外 23 个国家和地区的 72 所知名高校建立了校际关系，每年选派一批优秀本科生、研究生前往法国、新加坡、俄罗斯等国家和台湾的高校学习深造；作为国务院侨务办公室批准设立的全国 22 家华文教育基地之一，先后培养 1000 余名国外境外留学生；与天津大学签订了对口支援合作协议，与清华大学、中国人民大学、南开大学、中国农业大学、武汉大学、南昌大学等高校签订了不同形式的合作协议；与海口市、省科技厅、中国热带农业科学院等签订了合作协议；通过不断拓宽对外交流与合作的领域和渠道，利用各方资源和力量提高学校的办学水平，增强学校的社会服务能力。

学校办学得到了党和国家领导人的亲切关怀，凝聚着社会各界和海内外乡亲的深情厚意。建校 50 多年来，周恩来、朱德、董必武、叶剑英，邓小平，胡耀邦，王震等老一辈革命家，胡锦涛、江泽民、李鹏、朱镕基、温家宝、贾庆林等党和国家领导人先后亲临学校视察，给予亲切关怀。广大海内外乡亲、琼籍华人华侨和港澳台同胞捐款捐物累计 5000 多万元，支持学校兴建办公楼、教学楼、图书馆、学术中心、体育场馆、校门、学生活动中心等重要项目，并捐赠了大量的图书资料和仪器设备，设立了多项奖（助）学金和重点学科建设基金等，有力地推动了学校发展。

新海南大学成立以来，省委书记卫留成、省长罗保铭、教育部部长周济、农业部部长孙政才等领导先后到校指导工作，对学校建设和发展给予大力支持。海南省政府成立“海南省“211 工程”大学建设工作领导小组，并向教育部郑重承诺在学校“211 工程”三期建设期间配套建设经费 3 亿元，全力支持和推动学校建设高水平“211 工程”大学。

在省委、省政府和教育部的领导下，学校坚持立足海南，面向全国，辐射东南亚的发展战略，以科学发展观为统领，坚持质量立校、特色兴校、人才强校和依法治校，不断推进学校的整合优化和转型升级。随着“211 工程”建设的深入推进，学校办学水平得到持续提升。

2009 年，学校实现了全省多个国家级团队的零的突破，包括：国家级教学团队（1 个）、国家级实验教学示范中心（1 个）、“全国专业技术人才先进集体”（1 个），并有 2 个团队分别进入国家自然科学基金委创新研究群体和教育部创新团队的答辩。新增国家级特色专业 1 个。各类研究生招生人数首次突破了千人大关，达到了 1199 人。学校生源质量迅速提高，达到一本分数线的新生共有 4007 人，占本科生的 55.50%，比 2008 年增加 52.68%。学校教师队伍中拥有博士学位的达 245 人，增加了近 50%；引进学术领军人物取得重要突破，成功引进中科院“百人计划”专家 1 人。科研工作取得了新的进展，全校获立项课题共418项，资助经费5497万元（不含校科研项目147项，资助经费565万元）；其中，获国家级和部级科研项目98项，比2008年增加了48项；国家级和部级科研合同经费达到4600多万元，是2008年的3倍。截止12月23日，科研到账经费2500万元。获教育部高等学校科学研究优秀成果奖二等奖1项（人文社会科学类），海南省科技进步奖二等奖3项、三等奖6项；发表学术论文2000多篇，其中三大索引论文120多篇，比2008年增长了21%。

海南大学已经掀开了新的历史篇章。伴随着海南国际旅游岛建设步伐，新的海南大学将建成适应海南经济社会发展的高层次创新人才培养重要基地，成为解决区域经济社会发展重大问题的思想库和科技中心，成为综合实力进入国内同类院校先进行列、在东南亚有较大影响的有特色、高水平“211工程”大学。

（撰稿：陈　琛　　审稿：梁　谋）

# 重要活动

## 深入学习实践科学发展观活动

按照省委的统一部署，2009 年 3 月 23 日-9 月 11 日，海南大学开展深入学习实践科学发展观活动。在省委第五指导检查组的指导下，全校 19 个基层单位党委、9 个党总支部、208 个党支部、5410 名党员积极投入到学习实践活动中，取得了明显成效。

省委常委、组织部长楼阳生 6 月 9 日亲临学校调研、指导，有力推动学习实践科学发展观活动深入开展。

在开展深入学习实践科学发展观活动中，学校主要抓好以下 6 个方面的工作。

（一）抓好学习培训

校院两级领导班子和党员领导干部率先学习，集中学习时间超过 5 天，每位党员领导干部都撰写了书面心得体会。全校共组织集中学习 827 次，举办专题报告会、培训班、论坛等 183 场次，参加党员 30832 人次。

（二）搞好调查研究

进行问卷调查，共向师生员工发出问卷 2350 份、收回 2104 份，统计、整理出师生员工关注的 25 个方面的问题。在此基础上，校党委提炼出“办学指导思想与办学思路”、“教育教学与人才培养”、“学科建设与科学研究”、“大学生思想政治教育与管理”、“管理体制与人才队伍建设”、“基础条件建设与平台构建”、“后勤改革发展与校园管理”、“党风建设与机关作风建设”等 8 个调研专题，分别由校领导带队开展调研活动 31 次。各二级单位领导班子也结合实际确定调研题目，全校共形成 68 篇专题调研报告，其中学校层面 9 篇，二级单位层面 59 篇。

（三）组织好解放思想大讨论

校党委理论中心组率先集中讨论两天，接着召开各种类型座谈会、专题研讨会。各二级单位也分别组织党委（党总支）理论中心组讨论 1-2 次，并组织各党支部讨论和教职工讨论活动，全校直接参加解放思想大讨论的师生员工共 5528 人次。通过讨论，在“建设有特色、高水平‘211 工程’教学研究型大学”和围绕“热带、海洋、特区”服务海南、创立特色等方面达成了广泛的共识。

（四）开好民主生活会

校、院（部）党委（党总支部）围绕“加快‘211 工程’大学建设，促进新海大科学发展”的主题，开好民主生活会。从班子集体及个人的角度检查影响和制约学校（单位）科学发展的突出问题，分析原因，明确努力方向。全校 208 个党支部也召开了组织生活会，共有 4326 名党员参加。

（五）写好分析检查报告

校、院（部）两级领导班子在充分运用学习调研、征求意见和吸收专题民主生活会成果的基础上，认真检查落实科学发展观方面存在的突出问题，深刻分析形成问题的主客观原因，确定了贯彻落实科学发展观的主要思路和加强领导班子自身建设的具体措施等，形成了比较深刻的分析检查报告。

（六）抓好整改落实

在整改落实阶段，学校牢牢把握“解决突出问题，推动科学发展”这条主线，重点抓好三方面的工作。

1．结合实际，制定整改方案。整改方案把分析检查报告中提出的整改方向和措施进一步细化，做到明确整改目标和时限、明确措施、明确责任，使整改落实工作有章可循，有法可依，有据可查。

2．实事求是，集中解决好突出问题。对学校和各基层单位存在的问题，在学习实践活动期间，能解决的问题立即解决，涉及学校和各院（部）长远发展的问题，根据情况在近三年内解决或列入下一个五年发展规划中解决。校党委确定了近期要做好 20 件实事，使广大师生感受到学习实践活动带来的新变化。

3．积极稳妥，推进体制机制创新与改革。我校坚持从促进科学发展的需要出发确定制度建设的重点，着力建立和完善校、院（部）科学发展的体制机制和有关规章制度，形成有利于科学发展的正确导向，增强落实科学发展观的执行力。

在学习实践活动中，我校紧紧把握“坚持解放思想、突出实践特色、贯彻群众路线、正面教育为主”的原则，坚持以校院两级领导班子和党员领导干部为重点，紧密结合学校实际，突出实践特色，取得了多方面的成效，主要表现在：

（一）深化了对科学发展观的理解和认识

通过学习实践活动，广大党员和师生员工加深了对科学发展观的重要意义、科学内涵和基本要求的认识，增强了落实科学发展观的责任感，提高了建设有特色、高水平“211 工程”教学研究型大学的信心，提高运用科学发展观分析问题、解决问题、推动工作的能力。

（二）明确了影响学校科学发展的突出问题

通过对学校合并以来的工作进行反复检查、分析和讨论，深刻查找和剖析了制约学校科学发展的突出问题及原因，这些问题主要是：思想观念不适应新大学、新形势的要求；内涵发展不适应“211 工程”建设的新任务；基础条件不适应高水平大学建设的要求；办学机制不适应学校科学发展的新要求；领导班子建设存在不足；基层党组织建设需要加强。问题产生的根源在于：思想观念、领导科学发展的能力和工作作风与科学发展观要求存在差距。

（三）提出了推进学校科学发展的基本思路、主要任务和具体举措

针对存在的问题，学校以科学发展观为指导，分别从长期、中期和近期出发，提出实现科学发展的基本思路、主要任务和具体举措。从长期考虑，要始终坚持有特色、高水平“211 工程”大学建设的基本思路，坚持质量立校、特色兴校、人才强校、依法治校；从中期考虑，要深入实施《“211 工程”建设行动计划》，实施 8 项工程：教学质量建设工程、学科特色培育工程、人才队伍建设工程、社会服务拓展工程、对外合作推进工程、体制机制创新工程、基础设施建设工程、和谐校园建设工程；从近期考虑，要切实做好 20 件实事。一是做好 10 件推动学校科学发展的大事；二是解决影响和制约学校发展的 5 个突出问题；三是办好师生员工迫切希望解决的 5 件实事。

（四）颁布了加强领导班子及基层党组织建设的具体规定

1．出台关于加强学校领导班子和中层领导班子建设的实施意见。2．加强理论学习，进一步完善校、院两级党委理论中心组学习制度。3．三是加强学校领导班子民主集中制建设，进一步完善党委常委会、校长办公会等议事规则，建立健全校、院级领导班子决策机制和分工负责制。4．健全民主生活会制度，建立党政主要领导定期与班子成员谈心制度和党政领导每周工作通气会制度。5．完善和落实学校领导班子成员联系教学单位制度和专题调查研究制度。6．加强领导干部的教育、培训和交流，探索建立教学科研单位领导干部任期制和党政领导干部轮岗制以及领导干部任期目标责任制。7．推进基层党组织建设工作创新，扩大党支部覆盖面。8．全面加强思想作风建设，出台加强党员思想作风建设的实施意见。

（五）形成了团结一心建设“211 工程”大学

的良好局面。

1．加大了人才建设的力度。及时出台了加强人才队伍建设的新政策，对引进高端人才按不同层次分别给予30、50、70万元不等的安家费和科研启动经费。学习实践活动开展以来，我校新引进了50多位博士、教授，其中海外优秀人才近10人，有1位中国科学院“百人计划”入选人员。

2．推进了教学改革与科研创新。实施教学质量和教学改革工程，实施本科教学工作目标管理，启动教学机构调整改革；推进科研创新，组建了科技开发部，与企业共同建立了3个实质性联合研发基地，设立了600多万元的校内年度科研创新基金，重点支持解决本地重要生产技术问题的特色科研项目。在校内科研项目和教学研究项目立项中，广大教师共提出申报科研创新项目400多项、教学研究项目160多项，申报热情之高前所未有。

3．出台了一批有利于学校科学发展的规章制度。学校先后制定了“211工程”建设管理办法、学部学术委员会章程、科研工作量和科研流动岗津贴计算办法、科研经费管理办法、科研机构设置与管理办法、科研奖励办法、校办产业规范化管理方案、学校重要决策征询意见制度、重要校情通报制度、重要政策公布制度等一系列规章制度。在7月初召开的校党委一届二次全体(扩大会议)，审议通过了《海南大学“211工程”三期建设行动计划》、《海南大学十年2008-2017年发展规划（修订）》、《中共海南大学委员会关于学校管理体制机制改革的若干意见》、《中共海南大学委员会关于进一步加强和改进党的建设的若干意见》。

4．加快了办学条件建设进度。学校全面加快了校园基础设施建设，提前完成了第四教学楼和14#、18#学生公寓楼的主体建设，实施了校园新建基建项目场地平整工程、校园防控围挡工程、中电梯基础设施维修改造工程、新建篮球场与木球场工程、校园排污系统改造工程，基本完成了社科楼、外国语学院与中日友好交流中心楼、农学楼、理工楼、第五教学楼、思源学堂（学生活动中心）、教职工周转房、2000套教工集资房、海甸校区市政工程、海甸校区供电系统扩容工程、艺术学院排演厅改造工程等新建项目的规划报建等前期工作。引进了包括9大系统的数字校园信息平台系统、校友管理系统和网络教学平台及教学资源库系统，支持教师建立了近100门网络课程及29门国家、省、校级精品课程，完成3个校区校园网络的互连并对校园网主页进行了升级完善，购置了2000多万元的教学科研仪器设备，明显改善了教学科研条件。

5．着力解决了一批师生员工关注的热点难点问题。学校加大民生建设力度，重点落实桥西教工生活区建设方案、落实校内津贴分配方案、为无房教职工发放租房补贴、落实儋州校区第二批搬迁教师住房问题、落实部分教职工原房改房退款资金、加大毕业生创业培训和就业服务力度、全面改善学生食堂条件及服务质量等等。进一步加强校园管理，提高校园管理水平。在甲型H1N1流感防控工作中，第一时间启动了应急机制，借鉴肠道传染性疾病防控的经验，采取了一系列强有力的防控措施，确保了正常的办学秩序，成为海口市各级各类学校防控甲型H1N1流感的先进典型。

6．形成了心齐、气顺、人和、劲足的良好工作氛围。学校树立和宣传身残志坚、十余年扶贫救困如一日的赵红亮同学和见义勇为、奋不顾身抢救2位溺水老人的潘东升同学的先进典型；评选、表彰“十佳教师”；评选、表彰先进基层党组织、优秀共产党员和优秀党务工作者，引导广大师生员工树新风，立正气，齐心协力推动学校科学发展。

（撰稿：林洪冰　　审稿：郑再喜）

# 评选 2009 年“十佳教师”

为建设业务精湛、教风严谨、为人师表的教师队伍，发挥优秀教师的模范带头作用，调动广大教师教书育人的积极性，学校 2009 年开展“十佳教师”评选活动。

6 月 1 日，学校发出《海南大学关于开展 2009 年“十佳教师”评选工作的通知》，并印发《海南大学“十佳教师”评选办法 》。

为了加强对“十佳教师”评选活动的领导，学校成立“十佳教师”评选工作领导小组，负责学校“十佳教师”评选的组织与选拔工作。各教学单位也相应成立“十佳教师”初评小组，负责本单位“十佳教师”候选人的初选与推荐工作。

“十佳教师”按个人申请、各教学单位初选与推荐、学校评选的程序进行。评选活动得到广大教师的积极参与，报名参选相当踊跃，有 60 来岁的老教授，有 30-40 岁的年青教授、副教授，也有刚参加工作不久的青年教师，老中青教师同台竞选，充分体现我校教师奋发向上的精神风貌。

经个人申请，各教学单位初选与推荐，教务处初审，确定 29 名教师作为“十佳教师”候选人。6 月 19 日，“十佳教师”网上投票网开通，29 名候选人在网上接受全校学生的评选。学校“十佳教师”评选工作领导小组组织专家小组依据评选指标，结合“十佳教师”候选人工作业绩、教学质量评估、网上投票等，对候选人进行全面考察与评价，根据候选人综合得分排名，拟定“十佳教师”和“十佳教师提名”奖名单，并通过学校主页、校园宣传栏等途径对获奖名单进行公示，接受全校师生的监督。

9 月 7 日，经校党委常委会讨论，决定授予杨小波等 10 名教师海南大学 2009 年“十佳教师”称号，王毅武等 10 名教师获海南大学 2009 年“十佳教师”提名奖。具体名单如下（按姓名笔划排列）。

2009 年“十佳教师”名单：

杨小波、陈明锐、陈奕柏、周永灿、罗丽娟、范士陈、金山、骆焱平、韩汉鹏、廖宇兰。

2009 年“十佳教师”提名奖名单：

王毅武、刘亮、宋晓丽、张永明、李文雅、杨雨辉、林电、牧之、章汝先、覃成海。

9 月 9 日，我校举行庆祝教师节暨首届“十佳教师”表彰大会。会上，校领导分别给“十佳教师”和获“十佳教师”提名奖的教师颁发证书、奖金，“十佳教师”每人奖金 1 万元、“十佳教师提名”奖每人奖金 1 千元。

（撰稿：王冬梅　　审稿：欧阳克毅）

# 天津大学对口支援海南大学

2008 年 12 月，学校大学进入国家“211 工程”建设高校行列，填补了海南省高等教育“211 工程”高校建设的空白，成为海南省高等教育事业发展的新里程碑。为了推动学校各项事业的全面快速发展，2008 年 12 月，教育部批准天津大学对口支援海南大学。

2009 年，在天津大学大力支持和帮助下，海南大学各项事业均取得明显的发展。

**一、各级领导高度重视天津大学对口支援海南大学工作**

省部领导和天津大学党政领导班子对天津大学对口支援海南大学工作高度重视。

1 月 4 日，天津大学校长龚克带队到海南大学研究 2009 年度天津大学对口支援海南大学的具体事项，拟定在学科建设、课程建设与人才培养、科研工作与实验室建设、师资队伍建设、公共服务体系建设以及对外合作交流等方面给予全力支持。

3 月 12 日，天津大学对口支援我校合作协议签字暨正式启动仪式在北京举行，姜斯宪副省长主持启动仪式，罗保铭省长和教育部陈希副部长出席启动仪式并讲话。陈希副部长要求两校要将对口支援工作真正落到实处，全面提升海南大学的教学、科研和管理水平。罗保铭省长希望海南大学创新办学体制，抓住大好机遇，在天津大学的支援下早日实现“成为区域性人才培养、知识创新、社会服务的重要基地”的办学目标。天津大学校长龚克表示将按照教育部对口支援要求，不遗余力地支持海南大学建设，早日实现我校的办学发展目标。

9 月 18 日，天津大学党委书记刘建平再次率队到海南大学召开 2009 年度对口支援工作座谈会、2010 年度对口支援具体工作研讨会。刘建平书记表示，“海大”的事就是“天大”的事，过去一年的对口支援取得了可喜的成绩并积累了良好的经验，在 2010 年，天津大学将对教师进修和干部挂职、科研合作和实验室建设、课程建设、人才培养、学科建设、数字化校园和文献资源建设、学术交流等方面给予全方位支持。

3 月 5 日，校党委常务副书记刘康德带领即将在天津大学挂职锻炼的中层干部和进修教师，到天津大学进行交流和协调。5 月 25 日，校党委书记黄国泰带领各职能部门领导和学术骨干到天津大学寻求对学校“211 工程”三期建设方案的指导意见。李建保校长、林强副校长等领导也多次到天津大学进行交流和了解学校在天津大学挂职干部和进修教师的工作、学习情况。

**二、天津大学对海南大学进行全面对口支援**

1. 通过深入调研，指导海南大学确立了科学的办学目标

天津大学领导和专家多批次到海南大学或通过信件、电话等方式对学校的发展定位进行广泛研究，指导学校制定学校事业的总体发展规划、学科建设规划、人才建设规划和校园建设规划。未来 10 年，学校将实行“两步走”的发展策略，前三年逐步实现学校的整合优化，为全面协调可持续发展奠定坚实基础；后七年着力推动学校的发展提升，顺利通过国家“211 工程”高校建设项目验收，跻身国内同类院校的一流水平行列。经过 10 年的努力，把海南大学建设成为一所特色鲜明、综合实力强、在国内同类院校中处于先进地位、在国际上特别是东南亚有较好影响的教学研究型“211 工程”综合性大学，成为引领海南经济建设与社会发展的重要力量，成为人才培养、知识创新和社会服务的重要基地。

2. 全面加强对海南大学管理工作的智力支持，明显提高了学校的管理水平

第一，天津大学从制度层面对海南大学进行

支援，这是目前对口支援高校工作的一项富有特色的举措。由天津大学校办和党办负责，根据我校办学实际情况和工作需要，精心挑选和整理出天津大学现行的百余项规章制度供学校参考，内容涵盖党务政务、教学与管理、学科建设与科学研究、人事管理、国有资产管理以及国际交流与合作等工作。

第二、天津大学对海南大学的中层管理干部的挂职培养给予大力支持。已经在人事处、教务处、科研处、学位办、学工部、研究生院等处室接受和培养了海南大学 15 名挂职锻炼的中层管理干部。挂职干部带回了先进的管理理念、科学的管理措施，提升了相关业务的管理水平，在海南大学“211 工程”建设中发挥着重要的作用。天津大学还对学校“211 工程”建设项目办公室、计划财务处、实验管理处等职能部门工作人员进行过多批次指导，对“211 工程”建设中的项目管理、经费使用、设备采购和使用等给予具体指导。

第三、天津大学干部到海南大学挂职指导。从 2008 年 9 月开始，天津大学开始向我校派出挂职干部进行指导，已经选派王富民同志挂职担任我校材料与化工学院副院长，指导我校基层学院的建设管理，促进了基层学院办学水平的提高。

3. 组织专家对海南大学《“211 工程”三期建设方案》进行论证，增强方案的科学性和可行性

为了确保海南大学《“211 工程”三期建设方案》的科学性、可行性，天津大学成立了以国务院学科评议组专家为成员的编制指导与论证小组，认真审议我校《“211 工程”三期建设方案》。校党委书记黄国泰带队前往天津大学，专程听取天津大学对学校《“211 工程”三期建设方案》的编写意见。天津大学刘建平书记和专家们就学校“211 工程”三期建设的总体目标、学科建设、人才队伍建设、创新人才培养、资金使用与管理、保障措施等提出许多建设性的意见。这些宝贵意见，大大提升了《海南大学“211 工程”三期建设方案》的编制水平，增强了学校“211 工程”三期建设方案的科学性、可行性、可操作性与可实现性。

4. 加大为海南大学培养骨干教师力度，明显提高了师资队伍水平

为了帮助海南大学建设一支高水平的中青年骨干教师队伍，天津大学在师生住房条件不足的情况下，克服困难，专门为我校进修教师开了“绿灯”，留出了充裕的空间并给予全方位的支持。从 2008 年 11 月至 2009 年底，天津大学为海南大学培养 16 名进修学习的青年骨干教师。进修教师带回了先进的教育理念、前沿的教学内容、科学的教学方法等，在青年教师中发挥了示范作用。

5. 选派高水平教师到海南大学讲学

天津大学选派建筑学院城市规划系副主任陈天教授和化工学院院长助理夏淑倩博士，分别为海南大学学生讲授《城市设计方法与案例分析》、《化工热力学》等课程，师生评价非常高，对提高学校教学水平和人才培养质量起到积极的作用。

6. 接收海南大学优秀本科生免试攻读硕士学位，推动优良学风建设

为了加速培养学校学生和未来学校教师队伍，天津大学于 2009 年度接收了学校 4 名优秀本科生免试攻读硕士学位，并在 2010 年将接收学校学生数增加到 19 名，这突破了天津大学接收同一所大学推免生数量的历史记录。这些被天津大学接收的推免生，成为学校在校学生的榜样，激发在校学生的学习自主性和积极性，推动优良学风建设。

7. 积极帮助海南大学争取科研项目，提升海南大学科研水平

天津大学内燃机、化工联合等国家重点实验室、工程中心的开放基金向海南大学教师给予倾斜支持，天津大学环境科学与工程学院和海南大学材料与化工学院合作开展“天然橡胶加工厂废水、废气处理”科研项目研究，天津大学建筑工

研究院和海南大学土木建筑工程学院合作开展“海上风力发电”科研项目研究，天津大学和我校协同海南南海现代渔业开发有限公司开展“白马井综合渔港建设”与“补给船的设计与建造”等项目的研究。

**三、在天津大学的全力支援下，海南大学综合实力得到显著提高**

在天津大学全力支援和无私的帮助下，2008年底，海南大学顺利进入国家“211 工程”大学建设行列，未来三年内，将获得国家相关部委4000万元和海南省政府配套经费3亿元的建设经费。从此，海南大学的建设与发展进入了一个全新的阶段，在教育教学、科学研究、条件建设等方面都取得了一些突破性成绩。

在师资队伍建设方面。2009 年共引进包括中科院“百人计划”人才在内的国内外优秀教授或博士 50 名。多个团队获得国家级建设单位或荣誉称号，如杨小波教授负责的“植物学课程群教学团队”获国家级教学团队，海洋生物实验教学示范中心获“国家级实验教学示范中心”、“化工学科组”获 “全国专业技术人才先进集体”称号，实现了海南大学乃至海南省本科院校在这些领域项目上零的突破。

在招生和就业方面。本科生源质量显著提高，2009 年新增 33 个省、自治区（累计 29 个省份）一本批次招生。一本批次第一志愿录取率有较大幅度的提高，文、理科第一志愿录取率达到100%的分别有 15 个和 7 个省、自治区。录取分数明显提高，达到一本分数线的新生 4007 人，比 2008 年增加一倍多。2009 届毕业生初次就业率达到 83.36%，比全国大学生平均就业率 70%高出 13.36 个百分点。

在科学研究方面。2009 年共获主持和参与的国家“973”计划、“863”计划、国家科技支撑计划、国家自然科学基金、国家社科基金、农业转基因重大专项、其它省部级项目、以及国际合作项目等 418 项，总经费额达到 5496 万元，是2008 年的 1.7 倍。赵康太教授主持完成的《世界马克思主义理论教育比较研究》获教育部高等学校科学研究优秀成果奖二等奖，这是海南大学也是海南省高等学校在该领域首次获得的殊荣。

在条件建设方面，全年累计完成基建投资1.62 亿元，建筑面积 4.5 万平方米。

（撰稿：张平恒　　审稿：黄东益）

# 领导重要批示与讲话

## 中央、省委领导关于宣传赵红亮同学的批示

### 中共中央政治局常委李长春批示
（2009 年 6 月 22 日）

云山并树刚、周济同志，赵洪亮同志事迹感人，展示了当代大学生风采，可征求教育部的意见进行宣传。

### 中共中央政治局委员<br>中央宣传部部长刘云山批示
（2009 年 6 月 23 日）

中共中央政治局委员、中央宣传部部长刘云山贯彻落实中共中央政治局常委李长春批示的批示：

树刚、周济同志阅办。

### 中共海南省委常委、宣传部部长周文彰批示
（2009 年 3 月 18 日）

修演同志：赵红亮同学事迹感人，请代表我部和省文明办前去慰问，可组织较大规模宣传报道。

注：赵红亮同学系海南大学政治与公共管理学院硕士研究生。

# 在天津大学对口支援海南大学签约暨正式启动仪式上的致词

省长　罗保铭

（2009年3月12日）

尊敬的陈希副部长，尊敬的建平书记、龚克校长，各位领导、各位来宾，同志们、朋友们：

大家上午好！

乘着全国“两会”胜利召开的东风，在教育部的特别重视和大力支持下，天津大学对口支援海南大学签约暨正式启动仪式今天正式举行。这充分体现了教育部对海南教育事业的关心和支持，体现了天津大学为海南长远可持续发展、为社会尽义务的强烈责任感和使命感。在此，我谨代表海南省委、省政府和海南省850万人民，对两校对口支援签约启动表示最热烈的祝贺，对教育部和天津大学各位领导关心海南教育事业发展表示最衷心的感谢！

近年来，海南省委、省政府认真贯彻落实科学发展观，坚定不移地实施科教兴琼战略和人才兴省战略，把教育当作海南可持续发展的两大重要基石之一，摆在优先发展的战略地位高度重视，做出了一系列重大决策，千方百计加大教育投入，连续三年海南加大20亿投入，实施了一批教育民生工程，使海南教育事业取得了跨越式的发展并呈现良好的发展势头。特别是在新海南大学的建设上，省委、省政府始终作为重点工作给予全力支持，着力推动海南大学进入“211工程”重点大学建设行列。去年12月海南大学50周年校庆之际，国务委员刘延东专门发去贺信，明确指示海南大学要以进入国家“211工程”重点建设行列为契机加快建设；周济部长亲临海南，宣布正式启动海南大学“211工程”建设并发表热情洋溢、有指导意义的讲话，对新海大“211工程”创建工作提出了具体的指导意见，为海南大学的科学发展指明了方向。这标志着海南大学迎来了特别宝贵和重要的发展机遇，标志着海南高等教育进入了一个崭新的发展阶段。

去年4月海南建省办经济特区20周年之际，胡锦涛总书记亲临海南视察并发表重要讲话，明确指出：“海南正处在发展的上升期”、“要着力构建具有海南特色的经济结构”、“更好地发挥改革开放的排头兵作用”。当前，全省上下正认真学习实践科学发展观，贯彻落实胡锦涛总书记视察海南的重要讲话精神，着力转变经济发展方式，高起点地调整经济结构，积极发展热带特色现代农业，集约发展新型工业，大力推进以旅游业为龙头的现代服务业，加快国际旅游岛建设，更加注重发展高新技术产业和海洋经济。这些，都需要我们的教育提供强有力的人才支持和智力支撑。

海南大学作为海南的最高学府，在为海南经济社会发展培养各类高层次专门人才和科技创新、社会服务方面承担着重大职责。希望海南大学牢牢抓住教育部、省委、省政府鼎力支持的以天津大学对口支援为良好机遇，按照周济部长在50周年校庆上提出的“211工程”创建工作要求，在解放思想、创新体制上有大的进展，在夯实办学基础、增强办学实力上有大的成效，在增创学科优势、形成鲜明特色上有大的突破；在提升人才培养质量和科技创新、社会服务水平上有大的进步，早日实现刘延东国务委员在去年贺信中提出的把新海南大学建设成为“区域性人才培养、知识创新和社会服务的重要基地”的办学目标。

天津大学是我国办学历史悠久、久负盛名、办学特色鲜明、综合实力雄厚、教学质量和科研水平在国内外有较大影响的一所“211 工程”、“985 工程”首批重点建设大学，也是天津人民的骄傲，在我们高等教育发展史上有浓墨重彩的一笔，与海南省保持着长期密切的合作关系，双方曾签订过省校合作协议，今天又正式启动对口支援海南大学工作。衷心希望天津大学在对口支援过程中，把科学的办学理念、先进的管理经验无私地传授给海南的同行，在为海南大学造就一批学术造诣精湛的学科带头人和骨干教师、加强专业学科建设、提高学生素质、增强科研实力等方面，给予大力的支持和援助。同时，也恳请教育部一如既往地支持关心海南教育发展，加强对海南教育包括高校对口支援工作的指导。

各位领导、同志们，在这春意盎然的美好日子里，我们播下了充满希望的种子。我们坚信，在教育部和海南省委、省政府的大力支持下，经过海南大学、天津大学的共同努力，对口支援工作一定能结出丰硕的果实，为推动我国高等教育事业发展、加快海南改革开放步伐做出应有的贡献！

谢谢！

# 立足海南发展海大　跳出海南发展海大

## ——在海南大学调研深入学习实践科学发展观活动等工作时的讲话

中共海南省委常委、组织部部长　楼阳生

（2009年6月9日）

今天到海南大学调研，一方面是了解深入学习实践科学发展观活动的进展情况，另一方面是为了更深入地了解、认识和熟悉海南大学。刚才听了学校领导的汇报和介绍，结合我到海南近半年来通过各种渠道对海大的了解，以及对高等教育发展一般规律的认识，我在这里谈几点个人想法，仅供参考。

**一、充分认识海南大学的特殊性**

我认为，海南大学在海南具有三个方面的特殊性。

*一是在海南高校中的地位特殊。*在海南省的本科院校中，海南大学是唯一一所综合性大学，也是海南省唯一进入国家“211工程”重点建设行列的大学，无论是办学规模和层次都在海南的高校中处于龙头地位。在海大工作、担任领导是一件很荣幸的事情，同时这也意味着要承担更大责任和使命。

*二是学校所处的发展时期特殊。*邓小平同志关于“中国正处在并将长期处在社会主义初级阶段”的论断，是中国特色社会主义伟大事业非常重要的一块理论基石，是思考中国问题和办好中国事情最基本的出发点。作为一个地方、一个单位，根据这个“阶段论”的思维方式，弄清楚自己所处的发展阶段，是分析和解决存在问题、研究和制定学校发展举措的基础和关键所在。我个人认为，海南大学正处在转型升级的起步阶段。海南大学、华南热带农业大学的合并不是一种物理意义上的合并，而是一种整合、裂变、提升！如果没有内涵上的提升，这种合并的意义就不大。大家对合并后的磨合期、转型期、升级期所面临的问题和困难以及长期性要有充分的思想准备。在转型升级的起步阶段，要做好几件非常重要的事，一是廓清思路，二是明确战略，三是制定规划，四是凝心聚力，五是打好基础，要不惜人力、物力、精力，为学校的长远发展打下良好基础。

*三是在海南经济社会发展中的作用特殊。*我认为，海南大学在海南经济社会发展中至少要发挥三个方面的特殊作用：一是人才高地的作用。海南大学无疑是海南省人才最密集的单位，一方面是学校拥有不少的高端教学科研人才，另一方面是学校为海南省培养和输送大量的合格毕业生和优秀人才；二是智力之库的作用。海南大学要发挥智力优势，重视校县、校市合作，为促进海南社会经济发展提供服务，为实现海南又好又快发展提供智力支持，这既是责任，也是自身发展壮大的重要途径；三是文明标杆的作用。大学应该是一个地方城市文明的倡导者，同时，大学生也需要受到城市文明的熏陶，才能更好地实现全面发展。所以，大学文明要与城市文明相互融合、互相促进，并成为城市文明的标杆。

**二、努力实现海南大学科学发展**

海南大学如何才能科学发展，我认为，既要立足海南发展海大，又要跳出海南发展海大。立足海南发展海大，就是指海南大学本质上是一个地方高校，她的根在海南，生于斯、长于斯，就要服务斯、发展斯。因此，要强化责任意识，以为海南经济社会发展服务为己任，为海南培养和输送更多更好的优秀学生，通过服务体现价值、壮大自己。跳出海南发展海大，就是在学校的发展问题上，既要立足海南又不能局限于海南。如果局限于海南思考学校的发展，海南大学永远不可能成为真正意义上的“211工程”大学。海南大学的校训非常好：“海纳百川，大道致远”，我认为这个“大道致远”指的是务实致远，是在科学发展的大道上一步一个脚印向前走。海大应该拓宽视野、着眼一流，做到目标明确、定位准确、战略清晰、规划科学、路子走实，就能积小胜为大胜，就能够实现后发优势。

## 三、切实加强学校领导班子建设

要成就事业，关键是领导班子。要通过学习实践活动提高学校领导班子领导科学发展的能力、加强自身建设的能力特别是解决自身问题的能力。要提倡领导班子成员特别是行政领导参与科研教学一线，提高领导干部自身教学科研的能力。

*一是要确立科学发展的思维方式*。科学发展观是一种世界观和方法论，也是一种思维方式。一个领导的能力如何，首先要看他的思维是怎样的。思维方式就好比是工厂的工艺流程，如果工艺流程好，材料进去以后，生产出来的产品八九不离十是优质产品；反之，生产出来的八九不离十是有问题的产品。所以，提高领导科学发展的能力，首先是要确立科学发展的思维，确立辩证的思维方式，并能用科学发展的思维指导实践，分析和解决具体问题。

*二是要以事业为先、团结为重、能力为要*。新海南大学正处在转型升级的起步阶段，在合并融合过程中存在这样那样的问题和矛盾，是很正常的。学校领导班子应该正确看待这些问题和矛盾，认真思考用什么办法来解决。当前发展中存在的问题，要靠发展来解决，最终也只有靠发展才能解决。希望海南大学领导班子和广大师生以事业为先、团结为重、能力为要，共同克服目前面临的困难和问题。只要真正以事业为先，把事业放在第一位，把推进党和人民的事业、办人民满意的学校、实现学校的发展目标作为我们的追求，我认为没有不可以统一的思想，没有不可以解决的问题。全校师生不管来自何校何方，现在都是海大人，在今后的工作中要做到：在谋事上合心，心往一处想；在干事中合力，劲往一处使；在成事中合神，真正做到神形合一。

*三是要坚持以人为本这个核心*。科学发展观的核心是以人为本。坚持以人为本，首先是明确海大的发展依靠谁的问题，我认为这是第一之本，是以人为本的第一要义。马克思主义哲学告诉我们，人民群众是创造历史的主体。作为我们高校来说，以人为本就是海大科学发展要以教师和学生为本。以人为本的终极目标是发展为了谁的问题，海南大学的发展，就是为海大的教师提供更高、更宽广的平台，帮助广大学生实现全面发展，办人民满意的大学，这是我们在科学发展过程中始终要清醒把握的重要问题。

*四是要健全和完善运行机制*。任何地方、任何单位的发展，都离不开机制。希望海南大学的领导班子，重视建立、健全和完善运行机制，用机制去统筹学校的各项工作，用机制来管理学校的各项事务，通过机制激励师生为学校建设发展努力奋斗。

我相信，海南大学的领导班子是有能力领导学校科学发展的，是不会辜负省委、省政府和全省人民期望的。通过一届又一届领导班子的努力，通过广大师生员工的共同努力，学校科学发展的目标一定会实现。

# 在中共海南大学委员会一届二次全体（扩大）会议上的工作报告

校党委书记 黄国泰

（2009年7月2日）

同志们：

这次校党委全体（扩大）会议的主要任务是，巩固和深化学习实践科学发展观活动成果，落实学习实践活动整改任务，进一步将学习实践活动推向深入，形成学校科学发展的新局面。

根据党章规定，党的地方各级委员会的常务委员会要定期向委员会全体会议报告工作，接受监督。这是扩大党内民主，加强党内监督，充分发挥党的各级委员会全体会议作用的必然要求。根据这一要求和会议议程安排，下面，我受校党委常委会的委托，向会议报告常委会成立以来的工作。

校党委常委会自去年7月正式成立至今已有一年。在这一年里，常委会坚持以科学发展观统领办学全局，以学习实践科学发展观活动为重大契机，以建设“211工程”大学、落实儋州校区搬迁、深化合并融合为主线，团结带领广大师生员工抢抓机遇，奋发进取，全力推动学校各项工作，协调推进学校改革、发展与稳定，促进各项事业取得了积极进展，学校各方面面貌发生了可喜变化，为建设有特色、高水平“211工程”大学开了好局。

**一、扎实开展深入学习实践科学发展观活动，开创学校科学发展新局面**

学习实践活动开展之际，正值新海南大学刚刚成立并全面启动“211工程”建设之时。常委会深刻认识到，开展学习实践活动对我校来说，既是重大的政治任务，同时也是更新理念、明确思路、破解难题、完善机制、促进发展、建设“211工程”大学的难得契机。为此，常委会认真贯彻执行中央和省委的统一部署，紧紧把握“坚持解放思想、突出实践特色、贯彻群众路线、正面教育为主”的原则，周密部署，精心组织，全力推进，着力做好八个方面的工作，确保了学习实践活动扎实、深入、高效地开展。

一是选好活动载体。经过慎重研究，常委会将我校学习实践活动的载体确定为“加快‘211工程’大学建设、促进新海大科学发展”。实践证明，这一载体既符合学习实践活动的实质要求，又紧密结合了学校当前实际，有利于学习实践活动真正落到实处、促进工作、推动发展。

二是抓好学习培训。常委会在组织开展学习培训的过程中严格做到“三个保证”，即保证学习时间、保证学习内容、保证学习有体会。同时，注重创新学习培训形式：采取专家辅导帮学，组织校领导和校内专家宣讲团作了22场学习辅导报告；采取典型引路带学，及时推出了赵红亮同学这一学习实践科学发展观先进典型；采取紧贴实际活学，从领导干部到广大师生党员都紧密结合岗位及学科专业特点开展了形式多样的学习培训活动；采取舆论宣传促学，通过设立校园网专题网页、编印学习实践活动工作简报、开设校园专题橱窗等各项方式营造了浓厚的学习实践活动氛围。活动开展至今，全校共组织集中学习1040次，举办专题报告会、培训班、论坛、讨论会等214场次，参加党员31354人次，领导干部提交学习体会159份。

三是搞好调查研究。常委会根据学校工作实

际，精心提炼出八个调研专题，分别指定每位常委带队，采取座谈、走访、实地考察等方式进行深入调研，并将调查研究工作贯穿于学习实践活动的全过程，除深入调研环节开展的35次专题调研活动之外，常委会成员在分析检查和整改落实阶段又陆续开展了12次调研活动，进一步了解和指导推动基层单位的学习实践活动。在整个调研活动中，共向师生员工发出调查问卷2350份、收回2104份，常委会成员共撰写专题调研报告9篇，基层单位领导干部和教师党员共撰写专题调研报告59篇。

四是组织好解放思想大讨论。常委会在全校率先集中讨论两天，并积极组织全校性大讨论活动，其中，学校层面的专题座谈讨论9次，各二级单位党委（党总支）理论中心组讨论1-2次，各党支部讨论1次。常委会成员踊跃参加了学校层面的专题座谈讨论会及所在党支部的讨论活动，并起到了带头和引导作用。全校直接参加解放思想大讨论的师生员工共5528人次，形成了不少有价值的新思想新共识。

五是开好民主生活会。常委会高度重视专题民主生活会，会前做了充分的准备，常委会成员相互谈心、交换看法，根据调研成果和群众反映的意见精心撰写发言材料，严肃认真查找思想观念、工作能力和工作作风等方面存在的问题，并在会上进行了坦诚的批评与自我批评，从而开成了一次高质量的民主生活会。常委会民主生活会专门安排了各职能部门和部分学院领导列席，对二级单位领导班子召开民主生活会起到了很好的示范作用。

六是写好分析检查报告。常委会充分运用学习调研、解放思想讨论、征求意见和专题民主生活会的成果，认真摆查贯彻落实科学发展观方面存在的突出问题，深刻分析产生问题的主客观原因，确定了贯彻落实科学发展观的主要思路和加强领导班子自身建设的具体措施。分析检查报告初稿拟就后，先后召开了多个层面的征求意见会，并通过印发书面材料给基层单位组织讨论和评议的方式，充分征求了全校广大师生员工的意见和建议，集中集体智慧对报告进行了修改完善，最终形成了一份指导学校今后工作的高质量分析检查报告，得到了上级领导的高度评价。

七是制订好整改落实方案。针对查找出来的突出问题和需要完善的制度，常委会以分析检查报告为依据，认真制订整改落实方案，并在充分征求全校各方面意见的基础上反复修改完善，最终形成了针对性和可操作性强的整改落实方案。从长期和中期考虑，提出要修订完善学校十年发展规划和制订“211工程”建设行动计划。从近期考虑，明确了抓好20件实事的整改任务，包括推动学校科学发展的10件大事、解决影响和制约学校发展的5个突出问题、办好师生员工迫切希望解决的5件实事；以及加强党建和思想政治工作的5个方面具体措施。方案符合学校工作实际，切实做到了“四明确一承诺”。

八是落实好边学边改。常委会始终坚持将边学边改贯穿于学习实践活动的全过程，从学习实践活动启动至今先后开展了一系列整改工作，努力为师生员工办实事好事，在出台教学科研工作激励政策、加大高层次人才引进力度、加强毕业生就业指导服务、健全重要管理规章制度、改善教学科研设备条件、落实校园周边土地整合、加快校园基建建设、提升校园网络建设与应用水平、改善学生食堂条件、扩建师生体育活动场所、解决部分教职工房改遗留问题等方面取得了明显的成效。整改落实方案确定后，常委会又抓紧组织推进各项整改工作，目前一批重要的政策文件和规章制度已完成研究拟订工作，包括提交本次会议审议的“211工程”建设行动计划、十年发展规划修订本、学校管理体制机制改革若干意见、进一步加强和改进党的建设的若干意见等。

通过扎实深入的工作，我校深入学习实践科学发展观活动取得了实实在在的明显成效。首先是加深了广大党员干部对科学发展观的重要意义、科学内涵和基本要求的认识，有效提高了广大党员特别是领导干部运用科学发展观分析问题、解决问题、推动工作的能力，并在建设有特色、高水平“211 工程”大学，培养既能适应现在又能应对未来的高素质人才，围绕“热带、海洋、特区”创立办学特色等方面形成了广泛的共识。其次是找准了制约学校科学发展的突出问题及其原因，明确了推进学校科学发展的基本思路、主要任务和具体举措，确定了整改落实的具体项目和责任分工，提出了加强领导班子及基层党组织建设的具体措施，为学校今后不断推进科学发展提供了重要的政策依据，奠定了坚实的思想基础。再次是通过一系列富有成效的整改工作，明显改变了学校的工作面貌，加快了学校改革与建设步伐，形成了学校科学发展的新局面，普遍增强了广大师生员工对建设有特色、高水平“211 工程”大学的信心，真正达到了“党员干部受教育、科学发展上水平、人民群众得实惠”的目标。

**二、紧紧抓住发展这个第一要务，加快学校内涵发展**

第一，坚持质量立校，促进人才培养质量稳步提高。一是进一步深化教育教学改革，推行新的本科专业人才培养方案，试点实施冬季小学期制，开设“文理科实验班”，启动“1+2+1 中美人才培养计划”，实施本科教学工作目标管理，打开了人才培养工作的新局面。二是深入实施教学质量和教学改革工程，新增省级精品课程 5 门，省级教学团队 2 个，省级教学名师 3 人；获得省级教学成果一等奖 5 项，二等奖 3 项；有 6 部教材被列入全国“十一五”规划教材。三是全面加强大学生教育管理工作，健全了思想教育体系、学生助困体系、心理健康指导体系和学生评价奖惩体系，以大学生文化素质教育基地和创新院为重要平台加强大学生创新能力和综合素质的培养，大力开展大学校园文化和社会实践活动，促进学生健康快乐地成长成才。本学年我校学生获得了全国大学生数学建模竞赛二等奖 4 项，“挑战杯”中国大学生创业计划竞赛决赛银奖 1 项；在全国大学生暑期“三下乡”社会实践先进评比中，我校被评为先进单位，并有 1 支学生团队被评为全国优秀团队。四是高度重视抓好毕业生就业指导与服务工作，专门召开全校毕业生就业工作会议进行全面动员与部署，大幅度增加毕业生就业工作经费投入，积极实施毕业生创业培训，组织工作组赴海南各市县和长三角、珠三角、京津等地区努力开拓毕业生就业市场。在金融危机的背景下，我校 2009 届毕业生截止目前的就业率达到 72%，其中本专科毕业生就业率与去年持平，研究生就业率略有下降。

第二，坚持特色兴校，着力增创学科特色和科研新优势。围绕“211 工程”重点学科项目的建设需要，经充分论证确定了 17 个子项目，并以科研课题立项的形式进行重点及一般性资助，资助 79 个课题项目，资助金额达 640 万元。大力促进科研团队建设，投入 370 万元设立 2009 年科研团队建设专项。努力促进科技成果转化，组建了科技开发部，与企业共同建立了 3 个实质性联合研发基地。出台科研工作量和科研流动岗津贴计算办法、科研经费管理、科研机构设置与管理、科研奖励等科研规章制度，进一步规范科研管理并加大了科研激励力度。本学年学校新获批建设 1 个省部共建教育部重点实验室、1 个海南省重点实验室。2009 年截止目前，已获批立项科研课题 307 项，其中国家社科基金 4 项，其他部级以上课题 31 项，立项科研经费 2856 万元。

第三，坚持人才强校，切实加大人才引进与培养力度。出台了高层次人才引进办法，实行特殊优惠政策，瞄准国际顶尖领域和学校优势学科领域，大力引进海内外高层次人才。在海南省政府配套 1000 万元专项经费支持下，面向全球招聘“长江学者”特聘教授。本学年，学校共引进人才 82 人，其中博士 52 人；共选送教师攻读博士学位 20 人、攻读硕士学位 35 人，选派国内高校进修、挂职学习或担任访问学者 27 人，组织赴日本研修 33 人。学校教师队伍中新增“特贴”专家 3 人，“省优”专家 6 人，“515 人才工程”第一层次 6 人、第二层次 14 人，“宝钢优秀教师奖”获得者3人。比较遗憾的是，我校推荐的“长江学者”特聘教授人选未能通过教育部组织的评审，至今还没有实现“长江学者”零的突破，这是新学年里必须尽一切力量解决的问题。

第四，坚持开放办校，不断拓展对外合作与社会服务。积极开展与境内外高水平大学的合作，与天津大学、清华大学、南开大学等重点高校签订合作协议并启动了部分合作项目，其中天津大学为对口支援学校；与美国犹他大学等9所境外大学签署校际友好关系协议书或备忘录；派出31名在校学生分别在境外6所友好大学交换学习，接受境外大学的校际交换学生和交流考察学生16名。积极促进对外友好往来，公派出国（境）团组75个、136人次，接待来访外宾43批、192人次，派出37名国际汉语教师志愿者赴泰国、菲律宾任教。大力推进与海南各市县的战略合作，与海口、昌江等市县签订了合作协议，为海口市培训了50名乡镇干部，为海南农垦培训科级干部共19期2441人。

第五，坚持依法治校，推进管理制度创新。积极推行管理重心下移，扩大了二级单位的财务管理和科研机构设置自主权。实施了人事编制和津贴分配制度改革。启动了定编定岗改革项目研究。建立了应用科技学院（城西校区）教育管理新体制。积极开展了儋州校区办学新模式的研究工作。探索建立资源合理有偿使用制度，并首先从水电使用管理入手，通过安装电表实施计量用费。

**三、着力抓好六件大事，确保学校改革发展稳定大局**

本学年是新海大成立以来大事不断的一年，既有对学校改革发展意义重大的喜事好事，也有影响校园稳定和正常办学秩序的考验和挑战。无论是喜事好事，还是考验和挑战，常委会都积极迎接、沉着应对，充分发动和依靠广大师生员工，共同办好喜事好事，共同克服困难与挑战，确保了学校改革、发展与稳定的大局。

第一，积极落实“211工程”建设申报工作。“211工程”建设对学校的重大意义不言而喻，常委会始终将其作为学校重中之重的大事来抓。“211工程”项目定得准不准，可行不可行，决定了学校3年后能否验收过关，在一定程度上也决定了学校发展的前景。为此，我们着重在三个方面下了很大的功夫。一是科学、严格地进行项目的论证和评审，在先期论证、筛选9个“211工程”重点学科建设项目的基础上，根据教育部的指导意见，进一步集中学科方向，组织进行了第二轮的论证和评审，征求意见的范围也扩大到省主管部门和对口合作高校，最终确定了6个具有鲜明特色的重点学科建设项目，并得到了教育部和省政府的认可。二是组织专门班子研究制订“211工程”建设方案，在初稿出来后，组织了多个层面的讨论会进行反复讨论修改，并组队到天津大学咨询意见，得到了天津大学的有力指导和支持，最终形成了高质量的建设方案及申报材料。三是在“211工程”建设申报的过程中，常委会成员轮流出动，通过积极汇报工作和沟通信息，千方百计争取教育部和海南省主管部门的理解和支持，产生了较好的效果。教育部对我校的申报工作给予了大力支持。省委省政府也给予高度重视和支持，专门成立了海南省“211工程”大学建设工作领导小组，并向教育部郑重承诺为我校“211工程”三期建设配套经费3亿元。这样的结果可以说来之不易。这里需要强调的是，6个重点学科项目是经过严格论证程序确定的，建设目标比较高，任务比较重，时间已经很紧迫，大家不要再去争论了，要全力以赴支持把这些学科项目建设好。

第二，高规格举办建校50周年庆祝活动。2008年12月15日，我校迎来了建校50周年华诞。常委会经过精心策划，周密部署，隆重举行了校庆系列活动。在建校50周年庆祝大会上，国务委员刘延东发来贺信。教育部周济部长，海南省委卫留成书记、罗保铭省长以及农业部的领导亲临我校参加校庆活动。在庆祝活动期间，我校终于正式进入国家“211工程”重点建设高校行列，实现了省委省政府合并组建新海大的首要目标。庆祝活动的成功举办，极大地扩大了学校的社会影响，增强了广大师生员工的凝聚力。

第三，奋力抗击肠道传染性疫情。2008 年 10 月底、11 月初，我校发生了急性肠道传染性疾病疫情，引起了各级政府的高度重视和社会的广泛关注。在突如其来的危机面前，常委会迅速启动应急机制，全体常委会成员不分昼夜坚守防控第一线，团结和带领广大师生员工，临危不惧，迎难而上，全力防控和抗击疫情。在省委省政府以及海口市委市政府、省教育工委、省教育厅、省卫生厅的正确领导下，在国家、省、市、区四级疾病防控部门的全力支持和指导下，通过全面清洁消毒校园、严格整改食堂、组织师生及时服药预防、对腹泻学生科学留观诊治、积极开展校园爱国卫生运动、严格校园出入管理、加强师生健康教育、做好师生思想稳定工作等强有力措施，迅速、彻底地控制了疫情。为了吸取教训，查找差距，提高认识，常委会及时召开了民主生活会，就此次事件暴露出来的问题进行了严肃的批评与自我批评。针对后勤保障工作自查情况，常委会及时成立了整改工作领导小组，并想方设法调剂 2836 万元专项资金，重点整改了学生食堂，回购了学生第五食堂，全面改善了学生就餐条件，改造了排水、排污系统，大力开展了校园环境整治工作，从而使校园面貌焕然一新。同时，进一步建立健全了校园突发事件应急预案和应急机制，加强了卫生监控体系建设。

第四，严密防控甲型 H1N1 流感。今年 6 月 10 日，海南省首例输入型甲型 H1N1 流感患者途经我校。获悉消息后，常委会第一时间启动了应急机制，借鉴肠道传染性疾病防控的经验，严密部署，精心组织，采取了一系列强有力的防控措施，确保了正常的办学秩序。虽然目前没有新的情况出现，但常委会始终保持高度警惕，坚持防控工作不松懈，严格按中央、海南省和海口市的有关要求全力布防，外堵输入，内防扩散，继续保持防控工作的强度。

第五，积极稳妥地实施编制管理与津贴分配制度改革。编制管理与津贴分配制度改革关系到教职工的切身利益，改革的复杂性和难度很大，直接影响着学校的和谐稳定。为此，常委会专门组织课题组，在深入调查研究、广泛征求意见的基础上，提出了“编制以师生比为依据、津贴按编制切块、实行二次分配”的改革实施方案，既反映了学校当前的实际，又符合学校改革发展的大方向，并兼顾了各方面的利益诉求，获得了教职工代表大会的高票通过。总结这次改革方案的制订，有三点经验是值得今后工作借鉴的。首先是首次采取科研立项的方式，将学校重要改革项目委托给主要由一线专业教师组成的课题组进行研究，确保改革研究的专业性和公正性。其次是广泛深入地反复征求基层单位和广大教职工的意见，并鼓励教师提供自己的方案，从而博采众长，集思广益，最终形成了体现教职工集体智慧的改革方案。再次是将改革方案提交教职工代表大会表决，将事关教职工切身利益的大事以民主方式做出决策，迈出了推进学校民主管理的重要一步。

第六，努力清理历史遗留问题。原两校遗留下来的历史问题，如不及时清理，将对学校今后发展形成越来越严重的阻碍。为此，常委会成立了历史遗留问题清理整顿领导小组，组建了律师团，利用一切可以利用的资源，千方百计清理历史遗留的财务纠纷、法律官司等问题。目前已偿还外债 4000 多万元，学校债务明显减少。对旅游学院办学纠纷、桥西小区土地查封等问题的处理也有了较大的进展，可望在近期内得到妥善解决。

**四、切实加强党建与思想政治工作，为学校科学发展提供坚强政治保证**

在大力组织开展深入学习实践科学发展观活动的同时，常委会对日常的党建与思想政治工作继续紧抓不懈。

一是抓好常委会自身的建设。常委会高度重视理论学习，定期举行党委中心组理论学习和务虚研讨活动，学习研讨内容涉及科学发展观、学校改革发展、党的建设和反腐倡廉等方面。为了健全决策机制和更好地落实民主集中制原则，常委会制定了议事规则并严格执行，始终做到重大问题集体讨论决定。坚持每周召开一次全体校领导通气会，对学校各项工作进展情况及阶段性安排进行充分的沟通，从而在统一思想的基础上协调推进工作，形成了班子团结协作、和谐共事的良好局面。

二是抓好干部队伍建设。进一步拓宽选人用人渠道，对校团委书记、艺术学院院长、副院长等职位进行公开招聘。落实中层干部的调整配备，根据工作实际，调整部分部门和单位领导班子成员 22 人，提拔副处级干部 7 名。按照新制定的科级干部选拔任用管理办法，分两批次完成合校后各单位科级机构设置及科级干部的配备工作。

三是抓好宣传和思想政治工作。为了将师生员工思想和行动统一到“211 工程”大学建设的共同目标上来，常委会切实加强了对宣传与思想政治工作的指导和推动。通过与新闻媒体的沟通、交流与合作，组织策划了一系列新闻宣传报道，全年编发新闻稿件 450 余篇，报道媒体包括中央电视台、人民日报等 30 多家电视和纸质媒体以及 120 多家国内大型门户网站，为学校发展营造了良好的舆论氛围。同时，利用校园网和专栏橱窗等宣传阵地，广泛深入地宣传学校“211 工程”建设和改革发展的进展以及校园好人好事，对凝聚人心、鼓舞士气起到了积极作用。在学生思想政治教育方面，以《形势与政策》课为主阵地，精心编排授课专题，积极举办形势政策报告会，形成了学生思想政治教育的新局面。

四是抓好党风廉政建设。为了确保学校改革建设和党的事业健康发展，常委会始终对党风廉政建设紧抓不放，坚持标本兼治、综合治理、惩防并举、注重预防，特别加强对组织人事、招生、基建、后勤、校产、采购、财务等群众关心的热点问题的监督，坚持做到纪检、监察、审计部门全过程介入学校重要的管理与建设项目。最近，根据上级要求，我们大力开展了“小金库”清查工作，对二级单位私立“小金库”情况进行了严肃认真的核查，发现问题的坚决予以纠正与整改。在这里我提醒一下，我们不少单位的领导同志还没有认识到这项工作的严肃性，学校已经核查出不少问题。私设“小金库”现在已经不仅仅是财经范畴的问题，更是反腐倡廉建设的一个重点，希望大家对此引起高度重视。

五是抓好统战与群团工作。常委会始终把民主党派人士和无党派人士视为推动学校改革发展的生力军和学校政治生活中的活跃力量，积极帮助民主党派学校基层组织抓好组织建设，加大了对学校民主党派基层组织工作经费的支持力度，进一步健全了重大决策征求党外代表人士意见的机制，涉及学校改革发展和事关师生员工切身利益的重大决策都能及时召开民主党派人士和无党派人士座谈会征求意见。常委会高度重视侨务工作，进一步加强了与海外华侨华人的联络与沟通。随着学校建设“211 工程”大学的影响不断扩大，海外华侨华人给予了学校更多的关注和支持，香港邢李火原 先生捐资 1500 万元支持我校建设大学生活动中心。另一方面，我们组织召开了新海大第一届归侨侨眷代表大会，成立了新海大第一届侨联，为学校广大归侨侨眷发挥才干搭建了良好平台。此外，常委会进一步加强了对工会、团委以及其它群众组织的领导，积极指导和支持他们充分发挥在学校各项工作中的重要作用；落实了离退休人员政策，从政治上和经济上给予离退休人员更多的关心。

以上就是校党委常委会成立以来着重抓的工作。需要强调指出的是，所有这些工作成绩，都是在省委省政府和教育部的正确领导下，在社会各界和广大海外华人华侨的大力支持下，全校上下共同奋斗而取得的。其中的行政工作成绩，是在常委会集体领导与分工协作下，校长主持、各部门各单位组织落实的结果。在常委会工作的过程中，得到了各位校党委委员、各部门各单位负责人和广大师生员工的理解和支持，可以说，没有大家努力和付出，没有大家扎实有效的工作，就没有学校今天良好的工作局面。在此，我谨代表常委会向在座各位并通过你们向全校师生员工表示衷心的感谢！

在看到工作成绩的同时，常委会也清醒地认识到自身工作还存在着一些不足，主要是：开拓创新意识不够强，工作过于求稳，在推动学校改革发展上缺少大动作、大手笔，工作推进的速度与省委省政府和师生员工的期望有一定差距；统筹抓工作的能力有所欠缺，工作轻重缓急安排不合理，对重点工作和紧迫问题抓得不够紧；在密切联系基层、联系群众方面做得还不够好，一些决策事先征求基层单位和师生员工的意见不够充分，导致决策质量不高；抓思想政治教育的办法不多，面对学校特殊发展时期和繁重的工作任务，一些党员干部在思想认识、精神状态和工作作风上还很不适应，广大师生员工的思想感情有待进一步融合，等等。这些不足，需要常委会在今后的工作中努力加以克服。

同志们，海南大学已经到了改革发展的重要历史关头，利用好这样一个特殊时期，抓住难得的发展机遇，实现学校发展的新跨越，是省委省政府和全省人民交付给我们的历史使命，我们任重而道远。希望同志们对常委会的工作提出批评和建议，监督和支持我们不断改进工作，为推动学校又好又快发展、建设有特色高水平“211 工程”大学而共同努力。

# 在深入学习实践科学发展观活动总结大会上的报告

校党委书记 黄国泰

（2009 年 9 月 11 日）

同志们：

根据中央和省委的统一部署，我校从今年 3 月起持续深入地开展深入学习实践科学发展观活动。在省第五指导检查组的指导下，在校党委的精心组织和领导带动下，全校 19 个基层单位党委、9 个党总支、208 个党支部的 5410 名党员干部，以高度的政治责任感、饱满的政治热情和务实的工作态度，积极投入到学习实践活动中，取得了明显成效。现在，集中进行的学习实践活动即将告一段落，为了总结经验，进一步巩固扩大学习实践活动成果，学校今天在这里召开学习实践活动总结大会。下面，我代表校党委常委会作总结报告。

## 一、基本情况

在这次学习实践活动中，我校主要抓好以下六个方面的工作。

### （一）抓好学习培训

学习培训切实做到了“三个保证”。一是保证学习时间。校院两级领导班子和党员领导干部率先学习，集中学习时间超过 5 天，全校共组织集中学习 827 次，举办专题报告会、培训班、论坛等 183 场次，参加党员 30832 人次。二是保证学习内容。学习内容主要包括党的十七大报告、省第五次党代会、省委五届三次全会精神，胡锦涛总书记视察海南重要讲话精神，全国“两会”精神，《毛泽东邓小平江泽民论科学发展》、《科学发展观重要论述摘编》以及上级规定的其他读本等。三是保证学习有体会。每位党员领导干部都撰写了书面心得体会。学校专门抽调 16 名工作人员成立 4 个督察组，对全校学习实践活动进行检查督导，使“三个保证”切实落到了实处。

### （二）搞好调查研究

调查研究启动前，我们先进行了问卷调查，共向师生员工发出问卷 2350 份、收回 2104 份，统计、整理出师生员工关注的二十五个方面的问题。在此基础上，校党委常委会根据当前工作实际，精心提炼出八个调研专题，分别指定每位校领导带队开展调研。与此同时，各二级单位领导班子也结合单位实际确定各自的调研题目。围绕调研专题，校领导带队深入三个校区各个二级单位，采取座谈、走访、实地考察等方式进行调研，真诚向基层单位问计，虚心向师生员工求教，从而掌握了丰富的第一手资料，汇聚了基层单位和师生员工的集体智慧，形成了有见地的调查报告。全校共形成了 68 篇专题调研报告，其中学校层面的 9 篇，二级单位层面的 59 篇。这些调研报告既有一定的理论高度，又具有较强的实践价值。

### （三）组织好思想讨论

校党委理论中心组率先集中讨论两天，讨论情况第一时间向全校通报，带动全校大讨论广泛开展。学校层面的讨论活动包括离退休老领导老专家代表、民主党派和无党派代表、中青年教师代表、二级单位党委（党总支）书记、各职能部门负责人等人员座谈会以及教学、科研、学科建设、后勤管理等专题研讨会。各二级单位都分别组织党委（党总支）理论中心组讨论 1-2 次，并积极组织各党支部讨论活动。领导班子、领导干部和广大师生员工围绕抢抓机遇、应对挑战、破解难题、促进科学发展的主题，展开了热烈、深入的讨论，提出了许多建设性意见和建议，形成了有价值的新思想、新共识，为学习实践活动的深入开展奠定了坚实的思想基础。

（四）开好民主生活会

学校和各二级单位领导班子严肃认真地召开了专题民主生活会，并且都扩大列席人员的范围，会议参与面广，民主气氛浓厚。校党委常委会的民主生活会邀请了省委组织部、省第五指导检查组、省教育厅有关负责同志以及学校 14 个二级单位负责人参加。各二级单位领导班子的民主生活会邀请了校领导、班子中的非党员领导干部、班子之外的党委委员、工会主席、团委书记和部分教师代表。此外，全校 208 个党支部也召开了组织生活会，共 4326 名党员参加。通过热烈、真诚的批评与自我批评，学校和各二级单位领导班子均从班子集体及个人的角度，认真摆查、剖析了存在的突出问题及原因并明确了努力方向，为形成分析检查报告和制定整改落实方案提供了重要依据。

（五）写好分析检查报告

在分析检查报告的撰写过程中，学校和各二级单位领导班子的党政主要领导同志全程主持，在充分运用学习调研、征求意见和专题民主生活会成果的基础上，认真摆查在贯彻落实科学发展观方面存在的突出问题，深刻分析形成问题的主客观原因，提出了贯彻落实科学发展观的主要思路和加强领导班子自身建设的具体措施。学校领导班子的分析检查报告起草后，先后召开了党委常委扩大会议、党员干部通报大会以及民主党派负责人、干部代表、教师代表、学生代表等多层面的座谈会，印发了书面材料给二级单位组织讨论和评议，充分征求了上级主管部门、全校广大师生员工的意见和建议，并不断修改完善，最终形成了一份高质量的分析检查报告。

（六）抓好整改落实

一是结合实际，认真制定整改落实方案。结合专题调研的内容和针对群众反映比较集中的意见和查找出来的突出问题，学校和各二级单位领导班子经过反复征求意见并认真修改完善，制定了切合实际的整改落实方案，将分析检查报告中提出的整改方向和措施进一步目标化、具体化、责任化，使整改落实工作有章可循、群众监督评议有据可依，做到主要项目、目标和时限、具体措施、具体责任“四个明确”。二是实事求是，切实解决突出问题。对学校和各二级单位存在的解决条件成熟的突出问题，在整个学习实践活动期间坚持做到了边学习、边整改、边解决。整改落实方案制定后，学校迅速组织各责任单位抓紧落实各项整改任务，并及时召开校党委 1 届 2 次全体（扩大）会议，将整改落实方案的主要内容体现到学校改革发展的基本政策和纲领性文件中，从而以更高要求和更大力度将整改工作推向深入。

**二、重要特色**

我校整个学习实践活动，突出体现为五大特色。

第一，坚持学习提高贯穿始终。除了在学习调研阶段和分析检查阶段不间断地安排学习、讨论、研究等活动之外，进入整改落实阶段后，我们还继续安排学习胡锦涛同志最近一系列重要讲话精神，习近平、卫留成等中央与省委领导同志的有关讲话精神，以及中央和省委关于应对当前经济形势的一系列决策精神等。暑假期间还部署党员干部精读中央规定的书目和相关学习内容，并要求处级以上领导干部深入研读《六个“为什么”——对几个重大问题的回答》一书。此外，还利用暑假两天时间，召开“海南大学 2009 年中层干部学习实践科学发展观研讨会”，围绕落实重要整改任务进行了深入的研讨，从而真正做到了学习提高不断线，学习实践活动每推进一步，理论学习就深化一步，思想认识就提高一步。

第二，坚持突出实践贯穿始终。针对当前办学实际，我们精心选定“加快‘211 工程’大学建设、促进新海大科学发展”的活动载体，并自始至终地紧扣这一载体开展活动。整个学习实践活动坚持与谋划推动学校当前及长远发展相结合，与实施“211 工程”建设、加强教学科研的工作实践相结合，与落实儋州校区搬迁、加快基本建设的工作实践相结合，与深化合并融合、推进体制机制创新的工作实践相结合，与加强党的建设、提高领导科学发展能力的工作实践相结合，努力把科学发展观的要求转化为正确的办学思路，把符合科学发展观的办学思路转化为解决突出问题的具体措施和实际行动，从而形成了高质量的领导班子分析检查报告、整改落实方案、学校十年发展规划修订本、“211 工程”建设行动计划等多项切合学校办学实际的重要成果，解决了一批师生员工反映强烈的突出问题，取得了一系列实实在在的整改成效。

第三，坚持领导带头贯穿始终。在学习实践活动中，校党委常委会及每位成员坚持做到带头抓学习培训、带头作辅导报告、带头搞调查研究、带头进行思想讨论、带头开展批评与自我批评、带头承担整改落实任务，切实起到了领导带头作用。在省委第二批学习实践活动动员大会召开之前，校党委常委会就已经开始学习中央和省委的有关文件精神，省委召开动员大会后即从第二天起利用包括周末时间举行理论中心组学习。学习培训环节未结束，常委会即已穿插开展调研活动，深入基层单位，边搞调研、边跟师生员工一起学。解放思想环节刚一启动，校党委理论中心组率先集中讨论，参加人员扩大到二级单位主要负责人，通过常委们既有理论高度又有实践价值的讨论，使大家思想上有了较大的提升。进入分析检查阶段后，常委会率先召开民主生活会，学校机关各职能部门和有关学院负责人列席会议，通过高质量的批评与自我批评，使与会同志都受到实实在在的思想教育，也为二级单位领导班子召开专题民主生活会提供了示范。根据民主生活会形成的共识，常委会又率先形成了高质量的分析检查报告和整改落实方案，并向广大师生员工公开征求意见和进行评议，为二级单位形成分析检查报告和整改落实方案提供了重要指导。整改落实方案确定后，常委会成员按照分工抓紧牵头落实整体任务。常委会学习、调研、讨论以及召开民主生活会、撰写分析检查报告、制订实施整改落实方案等的活动情况都第一时间通过校园网和工作简报方式向全校通报，从而引导、带动广大党员干部积极投入到学习实践活动中。

第四，坚持群众路线贯穿始终。学校坚持开门搞活动，广泛发动师生参与，关注师生利益，尊重师生意愿，汇聚师生智慧，全心全意依靠师生员工搞好活动。每一个阶段的重要活动，校党委常委会和各二级单位党组织都主动邀请党外人士、师生代表和离退休老同志代表参加，自觉接受监督。对于深入调研、开展思想讨论、召开民主生活会、形成分析检查报告、制定整改落实方案等各个环节，以及整改落实的重大举措，都多形式、多层次、多角度地征求党外人士、广大师生和离退休老同志的意见，主动接受师生评议，做到听取民意找问题，顺应民意抓整改，依据民意看效果。学习实践活动开展至今，共有 5500 多人次的师生参加了 243 场专题座谈会、讨论会，向学校提出了 200 多条意见和建议，另有 40 位教师、600 多位同学撰写文章参加了学习实践科学发展观征文活动。通过广泛发动师生参与学习实践活动，激发了广大师生的主人翁精神和工作、学习积极性，形成了凝心聚力建设“211 工程”大学的良好事业氛围。

第五，坚持创新活动贯穿始终。学校注重创新活动形式，结合高校特点，积极推进四个“学”。一是专家辅导帮学，发挥校内人才资源优势，精心挑选优秀专家成立校内宣讲团，先后举行 22 场学习辅导报告会，共 5000 多人次现场听取了报告。二是典型引路带学，及时推出了学习实践科学发展观的先进典型，通过大力宣传十余年如一日扶贫助困的赵红亮同学先进事迹、评选表彰“十佳教师”等，引导、激发广大党员学习实践科学发展观的自觉性和积极性。三是紧贴实际活学，广大教师和学生党员紧密结合学科专业特点，积极开展了专业实习、社会实践和慈善公益等形式多样的学习实践活动，大大增强了活动效果。四是舆论宣传促学，充分利用各种媒介，多形式，全过程地大张旗鼓宣传学习实践活动，开辟校园网专题网页，设置 12 个学习专栏，编印 58 期学习实践活动工作简报，编发 360 篇各类稿件，编辑出版 4 期校报专刊，开设 35 个校园专题橱窗和宣传栏。中央学习实践活动网站、光明日报报道了我校学习实践活动的工作经验，新华社、人民日报、中央电视台新闻联播等一批中央和海南省媒体对赵红亮同学的感人事迹进行了全面报道，并产生了热烈的反响。在校内外舆论宣传的有力促进下，我校学习实践活动的氛围日益浓厚。

### 三、主要成效

#### （一）进一步深化了对科学发展观的理解和认识

通过学习实践活动，广大党员干部加深了对科学发展观重要意义、科学内涵和基本要求的认识，普遍提高了深入学习实践科学发展观的责任感和积极性。围绕“提升办学理念、促进科学发展”的主题，广大党员干部持续深入地开展解放思想讨论，在“建设怎样的‘211 工程’大学和如何建设”、“培养怎样的人才和如何培养”、“形成怎样的办学特色和如何形成”等核心办学理念上形成了许多有价值的新思想和新共识，从而有力地促进广大师生员工思想行动统一到贯彻落实科学发展观、推动学校科学发展上来。

#### （二）深刻查摆了影响学校科学发展的突出问题

通过对学校合并组建以来的情况进行反复检查、分析和讨论，我们深刻查摆和剖析了制约学校科学发展的突出问题及原因，这些问题主要是：思想观念不适应新大学、新形势的要求；内涵发展不适应“211 工程”建设的新任务；基础条件不适应高水平大学建设的要求；办学机制不适应学校科学发展的新要求；领导班子建设存在不足；基层党组织建设需要加强。其产生的根源主要在于：思想观念与科学发展观要求存在差距；领导科学发展的能力与科学发展观要求存在差距；工作作风与科学发展观要求存在差距。这些问题及原因的查摆与剖析，为学校今后改进工作奠定了坚实的基础。

#### （三）明确了推进学校科学发展的基本思路、主要任务和具体举措

学校以科学发展观为指导，针对存在的问题，分别从长期、中期和近期出发，提出解决问题、实现科学发展的基本思路、主要任务和具体举措。一是从长期考虑，确定了“质量立校、特色兴校、人才强校、依法治校”，建设有特色、高水平“211 工程”大学的基本思路。二是从中期考虑，制订实施《“211 工程”建设行动计划》，重点实施八项工程。三是从近期考虑，切实做好 20 件实事，包括抓好推动学校科学发展的 10 件大事，解决好影响和制约学校科学发展的 5 个突出问题，办好师生员工迫切希望解决的 5 件实事。四是着眼于为学校科学发展提供坚强政治保障，推出了加强领导班子及基层党组织建设的 8 项重要措施。

#### （四）整改工作取得了积极成效

一是扎实推进了“211 工程”建设。高质量完成了“211 工程”建设规划的编制与上报。积极争取上级对我校“211 工程”建设的支持，省政府已承诺配套经费 3 亿元。围绕“211 工程”建设，着力组建多个科研团队，及时出台了一系列科研激励政策，在正常事业经费中安排 1280 万元资助教师开展科研创新项目，使广大教师申报开展科研项目的积极性空前高涨。今年上半年全校共立项开展国家级和省部级科研课题 307 项，获批科研经费 3000 余万元，有一支科研团队被评为全国专业技术人才优秀团队。

二是切实加强了教育教学工作。积极推进教育教学创新，实行本科教学工作目标管理，启动教学机构设置调整改革，首次实施了 1+2+1 中美人才培养计划。进一步加大教学质量建设力度，获得省级教学成果一等奖 5 项，二等奖 3 项，有 6 部教材被列入全国“十一五”规划教材。学校今年招生形势喜人，稳步实现招生同一本招生

过渡，录取新生中成绩达到一本线的人数由去年的1896人增至4007人。在金融危机的背景下，今年我校毕业生的初次就业率达到80.6%，与前两年基本持平。

三是进一步加大了人才建设力度。大幅度提高了引进高端人才的安家费和科研启动费标准。学校领导积极带队赴国内外广招优秀人才，取得了明显效果。今年已引进52位博士，选送20位教师攻读博士学位，选派60位教师赴国内外高水平大学研修。学校教师队伍中新增“特贴”专家3人、全国杰出专业技术人才1人、“省优”专家6人、“515人才工程”第一层次6人、第二层次14人、“宝钢优秀教师奖”获得者3人，队伍整体实力明显增强。

四是积极推进了体制机制创新。根据整改落实方案的部署，学校研究提出了一系列有利于学校科学发展的规章制度和管理文件，包括教学机构设置调整方案、儋州分校管理办法、“211工程”建设管理办法、学部学术委员会章程、科研工作系列管理办法、校办产业规范化管理方案、学院党政领导班子工作规则、党员领导干部民主生活会若干规定、处级党员领导干部谈话制度、学校重要决策征询意见制度、重要校情通报制度、重要政策公布制度等等。特别是今年7月初学校召开了校党委一届二次全体（扩大）会议，审议通过了《海南大学“211工程”三期建设行动计划》、《海南大学十年（2008-2017年）发展规划（修订）》、《中共海南大学委员会关于学校管理体制机制改革的若干意见》、《中共海南大学委员会关于进一步加强和改进党的建设的若干意见》。这4份文件凝聚了全校上下的集体智慧，是指导学校今后一个时期改革发展的纲领性文件，为学校进一步贯彻落实科学发展观、推动各项工作、促进科学发展，提供了重要的政策依据。

五是明显加快了办学条件建设进度。在学习实践活动的有力推动下，学校全面加快了校园基础设施的建设，完成了第四教学楼和两栋学生公寓楼建设，启动了第五教学楼建设，实施了校园新建基建项目场地平整工程、校园防控围挡工程、水电等基础设施维修改造工程、新篮球场与木球场工程、校园排污系统改造工程，基本完成了社科楼等其他18个基建项目的前期工作，为在近两个月内全面动工做好了准备。此外，实施了校园网改造升级工程，购置了2000多万元的教学科研仪器设备，明显改善了教学科研条件。

六是着力解决了一批师生员工关注的热点难点问题。重点落实了桥西教工生活区建设方案、为无房教职工发放租房补贴、联系落实儋州校区第二批搬迁教师住房问题、落实部分教职工原房改房退款资金、调整退休教职工生活补贴标准、加大毕业生创业培训和就业服务力度、全面改善学生食堂卫生条件及服务质量等等。同时，进一步加强了校园管理，特别是在甲型H1N1流感防控工作中，第一时间启动应急机制，严格按中央、海南省和海口市的有关要求采取了一系列强有力防控措施，外堵输入，内防扩散，确保了正常的办学秩序，得到了省市主管部门的高度肯定，成为海口市各级各类学校防控甲型H1N1流感的先进典型。

**四、下一步打算**

在取得积极成效的同时，我们也清醒地看到，我校在开展学习实践活动中还存在一些不足，主要是：（一）学习实践活动集中进行的时间略显紧张，除去暑假时间，充分有效利用的活动时间只有近5个月，而活动的各阶段各环节紧紧相扣，时间限定性强，加上高校教学科研工作又有特定的规律，使整个过程安排比较紧张，一些工作举措刚刚启动，还有待于进一步扎实深入地开展；（二）少数党员干部抓学习实践活动还不够深入，特别是还不能很好地将学习实践科学发展观与本职工作相结合，做到自觉用科学发展观指导、推动教学、科研与管理工作；（三）学校科学发展的长效机制还需进一步建立健全，特别是深层次的有关学校改革发展与合并融合的体制机制创新，还需要进一步的研究和探索。为此，我们要进一步将学习实践科学发展观活动推向纵深，推动学习活动转为常态化、长期化的学习与实践，不断巩固和扩大活动成果，使学习实践科学发展观成为推进学校科学发展的重要动力和坚实保障。下一阶段，要重点抓好以下四个方面的工作。

第一，要继续加强学习。按照学习实践活动的有关要求，进一步完善党委中心组学习、校院两级领导班子定期务虚、校院领导班子成员理论学习考核及成果交流等制度，使领导干部学习科学发展观经常化、制度化。同时，积极采取更加生动有效的方式和途径，引导教师和学生不断加强对科学发展观的学习和实践，进一步提高广大师生学习实践科学发展观的自觉性和坚定性，使科学发展观真正成为广大师生工作和学习的指南。

第二，要抓紧抓好整改落实工作。一要高度重视，狠抓落实。学校整改落实方案具体明确了整改目标、整改项目、完成时间以及分工领导与责任单位，其中部分项目已经完成，还有一些项目正在实施之中。各责任单位的一把手要对本单位承担的整改项目负总责，对整改落实工作必须亲自抓。要在分管校领导的指导下，切实将工作抓紧抓细抓实，确保按时完成任务。二要加强协调，密切配合。整改落实工作涉及方方面面，各责任单位要按照任务分工，密切配合，形成上下联动、左右互动、通力合作、协调一致的工作格局。牵头单位要切实负起责任，及时会同相关单位认真研究和协调处理整改工作中遇到的困难和问题。三要真抓实干，集中整改。进一步把师生员工反映强烈的热点、难点问题作为主攻方向，抓住那些关系学校发展和师生员工切身利益的实际问题，下大力、出实招加以解决，让广大师生员工更加真切地感受到学习实践活动带来的实效。四要实事求是，务求实效。坚持尽力而为，量力而行，从实际出发，扎扎实实抓整改、办实事、解难题、促发展。既要讲求整改进度，抓紧落实，更要注重整改的质量与实效，不搞形式主义，特别对重大改革与建设举措，要坚持深入调查研究，严格标准要求，加强沟通协调，确保整改落实工作真正经得起实践和历史的检验。学校学习实践活动办公室要加强全程跟踪检查，整改落实情况要及时反馈给学校党委常委会。

第三，要在建立长效机制上下功夫。贯彻落实科学发展观是长期任务，学习实践活动只是一个开端，必须着眼长远，从根本上加强制度建设，建立和完善保障学校科学发展的长效机制。要按照科学发展观的要求，加快推进学校管理体制机制改革，建立健全各方面管理规章制度，进一步构建和完善符合“211 工程”大学建设要求的制度体系，不断提高学校管理制度建设的系统化、科学化和民主化水平。

第四，要认真抓好学习实践活动“回头看”。按照学习实践活动要求，我们将在适当时候组织开展一次“回头看”活动。一是回头看学习，看看我们的学习内容、学习效果还有哪些欠缺。二是回头看问题，看看随着整改落实工作的深入和学校改革发展的新进展，我们所查摆的问题及剖析的原因是否还有不到位的地方。三是回头看成果，看看整改任务是否完成，是否做到逐项有落实、件件有回答。四是回头看作风，看看我们党员干部队伍的作风是否有明显转变。根据“回头看”的情况，要本着缺什么补什么的原则，严肃认真地进行“补课”。

最后，需要特别指出的是，我校能够顺利有序地完成学习实践活动的各项任务，与省第五指导检查组的悉心指导和关怀帮助是分不开的。以符和积同志为组长的指导检查组全体成员对我校学习实践活动全程给予了有力的指导，每个阶段、每个环节的关键步骤，都来到学校进行现场指导与检查，及时向我们传达上级精神，对我们开展各项重要活动给予非常具体、非常到位的指点，并认真审阅和修改了包括校领导班子分析检查报告、整改落实方案在内等各个重要活动材料，显示出了很高的指导检查水平，为我校学习实践活动深入扎实开展起到了关键作用。他们身上体现出来的扎实深厚的政治理论水平、严谨负责的敬业精神和求真务实的工作作风为我们全校师生员工树立了良好的榜样。在此，让我们用热烈的掌声，对省第五指导检查组半年来的辛勤工作和给予我校的精心指导表示崇高的敬意和衷心的感谢！我们恳请指导检查组的同志们今后一如既往地关心、支持我们的工作，帮助我们把海南大学办得更好。

同志们，巩固和扩大学习实践活动成果，将学习实践科学发展观不断推向深入，是长期的重要政治任务。学习实践活动作为集中教育形式即将结束，但推动学校科学发展任重而道远。让我们高举中国特色社会主义伟大旗帜，坚定不移地深入学习实践科学发展观，继往开来，奋发图强，全力推进学校科学发展，为建设有特色、高水平“211 工程”大学而不懈奋斗！

# 振奋精神　真抓实干
# 为“211 工程”大学建设开好局起好步
## ——在海南大学第一届教职工代表大会第二次会议上的报告

校长　李建保

（2009 年 1 月 11 日）

各位代表、同志们：

今天我们在这里召开海南大学第一届教职工代表大会第二次会议。大会的主题是：振奋精神，真抓实干，为“211 工程”大学建设开好局、起好步。现在，我代表学校向大会作工作报告，请各位代表审议，也请各位列席代表提出意见和建议。

**一、第一次教职工代表大会以来的工作回顾**

2008 年 7 月，新海南大学成功召开了第一次党代会和教代会，明确了学校的奋斗目标、发展思路和主要任务，为实现学校又好又快发展奠定了坚实的思想基础。半年来，在省委省政府和教育部的正确领导和大力支持下，在校党委的带领下，全校师生员工积极实践科学发展观，团结一心，艰苦奋斗，取得了显著成绩。

（一）学校成功进入国家“211 工程”重点建设高校行列

2008 年 12 月 15 日，海南大学迎来了建校 50 周年华诞。也就是在这个校庆之日，海南大学终于梦想成真，成功进入国家“211 工程”重点建设高校行列。这对我校来说是一件大喜事，对全省教育界来说也是一件大事，具有里程碑式的意义。在建校 50 周年庆祝大会上，国务委员刘延东发来贺信，代表国家鼓励我校以进入“211 工程”重点建设高校行列为契机，加快发展，为促进海南全面协调可持续发展，为国家现代化建设和中华民族伟大复兴做出新贡献。同时，教育部周济部长，海南省委卫留成书记、罗保铭省长以及农业部的领导也亲临我校参加校庆活动，并指导“211 工程”大学建设工作。站在新的历史起点上，只要我们能把握好这来之不易的历史发展机遇，团结拼搏，学校就有望早日走向新的辉煌。

（二）急性肠道传染性疾病防控取得重大胜利

我校自 2008 年 10 月 31 日出现的急性肠道传染性疾病疫情，引起了各级政府的高度重视和社会的广泛关注。“疫情就是命令”。学校迅速启动应急机制，校领导不分昼夜坚守防控第一线，广大师生员工坚定信心，团结一致，在省委省政府以及海口市委市政府、省教育工委、省教育厅、省卫生厅的正确领导下，在国家、海南省、海口市、美兰区四级疾病防控部门的全力支持、指导和直接参与下，通过对校园进行全面清洁消毒，对食堂进行严格整改，组织师生及时服药预防，对腹泻学生科学留观诊治，积极开展全校爱国卫生运动，严格校园管理，加强师生健康教育，做好师生思想稳定工作等措施，迅速、彻底地控制了疫情，从 11 月 10 日起，学校教学、科研和生活秩序全面恢复正常。

针对后勤保障工作的自查情况，学校成立了整改工作领导小组，制定了整改工作方案，将整改目标任务分解落实到具体部门和个人，并想方设法调剂资金 2836 万元专门用于疫情防控和后勤保障整改工作，其中疫情防控 280 万元，后勤保障整改（含校园环境整治）2556 万元。重点整改了学生食堂，回购了学生第五食堂，学生就餐条件有了很大的改善。大力开展了校园环境整治工作，校园面貌已焕然一新。对排水、排污系统进行了初步改造，把校园生活污水和地表水纳入市政排污系统。现还有一批整改项目待报批后，即可组织实施，届时校园环境将发生根本性改变。

（三）学校教学、科研和社会服务等各项工作成绩喜人

2008 年下半年，学校围绕着教学、科研和社会服务三大任务，全面推进各项工作，成效显著。

学科建设方面。学校的学科得到进一步整合和融合。第二批 5 个省级重点学科通过中期检查。6 个省重点学科建设项目顺利推进。新获批建设海南优势资源化工材料应用技术省部共建教育部重点实验室、海南省硅锆钛资源综合开发和利用重点实验室。获准立项建设教育部科技查新站。分析测试中心通过国家资质认证评审。

教育教学改革方面。制定了 2008 级人才培养方案。3 个专业被评为国家级特色专业，4 个专业被评为省级特色专业。1 个实验中心被列为国家级实验示范教学中心，1 个教学团队被评为省级教学团队，4 门课程被评为省级精品课程。2 人被评为省级教学名师。文理科实验班和冬季小学期制试点工作正式启动，师生反映良好。首次从 2400 多名报名学生中选拔文、理科各 30 名学生分别组成实验班；首次在 5 个专业试点冬季小学期制，聘请校外知名专家 19 人，主讲课程 22 门。推荐 120 位 2009 届优秀毕业生免试攻读硕士研究生。成立了应用科技学院（城西校区），采取相对独立的管理体制，探索应用型本科教学的新模式。

科研方面。获批立项科研课题 271 项，其中国家自然科学基金 14 项，国家社科基金 2 项，其他国家级科研项目 31 项。立项科研经费 4900 多万元。30 多项科研成果通过鉴定和验收。获省级以上科学技术奖 8 项，其中省科技进步一等奖 1 项、二等奖 2 项、三等奖 3 项，省科技成果转化一等奖 1 项，教育部高等学校自然科学二等奖 1 项。申请各类专利 12 项。公开发表论文 1200 多篇，被三大检索收录论文 80 多篇。出版著作 100 多部。

队伍建设方面。推荐长江学者特聘教授候选人的材料已上报教育部。共引进人才超过 100 人，其中海外高层次人才 11 人，博士 42 人，硕士 58 人。选送教师攻读博士学位 20 人，国内高校进修 20 人，国内访问学者 2 人，天津大学挂职学习 3 人，赴日本研修 33 人。

招生方面。我校 2008 年招生工作形势喜人，第一志愿录取率达到了 92.7%，录取分数线在许多省份都高出控制线 40-50 分，最多的高出了 110 多分，基本达到了国内同类地方重点大学水平。

学生教育管理方面。健全了思想教育体系、学生助困体系、心理健康指导体系和学生评价奖惩体系。成立了学生心理健康指导中心、资助管理中心。基本配齐了班主任。健全了学生安全信息通报制度。4 个团队获得全国大学生数学建模竞赛二等奖，1 件学生作品在第六届“挑战杯”中国大学生创业计划竞赛决赛中获银奖。

学生就业方面。开设了就业指导课程，积极开展职业技术测评和就业辅导活动，广泛收集就业信息，开通学校就业信息网，举办各类招聘会 100 多场次。2008 年我校毕业生初次就业率达到了 88.36% 。

办学条件建设方面。完成校园总体规划和桥西教工小区规划的修编。完成 5 个日贷项目及第五教学楼、教工周转房、桥西 1000 套集资房、2 栋学生公寓的设计和报建，其中 2 栋学生公寓和第四教学楼已开工建设。完成 12 个篮球场的建设，图书馆二期也已竣工交付使用。数字化校园建设加快推进，新购 9 大管理系统已安装调试完毕。想方设法在图书馆增加学生自习座位 2000 多个。新增的 6000 多万元仪器设备已大部分投入使用。

对外合作与交流方面。教育部已正式明确天津大学对口支援我校。与境外6所高校签署校际友好合作协议书或备忘录，与2所友好合作院校签署师生交流实施细则。继续选派 31 名优秀学生赴新加坡南洋理工大学等6所境外高校学习。共派出 28 名国际汉语教师志愿者赴泰国、菲律宾、印度尼西亚任教。中外合作项目《1+2+1 中美人才培养计划》正式启动。通过理事会筹集办学资金1000多万元支持学校建设发展。

社会服务方面。正式与海口市签订了合作协议，服务海口经济社会的渠道更加畅通。培训海口乡镇干部 50 人。与海南农垦建立的紧密合作关系得到继续深化，海南农垦科级干部培训项目一直持续到2008年12月，共培训19期共2441人。分析测试中心将正式对外开展检测服务。

制度建设方面。学校各方面的规章制度建设工作已基本完成，校内管理体制得到了初步统一，为科学治校、依法治校、民主治校和高效率治校提供了保障。

历史遗留问题清理方面。学校成立了历史遗留问题清理整顿领导小组，对历史遗留的财务纠纷、法律官司等逐步清理，并力争得到各级政府以及司法系统的大力支持。偿还外债 4000 多万元，学校债务明显下降。

各位代表、同志们，2008年下半年，是我校各项事业向前发展，喜事连连的半年；也是学校面临严峻考验，经历了风雨洗礼的半年。半年来，学校能处理好改革、发展与稳定的关系，实现学校较快进步，这得力于上级的正确领导，特别是省委省政府、教育部、农业部、海口市委市政府领导的关注与关怀，得力于兄弟院校和社会各界的支持与帮助，得力于全校师生员工的辛勤努力和无私奉献。在此，我代表学校，向所有关心和支持学校发展的各级领导、各界人士和广大师生员工表示衷心的感谢和崇高的敬意！

## 二、2009年上半年工作任务

2009年是我校全面启动“211 工程”大学建设的第一年。2012年我们就要接受国家的验收，留给我们的时间只有3年多，任务艰巨且繁重，我们一定要以背水一战的决心快速推进各项建设工作。做好2009年上半年的工作，是我校“211 工程”建设开好局、起好步的关键。

2009 年上半年，学校将以科学发展观为指导，深入贯彻落实我校第一次党代会和教代会精神，紧紧围绕“211 工程”大学建设的具体要求，坚持以学科建设为龙头，大力推进重点学科、科研团队和科研项目建设；以提高教育教学质量和学生就业竞争力为主线，进一步推进教育创新，努力提高人才培养质量；以儋州校区整体搬迁为目标，大规模实施校园基本建设，进一步改善办学条件，使我校“211 工程”大学建设取得良好的开端。

### （一）全面启动和扎实推进“211 工程”建设

围绕“211 工程”大学建设要求，坚定不移地贯彻实施学校十年发展规划、学科建设规划、师资队伍建设规划和校园规划，确保各项工作目标能如期实现。继续完善《海南大学“211 工程”大学建设方案》，并按教育部的要求，及时报送和跟踪评审结果，信息明确后要马上组织实施，快速推进。对照“211 工程”验收标准，确定各项工作的目标，并对这些目标进行分解，责任到人。根据单位或个人承诺的指标，合理安排“211 工程”建设资金。加强学部建设，组建学部“产学研”服务机构。花大力气抓好现有国家和省部级重点学科建设，特别是“作物遗传育种”国家级重点学科建设，力求在强化特色和提高水平上有重要进展。建设好现有的省部级重点实验室、工程中心，进一步推进与天津大学等重点高校联合建立国家级重点实验室。认真做好 2009 年度特色优势学科实验室项目的申报评审工作。合理整合资源，高标准、高质量做好第十一次学位授权点的申报工作，争取在博士点上有所增加，进一步提高我校的办学层次。

### （二）加强教育教学改革与管理，提高人才培养质量

以“建设学科平台，减少专业模块，缩短基

本学时，夯实知识基础，创办精品课程”为方向，进一步强化教学质量建设。积极探索教学目标管理办法，努力建立起优胜劣汰的竞争机制。加强教学督导，下大力气抓好教学督导员队伍建设。继续做好精品课程、特色专业、新教材和教学团队的建设。强化实践教学环节，推进实验教学改革。继续推进文理科实验班试点工作，认真总结三学期制教学改革经验，并以此为契机，科学调整和完善人才培养方案，促进学生全面发展。积极探索、有效推进研究生培养机制改革和创新，提高培养质量。加强研究生导师队伍建设，探索导师科研项目、科研经费与招收研究生数量挂钩的机制，使研究生创新能力的培养得到保证。

（三）加强科技创新工作，提升科研实力和水平

切实采取措施，抓紧组建强有力的学术科研团队，建设一批高水平的学科基地和科研创新平台。按照“成熟一个，设立一个”的原则，做好科研机构（研究所、中心等）的设置工作。继续坚持以“热带、海洋、生态、特区”为特色的学科发展之路，进一步紧密结合海南经济社会发展的需求，力争在热带农业、海洋生物、油气化工与新材料、食品加工、特区法制、海岛旅游等领域有新的进展。加大力度引进高层次人才，尤其是要引进可以形成科研团队的学术带头人，聘请一批优秀外籍教师来我校工作。鼓励广大教师主动申报各级各类科研项目，力争在国家级科研项目，特别是国家重点和重大科技项目上有新的突破。

（四）进一步做好大学生教育管理工作

召开大学生思想政治研讨会，总结经验，更好地应对学生工作的新形势、新特点、新任务。通过组织心理健康知识讲座、加强学生心理危机干预等措施，做好大学生心理健康教育。完善奖、贷、助、减、免等学生资助体系，做好贫困生扶助工作。加强对学生宿舍的管理，做好学生信息反馈和思想政治教育进网络工作。加强大学生创新院建设，调动教师主动吸收学生参与教师科研课题的积极性，鼓励学生积极参加各类科技创新和学科竞赛。加强大学生文化素质教育基地建设，促进校园文化的全面繁荣与发展。加强学生思想政治教育工作队伍建设，健全和完善学生辅导员管理与考核机制。大力推进“学校统筹、院系为主、全员参与”的学生就业工作管理模式，研究毕业生就业率与学院招生挂钩的新机制，全面加强毕业生就业指导和服务工作，促进学生高比例和高质量就业。

（五）全面推进校园基本建设

坚定不移地坚持儋州校区三年整体搬迁目标。根据搬迁计划，全面推进学校基本建设，启动第五教学楼、社会科学学科群楼、交流中心及外国语学院楼、热带农业与生命学科群楼、理工学科群楼、教师周转房、桥西教工小区集资房、4 栋学生公寓、新学生食堂、大学生活动中心等 10 个建设项目。继续跟踪和推动校园周边土地的整合工作，争取清理秀英实验场土地。加快数字化校园建设，重点建设自动化办公、教务、科研、学生、人事等管理信息系统，图书馆数字化及校园“一卡通”系统，并实现各系统间的互联。

（六）继续加强后勤保障整改工作

继续落实因报建、招标等原因而尚未完成的后勤保障整改项目。设立卫生安全监督管理机构。进一步建立健全食品和饮用水卫生安全管理制度。建立完善学校监管、学生参与、舆论监督相结合的卫生安全监督监控体系。全面制订完善学校重大突发事件总体应急预案及各专项应急预案，健全各类应急处理工作机制。进一步加强食堂管理，积极探索食堂经营管理新机制。加强与属地管理部门的沟通，建立更加有效的责任分工明确的快速应急联动机制。特别是要加强与海口市政府的沟通，争取在校园周边环境监督、管理和整治等方面得到更多的支持和帮助。

（七）扩大对外交流与合作

加强与国内外高校、科研机构以及社会各界的交流，多方寻求教学、科研合作。进一步落实好与天津大学、中国农业大学、武汉大学等重点

高校的对口支援合作协议。密切与中国热带农业科学院的合作，加强与企业的合作，积极探索订单式、3+X 等灵活的人才培养模式。继续做好对台交流工作。努力扩大留学生教育规模，重点拓展俄罗斯以及东南亚华侨子弟的生源。加强学校理事会、校友会的建设，筹备召开学校与海外华人恳谈会以及二届理事会三次全体理事会议。

（八）努力提高治校能力和管理水平

进一步健全“学校、学部、学院和系四级建制，学校、学院二级管理，以学院为主”的管理体制。完善分校区管理模式，确保各校区工作的协调与统一。积极推进应用科技学院（城西校区）新管理模式的运行，抓紧筹划儋州校区的定位及管理模式。进一步深化、细化校内津贴分配办法的改革。积极推进定编定岗方案的实施。出台各级机关岗位及各部门、各单位的考核评价办法，努力建立起以量化评价为基础的考核评价体系。积极推进校务公开，加强民主管理和民主监督，全心全意依靠广大教职工办好学校。重视和加强离退休人员的工作。进一步做好安全保卫工作，确保校园安全稳定。

各位代表、同志们，学校已经走上了“211工程”建设的宏伟征程，前方有考验、有挑战，更有希望和光明。历史将建设有特色、高水平“211 工程”大学的重任交给了我们，我们责无旁贷，义不容辞。希望全体师生员工团结一致，振奋精神，真抓实干，携手将学校各项事业不断推向前进，为创造海南大学美好的未来而努力奋斗！

谢谢大家！

# 在机关工作大会上的讲话

校党委常务副书记 刘康德

（2009 年 4 月 24 日）

同志们：

两校合并一年多来，机关全体工作人员在校党委、行政的领导下，为两校的顺利合并和启动“211 工程”大学建设付出艰苦的努力，做出重要贡献，对于机关同志的工作学校是给予充分肯定的。结合学习实践科学发展观活动的要求，下面我对机关工作主要谈两方面的意见。

**一、一年多来机关工作的回顾**

合并以来，机关干部队伍经受住了考验，较好地履行了工作职责，主要表现在：

（一）讲政治、顾大局，为实现两校的平稳合并起到表率作用

机关是学校的重要部门，是学校的管理中枢。两校的合并，最早就是从机关开始的。机关的全体同志始终以大局为重，正确看待个人工作岗位的调整和职务变动，克服了跨校区办公、夫妻两地分居、住房条件艰苦等生活困难，以高度的政治责任感、大局意识和饱满的工作热情，积极投入工作，为实现新大学的良好开局奠定了坚实的基础，机关干部也以自己的行动，为广大群众树立了榜样。

（二）克服困难，扎实推进学校各项工作

万事开头难，合并初期工作千头万绪，不但要保证院校分离的平稳实施，两校合并的顺利进行，确保新海大的正常运转，而且还要加快推进学校的改革和发展步伐，任务十分艰巨。机关全体同志克服重重困难，经过艰苦的工作，较好地履行了职责，完成了工作任务：一是顺利实施了院校分离。二是统一了新大学的管理体制和运行机制，初步建立起新大学的制度体系。三是落实了全校教师与干部的工作岗位。四是顺利完成了儋州校区的第一批搬迁工作。五是研究制订学校发展规划。六是基本完成校园规划的修编，积极落实校园周边土地的整合。七是顺利召开了第一次党代会和教代会。八是启动我校“211 工程”建设，并举行了动员大会和 50 周年校庆。九是启动了桥西小区的集资建房工作。十是在防控霍乱疫情中发挥了中坚作用。

（三）锻炼了队伍，提高了能力

合并一年多来，学校任务重，时间紧，机关的同志又来自两个办学理念、管理模式有很大差异的学校，机关干部都能本着共同建设新海南大学的理想，相互包容，相互学习，取长补短，较快地融为一个整体，较好地适应了新大学的要求。通过这段时间的磨炼，机关管理队伍得到了锻炼，工作能力和管理水平得到了提高。

面对一个全新的学校，面对更高的要求，面对各种复杂的矛盾，机关工作难免不出现问题，群众有意见，有牢骚是正常的。通过这次学习实践科学发展观第一阶段的调研活动和思想解放大讨论，机关存在的主要问题是：

一是服务态度不尽人意，服务意识有待加强。个别单位、个别干部存在官僚作风，门难进脸难看，工作态度生硬，群众意见较大；

二是执行力不强，工作能力和管理水平有待进一步提高；

三是有些部门工作职责不清，权限不明，协调沟通不畅，有些工作存在推诿扯皮现象，影响了工作效率；

四是机关干部感到工作压力较大，普遍对机

[illegible]

## 二、对机关今后工作的几点要求

### （一）振奋精神，树立信心

管理工作是学校总体工作的重要组成部分，没有高水平的管理就不可能有高水平的“211 工程”大学。机关是学校形象的窗口，机关同志的精神面貌、工作作风和工作成果，对学校的教风学风和学校的发展有着重要的影响，机关干部首先要对自己从事的工作的重要性有深刻的认识，立足本职，以主人翁的精神投入工作。对群众的意见，要本着有则改之，无则加勉的态度，正确对待。虚心倾听群众的呼声，真诚地接受批评，认真克服我们工作中的不足，不断改进我们的工作。全体机关干部一定要看到学校发展的美好前景，看到管理工作的前途，克服畏难情绪，振奋精神，树立信心，为建设有特色、高水平的“211 工程”大学做出自己的贡献。

### （二）加强学习，提升理念，改进作风，不断提高工作能力和管理水平

机关干部要坚持以高水平“211 工程”大学的标准要求自己，不断加强自身的学习，及时把握高等教育的发展动态，积极汲取高校管理的最新知识，拓展思路，牢固树立“学生是根本，教师是主体”的服务意识，加强思想作风、工作作风建设，不断提高组织能力、执行能力和创新能

[illegible]成事的队伍。

### （三）加强对机关工作宣传，做好与基层单位的联系和沟通

逐步建立机关部门联系基层单位工作制度，健全和拓宽信息收集、反馈渠道。在涉及群众切身利益的政策出台之前，一定要广泛征求意见，深入调查研究，集思广益，做好与基层单位的沟通交流，夯实工作基础，取得大多数群众的理解和支持，保证决策的民主、透明和公平、公正。要加强对机关工作的宣传，对机关中的优秀干部应大力表彰，树立典型，积极引导和带动教风学风建设，营造健康向上、团结互助、文明礼貌的和谐校园文化。

### （四）加强制度建设，规范机关管理行为

积极推进依法治校工作，健全和完善各类规章制度建设，进一步明确各单位、各部门的工作职责和管理权限，实行工作限时承诺制和责任追究制，以科学、规范的机关工作，促进学校整体管理上台阶、上水平。

同志们，海南大学的各项工作刚刚起步，我们还面临着搬迁和“211 工程”建设两项艰巨任务，任重而道远，希望全体机关干部发扬艰苦奋斗、团结互助的优良传统，振奋精神，为实现我校的办学目标而努力奋斗！谢谢大家！

# 重要文件及规章制度

## 上级机关文件

### 新闻出版总署
### 关于同意《华南热带农业大学学报》更名为《热带生物学报》及变更主管主办单位的批复

新出审字[2009]30 号　2009 年 5 月 11 日

海南省文化广电出版体育厅：

你厅琼文出[2008]54 号文收悉。

经研究，同意《华南热带农业大学学报》更名为《热带生物学报》，原刊号 CN46—1053/S 作废，新编国内统一连续出版物号为：CN46—1078/S,主管单位由农业部变更为海南省教育厅，主办单位由华南热带农业大学变更为海南大学。办刊宗旨及业务范围为：刊发热带亚热带地区农业、林业、园艺、生物技术、海洋资源及环境保护方面的科学研究成果，推动海南及我国的热带生物学科发展与学术繁荣。其他登记项目不变。

请为该刊办理变更手续。

### 中央宣传部新闻局
### 关于做好赵红亮事迹宣传报道的通知

通知[2009 ]第 394 号　2009 年 6 月 29 日

人民日报、新华社、光明日报、中央人民广播电台、中央电视台：

海南大学 2008 级硕士研究生赵红亮，身残志坚、自强不息，刻苦学习、无私奉献，从中学时代开始 10 余年从未间断爱心行动，帮助贫困孩子、孤寡老人和贫困山区，展现了当代青年和大学生的时代风采。根据中央领导同志批示精神，请各媒体做好赵红亮事迹的宣传报道。7 月 5 日前，请新华社就赵红亮事迹播发通讯，各报刊登新华社稿或自采稿，中央人民广播电台“新闻和报纸摘要”、中央电视台“新闻联播”播出报道。

采访报道联系人：海南大学宣传部张继友，电话 13976018300；中宣部新闻局郭佳，电话：83083446、15910760767。

### 中国共产党海南省委员会
### 关于曹献坤等同志职务任免的通知

琼干[2009]126 号　2009 年 6 月 30 日

省教育工委、海南大学党委：

省委决定：曹献坤、刁晓平同志任海南大学党委委员、常委；谭基虎同志不再担任海南大学党委常委、委员职务，另有任用。

### 海南省人民政府
### 关于曹献坤等任职的通知

琼人字[2009]66 号　2009 年 8 月 16 日

海南大学：

省人民政府决定，任命曹献坤、刁晓平为海南大学副校长（试用期一年）。

### 海南省人民政府
### 关于傅国华任职的通知

琼人字[2009]69 号　2009 年 9 月 24 日

海南大学：

省人民政府决定，任命傅国华为海南大学副校长（试用期一年）。

# 学校文件

## 中共海南大学委员会<br>关于授予赵红亮同学<br>“优秀共产党员标兵”的决定

海大党[2009]44 号　2009 年 5 月 31 日

儋州校区管委会，各二级单位党委（党总支），各部门、各单位：

赵红亮同学是我校管理学院市场营销本科专业 2006 届毕业生，现为我校政治与行政学院 2008 级中共党史硕士研究生，中共党员。他来自河南省的一个偏远农村，从小腿有残疾，行动不便。从 1998 年上高中开始，他就用省吃俭用和打零工挣的钱资助两名江西革命老区的贫困小学生。2002 年考入我校后，他以海南抗洪英雄李向群为榜样，用“向群弟”的名字参加公益活动。他在学校组建青年志愿者服务队，利用周末为贫困中小学生提供免费家教。他每周到敬老院做义工，用自学的中医穴位按摩、常用药膳知识、聋哑儿童心理辅导等知识和自己购买的血压计、拔罐器等帮助孤寡老人和孤儿，成为他们的亲人。大学本科毕业后，他毅然放弃了好的工作机会，到海南省白沙黎族自治县南开乡中小学校支教，成为一名光荣的中西部服务志愿者。在为期两年的支教工作中，他在贫困落后的边远山区克服语言不通、自身行动不便等重重困难，出色地完成了支教任务。在全省农村中小学危房改造攻坚战中，他每天利用课余时间到工地上运砖、拌水泥，手脚磨得起泡化脓，却从不叫苦。他自学橡胶种植与割胶技术，向当地胶农发放科普图书、赠送自费刻录的橡胶种植光碟，同时邀请母校专家到当地实地指导。为更好地为当地农民服务，他经常拖着残疾的双腿每天往返几十里山路走访黎苗山寨。两年下来，他的足迹遍及了南开乡 27 个自然村。赵红亮同学的事迹得到了社会的赞扬和肯定，他先后获得了海南省大学生中西部计划十大杰出志愿者、海南省十大杰出青年志愿者、海南青年志愿者服务金奖、海南省十大助人为乐道德模范，中国青年志愿者服务银质奖章，海南青年五四奖章、中国大学生自强之星等荣誉称号。海南日报、海南电视台、南国都市报、海南特区报等多家媒体对赵红亮同学的先进事迹进行了采访报道。

赵红亮同学怀着一颗善良坚毅之心，直面命运的不幸，坚强而勇敢地学习和生活。他身残志坚、自强不息，刻苦学习、勇于进取，关爱社会、无私奉献，时刻以一名共产党员的标准严格要求自己，将全心全意为人民服务视为自己的神圣使命。他的事迹感动了我校全体师生员工，在社会上引起了强烈反响。他用自己的实际行动诠释了当代大学生自强自立、奋发进取、奉献社会、勇担责任的精神风貌，弘扬了中华民族传统美德，倡导了社会文明新风，实践了社会主义核心价值，展现了一名优秀共产党员的高尚品格，是我们学习的好榜样。

为此，学校党委决定授予赵红亮同学海南大学“优秀共产党员标兵”荣誉称号，号召全校师生向赵红亮同学学习。要广泛深入开展各种形式的学习活动，学习他刻苦钻研、自强自立、乐观向上、勇于进取的人生态度，学习他不怕困难、直面现实、沉稳自信、坚韧执着的顽强意志，学习他关注民生、宽厚仁爱、乐于助人、无私奉献的大爱情怀，学习他服务社会、扶贫助困、甘于寂寞、扎根基层的踏实品格，让“赵红亮精神”扎根校园。

各基层党委(党总支)、党支部要把开展向赵红亮同学学习的活动与正在开展的深入学习实践科学发展观活动结合起来，进一步促进学校党的思想作风建设，以好的党风带出好的校风学风，激励广大师生员工为推动学校科学发展、加快建设有特色高水平“211 工程”大学而共同奋斗。要把开展向赵红亮同学学习的活动与加强和改进大学生思想政治教育结合起来，充分发挥赵红亮同学这个集鲜明时代特色与中华传统美德于一身的先进典型的模范作用，引导广大大学生进一步提高思想道德素质，刻苦学习，勤于实践，掌握本领，报效祖国，奉献社会，承担起全面建设小康社会和实现中华民族伟大复兴的历史重任。

# 中共海南大学委员会
# 关于印发学校十年发展规划（修订）的通知

海大党[2009]53 号 2009 年 9 月 10 日

儋州校区管委会、各二级单位党委（党总支）、各部门、各单位：

《海南大学十年（2008-2017 年）发展规划（修订）》业经校党委一届二次全体（扩大）会议审议通过，现予印发实施。

## 海南大学十年（2008-2017 年）发展规划（修订）

2007 年 8 月，原海南大学与原华南热带农业大学合并组建新的海南大学。2007 年 11 月，新海南大学成为海南省人民政府与教育部共建的高校。2008 年 12 月，新海南大学获准进入国家“211 工程”重点建设高校行列。这是全国高等教育发展布局的需要，也是海南教育发展的必然要求，必将对海南经济社会全面协调可持续发展产生积极而深远的影响。

为贯彻落实教育部和海南省委省政府的重大决策，明确学校发展战略、目标和任务，推进学校又好又快发展，根据省情校情，结合学习实践科学发展观活动成果，修订本规划。

### 第一章 发展基础及面临形势

#### 一、发展基础

新海大成立以来，在教育部、海南省委省政府的正确领导和社会各界的大力支持下，实现了合并融合的阶段性工作目标，并在集成和强化原“两校”办学优势及学科特色的基础上，大力推进了学校各项工作：顺利完成了原华南热带农业大学与中国热带农业科学院的分离，达到了“省部满意，院校双赢”的要求；合理整合了原“两校”学科专业，有机组合了原“两校”人才资源，积极推进了教育创新与科研创新，稳步提升了学科整体实力、人才培养质量、科研创新水平和社会服务能力，实现了两校合并 1+1>2 的效果；积极整合海甸校区周边土地并扩大了校园占地面积，初步改善了教学、科研与生活基础条件，顺利完成了儋州校区第一批师生搬迁工作，迈出了“分期实现海甸校区集中办学”的重要一步；建立了新大学统一的管理体制机制基本框架，加强了学校党的建设及校园精神文明建设，协调推进了学校改革、发展与稳定；加强了与境内外知名高校、政府部门、社会各界和海外华侨华人、港澳台同胞的联系与合作，有效扩大了新大学的影响，创造了良好的办学外部环境。

学校已形成包括普通本科生 25000 余人、各类研究生 3000 余人在内的 30000 余人全日制在校生规模；拥有专任教师 1177 人，其中正高 188 人，副高 363 人，“国家教学名师”、“新世纪百千万人才工程”国家级人选、“新世纪优秀人才支持计划”入选者及“三优专家”80 多人；设立了 4 个学部、20 个学院、3 个公共教学部及 1 个博士后科研流动站、1 个一级学科博士学位授权点、11 个二级学科博士学位授权点、74 个硕士学位授权点、68 个本科专业；建有 1 个国家重点学科、2 个农业部重点学科、10 个海南省重点学科，1 个国家级实验教学示范中心、3 个教育部重点实验室、2 个教育部工程技术研究中心、4 个省级重点实验室，2 个省级工程中心，以及 3 个国家级特色专业、2 门国家级精品课程；学科专业涵盖了理、工、农、哲、经、法、文、管等 8 个学科门类。学校形成了较高层次的人才培养与学科发展平台，站在了更高的发展起点上。

学校的发展还存在一些薄弱环节，主要是创新人才培养体系有待健全；学科的特色有待强化、布局有待优化；科研创新与社会服务的能力与海南经济社会发展需求尚有相当差距；人才队伍总量不足，高端人才及高水平学术创新团队稀缺；管理体制机制尚不能很好适应学校科学发展的新要求；基础办学条件还无法满足“211 工程”建设和儋州校区搬迁的需要；师生员工思想观念有待进一步统一。

#### 二、面临形势

学校正处于发展的重要机遇期、合并融合的攻坚期和转型升级的关键期，面临着难得机遇与严峻挑战。（一）随着知识经济时代的到来，知识创新能力与人才保障对经济社会发展的作用越来越突出，建设创新型国家和人力资源强国成为国家的重大战略目标，高等教育作为知识创新和高层次人才培养的重要源头，日益走入经济社会发展的中心，这一时代大背景为学校发展提供了广阔的空间。（二）随着科学发展观不断深入贯彻落实，全国高等教育资源优化配置和高等教育合理布局成为国家推进高等教育科学发展的重要举措，学校由此得以进入“211 工程”高校建设行列，成为国家重点支持建设的高校，站上了更高层次的发展平台，迎来了重大的发展机遇。（三）随着“大企业进入、大项目带动、高科技支撑”战略的深入实施和国际旅游岛建设的大力推进，海南经济增长方式日益向主要依靠科技进步、劳动者素质提高和管理创新转变，高层次人才和科技创新能力不足成为制约全省经济社会发展的瓶颈，省委、省政府为此合并组建了新的海南大学，以期建成对海南经济社会发展提供重要支撑的高水平大学。因此学校寄托着省委、省政府和海南社会各界以及广大海外华人华侨的厚望，在海南经济社会全面协调可持续发展中将大有可为。（四）随着经济全球化不断加深，教育国际化趋势日益明显，一方面学校可以通过加强国内外合作争取更多优质的教育、科技资源与发展机会，另一方面则面临着越来越激烈的国内外高等教育竞争压力。（五）学校初步具备了向高水平大学目标迈进的基础，但与国内先进高校相比办学各方面都存在较大差距，且面临着搬迁融合和“211 工程”建设验收的艰巨任务，如何实现又好又快发展、真正达到国家和海南省委省政府提出的更高要求，对学校来说是严峻的考验。

## 第二章　指导思想与战略目标

### 一、指导思想

深入贯彻落实科学发展观，坚持“立足海南，面向全国，辐射东南亚”的战略方向，坚持“优化结构、加强特色、提高质量、科学发展”的发展方针，在合并融合中优化结构、提高质量；在巩固发展中创新体制、提高效益；在“211 工程”大学建设中加强特色、提升核心竞争力，推进学校管好管快发展，努力走进海南政治、经济、文化建设的中心，努力为海南及区域经济社会发展做贡献。

### 二、基本思路

——坚持“质量立校”。坚持把提高质量作为学校生存与发展的生命线，贯穿于办学全过程。围绕培养知识、能力、素质协调发展，既可适应现在又能应对未来的高素质创新型人才的目标要求，扎实推进教育教学改革。

——坚持“特色兴校”。实行“有所为、有所不为”的学科发展策略，大力加强对海南经济建设和社会发展影响重大的学科群建设，着眼于解决重大理论、科技问题，积极为海南经济建设和社会发展提供强有力的支持，努力在“热带”、“海洋”、“特区”上创特色、建学科、造品牌。

——坚持“人才强校”。牢牢确立人才是第一资源的理念，采取超常规的举措加大人才队伍建设力度，完善发现人才、培养人才、集聚人才、用好人才、促进优秀人才脱颖而出的体制机制，搭建各类人才充分发挥才干的良好事业平台，按照“名师＋团队”的模式，建设一支适应“211 工程”大学建设要求的高水平人才队伍。

——坚持“依法治校”。积极推进管理创新，进一步完善“党委领导、校长负责、教授治学、民主管理”的模式，健全科学、民主、规范、高效和富有活力的机制，形成“立章严谨、守规严肃、执行严格”的制度文化，逐步构建具有本校特色的现代大学制度体系。

### 三、战略步骤

实行“两步走”的战略步骤。

第一步，整合优化期。从 2008 年到 2011 年，是合并后学校夯实各方面办学基础，培育新优势、形成新特色的整合优化期。围绕“211 工程”三期建设、儋州校区整体搬迁、文化理念融合和体制机制创新四大任务，整体推进学校改革与建设，为学校全面协调可持续发展奠定坚实的基础。

第二步，发展提升期。从 2012 年到 2017 年，是学校深入推进内涵发展、大幅提升办学水平的发展提升期。围绕上水平、创一流、立品牌的要求，进一步开创学校发展的新局面，力争在学科建设、人才培养、科技创新及社会服务等方面取得重大突破，使学校整体办学水平跨入国内同类院校一流的行列。

四、发展目标

（一）整合优化期目标

到 2011 年，实现学校学科建设、创新人才培养和师资队伍建设以及整体条件、公共服务体系建设水平的明显提高，在汇聚人才队伍、增创学科优势、突出“热带、海洋、特区”特色上有大的突破，在夯实办学基础、创新体制机制、融合文化理念上有大的成效，在培养创新型人才、推进科研创新、拓展社会服务上有大的进步，全面完成“211 工程”三期建设和儋州校区整体搬迁任务，综合办学条件和办学实力达到国家“211 工程”大学基本要求,并顺利通过“211 工程”建设验收。

（二）发展提升期目标

在“211 工程”三期建设成效的基础上，再经过几年的努力，到 2017 年，使学校学科建设、人才培养、科学研究、队伍建设、整体条件和公共服务体系建设等各项事业实现重大跨越，人才培养质量、学科整体实力、科技创新水平和社会服务能力大幅度提升，主干学科对海南支柱产业形成强大支撑力，特色学科达到全国一流，强势学科进入国际前沿，办学水平跨进全国高校百强，建成适应海南经济社会发展的高层次创新人才培养重要基地，成为解决区域经济社会发展重大问题的思想库和科技中心，成为综合实力进入国内同类院校先进行列、在东南亚有较大影响的有特色、高水平“211 工程”大学。

第三章 重点任务与主要举措

一、教育创新与教学质量建设

（一）总体要求

——合理控制本科教育规模，大力发展研究生教育，灵活发展应用技术教育和继续教育，形成以普通本科为主、办学层次逐步提升、各类型教育协调发展的人才培养格局。

到 2011 年，全校在校学生数达到 38000 人左右。其中，海甸校区集中办普通本科和研究生教育，人数控制在 30000 人左右（本科生 26000 人左右，各类研究生 4000 人左右，博士研究生 120 人左右），研究生与本科生的比例达到 1∶6.5；城西校区专门举办应用型本科教育，在校生数达到 3000 人左右；儋州校区在校生数达到 4000 人左右。

到 2017 年，全校在校学生数控制在 42000 人左右。其中，海甸校区在校人数仍维持在 30000 人左右（本科生 24000 人左右，各类研究生 6000 人左右，博士研究生 240 人左右），研究生与本科生的比例达到 1：4；城西校区在校生数达到 3000 人左右；儋州校区在校生数达到 8000 人左右。

——按照本科教育“培养知识、能力、素质协调发展，既可适应现在又能应对未来的高素质人才”、研究生教育“培养创新型人才”的要求，以教学质量与教学改革工程、研究生教育创新计划为核心，不断提高人才培养质量。

到 2011 年，人才培养质量明显提高，新增国家级精品课程 2 门，省级精品课程 6 门，国家级特色专业 3 个、省级特色专业 6 个，国家级实验教学示范中心 1-2 个、省级实验教学示范中心 4 个；实现全国百篇优秀博士论文（提名）零的突破；应届毕业生初次就业率接近 90%。

到 2017 年，人才培养质量大幅度提高，国家级精品课程达到 6 门左右；国家级特色专业达到 8 个左右，并形成在全国有较大影响的品牌专业 1-2 个；国家级实验教学示范中心达到 4 个左右；获得国家级教学成果 1-3 项、全国百篇优秀博士论文 1-2 篇；应届毕业生初次就业率稳定在 90%以上，培养出一批高质量的研究生创新人才。

（二）主要举措

1．积极稳妥地调整优化专业结构与院系设置。以海南产业结构调整和区域经济社会发展实际需求为导向，以毕业生就业率为重要依据，科学调整专业设置，严格控制新增专业，对不适应人才需求趋势的传统专业减少招生或进行改、并、转，使本科专业总数控制在 68 个左右，专业结构与布局更好地适应时代进步和经济社会发展的要求。

2．加强本科人才培养模式改革的探索与实践。积极推行以大科类招生、小专业毕业、增加实践环节为重点的本科人才培养方案改革。探索有利于发挥学科综合优势的本科生培养模式，打破专业和学院界限，积极推行双学位、主辅修等培养模式，试行“订单式”培养，拓展“1＋2＋1”等国内外合作培养，进一步完善和继续推进“三学期制”、文理科实验班等教学改革举措，促进学生综合素质培养和个性化发展相结合。

3．深入实施教学质量工程。制定专业建设评估标准，加强对特色专业、优势专业的培育，加快改善新办专业的基础条件。积极调整优化课程体系，建立健全新课程的开发机制，增加课程尤其是选修课程的资源总量。分层次推进精品课程建设，强化国家、省级、校级精品课程建设体系，以精品课程建设为参照，完善课程建设质量标准，全面提高课程建设质量。积极鼓励、扶持编写特色教材，资助优秀教材出版。强化校内本科教学质量评估，建立教务部门与学部相结合的教学督导与质量监控机制，完善现代化教务管理系统，健全教学质量保障体系。

4．实施研究生教育创新计划，构建符合本校实际的研究生创新人才培养体系。积极探索推行突出创新能力培养的研究生课程体系改革，完善创新人才培养过程和内容，构建合理的研究生知识结构，建立适应高层次、拔尖的创新型人才培养的体制及模式。完善研究生培养的导师负责制，健全研究生导师遴选、考核与淘汰机制，推进校内双导师培养，鼓励导师进行跨专业、跨学科的联合授课与合作指导。制定并启动实施研究生科技创新计划，实施研究生联合培养、国内外访学和学术交流计划，加强研究生创新平台建设，强化研究生创新意识和创新能力的培养，力争实现全国百篇优秀博士学位论文零的突破。

5．组织发动广大教师推进教学内容与教学方法的改革。加强专业教研室的建设，大力开展教师教研活动。引导教师及时更新教学内容，将教学与科研相结合，积极在课程讲授中引入最新科研成果和学科前沿知识。鼓励教师开展教学方法及手段改革的实践，推广应用“讨论式”、“研究式”、“体验式”、“案例式”等教学模式，提高广大教师使用多媒体等现代教学手段的水平。统筹规划并鼓励教师参与建立共享型教学资源库，并不断扩大建立网上教学互动平台的课程比例。加大教学改革立项组织工作及资助力度，积极培育优秀教改成果。

6．着力推进实践教学创新。在整合优化全校实践教学资源的基础上建立健全统一、高效的管理机制，实现实践教学资源共享，促进实验教学管理科学化和规范化。打破传统的实验教学模式，突出对科学研究方法、工程综合能力和创新思维的训练培养，建立多层次、模块化、课程化、开放化的实验教学模式。深化实验教学内容改革，加大综合性、设计性实验的开设比例。健全实验室开放机制，逐步实现实验室全面开放，满足学生自主学习和创新实践的需要。

7．积极拓展以创新实践能力为核心的大学生综合素质培养。围绕强化学生第二校园经历、海外学习经历和社会实践经历，制定实施“大学生素质拓展计划”，以大学生创新院和大学生文化素质教育基地为重点，建设校内外创新创业平台；实施大学生科技创新资助计划，广泛组织发动并积极扶持大学生课外科研竞赛小组及研究小团体；积极鼓励和支持学生开展创业实践；大力开展大学生学术文化艺术活动、全民健身与体育竞赛活动和社会实践活动，扶持一批有特色的学生社团，培育一批高水平的大学生文化、艺术、体育团体。

8．切实抓好大学生思想政治教育和管理服务。进一步深化“两课”教改，推进邓小平理论、“三个代表”重要思想和科学发展观“进教材、进课堂、进学生头脑”，创新教学模式，增强教学效果。积极创造形式多样的新的教育方式，加强对学生的理想信念教育、爱国主义教育、社会主义荣辱观教育、公民道德教育。建设学生“三个生涯”规划工程，指导学生树立正确的世界观、人生观和价值观。创新共青团思想引领途径，拓宽共青团思想工作的阵地，充分发挥共青团在学生思想政治教育中的重要作用。积极推行大学生管理服务工作创新，探索和完善学生自我管理的机制。建立“三级”（专业人员、辅导员、学生心理委员）学生心理健康教育网络工作机制，保障学生心理健康。建立健全“奖、贷、减、免、勤、资、补”的资助体系，确保贫困家庭大学生顺利完成学业。建立健全“学校统筹、院系为主、全员参与”的毕业生就业服务工作体系，实施大学生“SYB 培训”等创业教育计划，大力拓展省内外就业市场，帮助学生高比例、高质量就业。

二、学科建设与科学研究

（一）总体要求

——瞄准国际或国内学科发展前沿，针对海南经济社会发展的重大需求，大力实施“211 工程”重点学科项目，争创一流学科；加强学科整合，发展新兴交叉学科，培育学科新生长点，优化学科结构与布局。

到 2011 年， 6 个“211 工程”三期重点学科建设项目达到各自的建设目标；作物遗传育种国家重点学科通过评估验收，新增 1-2 个国家重点（扶持）学科；现有教育部重点实验室进入国家优秀行列，为实现国家重点实验室零的突破奠定基础；新增省部级重点实验室 2-3 个；新增博士点 2-4 个，并在学科门类拓展上有重要突破。

到 2017 年，“211 工程”重点学科项目建设取得重大成效，建成对海南经济社会发展起到重要影响的优势特色学科 10 个左右；建成具有代表性的全国一流学科 2-3 个，新增国家级重点学科 1-2 个，有 1 个学科或 2-3 个学科方向跨入世界前沿；省级重点学科增至 20 个。创建国家重点实验室 1 个；教育部重点实验室增至 4-5 个；教育部工程中心或人文社科研究基地增至 3-4 个。博士点增至 20 个左右，力争新增 1-2 个一级学科博士学位授权点；拓展学科门类 2 个（历史学、教育学）并使学科门类增至 10 个，形成学科布局基本覆盖海南经济社会重要领域、优势特色学科对海南主要产业（行业）起关键支撑作用的综合学科体系。

——以学科建设为依托，加快提升科研创新能力。

到 2011 年，年度科研经费突破 1 亿元，产生 5-6 项具有鲜明地域特色的重大科研成果及一批具有较高显示度的科研成果，取得 1-2 个具有重大理论创新价值和自主知识产权的研究成果，获得 1 项以上国家级科研成果奖。

到 2017 年，科研经费达到 1.5 亿元左右，产生一批有影响力和高显示度的科研成果，其中 5-6 项科研成果达到国际先进水平，科技创新与社会服务能力明显提升，获得国家级科研成果奖 2-3 项，在 10 个左右特色优势领域为海南经济社会发展提供强有力的科技和人才智力支撑，成为海南省解决经济社会发展重大理论实践问题和生产技术课题的重要依靠单位，使学校科研总体水平和科技贡献率达到国内同类高校的中上水平。

（二）主要举措

1．坚持以应用学科为主的学科发展思路。围绕“热带、海洋、特区”凝炼学科方向，增创学科特色，做大做强学科优势：一是重点建设热带作物遗传育种学科，全面提升热带农学与生命科学学科群的整体水平和综合优势；二是重点扶持热带海洋、热带特色优势资源有关学科的发展，加强化学工程与技术、材料科学与技术、热带农产品贮藏与加工、信息科学技术等工学门类学科群的建设；三是积极支持海南特区体制机制创新、海南历史文化与黎族研究等人文社会科学学科群的建设；四是积极鼓励发展新兴交叉学科领域，培育新的学科生长点。重视基础学科发展，加强数学、物理、化学、生物等学科的整合与建设。

2．全力以赴推进“211 工程”重点学科建设项目，建立健全“211 工程”建设管理机制，细化分解项目建设目标与任务，选好项目负责人及建好团队，建立目标责任制、合同管理制、项目招投标制、专项审计制和动态监督制，加大经费投入和政策扶持力度，确保高起点、高质量、高效益地落实建设任务。

3．加强重点学科建设，发展特色学科和新兴交叉学科，培育学科新的增长点。依托“211 工程”重点学科建设项目，确保作物遗传育种国家重点学科通过评估验收，力争新增 1-2 个国家重点（扶持）学科；通过学科交叉，加强特色、新兴学科建设，力争把特色学科建设成优势学科，形成新的学科增长点,建成对海南省经济社会发展起到重要影响的优势特色学科10个左右。

4．抓好新增博士点、硕士点的申报与建设，优化学位点结构和布局。充分挖掘现有学科资源，科学梳理、凝练学科方向，高质量完成博士点、硕士点申报的准备工作,切实提高申报与建设工作的质量与成效。

5．围绕重点学科建设，打造一批高水平的开放性、现代化学术创新平台，为提升学科竞争力和创新人才培养能力提供强力支撑。一是以创建国家重点实验室为目标，通过完善机制，组建团队，加大扶持，做实做强“热带生物资源”和“热带园艺植物资源与遗传改良”两个教育部重点实验室，抓好两个教育部工程研究中心的建设。二是以建设教育部重点实验室（工程中心）为目标，通过整合校内人才、设备、实验室资源，加强现有省级重点实验室和工程中心的建设。三是以创建国家重点研究基地为目标，通过整合学科力量、理顺依托关系、加大支持力度，加强海南历史文化研究基地和地域特色文化研究基地的建设。四是瞄准海南支柱产业发展需求，积极扶持建设科研创新特色平台，重点建设热带农业、热带海洋、石油化工、新材料研制与加工、食品加工、生态与环境、国际旅游岛、特区法制、区域文化等领域的一批特色专业实验室（研究所、工程中心)。

6．大力扶持富有地方特色的科技创新活动。紧密结合学科前沿和国家及海南科技发展规划，着眼于地方支柱产业和社会发展的需求，重点支持热带农业、热带海产养殖与加工、热带农产品加工与贮藏、热带海洋资源利用、热带农作物病虫害防治和生态保护、热带畜牧、天然高分子材料、新材料、重化工与精细化工、石油天然气化工、造纸、机械与汽车制造、生物制药、东南亚农业与经济、旅游产品设计与旅游经济、地方历史、传统文化、特区法制以及适应海南新兴行业的特种服务等方面的原创性研究，加快提高自主创新能力。

7．着力推进科研管理体制创新。健全科研经费管理、科研奖励、科研流动编制计算、科研成果评价等制度，强化科研激励机制。实施校内科研团队建设专项和创新项目资助计划，全面调动教学科研人员面向海南经济社会发展需求开展科研创新的积极性。完善科研机构设置，建立规范有效的科研机构管理机制。设立科技开发部，组建一支强有力的科研服务队伍，通过建立覆盖面广的企业联系网络、广泛收集各方面科技需求信息、联络争取科研项目和组织校内联合攻关，不断开创学校科研工作新局面。

8．充分发挥学部在跨学院（研究机构）整合学科资源、组织联合攻关方面的作用，积极促进不同学科的交叉、渗透和融合，形成学科集约优势，促进学科新生长点。以国家及省部级重点学科、博士点及硕士点、高水平学术团队、重大科研项目等数量为衡量标准，明确教学型、教学研究型、研究型的学院定位，并作为分配办学资源和实行不同政策扶持的依据，不断激发学科建设和科研创新的组织活力。

三、人才战略与队伍建设

（一）总体要求

——围绕人才队伍高层次化的要求，大力加强学术领军人物和中青年学术骨干队伍的建设。

到2011年，聘任1-2名长江学者特聘教授；新增“国家教学名师”1-2人，新增“新世纪百千万人才工程”国家级人选、“新世纪优秀人才支持计划”入选者或国家杰出青年科学基金获得者1-3人;引进或培养高水平学科带头人30人左右、中青年学术骨干100人左右。

到2017年，引进、培养两院院士或“长江学者”特聘教授及相应层次的知名专家4-5人；新增“国家教学名师”3-4人，新增“新世纪百千万人才工程”国家级人选、“新世纪优秀人才支持计划”入选者或国家杰出青年科学基金获得者3-4人;引进或培养高水平学科带头人60人左右、中青年学术骨干200人左右。

——以“名师＋团队”建设为模式，着力建设高水平学术创新团队与教学团队。

到2011年，形成5-6个有影响的科研创新团队，其中1-2个进入国家自然科学基金委创新研究群体和教育部“创新团队发展计划”；形成6-8个较高水平的教学团队，其中1-2个成为国家级教学团队。

到2017年，形成6-8个有影响的科研创新团队，其中3-4个进入国家自然科学基金委创新研究群体和教育部“创新团队发展计划”；形成15个左右较高水平的教学团队，其中2-3个成为国家级教学团队。

——以专任教师为主，加快扩大人才总量，不断优化队伍结构。

到2011年，专任教师人数达到1400人左右，具有研究生学历的教师占专任教师总数70%以上，其中具有博士以上学历的教师占专任教师总数24%以上。学校师资、教辅、思政、管理服务等各支队伍协调发展，师资队伍的整体素质和教学科研水平明显提高。

到2017年，专任教师人数达到1700人左右。具有硕士以上学位教师达到教师总量80%以上，具有博士学位的教师达到30%以上。学校教学、科研、教辅、思政、管理服务等各支队伍的比例结构较为合理，建成一支适应有特色、高水平“211工程”大学建设要求的高水平、高素质师资队伍，师资队伍整体水平达到国内同类院校的先进水平。

（二）主要举措

1．大力引进和培养学术领军型人才。制订实施学术领军型人才培养与引进计划，实行超常规的优惠政策，加大在重点学科和重点研究领域引进或培养高水平学科带头人的力度，每年引进和培养不少于10人。充分发动全校上下的联系渠道，主动组织有力班子赴海内外招揽人才，力争在引进或培养两院院士、“长江学者”特聘教授上取得大的突破。

2．加快培育壮大中青年学术骨干队伍。制订实施中青年学术骨干培养与引进计划，每年新进教师中海外留学人员和具有博士学位的人员应占80%以上，其中学术水平较高的中青年学术骨干不少于25人；加强优秀教师在职培养的力度，建立优秀人才学术休假制度，每年选派或支持不少于30名优秀中青年教师在职攻读学位或到国内外一流大学访学、研修，以全面提高我校教师队伍的整体水平。

3．采取“名师＋团队”的模式推进学术创新与教学团队建设。制定实施学术创新与教学团队建设办法及建设计划，明确扶持政策、建设机制及任务措施。围绕重点学科建设和精品课程建设的需要，在立项申报、严格评审的基础上，每年评选、推出若干学术创新团队和教学团队并大力扶持建设。积极鼓励教师自由组合，以一位或数位教授为核心组建学术创新团队或教学团队，使多数教授都有自己的团队，并以团队为平台争取大的科研项目或开展精品课程建设。

4．优化教师队伍的配置。根据学院类型、学科专业结构、招生人数，合理配置师资队伍。加大研究型学院高层次骨干教师的引进和培养力度，提高师生比例数，增强学科竞争力和高层次人才培养的能力。保证教学型学院建设教学团队及引进、培养紧缺教师的需要，确保教学质量不断提高。

5．积极采取兼职方式招揽海内外优秀人才。本着“不求所有，但求所用”的原则，实行聘请兼职高端人才的特殊政策，以冬季小学期、科研合作项目、名师论坛等为载体，每年聘请50名以上海内外高水平名师、专家来校进行短期讲学、研究及进行学术交流。

6．稳步发展教辅队伍。制订实施实验技术人员及其他教辅技术人员的培训制度与计划，探索实行灵活务实的用人模式，建立新型实验技术及其他教辅技术队伍管理运行机制，建设一支综合素质强、结构合理、适应需要的教学辅助工作队伍。

7．加快提升思政工作队伍。制订实施思政工作队伍的培训制度与计划，积极支持思政工作人员在职攻读学位，拓宽思政工作人员职业发展通道，建立一支学历结构合理、政治素质高、业务能力强的思想政治工作队伍。

8．逐步精简管理队伍。制订实施管理队伍的培训制度与计划，积极采取选派挂职、派出培训及校内组织培训等多种方式，切实提高管理能力，建立一支精干高效、服务意识强、勇于开拓

创新的复合型管理队伍

9．结合不同类别、不同岗位、不同学科专业的特点，建立健全科学的人才评价制度；进一步完善公平、公正、公开的人才选拔任用制度，形成不拘一格提拔选用优秀人才的机制；积极引入人才竞争机制，采用公开申报、公平竞争、择优选用的方式确定学科建设、教学、科研重点项目的负责人及团队，真正使“能者上、平者让、庸者下”，形成有利于人才安心工作、发挥才干，有利于优秀人才脱颖而出的机制与环境。

### 四、社会服务与开放办校

（一）总体要求

——以服务海南和产学研相结合为导向，以提高科技创新水平与科技信息服务能力为主线，以政校合作、校企合作为重要渠道，全面拓展社会服务领域，加快提升学校的社会服务能力。

到 2011 年，初步建立科技成果转化机制，建成 1-2 个成果转化基地或产学研联合体，推出 2-3 个具有市场潜力和富有特色的科技成果转化产品，创（筹）办一个以开发自主知识产权成果为依托的高新技术企业。承接并完成一批政府与社会委托的规划或咨询项目，承接企业委托或与企业合作开展一批生产技术改造和技术研发项目，平均每年为企业提供技术服务和自主开展成果转化的直接经济效益达到亿元以上，初步建成在海南社会具有广泛辐射力的科技信息服务体系。

到 2017 年，形成较成熟的科技成果转化机制，建成 2-3 个高水平的成果转化基地或产学研联合体，形成 3-4 个市场影响力较大、具有一定品牌效应的科技成果转化产品，所创办的高新技术企业成为海南名企，技术成果转化年创利润 1000 万元以上，平均每年为企业提供技术服务的直接经济效益达到 2 亿元以上，并成为海南各级政府决策的重要智囊团和多个大型企业技术创新的依托单位，形成全方位服务海南的高水平科技信息服务体系。

——积极利用海南的区位优势和开放政策，大力推进国际国内教育合作，不断拓宽教育合作的领域，逐步形成全方位开学办校新格局。

到 2011 年，中外人才培养合作项目的受益学生人数每年达到 100 人以上，留学生人数在现有规模上增加一倍，来校访学、交流的外籍专家每年递增 15%以上，与国内大学合作创办省部级重点实验室 1 个以上，与国外大学合作开展前沿性科研项目 1-2 项，与天津大学等国内外大学的多领域合作对学校学科建设、人才培养和科研工作产生明显的促进作用。

到 2017 年，中外人才培养合作项目的受益学生人数每年达到 200 人以上，留学生教育规模达到 500 人，来校访学、交流的外籍专家每年达到 100 人以上，与国内大学合作创办国家或省部级重点实验室 3 个以上，与国外大学合作建立高水平科研平台 1-2 个、合作开展前沿性科研项目 4-5 项，与天津大学等国内重点大学的合作从以单向支援为主逐步转向双向互动，学校国际化程度达到国内同类院校的先进水平。

（二）主要举措

1．高度重视与海南各市县的战略合作，争取每年与 2-3 个省内市县签订合作协议，最终与全省各市县建立战略合作关系，并力争在学校特色优势学科领域与市县经济社会发展特点的有机结合上推出一批有特色的实质性合作项目，拓展为地方经济社会发展服务的广度和深度。

2．大力推进与工商企业界的技术合作，积极与省内重点企业联合组建研发机构，争取每年建立此类研发机构 1-2 个并在 8 年内达到 10 个以上，建成直接为企业提供服务的高水平技术创新平台。

3．着力建设成果转化基地和科技信息服务平台。设立科技成果转化基地建设基金和转化项目资助基金，扶持建设科技成果转化基地。通过项目策划与设计包装，推出一批科技成果转化产品。鼓励各学院依托专业及人才资源优势，成立专门的科技服务机构或信息咨询、策划、服务中心，组织本院教师主动为政府和社会提供优质服务，特别是努力参与国际旅游岛、洋浦保税港区、航天基地等海南重大项目的建设，争取创立一批省内知名的服务项目品牌。

4．建立健全科技成果转化机制，规范和推

动科技成果的转化。出台促进科技成果转化和科技信息服务的鼓励政策，建立健全科技成果转化和科技信息服务的规范体系。在清理校办企业的基础上，组建并规范运作校办产业集团公司，建立健全校办产业开发运行机制，并将校办产业发展的重点转移到科技成果转化和科技信息服务上来。

5．加快推进与国内高水平大学的深度合作。全面落实与天津大学等高校的合作协议，进一步明确和拓宽合作支援项目，形成更具针对性、操作性的务实互惠的具体合作方案并切实落实，争取在合作建设重点学科、联合建立重点实验室、开展科研合作、师生互换、信息资源共享等方面取得重要突破。

6．积极推进与境外高校的合作。进一步深化与英国纽卡斯尔大学、美国犹他大学等境外高校的合作，不断扩大师生交流的领域和数量，积极建立具有前沿水平的中外科研合作平台和实施有份量的中外科研合作项目。大力拓宽国际教育合作项目，大幅度扩大实施“1+2+1”、“2＋2”中外人才培养合作项目的范围，使每年中外交换培养学生的数量递增10%以上。

7．大力发展留学生教育。调整留学生教育工作体制，整合外事工作资源，实行留学生教育管理与外事侨务工作有机统一。做好留学生教育发展规划，着力发展留学生学历教育，加强对东亚、东南亚和俄罗斯的留学招生宣传，加快扩大留学生教育规模。

8．着力培育学术文化交流品牌。利用海南优越的气候、生态环境，结合国际旅游岛建设，积极承办各种国际性、地区性和全国性学术会议或重要文化交流活动，争取每年举办国际性、地区性会议或活动2次以上、全国性会议或活动3次以上。进一步办好“海南大学名师论坛”，积极探索异地举办、与其他论坛结合举办等新模式、新途径，力争办成海南重要的学术文化活动品牌。

9．不断开创外事侨务工作新格局。进一步构建和完善以学校为主导、教学科研单位为主体、广大师生为主角的外事侨务工作机制，调动各方面积极力量推动学校对外交流与合作。加强引智工作，逐步提高聘请外籍专家来校工作的数量与水平。主动与海外华人华侨建立更广泛、更密切的联系，努力为广大海外乡亲返乡活动或发展事业提供优质服务，为广大海外乡亲子弟求学深造创造良好条件。进一步加强与台湾教育界、文化界的交流与合作，积极为推动海峡两岸交流合作、促进祖国和平统一作贡献。

## 五、制度构建与体制机制创新

### （一）总体要求

以推动“211 工程”建设、实现学校科学发展为目标，以理顺管理关系、规范各级各类管理权力运行为根本，以增强二级单位活力、调动师生员工积极性为关键，以优化组织机构设置和建立健全规章制度为载体，大力推进管理体制机制创新。

到2011年，系统、全面地建立健全学校各项管理规章制度，形成学术权与行政权协调统一，各级权力科学运行与有效约束，充分贯彻依法治校、科学决策、民主管理原则的管理体制；形成内部竞争与激励机制健全，有利于集成学科综合优势、实现办学资源优化配置和运行效益最大化，有利于促进师生员工凝心聚力的运行机制；形成各级各类组织机构配合紧密、运转高效，校级机关优质高效服务基层与师生，基层与师生密切监督和积极支持机关工作的工作体系。

到2017年，学校管理体制机制更趋成熟与完善，与现代大学制度基本接轨，管理科学化、现代化水平达到全国同类院校的先进水平。

### （二）主要举措

1．积极稳妥地推进学校管理体制与运行机制改革。以完善“四级建制、校院两级管理为主”的管理体制为重点，制定实施学校管理体制与运行机制改革方案，理顺决策权、执行权、监督权之间以及学术权与行政权之间的关系，明确学校及各级各类机构的管理权限及其运行、约束机制，形成科学规范、富有活力的管理体制与运行机制。

2．建立健全学部运行机制。进一步明确学部权限，制定相关章程和工作规则，成立学部学

[illegible]机构，并以学部为依托，形成促进学科交叉融合、资源共享、优势集成和有利于培植新兴交叉学科的良性机制。

3．统筹推进机构改革。教学机构的设置调整，着眼于建立有利于克服学科专业重叠及不合理分布、实现学科专业优化布局的组织架构；机关部门的设置调整，以逐步推行大部门制为重点；其他机构的设置调整，本着办学资源优化整合和高效运行的原则进行。

4．健全民主管理机制。修改完善校务公开制度，制订实施学校重要决策征询意见制度、重要校情通报制度、重要政策公布制度，强化广大师生员工对选拔用人的推荐权、评议权和监督权以及对其他学校重要工作的知情权、建议权、参与权和监督权。修改完善教职工代表大会制度，实行教代会召开定期化、经常化，扩大教代会对学校工作的审议权、批评建议权、监督权。坚持学术民主，完善学校、学部、学院三级学术机构、教学机构和教师学术自治团体的建设，并相应扩大其学术权力。

5．以岗位聘任管理为核心推进人事制度改革。制定实施岗位设置实施办法，实现人事管理由身份管理转为岗位管理；适时推行全员聘任制，实行岗位合同管理；形成人员能进能出、能上能下，队伍主体稳定、有序流动，内部公平竞争、有效激励的人事管理机制。

6．积极推进搬迁后儋州校区管理体制与办学模式的创新。探索实行独立学院等办学模式，推行相对独立自主、灵活高效运行的管理体制，充分保护好、利用好、发展好儋州校区的办学资源。

7．进一步深化后勤社会化改革。制订实施后勤改革实施意见；改行政拨款制为服务收费制，实行后勤服务项目管理；适时推行教工住宅区物业管理；培育和开拓校内外市场，提高后勤服务保障能力。

8．改革办学资源管理运行机制。坚持学校固定资产的所有权与使用权、管理权相分离，实行“谁使用、谁管理、谁负责”的固定资产管理负责制，建立资源合理有偿使用制度，实现办学资源[illegible]共享和高效[illegible]使用。

9．加快完成管理规章制度体系构建工作。全面清理学校现有管理规章制度，并在继承原“两校”好的管理做法、借鉴国内高水平大学的先进经验和学习现代大学制度的基础上，进行全面、系统的补充、修改与完善，形成科学严谨、周密齐全、衔接有序的学校管理规范体系。

六、大学精神与先进文化建设

（一）总体要求

继承和发扬原两校优良传统，大力发展校园先进文化，加强校园精神文明建设，提升大学精神，树立优良风尚，构建和谐校园。

到 2011 年，基本构建学校文化的理论支持体系和实践推进机制，提出具有本校特色的大学精神、文化理念的完整表述，初步构建体现学校文化内涵的实物载体体系，充分实现师生员工思想观念的融合，营造健康向上、高雅文明的校园文化氛围，打造若干具有社会影响的校园文化品牌，形成优良校风、教风和学风，形成全校上下精诚团结、奋发图强、携手建设有特色、高水平“211 工程”大学的生动局面。

到 2017 年，形成成熟的学校文化理论支持体系和实践推进机制，形成完善的体现学校文化内涵的实物载体体系，形成特色鲜明、内涵深厚、深入人心的学校文化理念和文化形象，形成对师生员工思想、感情、行为起到积极影响和巨大凝聚作用的新海大精神，成为海南文化形象的重要代表，为海南先进文化的发展发挥出重要的引领作用。

（二）主要举措

1．制定实施校园文化建设规划，成立校园文化研究机构，设立校园文化建设工作机构并分解落实建设目标与责任，形成校园文化建设的长效机制，不断推进高品位、有特色校园文化的建设。

2．抓紧落实凝聚学校精神的校训校歌的征集、确定工作，制定实施校训、校歌、校徽、校旗的使用规定，加强对校训、校歌、校徽、校旗的宣传，使校训、校歌、校徽、校旗渗透到校园生活的各个方面，融入到师生员工的思想感情中。

3．进一步完善学校整体文化形象的CI设计，形成完整的学校形象标识系统，并物化、实化于校园环境的各个场合，应用于校园生活的各个方面，体现于对外交流或对外宣传的各个环节，逐步在校内外树立起具有鲜明特征和高美誉度的学校文化形象。

4．认真抓好校园文化物质载体建设，有计划有步骤地建设好体现学校文化内涵的大学生文化素质教育基地、大学生活动中心、教职工活动中心、各种展馆展厅、宣传牌栏、园林景观、艺术雕塑、建筑物与道路名牌、文化小场所小设施等等，逐步构建类型完整、形式丰富、品位高雅的校园文化物质载体体系。

5．着力打造校园文化品牌。广泛组织发动师生员工参与校园文化活动，积极扶持各种师生文化团体，鼓励和支持师生员工进行校园文化活动内容与形式的创新，不断充实和丰富校园文化活动的体系，形成浓厚的校园文化氛围。在此基础上，选择多个高品位、有特色、基础好的文化活动项目进行精心打造，逐步推出代表学校校园文化、艺术、体育水准的在社会上产生较大影响的文化品牌项目。

6．持续深入地开展思想讨论活动。每年定期举行校院两级以教育教学创新、科研创新或管理创新为专题的思想讨论活动，形成解放思想、更新观念、统一认识的长效机制，不断促进师生员工思想观念的融合。

7．着力建设优良校风。制定实施机关作风建设方案，建立机关工作问责制、督办督察制、承诺制，努力形成服务奉献、周密细致、勤政廉政的机关作风，并以机关作风建设带动教风、学风建设。建立健全师德评价指标体系和学术道德规范，积极开展“十佳教师”等评优活动，引导广大教师增强教书育人的荣誉感和责任心，形成“学为人师、行为世范、严谨治学”的教风；制定实施优良学风创建方案，建立学风建设的长效机制，形成“刻苦进取、文明达礼、诚信务实”的学风。

8．针对海南先进文化建设的实际，积极整合校内人才资源，成立相关的文化研究中心和文化服务机构，面向海南文化建设的重大理论与实践问题进行研究，积极策划群众喜闻乐见、健康高雅的文化活动项目并推向社会，努力以先进校园文化服务社会、引领社会。

## 七、校园基建与公共服务体系建设

### （一）总体要求

抓紧推进校园基础设施建设，进一步完善公共服务体系，加快改善办学条件，为完成儋州校区整体搬迁任务、推动“211工程”建设和促进学校又好又快发展提供良好的物质保障。

到2011年，完成儋州校区整体搬迁和“211工程”三期建设所需的基建项目及数字化校园、数字化图书馆、热带农学教学实践基地、公共实验教学平台等的建设，完成桥西教工生活区一期工程建设，从根本上改善学校及每个二级单位的整体办学条件，争取每位高级职称教师都有独立工作空间，基本建成现代化的校园公共服务体系，实现海甸校区集中办研究生教育与普通本科教育的目标，基础设施条件切实满足“211工程”三期建设验收要求，建成环境优美、设施齐备、有利于学生成长成才和教职工安居乐业的一流校园。

到2017年，根据学校发展需要，继续推进校园基础设施及公共服务体系建设，按校园总体规划及园林规划的要求基本完成教学区建设，全面完成桥西教工生活区建设，建成环境优美宜居，热带南国特色鲜明，教学科研基础设施先进完善，人文气息、绿色生态和育人功能有机融合的高品位、现代化和谐校园，充分满足师生学习、工作、生活需求，为培养高质量人才、开展高水平科研、进行高层次社会服务提供可靠保障。

### （二）主要举措

1．严格执行新修编的校园规划，确保校园建设的科学性、规范性。制定实施校园园林建设规划，建设优美生态校园。

2．全力加快校园各项基建项目建设进度。2011年，要全面完成第四教学楼、第五教学楼、农学楼、理工楼、社科楼、中日友好交流中心、大学生活动中心、艺术学院排演厅、2栋新学生公寓及2栋高层学生公寓、第六学生食堂、桥西教工生活区第一期工程，教师周转房以及配套的校道与园林工程、供电系统与给排水系统一期改造工程、一批体育基础设施等的建设。2017年，全面推进校园美化、绿化和人文化的系统工程建设，使校园环境更加优美、布局更加合理、教学生活设施更加完善、更具人文气息和文化品质。

3．抓好数字化校园建设。统一指导、加大投入、统筹推进，建设与完善全面覆盖三个校区、实现数字校园高速运行的网络基础设施，建设与完善充分满足教学活动与教务管理需要的网上教学平台与资源中心，建设与完善保障管理现代化的数字校园各类应用系统，使数字校园建设与应用整体水平跨入国内同类高校的先进行列，对学校的教学、科研、管理和服务起到重要的支撑作用。

4．抓好数字化图书馆建设。着眼于为读者提供方便、快捷的文献保障和个性化服务，全面改善图书馆的文献资源结构和基础技术平台，完善数字资源的加工建设、数字资源的存储与管理、数字资源的访问与服务等各个环节，建设一个先进、实用、高效的信息服务平台，使图书馆充分满足学校学科建设、教学科研工作及广大师生对数字化文献资源保障的需求，成为全国数字图书馆网络中的区域中心图书馆。

5．大力建设与完善实验条件体系。在全面清理现有教学实验室并进行整合资源、优化配置的基础上，重组各类教学实验室，制订实施教学实验室建设计划，加大建设力度，使全校教学实验室条件得到根本性的改善。抓好公共实验教学平台建设，按照国家或省级实验教学示范中心的标准，重点建设物理、化学化工、语言、公共计算机，电工电子、机械工程、生物学、力学等8个基础实验教学平台，建成设施设备先进、管理完善、为学生创新实验能力培养提供高水平技术保障的共享型实验教学平台。针对重点学科建设及重大科研创新的需要，建设一批有利于多学科交叉的科研服务和科技创新的资源共享平台和重点实验基地。

6．全面加强教学实践基地建设。制定实施教学实践基地建设方案，积极支持各学院教学实践基地的建设，主动加强与各级政府部门、企事业单位合作建设校外实践教学基地和工程训练中心，做到每个学院的教学实践活动都有成熟稳定的校内外基地作支撑。抓好海甸校区农学实践基地建设和儋州校区农学实践基地改善工程，建成既能满足全校农学实践教学需求，又能承担国家和海南热带农业经济发展与科技进步重大课题的试验基地和高新技术生产示范基地。

## 八、党的建设与思想政治工作

### （一）总体要求

坚持“围绕中心抓党建，党要管党，从严治党”的原则，以提高领导科学发展能力和加强先进性建设为主线，着力将学校党的建设和思想政治工作推向深入，不断开创与有特色、高水平“211工程”大学建设相适应的党的建设和思想政治工作新局面。

到2011年，全面巩固和发展深入学习实践科学发展观活动的成果，切实完成学习实践活动整改落实方案确定的工作目标和任务，在加强学校党的思想建设、组织建设、作风建设、反腐倡廉建设上有大的进展，在提高广大党员干部思想政治素质、改进党的作风、增强党的团结统一、提高领导班子执政兴校能力、发挥各级党组织政治保证作用上有大的成效，建立和不断完善贯彻落实科学发展观长效机制，为推动学校科学发展提供坚强的政治保障。

到2017年，继续以科学发展观统领和推进学校党的建设和思想政治工作，在探索工作创新、发展学习实践科学发展观成果上有更大的突破，进一步构建党建工作大格局，使党的领导核心和政治保证作用在学校科学发展中的作用更加突出，学校党的建设和思想政治工作水平进入全国同类高校的先进水平，成为全省党的建设和思想政治工作的一个亮点，对全省高校产生重要示范带动作用。

### （二）主要举措

1．切实改进和加强党的思想建设。深入开展中国特色社会主义最新理论成果的学习、研究和宣传，不断将学习实践科学发展观活动推向深入。制定和完善党委中心组学习、校院两级领导班子定期务虚、校院领导班子成员理论学习考核及成果交流、处级领导干部理论学习和业务培训考核、党员理论学习培训等制度，使广大党员干部理论学习和业务培训经常化、制度化，不断提高我校党员干部的理论水平、政治素养和业务素质。组织学校党务工作者和专家学者深入开展学校党的建设理论与实践研究，努力推出一批有价值、有分量的研究成果，为我校党的建设提供理论支持，以理论创新推动工作创新，永葆学校党建工作的生机与活力。

2．切实改进和加强领导班子建设。进一步完善党委领导下的校长负责制，完善集体领导和个人分工负责相结合的制度，完善党委常委会、校长办公会等的议事规则，建立健全学院党政领导班子工作规则和学院党政联席会议制度，切实提高校院两级领导班子决策的科学化、民主化水平。进一步完善领导班子民主生活会制度、党政领导干部谈心谈话制度，提高领导班子解决自身存在问题和矛盾的能力。进一步完善以民主集中制原则为基础的领导方式和工作机制，增强班子的团结与活力，发挥领导班子的整体合力，提高把握正确方向、驾驭学校科学发展的能力。

3．切实改进和加强干部队伍建设。制定和完善处级党政领导干部选拔任用管理规定，推行业务管理干部任期制、党政管理干部轮岗制和空缺职位竞岗制。建立健全处级领导班子及其成员年度考核办法，完善体现科学发展观和新海大发展要求的干部考核评价体系。加强干部的教育、培训和交流，积极为广大干部创造和提供进修、培训、挂职锻炼的机会。制定处级领导班子后备干部队伍建设实施办法及培养计划，探索建立领导干部任期目标责任制，建立有利于调动干部积极性的激励约束机制，促进干部队伍素质不断提高。

4．切实改进和加强基层党组织与党员队伍建设。加强党员经常性教育，建立健全二级单位党组织党建工作责任制。进一步健全保持共产党员先进性教育长效机制，积极探索新形势下基层党组织的组织形式和活动方式的创新。进一步推进学校党内民主建设，实行党代会代表任期制，探索推行基层党组织干部的直接选举制度，完善党内民主参与、民主决策、民主选举、民主监督制度。进一步加强和改进发展党员工作，更加重视在青年教师和高学历、高职称人员中发展党员，努力提高在大学生中发展党员的工作水平。

5．切实改进和加强党风廉政建设。进一步完善领导干部深入联系基层、联系群众和联系民主党派制度，完善领导干部调查研究、听课制度，完善校领导走访困难职工制度、接待日制度和信访制度，不断创新和丰富校领导与师生员工交流沟通的形式。健全和落实党风廉政建设责任制，加强对招生、基建、采购、人事等关键部门的监察、审计工作，完善和坚持领导干部的述职述廉制度、任期经济责任和离任审计制度等各项监督制度，加大查处违纪案件的力度，全面强化教育、制度、监督并重的惩治和预防腐败体系。

6．建立健全安全稳定工作的长效机制。认真贯彻落实“高度重视、扎实工作、加强建设、预防为主、内紧外松、严加防范、树立信心、确保稳定”的高校稳定工作方针，始终对校园安全稳定工作紧抓不懈。按照“谁主管，谁负责”和“谁出问题，谁负责”的原则，切实落实安全稳定工作责任制。建立健全突发事件应急预案体系，加强对突发事件多发环节的重点防控，加强对各类安全隐患的经常排查。密切与省市有关部门合作，积极净化校园周边环境。

7．坚持落实以人为本。尽最大能力逐年提高广大教职工的生活待遇和改善广大学生的生活条件，着力创建广大师生安心于工作、专心于学习的环境，着力打造广大师生全面协调可持续的发展平台和成长通道，着力推行尊重人、激励人、关爱人、发展人的人性化管理。积极鼓励和注意保护好广大师生员工的创业热情与工作积极性，充分发挥广大师生员工的集体智慧和力量共同办好新海大。积极帮助民主党派学校基层组织抓好思想建设、组织建设和作风建设，进一步健全重大决策征求党外代表人士意见的机制。充分发挥留学归国人员的智力优势。关心支持少数民族知识分子成长。积极给予离退休人员更多的综合帮助。

8．切实加强宣传思想工作，进一步健全宣传思想工作的机构和机制，强化对外、对内宣传工作，坚持弘扬主旋律，用马克思主义和健康向上的思想文化占领学校的各种宣传舆论阵地，特别要牢牢掌握网络宣传主动权和形成网上正面舆论强势。持续深入地围绕学校“211 工程”建设和改革发展主题进行大力宣传，切实将广大师生员工的思想统一到建设有特色、高水平“211 工程”大学的目标上来，赢取社会各界的更大关注和支持，形成学校又好又快发展的强大合力。

## 第四章　保障措施

一、政策保障

（一）力争教育部参照国家支持西部高校建设和发展的优惠政策和待遇，在“省部共建”、“211 工程”建设和国家重点学科、重点实验室、博士点的申报以及独立学院创办、中外合作等方面对海南大学给予政策倾斜。

（二）力争省委、省政府对海南大学建设“211 工程”大学特别是重点学科建设、高层次拔尖人才和高学历骨干教师的引进、师资队伍建设等方面给予政策倾斜。

（三）力争海口市政府在土地资源、校园规划、科技产业开发、后勤社会化等方面都给予政策支持。

二、机制保障

（一）成立学校规划实施领导小组，由校党政主要领导亲自挂帅，统筹领导和组织推进规划实施工作。成立学校规划实施督办组，由党办、校办、监察处等部门组成，负责对规划实施责任单位进行跟踪检查和督促。

（二）将规划确定的目标和任务具体体现到学校“211 工程”建设行动计划和学年度工作计划中，切实落实到学校推进工作的每个具体阶段和环节。

（三）建立规划实施工作的目标责任制，将实施责任层层分解，具体落实到单位和个人。建立日常检查督办与年度总结评估相结合的制度，加强对规划实施的全过程监控。

三、资源保障

（一）努力拓宽办学经费筹措渠道，提高财务保障能力。认真管好用好中央“211 工程”建设专项资金。积极争取“省部共建”中央专项资金保持每年 2000 万元左右的支持力度。积极争取海南省财政每年为学校“211 工程”建设投入专项配套资金，并逐年提高生均经费定额标准。千方百计增加学校教育事业性收入、校办产业开发收入。力争科研经费总额每年有较大幅度的递增。根据经费投入情况，通过贷款和争取社会力量支持等多种融资方式积极筹措重要项目建设经费。进一步完善学校财务管理制度，确保学校经费使用科学合理，为规划实施提供可靠的财务保障。

（二）着力推进节约型校园建设，不断强化广大师生员工节约观念，优化配置学校各类资产，促进资源整合利用，建立健全节能降耗长效机制，切实杜绝各种浪费现象，有效降低学校运转成本，确保学校办学资源围绕规划的实施充分发挥出最大效益。

# 中共海南大学委员会<br>关于学校管理体制机制改革的若干意见

海大党[2009]54 号

〔2009 年 7 月 3 日中共海南大学委员会<br>一届二次全体（扩大）会议通过〕

为保证学校管理活动和教育教学活动顺利、有序、高效地进行，促进学校科学发展和不断提高办学水平，更好地适应高等教育改革发展趋势和经济社会发展的需要，根据《海南大学章程》和国家教育法规、政策的规定，就学校管理体制机制改革提出以下意见。

一、管理体制机制改革的指导思想

1．坚持以科学发展观为指导。学校管理体制机制改革要遵循高等教育规律，体现现代大学制度精神，以增强活力、提高效益为改革目标，以理顺管理关系、规范权力运行为改革任务，大力推进管理体制机制创新，努力形成党委领导、校长负责、教授治学、民主监督的领导、管理和监督体制机制。

2．坚持以人为本。学校管理体制机制改革要充分发挥师生员工的主人翁作用，充分调动教职工的积极性、主动性和创造性。改革要紧紧依靠广大师生员工，改革的成果要由广大师生员工共享，努力形成推进管理体制机制改革的合力。

3．坚持统筹兼顾。学校管理体制机制改革要整体规划分步实施，既要体现简单明晰又要可行高效，不仅要在重点领域有突破，还要兼顾在整个管理系统有改进，努力形成促使人们想干事、会干事、能成事的体制机制。

二、进一步完善领导体制与决策机制

4．学校实行党委领导下的校长负责制。校党委是学校的领导核心，统一领导学校各项工作，"总揽全局，协调各方"，研究决定学校重大问题，安排学校重要人事，集中主要精力抓好全局性、战略性、前瞻性的重要工作，把好政治方向，维护校园稳定，领导学校工会、团委及其他群众组织，保证党的理论路线、教育方针政策在学校正确贯彻和落实。党委会全体会议闭会期间，由其常委会行使对学校工作的统一领导权和决策权。校长是学校法定代表人，全面负责学校的教学、科研和其他行政管理工作。学校行政工作实行校长统一领导、副校长分工负责、职能部门组织实施的工作机制。学校党政工作设分管领导，不设协管领导，分管领导对所分管部门、单位的人和事都负有直接领导管理责任，实行"一岗双责"，按学校的规定和党政主要领导的授权，对所分管的工作做决定或对跨部门工作进行协调。校纪律检查委员会在校党委的统一领导下，维护党的章程和其他党内法规，检查党的路线、方针、政策和校党委（常委）会决策的执行情况，加强党风建设和组织协调学校监察、审计及反腐败工作。

5．学院实行党政协作的领导体制。学院党委（党总支）是学院的政治核心，保证并监督学院工作，与学院行政领导共同负责学院的改革与发展。院长是学院行政工作的主要责任人，学院行政工作实行院长全面主持、副院长分工负责制。学院院长、书记要注意发挥副职领导的作用，充分发挥学院领导班子的整体功能。学院实行党政联席会制度，党政联席会是学院最高决策形式，由学院正副院长和正副书记组成，涉及学院重大决策、重要人事安排、重大项目安排和大额资金使用，必须提交党政联席会集体讨论决定；按会议议题分别由院长或书记主持，涉及学科建设、教学、科研等事项由院长主持，涉及干部和思想政治工作等事项由书记主持。

6．坚持民主集中的领导制度。校党委（常委）会、学院党政联席会和学院党委（党总支委）会必须严格遵守"集体领导、民主集中、个别酝酿、会议决定"的原则，实行集体议事，按照少数服从多数的原则作决策。实行定期会议制度。一般每年召开一次校党委全体会议，党委常委会向大会作工作报告，讨论决定学校重大问题；一般每周召开一次校领导（学院领导）碰头会，分析问题，交流工作；一般每两周召开一次党委常委会（学院党政联席会议），集体讨论决定学校（学院）重大事项。校长办公会按其议事规则进行议事，一般每两周召开一次，研究落实党委（常委）会做出的决议，研究学校日常行政工作。学校重大问题一般应经校领导碰头会沟通后再列为校党委（常委）会或校长办公会的议题。会议议题实行"谁分管，谁提出，谁负责"的原则，提出议题的分管领导要负责议题准备并向会议作说明，重要问题须事先深入调研，经集思广益、凝聚共识并形成可行方案或成熟意见后，方可提交会议讨论；会议所作决定的组织落实由提出议题的分管领导负责。

7．进一步完善民主决策机制。修改完善校（院）务公开制度，建立重要决策征询意见制度、重要校情通报制度、重要政策公布制度、重要事项公示制度，扩大和落实师生员工对校、院工作的知情权、建议权、评议权、参与权和监督权。坚持教职工代表大会制度，一般每年召开一次学校教职工代表大会，听取校长作工作报告，审议年度经费预决算，讨论涉及师生员工切身利益的重大问题；学院每学期至少召开两次教职工会议，通报学校重大决定、重要事件及涉及教职工利益的政策规定，听取院长作工作报告，讨论涉及学院师生员工切身利益的重大问题。

三、进一步改革机构设置与分级管理体制

8．逐步推行“小机关、大部门制”。逐步转变校级管理重点，从全面、直接和具体的管理转到统筹规划、政策指导、协调疏导、资源分配、项目策划、监督评价等方面的管理上。按照精简、高效的要求，逐步将机关部门的部分管理权力特别是日常性事权逐步下放给二级单位，逐步统合机关同类职能部门，逐步减少校部办事机构、压缩机关人员规模，提高办事效率和管理服务水平。

9．实行“四级建制，两级管理”的分级管理体制。根据办学规模大、校区多的实际，学校实行学校、学部、学院、教学系四级建制，学校和学院两级管理为主。学部是学校学术机构的派出机构，负责指导、协调本学部的学术工作，以及学校授权的其他学术工作，其负责人实行任期制，不定行政级别。学院对学校负责，在学校的统一领导和政策指导下，全面负责本学院教学、科研、学生、教师和其他行政工作的管理。教学系是学院下设的教学基本单位，按照学院规定的职责和权限，组织实施各项工作，对学院负责。

10．实行教学科研辅助机构统一设置、分级管理体制。学校按照教学科研资源开放与共享的原则，整体规划和统一设置教学科研辅助机构。面向全校性的教学科研辅助机构，由学校负责建设、管理和维护；主要面向本学院的教学科研辅助机构，由本学院负责管理与维护。

11．实行学术机构分级设置制度。学术机构是指学术、教学指导、职称评聘、学位评定的机构。学术机构分学校、学部和学院三级设立，实行集体议事，按照少数服从多数的原则体现集体意志。学校设立学术委员会、教学指导委员会、学位评定委员会和教师职务评聘委员会。学部设立学术分委员会和教学督导组。学院设立学位评定分委员会和教师职务聘任委员会。各级学术机构根据学校的规定和授权制定章程，并依据各自章程开展活动。

四、努力推进人事管理制度改革

12．进一步完善人事聘用制度。学校逐步压缩非教学人员，加强教学科研第一线。逐步实施合同管理，严格考核，能上能下，能进能出的人事聘用体制。管理干部逐步推行竞争上岗，任期制和绩效考核制度。专业技术干部逐步推行“按需设岗、公开竞聘、择优聘用（任）、严格考核、合同管理”的聘用(任)制度。

13．进一步完善编制管理机制。学校编制设基本教育规模编制和附加编制，基本教育规模编制包括教师编制、教辅编制、管理编制和机动编制。专业学院按学生人数确定单位基本编制数；其他教学单位和教辅单位按服务对象范围确定单位基本编制数；党政机关按工作职能确定基本编制数；自筹单位按事业需要从紧确定自筹基本编制数。附加编制是主要用于解决二级单位的科研和新增任务需要而设的编制。科研编制由学校统一设定，根据二级单位每年承担的科研任务、完成的科研成果、进账的科研资金确定其当年科研编制数。机动编制主要是为特殊需要而设立的编制，由学校统一管理使用。

14．科学合理设置岗位。学校岗位设置分为管理岗位、专业技术岗位、工勤技能岗位三种类别。专业技术岗位分为教师岗位和非教师岗位。岗位总量主要根据上级主管部门核定的我校教职工编制数，结合我校工作实际确定。具体岗位设置按国家《事业单位岗位设置管理试行办法实施意见》的规定执行。学校设特设岗位，特设岗位是根据学校办学特点和教学科研工作的特别需要，为聘任急需的高层次人才，经批准而设置的工作岗位，属于非常设岗位，不受学校岗位总量、最高等级和结构比例的限制。

15．推行目标管理和量化考核评价机制。根据各类岗位的不同要求，明确各类、各级岗位的任职条件和工作任务，建立健全以岗位目标为主要内容的考核评价制度，分级分类进行考核。学校统一制定考核方案，并负责对各部门、各单位进行全面绩效考核。各部门、各单位根据学校考核方案和本单位实际，进一步细化和量化考核办法，并负责对本部门、本单位各类岗位进行岗位考核，学校予以抽查。

五、努力推进财务、资产和后勤管理改革

16．学校财务实行统一领导，分级管理，统一核算。实行校院两级的年度预决算制度。年度经费预、决算是学校（学院）经费管理的基本制度。学校按照“保‘吃饭’、保‘运转’、保重点、量力搞建设”的原则，做好年度经费的预、决算，经学校教职工代表大会审议后执行。学院要按照“保‘运转’、保发展”的原则，做好学院年度预、决算，经学院教职工大会审议，并报学校财务工作领导小组同意后方可执行。实行“谁审批，谁负责”的原则，建立严格便捷的资金审批程序。积极推进外来科研经费管理改革，利用校内政策，充分调动教师争取校外科研经费的主动性和积极性。推行资金使用效益评价、审计和决算制度。

17．学校实行资产统一管理、统筹分配，部门（单位）有偿使用，资产所有权与管理权、使用权相分离，按照“谁使用、谁管理、谁负责”的原则进行管理。教科固定资产（包括教学科研用房和场所）由学校国资管理部门统一安排租赁使用，在规定的使用面积内采取零租赁，超过规定使用面积部分按学校规定标准收费。教学科研设备由学校统一购置，分学校和学院两级管理使用。行政资产（包括行政用房和办公设备）由学校国资管理部门按规定标准核拨到单位，其中，行政用房在规定使用面积内，零租赁使用，超过部分按学校规定价格收取费用；办公设备根据工作需要，从严配备，维护经费由使用单位承担，任何个人不得私存私用。

18．深化后勤社会化改革。学校成立海大后勤服务集团，负责学校后勤服务工作和后勤资产经营。后勤经营类资产由后勤服务集团根据学校规定按企业运作方式进行经营。学生宿舍、教室、行政用房及其他校园公共设施等后勤服务类资产由学校拨付管理服务费，学校后勤管理部门代表学校与后勤服务集团签署服务管理契约，按契约监管。

19．积极推进校办产业改制。学校组建海大产业有限责任公司，产业有限责任公司对学校投入到该公司的财产承担有限责任，承担学校对这些财产的保值增值的责任，按照国家校办产业的有关规定，建立“防火墙”，规避学校在经营中的市场风险。学校成立学校经营性资产管理委员会，作为学校经营性资产的管理机构，对学校产业有限责任公司经营活动进行监管。在全面清产核资的基础上，对全校各级各类企业进行规范化改组、改制。

**六、管理体制机制改革的领导与实施**

20．建立管理体制机制改革工作机构。在校党委领导下，成立学校管理体制机制改革工作领导小组，负责统筹组织管理体制机制改革研究、审议管理体制机制改革方案并组织实施。领导小组下设若干个单项改革工作组，负责研究制订单项改革方案并负责组织实施。

21．积极创造管理体制机制改革良好氛围。根据管理体制机制改革的需要，出台相应的配套规章制度，为落实改革任务要求提供制度保障。加大管理体制机制改革宣传力度，利用各种媒介持续深入地宣传各项改革的意义、目标、任务以及改革实践的成效，最大程度地取得广大师生员工的理解和支持，形成推进改革的良好舆论环境和强大合力。

## 中共海南大学委员会<br>关于进一步加强和改进党的建设的若干意见

海大党[2009]55号

[2009年7月3日中共海南大学委员会<br>一届二次全体（扩大）会议通过]

为深入贯彻落实党的十七大精神和第十六次、十七次全国高校党建工作会议精神，为建设有特色、高水平“211 工程”大学提供坚强的政治保证和组织保证，根据深入学习实践科学发展观活动的整改要求，结合学校工作实际，就进一步加强和改进学校党的建设提出如下意见。

**一、充分认识新形势下加强和改进学校党的建设的重要性和紧迫性**

1．进一步加强和改进党的建设是贯彻落实科学发展观的必然要求。科学发展观是党顺应时代要求，应对挑战、解决矛盾、提高执政能力的重大战略思想，也是新时期党的建设工作的根本指导思想。深入贯彻落实科学发展观，要切实加强和改进党的建设，要站在党肩负执政兴国使命的高度，把提高党的执政能力、保持和发展党的先进性，体现到领导学校科学发展上来，使学校党的建设更加符合科学发展观的要求，为科学发展提供可靠的政治和组织保障。通过开展学习实践活动，学校党委进一步明确了学校的发展思路和战略举措，认真研究制定了整改落实方案，分长期、中期和近期分别提出了整改落实的具体内容和措施，任务十分艰巨，这需要不断加强和改进学校党的建设，确保整改落实方案贯彻执行和学校的科学发展。

2．进一步加强和改进党的建设是建设“211工程”大学的根本保证。新海南大学成立以来，学校党委坚决贯彻海南省委省政府和教育部的部署，做了大量卓有成效的工作，使学校顺利地进入了国家“211工程”大学的建设行列。当前，学校站在了一个新的历史起点上。学校成为了省部共建的“211 工程”建设高校，正处于发展的重要机遇期；学校的角色、地位和任务发生了重大的变化，正处于办学转型的关键期；学校面临落实“211 工程”建设、完成儋州校区搬迁以及进一步深化合并融合等重大任务，正处于改革与建设的攻坚期。在这样特殊的历史时期，面临这样光荣而又艰巨的历史任务，应更加重视党的建设，更进一步加强、改进学校党的领导和思想政治工作，充分发挥党的政治优势、组织优势，充分发挥学校党委“统揽全局、协调各方”的领导核心作用、基层党组织的战斗堡垒作用和广大共产党员的先锋模范作用，为新海大又好又快发展提供坚实的思想、组织、作风和人才保证。

3．进一步加强和改进党的建设是学校党的自身建设的迫切需要。两校合并以来，学校采取一系列有效措施全面加强党的建设，取得了明显的成效，各级党组织有力促进和保障了学校的建设发展，广大党员干部发挥了模范带头作用，为实现新海大良好开局做出了积极的贡献。但也要看到，学校党的建设工作还存在着一些必须重视和解决的问题。学校党组织领导科学发展的能力与学校改革发展新形势新任务的要求还不完全适应，基层党务和思想政治工作还不能更有效地发挥凝聚人心、振奋精神、促进发展的作用，一些党员干部的思想观念、作风表现、能力素质与党的先进性要求还有较大差距。这就要求我们要按照科学发展观的要求，切实解决好学校党的自身建设中存在的问题，真正担负起领导和推动学校快速发展、科学发展的光荣使命。

4．今后一个时期我校党的建设工作总体要求：高举中国特色社会主义理论伟大旗帜，以邓小平理论和“三个代表”重要思想为指导，深入贯彻落实科学发展观，紧紧围绕建设有特色、高水平“211 工程”大学这一奋斗目标，以提高校院两级领导班子办学治校能力和党员干部素质为主线，着力加强和改进学校党的思想建设、组织建设、作风建设、制度建设和反腐倡廉建设，大力弘扬改革创新和求真务实精神，抓重点，打基础，求突破，上水平，切实增强各级基层组织的创造力、凝聚力、战斗力，使我校党组织真正发挥领导核心作用、政治保证作用和战斗堡垒作用，成为领导学校发展、服务师生员工、维护安全稳定、构建和谐校园的中坚力量。

**二、进一步加强和改进学校党的建设工作的主要任务**

（一）以中国特色社会主义理论体系学习为重点，大力加强学校党的思想理论建设

5．坚持用中国特色社会主义理论体系武装党员干部、教育广大师生。要坚持用马克思主义中国化最新理论成果武装党员干部、教育师生员工，着力解决好党员干部、广大师生对中国特色社会主义理论的信仰和对走中国特色社会主义道路的信心问题。坚持和完善党委理论中心组学习制度，健全党支部学习制度、党员教育体系，推动广大党员干部深入学习中国特色社会主义理论体系，全面把握科学发展观的重大意义、科学内涵、精神实质、和基本要求，把深入学习实践科学发展观活动的成果转化为促进单位科学发展的工作思路和政策措施，转化为教书育人的自觉行动。

6．大力推进社会主义核心价值体系宣传教育。要认真做好校园文化建设规划，坚持用社会主义核心价值体系引领校园文化建设，开展丰富

多彩、积极向上的学术、科技、体育、艺术和娱乐活动，弘扬主旋律、突出高品位，建设体现社会主义特点、时代特征和学校特色的校园文化。要全面加强对内宣传工作，抓好校情教育，增强师生员工对新海大发展的信心和决心。大力开展对外宣传工作，扩大学校在社会上的正面影响，争取社会各界对学校发展的更大支持。要加强校园网、校报、校刊和校内广播的建设，严格社团、课堂、讲座和网络的管理，坚持研究无禁区、讲课有纪律，确保阵地巩固、导向正确。要结合重大节日、重大事件，积极开展社会主义、集体主义、爱国主义以及爱岗敬业主题教育活动，在广大师生中形成奋发向上、团结奉献的良好氛围。

*（二）以提高思想政治素质和办学治校能力为核心，着力加强领导班子建设和干部队伍建设*

7．坚持和完善党委领导下的校长负责制，认真贯彻执行民主集中制原则。进一步完善学校党委常委会、校长办公会会议制度和议事规则，贯彻好党委集体领导和个人分工负责相结合的制度。研究制定学院党政领导班子工作规则，健全学院党政联席会议制度，进一步理顺党政关系、集体领导与个人分工负责的关系，努力提高校院两级领导班子决策的科学化、民主化、制度化水平。建立健全领导班子民主生活会制度、党政领导干部谈心谈话制度，增强领导干部党内生活的思想性、政治性、原则性，促进成员之间的沟通与交流，提高领导班子解决自身存在问题和矛盾的能力。要把维护和增强领导班子团结作为一项重要任务来抓，要以共同追求增进团结，以坚持原则保证团结，以党性修养促进团结。

8．努力建设一支思想政治素质高、办学治校能力强的干部队伍。采取集中培训、组织调训、自主选学等方式，大力开展对领导干部的培训工作，建立领导干部理论学习和业务培训考核制度，着力提高领导班子、领导干部的思想政治素质和党政管理能力。开展领导干部办学治校能力专题培训，切实增强校院领导班子把握方向、谋划发展的能力，改革创新、攻克难关的能力，依法办学、科学管理和民主管理的能力，统筹协调人才培养、科学研究和社会服务的能力，促进校园和谐、维护学校稳定的能力。探索建立领导干部任期目标责任制，建立起有利于调动干部积极性的激励约束机制。坚持正确的用人导向，制定处级党政领导干部选拔任用管理规定，推行业务管理干部任期制、党政管理干部轮岗制和空缺职位竞岗制，努力实现干部选拔任用工作的民主化、科学化、规范化要求，激发中层干部队伍活力。加大公开选拔力度，把那些想干事、会干事、能干成事的干部选拔任用到领导岗位上来。建设学校处级领导班子后备干部队伍，更加关心年轻干部的健康成长。

9．坚持党管人才原则，推进“人才强校”战略。建立学校人才工作领导小组，积极构建党委统一领导、校长及人事部门分工负责、其他相关部门各司其职、各基层单位密切配合的人才工作新格局。完善校、院两级人才队伍建设规划，明确人才工作目标。要依托国家和省委重大人才培养计划、重大科研和建设项目、重点学科和科研基地，加强对拔尖创新人才的引进和培养。要制定有关政策，完善激励机制，为优秀人才脱颖而出、健康成长提供良好条件。要更加重视和认真抓好科研团队和教学团队的培育建设工作，争取拿大项目、出大成果，并实现学校事业的可持续发展。

*（三）更加重视抓基层、打基础工作，认真抓好基层组织和党员队伍建设*

10．加强二级单位党组织建设和青年教工党员队伍建设。要进一步理顺学院（部）党组织的工作体制和运行机制，充分发挥二级单位党组织在学校党组织结构中处于承上启下的关键作用，教育和团结广大师生员工的政治核心作用，党在高校教学、科研、管理第一线的战斗堡垒作用。要巩固和发展先进性教育活动的成果，建立健全让党员经常受教育、永葆先进性的长效机制。要切实加强对青年教工党员的教育，加强党性锻炼和社会实践锻炼，着力提高他们的思想政治素养教育教学水平，努力成为师德表率和教书育人标兵。要高度重视和进一步加强在优秀青年教师和高学历、高职称人员中发展党员工作，把优秀人才团结和凝聚在党的周围。

11．积极推进党内民主建设，增进基层党组织的创新力和战斗力。实施“党内凝聚力工程”，以完善党内民主参与、民主决策、民主选举、民主监督制度为载体创新党内民主建设，带动民主办学。以党内事务党员先知道、先讨论、先行动为前提，进一步扩大党务公开，切实保障党员权利，切实尊重党员主体地位。教职工党支部应当支持并参与本单位行政领导工作，对本单位的工作提出意见和建议；机关党支部要协助本单位行政负责人完成任务，改进工作，对包括行政负责人在内的每一个党员进行监督；离退休教职工党支部要引导党员进行自我教育和管理，主动反映离退休同志的意见和建议，增进相互沟通和理解，支持现职领导做好工作。研究制定海南大学党代会代表任期制实施办法，探索试行党代表大会常任制，党委向党代表定期汇报工作，自觉接受监督。

12．继续加强学生党支部建设和在大学生中发展党员工作。要坚持把党支部建在班上的好做法，确保本科班“低年级有党员、高年级有支部”的工作目标。要充分发挥大学生党支部的作用，使其成为引领大学生刻苦学习、团结进步、健康成长的班级核心。要加强对大学生党员的教育和管理，引导他们牢固树立正确的世界观、人生观、价值观。充分发挥大学生党员在学习生活、班级活动、学生社团中的先锋模范作用，高度重视发挥大学生党员在网络虚拟群体等新型大学生组织中的积极作用。要加强研究生工作部的建设，加大在研究生中发展党员的工作力度。要继续做好在本科生中发展党员的工作，提高党员比例，确保发展质量。坚持以党建带团建、以团建促党建，认真推荐优秀青年团员加入党组织。要探索在学生党员规模较大的学院组建学生党总支做法，在学院党委领导下，负责本学院学生党支部管理和学生党员教育、管理工作。

13．优化基层组织设置，创新基层组织活动方式。科学、合理地设置基层党组织，积极探索建立与专业活动、学科团队、社团组织等相应的党支部或党小组，进一步扩大组织工作的覆盖面。要加强党员组织关系管理，认真做好流动党员的管理服务工作。要健全组织生活制度，创新党组织活动的内容、载体和方式，把经常性党内生活作为教育党员的主要手段，努力使基层党组织的学习内容丰富起来、学习方式灵活起来、学习氛围浓厚起来。要建立党员联系群众和服务群众制度，强化广大党员的党员意识、宗旨意识、责任意识、创新意识。要关心特困党员和老党员。要紧密结合学校和基层单位的工作重心，开展经常性的诸如“创先争优促和谐”、“强基创先，科学发展”等主题创建活动，使基层党建工作更富有时代气息、更富有实际成效。

（四）紧紧围绕人才培养这一根本任务，进一步提高大学生思想政治教育的针对性实效性

14．以改革的精神、创新的办法加强和改进大学生思想政治工作。要积极推进中国特色社会主义理论特别是科学发展观“进教材、进课堂、进头脑”工作，充分发挥课堂主导作用，努力提高思想政治理论课课堂教学的实效性。要认真实施新课程方案，加大学科建设和师资队伍建设力度，严格政治理论课教学管理。要积极拓展教育渠道，开展社会实践，建设校园文化，构筑网络思想政治教育新阵地。要更加重视做好家庭经济困难学生的资助工作，更加重视做好大学生毕业就业工作，更加重视做好大学生心理健康教育工作，切实做好学生的管理和服务，建立健全学生问题化解机制，促进学生健康成长。

15．认真抓好学生教育工作队伍建设和长效机制建设。要认真做好学院学生工作专职副书记及学院团委书记的配备工作，着力建设一支高水平的辅导员队伍，使他们成为学生工作的骨干力量。要建立健全班主任队伍的选拔、培养、激励保障机制，充分发挥他们在班级集体中的教育管理作用。要建立健全大学生思想政治工作的有效机制，建立和完善学校党委统一领导、党政分工负责的领导机制，机关部门、团学组织、教学单位齐抓共管的工作机制，全员育人、全方位育人、全过程育人的育人机制，队伍到位、投入到位、考核到位的保障机制。

（五）全面加强党风廉政建设和校风建设，努力营造风清气正、团结向上的风气

16. 着力做好建立健全惩治和预防腐败体系工作。深入贯彻落实中央制定的两个“条例”和《建立健全教育、制度、监督并重的惩治和预防腐败体系实施纲要》，以及《海南大学党风廉政建设责任制实施细则》。继续在加强教育和防止腐败上下功夫，加强对组织人事、招生、基建、后勤、校产、采购、财务等关键部位的监察工作，加强对各级领导干部特别是党政主要负责人的监督。继续坚持领导干部述职述廉制度、任期经济责任和离任审计制度，严格执行招投标制度，促进财务制度改革，强化资金管理。加大查处违纪案件的力度，不断提高反腐倡廉的工作水平和工作实效。

17. 强化领导作风和师德师风建设，以良好作风、教风促进优良学风和校风的形成。要建立领导干部深入联系基层、联系群众和联系民主党派制度，坚持和完善领导干部调查研究制度、听课制度、接待日制度和信访制度，促进领导干部深入基层第一线，全面掌握师生员工的思想动态，及时解决基层群众的难题。要出台加强机关作风建设的实施意见，着力提高机关执行力和服务水平。要大力提倡爱岗敬业、教书育人、为人师表的职业道德，建立健全师德规范、学术道德规范和先进单位、先进个人评选制度，通过先进典型引导、带动，促进优良校风、学风的形成。要进一步加强教务管理和教学评估工作，对教师的思想、工作、学习各方面的表现进行量化考核，把师德教风纳入到考核测评体系中，形成有效的激励约束机制。

18. 最大限度地调动一切积极因素，努力形成建设有特色、高水平“211 工程”大学的强大合力。要继续加强对工会、共青团等群众组织的领导和建设，更好地发挥他们在联系群众、团结群众中的作用。要坚持一年一度的教职工代表会议制度，继续推行校务公开，广泛调动教职工参与民主管理、民主监督的积极性。要高度重视统战工作，充分发挥人大代表、政协委员、民主党派和无党派人士的参政议政和民主监督作用，争取他们为学校的改革与发展献计献策。要认真贯彻党的侨务政策，充分利用琼籍华侨华人的优势，加强感情联络，鼓励和支持他们为学校的发展作贡献。要落实好离退休人员政策，从政治上和经济上关心好他们的生活。

19. 建立健全安全稳定工作长效机制，进一步提高促进校园和谐、维护安全稳定的能力。要认真贯彻落实教育部提出的“高度重视、扎实工作、加强建设、预防为主、内紧外松、严加防范、树立信心、确保稳定”的高校稳定工作方针，与省市有关部门密切配合，加强校园和周边环境的治理，切实维护学校秩序和社会稳定。要按照“谁主管，谁负责”、“谁出问题，谁负责”的原则，认真落实好安全稳定工作责任制。对重大案件和突发事件的多发区，要切实加强思想工作和管理工作，防患于未然，杜绝一切恶性事故的发生。要以创建海南省文明单位活动为抓手，推进文明和谐校园建设，以党内和谐促进校园和谐，着力构建人尽其才、协调发展，充满活力、文明有序，诚信友爱、师生和睦，安定祥和、发奋向上的和谐校园。

**三、进一步加强对学校党建工作的领导，确保各项建设工作任务落到实处**

20. 建立健全党建工作目标管理责任制。学校各级党组织要切实担负起党要管党、从严治党的政治责任，健全和落实党建工作责任制，形成党委统一领导，职能部门各司其职、齐抓共管和一级抓一级、层层抓落实的工作格局。党委书记是本单位党建工作的第一责任人，领导班子其他成员要根据分工，抓好责任范围内的党建工作。学校党委要把党建工作领导小组作为健全和落实党建工作责任制的重要抓手，完善工作制度和议事规则，开展经常性工作。建立定期研究党建工作制度，每年召开专题会议，研究目标任务，制定工作计划，做出整体部署。党建工作应与校院中心工作紧密结合，做到同时研究、同时部署。建立学校基层组织党建工作考核评价制度，强化督促检查，把抓党建工作的情况和成效，作为考评党政领导班子和领导干部业绩的重要指标。开展基层组织党建工作达标评优活动，表彰先进，宣传典型，推进工作。

21. 加强党务工作者队伍建设。按照“提高素质、优化结构、相对稳定、合理流动”的原则，把政治素质高、党性原则强、热爱党务工作、业务能力过硬、师生员工拥护的同志选配到党务工作岗位上来，特别是要配强配好学院党组织书记。根据基层组织建设、党员教育管理、加大发展党员工作力度的需要，建设一支专兼职结合的组织员队伍。真正重视、真切关怀、真心爱护基层党务工作者和专职思想政治工作者，建立完善激励和保障机制，在业务培训、职称评定、收入待遇和评选先进等方面，充分考虑他们的具体情况和实际贡献，使他们工作有条件、干事有平台、发展有空间。要加大党务工作者尤其是二级单位党委（党总支）书记、党支部书记培训力度，不断提高他们的思想政治素质和业务水平。

22．完善党建工作阵地建设和保障机制。要加强学校党校、党建与思想政治教育研究会、党员专题教育网站等阵地建设，积极组织党务工作者、专家学者开展高校党建理论和工作研究，每年召开一次党建和思想政治教育研讨会，开展理论学习经验交流和工作研讨，不断提高党建理论学术研究水平，为学校党的建设提供理论支撑，以理论创新推动工作创新，永葆学校党建工作的生机活力。要加大党建工作经费投入，校院两级党建工作经费要列入单位年度预算，确保各项工作顺利开展。把留存党费大部分返还给基层党组织，支持基层党组织开展活动。要为基层党组织开展活动提供必要的场所与设备。

## 中共海南大学委员会<br>关于儋州分校办学的若干意见

海大党[2009]57号

〔2009年9月3日中共海南大学委员会常务委员会一届48次会议通过〕

为了保护好、发展好、利用好儋州校区教育资源，确保儋州校区教育功能的持续和资产的保值增值，充分发挥学校作为全省重点综合性大学的整体优势，促进当地经济社会发展，学校决定成立儋州分校。根据学校改革发展进展以及儋州校区教育资源等实际情况，就儋州分校办学提出以下意见。

一、儋州分校利用学校儋州校区的教育资源办学，办学类型为应用型高等教育。从2010年开始招生，争取在2013年左右达到8000名在校学生的规模。

二、儋州分校的主要职责是：（1）负责制订实施分校的教育发展规划和人才培养计划，组织开展分校的教育教学工作、学生管理、师资队伍建设及其他各项内部管理与建设；（2）负责管理并保护好、发展好、利用好儋州校区教育资源，确保学校在儋州校区资产的安全完整、保值增值和有效利用；（3）负责协调与地方及中国热带农业科学院的关系，确保分校的安全稳定，维护分校正常的办学秩序；（4）负责学校儋州校区农科基地的管理与建设。

三、儋州分校所设专业、教职工队伍、机构以及内部管理体制与运行机制均予新建。分校在学校党委、行政的授权范围内，采取相对独立、自成体系、灵活高效的全新办学模式，实行分校校长负责制及分校、系二级管理的内部管理体制。分校在学校的总体政策框架范围内，根据其自身的办学特点建立健全相应的内部规章制度，建立稳定的教学秩序，形成良性的自我监控机制。

四、儋州分校在学校的宏观指导下，自行负责人才培养的全过程：（1）依照“以社会需求为导向、低成本、高质量、高效益、充分利用已有资源”的原则，按有关规定设置或调整招生专业；（2）根据人才培养要求制定培养方案、教学计划和教学大纲，报学校备案后组织实施；（3）突出高质量应用型人才培养的要求，完善校内外实验、实训和实习基地建设，强化学生动手能力与实践能力的培养，建立健全课堂教学、实践教学以及专业建设等评估体系及质量监控保障机制，培育良好的教风、学风，确保教育教学质量；（4）抓好学生的日常行为管理和思想政治教育工作，包括党团建设、社团建设、学生档案管理、学生资助、学生军训、心理健康教育、就业指导等工作，促进学生德智体美全面发展，确保毕业生高比例就业。

五、儋州分校设领导职数7名，领导班子由学校选聘在编副处级以上干部组成。分校根据需要自主设置内部管理机构，自主进行人事管理与内部分配，并实行专职与兼职相结合、全员聘用与合同管理的用人机制。对于分校聘用学校在编人员或其他已与学校建立人事劳动关系的工作人员，学校给予积极支持，这类人员与学校的人事劳动关系保持不变，享受学校统一的人事政策，保险、工资及各项津（补）贴通过分校划转经费到学校，由学校发放。分校其他聘用人员，由分校自主聘用、自行管理，与学校没有人事劳动关系。

六、儋州分校设立独立帐户，实行“经费包干、结余留用、滚动发展、独立核算、会计委派”的财务管理方式，严格执行国家的财经制度和学校相关的财务管理制度。分校学生缴纳的学费要保证分校运转和办学条件。分校自主负责包括奖学金在内的各项学生费用。其他来源的经费，按有关规定使用。

七、为保证儋州分校的基本运行，学校向分校一次性投入适当经费，主要用于原有教学、生活设施的修缮、基本教学仪器设备的购置等，确保儋州校区办学功能的恢复和启动新的办学运作。对于分校开始招生后政府下达的生均经费，学校于前两个学年度全部划拨给分校，第三个学年度按50%的比例划拨，第四个学年度按20%的比例划拨，第五个学年度及以后停止划拨。

八、儋州分校对学校在儋州校区的国有资产具有管理权和使用权，不具有处置权。分校必须全力确保学校在儋州校区资产的安全、完整和保值增值，涉及国有资产产权纠纷的问题，要及时向学校国资管理部门报告，协助学校国资管理部门等有关单位进行调查、取证、调处，或提交司法部门调处。分校自行负责安全保卫（武装、户籍）和后勤服务保障工作。

九、对儋州分校的内部建设与管理，学校各职能部门要在业务上主动指导、积极配合，协助儋州分校作好各项工作，确保儋州分校教育事业科学发展。

十、儋州分校的各项具体管理权限，学校采取专项授权的方式另予明确。学校给予分校的各项具体支持政策，根据分校办学进展情况另行出台具体规定。

# 机构设置及更名

## 中共海南大学委员会<br>关于成立中共海南大学应用科技学院<br>（城西校区）委员会的决定

海大党[2009]2号　2009年1月13日

儋州校区管委会、各二级单位党委（党总支）、各部门、各单位：

根据学校关于成立应用科技学院（城西校区）的决定（海大党[2008]46号），经研究，决定撤销中共海南大学应用科技学院委员会，成立中共海南大学应用科技学院（城西校区）委员会。

## 中共海南大学委员会<br>关于成立儋州分校党委的决定

海大党[2009]62号　2009年10月10日

儋州校区管委会、各二级单位党委（党总支）、各部门、各单位：

儋州分校业已成立，根据党的章程和《中国共产党普通高等学校基层组织工作条例》的有关规定，结合学校党建工作实际，经校党委常委会研究决定，成立中共海南大学儋州分校委员会。

中共海南大学儋州分校委员会在中共海南大学委员会的直接领导下开展工作，其主要职责是：（1）宣传和执行党的路线、方针、政策，贯彻执行党中央、上级组织和学校的决定，确保儋州分校的工作与党中央、上级组织和学校的决定精神保持高度一致；（2）在发挥政治核心作用的同时，大力支持和保证监督儋州分校校长在其职权范围内，独立负责地开展教学、科研、社会服务及其他各项行政工作；（3）从儋州分校工作实际出发，组织做好学生思想政治教育和日常管理，为广大学生健康成长和顺利成才提供坚实保障；（4）组织做好儋州分校党的思想、组织、作风和制度建设，真正发挥出党政领导班子的领导核心作用、基层党组织的战斗堡垒作用和党员的先锋模范带头作用；（5）对要求入党的积极分子进行教育和培养，做好经常性的发展党员工作，重视在教学、科研第一线以及在学生、青年教职工中发展党员；（6）对党员进行教育、管理和监督，促进党员提高素质、增强党性，严格党的组织生活，开展批评和自我批评，维护和执行党的纪律，监督党员切实履行义务，保障党员的权利不受侵犯；（7）积极适应新形势，组织做好儋州分校师生员工的思想政治工作，凝聚人心，鼓舞士气，充分发挥广大师生员工的积极性、创造性，鼓励和支持他们为办好儋州分校贡献自己的聪明才智；（8）组织抓好儋州分校干部的教育和管理，监督党员干部及其他工作人员严格遵守党纪国法政纪校规；（9）领导儋州分校的统一战线工作及工会、共青团、学生会等群众组织的工作，充分发挥其在党联系群众、做群众工作方面的桥梁和纽带作用，并领导儋州分校教职工代表大会的工作，充分发挥其民主管理与民主监督的职能；（10）负责儋州分校的安全稳定工作，确保儋州分校办学秩序的正常和校园的稳定；（11）贯彻落实中共海南大学委员会部署的其他工作任务。

## 中共海南大学委员会<br>关于成立政治与公共管理学院（社科部）党委的决定

海大党[2009]66号　2009年10月9日

儋州校区管委会、各二级单位党委（党总支）、各部门、各单位：

鉴于政治与行政学院、社科部、社会科学研究中心和高等教育研究所已合并组建为政治与公共管理学院（社科部），经研究，决定撤销中共海南大学政治与行政学院委员会和中共海南大学社科部总支委员会，成立中共海南大学政治与公共管理学院（社科部）委员会。

## 中共海南大学委员会<br>关于成立新的外国语学院党委的决定

海大党[2009]67号　2009年10月9日

儋州校区管委会、各二级单位党委（党总支）、各部门、各单位：

鉴于外国语学院和公共外语部已合并组建为新的外国语学院，经研究，决定撤销中共海南大学外国语学院委员会和中共海南大学公共外语部总支委员会，成立新的中共海南大学外国语学院委员会。

## 中共海南大学委员会<br>关于成立经济与管理学院党委的决定

海大党[2009]68号　2009年10月9日

儋州校区管委会、各二级单位党委（党总支）、各部门、各单位：

鉴于经济学院、管理学院和中国现代经济理论研究所已合并组建为经济与管理学院，经研究，决定撤销中共海南大学经济学院委员会和中共海南大学管理学院委员会，成立中共海南大学经济与管理学院委员会。

## 中共海南大学委员会<br>关于重点项目建设办公室更名的通知

海大党[2009]47号　2009年6月17日

儋州校区管委会、各二级单位党委（党总支）、各部门、各单位：

为加强对“211工程”建设工作的组织与协调，经中共海南大学委员会常务委员会一届40次会议研究，决定将重点项目建设办公室（“211工程”大学建设办公室）更名为“211工程”建设办公室。

## 海　南　大　学
## 关于合并政治与行政学院、社科部、社会学研究中心和高等教育研究所的决定

海大[2009]282号　2009年10月9日

儋州校区管委会、各部门、各单位：

为优化学校学科专业结构与布局，实现教育教学资源合理配置，促进教学质量和学科水平不断提高，根据校党委常委会一届48次会议决定，合并政治与行政学院、社科部、社会科学研究中心、高等教育研究所，组建政治与公共管理学院（社科部），实行政治与公共管理学院、社科部两块牌子、一套人马的运行机制。社会科学研究中心、高等教育研究所仍予保留，归属政治与公共管理学院管理。

## 海　南　大　学
## 关于合并外国语学院和公共外语部的决定

海大[2009]283号　2009年10月9日

儋州校区管委会、各部门、各单位：

为了合理配置教学资源，实现公共基础教学与专业教学有机结合，促进教学质量不断提高，根据校党委常委会一届48次会议决定，合并外国语学院和公共外语部，组建新的外国语学院。新的外国语学院承担原两个单位的所有职责。

## 海　南　大　学
## 关于合并经济学院、管理学院和中国现代经济理论研究所的决定

海大[2009]284号　2009年10月9日

儋州校区管委会、各部门、各单位：

为优化学校学科专业结构与布局，实现教育教学资源合理配置，促进教学质量和学科水平不断提高，根据校党委常委会一届48次会议决定，合并经济学院、管理学院和中国现代经济理论研究所，组建经济与管理学院。中国现代经济理论研究所仍予保留，归属经济与管理学院管理。原属管理学院的土地资源管理专业划归政治与公共管理学院。

## 海　南　大　学
## 关于国际文化交流学院与外事侨务处合并的决定

海大[2009]290号　2009年10月15日

儋州校区管委会、各部门、各单位：

为理顺机制，规范管理，加快发展留学生教育，根据校党委常委会一届四十八次会议决定，合并国际文化交流学院与外事侨务处，并按两块牌子、一套人马的机制运行。有关事宜具体如下。

一、原属国际文化交流学院的对外汉语本科专业和孔子学院办学划归人文传播学院；国际文化交流学院承担学校所有留学生管理以及汉语水平考试HSK考点和国务院侨办华文教育基地的建设与管理；学历留学生的日常教学及管理由相关学院负责；国际文化交流学院和外事侨务处原有其他职能保持不变。

二、合并后的国际文化交流学院与外事侨务处内设综合办公室、外事科、侨务科、留学生科（留学生管理办公室）和留学生汉语教学中心等5个科级机构。

三、人员安排以人随事走，不留尾巴为原则。本学期已安排的课程要继续完成。

（一）划归人员包括：现任教对外汉语本科专业且本人所学专业（以最后学历为准）属汉语言相关专业的教师，随对外汉语本科专业带编划归人文传播学院；现任对外汉语本科专业的学生工作人员和教务管理人员随对外汉语本科专业带编划归人文传播学院，保留其相应行政待遇。

（二）保留人员包括：不属于上述划归条款规定的人员；公派出国学习、工作以及在校外攻读博士学位尚未毕业的人员；虽符合上述划归条款规定，但现任留学生部负责人的。

四、合并后国际文化交流学院与外事侨务处按两个经费渠道、内部统一预算的原则进行财务管理。划归人文传播学院人员的财务问题，按学校财务处有关规定办理。

五、学校赴境外交换学生所交学费及住宿费

从2009年秋季学期开始划归国际文化交流学院，用于支付对等交换来校学习的境外学生学习费用以及项目运行和留学生涉外管理费用。

六、国际文化交流学院留学生汉语课程教学管理和教室使用由教务处统一安排。校内各教学单位要接受并安排相应教师承担留学生汉语课程教学任务，教学工作量计算和课酬按学校有关规定执行。

七、为加强涉外管理，保障留学生的人身及财物安全，保卫处和后勤服务集团现阶段要加强留学生公寓管理工作。从2009年秋季学期开始，在留学生公寓住宿的非留学生要做到只出不进。桥西第一期教工宿舍和教师周转房建成交付使用后，原住留学生公寓的教师分批迁出，留学生公寓逐步全部用于留学生住宿，并将其划归国际文化交流学院管理使用。

其他未尽事宜由国际文化交流学院、外事侨务处与相关职能部门商定。

### 海　南　大　学<br>关于整合组建新的海南大学医院的决定

海大[2009]309号　2009年10月28日

儋州校区管委会、各部门、各单位：

为了充分发挥海南大学现有医疗资源，为师生员工提供良好的医疗保健服务，根据校党委常委会一届52次会议决定，整合现有的海甸校区医院、儋州校区医院、城西校区卫生室，组建新的海南大学医院，实行统一管理，建立统一的学校医疗卫生保健防疫体系。

一、新的海南大学医院作为学校副处级附属单位和非营利性医疗机构，下设海甸校区医院、儋州校区医院、城西校区卫生室。学校成立卫生防疫科，由校医院管理，负责全校师生员工的健康教育、卫生保健及传染病监控和防疫工作。

二、成立新的校医院领导班子。校医院设领导职数4个（院长1人、书记1人、副院长2人）。校医院人员编制按现有在编人员核定，随自然减员而减少固定人员编制，逐步向全员聘用与合同管理的灵活用人机制过渡。

三、新的校医院按现有在编人员和工作专项核定经费，实行经费包干、自主经营、自负盈亏、滚动发展。学校根据医疗卫生防疫工作需要，对校医院给予必要的政策扶持与条件支持。

四、新的校医院整合组建完成后，归口后勤管理处管理。

附件：海南大学医院整合设置及管理方案（略）

## 职务任免

### 中共海南大学委员会<br>关于覃金源等同志任职的通知

海大党[2009]3号　2009年1月13日

应用科技学院（城西校区）：

经党委常务委员会第一届第26次会议研究，同意：

覃金源同志任应用科技学院（城西校区）党委书记；

王华同志任应用科技学院（城西校区）党委副书记。

### 中共海南大学委员会<br>关于黄恒等同志职务任免的通知

海大党[2009]25号　2009年3月10日

综合治理与安全生产委员会办公室：

经学校党委常务委员会一届29次会议研究，决定：

黄恒同志任综合治理与安全生产委员会办公室主任（兼）；

邢谷川同志不再兼任综合治理与安全生产委员会办公室主任职务。

以上同志职务任免时间从2009年2月27日

算起。

## 中共海南大学委员会
## 关于蔡鹤龄等同志职务任免的通知

海大党[2009]26号　2009年3月10日

图书馆党总支：

经学校党委常务委员会一届29次会议研究，决定：

蔡鹤龄同志任图书馆党总支书记；

顾江洪同志不再担任图书馆党总支书记职务。

以上同志职务任免时间从2009年2月27日算起。

## 中共海南大学委员会
## 关于符成彦等同志职务任免的通知

海大党[2009]27号　2009年3月10日

人文传播学院党委：

经学校党委常务委员会一届29次会议研究，决定：

符成彦同志任人文传播学院党委书记；

蔡鹤龄同志不再担任人文传播学院党委书记职务。

以上同志职务任免时间从2009年2月27日算起。

## 中共海南大学委员会
## 关于林章义等同志职务任免的通知

海大党[2009]28号　2009年3月10日

管理学院党委：

经学校党委常务委员会一届29次会议研究，决定：

林章义同志任管理学院党委书记，不再担任校长办公室副主任职务；

胡国柳同志不再担任管理学院党委书记职务。

以上同志职务任免时间从2009年2月27日算起。

## 中共海南大学委员会
## 关于林健等同志职务任免的通知

海大党[2009]29号　2009年3月10日

体育部党总支：

经学校党委常务委员会一届29次会议研究，决定：

林健同志任体育部党总支书记，不再担任宣传部副部长职务；

王之同志不再担任体育部党总支副书记职务。

以上同志职务任免时间从2009年2月27日算起。

## 中共海南大学委员会
## 关于蒋国洲等同志职务任免的通知

海大党[2009]30号　2009年3月10日

党委研究生工作部：

经学校党委常务委员会一届29次会议研究，决定：

党委研究生工作部工作由副部长蒋国洲同志主持，刁晓平同志不再兼任党委研究生工作部部长职务。

以上同志职务任免时间从2009年2月27日算起。

## 中共海南大学委员会
## 关于马莹同志任职的通知

海大党[2009]31号　2009年3月10日

学生工作部（学生工作处）：

经学校党委常务委员会一届29次会议研究，决定：

马莹同志任学生工作部副部长、学生工作处副处长。任职试用期一年，试用期从2009年2

月27日算起。

## 中共海南大学委员会
## 关于谭勇等同志任职的通知

海大党[2009]32号　2009年3月10日

共青团海南大学委员会：

经学校党委常务委员会一届29次会议研究，决定：

谭勇同志任共青团海南大学委员会副书记（副处级）；

蒙秋妍同志任共青团海南大学委员会副书记（副处级）。

以上同志任职试用期一年，试用期从2009年2月27日算起。

## 中共海南大学委员会
## 关于王丽娜等同志职务任免的通知

海大党[2009]34号　2009年3月11日

共青团海南大学委员会：

经学校党委常务委员会一届29次会议研究，并征得共青团海南省委同意，决定：

王丽娜同志任共青团海南大学委员会书记（副处级），并按有关规定办理。符成彦同志不再担任共青团海南大学委员会书记职务，另有任用。

王丽娜同志任职试用期一年，试用期从2009年2月27日算起。

## 中共海南大学委员会
## 关于王愉人等同志职务任免的通知

海大党[2009]49号　2009年9月3日

中共海南大学艺术学院委员会、社科部：

经校党委常务委员会研究决定：

王愉人同志任艺术学院党委书记，不再担任社科部主任职务；免去孙波同志艺术学院党委书记职务，另有任用。

## 中共海南大学委员会
## 关于樊春同志职务任免的通知

海大党[2009]63号　2009年9月18日

儋州分校党委：

经校党委常委会议研究，同意：

樊春同志任儋州分校党委书记。

## 中共海南大学委员会
## 关于蔡鹤龄等同志职务任免的通知

海大党[2009]64号　2009年10月10日

统战部、教育工会、图书馆党总支：

经校党委常委会议研究，同意：

蔡鹤龄同志任统战部部长，不再担任图书馆党总支书记；

林方汉同志任教育工会专职副主席（正处级），不再担任统战部部长职务；

顾江洪同志任图书馆党总支书记，兼任图书馆副馆长，不再担任儋州校区管理委员会副主任和后勤管理处副处长职务。

## 中共海南大学委员会
## 关于李光等同志职务任免的通知

海大党[2009]65号　2009年10月10日

材料与化工学院党委：

经校党委常委会议研究，同意：

李光同志任材料与化工学院党委书记。

廖建和同志不再担任材料与化工学院党委书记职务。

## 中共海南大学委员会
## 关于王默忠等同志任职的通知

海大党[2009]69号　2009年10月10日

政治与公共管理学院（社科部）党委：

根据学校教学机构设置和学科专业调整的决定，经校党委常委会议研究，同意：

王默忠同志任政治与公共管理学院（社科

部）党委书记；

段捷频同志任政治与公共管理学院（社科部）党委副书记。

## 中共海南大学委员会
## 关于王志芳同志任职的通知

海大党[2009]70号 2009年10月10日

宣传部、党校：

经校党委常委会议研究，同意：

王志芳同志任党校常务副校长、宣传部副部长（正处级）。

## 中共海南大学委员会
## 关于符史岱等同志职务任免的通知

海大党[2009]71号 2009年10月10日

经济与管理学院党委、食品学院党委：

根据学校教学机构设置和学科专业调整的决定，经校党委常委会议研究，同意：

符史岱同志任经济与管理学院党委书记；

冯广波同志任经济与管理学院党委副书记；

林章义同志任食品学院党委书记；

樊春同志不再担任食品学院党委书记职务。

## 中共海南大学委员会
## 关于吴华生等同志职务任免的通知

海大党[2009]72号 2009年10月10日

党委办公室（综合治理办公室）、外国语学院党委：

根据学校教学机构设置和学科专业调整的决定，经校党委常委会议研究，同意：

吴华生同志任外国语学院党委书记；

黄丽芹同志任外国语学院党委副书记；

王兆庆同志任党委办公室副主任、综合治理办公室主任（正处级），不再担任外国语学院党委书记职务。

## 中共海南大学委员会
## 关于华世佳等同志职务任免的通知

海大党[2009]73号 2009年10月10日

继续教育学院党总支、国际文化交流学院党总支：

根据学校教学机构设置和学科专业调整的决定，经校党委常委会议研究，同意：

华世佳同志任国际文化交流学院党总支书记；

林尧俊同志任继续教育学院党总支副书记（正处级），不再担任国际文化交流学院党总支书记职务。

## 中共海南大学委员会
## 关于蒙秋妍等同志职务任免的通知

海大党[2009]80号 2009年12月25日

信息科学技术学院党委、共青团海南大学委员会：

经校党委常委会议研究，同意：

蒙秋妍同志任信息科学技术学院党委副书记，不再担任共青团海南大学委员会副书记；

曲涛同志不再担任信息科学技术学院党委副书记。

## 海 南 大 学
## 关于潘贤丽等同志任职的通知

海大[2009]7号 2009年1月14日

应用科技学院（城西校区）：

经党委常务委员会第一届第二十六次会议研究，同意：

潘贤丽同志任应用科技学院（城西校区）院长；

陈健同志任应用科技学院（城西校区）副院长；

尤世程同志任应用科技学院（城西校区）副院长；

康由发同志任应用科技学院（城西校区）副院长。

海　南　大　学
关于梁谋等同志职务任免的通知
海大[2009]30 号　2009 年 3 月 16 日

校长办公室：

经学校党委常务委员会一届 29 次会议研究，决定：

校长办公室工作由校长办公室副主任梁谋同志主持；

陈琛同志任校长办公室副主任，不再担任毕业生就业指导中心副主任职务。

以上同志职务任免时间从 2009 年 2 月 27 日算起。

海　南　大　学
关于屈凯军同志职务任免的通知
海大[2009]31 号　2009 年 3 月 16 日

校长办公室：

经学校党委常务委员会一届 29 次会议研究，决定：

屈凯军同志任北京办事处主任（副处级），不再担任计划财务处副处长职务。任免时间从 2009 年 2 月 27 日算起。

海　南　大　学
关于邱华祥同志职务任免的通知
海大[2009]32 号　2009 年 3 月 16 日

审计处：

经学校党委常务委员会一届 29 次会议研究，决定：

邱华祥同志任审计处副处长，不再担任校长办公室副主任、北京办事处主任职务。任免时间从 2009 年 2 月 27 日算起。

海　南　大　学
关于章程辉同志任职的通知
海大[2009]33 号　2009 年 3 月 16 日

科研处：

经学校党委常务委员会一届 29 次会议研究，决定：

章程辉同志任科研处副处长。任职时间从 2009 年 2 月 27 日算起。

海　南　大　学
关于胡斌武同志职务任免的通知
海大[2009]34 号　2009 年 3 月 16 日

科研处：

经学校党委常务委员会一届 29 次会议研究，决定：

胡斌武同志任科研处副处长，不再担任政治与行政学院副院长职务。任免时间从 2009 年 2 月 27 日算起。

海　南　大　学
关于张银东等同志职务任免的通知
海大[2009]35 号　2009 年 3 月 16 日

研究生处：

经学校党委常务委员会一届 29 次会议研究，决定：

张银东同志任研究生处处长；

刁晓平同志不再担任研究生处处长职务。

以上同志职务任免时间从 2009 年 2 月 27 日算起。

海　南　大　学
关于刁晓平等同志职务任免的通知
海大[2009]36 号　2009 年 3 月 16 日

重点项目建设办公室（“211 工程”大学建设办公

室）：

经学校党委常务委员会一届29次会议研究，决定：

刁晓平同志任重点项目建设办公室（“211工程”大学建设办公室）主任；

张银东同志不再担任重点项目建设办公室（“211工程”大学建设办公室）主任职务。

以上同志职务任免时间从2009年2月27日算起。

## 海　南　大　学
## 关于陈卫东同志职务任免的通知

海大[2009]37号　2009年3月16日

毕业生就业指导中心：

经学校党委常务委员会一届29次会议研究，决定：

陈卫东同志任毕业生就业指导中心副主任，不再担任学生工作部副部长、学生工作处副处长职务。任免时间从2009年2月27日算起。

## 海　南　大　学
## 关于李文化同志职务任免的通知

海大[2009]38号　2009年3月16日

信息科学技术学院：

经学校党委常务委员会一届29次会议研究，决定：

李文化同志任信息科学技术学院副院长（正处级），不再担任网络与教育技术中心副主任职务；任免时间从2009年2月27日算起。

尹建华同志任信息科学技术学院副院长。任职试用期一年，试用期从2009年2月27日算起。

## 海　南　大　学
## 关于胡国柳同志任职的通知

海大[2009]39号　2009年3月16日

管理学院：

经学校党委常务委员会一届29次会议研究，决定：

胡国柳同志任管理学院院长。任职时间从2009年2月27日算起。

## 海　南　大　学
## 关于王之同志职务任免的通知

海大[2009]40号　2009年3月16日

继续教育学院：

经学校党委常务委员会一届29次会议研究，决定：

王之同志任继续教育学院副院长，不再兼任体育部副主任职务。任免时间从2009年2月27日算起。

## 海　南　大　学
## 关于李长明同志职务任免的通知

海大[2009]41号　2009年3月16日

保卫处：

经学校党委常务委员会一届29次会议研究，决定：

李长明同志不再兼任保卫处副处长职务，时间从2009年2月27日算起。

## 海　南　大　学
## 关于杨红同志职务任免的通知

海大[2009]42号　2009年3月16日

后勤集团：

经学校党委常务委员会一届29次会议研究，决定：

杨红同志不再兼任后勤集团副总经理职务，时间从2009年2月27日算起。

## 海　南　大　学
## 关于王凤阳同志任职的通知

海大[2009]43号　2009年3月16日

农学院：

经学校党委常务委员会一届29次会议研究，决定：

王凤阳同志任农学院副院长。任职试用期一年，试用期从2009年2月27日算起。

## 海　南　大　学
## 关于彭晓华等同志职务任免的通知

海大[2009]44号　2009年3月16日

外国语学院：

经学校党委常务委员会一届29次会议研究，决定：

彭晓华同志任外国语学院副院长；金山同志任外国语学院副院长。以上同志任职试用期一年，试用期从2009年2月27日算起。

鲁苓同志因达到任职最高年限，不再担任外国语学院副院长职务，时间从2009年2月27日算起。

## 海　南　大　学
## 关于钟恒同志任职的通知

海大[2009]45号　2009年3月16日

艺术学院：

经学校党委常务委员会一届29次会议研究，决定：

钟恒同志任艺术学院副院长。任职试用期一年，试用期从2009年2月27日算起。

## 海　南　大　学
## 关于佴建乔等同志职务任免的通知

海大[2009]140号　2009年6月17日

国际文化交流学院、外事侨务处：

经党委常务委员会一届40次会议研究，决定：

佴建乔同志任国际文化交流学院副院长，主持学院行政工作。任职时间从2009年6月10日算起。

李渝凤同志4月29日起离岗外出学习一年，根据《海南大学处级干部外出管理暂行规定》，不再担任国际文化交流学院院长职务，保留正处级待遇。

## 海　南　大　学
## 关于聘任王富民同志职务的通知

海大[2009]242号　2009年9月17日

材料与化工学院：

经天津大学化工学院推荐，学校党委同意，决定聘任王富民同志为材料与化工学院副院长（挂职）。

## 海　南　大　学
## 关于聘任曲军远等同志职务的通知

海大[2009]243号　2009年9月17日

海南大学校办产业管理委员会，海南海大产业集团公司：

根据公开选拔结果，经学校党委常委会议研究，决定：

聘任曲军远同志为海南海大产业集团公司副总经理（代总经理）；

聘任董永波同志为海南海大产业集团公司副总经理，兼财务主管；

聘任牛文健同志为海南海大产业集团公司副总经理。

以上同志任职时间从2009年7月10日算起，任职期间保留原职级，工资待遇按学校有关规定执行。

## 海　南　大　学
## 关于李文化同志任职的通知

海大[2009]274号　2009年10月10日

信息科学技术学院：

经校党委常委会议研究，同意：

李文化同志任信息科学技术学院常务副院

长（正处级）。

## 海 南 大 学
## 关于敖荷花同志职务任免的通知

海大[2009]275号 2009年9月17日

后勤管理处、图书馆：

经校党委常委会议研究，同意：

敖荷花同志任后勤管理处副处长，不再担任图书馆副馆长职务。

## 海 南 大 学
## 关于廖建和等同志职务任免的通知

海大[2009]277号 2009年9月28日

儋州校区管委会、教务处：

经校党委常委会议研究，决定成立儋州分校，同意：

廖建和同志任儋州分校校长；

赖桂春同志任儋州分校副校长，不再担任教务处副处长职务；

刘德兵同志任儋州分校副校长。

## 海 南 大 学
## 关于陈泽林等同志任职的通知

海大[2009]280号 2009年10月10日

国有资产管理处、材料与化工学院、网络与教育技术中心：

根据学校教学机构设置和学科专业调整的决定，经校党委常委会议研究，同意：

谭垂谓同志任国有资产管理处副处长（正处级）；

陈泽林同志任材料与化工学院副院长（正处级）；

张树亮同志任网络与教育技术中心副主任（副处级）。

## 海 南 大 学
## 关于安应民等同志任职的通知

海大[2009]286号 2009年10月10日

政治与公共管理学院（社科部）、社会科学研究中心、高等教育研究所：

根据学校教学机构设置和学科专业调整的决定，经校党委常委会议研究，同意：

安应民同志任政治与公共管理学院（社科部）院长（主任）；

李德芳同志任政治与公共管理学院（社科部）常务副院长（副主任）；

张治库同志任社会科学研究中心主任、高等教育研究所专职副所长（正处级），作为政治与公共管理学院（社科部）领导班子成员参加学院党政联席会议。

## 海 南 大 学
## 关于华世佳等同志职务任免的通知

海大[2009]287号 2009年10月10日

国际文化交流学院、外事侨务处、人文传播学院：

根据学校教学机构设置和学科专业调整的决定，经校党委常委会议研究，同意：

华世佳同志任外事侨务处处长；

杨云升同志任国际文化交流学院副院长（主持学院行政工作）、外事侨务处副处长；

佴建乔同志任国际文化交流学院副院长、外事侨务处副处长；

贾绍东同志任国际文化交流学院副院长、外事侨务处副处长；

刘亮同志任人文传播学院副院长，不再担任国际文化交流学院副院长职务。

## 海 南 大 学
## 关于胡国柳等同志任职的通知

海大[2009]288号 2009年10月10日

经济与管理学院、中国现代经济理论研究所：

根据学校教学机构设置和学科专业调整的决定，经校党委常委会议研究，同意：

胡国柳同志任经济与管理学院院长；

黄淑芬同志任经济与管理学院常务副院长；

韦明同志任经济与管理学院副院长；

柯佑鹏同志任经济与管理学院副院长；

李均立同志任经济与管理学院副院长；

李仁君同志任中国现代经济理论研究所所长（副处级），作为经济与管理学院领导班子成员参加学院党政联席会议；

王毅武、张俐俐两位同志不再担任中国现代经济理论研究所领导职务。

## 海　南　大　学
## 关于曹玲娟等同志任职的通知

海大[2009]289 号　2009 年 10 月 10 日

外国语学院：

根据学校教学机构设置和学科专业调整的决定，经校党委常委会议研究，同意：

曹玲娟同志任外国语学院院长；

陈鸣芬同志任外国语学院常务副院长；

金山同志任外国语学院副院长；

彭晓华同志任外国语学院副院长。

## 海　南　大　学
## 关于张志强等同志任职的通知

海大[2009]300 号　2009 年 10 月 10 日

艺术学院：

经校党委常委会议研究，同意：

张志强同志任艺术学院副院长（试用期一年）；

邱海东同志任艺术学院副院长（试用期一年）。

## 海　南　大　学
## 关于曲涛同志任职的通知

海大[2009]370 号　2009 年 12 月 20 日

教务处：

经校党委常委会议研究，同意：

曲涛同志任教务处副处长。

## 海　南　大　学
## 关于郭雅秦等同志任职的通知

海大[2009]383 号　2009 年 12 月 15 日

后勤管理处、海南大学医院：

经校党委常委会议研究，同意：

郭雅秦同志任海南大学医院院长（副处级），试用期一年；

彭少华同志任海南大学医院副院长（保留副处级待遇）；

朱萍同志任海南大学医院副院长（保留副处级待遇）。

# 规章制度

## 中共海南大学委员会
## 关于印发《海南大学处级领导班子和处级干部年度考核办法（试行）》的通知

海大党[2009]52 号　2009 年 9 月 7 日

儋州校区管委会、各二级单位党委（党总支）、各部门、各单位：

经校党委研究决定，现将《海南大学处级领导班子和处级干部年度考核办法（试行）》印发给你们，请认真遵照执行，并将执行中的情况和意见及时向党委组织部报告。

特此通知。

### 海南大学处级领导班子和处级干部年度考核办法（试行）

#### 第一章　总　则

第一条　为了深入贯彻科学发展观，加强处级领导班子和干部队伍建设，进一步改进和完善干部年度考核工作，根据《党政领导干部选拔任用工作条例》（中发[2002]7 号）、《党政领导班子和领导干部年度考核办法（试行）》（中组发[2009]13 号）等文件精神，结合学校实际，制定本办法。

第二条　坚持用科学发展观和正确政绩观考察、评价干部，考核工作遵循党管干部原则、客观公正原则、注重实绩原则、群众公认原则、综合评定原则、简便适用原则。

第三条　本规定适用于学校处级领导班子

和处级干部年度工作考核。

## 第二章 考核的组织和领导

第四条 处级领导班子和处级干部年度考核工作在学校党委领导下进行。成立处级领导班子和处级干部年度考核工作领导小组（以下简称考核领导小组），校党委书记任组长，校长、分管组织工作的校领导任副组长，成员由学校党委办公室、校长办公室、组织部、人事处、纪检监察处、工会、机关党委等部门主要负责人组成，考核领导小组下设办公室（设在学校党委组织部），负责具体的组织、协调工作。

第五条 各单位领导班子和处级干部年度考核工作的组织实施，由学校考核领导小组办公室会同各二级单位党委（党总支）负责。

## 第三章 考核内容及等级

第六条 处级领导班子年度考核，主要考核本年度领导班子发挥职能作用情况，内容包括思想政治建设、领导水平、工作实绩、完成重点任务、反腐倡廉等方面的实际成效。

第七条 处级干部年度考核，主要考核本年度履行岗位职责情况，内容包括德、能、勤、绩、廉等方面的现实表现。具体内容可分为三个项目、十个细目、三十个观察点。

（一）思想政治素质与道德品质

1．把握政治方向，保证政令畅通。

①坚定理想信念，把握正确的政治方向；②重视或支持党建工作，加强理论学习，积极开展思想政治教育；③讲政治，坚决贯彻上级决定；④严守组织纪律。

2．公道正派，明荣知耻。

①讲正气，公道正派、坚持原则、平等待人、不徇私情；②坚持社会主义荣辱观和核心价值体系，模范遵守职业道德、社会公德和家庭美德，心胸坦荡、淡薄名利，维护学校声誉。

（二）组织领导能力与工作实绩

1．找准方向，驾驭全局。

①正确理解贯彻学校办学理念和发展规划；②找准发展方向，精心制定工作计划；③有全局意识，善于协调利益关系、化解矛盾，处理好改革发展稳定的关系。

2．正确用人，科学决策。

①善于发现人才、培养人才、稳定队伍；②善于使用人才，知人善任，调动各方积极性；③依法办事、科学决策，集思广益、多谋善断。

3．善于创新，敢闯新路。

①找准本单位发展定位，因地制宜开展工作；②善于创新、敢闯新路；③能经常提出可操作性强的新思路、新举措，并付诸实施，推动本单位发展。

4．打牢发展基础，充实发展内涵。

①践行科学发展观，兼顾质与量、当前和长远、整体和局部的关系；②坚持打基础、管长远、增后劲；③开源节流，工作讲成本、办事出效率、办学增效益。

5．工作出实绩，水平有提升。

①在上一年的基础上，工作业绩稳步提高；②提升分管工作在校内兄弟单位或同类高校中的相对地位；③在基础相对薄弱、矛盾相对复杂的环境中干出实绩。

（三）领导作风与廉政建设

1．维护团结，增进和谐。

①密切联系群众，关心师生员工冷暖，对其他同志经常给予思想、业务上的指导和帮助；②坚持民主集中制，促进班子团结和单位和谐；③团队精神和协作意识强。

2．勤政实干，敢抓敢管。

①投入充足精力抓管理，做实事、求实效，不搞形式主义；②责任感强，遇事不推诿拖沓，不回避矛盾和问题，敢于担当；③工作热忱，有激情活力，爱校爱岗敬业，勤勤恳恳、任劳任怨。

3．廉洁自律，以身作则。

①落实党风廉政建设责任制，加强廉政制度与文化建设；②清正廉洁、不以权谋私，对亲属及身边工作人员加强教育、严格管理；③有健康的生活圈和社交圈。

第八条 处级领导班子年度考核等级分为好、较好、一般、差。处级干部考核等级分为：优秀、称职、基本称职、不称职。全校处级干部考核为“优秀”等次的比例控制在参加考核人员总数的10%左右。

## 第四章　考核程序及等级评定

第九条　年度考核工作程序：

（一）启动考核工作

学校党委结合职工年度考核，一般在每学年度结束前或下学年度初发布考核通知，启动处级领导班子和处级干部年度考核工作。

（二）考核对象认真总结

考核对象根据学校年度工作要点、本单位年度工作计划和个人岗位职责，对照考核内容，进行领导班子和个人总结，形成述职述廉报告。个人总结的主要内容简要写实地填入《海南大学处级干部年度考核表》（附件1），述职述廉会议结束填写所在单位评鉴意见后，连同领导班子年度工作总结一并送交学校考核领导小组办公室。

（三）召开述职述廉会议，组织群众测评

1．各单位党政主要负责人商学校党委组织部负责人决定召开述职述廉会议的时间和参加人员范围。述职述廉会议由单位书记主持。学校考核领导小组派考核组或工作人员参加各单位的述职述廉会议。

2．各单位行政主要负责人代表班子作领导集体的年度工作总结和个人述职述廉，其他班子成员分别作个人总结和述职述廉报告。个人报告时间一般不超过15分钟，领导班子工作总结报告时间一般不超过20分钟。与会人员当场无记名填写《海南大学处级领导班子和处级干部年度考核民主测评表》（附件2），并亲自投入投票箱。

3．工作人员（非被测评人）将测评表当场清点并封存，签名后送交学校考核领导小组办公室。

4．参加述职述廉会议的群众应具有广泛代表性。一般由本单位全体干部职工参加。

（四）统计、分析测评结果

学校考核领导小组办公室负责统计和初步分析测评结果。民主测评中30%以上的群众对本单位领导班子或处级干部综合评价为“差”或“不称职”的，由学校考核领导小组派出调查组进行调查，形成调研意见，作为评定考核等级的重要依据。

（五）提出建议等级

1．学校考核领导小组分别召开机关部门主要负责人会议和基层单位党政一把手会议，在民主评议的基础上，分别对基层单位领导班子、处级干部和机关部门领导班子、处级干部进行交互等级推荐。

2．学校考核领导小组根据单位民主测评情况和交互等级推荐排名，结合干部职工的反映和平时掌握的情况等进行综合分析，对考核对象提出考核等级建议。其中，处级干部优秀等级必须合理考虑机关与基层、正职与副职、行政与党群等各类干部的代表。

3．处级干部年度考核中，有下列情况之一者，经学校考核领导小组调查认定，应建议评定为“不称职”，其中程度较轻的建议评定为“基本称职”：

①民主测评中30%以上的群众对其综合评价为“不称职”，或50%以上综合评价为“基本称职”和“不称职”的；

②思想政治素质和个人作风方面存在突出问题的；

③组织领导能力和工作实绩差，不能胜任现职岗位工作的；

④在领导班子中闹无原则纠纷，严重影响班子团结的；

⑤有以权谋私行为，存在不廉洁问题的；

⑥工作不负责任，给学校的事业造成较大损失的；

⑦违法犯罪，受到党纪国法处分的；

⑧未认真履行保密职责，造成严重泄密隐患或发生泄密事件的；

⑨其它群众反映强烈的问题，经调查属实的。

（六）确定评定等级

在学校考核领导小组提出考核结果建议方案的基础上，召开校党委常委会议讨论确定考核结果。

（七）公示

将全校处级干部评优名单在全校公示一周。

（八）反馈结果与归档

学校考核领导小组办公室负责将考核结果反馈给单位及个人，并将评定意见和评定等级填入《海南大学处级干部年度考核表》，加盖公章后存档。

## 第五章　考核奖惩及其它

第十条　年度考核结果是处级领导班子调整、领导干部任用、培养教育、奖励惩戒等的重要依据。工资、津贴待遇等奖惩参照《海南大学职工年度考核工作暂行办法》执行。

第十一条　对处级领导班子在年度考核测评中总体评价“好”和“较好”得票率达不到三分之二或者“差”得票率超过三分之一、经组织考核认定为确实存在问题的，应当督促该班子加强整改，必要时也可以进行组织调整，主要负责人确有责任的，应当对其进行诫勉谈话。

第十二条　处级干部年度考核被确定为“基本称职”的，通过诫勉谈话或函询的方式对其进行警示和劝勉，限期改正。年度考核被确定为“不称职”的，根据有关规定给予免职、责令辞职或降职处理，或另行分配适当工作。

第十三条　“双肩挑”的处级干部，主要考核其管理工作。处级干部退出实职领导岗位后，主要按照其实际从事的工作进行考核，不在会上作述职述廉报告。

新提任试用期未满的处级干部只进行工作小结，年度考核一般按“称职”评定，试用期满后进行综合考核。

校内交流任职的处级干部，一般在现工作单位进行年度考核，交流任职不足半年的，考核小组还应向原单位了解其交流前的有关情况。

处级干部因公外出工作、学习时间超过半年以上者，由外派工作、学习单位提供情况，本人所在单位提出考核等次，报学校考核领导小组审批。

## 第六章　考核的纪律与监督

第十四条　加强对考核工作的监督检查，坚持公道正派、实事求是，反对形式主义。考核对象要正确对待组织考核，如实汇报工作和思想，客观公正地反映情况，虚心诚恳地接受群众评议，积极主动地配合考核工作。

第十五条　为了严肃考核纪律，参加考核人员和考核对象必须做到：不准故意夸大、缩小、隐瞒、歪曲事实，弄虚作假；不准违背考核工作程序，搞非组织活动，干扰或妨碍考核工作正常进行；不准对反映问题的人员打击报复；不准泄露考核过程中应当保密的信息。对考核工作中违反规定的，视其情节轻重，分别给予批评教育、党纪政纪处分；造成考核结果失实的，宣布考核无效。

第十六条　考核对象对考核结果不服的，可向学校考核领导小组提请复核。学校考核领导小组应在接到申请后一个月内进行调查核实，并向当事人反馈核实结果。

## 第七章　附　则

第十七条　本规定自发布之日起施行。由海南大学党委组织部负责解释。

附件：

1.《海南大学处级干部年度考核表》（组织部网页下载）；

2.《海南大学处级领导班子和处级干部年度考核民主测评表》（组织部网页下载）。

# 中共海南大学委员会
# 关于印发《海南大学党政领导干部选拔任用工作暂行规定》的通知

海大党[2009]76号　2009年12月15日

各二级单位党委（党总支）：

《海南大学党政领导干部选拔任用工作暂行规定》已经党委常委会会议讨论通过，现印发给你们，请认真贯彻落实。

# 海南大学党政领导干部选拔任用工作暂行规定

## 第一章　总则

第一条　为贯彻落实党的干部路线和政策，使干部选拔任用工作更加科学化、规范化、制度化，切实按照革命化、年轻化、知识化、专业化的方针和德才兼备的原则，建设一支适应学校科学发展要求的高素质党政领导干部队伍，根据中共中央《党政领导干部选拔任用工作条例》和有关文件精神，结合我校实际，制定本规定。

第二条　选拔任用党政领导干部必须坚持以下基本原则：（一）党管干部的原则；（二）任人唯贤、德才兼备的原则；（三）群众公认、注重实绩的原则；（四）公开、平等、竞争、择优的原则；（五）民主集中制的原则；（六）依法办事的原则。

第三条　选拔任用党政领导干部，要着眼于把想干事、会干事、干成事又好共事，能为学校发展作贡献、得到师生员工拥护的优秀人才选进党政领导班子，特别要重视选拔任用优秀的年轻干部。努力把学校党政领导班子建成为高举建设中国特色社会主义伟大旗帜，全面贯彻落实科学发展观，坚决执行党的基本路线和教育方针，全心全意为人民服务，具有办学治校能力，结构合理、团结坚强的领导集体。

第四条　本规定适用于学校党政机关部门和学院、直属单位班子的处级领导干部的选拔任用。推荐到学校具有独立法人资格的机构任职的处级干部的选任，参照本规定执行。

## 第二章　选拔任用条件

第五条　党政领导干部应具备下列基本条件：

（一）具有履行职责所需要的政治思想认识水平，认真实践中国特色社会主义理论，全面贯彻落实科学发展观，努力用马克思主义的立场、观点、方法分析和解决实际问题，坚持讲学习、讲政治、讲正气，能经得起各种考验。

（二）有强烈的事业心和责任感。熟悉教育和管理的基本规律，有实践经验，有胜任领导工作的组织能力、文化水平和专业知识。

（三）坚定党的理想信念和社会主义核心价值观，坚决执行党的路线、方针、政策和学校的各项决定、决议，在教学、科研、管理、服务等工作中做出实绩。

（四）坚持解放思想，实事求是，与时俱进，开拓创新，认真调查研究，能够把党的路线、方针、政策同本单位、本部门的实际相结合，讲实话，办实事，求实效，能够卓有成效地开展工作。

（五）正确行使党和人民赋予的权力，依法办事，清正廉洁，勤政为民，以身作则，艰苦朴素，坚持党的群众路线，密切联系群众，自觉地接受党和群众的批评和监督，做到自重、自省、自警、自励，反对官僚主义，反对任何滥用职权、谋求私利的不正之风。

（六）坚持和维护党的民主集中制，作风民主，顾全大局，善于集中正确意见，善于团结同志，包括团结跟自己有不同意见的同志一道工作。

第六条　提拔担任党政领导职务的，应当具备以下资格：

（一）提任副处级领导职务的，应当具有五年以上的工龄和三年以上正科级或中级专业职务岗位工作经历，或具有副高以上专业职务并有一定的管理经验；提任正处级领导职位的，应在副处岗位工作 2 年以上，或具有正高专业技术职务和两年以上基层管理经验。

（二）提任专职党政管理干部，一般要具备 2 个或 2 个以上下一级职位的任职经历；提任学院或业务性较强的部门领导职务，正职一般应有正高级专业技术职务或副高级且有博士学位，副职一般应有副高级以上专业技术职务或具有博士学位。

（三）新提任处级领导干部，一般应具有大学本科以上文化程度。

（四）近 3 年年度考核达到合格以上，并且符合学校党委的干部学习培训要求。

（五）新提任的处级领导干部的年龄界限原则上要能任满一届。换届时，男性年满 58 岁、女性年满 53 岁的中层党政领导干部，不再担任领导职务；专业性强的岗位，确因工作需要可继续任职，但最长不超过退休年龄或最高任职年限（女 55 周岁，男 60 周岁）。专职干部不到退休年龄退出领导岗位的保留其原职级待遇。

（六）提任党内领导职务的，应当符合《中国共产党章程》规定的党龄要求。

（七）身心健康。

第七条　选拔干部一般要逐级提拔，对特别优秀的年轻干部或因工作特殊需要的，任职资格可适当放宽，按有关规定和程序破格提拔。

## 第三章　民主推荐

第八条　选拔任用党政领导干部，必须经过民主推荐提出考察对象。民主推荐包括会议投票推荐和个别谈话推荐等。民主推荐的结果在一年内有效。

第九条　处级领导班子换届，民主推荐按照领导班子职位的设置全额定向推荐；个别选拔任职，按照拟任职位进行推荐。

第十条　领导班子换届，或基层单位提拔正职，民主推荐工作由党委组织部主持，应经过下列程序：

（一）召开推荐会，公布推荐职位、任职条件，提出有关要求，并进行投票推荐。学院（学部）等直属单位推荐会由单位全体教职工参加，机关部门推荐会由全体机关干部和基层单位代表、民主党派主要负责人参加。必要时进行个别谈话；

（二）统计推荐情况，并进行综合分析；

（三）学校党委组织部根据民主推荐、资格审查和综合分析，提出考察对象初步人选，报校党委书记、校长、分管干部工作的领导一起进行酝酿，然后提交党委常委会集体研究确定考察对象。

第十一条　学校党政机关个别提拔处级领导或基层单位个别提拔副职，民主推荐工作由党委组织部负责，或委托单位党组织主持以召开推荐会或个别谈话的方式进行，推荐结果经校党委组织部部务会酝酿，并征求分管校领导和基层单位主要负责人的意见，报学校党委领导研究确定考察对象。

第十二条　个人向党组织推荐领导干部人选，必须负责地写出推荐材料并署名，经党委组织部审核后按规定程序进行民主推荐。

第十三条　考察对象人数一般应多于拟任职务人数。确定考察对象时，应当把民主推荐的结果作为重要依据之一，同时防止简单地以票取人。

第十四条　可以通过公开选拔、竞争上岗和公开推荐等方式进行民主推荐。因工作特殊需要的个别处级领导岗位，可以由有关的组织机构推荐，校党委常委会提名，作为考察对象。

## 第四章　考察

第十五条　对确定的考察对象由学校党委组织部会同人事处、纪检办等部门组织考察。

第十六条　考察处级领导职务拟任人选，应依据干部选拔任用条件和不同领导职务的职责要求，全面考察其德、能、勤、绩、廉，考察其事业心、正义感、工作能力和思想政治品德方面的实际表现，注重考察其群众公认程度和工作实绩。

第十七条　考察处级领导职务拟任人选，应当经过下列程序：

（一）组织考察组，制订考察工作方案；

（二）同考察对象所在单位的主要领导沟通情况，征求意见；

（三）根据考察对象的不同情况，通过适当方式在一定范围内发布干部考察预告；

（四）采取民主测评、个别谈话、查阅资料、专项调查、同考察对象面谈等方法，广泛深入地了解考察对象的情况。

（五）综合分析考察情况，并经充分酝酿，党委组织部向学校党政主要领导、党委分管和业务分管领导汇报，提出任用建议方案，提交党委常委会讨论决定。

第十八条　考察处级领导职务拟任人选，个别谈话和征求意见的范围一般为：

（一）考察对象所在单位的领导班子成员；

（二）考察对象所在单位的中层干部、中级或副高以上专业技术人员和职工代表；

（三）相关工作部门和其他有关人员。

第十九条　考察处级领导职务拟任人选，应当书面征求校纪检监察部门和计划生育管理部门的意见。对需要进行经济责任审计的，应当委托校审计部门按照有关规定进行审计。

第二十条　考察处级领导职务拟任人选，必须形成书面考察材料，建立考察文书档案。已经提拔任职的，考察材料归入干部人事档案。考察材料必须写实，全面、准确、清楚地反映考察对象的情况，包括下列内容：

（一）德、能、勤、绩、廉方面的主要表现和主要特长；

（二）主要缺点和不足；

（三）个别谈话和民主测评情况；

（四）考察组意见。

第二十一条　党委组织部派出的考察组由两名以上成员组成。考察人员应当具有较高素质，考察组负责人应当由思想政治素质好、有较丰富工作经验并熟悉干部工作的副处级以上人员担任。考察组必须坚持原则，公道正派，深入细致，如实反映考察情况和意见，并对考察材料负责。

## 第五章　酝酿

第二十二条　选拔任用处级领导干部，应当在校党委常委会讨论决定之前充分酝酿。

第二十三条　酝酿应当根据拟任职位和拟任人选的不同情况，分别在不同的范围内进行。各职位的拟任人选，应征求分管和定点联系该单位的校领导的意见。拟任人选为民主党派或无党派人士的，应征求党委统战部及所在党派基层组织负责人的意见。拟任副职的，应做好与拟任职单位党政正职的沟通工作。

第二十四条　学校与省有关部门双重管理的干部任免，应事先征求协管方的意见，进行酝酿。征求意见一般采取书面方式进行。

## 第六章　讨论决定

第二十五条　处级领导干部的选拔任用，由校党委常委会集体讨论作出任免决定，或者决定提名、推荐的意见。

第二十六条　校党委常委会决定干部任免事项，应有三分之二以上的成员到会。研究有关职位人选，学校分管领导应到会。对意见分歧较大或有重大问题不清楚的，应当暂缓表决。党委常委会有关干部任免的决定，需要复议的，应当经党委常委会超过半数成员同意后方可进行。

第二十七条　党委常委会讨论决定干部任免事项，按照下列程序进行：

（一）校党委分管领导或组织部负责人逐个介绍领导职务拟任人选的提名、推荐、考察及任免理由等情况；

（二）与会人员进行讨论，对任免事项发表同意、不同意或者暂缓决议等明确意见；

（三）在充分讨论的基础上，采取口头、举手或者无记名投票等方式进行表决。以党委常委会应到成员超过半数同意形成决定。

第二十八条　校长助理、组织部部长、人事处处长、财务处处长、基建处处长、纪委副书记等领导职务的拟任人选决定后，按照规定及时向上级有关部门征询意见和备案。按有关章程或规定选举产生的处级领导干部，选举结果报学校党委常委会审批。其中，共青团、工会等选任制领导干部，选举结果报学校党委常委会审批后，分别报团省委、省教育工会批复。

第二十九条　学校党委向省人大、政协推荐的干部候选人，按上级有关规定执行，事先应向民主党派主要领导成员和无党派人士中的代表人物通报有关情况，进行民主协商。

## 第七章　任职

第三十条　实行处级领导干部任前公示制度。提拔担任学校处级领导职务的，除特殊岗位外，在党委常委会讨论决定后，下发任职通知前，应当进行公示。公示期一般为7天。公示结果不影响任职的，办理任职手续。

第三十一条　实行处级领导干部任职试用期制度。提拔担任学校党政机关和直属单位领导职务的，试用期为一年，试用期间享受现职待遇。试用期满后，经考核胜任现职的，正式任职，试用期计入任职时间；不胜任现职或双向选择不再担任现职的，原则上回原单位按试用前职级或岗位安排工作。

第三十二条　任前谈话。对决定任用的干部由党委指派专人同其谈话。单位和部门正职由学校党政主要领导同其谈话，副职一般由任职单位的分管或联系校领导与其谈话，党委组织部负责人陪同谈话并做好谈话记录。谈话内容包括组织考察反映意见、任职希望和廉政要求等。

第三十三条　任免发文。党群系统干部以党

委名义发文，党委书记签发；行政系统干部以学校名义发文，校长签发。学校党委常委会决定任免的，任职时间从常委会决定之日起计算。

第三十四条　宣布任职决定。学校任职通知下发后，领导班子正职的任职由党委组织部负责人陪同有关校领导到任职单位宣布，副职的任职由党委组织部负责人到其任职单位宣布。任职干部的工作交接，应在任职文件下达一周内完成。

第三十五条　干部职务任免调整后的有关待遇变更，免职的从发文通知的下一个月计起，任职的从发文通知的当月计起。

第三十六条　实行处级领导干部任期制度。由学校委任和聘任的处级领导干部，每届任期五年。领导班子换届后个别提拔的班子成员不单独计任期，其换届与班子换届同时进行。教学、科研等基层单位的行政业务处级领导干部，同一职位可连续任职两届（10 年），确因工作需要可继续连任，但最多不能超过三届（15 年）。

## 第八章　公开选拔和竞争上岗

第三十七条　公开选拔、竞争上岗是党政领导干部选拔任用的方式之一。一般新空缺的党政领导干部选拔采用此方式。

第三十八条　报名参加公开选拔、竞争上岗人员的基本条件和资格，应当符合本规定要求的干部选拔任用的条件和资格，其他条件根据岗位需要另行规定。

第三十九条　公开选拔、竞争上岗工作在学校党委领导下进行，由党委组织部组织实施，应当经过下列程序：

（一）公布职位、报名人员的资格条件、基本程序和方法；

（二）报名与资格审查；

（三）面试答辩，必要时可加笔试；

（四）确定考察人选和组织考察；

（五）校党委常委会讨论决定任职人选。

第四十条　根据学科建设的需要，对学术水平、专业性要求高的领导职务人选，可采用领导或专家学者推荐提名，或在校内外以至国外（境外）公开招聘等方式，吸引优秀人才，经学校党委常委会决定考察对象并组织考察后，由常委会讨论决定委任或聘任。

## 第九章　交流、轮岗、回避

第四十一条　实行处级领导干部交流制度和轮岗制度。

（一）交流的对象主要是：因工作需要交流的；需要通过交流锻炼提高领导能力的；在一个单位或者部门工作时间较长的；按照规定需要回避的；因其他原因需要交流的。

（二）交流的重点是从事纪检、组织、人事、财务、基建、招生、项目审批、国资管理等涉及人、财、物管理的部门以及师生重点关注的管理部门的主要领导干部。这些管理部门主要领导干部原则上任满一届必须进行交流，工作需要继续任职最多不能超过两届。

（三）机关部门和党务工作处级领导干部实行轮岗制，原则上在某一职位上任职不能超过两届。

（四）交流或轮岗可在机关与学院、党务与行政之间以及党务岗位之间、行政部门之间进行，或者党政管理与业务岗位之间进行。为保证工作的连续性，一般情况下党政主要负责人或正副职不同时进行交流或轮岗。

（五）鼓励任职到临近退休（58 周岁后）的处级领导干部退居二线（享受原职级待遇），促进学校中层领导干部年轻化。

（六）鼓励学校党政管理干部到地方政府、企业或其他事业单位交流任职或挂职。

（七）交流或轮岗的干部接到任职通知后一周内到任。对无正当理由拒不服从交流或轮岗决定的就地免职或者降职使用，并在 1 年之内不考虑重新任职或提拔任用。

第四十二条　实行党政领导干部任职回避制度。领导干部任职回避的亲属关系为：夫妻关系、直系血亲关系、三代以内旁系血亲以及近姻亲关系。有这些亲属关系的，不得在同一部门（单位）担任双方直接隶属于同一领导人员的职务或者有直接上下级领导关系的职务，也不得在其中一方担任领导职务的单位从事组织、人事、纪检、监察、审计、财务等工作。

第四十三条　实行党政领导干部选拔任用

工作回避制度。党委常委及党委组织部讨论干部任免，涉及与会人员本人及其亲属的，本人必须回避。干部考察组成员在干部考察工作中涉及其亲属的，本人必须回避。

## 第十章 免职、辞职、降职

第四十四条 处级领导干部有下列情形之一的，一般应当免去现职：

（一）达到任职年龄界限而尚未退休的；

（二）年度考核为不合格或连续两年为基本合格的；

（三）在领导干部考核中，民主测评不称职率达到1/3，并经组织考核认定为不称职的；

（四）处级领导干部外出时间超过学校规定时限的；

（五）因工作需要或者其他原因，应当免去现职的。

第四十五条 领导干部因退休或换届离任，或者因机构撤消失去职务的，作为自然免职，一般不再专门发文。

第四十六条 实行处级领导干部辞职制度。辞职包括自愿辞职、引咎辞职和责令辞职。

（一）自愿辞职，是指党政领导干部因个人或其他原因，自动提出辞去现任领导职务。自愿辞职必须写出书面辞职申请，按照干部管理权限审批，并在收到辞职申请书后三个月以内予以答复。未经批准，不得擅离职守。对擅离职守的，给予纪律处分。

（二）引咎辞职，是指因工作严重失误、失职造成重大损失或者恶劣影响，或者对重大事故负有重要领导责任，不宜再担任现职，由本人主动提出辞去现任领导职务。

（三）责令辞职，是指学校党委根据党政领导干部在任职期间的表现，认定其已不再适合担任现职的，通过一定程序责令其辞去现任领导职务的。拒不辞职的，免去现职。

第四十七条 处级领导干部有下列情形之一的，不得提出辞职：

（一）在涉及国家安全、重要机密等特殊职位任职且未满脱密期限的；

（二）重要公务尚未处理完毕，须由本人继续处理的；

（三）有其他特殊原因的。

第四十八条 实行处级领导干部降职制度。因工作能力较弱或者其他原因，不适宜担任现职的，应当降职使用。降职使用的干部，其待遇按照新任职务的标准执行。

第四十九条 免职、辞职、降职的干部，在新的岗位工作一年以上，实绩突出，符合提拔任用条件的，可以按照有关规定，重新担任或者提任处级领导职务。

第五十条 通过免职、辞职、降职和基层单位行政业务处级领导干部任期制等，建立处级领导干部的退出机制，促进干部能上能下、能进能出。

## 第十一章 纪律与监督

第五十一条 选拔任用党政领导干部，必须依照中共中央《领导干部选拔任用工作条例》精神，严格执行以上各项规定，并遵守以下纪律：

（一）不超职数配备领导干部，或者违反规定提高干部的职级待遇；

（二）不以书记办公会、校长办公会、领导碰头会、领导圈阅等形式代替党委常委会集体讨论决定干部的任免；

（三）不临时动议决定干部任免；

（四）不个人决定干部任免，个人不能改变党委常委会集体作出的干部任免决定；

（五）不在机构变动和主要领导成员工作调动时，突击提拔调整干部；

（六）不要求提拔本人的偶配、子女及其亲属，或者指令提拔身边工作人员；

（七）不在干部考察中隐瞒或歪曲事实真相，不泄露酝酿、讨论干部任免的情况；

（八）不准拒不执行学校派进、调出或者交流领导干部的决定；

（九）不准在选举中进行违反党的纪律、法律规定和有关章程的活动；

（十）不准在干部选拔任用工作中任人唯亲，封官许愿，营私舞弊，搞团团伙伙，或者打击报复。

第五十二条 校党委及组织部受理有关干

部选拔任用工作的检举、申诉，及时纠正违反本规定的行为。对违反本办法的干部任免事项，不予批准；已经作出的干部任免决定一律无效，由党委或者组织部门按照干部管理权限予以纠正，并按照规定对主要责任人以及其他直接责任人作出组织处理或者纪律处分。

第五十三条　实行党政领导干部选拔任用工作责任追究制度。用人失察失误造成严重后果的，应根据具体情况，追究相关责任人的责任。校纪委在自己的职权范围内，对选拔任用党政领导干部工作进行监督。

第五十四条　建立组织部、人事处、纪监审等部门（单位）干部工作联席会议制度，就加强对干部选拔任用工作的监督沟通信息，交流情况，提出意见和建议。联席会议由党委组织部召集。

第五十五条　校党委常委会及党委组织部在领导干部选拔任用工作中，严格执行本规定，自觉接受组织监督和群众监督。学校各单位和广大教职工，对选拔任用党政领导干部和工作中的违纪行为，有权向学校的上级组织、人事、纪检监察部门检举、申诉。

第十二章　附则

第五十六条　本规定由校党委组织部负责解释。

第五十七条　本规定自公布之日起施行。

## 中共海南大学委员会
## 关于印发《海南大学学院党政领导班子工作规则（试行）》的通知

海大党[2009]77 号　2009 年 12 月 18 日

各二级单位党委（党总支）：

《海南大学学院党政领导班子工作规则（试行）》已经党委常委会会议讨论通过，现印发给你们，请认真贯彻落实。

### 海南大学学院党政领导班子工作规则（试行）

第一章　总则

第一条　为建立健全学院党政领导班子工作规则，充分发挥班子集体在学院建设和发展中的重要作用，根据《中华人民共和国高等教育法》和《中国共产党党内监督条例（试行）》、《中国共产党普通高等学校基层组织工作条例》的精神，结合我校实际，制定本工作规则。

第二条　学院党政领导班子实行“重大事项集体决策、具体工作分工负责”的管理体制。在学校统一领导和政策指导下，通过建立党政联席会议、党委（党总支）委员会议等会议制度，按照相应的议事规则讨论决定学院的重大事项，并根据职责和分工，全面负责学院的各项工作。

第三条　院长是学院行政工作的第一负责人，主持学院行政全面工作。副院长按分工协助院长开展工作。

第四条　学院党委（党总支）委员会是学院的政治核心，对学院工作起保证与监督作用，对学院的改革、发展与院行政共同负有重要责任。学院党委（党总支）书记是学院党委（党总支）工作的第一负责人，主持学院党委（党总支）全面工作。副书记协助书记开展工作。

第五条　学院坚持民主集中制，遵循集体领导、民主决策、分工负责、团结协作的工作原则。

第二章　党政领导班子主要工作职责

第六条　学院行政的主要职责

（一）组织实施本科和研究生教学计划，拟定并落实提高教学质量的保证措施；负责学院教育教学改革方案的拟定并组织实施；负责专业建设、课程建设、教材建设、公共教学实验室建设；负责拟定招生计划；负责拟定并组织实施提高毕业生就业率和就业质量的具体举措；严格教学管理，加强教风和学风建设。

（二）拟定并组织实施学科建设规划，特别是重点学科、交叉学科、新兴学科和学科群建设；组织申报学位授权点和重点学科；组织开展各类学科点的评估；建设学科平台等。

（三）拟定并组织实施学院科研计划；组织申报并努力承担各级各类科研项目，特别是重大的、跨学科的科研项目；组织项目实施，尤其要抓好学术水平或经济、社会效益高、影响大的标志性成果等。

（四）拟定学院内设教学科研组织框架，会同党委（党总支）推荐负责人选；拟定并组织实施师资队伍建设规划；负责学院优秀人才培养、引进和学术梯队建设，不断提高师资队伍的整体学术水平和思想道德素质；根据学校工作安排和有关规定，实施教职工的岗位聘任、考核等。

（五）执行学校财务规定，拟定学院经费的管理和使用办法；拟定学院年度经费预算；依法组织收入，并将各项收入纳入学校财务核算体系；依法合理使用经费，勤俭办学，提高办学资金的使用效益；负责院内资产的安全完整，管理并统筹资产的有效合理使用；审查、监督所属单位的经费收支和运行等。

（六）配合学院党委，执行学校有关规定，落实大学生思想政治教育的相关工作，拟定并组织实施德育工作方案；会同学院党委（党总支）做好班主任的选配和管理；会同党委（党总支）负责各级各类优秀学生（集体）的评选和奖励、违纪学生的处分、教学事故和突发事件的处理工作。

（七）组织实施研究生教育管理工作，负责研究生教育中的行政管理，对学位委员会提出的各项建议作出决定并实施操作、做出的学术决定组织实施。

（八）负责组织国内外学术交流活动，提高学术交流水平。

（九）做好本单位的廉政建设和安全稳定工作。

（十）学校赋予的其他职责。

第七条　学院党委（党总支）的主要职责

（一）宣传、执行党的方针政策和上级党组织的决议，保证监督党和国家的方针政策及学校各项决定在本单位的贯彻执行。

（二）参与讨论决定本单位学科建设、教学科研、师资队伍建设、行政管理、经费管理和使用等工作中的重要事项，支持本单位行政负责人在其职责范围内独立负责地开展工作。

（三）负责领导班子自身建设，提高领导班子成员的综合素质和领导科学发展的能力。

（四）负责党组织的思想、组织和作风建设，负责统战工作。

（五）负责本单位思想政治工作、师德建设和宣传工作，营造宽松和谐的环境，团结师生员工完成本单位的教学、科研等各项任务。

（六）按照干部管理权限，负责本单位干部的教育、培养、管理和监督工作，配合学校党委做好本单位党政干部的推荐选拔工作。

（七）负责本单位党员的教育、管理和发展工作，指导下级党组织的工作。

（八）负责本单位学生思想政治教育的组织开展和辅导员队伍建设工作。会同行政做好学生职业生涯规划和就业指导工作，努力提高毕业生就业比例和就业质量。

（九）领导本单位工会、共青团、学生会等群众组织，充分发挥教代会作用，加强民主管理和民主监督。

（十）领导本单位的党风廉政建设和安全稳定工作。

（十一）上级党组织和学校赋予的其他职责。

## 第三章　党政联席会议制度

第八条　党政联席会议是学院议事决策的基本制度和主要形式，具体研究学院建设、发展和教育管理中的重大问题，安排部署相应工作。

第九条　出席党政联席会议的成员为学院正副院长、党委（党总支）正副书记，以及学校党委决定的其他成员。学院办公室主任列席会议并负责会议记录，其他列席成员根据议题需要由党政主要负责人研究确定。根据需要，亦可召开党政联席会议扩大会议，范围可包括系（所）、办公室负责人，学术带头人，党委委员，党支部书记，教代会代表、工会主席，团委书记等。

第十条　党政联席会议由院长或书记主持。涉及学科建设、教学、科研、行政、酬金分配等事项由院长主持，涉及干部任用、奖惩和思想政治工作等事项由书记主持。党政联席会议的议题由院长和书记根据提议共同商定。会议必须严格按照预定议题进行，除突发性重大事件外，凡未经院长与书记会前审定的议题，一般不应列入党政联席会议的议程，不得临时动议。

第十一条 到会人数超过应到人数的三分之二，党政联席会议方可召开。应一事一议，由提出问题的成员作简要说明，其他成员充分发表意见。不能出席会议的成员，对会议议题如有意见和建议，可在会前提出，但不能由其他成员代为表决。讨论问题按照少数服从多数的原则，赞成人数超过应到会人数的半数方为有效，列席人员无表决权。如对问题存在较大分歧，一般应暂缓作出决定，待进一步调研、论证，充分交换意见后再进行讨论，必要时可向学校请示。

第十二条 党政联席会议的主要议事内容包括：

（一）研究贯彻落实党和国家的方针政策及学校各项决定的重要措施和办法。

（二）研究学院发展规划、年度计划、学科建设规划、师资队伍建设规划以及教学、科研、行政管理等方面的重要改革方案和重要规章制度的制定、修改和废止。

（三）研究学科建设、教学改革、科学研究、学生思想教育和管理、招生、就业、学术交流、对外合作等工作中的重要事项。

（四）研究内设机构、岗位设置、岗位聘任、人才引进和培养、干部人事调配和晋职晋级、考核奖惩等干部人事管理工作中的重要事项。

（五）审议年度财务收支，研究学院重要财务问题。包括年度经费预算、收入组织、大额经费（2—5 万以上，根据学院规模确定底线）支出、大型设备购置、办学资源调配、津贴及奖酬金分配办法、需要院校承担经费的出国出境活动等重要事项。

（六）研究思想政治工作、精神文明建设、师德建设等工作中的重要事项。

（七）研究学院加强党风廉政建设工作的意见和措施。

（八）研究保密、安全、稳定和重大突发事件的处理。

（九）研究学院其他重要事务。

第十三条 党政联席会议实行民主集中制，遵循"集体领导，民主集中，个别酝酿，会议决定"的原则。在重大事项决策过程中，要充分发扬民主，广泛听取教职工的意见和建议，特别是在涉及有关学院发展规划、重大改革方案和教职工切身利益的重大问题时，在决定前应根据需要充分听取教学、科研骨干、工会代表、民主党派代表等方面的意见。

第十四条 党政联席会议对学院职权范围内的重要事项具有最高决策权，对会议作出的决定有不同意见的可以保留，或向上级组织反映，但在本级组织或上级组织未作出改变之前，必须无条件执行。会议决定的事项，要按照学院党委（党总支）和行政各自履行的主要职责及党政领导班子成员的分工落实到人，由责任人组织实施，并负责将落实情况及时向党政联席会议汇报。

第十五条 对党政联席会议研究决定的事项在执行过程中如遇到新的情况确实不能按原决定执行时，应及时提请党政联席会议复议，在特殊情况下也可由院长、书记征得党政联席会议多数成员同意后作出适当调整，但应提交下次会议认可。

第十六条 党政联席会议做出的决定，必要时应传达至学院师生员工。对未能出席会议的成员，会后应向其转告本次会议的情况及其决定。党政联席会议不宜公开的有关内容、决定和形成的过程，必须严格保密。

第十七条 党政联席会议应制度化、规范化，一般每月召开 1 至 2 次，遇到重要事项亦可随时召开。凡需党政联席会议讨论决定的重要事项，任何人不得以其他形式替代。会议议事时，凡涉及与会成员本人及亲属的有关议题，有关人员应回避。会议上讨论的事项和问题应认真做好记录，并有专人保管，及时存档备查。会议应形成会议纪要，以便会议决议的贯彻执行。

## 第四章 学院党委（党总支）委员会会议制度

第十八条 党委（党总支）委员会会议是学院的另一基本会议制度，由书记召集并主持，会议议题由书记根据提议决定。涉及本单位改革发展的重要议题，书记应提前与院长充分沟通。

第十九条 学院党委（党总支）委员会会议必须有三分之二以上委员出席方可召开。学院院长如不是党委（党总支）委员的，除纯党内事务议题外，一般应列席会议。党委（党总支）委员会会议实行民主集中制，讨论问题时执行少数服从多数原则，全体委员半数以上同意方为有效。

第二十条　学院党委（党总支）委员会会议的重要议事内容包括：

（一）讨论学院党委（党总支）年度和学期工作计划及工作总结。

（二）分析党员、师生员工思想状况，提出思想教育工作的意见和措施。

（三）分析党支部状况，严格党内生活，提出党支部建设的意见和措施。

（四）讨论党员发展工作，提出加强入党积极分子培养教育和预备党员教育的意见和措施，讨论决定党员评优、表彰或处分等事项，或提出推荐、建议意见。

（五）贯彻党管干部的原则，配合学校做好干部推荐、考察工作。按照有关规定，讨论本单位党支部书记、团委书记等干部的配备和教育管理工作。

（六）研究学生思想教育工作和院工会、共青团、学生会等群众组织的重要工作。

（七）研究党风廉政建设工作。

（八）研究统战工作和稳定工作。

（九）研究其他重要党务。

## 第五章　学院党政领导班子工作的基本要求及监督检查

第二十一条　院长和书记要根据其职责与分工，通过办公会、碰头会、例会等方式组织或协调落实党政联席会议、学院党委（党总支）委员会会议的重要决定，督促检查会议决定的执行情况，并处理日常事务。院长、书记要相互支持在各自的职权范围内独立负责地开展工作。

第二十二条　院长和书记要善于总揽全局、协调各方。院长和书记既要根据工作安排，监督和检查副职分管的工作，又要积极支持副职和党委委员开展工作，充分调动他们的积极性；副职和党委委员既要服从正职的领导，完成好本职工作，又要立足全局，积极参与集体决策。

第二十三条　学院党政领导班子成员在工作中要经常沟通情况，主动交换意见，互相尊重、互相支持，加强团结，做到既分工又合作，共同完成好学院各项工作任务。

第二十四条　党政联席会议、党委（党总支）委员会会议及其议事规则是学院党政领导班子工作的基本制度，要将执行党政联席会议、党委（党总支）委员会会议制度的情况作为学院党政领导班子述职与民主生活会的重要内容。要充分发挥学院教代会（或教职工大会）、党代会（或党员大会）及其代表等对这一基本制度贯彻执行的监督作用。

第二十五条　学校党委对学院执行两个基本会议制度特别是党政联席会议制度的情况定期或不定期进行检查，检查结果作为学院党政领导班子及其成员考核的重要内容，并作为班子成员业绩评定、选拔任用的重要依据之一。

第二十六条　在贯彻学院党政领导班子“重大事项集体决策、具体工作分工负责”的管理体制过程中实行问责制。由于对学院重大事项进行决策产生的失误，党政联席会议成员集体承担责任，其中主要领导负主要责任。执行中的失误，书记和院长根据分工分别负领导责任，分管领导负直接责任。对违反本规则者应批评教育，必要时责令检查，情节严重者学校将给予相应的处分。

## 第六章　附则

第二十七条　本规则适用于学校各二级教学单位。学校其他部门和单位，可根据实际情况，参照本规则执行。

第二十八条　本规则由学校党委组织部负责解释。

第二十九条　本规则自印发之日起施行。

# 中共海南大学委员会
# 关于印发常委会调查研究工作制度的通知

海大党[2009]88 号　2009 年 12 月 30 日

儋州校区管委会、各二级单位党委（党总支）、各部门、各单位：

为了加强和规范常委会调查研究工作，促进

常委会及其成员切实改进工作作风，进一步深入基层、联系群众、紧贴实际，不断提高常委会的决策水平和领导能力，现制定并印发实施《中共海南大学委员会常务委员会调查研究工作制度》。

特此通知。

### 中共海南大学委员会常务委员会调查研究工作制度

为了加强和规范常委会调查研究工作，进一步密切联系基层、联系群众，深入了解掌握学校各方面工作实际，充分汇聚广大师生员工集体智慧，促进常委会决策水平和领导能力不断提高，特订本制度。

一、调查研究工作要坚持以科学发展观为指导，紧紧围绕学校改革发展大计、不同阶段工作重点和师生员工反映的突出问题，解放思想，求真务实，在选择调研专题上注重针对性、时效性，在了解实际情况上求深、求实、求准，在倾听师生意见上谦虚、真诚、宽容，在分析存在问题上敢于揭短、深刻解剖，在研究工作对策上开拓创新、力求实效，为常委会科学决策和指导工作提供可靠依据。

二、实行常委专题调研制度。各位常委每年至少要开展1次专题调研活动，并撰写有情况、有分析、有对策的调研报告。每学年初各位常委根据职责分工和实际工作需要，提出本人学年度调研专题。校党委办公室汇总后拟定常委会学年度专题调研计划，明确各专题负责人、参与单位及任务要求，报常委会审核后实施。

三、实行常委定点调研制度。各位常委每学期至少1次到定点联系的基层单位，与单位班子和师生员工深入交流，了解掌握单位实情，督促指导单位工作，帮助解决实际问题。

四、实行调研成果交流制度。校党委理论中心组学习每年至少安排1次常委调研成果交流专题。常委会原则上每年暑期召开1次理论务虚扩大会议，各位常委的调研成果在会上进行交流。

五、实行调研成果转化制度。对各位常委调研报告中的重要意见和建议，常委会进行交流后，应指定有关职能部门组织深入论证或广泛讨论，形成共识后及时转化为学校政策措施或规章制度。常委在调研中发现的具体问题，现场能解决的及时解决；一时解决不了的，及时反馈给学校有关部门跟踪处理。

六、实行调研情况通报制度。各位常委在调研中了解到的重要情况，应及时向分管常委反馈或向学校主要领导汇报，并在校领导碰头会上通报。常委们开展调研的情况，要在常委会每年向党委全会的工作报告中予以通报。

七、调查研究工作要坚持良好作风。各位常委调研时应轻车简从、低调简朴、力求高效。到基层单位调研应事先沟通好时间及其他安排，避免影响单位工作或给单位带来不必要的负担。要深入教学、科研和管理服务工作的第一线，多渠道收集信息，多角度倾听意见，确保全面、客观地了解掌握实际情况。

八、加强对调研工作的领导和保障。党委书记亲自抓常委会调研工作，在带头深入基层、深入群众开展调查研究的同时，督促各位常委开展调查研究和落实各项专题调研任务。校党委办公室负责常委会调查研究工作的组织协调和服务保障，及时跟踪、协调各职能部门和有关单位配合各位常委开展好调研工作，确保调研任务顺利完成。

## 中共海南大学委员会<br>关于印发党员领导干部联系群众制度的通知

海大党[2009]89号　2009年12月30日

儋州校区管委会、各二级单位党委（党总支）、各部门、各单位：

为了切实转变党员领导干部工作作风，密切党群、干群关系，进一步凝心聚力推动学校科学发展，现制定《海南大学党员领导干部联系群众制度》，请全体党员领导干部认真执行落实。

特此通知。

### 海南大学党员领导干部联系群众制度

第一条　总则

为切实转变党员领导干部工作作风，密切党和人民群众的血肉联系，营造稳定、和谐的学校内部发展环境，根据《中国共产党章程》和党内有关规定，特制定本制度。

第二条　指导思想

党员领导干部（本制度所规定的党员领导干部指校级和中层领导干部）联系群众工作，要坚持以邓小平理论和“三个代表”重要思想为指导，全面落实科学发展观，忠实践行党全心全意为人民服务的根本宗旨，拓展党员领导干部联系群众的途径，畅通群众表达意愿的渠道，切实解决群众工作生活中的合理诉求，进一步凝聚人心，形成推动学校改革发展的强大合力。

第三条　总体要求

1．认真听取群众意见。经常深入基层，深入群众，倾听群众呼声，听取群众意见，了解群众的意愿和诉求。

2．帮助群众解决实际困难。关心群众疾苦，为群众做好事、办实事、解难事，解决群众工作生活中最迫切的实际困难和问题。

3．接受群众的教育和监督。尊重群众的首创精神，把联系和服务群众作为向群众学习的过程，从中汲取营养，经受锻炼，自觉地接受群众的教育、评议和监督。

4．尊重和维护群众的合法权益。在实际工作中，尊重和维护宪法、法律赋予人民群众的各项权利和正当利益，自觉同侵害群众合法权益的现象作斗争。

5．做好群众思想政治工作。向群众宣传和解释党的政策、国家法律法规和学校的规章制度，教育和引导群众正确处理个人利益与集体利益、局部利益与整体利益、当前利益与长远利益的关系，凝聚群众力量。

第四条　主要方式和内容

1．建立调查研究和听课制度。要建立健全党员领导调查研究制度，制定和落实调研计划。领导干部每学期应至少一次到相关的基层单位开展调查研究，要改进调研方法，提高调研质量，注重调研实效，积极向学校提交有较高参考价值的调研报告；领导干部要定期深入教学一线听课，及时掌握学校整体教学情况，切实体现学校教学工作的中心地位。

2．坚持基层联系点制度。领导干部要根据各自的分工，建立学部、学院、专业的联系点，经常深入基层联系点与广大师生员工座谈，了解联系点群众的思想状况，切实解决实际问题。

3．完善决策制度。按照集体领导、民主集中、个别酝酿、会议决定的原则，完善党委内部议事和决策制度。完善深入了解民情、充分反映民意、广泛集中民智、切实珍惜民力的决策机制，通过党代会、教代会和各基层工会等方式扩大人民群众的参与度。对涉及教职工利益的重大问题，要广泛征询群众的意见，充分进行协商和协调，保证决策的科学化、民主化和法治化。

4．建立健全定期征求群众意见制度，畅通群众意见收集渠道。各级领导干部要充分发扬民主，坚持走群众路线，根据本单位的具体情况，采取公开设置意见箱、电子信箱，开通热线电话、举报电话，利用电子政务系统、互联网等方式，方便群众反映情况。建立和完善学校重大事项校内公示制度、校务公开制度、师生员工听证制度和专家咨询制度，高度重视和维护人民群众的利益。在每次领导班子民主生活会召开之前，广泛征求干部群众的意见和建议。定期走访工作和服务对象单位的群众和老党员、老干部，诚恳征求他们对工作的意见和建议。党员领导干部在联系和服务群众的过程中，要注意加强同民主党派和无党派人士的联系，经常听取他们的意见和建议，学校重要会议可适当邀请他们列席。每年至少召开一次党外人士与民主党派负责人座谈会，就学校重大事项进行通报并征求他们的意见。

5．建立健全信访接访制度。各级领导干部对待群众的正常反映意见，要热情接待及时处理，不断提高领导干部信访接访的工作成效，切实解决好群众反映的问题。

第五条　组织和管理

1．加强马克思主义群众观点和群众路线教育，继承和发扬党的优良传统。要对党员领导干部进行马克思主义群众观点和党的群众路线的再教育，以服务人民为荣，以背离人民为耻，端正为群众的态度，增进与群众的感情，创新群众工作方法，切实提高做好群众工作的本领和水平。党员领导干部要发挥表率作用，带动广大党员更好地联系和服务群众。

2．明确职责，强化责任。各级党组织要把联系和服务群众列入党的建设和全局工作的重要日程，每年制定具体计划，周密安排，精心组织。党组织主要负责人要履行第一责任人的职责，分管负责人要履行具体责任人的职责，基层党组织负责人要履行直接责任人的职责。重视和发挥基层工会、共青团、妇联等人民团体及各类群众组织在联系和服务群众中的桥梁和纽带作用。

3．加强督促检查，推进工作落实。各级党组织要加强对下级党组织开展领导干部联系和服务群众工作的督促检查，要把联系和服务群众的情况列为干部考核的一项重要内容，作为干部选拔任用的一个重要依据，切实健全落实机制，确保各项制度有效运转，措施落到实处。

## 中共海南大学委员会办公室<br>海南大学校长办公室<br>关于印发《海南大学人员编制管理办法（试行）》的通知

海大党办[2009]2号　2009年3月3日

儋州校区管委会、各二级单位党委（党总支）、各部门、各单位：

《海南大学人员编制管理办法（试行）》业经学校一届2次教代会审议通过，现予印发实施。

### 海南大学人员编制管理办法（试行）

#### 第一章　总则

第一条　为加强学校编制管理，实现人力资源优化配置，提高办学效益和办学水平，根据教育部和海南省编制管理有关文件精神，制定本办法。

第二条　按照“控制总量、科学管理、优化结构、提高质量”的原则，依据海南省编制委员会核准我校的总编制和学校事业发展的实际需要，科学合理地核定学校各类人员编制，使人员的规模、层次和结构逐步满足学校事业发展需要，符合“211工程”大学建设要求。

#### 第二章　编制分类及核定原则

第三条　按照职能、任务和性质的不同，学校人员编制分为校本部编制和附属单位编制两大类。其中，校本部编制又分为基本教育规模编制和科研编制两部分。

第四条　基本教育规模编制是指学校履行高等教育职能、完成国家人才培养任务所需配备的人员编制，包括：（一）教师编制，占55%以上；（二）教学辅助人员编制，控制在20%以内；（三）管理人员编制，控制在15%以内；（四）机动编制（由学校统筹用于教学），控制在10%以内。

第五条　科研人员编制分为专职科研编制和流动科研编制。专职科研编制是指学校批准设立（包括国家或省批准设立）的校直属科研机构中从事科学研究和科研管理服务工作的人员编制，按不超过教师编制数的3%核定。流动科研编制是指为完成承担的科研任务而灵活设立的人员编制，由学校统筹分配。

第六条　附属单位编制是指后勤集团、医院等校办附属机构以及校办企业的人员编制，按现在编在岗的正式教职工进行核定。

第七条　应用科技学院（城西校区）以及其他实行特殊管理体制的单位人员编制另按学校有关文件核定。

#### 第三章　二级单位教师编制的核定方法及标准

第八条　二级单位教师编制是指学校二级单位为完成学校教学、学术研究以及学生思想政治教育工作所需配备的人员编制。全校二级单位教师总编制原则上按生师比不突破18∶1核定，其中学生人数按在校标准学生数计算（在校标准学生数包括普通本科生标准数和科学学位研究生标准数，按教育部规定的有关折合系数计算，下同）。

第九条　专业课教师编制按以下公式核定：

$$Q = \frac{R}{21 \times B} + L$$

式中：Q 为学院的定编数，R 为学院的在校标准学生数，B 为单位类别参数（根据《普通高等学校编制管理规程(草案)》和《普通高等学校基本办学条件指标（试行）》，财经政法类为 1.13，工科类为 1.00，农林类为 0.96，外语类为 0.92，艺术类为 0.61），L 为补贴编制数（国家级重点学科为 3，省部级重点学科为 1，博士学位授权点为 2，硕士学位授权点为 1，国家级特色专业为 1，新增本科专业为 1），补贴编制按就高核定，不累加计算。

第十条　公共课教师编制按以下公式核定：

$$P = \frac{r}{b}$$

式中：P 为公共课教师的定编数，r 为授课标准学生数（授课计划在一学期内的，学生人数折半计算），b 为生师比（大学英语为 110∶1，数学、物理、化学、体育为 180∶1，公共政治理论、公共计算机基础、大学语文为 200∶1）。

跨学院开设的课程及副修系列课程的教师编制由学校根据实际情况在相关学院之间进行调整，或从学校机动编制中调剂安排。

第十一条　专职辅导员编制按在校全日制学生人数 300∶1 核定（全日制学生数包括普通本科生数及科学学位研究生数，下同）。

## 第四章　教学辅助人员编制的核定方法及标准

第十二条　教学辅助人员编制指为完成学校实验技术、图书信息资料、档案管理、学生实习指导和电化教育以及其他技术服务工作所需配备的人员编制。

第十三条　图书馆人员编制按全日制学生数 300∶1 核定。各学院图书资料人员编制按现状核定，最多不超过 2 人。

第十四条　档案管理人员编制按以下公式核定：

职工档案编制=职工档案总数/1000；

学生档案编制=学生档案总数/10000；

综合档案编制=3+（档案数-10000）/7000。

第十五条　网教、期刊人员编制按工作任务另行核定。

第十六条　实验人员编制按以下公式核定：

S = A + B

式中，A 为基础编制（学校设立的实验室按每个实验室 1-2 人核定，教学基地和实验工厂按现有人员核定），B 为补贴编制（国家级重点实验室、工程中心为 3，国家级实验教学示范中心、省部级重点实验室、省部级工程中心为 2）。

第十七条　学校公共实验中心人员编制按其服务的标准学生数 100∶1 核定。

## 第五章　管理人员编制的核定方法及标准

第十八条　管理人员编制指完成学校党政管理工作所需配备的人员编制。

第十九条　机关管理人员编制按其职责和工作任务核定，原则上按现有编制不再增加，并随学校管理重心下移进行动态调整。

第二十条　二级单位处级干部编制按学校党委确定的职数核定。其他管理人员编制主要依据职工数和学生数核定，具体为：职工数在 50 人以下、学生数在 500 人以下，最多可配备 5 人；职工数每增加 50 人，或学生数每增加 500 人，可增加 1 个编制，最多不超过 10 人；跨校区办学的学院可适当增加 1-2 个编制。核定公式为：

党政管理人员编制 = 5 +（职工数-50）/50 +（学生人数-500）/500。

## 第六章　编制管理

第二十一条　学校成立编制工作领导小组，负责全校人员编制的审核。具体编制管理工作由学校人事管理部门负责实施。

第二十二条　学校人事管理部门根据上级主管部门下达的编制标准，结合学校情况，核算全校人员编制，并结合学校发展规划，按逐年到位的原则，会同有关部门根据学科建设、教育教学、科学研究、管理服务等工作的需要将编制指标进行分解，报学校编制工作领导小组审批后下达。

第二十三条　人员编制每 3 年集中核定一

次，每年9月可依据学生规模情况进行局部调整。二级单位应以核定的编制数为依据进行人员的补充、调整和聘任（包括返聘、外聘），并及时将结果报人事处备案。

第二十四条　严格控制超编，逐步减少缺编。二级单位应切实加强对人员编制的使用和管理，不断调整和优化人力资源配置，使之与事业发展相协调。超编单位确因学科建设和事业发展需要，经审批，引进具有博士学位及其他急需的优秀高级人才，可暂不计入超编人数。缺编单位应制订分年度进人计划并报学校审批后，按照学校的要求和程序逐年补充，同时预留一定比例的编制用于单位事业可持续发展的需要。

第二十五条　满编或超编单位落实专项任务确需使用编制时，应首先申请，获批准后，方可补充进人。

第二十六条　下列人员不占单位编制，但仍由原单位负责管理：（一）经学校批准出国1年以上的人员；（二）经学校同意借调到外单位工作半年以上人员；（三）精神病患者或患有其他不可治愈疾病的人员；（四）学校批准的内退人员；（五）因特殊原因，经学校编制工作领导小组批准后可不占单位编制的人员。

第二十七条　人员编制具体核定后，各部门各单位要本着规范、高效和逐步到位的原则，根据学科建设、教育教学、科学研究、管理服务等工作的任务和岗位职责，将编制分解到每一教研室（实验室、研究室、科室），并按满负荷工作量的要求进行岗位设置。

### 第七章　附　则

第二十八条　本办法具体实施问题由学校人事管理部门负责解释。

第二十九条　本办法自颁布之日起施行。本办法修改权属于学校教职工代表大会。

## 中共海南大学委员会办公室
## 关于印发《海南大学统一战线工作制度》的通知

海大党办[2009]21号　2009年10月28日

儋州校区管委会、各二级单位党委（党总支）、各部门、各单位：

《海南大学统一战线工作制度》业经校党委常委会审议通过，现予印发执行。

### 海南大学统一战线工作制度

为适应新时期党对高校统战工作的要求，促进我校统一战线工作制度化、规范化，团结和发动各方面力量共同建设有特色、高水平“211工程”大学，根据上级有关政策规定，结合本校实际，制定学校统一战线工作九项制度。

一、重大事项通报制度

1．学校定期（一般每学期一次）召开校情通报会或座谈会，向驻校各级人大代表、政协委员、民主党派基层组织负责人、侨联负责人和无党派代表人士全面通报学校工作情况。

2．校党政主要领导、分管领导和各职能部门应根据学校重要改革、建设以及教学、科研等各项工作的进展，及时召开专题情况通报会或座谈会，向统一战线各界代表人士通报学校有关工作情况。

3．按照中央和上级党委的有关规定，校党委不定期召开专门会议，及时向民主党派基层组织负责人、侨联负责人、无党派人士代表以及党外干部传达中央和上级党委有关文件及会议精神，通报党和国家的大政方针以及社会生活中的重大事项。

4．学校各二级单位党委（党总支）应采取相应的方式，及时向相关的统一战线代表人士通报本单位工作情况。

二、征求意见制度

1．对于事关学校办学全局和广大师生员工切身利益的重要发展规划、重要改革举措、重要建设项目和重要人事安排，学校在决策前应采取适当方式征询驻校各级人大代表、政协委员、民主党派基层组织负责人、侨联负责人和无党派代表人士的意见。

2．根据工作需要，校党委不定期召开专题会议，征询驻校各级人大代表、政协委员、民主党派基层组织负责人、侨联负责人和无党派代表人士对学校有关工作的意见，对会上提出的意见和建议认真研究处理并及时反馈。

3．学校各二级单位做出事关本单位改革发展全局和师生员工切身利益的重要决策之前，应在相应范围内征求驻校各级人大代表、政协委员、民主党派基层组织负责人、侨联负责人和无党派代表人士的意见。

三、邀请参加会议制度

1．学校和各二级单位举行重要会议、大型活动，应视情况邀请驻校各级人大代表、政协委员、民主党派基层组织负责人、侨联负责人和无党派代表人士参加。其中，党代会、党委全委会、教代会、工代会要特邀各民主党派基层组织负责人、侨联负责人和无党派代表人士列席。

2．学校和各二级单位召开会议研究决定重大事项和部署重要工作，应视情况邀请各级人大代表、政协委员、各民主党派基层组织负责人、侨联负责人和无党派代表人士参加。

3.学校党委和各二级单位党委（党总支）举办政治学习活动及其他培训、研讨活动，应积极邀请各民主党派基层组织负责人、侨联负责人和无党派代表人士参加。

四、联系交友制度

1．学校和各二级单位的党政领导干部，要积极主动地与党外人士交朋友。特别是党的领导干部要确定重点联系对象，并经常与联系对象开展谈心活动，沟通情况，交流感情，促进共识。

2．学校和各二级单位应不定期举办统战联谊活动，学校和各二级单位的党政领导干部要大力支持和积极参加。

3．学校和各二级单位、有关职能部门每逢重要节日，应组织上门拜访和慰问有影响、有代表性的党外人士；党外代表人士生病住院治疗或生活遇到困难时，应热心探望、慰问并积极帮助解决困难。

4．民主党派人士和知名党外人士比较集中的基层党组织，要加强同这些人士的联系与沟通，积极帮助其解决工作、学习和生活中遇到的实际问题。

五、党外干部培养选拔和举荐制度

1．学校将培养、选拔党外干部工作纳入干部队伍建设总体规划，有目的、有计划、有步骤地培养党外干部，对具备任职条件的人选，根据工作需要及时把他们选拔、任用为学校各级领导干部。校党委组织部、统战部、校人事处要密切配合，在基层党组织的协助下，通过推荐和考察，形成不同界别的党外后备干部预备人选名单，报校党委常委会审定后，建立党外后备干部档案，并规范开展后备干部人选推荐、考察、培养、动态管理等工作。

2．学校积极支持和鼓励党外后备干部参加各种学习培训和实践锻炼，特别是有目的、有计划地选送党外后备干部参加省、市社会主义学院组织的学习，配合上级主管部门选送优秀党外后备干部到中央社会主义学院学习，促进其政治素质与业务能力的提高。

3．学校积极支持担任各级领导职务的党外干部开展工作，充分发挥他们的积极性和创造性。各级党组织要在工作、学习和生活上热情帮助党外干部，积极吸收他们列席有关的党内会议，保证党内、党外干部团结合作、和谐共事。

4．学校认真做好优秀党外代表人士和党外后备干部的政治安排及实职安排，对符合担任各级人大代表、政协委员和政府部门职务条件的优秀党外代表人士和后备干部，积极配合上级和地方主管部门及时做好考察举荐工作。

六、支持党外代表人士参政议政制度

1．学校积极鼓励驻校各级人大代表、政协委员和民主党派基层组织负责人参加各级人大、政协及民主党派组织的重要政治、社会活动，并根据学校财力、物力提供经费及其他方面的支持。

2．学校各部门、各单位要大力支持驻校各级人大代表、政协委员和民主党派基层组织负责人开展参政议政活动，为他们调查研究、撰写提案等积极提供相应的条件支持；对于本部门、本单位的驻校各级人大代表、政协委员和民主党派基层组织负责人，要通过合理安排部门、单位工作，保障他们正常开展参政议政活动。

3．校党委统战部要密切联系驻校各级人大代表、政协委员和民主党派基层组织负责人，对他们为开展参政议政活动提出的有关要求，积极与学校主管部门和相关单位沟通协调，努力帮助他们解决参政议政过程中遇到的实际问题。

七、支持民主党派基层组织建设制度

1．学校积极支持和帮助民主党派基层组织加强思想建设，提高其成员的政治素质和思想道德水平。

2．学校按照“三个为主”、注重质量、保持特色、组织发展与后备干部队伍建设相结合的原则，积极协助民主党派基层组织做好组织发展工作。

3．学校积极支持民主党派基层组织领导班子建设，不断提高其领导班子成员的政治把握能力、组织领导能力和合作共事能力，并着眼于多党合作事业的长远发展，支持民主党派基层组织加强后备干部队伍建设。

4．学校积极支持民主党派基层组织建立健全适合自身特点、有利于加强自身建设和开展组织活动的规章制度。

八、港澳台工作和海外联谊工作制度

1．学校积极以多种形式加强同台湾同胞和在大陆居住台胞的联系，按照有关法律和政策，保护他们在大陆的合法权益；积极推动学校与台湾教育、科技、文化界的交流与合作，鼓励和支持两岸师生往来，为加强海峡两岸交流和促进祖国和平统一作贡献。

2．学校积极通过各种学术交流活动和人员往来，加强与港澳地区教育、科技、文化界的联系，为港澳地区长期繁荣稳定发挥作用。

3．学校广泛宣传和认真贯彻执行《中华人民共和国归侨侨眷权益保护法》及其实施细则，积极落实各项侨务政策，关心归侨侨眷的工作和生活，引导他们为学校科学发展奉献才华，为国家富强和民族振兴贡献力量。

4．学校努力发挥侨联会、校友会等团体组织和民主党派、无党派人士与海外联系广泛的优势和作用，不断扩大和深化对外交流与合作，团结海外进步力量助推学校各项事业，促进国家社会主义现代化建设。

九、民族宗教工作制度

1．学校加强马克思主义民族观和宗教观、党的民族宗教政策以及有关法律法规的宣传教育。各级领导干部和涉及少数民族师生学习、工作、生活管理事务的工作人员，要自觉学习党的民族宗教政策及有关法律法规。

2．学校全面贯彻党的民族宗教政策，做好少数民族人士工作。在落实知识分子政策过程中切实重视少数民族知识分子。尊重少数民族的风俗习惯，支持少数民族师生以合适的方式庆祝民族重大传统节日，积极创造良好生活条件照顾清真食俗的少数民族师生。

3．学校积极团结校内有宗教信仰的人士。根据国家法律法规禁止在校内进行传教和其他宗教活动。坚决抵御任何势力利用民族、宗教问题进行渗透、破坏、分裂活动，积极防范和抵制各种邪教，密切注意和及时处置各种涉及民族、宗教方面的突发事件。

## 中共海南大学委员会办公室关于印发《关于党员领导干部民主生活会的若干规定》的通知

海大党办[2009]24号　2009年12月10日

各二级单位党委（党总支）：

为健全党内民主生活，加强党内监督，更好地促进领导班子思想建设、作风建设、廉政建设，完善我校干部工作的长效机制，特制定《关于党员领导干部民主生活会的若干规定》，现印发给你们，请认真贯彻落实。

### 关于党员领导干部民主生活会的若干规定

第一条　为健全党内民主生活，加强党内监督，使领导干部党内民主生活会制度化、规范化，更好地促进领导班子思想建设、作风建设、廉政建设，提高领导班子依靠自身力量解决问题和矛盾的能力，根据《中国共产党章程》、《中国共产党党内监督条例（试行）》以及上级党组织的有关规定，结合我校实际，制定本规定。

第二条　党员领导干部民主生活会是指学校党委常委会和二级单位党委（党总支）召开的学校处级以上党员领导干部参加的领导班子民主生活会。根据党章要求，党员领导干部除参加所在党支部召开的组织生活外，还必须参加所在党委（党总支）召开的民主生活会。

第三条　民主生活会应遵循团结——批评和自我批评——团结的方针，充分发扬民主，积极开展思想斗争，体现思想性、政治性和原则性。要紧紧围绕加强领导班子自身建设，在解决问题上下功夫，不能把民主生活会开成汇报工作或研究部署工作的会议。每个领导成员都要以对党的事业、对同志高度负责的态度认真严肃地开展批评与自我批评，分清是非，团结同志，坚持真理，修正错误。

第四条　学校领导班子民主生活会参加人员为党员校级领导，由学校党委书记主持；学院等二级单位领导班子民主生活会参加人员为党员处级领导干部，由二级单位党委（党总支）书记主持；机关处级领导班子民主生活会原则上以校领导分管为单位，参加人员为所在部门党员处级领导干部，由分管校领导主持。非党员的行政主要负责人，一般应参加领导班子民主生活会，根据内容需要，可邀请其他非党员领导干部和有关人员列席会议。

第五条　党员领导干部民主生活会每年召开一次。学校领导班子民主生活会按照上级要求组织召开，处级领导班子民主生活会一般安排在七至九月份召开。遇有特殊情况不能按时召开的，必须报请上一级党组织同意。根据实际需要，也可以随时召开。每次会议应重点解决一两个突出问题。

第六条　民主生活会的召开日期、地点和议题，学校党委常委班子的按要求提前请示上报，处级领导班子的则应提前一周报学校党委组织部。组织部会同纪委经请示主管领导，视情况协调校领导或派部门负责人参加有关单位的党员领导干部民主生活会。

第七条　民主生活会的基本内容：

（一）贯彻执行党和国家的路线、方针、政策以及上级党组织、学校党委决定和决议，坚持社会主义办学方向，政治理论学习，遵守政治纪律的情况。

（二）坚持党委领导下的校长负责制以及学院党政领导班子工作规则，坚持民主集中制，实行集体领导和个人分工负责相结合制度和民主科学决策制度的情况。

（三）贯彻落实科学发展观，解放思想，实事求是，深入基层调研，密切联系群众，改进领导和工作作风，提高执行力的情况。

（四）坚持教书育人、管理育人、服务育人，实行艰苦奋斗、遵纪守法、廉洁自律规定的情况。

（五）上次民主生活会提出的主要问题的整改情况。

（六）其他重要问题。

第八条　召开民主生活会要做好以下准备工作：

（一）根据上级组织的专题要求，联系本单位中心工作或领导班子中存在的主要问题，确定会议的主要议题。

（二）校党委委托校纪委、组织部，或者二级单位党委（党总支）委托纪委委员、组织委员，广泛征求干部群众意见，听取群众对领导班子和领导干部的评议，并将群众提出的意见“原汁原味”地反馈给领导班子和领导干部本人。

（三）书记作为第一责任人，应与班子每个成员逐个谈心，领导成员之间互相谈心，沟通情况，交换意见，为召开民主生活会打好基础。

（四）民主生活会的召开日期和议题要提前三天通知班子成员，班子成员要根据议题，对照《党章》及上级组织的要求，认真做好个人发言准备，必要时写好书面发言提纲。

（五）工作人员联系落实上级组织派员参加情况，并做好各项会前准备工作。

第九条　作为主持人的党组织书记，以及党员行政主要领导、机关部门党员主要负责人，要带头开展批评和自我批评，主动亮思想、查问题，引导大家围绕主题畅所欲言；其他领导成员要联系思想实际，围绕中心议题，严格剖析自己，正确批评别人，努力提高民主生活会质量。开展批评既要坚持原则，又要从团结的愿望出发，采取与人为善的态度，不乱扣帽子，不无限上纲。

第十条 因故请假缺席的人员应提交书面发言。书面发言应由其他与会人员在会上代为宣读，并列入会议记录。会后，主持人或由主持人委托出席会议的其他同志将会议情况和批评意见转告缺席人。列席民主生活会的人员可以发言，对领导班子及其成员提出批评或建议。党员领导干部民主生活会，应到会人员缺额在三分之一以上，应延期召开，但最迟不得超过两个月。

第十一条 民主生活会要有专人负责记录，一般由办公室负责人或组织委员担任，同时负责原始记录的保管备查、民主生活会情况报告的草拟工作等。记录本由学校组织部统一配发，记录尽可能详细清晰，主要内容包括：时间、地点、应参加人员、到会人员，缺席人员及缺席原因，会议主题、发言者姓名、发言要点、组织意见等，形成完整的会议记录。学校党委组织部对会议记录情况进行不定期抽查。

第十二条 民主生活会召开会后十五天内，由党委办公室或记录员将会议情况报告和会议原始记录报送上级组织部门和纪委。同时将适于向下一级党组织或党员通报的内容，由书记负责予以通报；对群众意见比较集中或普遍关心的问题的整改措施，用适当方式予以公布，以便接受监督。

第十三条 与会人员对民主生活会的内容要严格保密。对违反保密纪律的人，要视情节轻重给予严肃的批评或党纪处分。

第十四条 对民主生活会检查和反映出来的问题，要认真分析研究，属于本级党组织解决的，应积极制定改进措施，切实加以解决。需要上级党组织帮助解决的，应及时向上级报告。属于违反党纪、政纪、国法的，应按有关规定，分别交党的纪律检查机关、行政监察机关或司法机关查处。

第十五条 执行民主生活会制度，实行一级抓一级的责任制。学校党委要委派其成员或纪委、组织部负责人参加学院等二级单位党员领导干部的民主生活会，了解情况，进行指导。必要时应提前深入下去，调查研究，帮助工作。?领导班子主要负责人对开好民主生活会负责，并承担制定和落实领导班子整改措施的领导责任。对于未经上级党组织同意而不按时召开民主生活会的单位的主要负责人和无故不参加民主生活会的成员，应给予批评教育。对问题比较突出的单位，要通过参加其领导班子民主生活会，加强指导和监督。要把民主生活会作为考察干部的一条重要途径。

第十六条 党员领导干部民主生活会的管理、指导工作，由学校党委组织部会同纪检部门进行。

第十七条 本规定自下发之日起施行。

## 中共海南大学委员会办公室<br>海南大学校长办公室<br>关于印发《海南大学重大决策征求意见暂行办法》等三项制度的通知

海大党办[2009]28号 2009年12月29日

儋州校区管委会、各单位、各部门：

《海南大学重大决策征求意见暂行办法》、《海南大学重要工作通报暂行办法》、《海南大学重要事项报告暂行办法》等三项制度业经学校审定，现予印发执行。

### 海南大学重大决策征求意见暂行办法

第一条 为进一步完善学校决策机制，规范重大决策行为，提高决策质量，制定本办法。

第二条 凡制定涉及学校改革与发展、师生员工切身利益等重大事项的决策前，均须履行征求意见程序。

第三条 下列决策应当征求意见：

（一）制定学校贯彻党中央、国务院和省委、省政府方针政策及会议精神的重要实施意见；

（二）制订、调整学校发展规划；

（三）制订学校重要规章制度；

（四）制定学校重大改革方案；

（五）学校直属内设机构的设置、调整；

（六）基础设施等办学资源的配置和重大调整，重要建设项目的立项；

（七）制定学校年度财务预算和经费分配计划；

（八）其他涉及师生员工作生活切身利益、事关学校发展稳定的重要事项。

（九）法律、法规、规章规定应当公开征求意见的其他决策事项。

第四条　重大决策征求意见由相关职能部门具体承办，党委办公室或校长办公室负责协调和督办。

第五条　相关职能部门根据实际情况，可通过以下途径公开征求意见：

（一）通过教代会听取广大教职工的意见和建议；

（二）采取个别谈话、召开座谈会等形式广泛听取各级党组织、人大代表、政协委员、民主党派和干部群众的意见和建议；

（三）通过校园网、校报、宣传栏等公开发布决策草案（或简本），及时收集广大群众的意见和建议；

（四）发放征求意见函收集书面意见。征求意见函应明确征求意见的事项和反馈意见的时限等内容，发放对象要具有代表性，覆盖范围合理。

（五）召开专家论证会。对关系学校长远发展的重大战略、重要决策和重大项目，要认真组织专家进行技术咨询和决策评估；

（六）对一些专业性较强的重要决策，可委托校内有关科研机构开展，或面向教职工公开招标；承办者须提供两个以上的备选方案；

（七）举办听证会。涉及师生员工切身利益的重要事项，可参照有关法律法规组织决策听证会。听证会代表有权质询，对拟制定政策的可行性、必要性以及具体方案提出意见；

（八）其他能够充分反映群众意见的方式。

第六条　重大决策公开征求意见的期限一般不少于5个工作日。征求意见的组织实施过程要做好登记以备查证。

第七条　相关职能部门要对征集的意见认真分析和归纳，并向学校决策会议提交情况说明（包括征求意见的过程及决策建议）。学校决策会议应充分吸纳合理合法的意见和建议。

第八条　按规定应公开征求意见而未履行相关程序的事项，一般不予列入学校决策会议议程。

第九条　本办法由校党委办公室负责解释。

第十条　本办法自颁布之日起施行。

## 海南大学重要工作通报暂行办法

第一条　为进一步保障师生员工的知情权和监督权，营造学校改革发展稳定的良好环境，根据教育部和海南省有关校务信息公开规定，结合学校实际，制定本办法。

第二条　学校重要工作通报遵循依法治校、公开透明、准确及时的原则，坚持信息通报与工作落实相结合，确保重要工作通报健康有序开展。

第三条　下列重要工作情况应当向师生员工通报：

（一）学校学年（或学期）工作要点及其落实情况；

（二）涉及师生员工切身利益和群众普遍关注的重点工作的进展情况及其成效；

（三）学校发展规划的制订或调整情况；

（四）学校重要决策、重大建设项目及其执行情况；

（五）学校年度财务决算；

（六）学校直属内设机构设置及调整情况；

（七）学校重要人事安排及奖惩情况；

（八）学校教学、科研、学科建设的重要进展情况；

（九）重大突发公共事件的处置情况；

（十）向师生公布的服务承诺事项和落实情况；

（十一）法律、法规、规章规定应当通报的其他重点工作。

第四条　学校重要工作信息可以通过以下途径通报：

（一）通过教代会向教职工定期通报；

（二）通过专题工作通报会、座谈会等会议适时通报；

（三）通过校园网络、校报、宣传橱窗、校园广播等及时发布；

（四）其他便于群众知晓的途径和方式。

第五条　学校重要工作通报由相关职能部门具体承办，校党委办公室、校长办公室负责协调；党委宣传部负责做好宣传工作。

第六条　学校每次重要工作通报的具体内容、时间和方式，参加通报的人员范围，原则上由相关职能部门根据工作需要提出，分管校领导确定。

第七条　一般情况下，校内重要工作通报发言人由有关校领导或相关职能部门负责人担任。

第八条　具体承办部门要认真收集整理群众的反馈信息，解决工作中存在的问题。

第九条　校党委办公室、校长办公室定期举办各学院综合办公室主任会议，加强信息沟通。

第十条　各二级单位参照本办法做好本单位重要事项的通报工作。

第十一条　本办法由校党委办公室负责解释。

第十二条　本办法自发布之日起施行。

## 海南大学重要事项报告暂行办法

第一条　为进一步加强和规范学校重要校情信息报送工作，为学校和上级主管部门及时准确地掌握校情、指导工作、科学决策提供参考，促进和维护学校的改革发展稳定，制定本办法。

第二条　重要事项报告遵循“及时、准确、全面”的原则。

第三条　学校向上级主管部门报告的主要事项

（一）贯彻落实党中央、国务院、教育部，省委、省政府、省教育厅重要工作部署情况；

（二）上级有关部门、领导交办的重要事项及完成情况；

（三）教育部、省政府专项建设经费使用情况及建设成效；

（四）自然灾害、事故灾害，公共安全事件、公共卫生事件等突发性事件；

（五）影响稳定的重大社情民意，带有苗头性、倾向性的重要校情动态；

（六）学校发展规划；

（七）学校重要改革方案和重要工作部署；

（八）涉及师生员工切身利益的重大决策；

（九）教学、科研、人才队伍、学科建设、社会服务等重要进展情况；

（十）学校年度工作要点、工作总结。

（十一）重要涉外事务；

（十二）领导干部发生违法违纪行为或工作中出现重大失误情况（按规定需要报送的）；

（十三）严重影响学校声誉的媒体负面报道事件处理情况；

（十四）其他需要专门报告的重要事项。

第四条　各单位向学校报告的主要事项

（一）贯彻落实学校重要工作部署的情况；

（二）教学、科研、社会服务等方面的重要进展情况；

（三）学期和学年工作要点、工作总结；

（四）党政联席会讨论决定的有关重大事项；

（五）承办国际、国内学术会议及活动情况；

（六）邀请校外上级领导、兄弟院校领导来校；

（七）各类重大突发事件；

（八）影响稳定的重要校情动态；

（九）新闻媒体负面报道及处理情况；

（十）各单位领导外出考察等重要公务活动；

（十一）其他需要报告的重要事项。

第五条　重要事项报告的形式

重要事项报告的形式分为：当面报告、电话报告和书面报告三种。对涉及学校安全稳定的紧急突发事件，要在第一时间内用最快的方式报告。

第六条　重要事项报告的程序和要求

（一）学校向上级主管部门报告的程序和要求

1．重大突发性事件严格按照省委省政府有关规定和学校应急预案程序要求向上级单位专报；其他日常重要事项按公文办理程序向上级单位报送。

2．书面专报一般由校党委书记或校长签发。特别重要的事项由校领导与上级沟通后可直接呈报上级领导个人，其他按公文处理程序办理；当面报告、电话报告一般由校领导负责向上级领导专报，或由校领导委托相关职能部门向上级主管部门领导报告；并根据实际情况书面补报详细情况。

（二）各单位向学校报告的程序和要求

1．重大突发性事件严格按照学校有关规定和应急预案程序要求报送分管校领导和相关职能部门；其他日常重要事项按公文办理程序向学校相关职能部门报送。

2．各单位党政主要负责人为重要事项报告的第一责任人。重大突发事件发生后，各单位负责人要及时到达现场部署处置并及时向学校报告。

3．各单位书面报告按公文处理程序办理，一般由单位党政主要负责人签发。当面报告、电话报告一般由单位领导向分管校领导专报，并根据实际情况书面补报详细情况。

4．重大事件信息要报告清楚时间、地点、事件主要人物、事件经过、应急措施、初步原因、联系人及有效联系电话。对性质复杂且处置时间长的事件，要续报事态发展或处置的进展情况。

5．凡对本单位中发生的各类重要事件，特别是负面事件，对隐瞒不报、谎报、漏报或在规定时间内不及时汇报的，追究相关责任人的责任。

第七条　本办法由校党委办公室负责解释。

第八条　本办法自颁布之日起施行。

## 中共海南大学委员会办公室<br>关于印发《海南大学党委两级中心组学习制度》的通知

海大党办[2009]29号　2009年12月29日

各二级单位党委（党总支）：

《海南大学党委两级中心组学习制度》业经学校审定，现予以印发，请遵照执行。

### 海南大学党委两级中心组学习制度

为进一步规范和加强学校党委和二级单位党委（党总支）两级中心组的理论学习，提高全校领导干部的理论水平和政治素养，用正确的理论指导学校改革、建设和发展的实践，现根据中央和省委有关文件精神，结合我校实际，制定本制度。

一、学习目的

两级中心组学习的根本目的在于加强学校和二级单位两级领导班子的思想政治建设，真正用马克思主义理论特别是中国特色社会主义理论武装头脑、指导实践、推动工作，增强领导班子的凝聚力、战斗力和创造力，提高领导干部的理论素质、政策水平和治校能力，推动实现学校改革、建设和发展的目标。

二、学习组织

中心组分为校党委中心组和二级单位党委（党总支）中心组两级组织。其成员组成分别如下：

1．校党委中心组，成员由校党委常委、校领导及党委有关部门负责人组成。党委书记任中心组组长，主要职责是审定学习计划，确定学习主题和研讨专题，提出学习要求，主持集体学习研讨，指导和检查中心组成员的学习。分管宣传思想工作的党委副书记任副组长，主要职责是配合组长抓好学习的组织工作。党委宣传部负责人任中心组学习秘书，负责准备学习材料，做好学习记录等工作。

2．二级单位党委（党总支）中心组，成员由本单位党政领导、党委（党总支）委员等有关人员组成。各二级单位党委（党总支）书记担任二级中心组组长，负责组织、主持学习。学习秘书由组长指定，负责准备学习材料，做好学习记录等工作。

三、学习内容

1．中国特色社会主义理论。要以精心研读

原著为基础，紧密结合实际，认真学习和掌握马列主义、毛泽东思想、邓小平理论和“三个代表”重要思想，深入学习实践科学发展观，全面把握科学发展观的科学内涵、精神实质和根本要求，不断增强贯彻落实科学发展观的自觉性和坚定性。

2．党和国家的方针政策和法律法规。认真学习和掌握党和国家的路线方针政策，学习和掌握中央的重大会议和重要文件精神，全面深入把握中央的重大决策和部署，把握省委省政府的重要决策和部署；认真学习和掌握国家的法律法规、党纪政规和党风廉政建设责任制的若干规定，不断提高政策水平、法规水平和抗腐防变的能力。

3．履行职责所必需的各门知识。按照提高领导干部思想理论素质的要求，认真学习与实际工作密切相关和履行职责所必需的哲学、政治、教育、科技、经济、管理、法律、历史等方面的知识。

**四、学习安排**

校党委中心组学习计划由党委宣传部按学年度协助党委领导做出安排，各二级单位党委（党总支）中心组可根据校党委中心组学习计划，结合自身实际情况进行安排，并报党委宣传部备案。

校党委中心组的有关学习材料由党委宣传部、组织部、党校和纪委负责提供。二级单位党委（党总支）中心组学习材料原则上由各单位自行准备。

**五、学习形式及要求**

两级中心组的学习以个人自学和调研基础上的集中学习为基本形式。

1．坚持以集中学习为主要形式。根据情况可采取集中阅读、集体研讨、定期交流、听辅导报告、看音像资料等多种形式。紧密结合当前国内外形势，着重围绕学校改革、建设和发展的重点、难点和热点问题设计专题，在自学和调研的基础上，精心组织集体研讨，倡导和形成认真学习、民主讨论、积极探索和求真务实的风气。

2．坚持以自学为基础。每个中心组成员都要结合自身的情况和所履行的职责努力自学，同时认真完成中心组规定的学习任务。

3．坚持理论联系实际的学风。两级中心组在学习过程中，要把学习理论同研究解决师生最关心、最直接、最现实的利益问题结合起来，同研究解决学校及本学院、本单位改革发展稳定中的重大问题结合起来，同研究解决党的建设中存在的突出问题结合起来，使学习体会和成果转化为谋划工作的思路、促进工作的举措和领导工作的本领。

4．两级中心组的每个成员平时自学，要有自学笔记；集中学习研讨时要积极发言，每个成员每学期至少要有一次重点发言，并准备好重点发言的提纲。每年至少撰写一篇文章，可以是调查报告、理论文章、工作论文、学习心得等。

5．加强中心组学习情况的交流。要认真组织中心组学习交流活动，总结经验，树立典型，表彰先进，鞭策后进，推动学习深入开展。每次集中学习后，要对集中学习研讨的情况整理形成纪要，并向下级党组织通报，引导和推动所属党组织的学习活动。

6．两级中心组要建立完整的学习档案。学习档案包括中心组成员学习考勤、学习计划、学习内容、研讨发言记录、成员重点发言提纲及撰写的论文等。记录及有关材料要求规范、完整，由学习秘书收集并妥善保管。

**六、学习时间**

1．中心组集中学习每学期不少于 3 次，全年累计学习时间不少于 20 小时。

2．中心组学习按计划进行，集中学习时间应予以保证。两级中心组成员要安排好工作，确保参加集中学习。不无故缺席、不迟到早退，有事先请假，事后要自行安排时间，完成学习计划规定的内容。

3．两级中心组要定期进行集中交流（务虚会）、相互提高。

**七、检查考核**

1．校党委中心组学习组织安排情况由上级党组织检查和考核。

2．各二级单位党委（党总支）中心组学习

组织安排情况由校党委宣传部（会同校党委其他部门）负责检查、考核，重点检查学习内容、方式、进度、时间、效果和出勤情况等方面。检查的主要方法是调阅学习档案、听取二级单位党委（党总支）中心组组长汇报、旁听中心组学习、召开座谈会和听取各方面评价等。每学期结束前，各二级单位党委（党总支）中心组要将学习情况进行书面小结报校党委宣传部。

3．考核情况以适当方式进行通报，考核结果作为年终考核的参考。

八、本制度由党委宣传部负责解释。

## 海南大学校长办公室<br>关于印发《海南大学科研经费管理办法（修订）》的通知

海大办[2009]14 号　2009 年 4 月 24 日

各部门、各单位：

《海南大学科研经费管理办法（修订）》业经学校审定，现予印发执行。

### 海南大学科研经费管理办法（修订）

#### 第一章　总　则

第一条　为进一步规范和加强我校各类科研项目、课题（以下统称项目）经费的管理，保证科研经费更合理和有效使用，根据《教育部、财政部关于进一步加强高校科研管理的若干意见》（教财〔2005〕11 号）及国家有关科技政策，结合我校实际情况，特制订本办法。

第二条　本办法适用于以下两类科研经费的管理。

1．纵向经费：包括各级政府部门及政府管理的国内基金会直接下达的各类研究经费，以及我校作为合作（协作）单位承担上述来源的项目，由项目主持单位转拨到我校的经费。也包括学校纳入年度预算的科研项目经费、项目配套经费等。

2．横向经费：除纵向经费以外，拨入我校的其他研究经费。

#### 第二章　经费管理

第三条　凡以海南大学（包括校属二级单位）名义申请或协作并获准的科研项目经费必须纳入学校账户进行统一管理，按项目独立核算。

第四条　计划财务处负责科研项目到校经费的核算，审查经费开支的合法性和手续的完整性，经费的分类统计、结题决算等工作；科研处负责科研项目入账经费的核实及下发经费使用通知，办理项目经费预算变更申请（超出额定范围的变更需报学校审批）。

第五条　科研经费应专款专用，不得挪作它用。项目负责人对其管理的经费开支的合理性、真实性、可靠性负法律责任。科研处会同计划财务处对科研经费的开支进行监督和检查。

#### 第三章　经费使用

第六条　科研经费的开支实行项目负责人负责制。项目负责人应按项目下达（委托）部门和学校的有关规定，依据项目批复的经费预算范围，合理的开支科研项目经费，当年度项目经费结余可以转入下一年度继续使用（有规定不能结转的经费除外）。

第七条　项目经费支出的审批

项目组成员经办的项目经费领用及开支，由项目负责人审批，项目负责人本人的开支及单笔支出超过 0.5 万元的，需经项目负责人所在单位领导审批。与校外协作需转拨经费的，按学校经费审批办法执行。

第八条　根据税法规定，提取的人工费如应缴纳个人所得税，个人所得税应由个人负担，不得列入项目开支。

第九条　纵向经费开支范围

1．人工费,指为直接参加科研项目研究开发的人员支出的劳务费，包括研究生科研补贴、临时工劳务费、野外向导费、退休人员返聘工资，以及符合规定的其他人员支出等，其额度按批复的项目任务书、合同书所列相关经费额度执行。对无法取得发票的情况，需有收款证明及收款人身份证复印件。

2．仪器设备费,指研究开发科研项目所发生的仪器、设备、样品、样机购置和自行试制费用。

其中从国外购进的仪器、设备、样品、样机的购置费包括海关关税和运输保险费用及进口环节增值税费用。凡用科研经费购置的仪器设备，需经科研处批准后，报国有资产管理处实行政府采购。特殊情况有必要进行自行采购的仪器设备，须报国有资产管理处审核批准后，方可采购。否则，因自行采购引起的一切责任由采购人自负。所购置的仪器设备按学校有关国有资产的管理办法执行。

3．修缮费,指科研项目研究开发所用固定资产的安装费、维护费、修理费等，包括设备安装、调试及零星土建工程费，以及直接为科研项目研究开发所发生的房屋建筑物修缮费、实验室改装及设备维修费等。

4．能源材料费,指科研项目研究、开发、试验所需要支付的水、电、气、燃料费、排污费及各种原材料费、仪器设备相关辅助消耗材料费、试剂、药品、实验动物、植物、真菌（标本）的购置费、养殖费、样品（标本）的采集加工费、实验动物、低值易耗品、元器件、部件、外购件、包装物的原件、运输、装卸、整理等费用。

5．试验外协费,指科研项目研究开发中所发生的带料外加工或因本单位不具备条件而委托外单位协作进行研究开发试验、加工、测试等费用。但不包括将科研项目部分研究开发工作委托给外单位所支付的协作研究开发支出。

6．会议费,指科研项目研究开发过程中需要组织召开咨询会、论证会、验收会、鉴定会等各种会议发生的费用（含专家评审费、专家咨询费、交通费、食宿费等）。

7．差旅费,指科研项目研究开发过程中需要支付的国内外差旅费、市内交通费用，含外埠的士费以及项目所需自驾车出差的汽油费（自驾汽油费报销须有包括项目组成员、项目负责人和单位领导不少于三个人的共同签名）。国内外差旅费中，参加会议的住宿费按会议通知所指定的住宿地点的收费标准实报，报销时须附会议通知或有关文件的证明；项目所需的一些特殊非会议出差住宿，经所在单位领导审批，可实报实销。此差旅费条目的全部费用总和不得超过项目任务书、合同书注明的差旅费额度范围。出差期间的伙食补贴按学校出差经费管理办法执行。

8、出版物、文献、信息传播、知识产权事务费，指科研项目研究开发过程中需要支付的出版费及书籍购买费、资料费、文献检索费、入网费、通讯费、专利申请与维持费等各项费用。其中入网费和通讯费限于项目负责人和项目组成员，且在项目进行期限内。此项费用各部分合计应不超过项目任务书、合同书注明的相应额度范围。

9．国际合作交流费,指科研项目研究开发过程中科研项目组人员必须进行的与国外科研机构合作费、培训费、邀请外国专家来华工作费用及一些必要和合理的费用。还包括参加国际会议缴纳的会务费、论文发表费和国际合作交流中发生的外币支出（报销时须提供财务要求的各种有效凭证）。

10．管理费,是指承担单位为组织和支持科研项目研究开发而发生的难以直接计入科研项目成本的各项费用。

11．其它经过批准的必要费用。

第十条　为了保证研究工作顺利进行，项目负责人一般不得变更。如遇出国等特殊情况需要变更的，项目负责人需到科研处办理“科研项目委托代管手续”（病休、死亡另行办理）。经批准后，科研处以书面形式通知计划财务处变更科研项目经费开支审批负责人。未办理代管手续的，科研处将通知计划财务处中止该项目经费的使用。

第十一条　项目负责人应认真负责研究计划的实施，按要求如实做好项目的《年度进展报告》或《年度总结报告》；未按研究计划实施或不按时报送《年度总结报告》、又不在规定期限提出延期报告的项目，科研处将通知计划财务处中止该项目经费的使用。

第十二条　科研项目负责人正常调动工作，其以“海南大学”名义申请的项目经费原则上仍留在校内（科研经费资助部门有规定的除外）。

第十三条　纵向经费使用

1．学校按纵向项目实到经费的5%提取科研管理费，其中3%为学校科研管理费，2%为项目负责人所在学院等二级单位科研管理费。

2．项目经费开支按学校有关财务制度办理，开支的范围和数额由项目负责人按项目任务书、合同书的开支预算执行。

3．用于国际合作交流的开支必须严格按项目下达部门有关规定的各项比例执行，开支时必须提交邀请函或合作协议书、机票及购买机票的发票，报科研处审批。

4．纵向经费按任务书、合同书需转拨校外其他单位的经费，不提管理费，转出经费的开支按项目下达部门的有关规定执行。

5．校科研启动费、学校对项目另行匹配的科研经费、校科研基金等学校提供的科研经费，不提取管理费，也不计学校流动科研编制津贴，开支范围按相应经费管理办法执行。此类经费如用于著作出版需经科研处审批，并署名“海南大学科研经费资助”字样。

第十四条　横向经费使用

1．学校按项目实到经费的5%提取科研管理费，其中学校管理费为3%，项目负责人所在学院等二级单位管理费为2%。

2．项目经费的开支，应从保证项目如期完成和实际需要出发，做好开支预算，具体开支范围由项目负责人按合同书任务要求和有关财务、资产管理规定确定。

3．项目实施出现违约责任，根据合同书进行认定，属项目组主观原因造成的，一切责任由项目负责人承担。

第十五条　科研管理费分别按所提取比例由学校、学院（或其他二级单位）掌握使用，主要用于承担单位直接为科研项目服务的各类管理费用和相关行政管理支出，纳入所提项目的决算中。

第十六条　企事业单位委托的科技项目按国家有关税收政策应缴的税费(印花税除外)由项目组在项目经费中开支。

第十七条　科研处和各学院（中心、所、学部）应共同加强对科研项目经费的管理。学校财务部门和审计部门有权对项目经费的使用和开支情况进行监督和审计。

## 第四章　项目结题与经费决算

第十八条　项目按期完成或提前完成并经验收或鉴定合格（或委托方出具结题证明）者，应及时办理结题手续。对不按时结题且不报告原因的项目，超出合同规定完成时间一年以上的，由学校冻结剩余经费。项目按时完成后，对纵向项目剩余经费，项目下达部门（单位）有相应规定的按规定执行；对没有明确规定或允许结题结余的经费，由项目组作为后续科研经费使用，原项目标识结题。横向项目剩余经费可以用于后续科研费用，也可以用于分配，由项目组决定。如用于分配，分配比例为学校20%、学院20%、项目组60%。

第十九条　科研处、计划财务处、审计处根据项目经费预算，按实际开支情况审签项目经费决算表。

第二十条　项目组因某种原因不能继续其研究工作而要求中止或撤消原定项目，或项目下达单位及委托单位因某种原因要求中止或撤消原定项目时，项目负责人应及时以书面形式向所在单位报告，有关院（系、所）应将具体情况及时报告科研处，并共同商讨剩余经费的处理意见。

## 第五章　附　则

第二十一条　上述规定若与项目下达（委托）单位管理办法或合同不一致，以项目下达（委托）单位的规定或合同为准。

第二十二条　本办法自公布之日起执行，本办法由科研处和计划财务处负责解释。

# 海南大学校长办公室
# 关于印发《海南大学人口和计划生育管理办法》的通知

海大办[2009]16号　2009年4月30日

各单位、各部门：

《海南大学人口和计划生育管理办法》业经学校审定，现予印发，请遵照执行：

## 海南大学人口和计划生育管理办法

### 第一章　总则

第一条　为了加强我校人口和计划生育的

管理，根据《中华人民共和国人口与计划生育法》和《海南省人口与计划生育条例》，结合我校实际情况，制定本办法。

第二条　海南大学人口和计划生育委员会是我校人口和计划生育工作主管机构，负责重大事项的决策，研究解决人口与计划生育工作中出现的问题。委员会下设人口和计划生育办公室（以下简称“校人口计生办”），负责具体工作。

第三条　本办法适用于全校教职员工、家属子女、外聘人员、常住人口，以及在校的本科学生、研究生，均须遵守本办法。各单位的管理对象包括：本单位的教职工、家属子女、外聘人员、直系亲属（宝岛新村派出所管辖的无业人员）；与本单位或本单位教职工有劳动、房屋租赁等关系的其它人员。

第四条　我校人口和计划生育工作实行属地管理，单位负责制。各单位主要领导是本单位的人口和计划生育工作第一责任人，每年与学校签定《海南大学人口和计划生育目标管理责任书》，如责任人更换由继任者继续履行相应职责。

第五条　人口和计划生育经费纳入学校经费预算，专款专用。

## 第二章　组织实施

第六条　校人口计生办负责教职员工、家属子女、流动人口的计划生育工作，负责在校学生的计划生育管理、服务，负责落实各项计划生育法律法规。

第七条　各单位在招干、招工、转正、晋升、提拔任用干部、学年度考核及各种评优活动中，严格执行“计划生育一票否决”制。

第八条　各单位要指定一名兼职计生干部，负责本单位的计划生育管理和统计工作，协助校人口计生办开展各项工作，实现信息资源共享。

第九条　各学院、研究生处分别负责做好本学院本科学生、研究生的计划生育宣传教育和管理工作。由学生工作办公室具体负责落实，将学生的婚育状况纳入该学生的人事档案管理。并列入本单位年终考核内容，实施一票否决。学生逾期不进行登记备案者，学院、研究生处和校人口计生办不予出具任何婚育证明，隐瞒不报者一切后果由个人承担。

第十条　保卫处、后勤集团要协助校人口计生办做好常住人口登记、查证验证等工作，对违反计划生育政策的事件要及时处理。

第十一条　用人单位与个人签订劳动合同时，应约定履行实行计划生育义务。

第十二条　教职员工、家属子女外出就业、读研、读博、工作调动、出国、办理购房、贷款、营业执照和办理公正等手续时，需要出具婚育证明或办理《流动人口婚育证明》的，先由本人申请，经单位、校人口计生办核实，到户籍所在地计划生育部门办理。

第十三条　各单位和个人都要如实提供已婚育龄人口计划生育的情况，校人口计生办负责将常住人口的计划生育信息输入海南省计划生育管理系统，不断的完善人口和计划生育信息档案管理。任何单位和个人不得包庇违反计划生育政策生育子女的人员。如有违反者，属国家工作人员的，给予行政处分，属其他人员的，由其所在单位给予纪律处分。

## 第三章　生育与节育

第十四条　按《海南省人口与计划生育条例》第十六条规定：城镇居民一对夫妻只生育一个子女。符合生育条件，要求生育子女的，夫妻双方可以自主安排生育时间。但必须按照下列程序办理《生育服务证》：

（一）生育指标实行居住地和户籍所在地共同管理，《生育服务证》在女方户籍所在地申请。

（二）生育第一个子女的夫妻，在怀孕后，持结婚证、户口簿或身份证向校人口计生办申报，填写《一孩生育服务证申报表》，经夫妻双方所在单位、校人口计生办审查签署意见后，送街道办事处计生办、区政府人口和计划生育局审批，领取《生育服务证》后生育（详见：孕妇申请《生育服务证》流程须知）。

（三）要求生育第二孩子女的夫妻，在怀孕前申请人持户口薄、身份证（双方）、结婚证、离婚证（离婚判决书或协议书）、第一个子女的《生育服务证》、出生医学证、与申请理由有关的材料（如：历年的疾病证明），科级以下干部向美兰区政府人口和计生局申请，处级以上干部向海口市人口和计生局申请。申请程序如下：填写《二孩生育服务证申请表》后，先由夫妻双方所在单位审查同意，交校人口计生办核实并签署意见，送人民路街道办事处计生办、美兰区政府人口和计划生育局核定审批后（户籍在儋州校区、城西校区的分别由当地人口和计划生育局核定审批），在申请人所在单位张榜公示10日（处级以上干部张榜公示15日），而后如实填写回执通知书，对群众无异议者，由核定单位批准发给《二孩生育服务证》。

第十五条　育龄夫妻应当自觉落实避孕节育措施。已生育一个子女的育龄妇女无禁忌症的，应放置宫内节育器；已生育两个及两个以上子女的育龄夫妻，提倡一方采取绝育措施。不符合政策规定怀孕的妇女，应及早采取措施终止妊娠。

第十六条　已婚育龄夫妻可以到校人口计生办免费领取避孕药具。参加生育保险人员，实施计划生育手术的费用，由校人口计生办出具证明，到海南省社会保障局依照有关规定执行。

第十七条　禁止非医学需要的胎儿性别鉴定和选择性别的人工终止妊娠。拟实施中期以上（14周以上）非医学需要终止妊娠手术的，需向学院、校人口计生办提出申请，报区政府人口和计划生育局批准并取得证明后，在指定的医院施行手术。

## 第四章　奖励与社会保障

第十八条　男性25周岁、女性23周岁以上初婚的，除享受国家规定的假期外，增加晚婚假10天。婚假期间，工资和基本津贴照发，绩效工资按天数减发。

第十九条　已婚女性24周岁以上生育第一个子女的，并领取《独生子女父母光荣证》的夫妻可以申请享受以下假期：

（一）　男方享受护理假10日。假期间工资和基本津贴照发，绩效工资按天数减发。

（二）　女方除享受国家规定的3个月产假外，再增加3个月的产假；增加晚育假15日。难产或双胎以上的，增加产假15天。产假期间工资和基本津贴照发，绩效工资停发，不影响晋级、调整工资。

（三）　产假期满后，因特殊情况不能按期上班的，由本人向所在单位申请，经领导同意，报人口和计生办批准。可给予休哺乳假至婴儿一周岁止，其工资按80%发给，岗位津贴停发，不影响晋级、调整工资和计算工龄。

第二十条　自愿终身只生育一个子女的夫妻，经夫妻双方申请领取《独生子女父母光荣证》后。自发证之月起，每月领取30元独生子女父母奖励费至子女年满18周岁。

独生子女父母奖励费按下列规定发放：

（一）夫妻双方均为机关、社会团体、企事业单位的工作人员，由夫妻所在单位各发一半；另一方无从业单位的，由有从业单位一方的所在单位全额发放。

（二）独生子女父母奖励费由学校按月发放。

第二十一条　终身只生育一个子女的干部职工，退休时每月加发5%的退休金或者基本养老金；无子女的，退休时加发10%的退休金或者基本养老金。加发部分按省人民政府有关规定执行。

第二十二条　已领取《独生子女父母光荣证》的夫妇。

（一）经批准再生育一个子女的，退回《独生子女父母光荣证》，从批准之月起停止享受对独生子女及其父母的优待和奖励。

（二）未经批准又生育子女的，退回《独生子女父母光荣证》及已经领取的全部独生子女父母奖励费，并按照有关规定从重处罚。

第二十三条　有接受计划生育手术者，按海南省有关规定享受假期：

（一）放置宫内节育器，休息3日；

（二）人流术休息25日；

（三）引产术休息42日；

（四）施行输精管绝育手术休息7日；

（五）施行输卵管绝育手术休息21日；

手术假期间，工资和基本津贴照发，绩效工资按天数减发。同时落实两种计划生育手术的，假期合并计算。

第二十四条　施行绝育手术者，需要配偶护理的，经施行手术的单位证明，给予配偶护理假7日；需要其他人员护理的，有关单位应予批准。配偶或者其他人员在护理期间工资和基本津贴照发，绩效工资按天数减发。

第二十五条　对计划生育特殊家庭，如独生子女病故的给予慰问。

第二十六条　加强计划生育管理队伍建设。结合本校实际情况每年组织一次兼职计划生育干部计划生育法律法规理论辅导，提高计划生育队伍理论水平。各单位要落实专（兼）职计划生育人员的岗位补贴。

## 第五章　流动人口的计划生育管理

第二十七条　流动人口的计划生育工作，实行“谁用工谁负责，谁受益谁管理，谁的地盘谁清理”管理原则，各用人单位不得聘用（雇佣）违反计划生育的外来人员和提供住宿条件，违者依次追究用工单位领导、受益人及相关单位和人员的责任。

第二十八条　凡在我校居住的外来人员（包括教职工家属的亲戚、亲友、临时工、个体、小摊贩、建筑工地、南希公寓户主及各用人单位聘用的人员等），必须严格遵守国家计划生育政策和我校的有关规定，违反者视情节轻重按《海南省人口和计划生育条例》给予处罚。先由用人单位或户主垫交罚款给当地政府计划生育部门，然后再由用人单位或户主向本人收回。

第二十九条　外聘人员和流动人口若有计划外怀孕，应劝其限期终止妊娠，否则给予解聘，本人不宜在校园内居住。措施不得力的追究用人单位（户主）责任并通报全校。

第三十条　流动人口抵我校居住地之日起10天内或应聘时，应向用人单位提供《流动人口婚育证明》，经查证验证后填写常住人口和已婚育龄妇女登记卡方可聘用。无证或证件不合格的，应告知补办手续后，再办理其它有关手续。

第三十一条　各单位的外聘人员，本人自愿终生只生育一个子女的，并领取了《独生子女父母光荣证》的，经验证后按照国家和海南省计划生育有关规定，兑现计划生育产假和独生子女父母奖励费。

## 第六章　责任与处罚

第三十二条　教职工有违反计划生育情况的要及时报给校人口和计划生育办，共同协调解决。有违反政策生育子女的，除依照《海南省人口与计划生育条例》征收社会抚养费外。属超生的，从孩子出生之月起给予开除夫妻双方公职或者予以辞退。

第三十三条　非在职人员和流动人口违反政策生育子女，拒不缴纳或逃避征收社会抚养费的，由用工单位或受益人代缴。否则，按照《海南省流动人口计划生育管理实施细则》对用工单位或受益人进行处罚。

第三十四条　与成年流动人口形成劳动关系的用人单位或个人，拒不履行协助流动人口计划生育管理义务的，由学校人口计生办给予批评教育或按政府有关规定处罚。

第三十五条　违法收养子女的，由人口计生办责令限期改正，拒不改正的，按违反政策规定生育子女的有关规定执行。

第三十六条　各单位未完成目标管理责任，或者不积极履行协助计划生育管理义务的，或对违反计划生育规定的人员不及时处理的，学校给予通报批评，对责任人依法给予行政处分或者纪律处分，并实行计划生育一票否决制。

第三十七条　单位职工中有违反计划生育规定超生的，其所在单位三年内不得评为先进、授予荣誉称号或者参加综合性奖励的评选，并追究其主要负责人的领导责任。

第三十八条　本办法自印发之日起实行，由校人口和计划生育委员会负责解释。办法中未涉及到的人口与计划生育问题，依照《海南省人口与计划生育条例》执行。

# 海南大学校长办公室<br>关于印发《海南大学“十佳教师”评选办法（试行）》的通知

海大办[2009]27号　2009年6月3日

各部门、各单位：

《海南大学“十佳教师”评选办法（试行）》已经学校审定，现予以印发，请遵照执行。

## 海南大学“十佳教师”评选办法（试行）

为构建业务精湛、教风严谨、教书育人、为人师表的师德风范，发挥优秀教师的模范带头作用，树一流师德、创一流教风、育一流人才，特制定本办法。

一、评选范围

承担普通本专科生、研究生教学任务，全年教学、科研工作量达到学校和所在教学单位有关要求的在编在岗专职教师（含辅导员）。担任正处级以上领导职务的教师不参加评选。

二、基本条件

1．认真学习邓小平理论、“三个代表”重要思想和科学发展观，遵守国家法律法规和学校规章制度，忠诚于教育事业，模范履行教师职责。

2．为人师表，全面关心学生成长，工作突出，教书育人效果显著。

3．在我校担任主讲教师两年以上，工作认真负责，教学任务饱满，教学效果好、质量高。

4．积极开展教改、科研工作，在近两学年内主持或作为主要成员承担省级以上教改、科研项目，在省级以上刊物公开发表论文2篇及以上。

三、近两学年有下列情况之一者，不得参评

1．发生过教学事故。

2．教学质量测评结果曾在本单位排名后40%。

3．给本科生授课时数低于120学时。

4．曾因工作失误，修改或补登学生成绩；或调、停课次数3次以上。

5．违反校纪校规，受过通报批评或纪律处分。

**四、评选原则**

1．以师德建设为导向，教学质量为重点，兼顾教学改革与科学研究工作，全面考察与衡量教师的综合素质和表现。

2．坚持公平、公开、公正的原则，真正推选出师生公认的优秀教师。

3．每两学年评选一次，每次评选“十佳教师”奖和“十佳教师提名”奖各10名，一般安排在评选学年的第二学期进行，下一学年第一学期教师节进行表彰。

**五、组织机构**

1．学校成立“十佳教师”评选工作领导小组，负责学校“十佳教师”评选的组织与选拔工作。

2．各教学单位成立“十佳教师”初评小组，负责本单位“十佳教师”侯选人的筛选与推荐工作。

**六、评选程序**

“十佳教师”按个人申请，各教学单位初选与推荐，学校评选的程序进行。

1．符合条件者按要求填写“十佳教师”申请表，并报送所在单位。

2．各教学单位“十佳教师”初评小组按要求对本单位申请人进行资格审查，并对其工作业绩等进行审核。同时，依据评选指标，结合申请者业绩对符合条件者进行初评（初评的具体方式由单位确定），并根据学校下达的名额，确定推荐人选。最后将推荐名单及相关材料按要求报送教务处。

3．教务处组织专家对各推荐侯选人（总量控制在30人左右）进行听课，同时安排专家和学生对其教学质量进行评估。

4．宣传、网络技术部门负责将候选人信息发布到学校网页，供学生投票。

5．学校“十佳教师”评选领导小组依据评选指标，结合教师工作业绩、教学质量评估、网上投票等，对侯选人进行全面考察与评价，按总得分从高到低的顺序排序，拟定“十佳教师”获奖名单，其中，第1-10名获“十佳教师”奖，第11-20名获“十佳教师提名”奖，并公示。

6．评审结果报学校党委常委会批准后，发文公布。

**七、奖励**

1．学校将授予获奖教师相应的荣誉证书和奖金，其中获“十佳教师”奖1万元、获“十佳教师提名”奖1千元。

2．凡获“十佳教师”称号的教师，在进修学习、晋级、评奖、评优方面等予以优先考虑。

八、其他

1．凡获“十佳教师”称号的教师，每学年应进行2次以上公开示范课活动，并负责指导青年教师1-2名。

2．学校有关部门应通过开辟“十佳教师”风采专栏等不同形式对“十佳”获奖教师的事迹进行广泛宣传。同时，各教学单位应通过教学观摩、报告会、座谈会等形式开展向“十佳”获奖教师学习的活动

3．凡获“十佳教师”称号的教师，应尽量承担学校安排的教学督导任务。

4．“十佳教师”奖励经费列入评选当年度学校经费预算。

5．本办法由公布之日起开始施行，由教务处负责解释。

附件：1．“十佳教师”评选指标（专家用）（略）

2．“十佳教师”候选教师教学质量评分表（专家用）（略）

3．“十佳教师”候选教师教学质量评分表（学生用）（略）

4．“十佳教师”申请表（略）

## 海南大学校长办公室<br>关于印发《海南大学学部学术委员会章程》的通知

海大办[2009]31号　2009年6月12日

各单位、各部门：

《海南大学学部学术委员会章程》业经学校党委会议通过，现予印发，请遵照执行。

### 海南大学学部学术委员会章程

（2009年6月10日经学校党委会议通过）

#### 第一章　总则

第一条　为加强学部科学研究和学科建设、充分发挥专家学者在学术工作中的主体地位，根据《中华人民共和国高等教育法》、《海南大学学术委员会章程》，设立海南大学学部学术委员会并制定本章程。

第二条　海南大学学部学术委员会是学部学术咨询和审议机构，按照其章程独立自主地开展工作，充分发扬学术民主，促进学部学术管理决策水平的提高和教育事业的发展。

#### 第二章　组织

第三条　学部学术委员会委员由学术造诣高、学风端正、坚持原则，有副高以上专业技术职称，年龄不超过60周岁人员组成。

第四条　校学术委员会委员、各学院（部）院长（主任）为所在学部的学术委员会的当然委员；其他委员人选按本条后述办法确定的名额，由各单位推荐，校长办公会审议决定。推荐名额确定办法为：当然委员按其从事专业归到各学院（部），学院所设本科专业总数少于或等于当然委员数的，该学院不再推荐委员名额；大于当然委员数的，按其差值的1/3（四舍五入）获得推荐名额；未设本科专业的机构，除该机构的第一行政负责人外，也不再推荐其他委员名额。各学部委员会委员人数一般不超过23人。

第五条　各学部学术委员会设主任一名，副主任若干名。学部所含学院（部）的院长（主任）均为学部学术委员会副主任，主任从副主任人选中由委员会委员选举产生，党委会决定，校长聘任。主任和副主任任期一年。到期后，副主任人选按本条原则自然产生，主任人选根据本条的办法和程序重新产生，主任不连任。学部学术委员会副主任和委员由主任聘任。

第六条　各学部学术委员会设秘书处，挂靠主任所在学院（部），负责处理委员会的日常工作。秘书处人员由所在学院（部）指定，主任聘任。

第七条　学部学术委员会委员有下列情形之一者不再担任委员：

（一）任期间因退休、出国或其他原因，不能参加学部学术委员会活动时间超过半年的；

（二）未履行请假手续，连续3次无故未参加会议的；

（二）不遵守学校学术道德规范，或违背学术委员会有关规定，情节严重的。

第八条　学部根据发展需要，每年可对委员做1/5—1/3的人员调整。调整时间为新一届学术委员会主任产生后的第一次学术委员会全体会议，调整方案由主任征求全部副主任的意见提出，经学部学术委员会委员半数以上通过，报校长办公会审议决定。

第三章　职责与任务

第九条　学部学术委员会的主要工作职责和任务是：

（一）审议学部中长期科研发展规划及其它重大学术问题；

（二）评审学部申报的各类科研课题，评定学部申报的各类科研成果奖励，同时对审议有争议的成果及其他知识产权纠纷问题作出处理意见；

（三）推荐各类限额申报的科研项目和成果奖励；

（四）集成学校优势资源，组织策划重大重点项目，并进行论证，积极推动学校科研团队的形成；

（五）协助校学术委员会做好推荐国内外重要的学术组织任职人选及国家、省级有关学术专家人选初筛工作；

（六）审议学部学科建设规划和科研发展规划，研究与掌握本学部科研现状和国内外发展动向，对学科发展方向、途径以及研究方向等提出建议；

（七）接受学校委托对涉及学术问题的其它重要事项进行论证和审议。

第四章　议事规程

第十条　学部学术委员会根据工作需要可以随时举行。

第十一条　学部学术委员会会议由主任或主任委托的副主任主持。学部学术委员会审议事项采取民主集中制的原则。

第十二条　学部学术委员会全体会议必须有2/3以上（含2/3）委员出席才能举行。学术委员会需以投票方式作出决定时，须经应与会委员1/2以上（含1/2）同意方可通过。

第十三条　提交学部学术委员会讨论的议案，学术委员会主任认为有必要时，可指定一名或几名委员提出初审意见后交全体会议审议。讨论重大学术及相关问题时，学术委员会可邀请校内外非学术委员会的教授、专家参加会议，充分听取教授、专家意见。

第十四条　根据会议议题需要，职能部门负责人可以列席与本部门工作相关的学术委员会会议并参与讨论。

第十五条　学部学术委员会在讨论、评定、审议与委员或其亲属有关的事项时，该委员应回避。

第十六条　学术委员会委员须对学术委员会会议上讨论的保密事项严格保密，不得将学术委员会决议或讨论的过程擅自外传。

第五章　附则

第十七条　学部应充分发挥学部学术委员会的决策咨询作用。各相关学院（部）应主动关心和积极支持各位学术委员开展工作。

第十八条　修改本章程须由校学术委员会主任提议，修改方案经校学术委员会常务委员会会议审议通过后公布。

第十九条　本章程自发布之日起实施，由校学术委员会秘书处负责解释。

## 海南大学校长办公室关于印发《海南大学博士后工作管理办法》的通知

海大办[2009]32号　2009年6月9日

儋州校区管委会、各单位、各部门：

《海南大学博士后工作管理办法》业经学校审定，现予印发执行。

### 海南大学博士后工作管理办法

**一、设站学科**

我校获准设立博士后科研流动站的学科为作物学（一级学科），所覆盖的二级学科专业为：作物遗传育种、作物栽培学与耕作学。该科研流动站挂靠于我校农学院和中国热带农业科学院。

二、博士后研究人员的基本条件

凡新近在国内获得博士学位，品学兼优，身体健康，年龄在 40 岁以下，均可申请到我校做博士后。

三、申请程序及应提交的申请材料

1．申请人可根据自己的学科专业，直接向我校研究生处提出书面申请，并提供个人简历及科研情况，索取《博士后申请表》等表格填写。

2．申请人须向我校研究生处提交以下申请材料：

（1）《博士后申请表》一式 6 份（原件一份，复印件五份）。

（2）两位本学科领域博士生导师出具的专家推荐信。

（3）博士学位证书复印件（应届毕业博士暂时未领到博士学位证书者，须提交博士学位论文答辩委员会决议书复印件，入站后补交博士学位证书复印件）。

（4）凡属国内委托代培、定向培养、具有现役军人身份的博士或原单位有定向培养协议的在职博士，必须出具委托单位、定向单位或原部队单位同意做博士后的书面证明材料。

（5）现在国外的留学博士还应提交《中华人民共和国驻外使馆教育处（组）推荐意见》。

四、接收与进站

1.由研究生处组织有关专家负责对申请人的学术水平、科研能力及申请人提出的研究计划作出评价，并提出是否同意接收的意见，报主管校领导审批。

2.研究生处将有关材料报海南省人事劳动厅专家处备案，并报全国博管会审批后由学校发接收通知书。

3．博士后研究人员接到接收通知书后，应按指定时间进站。

4．博士后研究人员进站时，持接收通知书首先到研究生处报到，凭研究生处出具的证明到人事处办理有关手续。

五、博士后研究人员经费及待遇

1．博管会下拨的经费划入接收单位（以自筹经费形式招收的博士后研究人员除外）。被海南大学接收博士后研究人员，按照进站时的职称由学校发放基本工资和保险，岗位津贴由接收单位发放。

2．被海南大学接收的博士后研究人员的住宿按学校引进同等层次人员办法办理。

3．博士后研究人员进站后，即可申请国家博士后科学研究基金及各种研究项目经费。

4．博士后研究人员的科研经费及日常经费（除规定的生活费外）由财务处、科研处及挂靠单位具体管理，应主要用于科研工作。用科研经费或日常经费购买的仪器设备、实验材料、图书资料等物品，都属于国家财产，购置后应交实验室或资料室登记，出站时不能带走。如出站时经费还有剩余，分别作如下处理：

（1）如属于中国博士后基金，博士后研究人员出站后继续从事科研工作，则经费挂靠单位同意，可将其剩余资金带到新的工作单位继续使用，但必须由单位之间办理转拨手续。

（2）属日常经费，其中未用完的经费留给挂靠单位作研究经费。

（3）在我校科研处申请的其它经费，应按科研处制订的科研经费管理办法执行。

六、博士后研究人员家属安排及待遇

1．博士后研究人员进站后，其配偶及未成年子女可以随博士后研究人员一起在我校落暂住户口。出站时，其配偶及子女必须随其一同迁出。

2．被海南大学接收的博士后研究人员，其配偶如系国家正式职工，由人事处安排适当工作。

3．被海南大学接收的博士后研究人员，由学校协助安排其子女上学、入托。

七、博士后研究人员的基本工作任务

博士后在站期间均应以第一作者身份、以海南大学为第一完成单位按如下要求正式发表（或已正式录用）与博士后研究工作成果相关的学术论文。出站者必须满足下列条件之一：

1. 博士后在站期间至少在重要核心期刊（全国一级学会主办刊物）上发表 5 篇以上（含 5 篇）

研究型学术论文。

2. 以第一作者发表论文被SCI、EI收录3篇以上（含3篇）。

3. 以第一作者出版专著（中文或英文）1部以上（含1部）。

八、出站

博士后研究人员在站工作期限一般为两年，如提前完成了工作计划，且研究成果显著，由本人申请，经学校批准，可以提前离站，但提前的时间不得超过三个月。如在两年内未能完成工作计划，经上级主管部门批准，可适当延长时间，但延长期一般不超过半年，延长期间不下拨日常经费。博士后研究人员如申请到其它渠道科研项目，应按规定按时向科研处汇报计划执行情况，出站前一般应完成该科研项目。如不能完成，则应说明原因，并提出完成任务的计划，取得有关部门的同意。博士后研究人员出站，须办理如下出站手续：

1. 博士后研究人员在出站前应对两年在站期间的研究工作进行总结，填写“博士后研究人员考核表”、“博士后研究报告”和“博士后基金结题报告”。

2. 研究生处组织有关专家成立考核小组，对博士后研究人员的学术水平、业务能力、科研成果以及政治思想、工作表现等进行考核，并作出考核意见。

3. 学校专业技术职务评审委员会按程序对拟出站博士后研究人员的专业技术职务任职资格进行审核。

4. 就业指导与服务

博士后研究人员流动期满，就业应贯彻“国家需要，双向选择”的原则，经博士后研究人员本人和用人单位双方同意，即可进行。

博士后研究人员的就业指导与服务工作由研究生处负责，具体程序是：由博士后研究人员填写《博士后研究人员期满就业登记表》，填妥后即送研究生处。如到外单位的，须连同用人单位人事部门出具的“接受意见”一起送研究生处。

5. 博士后研究人员接到就业通知后，须按规定办理离校手续，并按时到工作单位报到。

6. 博士后研究人员出站应按房屋租赁契约办理退房手续。

九、博士后管理工作的协调

为了切实做好博士后的管理工作，在主管校长领导及海南省人事劳动厅的协助下，成立博士后流动站管理协调小组，该机构由人事处、研究生处、科研处、财务处、后勤处及挂靠单位等部门组成，具体管理职责如下：

1. 人事处：协调与博士后管理相关部门的工作，并负责博士后研究人员档案管理。负责被海南大学接收的博士后研究人员的工资发放及配偶的工作安排、出站前组织任职资格评审，协助安排博士后子女入学、入托及办理博士后和随迁家属的落户手续等。

2. 研究生处：负责与全国博士后管委会的联系，接受申请、组织专家审核接收博士后研究人员，分配及申请博士后基金、在站博士后的考核、流动站评估，及学校新的博士后科研流动站设站申报等方面的工作。

3. 科研处：具体负责博士后研究人员在站期间的科研管理工作，包括申请除博士后基金以外的各种科研基金、科研计划管理、科研成果的验收、鉴定、申报奖励等，以及参加国内外学术会议等事宜。

4. 财务处：管理博士后经费，掌握各项经费开支标准。

5. 后勤处：博士后研究人员工作单位安排在海南大学时，负责安排博士后研究人员住房。

6. 接纳博士后研究人员单位：管理博士后研究人员在校期间的政治思想教育、科研工作及日常生活。

（1）应有一名行政正（或副）职负责管理博士后研究人员工作。

（2）为博士后研究人员提供必要的科研工作条件。

（3） 应在相应学科指定一名博士生导师或具有高级专业技术职务的教师作为博士后研究人员科研工作联络教师。该教师应参加制订博士后研究计划，经常了解研究计划进展情况，在研究工作期满时，对博士后的学术水平、业务能力等写出评价意见，并负责协调他们与科研群休间的关系等。

（4）负责博士后研究人员出站前申请高级专业技术职务的申报工作。

（5）研究生处做好博士后流动站的评估工作。

十、其它

被中国热带农业科学院接收的博士后研究人员的经费及待遇、家属安排及待遇、科研成果归属按海南大学与中国热带农业科院签署的合同办理。

十一、本办法未尽事宜，以上级有关规定为准。

十二、本办法自颁发之日起执行，由人事处和研究生处共同负责解释。

## 海南大学校长办公室<br>关于印发《海南大学职工年度考核工作暂行办法》的通知

海大办[2009]34 号　2009 年 6 月 15 日

儋州校区管委会、各单位、各部门：

《海南大学职工年度考核工作暂行办法》业经学校审定。现予经印发，请遵照执行。

### 海南大学职工年度考核工作暂行办法

为正确评价广大教职员工的德才表现和工作实绩，激励教职员工不断提高政治业务素质，提高教学水平和科研能力，认真履行岗位职责，提高工作效率，确保各项工作的顺利开展，根据国家和省有关文件精神，结合我校的实际，特制订本办法。

一、考核原则

考核要坚持客观公正、民主公开、实事求是的原则；坚持定性考核与定量考核相结合，注重实绩的原则；坚持年度考核与平时考察相结合的原则。

二、考核对象

（一）全校在编在职职工均应参加考核。根据干部管理权限，副处及以上干部的考核工作由组织部负责。

（二）因病休息超过半年、或者因私出国出境超过半年以上的职工不参加本年度考核。

三、考核时间

按学年度考核，考核起止时间为上年 8 月至当年 7 月，集中在每学年度结束前或下学年度初安排考核。

四、考核内容和标准

（一）考核内容

1．考核内容包括德、能、勤、绩四个方面（满分为 100 分），重点考核工作实绩。

德：主要考核政治思想表现和职业道德表现；

能：主要考核业务技术水平、管理能力的运用发挥，业务技术提高、知识更新情况；

勤：主要考核工作态度及遵守劳动纪律的情况；

绩：主要考核履行职责情况、完成工作任务的数量、质量、效率，取得成果的水平以及社会效益和经济效益。

2．根据工作特点，各类人员相应的考核重点为：

（1）党政管理人员的考核重点为政策水平、工作能力、工作态度、工作作风、协作精神、工作实绩和廉洁自律等情况；

（2）教学科研人员的考核重点是为人师表、教书育人、实际承担及完成岗位任务、教学科研成果等情况；

（3）其他专业技术人员的考核重点是为教学科研工作服务的态度、业务技术水平、履行岗位职责等情况；

（4）工人的考核重点为服务态度、操作技能、安全生产、工作数量、工作质量和完成任务等情况。

兼任多种职务的人员，应考核其履行主要岗位职责的情况，并兼顾其承担的其他工作。

（二）考核等次和标准

1．考核标准应以岗位职责及年度任务为具体依据。考核结果分为优秀、称职、基本称职、不称职四个等次。各等级的基本标准为：

优秀：积极正确贯彻执行党和国家的路线、方针、政策，模范遵守国家的法律、法规和各项规章制度，忠诚于人民教育事业，爱岗敬业。满负荷高质量地完成岗位职责所规定的工作任务，成绩显著。

称职：正确贯彻执行党和国家的路线、方针、政策，自觉遵守国家的法律、法规和各项规章制度，能够履行岗位职责。较好地完成工作任务。

基本称职：能够贯彻执行党和国家的路线、方针、政策，能遵守国家的法律、法规和各项规章制度，工作责任心不够强，基本完成岗位职责所规定的工作任务。

不称职：政治、业务素质较低，工作责任心不强，难以适应工作要求，履行岗位职责差、不能完成工作任务，或在工作中造成严重失误。

2．为使各级各类人员的年度考核更好地体现公平、公正、实事求是的原则，本办法制订了德（满分为 20 分）、勤（满分为 15 分）的考核标准，供各单位参照执行。各基层单位应结合本单位的实际情况，制订相应的考核实施细则，明确能绩考核标准（教学、科研工作量作为能绩量化考核的重要指标，原则上不低于 65 分），经本单位职工代表大会讨论通过，并报学校审批后执行。机关党政管理人员能绩考核标准参照《机关党政一般人员能绩考核标准》执行。

3．每位考核对象所得分数，为德、勤、能绩各个项目平均分之和（计算平均分时，去掉一个最高分和最低分）。

4．年度考核优秀等次人数，应严格控制在本单位总人数的 10%（不含处级领导）。各单位确定优秀等次人员时要适当考虑各级别各类型人员的比例，不得过于集中在某一类或某一级别的人员身上。

五、考核的组织管理

（一）由学校领导及相关职能部门领导组成学校考核领导小组，负责全校年度考核的领导工作。

学校成立申诉委员会（日常办事机构设在校工会），主要负责接待教职工的申诉。

（二）各基层单位的年度考核工作由单位主要负责人主持。由党政领导和教职工代表 7—11 人组成考核小组，负责本单位职工的考核工作。

（三）机关工作人员的年度考核由机关党委牵头组织实施，组成考核小组（成员由机关各部门主要负责人组成），在部门考核的基础上，审核提出机关工作人员的考核等次。

六、考核的方法和程序

（一）总结。被考核人做学年度自我总结，并填写年度考核登记表。

（二）个人述职。被考核人依据一年来的履职情况，从“德、能、勤、绩”等四个方面在本单位公开述职。教学、教辅及人数多的单位，被考核人可在本系（教研室）、科（室）做述职报告。机关以处、室（部）为单位进行述职。

（三）民主测评。被考核人在一定范围内完成个人总结、述职后，再进行民主评议，形成群众测评意见，并根据量化标准进行综合评分。

（四）部门主管领导人在听取群众意见的基础上，根据平时考核和个人总结写出评语，提出考核等次意见。

（五）单位考核小组在个人总结、民主测评和部门主管领导人考评意见的基础上，审核并评价被考核人履行岗位职责情况，提出评分及等级意见，由单位主要负责人签署考核意见后，将考核结果统计报送人事处。

（六）单位将考核结果通知到本人。本人对考核结果无异议的，在考核登记表上签名后送交人事处审核存档；本人对年度考核结果若有异议，可以在接到通知之日起 10 日内书面向本单位考核小组申请复核，单位考核小组在 10 日内提出复核意见。其中，如复核结果仍被确定为不称职等次，被考核人对复核意见不服的，可以向学校提出申诉。

七、考核结果的使用

(一)按有关规定，考核结果作为续聘，晋升工资档次、职务、技术等级资格的依据。对年度考核优秀者，学校一次性奖励 500 元人民币。

(二)年度考核被确定为基本称职等次的，作为暂不续聘、暂不晋升工资、职务和技术等级的依据；并给予三至六个月的告诫期，在告诫期内有明显改进的，可确定为称职，仍不改进的，确定为不称职。

（三）年度考核被确定为不称职等次的，按照下列规定办理：

1．当年考核被确定为不称职等次的，单位给予批评教育，可解聘、低聘、待聘或调整工作；一年内不晋升工资、职务和技术等级，校内津贴按学校有关津贴分配办法执行。

2．连续两年考核被确定为不称职等次，又不服从组织安排或重新安排后年度考核仍不称职的，按规定予以辞退。

七、有以下情形之一的，按下列规定处理：

(一)连续旷工超过 5 天或本年内累计旷工超过 10 天者，确定为不称职等次。

（二）当年调入人员，依据原单位提供的有关情况，由现所在单位考核并确定等次。

（三）挂职锻炼人员，在挂职锻炼期间由挂职单位进行考核并确定等次；在挂职单位工作不足半年的，由挂职单位介绍挂职情况，由原单位考核并确定等次；挂职锻炼结束后的当年由挂职单位提供有关情况，原单位考核并确定等次。

（四）由单位派出或经单位同意外出学习、培训、进修的人员，由原单位考核，主要依据学习、培训、进修单位提供的有关情况确定等次。

（五）新参加工作的人员试用期内参加考核，只写评语，不确定等次。

（六）因工(公)致伤的工作人员，治疗、恢复时间超过 6 个月的免于考核，依据其受伤前的工作表现确定等次。

（七）借用的工作人员，由借用单位向其原单位提供情况，由原单位考核确定等次。

（八）经批准提前离岗（内退）人员免于考核，在离岗期间无违法违纪行为的确定为称职。

(九) 专业技术人员经批准在外单位兼职的，由兼职单位提供情况，所在单位进行考核。

（十） 受警告处分的当年参加考核，确定等次，但不得确定为优秀等次；受其他处分的工作人员在未解除处分年内，参加考核，但只写评语，不确定等次。可作为解除处分的依据；解除处分人员按正常考核对待。

（十一）涉嫌违纪被立案审查的人员，参加考核，但在其受审查期间不确定等次。结案后，不给予党内或行政处分的，按规定补定等次；给予党内处分或行政处分的，按上款规定办理。

（十二）应参加年度考核的人员，无正当理由不参加考核，经教育后仍拒绝参加的，所在单位可以直接确定其考核等次为不称职。

八、其他

（一）当考核评议涉及考核小组成员本人及其家属时，本人应当主动回避，但可参加投票。

（二）在本年度内退(离)休的人员，可不参加年度考核。

（三）各单位上报材料时，应将本单位本年度考核的总体情况（单位在编在职在岗职工总人数，参加考核人数，优秀人数及名单，称职人数，不称职人数及名单、不称职理由，未参加考核人数及名单、不参加考核理由等）写成书面报告并报人事处。对于不合要求的材料，将不予接受。

八、本办法自印发之日起执行，由人事处负责解释。

附件：

1．各类人员“德”考核定性标准（略）

2．各类人员“勤”考核定性标准（略）

3．机关党政一般工作人员能绩标准（略）

4．年度考核综合评分表（略）

5．年度考核结果统计上报表（略）

6．年度考核登记表（略）

## 海南大学校长办公室<br>关于印发《海南大学接受社会捐赠管理暂行办法》的通知

海大办[2009]75 号　2009 年 12 月 30 日

儋州校区管委会、各部门、各单位：

《海南大学接受社会捐赠管理暂行办法》业经学校审定，现予印发执行。

特此通知。

## 海南大学接受社会捐赠管理暂行办法

### 第一章　总则

第一条　为鼓励社会捐赠，规范捐赠程序，体现对捐赠者的重视与感谢，保障捐赠者和学校的合法权益，充分发挥社会捐赠在学校建设与发展中的作用，依照《中华人民共和国公益事业捐赠法》及《中华人民共和国高等教育法》，结合学校实际，制定本办法。

第二条　接受社会捐赠的基本原则：

（一）符合国家的法律、法规和有关规定；

（二）遵循鼓励捐赠，纪念感恩的原则；

（三）遵循捐赠奉献、自愿和无偿的原则；

（四）遵循尊重捐赠者意愿与学校利益相一致的原则；

（五）严格按捐赠协议和学校相关规定使用捐赠的原则。

第三条　组织机构

（一）学校设立捐赠委员会（以下简称“捐委会”），对学校各类捐赠实行指导和管理，负责审议和决定学校捐赠活动中的重大事项，负责督促捐赠协议的落实。捐委会设主任 1 名，副主任若干名，秘书长 1 名，副秘书长和委员若干名。主任由校长担任，副主任由分管校办、外事侨务处（港澳台办）、校友会等的校领导担任，秘书长由校长办公室主任担任，副秘书长由外事侨务处（港澳台办）、校友会、学工处负责人担任，委员由校内相关职能部门主要负责人员担任。

（二）捐委会下设捐赠办公室（以下简称“捐赠办”），设在校长办公室。捐赠办主要负责协调学校及校内各单位接受捐赠及捐赠使用的各类事项；负责各类捐赠纪念牌（品）的制作；监督检查捐赠协议执行情况；发布捐赠资金使用情况公报等。

捐赠办下设工作组，境外和理事捐赠工作组设在外事侨务处（港澳台办），负责华人华侨及港澳台组织、个人和学校理事会理事的捐赠工作；校友和社会捐赠工作组由校友会牵头，学工处、教务处、科研处、团委等相关部门和单位组成，负责校友及社会组织和个人的捐赠工作。工作组主要职责是：负责编写捐赠项目目录，负责制定并落实各单项捐赠的实施方案；负责组织捐赠仪式；负责建立捐赠档案并按年度移交档案馆；提供捐赠的相关咨询。

### 第二章　捐赠的募集

第四条　学校欢迎社会各界热心教育的组织和个人向我校捐赠，鼓励校内各单位和教职员工个人积极向社会各界募集捐赠。各工作组应积极建立短信捐赠、电话捐赠、网络捐赠等捐赠方式，方便捐赠。

第五条　校内各单位和个人在获得捐赠信息后，告知学校捐赠办，并协助学校（或委托校内有关单位）与捐赠者沟通。由捐委会主任（或委托相关负责人）与捐赠者签订捐赠协议。

对热心我校发展建设，积极捐赠的单位和个人，学校或学院组织隆重的捐赠仪式或颁发仪式。学校对捐赠者通过冠名、颁发捐赠证书等方式予以纪念。

第六条　捐赠资金汇入海南大学帐户，款项到帐后开具海南省公益事业接受捐赠统一收据。接受实物（如图书、仪器设备、车辆等）捐赠的单位还应按学校有关固定资产管理规定办理入帐手续。

### 第三章　捐赠的管理使用

第七条　捐赠要严格按照捐赠协议和学校财务、国资管理规定高效使用，充分发挥捐赠的作用。未指定用途的捐赠本着“公开透明、立项管理、择优奖励、择需资助”的原则，按项目管理和使用，由捐赠办组织实施。申请使用程序如下：

（一）申请资助单位和个人填写《海南大学社会捐赠资助申请表》，经所在单位（部门）审核同意后，报捐赠办；

（二）捐赠办组织专家对申请项目初审后，报捐委会审批立项；

（三）捐委会对资助项目进行监督检查。如发现问题，则提出整改意见，受资助方应根据意见进行整改。屡次不改者或严重违背捐赠协议或本办法者，捐委会停止资助并收回资助款，已经支出部分责令受资助方赔偿。

（四）受资助方需按要求按时完成项目。项目完成后，受资助单位和个人需向捐赠办提交项目执行情况和资金使用报告。

第八条 学校每年从总捐赠额（含捐赠资金与实物等）中提取10%（最高20万元/年），用于捐赠相关工作的费用支出和对捐赠工作做出突出贡献的集体和个人的奖励。

第九条 每年年底由捐赠办发布海南大学受赠资金使用情况公报，并及时向捐赠者汇报项目执行情况及财务报告。计划财务处等相关部门配合。资金资助项目完成或协议到期的，由捐委会负责结项，并及时向捐赠者提交项目结项报告。资金资助项目因捐赠者终止捐赠等原因需要终止的，由捐委会组织清理债权债务，处理善后事宜。资助项目结项、终止时的剩余财产纳入学校财务，但必须用于与该资金宗旨相关的事业。

## 第四章 捐赠冠名及纪念方式

第十条 冠名范围和标准

（一）建筑类：已建、在建或拟建建筑物整体或局部，如大楼、学术报告厅、会议室、教室、图书馆阅览厅等。捐赠额大于或等于建筑物投资1/3者，可获得该建筑的整体冠名权。如建筑物投资较高（大于3000万元），其冠名捐赠标准由双方协商决定。

（二）校园空间类：广场、道路、湖泊、绿化景点等。捐赠额大于或等于该空间投资1/2者，可获得冠名权。

（三）纪念讲座类：客座教授岗位等。全额捐赠，方可获得冠名权。

（四）教学与科研机构类：研究院（中心、所）或实验室等。捐赠额度大于或等于该机构投资1/2者，可获得冠名权。

（五）奖（助）学金类：优秀大学生奖学金、贫困生助学金、学生海外留学奖学金、专项奖学金等。捐赠额度每次一般不低于2万元，总额不低于10万元，可获得冠名权。

（六）科研创新基金类：大学生创新基金、教师科研基金、优秀教师奖励基金、校企合作发展基金等。捐赠额50万元以上者，可获得冠名权。

（七）留本基金类：各种留本基金。赠额100万元以上者，可获得冠名权。

（八）其它捐赠项目。其他捐赠项目冠名权的获得条件，在学校批准立项时一并说明。

第十一条 名称规范

捐赠项目按下列规范命名：海南大学AA+BB

（一）AA。经批准由获得冠名权的捐赠者提供的专用名。

（二）BB。表明项目区别于其他项目功能的功能名。

第十二条 建筑类（含局部厅室）、校园空间类冠名期限为该建筑物或该校园空间使用年限；纪念类、奖（助）学金类、科研创新基金类冠名期限延续至该项资金使用完毕为止。

第十三条 冠名程序

捐赠项目冠名工作由捐委会负责。经与捐赠者充分交流沟通后，将捐赠者基本信息、捐赠项目基本信息、捐赠冠名方案等提交校长办公会研究讨论。未经批准的冠名申请，要根据校长办公会的意见修改或向捐赠者解释说明。

第十四条 标志设置与管理

（一）冠名的建筑（校园空间）在投入使用时应用标志（牌、碑、桩、匾）予以标明（地名意义、指位功能、记载捐赠事宜等），标志的设置应当符合学校的相关规定，标志制作方案须经基建主管部门审核，由捐赠办统一负责定制。

（二）冠名的建筑（校园空间）按所处位置归相关部门（单位）管理。管理部门（单位）要加强保护与维修，保证冠名标志的完整清晰。

（三）冠名标志和捐赠纪念展区一经设置，未经学校批准，任何部门（单位）或个人不得擅自破坏、拆除。

第十五条 纪念方式

（一）学校向捐赠者颁发捐赠纪念证书，捐赠情况按年度统一造册存入学校档案馆。

（二）学校在校史馆中开辟捐赠纪念展区，展示捐赠项目和捐赠者情况。捐赠30万元（含）以上，悬挂捐赠者肖像并配发简历。捐赠资金50万元（含）以上100万元以下者，授予海南大学特别贡献铜质奖章；捐赠资金100万元（含）以上300万元以下者，授予海南大学特别贡献银质奖章；捐赠资金在300万元（含）以上500万元以下者，授予海南大学特别贡献金质奖章，捐赠资金在500万元（含）以上者，还可根据捐赠者具体情况授予海南大学名誉博士等荣誉称号。

第五章 附则

第十六条 未经学校同意，任何机构与个人不得私自以海南大学（含二级单位）的名义在社会上募集或接受捐赠。

第十七条 本办法未尽事宜，由学校和捐赠者协商处理。

第十八条 本办法自颁布之日起施行，由学校捐赠委员会负责解释。

## 海南大学校长办公室关于印发《海南大学校长办公会议工作细则》的通知

海大办[2009]76号 2009年12月30日

儋州校区管委会、各部门、各单位：

《海南大学校长办公会议工作细则》业经学校审定，现予印发执行。

特此通知。

### 海南大学校长办公会议工作细则

第一条 为规范校长办公会流程，提高会议效率和质量，根据《海南大学校长办公会议议事规则执行》，制定本细则。

第二条 议题征集

（一）议题征集工作由校长办公室（以下简称“校办”）负责，实行动态征集，拟上会议题要在会前两天呈送主持人审定。

（二）所有议题在提交校长办公会议讨论前，相关部门（单位）应充分研究，形成一致意见，否则不提交上会。各部门（单位）提出议题时，需填写《校长办公会议题征集单》（见附件），由主要负责人签字并加盖公章后，附文字材料报分管校领导审核。分管校领导因故不能参加会议的，其分管业务为主的议题原则上不列入。确因紧急情况需要提会讨论的，由主持人决定是否列入。

（三）议题文字材料应清楚描述提交上会的问题和事项，文字材料较长的需另附简要说明或背景资料。有两个或两个以上方案提交会议研究的，应对方案利弊做明确说明，并有倾向性意见供会议参考。

（四）涉及经费的议题，需有计划财务处提供的书面意见，并请计划财务处负责人列席会议。涉及合同、法律诉讼等事项需有学校法律顾问的书面意见，并请法律顾问列席会议。涉及人事的议题，需有人事处提供的书面意见，并请人事处负责人列席会议。

第三条 议题文核

校办负责议题收集并严格文核把关。对文核把关中发现的问题，由校办提出修正意见反馈给议题提出部门（单位）修改。文核把关的主要内容有：

（一）议题是否符合议事范围。

（二）议题提议程序是否符合要求。

（三）议题文本及相关材料是否符合要求。

第四条 会议准备

会议主持人确定会议议题和时间后，校办按照以下要求做好会务准备工作。

（一）议题材料准备。要求材料格式、份数符合要求。会议材料应在1-2个工作日前送达与会人员。

（二）会议通知。会议通知在会前一个工作日发出。通知方式为电话、短信、传真等。电话、传真通知应记录接电人的姓名和接电时间。短信通知要求回复，以回复为准。对不能参会的人员要记录原因，向会议主持人汇报。

第五条 会议过程

（一）议题汇报。由议题提出部门（单位）做主汇报，联合提交议题的，以牵头单位为主汇报，其他的补充。各部门（单位）的与会人员须是主要负责人，主要负责人因帮不能与会的，应提前告知校办，由主持工作的负责人列席会议。

（二）召开会议。会议按议题计划程序，逐一进行，经过民主集中方式形成讨论结果，最后由主持人总结讨论结果。

第六条 会议组织

校办会务人员负责安排与会议有关的人员进出会场，拦阻无关人员进入会场。原则上当前议题开始时，往后第三个议题的汇报人员应到会场附近等待，确保会议的连续性。会议材料需要收回的，会前应予以说明，会后由会务人员负责收回。

第七条 会议纪要

（一）会议记录。会议记录由校办负责。会议记录要求尽量完整、详细，对会议决定要记录准确。会议记录要妥善保管，按年度移交档案馆保存。

（二）会议纪要。记录人员在会议结束后 2 个工作日内，草拟出会议纪要，经校办负责人审核，报主持人签发。需要时请相关部门（单位）会签。

校长办公会会议纪要印发全体校领导、列席参会人员、相关部门（单位）或个人。涉及需要全校普通周知事项的，可印发全校各部门（单位）。

第八条 执行与督办

对会议形成的决定，承办单位要认真执行落实，校办要及时督办、催办，并在规定的工作日内向校领导汇报进展情况。需要提交学校党委常委会讨论的事项，根据校长办公会要求，按程序提请学校党委常委会研究。

第九条 本细则由校长办公室负责解释。

第十条 本细则自印发之日起执行。

附件：校长办公会议题征集单（略）。

# 学校机构设置与领导名录

## 中共海南大学委员会委员名录

党委书记：黄国泰

党委副书记：李建保　刘康德（常务副书记）　韦　勇

常　　委：黄国泰　李建保　刘康德　韦　勇　谭基虎（6月止）　严　庆　周兆德　林　强　曹献坤（6月始）　刁晓平（6月始）

委　员（按姓氏笔画排列）：刁晓平　韦　勇　王　强　王大群　刘康德　刘湘洪　严　庆　李建保　张继友　张银东　陈险峰　林　强　周兆德　房云昆　郑再喜　胡新文　徐　民　曹　阳　曹献坤（6月始）　黄　恒　黄国泰　程立生（9月止）　谭基虎（6月止）　蔡鹤龄

## 中共海南大学纪律检查委员会委员名录

书　记：刘康德

副书记：房云昆　陈泰豪

委　员：（按姓氏笔画排列）：王志芳　王崇敏　刘康德　陈明宝　陈泰豪　房云昆　周孝怀　胡国柳　徐凤莲　黄海宁　樊　春

## 海南大学行政领导名录

校　长：李建保

副校长：谭基虎（6月止）　严　庆　周兆德　林　强　曹献坤（6月始）　刁晓平（6月始）　傅国华（9月始）

# 海南大学党群系统机构设置和领导名录

## 一、党群管理系统

| 单　位 | 职　务 | 姓　名 |
|---|---|---|
| 党委办公室 | 主　任<br>副主任 | 黄　恒（2月至10月兼任综治办公室主任）<br>龙　腾（党委秘书　正处级）<br>王兆庆（综治办公室主任，正处级 10月任） |
| 宣传部 | 部　长<br>副部长 | 张继友<br>林　健（正处级　2月免）<br>周文山（兼）<br>王志芳（正处级　10月任） |
| 组织部 | 部　长<br>副部长 | 郑再喜<br>王　强（兼）　韩淑梅 |
| 党校 | 校　长<br>常务副校长<br>副校长 | 刘康德（兼）<br>王志芳（正处级　10月任）<br>郑再喜（兼）<br>王　强（兼） |
| 统战部 | 部　长<br><br>副部长 | 林方汉（10月免）<br>蔡鹤龄（10月任）<br>林少敏 |
| 纪律检查委员会办公室（监察处） | 主　任（处长）<br>副主任（副处长） | 房云昆<br>陈泰豪 |
| 教育工会 | 主　席<br>副主席 | 严　庆（兼）<br>吉布彦（正处级）<br>林方汉（正处　10月任专职副主席）<br>林章义<br>肖　霞 |
| 团委 | 书　记<br><br>副书记 | 符成彦（2月免）<br>王丽娜（副处级　2月任）<br>谭　勇（2月始为副处级）<br>蒙秋妍（2月始为副处级　12月免） |
| 学生工作部 | 部　长<br>副部长 | 王大群<br>邓秀成<br>陈卫东（2月免）<br>马　莹（2月任） |
| 研究生工作部 | 部　长<br>副部长 | 刁晓平（2月免）<br>将国洲（2月始主持工作） |
| 人民武装部 | 部　长<br>副部长 | 黄海宁<br>梁仲友 |

## 二、二级单位党委、党总支

| 单　位 | 职　务 | 姓　名 |
| --- | --- | --- |
| 机关党委 | 书　记<br>副书记 | 刘康德（兼）<br>王　强（正处级） |
| 儋州分校党委 | 书　记 | 樊　春（9月任） |
| 材料与化工学院党委 | 书　记<br><br>副书记 | 廖建和（10月免）<br>李　光（10月任）<br>王茂钢 |
| 食品学院党委 | 书　记 | 樊　春（10月免）<br>林章义（10月任） |
| 机电工程学院党委 | 书　记<br>副书记 | 符　新<br>黄国标 |
| 信息科学技术学院党委 | 书　记<br>副书记 | 陈明宝<br>曲　涛（12月免）<br>蒙秋妍（12月任） |
| 农学院党委 | 书　记<br>副书记 | 黄承和<br>邱志春 |
| 园艺园林学院党委 | 书　记<br>副书记 | 黎　坚<br>王　珍 |
| 环境与植物保护学院党委 | 书　记<br>副书记 | 沈秀清<br>崔昌华 |
| 海洋学院党委 | 书　记 | 陈　平 |
| 经济学院党委（10月止） | 书　记<br>副书记 | 符史岱<br>冯广波 |
| 经济与管理学院党委（10月始） | 书　记<br>副书记 | 符史岱（10月任）<br>冯广波（10月任） |
| 法学院党委 | 书　记<br>副书记 | 徐　民<br>韩力光 |
| 政治与行政学院党委（10月止）<br>政治与公共管理学院（社科部）党委（10月始） | 书　记<br>书　记<br>副书记 | 王默忠<br>王默忠（10月任）<br>段捷频（10月任） |
| 管理学院党委（10月止） | 书　记<br><br>副书记 | 胡国柳（2月免）<br>林章义（2月任）<br>段捷频 |
| 旅游学院党委 | 书　记<br>副书记 | 吕裕昌<br>金　晟 |
| 人文传播学院党委 | 书　记<br><br>副书记 | 蔡鹤龄（2月免）<br>符成彦（2月任）<br>孙晓媛 |
| 外国语学院党委<br>（10月原公共外语部党总支并入） | 书　记<br><br>副书记 | 王兆庆（10月免）<br>吴华生（10月任）<br>黄丽芹 |
| 艺术学院党委 | 书　记<br><br>副书记 | 孙　波（9月免）<br>王愉人（9月任）<br>陈泰义 |
| 应用科技学院党委（1月止） | 书　记<br>副书记 | 覃金源<br>王　华 |
| 应用科技学院（城西校区）党委（1月始） | 书　记<br>副书记 | 覃金源（1月任）<br>王　华（1月任） |

续上表

| | | |
|---|---|---|
| 后勤集团党委 | 书　记 | 徐凤莲 |
| 土木建筑工程学院党总支 | 书　记 | 黄玉端 |
| 国际文化交流学院党总支 | 书　记 | 林尧俊（10 月免）<br>华世佳（10 月任） |
| 继续教育学院党总支 | 书　记<br>副书记 | 陈起敏<br>林尧俊（正处级 10 月任） |
| 社会科学部党总支（10 月止） | 书　记 | 王志芳 |
| 公共外语部党总支（10 月止） | 副书记 | 贾绍东 |
| 体育部党总支 | 书　记<br>副书记 | 林　健（2 月任）<br>王　之（2 月免） |
| 实践实验教学中心党总支（包括公共实验中心、实践教学管理中心、实验室管理处）（10 月止） | 书　记<br>副书记 | 李　光<br>陈泽林 谭垂谓 |
| 图书馆党总支（包括图书馆、学报编辑部、档案馆） | 书　记 | 顾江洪（2 月免；10 月任）<br>蔡鹤龄（2 月任；10 月免） |
| 离退休人员工作处党总支 | 党总支书记 | 陈行远 |

# 海南大学行政系统机构设置和领导名录

## 一、行政管理机构

| 单　位 | 职　务 | 姓　名 |
|---|---|---|
| 校长办公室 | 主　任<br>驻北京办事处主任<br>副主任 | 刘湘洪（地方挂职）<br>屈凯军（副处级　2 月任）<br>邱华祥（副处级　2 月免）<br>林章义（正处级　2 月免）<br>梁　谋（2 月始主持工作）<br>邱华祥（2 月免）<br>杨　红<br>陈　琛（2 月任） |
| 审计处 | 处　长<br>副处长 | 房云昆<br>邱华祥（2 月任） |
| 教务处 | 处　长<br><br>副处长 | 程立生（9 月调离）<br>欧阳克毅（9 月任）<br>赖桂春（9 月免）<br>欧阳克毅（9 月免）<br>邱锡光<br>罗丽娟（9 月任）<br>曲　涛（12 月任） |
| 科研处 | 处　长<br>副处长 | 陈超核<br>章程辉（2 月任）<br>胡斌武（2 月任　10 月调离） |

续上表

| | | |
|---|---|---|
| 学生工作处 | 处　长<br>副处长 | 丁大群<br>邓秀成<br>陈卫东（2 月免）<br>马　莹（2 月任） |
| 研究生处 | 处　长<br><br>副处长 | 刁晓平（2 月免）<br>张银东（2 月任）<br>蒋国洲（兼）<br>朱国鹏 |
| 重点项目建设办公室（“211 工程”大学建设办公室） | 主　任<br><br><br>副主任 | 张银东（2 月免）<br>刁晓平（2 月任　6 月免）<br>黄东益（9 月任）<br>李　婷<br>郑中兵 |
| 人事处（计划生育办公室） | 处　长<br>副处长 | 刘　雯<br>黄海民<br>欧先德（12 月去世）<br>陈俊霖 |
| 招生办公室 | 主　任<br>副主任 | 林强盛<br>于文霞<br>胡　静 |
| 外事侨务处（港澳台办公室　校理事会秘书处）（10 月止） | 处　长<br>副处长 | 华世佳<br>佴建乔 |
| 离退休人员工作处（关心下一代工作委员会） | 处　长<br>副处长 | 汪热明<br>陈行远（兼） |
| 实验室管理处（公共试验中心、实践教学管理中心）（10 月止） | 处　长<br>副处长（主任）<br>副处长（主任）<br>副处长 | 李　光<br>陈泽林（正处级）<br>谭垂谓（正处级）<br>张树亮 |
| 计划财务处 | 处　长<br>副处长 | 陈险峰<br>粟火元<br>屈凯军（2 月免）<br>陈　晖 |
| 国有资产管理处（产业办公室） | 处　长<br>副处长 | 卢江海<br>谭垂谓（10 月任）<br>苏恩川<br>黄运鸣 |
| 基建处 | 处　长<br>副处长 | 李艳荣<br>刘佩军（正处级）<br>邱宙廷（正处级） |
| 保卫处 | 处　长<br>副处长 | 黄海宁<br>梁仲友（兼）<br>徐志新<br>李长明（兼　2 月免） |
| 后勤管理处 | 处　长<br><br>副处长 | 邢谷川（兼综治办公室主任，2 月不再兼任）<br>顾江洪（兼　10 月免）<br>邓泽明<br>敖荷花（9 月任） |

## 二、学部

| 名　称 | 所属学院（部） |
|---|---|
| 理工学部 | 材料与化工学院 土木建筑工程学院 食品学院 |
| 机电与信息工程学部 | 机电工程学院、信息科学技术学院 |
| 热带农业与生命科学学部 | 农学院 园艺园林学院 环境与植物保护学院 海洋学院 |
| 社会科学学部 | 经济与管理学院 法学院 政治与公共管理学院 旅游学院 |
| 人文学部 | 人文传播学院 外国语学院 艺术学院 国际文化交流学院 体育部 |

## 三、教学单位

| 单　位 | 职　务 | 姓　名 | 下设系、部（教研室） |
|---|---|---|---|
| 儋州分校（9月始） | 校　长<br>副校长 | 廖建和<br>赖桂春<br>刘德兵 | |
| 材料与化工学院 | 院　长<br>副院长 | 曹　阳<br>陈泽林（正处级　10月任）<br>庞素娟<br>廖双泉<br>曹献英 | 生物工程系<br>化学工程与工艺系<br>材料科学与工程系<br>应用化学系<br>高分子材料与工程系<br>基础化学教研室<br>物理教研室<br>分析测试中心<br>综合办公室<br>学工与团委办公室 |
| 土木建筑工程学院 | 院　长<br>副院长 | 卫　宏<br>陈奕柏<br>李光范<br>韩建刚（8月免） | 土木工程系<br>建筑学系<br>综合办公室<br>学工与团委办公室 |
| 食品学院 | 院　长<br>副院长 | 仇厚援<br>李从发<br>林向东 | 食品质量与安全系<br>食品科学与工程系<br>教学研究办公室<br>试验教学中心<br>综合办公室<br>学工与团委办公室 |
| 机电工程学院 | 院　长<br>副院长 | 翁绍捷<br>李　粤 | 机械工程系<br>电气汽车工程系<br>综合办公室<br>学工与团委办公室 |
| 信息科学技术学院 | 院　长<br>党务副院长<br>副院长 | 杜文才<br>李文化（正处级　10月任）<br>李文化（正处级　2月任）<br>陈明锐<br>杨　雄<br>尹建华（2月任） | 电子信息工程系<br>通信工程系<br>计算机科学与技术系<br>应用数学系<br>信息安全系<br>公共计算机教育实验中心<br>公共数学教学中心<br>综合办公室<br>学工与团委办公室 |

续上表

| | | | |
|---|---|---|---|
| 农学院 | 院　长<br>副院长 | 胡新文<br>吴蔚东<br>符常明<br>袁潜华<br>黄东益（9 月免）<br>王凤阳（2 月任） | 农学系<br>生物技术系<br>农业资源与环境系<br>草业科学系<br>动物科学系<br>生物技术研究所<br>综合办公室<br>学工与团委办公室 |
| 园艺园林学院 | 院　长<br>副院长 | 李绍鹏<br>黄绵佳<br>许先升<br>杨好伟 | 园林系<br>园艺系<br>设施农业系<br>植物学系<br>测量学教研室<br>植物生理生化教研室<br>综合办公室<br>学工与团委办公室 |
| 环境与植物保护学院 | 院　长<br>副院长 | 郑服丛<br>朱朝华 | 植物病理教研室<br>昆虫教研室<br>化保机具微生物教研室<br>气象与生态教研室<br>环境与植物保护教研室<br>综合办公室<br>学工与团委办公室 |
| 海洋学院 | 院　长<br>副院长 | 陈国华<br>黄　勃<br>周永灿<br>赖秋明 | 水产养殖系<br>制药工程系<br>海洋科学系<br>综合办公室<br>学工与团委办公室 |
| 经济学院（10 月止） | 院　长<br>副院长 | 傅国华（8 月免）<br>李仁君<br>黄淑芬 | 会计系<br>金融系<br>国际经济与贸易系<br>国民经济统计系<br>综合办公室<br>学工与团委办公室 |
| 经济与管理学院（10 月始） | 院　长<br>常务副院长<br>副院长 | 胡国柳（10 月任）<br>黄淑芬（副处级　10 月任）<br>韦　明（10 月任）<br>柯佑鹏（10 月任）<br>李均立（10 月任） | 农业经济管理系<br>市场营销系<br>财务管理系<br>土地资源管理系<br>信息管理与信息系统系<br>人力资源管理系<br>金融系<br>国际经济与贸易系<br>国民经济统计系<br>综合办公室<br>学工与团委办公室 |

续上表

| | | | |
|---|---|---|---|
| 法学院 | 院　长<br>副院长 | 王崇敏<br>王　琦<br>宁清同<br>叶英萍 | 诉讼法学教研室<br>理论法学教研室<br>刑法学教研室<br>民商法学教研室<br>经济法学教研室<br>国际法学教研室<br>综合办公室<br>学工与团委办公室 |
| 政治与行政学院（10月止） | 院　长<br>副院长 | 安应民<br>李德芳<br>胡斌武（2月免） | 思想政治教育系<br>公共关系学系<br>行政管理系<br>综合办公室<br>学工与团委办公室 |
| 政治与公共管理学院（社科部）（10月始） | 院　长（主任）<br>常务副院长（副主任）<br>副院长（副主任） | 安应民（10月任）<br>李德芳（副处级10月任）<br>张云阁（10月任）<br>宋增伟（10月任） | 思想政治教育系<br>公共关系学系<br>行政管理系<br>综合办公室<br>学工与团委办公室 |
| 管理学院（10月止） | 院　长<br>副院长 | 胡国柳(2月任)<br>韦　明<br>柯佑鹏<br>李均立 | 农林经济管理系<br>市场营销系<br>财务管理系<br>土地资源管理系<br>信息管理与信息系统系<br>人力资源管理系<br>综合办公室<br>学工与团委办公室 |
| 旅游学院 | 院　长<br>副院长 | 王　琳<br>陈扬乐<br>郭　强 | 旅游管理系<br>企业管理系<br>信息管理系<br>应用外语系<br>市场营销系<br>综合办公室<br>学工与团委办公室 |
| 人文传播学院 | 院　长<br>副院长 | 孙绍先<br>焦勇勤<br>阎金玲<br>刘　亮（10月任） | 广告系<br>中文系<br>影视系<br>对外汉语系<br>文艺系古代文学系<br>语言学教研室<br>综合办公室<br>学工与团委办公室 |
| 外国语学院 | 院　长<br>常务副院长<br>副院长 | 曹玲娟<br>陈鸣芬（副处级10月任）<br>鲁　苓（2月免）<br>彭晓华（2月任）<br>金　山（2月任） | 英语系<br>俄语系<br>日语系综合办公室<br>学工与团委办公室<br>大学英语英语第一教研室<br>大学英语第二教研室<br>综合办公室<br>学工与团委办公室 |

续上表

| | | | |
|---|---|---|---|
| 艺术学院 | 院　长<br>副院长 | 韦　勇（兼）（12月免）<br>赵京封<br>钟　恒（2月任）<br>张志强（10月任）<br>邱海东（10月任） | 美术系<br>艺术设计系<br>音乐系<br>舞蹈编导教研室<br>综合办公室<br>学工与团委办公室 |
| 国际文化交流学院（10月止） | 院　长<br>副院长 | 李渝凤（4月免）<br>佴建乔（6月任）<br>刘　亮 | 对外汉语系<br>留学生部<br>综合办公室<br>学工与团委办公室 |
| 外事侨务处(国际文化交流学院)（10月始） | 处　长<br>副处长(副院长) | 华世佳（10月任）<br>杨云升（主持学院工作　副处级 10月任）<br>佴建乔（10月任）<br>贾绍东（10月任） | 对外汉语系<br>留学生部<br>综合办公室<br>学工与团委办公室 |
| 继续教育学院 | 院　长<br>副院长 | 段书臣<br>张延梅<br>王　之（2月任） | 教学（学籍办公室）<br>自学考试办公室<br>培训部<br>综合办公室 |
| 应用科技学院（1月止） | 院　长<br>副院长 | 潘贤丽<br>陈　健<br>康由发 | 公共课教学部<br>管理系<br>农艺系<br>英语系<br>应用计算机系<br>旅游系<br>综合办公室<br>学工与团委办公室 |
| 应用科技学院（城西校区） | 院　长<br>副院长 | 潘贤丽（1月任）<br>陈　健（1月任）<br>尤世珏（1月任）<br>康由发（1月任） | 公共课教学部<br>管理系<br>农艺系<br>英语系<br>应用计算机系<br>旅游系<br>综合办公室<br>学工与团委办公室 |
| 社会科学部（10月止） | 主　任<br>副主任 | 王愉人（9月免）<br>王志芳（兼） | 综合办公室 |
| 公共外语部（10月止） | 主　任<br>副主任 | 吴华生<br>杨云升<br>陈鸣芬<br>贾绍东（兼） | 大学英语第一教研室<br>大学英语第二教研室<br>研究生英语教研室<br>综合办公室 |
| 体育部 | 主　任<br>副主任 | 肖水平<br>罗远标<br>肖霞<br>王之（兼　2月免) | 游泳教研室<br>群体竞技教研室<br>选项课教研室<br>综合办公室 |

## 四、科研机构

| 单　位 | 职　务 | 姓　名 |
|---|---|---|
| 高等教育研究所 | 所　长<br>副所长 | 黄国泰<br>张治库 |
| 中国现代经济理论研究所 | 所　长 | 李仁君（副处级 10 月任） |

## 五、派出机构

| 单　位 | 职　务 | 姓　名 |
|---|---|---|
| 儋州校区管理委员会 | 主　任<br>副主任<br>成　员 | 陈琼花（正处级）<br>顾江洪（正处级　10 月免）<br>符灶儒（副处级）<br>刘德兵（副处级） |
| 城西校区管理委员会（1 月止） | 主　任<br>副主任 | 覃金源（正处级）<br>尤世钰（副处级） |

## 六、辅助机构

| 单　位 | 职　务 | 姓　名 |
|---|---|---|
| 毕业生就业指导中心（校友会） | 主　任<br>副主任 | 周孝怀<br>陈　琛（2 月免）<br>陈卫东（2 月任） |
| 图书馆 | 馆　长<br>副馆长 | 詹长智<br>顾江洪（兼　10 月任）<br>刘乔志<br>李　春<br>敖荷花(9 月免) |
| 档案馆 | 馆　长 | 范　明 |
| 学报编辑部 | 主　编<br>副主编 | 许文深<br>郑小枚 |
| 网络与教育技术中心 | 主　任<br>副主任 | 周文山<br>李文化（正处级　2 月免）<br>张树亮（10 月任） |
| 后勤集团 | 总经理<br>副总经理 | 单明华<br>李海清（副处级）<br>杨　红(兼　2 月免)<br>李长明（副处级）<br>樊　燕（副处级） |

## 七、附属机构

| 单　位 | 职　务 | 姓　名 |
|---|---|---|
| 海南大学医院 | 院　长<br>副院长 | 郭雅秦（副处级　12 月任）<br>彭少华（副处级　12 月任）<br>朱　萍（副处级　12 月任） |

# 海南大学各类领导小组及其成员名录

## 海南大学法律顾问室

**成立日期** 2009年4月14日

海南大学法律顾问室由校长办公室主任直接联络并安排工作任务

## 海南大学编制工作领导小组

**成立日期** 2009年4月16日

组　长：李建保

副组长：刘康德　谭基虎

成　员：郑再喜　刘　雯　程立生　张银东
陈超核　刁晓平　陈险峰　李　光

领导小组办公室主任：刘　雯　副主任：黄海民　欧先德

## 海南大学党委师生思想动态分析工作小组

**成立日期** 2009年4月29日

组　长：韦　勇

成　员：机关党委、党办、宣传部、人事处、学生处、团委、研究生处、保卫处、后勤处、工会等部门主要负责人

# 海南大学各民主党派负责人名录

## 民革海南大学总支

主　委：宋静敏

副主委：王凤阳　刘远山　李　雯（女）　林尤河

委　员：陈经武　林师森　王公法　肖　霞（女）
闫　超　姜振民

## 民盟海南大学委员会

主　委：杨小波

副主委：张树亮　李仁君　王　宏（女）

委　员：周开利　王家儒　张　敏
冯玉红（女）　满彩云（女）

（注明：周开利2009年3月调离海南大学）

## 民建海南大学支部

主　任：杜文才

副主任：潘　虹（女）

委　员：孙达远　罗越华　刘联国（已调离）

## 民进海南大学支部

主　任：游长江

副主任：赵振华　李　婷（女）

委　员：庞素娟（女）　文　涛　云　敏
朱新民

## 农工党海南大学总支

主　委：陈祎平

副主委：林典岳（已调离）　邓世明

委　员：杨竹鹃（女）　孙中亮

## 致公党海南大学总支

主　委：黄　勃

副主委：赵平孙　宫日英（女）　谢　灵（女）

委　员：王新广　高泽图　张志强

## 九三学社海南大学海甸校区支社

主　委：袁潜华

副主委：潘学峰　周又玲（女）

委　员：陈志德　朱东根　严传东　沈　林（女）

## 九三学社海南大学儋州校区支社

主　委：李从发

副主委：唐文浩

委　员：桂红星　陈小桃（女）

# 海南大学归国华侨联合会成员名录

名誉主席：李建保

主　　席：严　庆

副 主 席：华世佳　陈琼花

常务委员：严　庆　华世佳　陈琼花　傅国华

林少敏　黄　惜　黄绵佳

委　　员：严　庆　华世佳　陈琼花　傅国华

林少敏　黄　惜　黄绵佳　云大津

朱　文　刘国良　许德兴　杜文才

杨志昕　杨重法　林尤奋

秘 书 长：华世佳

副秘书长：杨志昕　李群山

顾　　问：邓文端　冯推南　邱德勃　杨庆荃

符华儿　程儒参　詹尊沂

# 学 科 建 设

【概况】　2009年是学校实施国家“211”工程三期建设的第一年，学校大力加强学科建设，进一步完善学科结构，优化资源配置，集中各方财力，逐步形成布局合理、特色鲜明和优势突出的学科体系。学校以“作物遗传育种”国家重点学科及具有“热带、海洋、特区”特色的优势学科为主干学科，组建了6大重点学科建设项目，以项目建设带动人才队伍和创新人才的建设，带动科学研究工作及基础平台的建设，取得了可喜的成绩，促进了学校的整体发展。

【国家重点学科建设】　学校作物遗传育种学科是海南省唯一的国家重点学科，从2007年起作为国家加强建设的重点学科，已进行了两年的建设。为了进一步加强对作物遗传育种学科的建设，做好国家教育部对该学科的评估验收的准备工作，学校参照教育部学科考核评估的有关要求，进行了学科点自评。该学科点依据《国家重点学科—-作物遗传育种学科点建设与发展规划（2007-2010）》的目标，初步完成了各类数据材料的收集和统计工作。该学科在加强建设期内，绝大多数评估指标较2007年评估前均有所突破：在人才队伍方面，具有高级职称人员占64%，具有博士学位人员占64%；在科学研究方面，科研经费近2000万元，在研的科研项目82项，其中国家级项目占20%，省部级以上科研成果及专利13项；在人才培养方面，培养研究生300余人，其中培养博士生50余人。学科点通过自评，查找出所存在的问题：缺乏学科带头人及国内外知名学者，国家级科研项目总量偏少，缺乏国家级科研奖励，高层次创新人才的培养质量尚需提高。学校针对学科点所存在的问题，采取了一系列措施，并初见成效，其中引进了中科院百人计划人选1名、国内外优秀学术骨干若干名。

【国家“211”工程重点学科立项建设】　学校以“作物遗传育种”国家重点学科为龙头，以省级重点学科为主干，紧扣“热带、海洋、特区”学科特色，申报并获批准6个国家“211工程”重点学科，分别为：热带作物遗传育种与生态保育、热带海洋经济动物的繁育和海洋生物利用、热带特有优势资源开发和加工新技术、海洋通信与信息岛建设、海南特区体制机制创新研究、海南历史文化和黎族研究。

学校合理规划这些重点学科项目的建设目标，通过凝练学科方向，汇聚学科队伍，构筑学科平台，进一步抓好学科建设、队伍建设和平台建设，同时确认了胡新文等6位同志为学科项目负责人。学校以“项目建设”的模式对这些重点学科进行管理，制定了《海南大学“211工程”项目实施管理办法》、《海南大学“211工程”专项资金管理办法》，《海南大学“211工程”项目建设任务书》和《海南大学“211工程”建设项目年度实施计划》。

学校对“211工程”重点学科建设项目共投资11210万元，其中，中央专项2950万元，省政府配套4300万元，学校自筹3960万元。

【省级重点学科建设】　学校现有的10个第一、二批省级重点（扶持）学科得到省教育厅、财政厅的大力资助，2009年共获资助经费219万元，用于条件建设（包括仪器设备、图书资料等）、队伍建设以及人才培养等方面，其中第二批省级重点（扶持）学科的建设补助经费占总经费的

78%。

作物栽培学与耕作学等5个第二批省级重点（扶持）学科的五年建设期已经结束。在学科评估过程中，各学科对五年来学科建设与发展情况进行了总结，并查找出学科所存在的问题。在队伍建设方面，学术团队中高级职称人员占70%，具有博士学位人员占45%，新增国家级人才2人，“植物学课程群教学团队”获批国家级教学团队；在科学研究方面，科研经费4370万元，项目总数为336项，国家级项目占27%，被SCI、EI、ISTP收录的论文有103篇，占论文总数的8.5%，获得省部级以上科研、教学成果奖有69项，各类发明、专利5项，科研成果转化2项，并实现了良好的社会及经济效益；在学位与研究生培养方面，各类学位点数量均有所增加，培养研究生298人，其中博士生18人；条件建设方面，仪器设备总量增加近4倍，图书资料数量增加的辐度也比较大，并新增1个国家级实验教学示范中心。存在的问题有：有影响力的学科带头人和创新能力强的团队数量太少；学科的研究方向还需进一步凝练；科研队伍联合攻关、承担重大科研项目的能力有待提高；学科建设经费普遍不足，实验室建设和科研条件建设有待加强；重点学科建设管理和运机行机制有待进一步创新。

学校根据省教育厅《关于启动新一轮省级重点学科评选工作的通知》精神，启动新一轮省级重点学科遴选工作。根据学科建设现状，突显学科特色和优势，在整合全校资源、凝练学科方向、优化学科队伍的基础上，坚持公平、公正、公开、择优的原则，采取学科申报、专家评审、学校审定的程序，遴选出化学工程与技术等5个重点学科参评海南省A类省级重点学科，植物学等10个重点学科参评海南省B类省级重点学科。

**【学科校际合作】** 自教育部2008年12月31日批准天津大学对口支援我校以来，学校陆续与其它6校1市建立合作关系，在学科建设方面展开合作，取得了一定的成效。

在队伍建设方面：

（1）聘请了若干名国内知名教授为学校顾问、学科学术委员会顾问或主任委员；

（2）派送19名骨干教师到各合作高校进修学习；

（3）选派8名管理干部赴对口支援高校（天津大学）挂职锻炼，提高了我校教学和科研管理队伍水平。

在学位点建设及人才培养方面：

（1）与部分高校，如中国农业大学，就新增博士学位点的申报与建设工作进行商洽，达成了合作的意向；

（2）免推生取得一定的进展，合作高校（如清华大学、天津大学）共接收21名本科生免试攻读硕士研究生或直博研究生学位。

（3）课程建设得到名校的支援。学校除了冬季小学期聘请多位国内外知名专家、学者给学生授课外，合作高校还给我校学生在正常学期开设专业课程。

（4）专业建设得到名校跟踪指导，如天津大学对我校管理学专业的教学工作进行跟踪指导。

在条件建设方面：

（1）对重点实验室申报与建设进行指导和帮助，如天津大学派出1名挂职副院长，负责我校材料与化工学院教育部重点实验室的筹建和设计工作；

（2）签订科研平台建设的合作协议，如南丌大学历史学院与我校历史文化研究基地签署合作协议。通过加强科研合作，支持我校开展少数民族研究、族谱研究、南海研究及中外文化交流研究，提高国家重大项目攻关的水平，促进我校的历史学科的建设。

**【学科建设取得新成绩】** 凝炼学科方向，整合学科队伍资源，2009年学校对现有的院系进行了大调整，理顺了各学科发展方向间的关系，凝聚了学科力量，有效地拓宽了学科发展的空间，促进了学科发展。

队伍建设：

（1）学术骨干的中长期国外培训取得一定的进展。

学校通过“211 工程”项目派出 12 名骨干教师或中层领导干部到美国犹他大学攻读 EMPA 或参加大学管理干部领导能力培训班研修，通过留学基金委和日元贷款项目等派出 31 人到英国纽卡斯尔大学等国际著名大学或研究所做访问学者或博士后研究。

（2）教学科研团队建设取得重大突破。

“植物学课程群教学团队”荣获国家级教学团队称号，实现了学校在国家级教学团队项目上零的突破，同时也是海南省本科院校国家级教学团队项目零的突破。化工学科组及材料与化工学院分别获得由中共中央组织部、中共中央宣传部、人力资源和社会保障部、科学技术部联合颁发的“全国专业技术人才先进集体”称号，罗素兰教授获“全国杰出专业技术人才”光荣称号，王崇敏教授获“全国模范教师”称号，3 名教师获省级教学名师称号，2 个教学团队评为省级教学团队。

（3）人才引进取得一定的突破。

2009 年共引进中科院“百人计划”人才 1 名、国内外优秀教授或博士 50 名。

学位点建设及人才培养：

（1）专业学位点建设取得一定的突破。

2009 年学校农业推广招生已涉及 11 个领域，新增工程硕士授予权，并获批电子与通信工程、化学工程和材料工程 3 个领域的工程硕士招生权。

（2）研究生教育取得一定的成绩。

2009 年各类研究生招生人数 1199 人，其中博士生 27 名、硕士生 650 名、专业学位硕士生（含全日制、非全日制）522 名。2009 年有 830 位研究生顺利毕业，并获得学位，其中有 13 名研究生获得博士学位。2008 届 2 篇博士、6 篇硕士学位论文获省优秀学位论文。

研究生导师的培养是学科建设的主要内容之一，2009 年研究生导师的培养取得了一定的成绩，遴选新增博士生指导教师 11 人，硕士生指导教师 70 人，壮大了导师队伍的力量。

加强联合培养力度，提高学生培养质量。除了派出学生到国内相关高校、科研单位进行短期培训、科研合作外，2009 年派出包括本科生在内的 51 名优秀学生赴美国犹他大学、英国纽卡斯尔大学、新加坡南洋理工大学等高校学习。

研究生推免工作有重大突破。争取到了推荐资格名额 350 名。其中，150 名免试推荐到清华大学、北京大学、中国科学院等一流高校和科研院所攻读研究生学位，占外推人数的 74%。

课程建设取得较大的进展。设立冬季小学期，聘请 28 名国内外知名教授为学校学生开设专业课程，推动了学校优良教风和学风建设。

（3）学科建设质量取得较好的成绩。

2009 年学校共获国家级特色专业 1 个，省级精品课程 5 门。

科学研究：

（1）科研立项取得一定的突破。

2009 年获准立项课题共 418 项，资助经费 5000 多万元。国家级、部级项目取得新的突破，其中有国家民口重大科技专项 2 项，国家社科基金项目 4 项，部级项目及横向项目的数量和经费都有较大的突破。

（2）科研成果有新突破。

2009 年获教育部高等学校科学研究优秀成果奖二等奖 1 项（人文社会科学类），省科技奖 9 项；发表学术论文 2000 多篇，三大索引论文 120 多篇，较上一年增长 21%。

条件建设：

学校海洋生物实验教学示范中心荣获“国家级实验教学示范中心”，也是我省在国家级实验教学示范中心评审上实现零的突破。

（撰稿：林　华　农伟强　　审稿：黄东益）

# “211 工程”建设

海南大学“211 工程”建设是省“十一•五”国民经济和社会发展规划的重点建设项目，也是省 2009 年度重点建设项目。省人民政府办公厅《关于2009年省政府重点工作任务分解的通知》（琼府办[2009]22号）中明确提出“全面推进海南大学‘211 工程’建设，提升高等教育办学水平”的要求。

**一、完成《海南大学“211 工程”三期建设方案》编制工作，为海南大学全面推进“211 工程”建设提供依据。**

学校根据国家发展与改革委员会、财政部和教育部在北京召开的“211 工程”新增学校部署工作会议精神，组织校内外有关专家，完成了《海南大学“211 工程”三期建设方案》编制工作，经省教育厅组织相关职能部门领导、专家和天津大学组织的专家进行充分论证、修改、完善后，由省教育厅于2009年6月2日报送教育部，2009年度学校“211 工程”三期建设中央专项资金经费使用计划也同时按要求分别报送财政部和国家发展与改革委员会。

根据《海南大学“211 工程”三期建设方案》，“211 工程”三期建设三年建设期内，重点建设热带作物遗传育种与生态保育等6个重点学科建设项目、1 个创新人才队伍培养项目、1 个师资队伍建设项目、4 个公共服务体系建设项目和校园基础设施建设项目。“211 工程”三期建设计划投资总额 50028 万元，其中，中央专项投资 4000 万元、省政府配套投资 30000 万元、学校自筹建设经费 10028 万元。

**二、学校“211 工程”建设地方政府配套资金3亿元得到省政府郑重承诺，为顺利完成“211 工程”建设任务提供了资金保障。**

2009 年 4 月 28 日，省政府召开专题会议，研究落实海南大学“211 工程”建设配套经费问题（省人民政府专题会议纪要【2009】84 号），并以省政府的名义向教育部郑重承诺，在海南大学“211 工程”三期建设期内，配套建设经费 3 亿元（琼府函【2009】70 号）。

**三、积极推进学科建设和新增硕士点、博士点申报工作，提高学科建设水平，优化学科结构。**

学科建设是高校建设的龙头。学校以“211 工程”建设确立的热带作物遗传育种与生态保育等6个重点学科建设项目为依托，根据学位办的有关要求，编制完成了“海洋、材料、法学”等学科申报新增博士点的相关材料，并送学位与研究生教育评估中心对拟申报的博士学位点的重点建设学科进行学科评议。已获得相关的学科评估报告，为新一轮学位授权审核工作打下良好的基础。

为了更好地整合教学和科研资源，优化学科专业布局，根据学校的发展需要，启动了教学机构和学科专业的调整，将经济学院与管理学院合并、社科部与政治与行政学院合并、公共外语部与外国语学院合并成立新的教学机构，并筹建儋州分校。同时将专职科研单位挂靠在相应的学院，实现公共教学与专业教学资源的整合、理论教学与实验教学的结合、科研与教学资源的整合。

**四、实施教学质量工程，提高教学质量和人才培养质量。**

培养高质量人才是高等教育的根本任务。为了建立与“211工程”大学发展目标相适应的创新人才培养体系，培养出高质量的人才，学校根据教育部教学质量工程要求，结合学校实际，实施了一系列有力措施，提高了教学质量和人才培养质量。

1．实施“冬季小学期”制。邀请天津大学、清华大学、南开大学等知名高校的著名教授来学校讲学，开拓了学生视野，拓宽了学生胸怀，增进了学生和知名高校著名教授之间的沟通。

2．实施文理科实验班制度。为文理科实验班学生制订个性化的人才培养方案，已连续在2008、2009级新生中选拔了120多名学生组成文科实验班、理科实验班。学校2008级文理实验班在2009年6月的全国英语四级考试中文科班通过率为100%，理科班通过率为96.6%，远远高于普通班学生的大学英语四级通过率。

3．实施特色专业建设计划。学校已有农学、园艺、食品科学与工程、水产养殖学、法学、植物保护、农林经济管理等7个专业被批准为国家级高等学校特色专业建设点。

4．实施精品课程建设计划。2009年新增省级精品课程5门，省级精品课程达到36门，有3门课程被省推荐申报“国家级精品课程”。

5．实施创新教学团队和教学名师建设计划。学校有1个教学团队(园艺园林学院杨小波教授负责的“植物学教学团队”)获国家级教学团队称号，有2个教学团队获得“省级教学团队”称号；王崇敏等4位教授获得“省级教学名师”称号，王崇敏教授被推荐为国家级教学名师候选人。杨小波、陈明锐、陈奕柏、周永灿、罗丽娟、范士陈、金山、骆焱平、韩汉鹏、廖宇兰等10名教师被评为海南大学2009年“十佳教师”。

6．实施国际交换生计划。2009年学校与马来西亚马来亚大学、敦胡先翁大学、英迪大学、理工大学、拉曼大学等高校的领导或代表探讨了建立校际交流与合作关系；与泰国暹罗大学和文莱大学分别签署了合作意向书；与美国犹他大学，日本流通经济大学和台湾宜兰大学签署了互派交换学生的协议，截止2009年9月，学校共派出51名在校学生赴境外9所大学交流学习4个月至一学年。

实施教学质量工程以来，学校人才培养质量和教学质量得到显著提高。政治与行政学院研究生赵红亮、信息科学技术学院潘东升同学荣获省道德模范称号，并获第二届全国道德模范提名奖；2009届毕业生初次就业率达到83.36%，比全国大学生平均就业率70%高出13.36个百分点；在全国第十届、省第三届“挑战杯”全国大学生课外学术科技作品竞赛中获全国二等奖1项、三等奖3项，获省一等奖2项、二等奖6项、三等奖4项，在第十一届“挑战杯”全国大学生课外学术科技作品竞赛中有《高效节能有机废水催化处理器制作》等6项作品进入决赛；在第二届全国大学生“节能减排”社会实践与科技竞赛中，有2项作品获得二等奖；有2篇博士论文获省优秀博士学位论文奖、6篇硕士论文获省优秀硕士学位论文奖；有8项教学成果获得省高等教育教学成果奖，其中一等奖5项，二等奖3项。

学校成为国家“211工程”重点建设高校后，招生形势喜人。2009年新增一本批次招生23个省(市、自治区)，使一本批次招生达29个省(市、自治区)；文、理科一本批次第一志愿率达到100%的分别有15个和7个省（自治区），比2008年有较大幅度的提高。

**五、加强科研平台建设，提升科技创新和服务水平。**

2009年3月，学校海洋生物实验教学中心获教育部“2008年度国家级实验教学示范中心建设单位”。也是我省在国家级实验教学示范中心评审上实现零的突破。学校成立了科技开发中心，加强与政府、企事业单位的合作，积极参与到科技创新的主战场，促进科技成果的转化。

截至2009年9月，学校已获得省部级以上科研立项200多项，其中4项国家社科基金立项项目是海南省今年所获得的全部国家社科基金资助立项；获得 12 项国家自然科学基金，承担“973”项目 1 项、国际合作项目 3 项、农业部项目 20 多项，参与“863”项目 2 项，各类科研立项经费总额达 3582 万元，与 2008 年同期相比有较大幅度的提升。学校自筹经费 1000 多万元，用于创新团队建设、重点科学研究项目和申报国家级奖项的资助；获教育部高等学校科学研究优秀成果（人文社会科学）二等奖 1 项，这是海南省高等教育在人文社科类研究中获得的最高科研奖项；获广东省科技奖一等奖 1 项，海南省科技进步奖二等奖 2 项、三等奖 5 项；获海南省高等学校优秀科研成果奖一等奖 2 项、二等奖 12 项、三等奖 5 项。

**六、全面推进校园基础设施建设工程，努力改善办学条件。**

截至 2009 年 9 月，学校已用于改善办学条件的基建投资总额达到 11840 万元。

第四教学楼和 14 号、18 号学生公寓已分别于 2009 年 8 月竣工验收并投入使用，保证了儋州校区第二批搬迁任务的顺利完成。第五教学楼于 2009 年 8 月 31 日开工建设，预计 2010 年 8 月交付使用。社会科学学科楼和行政办公楼、外国语学院与中日友好交流中心楼、思源学堂（学生活动中心）于 2009 年 10 月完成招投标工作并动工建设。理工学科楼群、热带农业与生命科学学科群实验楼、农科实验基地等其他基础设施建设正进行工程前期报建工作。

广大教职员工密切关注的海口世纪大桥桥西教职工集资房已动工建设，周转房的建设已经完成了规划设计和报建方案。

**七、积极推进对口支援工作，成效显著。**

2008 年 12 月 31 日，教育部正式批复天津大学对口支援海南大学。2009 年 3 月 12 日，天津大学与海南大学正式签署对口支援协议。在教育部和省委、省政府的大力支持下，围绕学校“211 工程”建设，天津大学对口支援学校工作取得显著成效。

天津大学组织专家对《海南大学“211 工程”三期建设方案》审议论证，并提出许多建设性意见，这些宝贵意见，大大提升了学校“211 工程”三期建设方案的编制水平，增强了建设方案的科学性、可行性、操作性与实现性。

截止 2009 年 9 月，学校共派遣 11 名管理干部和 8 名青年骨干教师赴天津大学挂职锻炼与进修学习，天津大学共接收学校推荐的免试攻读硕士学位优秀本科毕业生 4 名，天津大学派王富民副教授任学校材料与化工学院副院长，具体指导学院的重点实验室建设工作。进修教师带回了先进的教育理念、前沿的教学内容、科学的教学方法等，在青年教师中发挥了示范作用；挂职干部带回了先进的管理理念、科学的管理措施，提升了相关业务的管理水平。天津大学 2009 年接受学校推免生近 10 人。这些措施激发了在校学生的学习自主性和积极性，推动了学校优良学风建设。

学校积极拓展与清华大学、南开大学等知名大学的合作与交流，截止 2009 年 9 月，向清华大学派出进修教师 5 名，向南开大学派出进修教师 7 名，并有多名教师在上述重点高校攻读博士学位。

**八、加大高层次人才引进力度，提高师资队伍整体水平。**

2009 年，学校积极响应中组部实施“千人计划”的政策要求，加大了海外人才的引进力度，通过各种信息渠道，向海外大力宣传海南大学。通过审核、面试等程序，已确定引进海外人才 9 人，其中 2 人已按学校高层次人才标准引进并已到校工作。2009 年共引进教师 68 人，其中教授、博士生导师 2 人，博士 40 人，硕士 26 人。学校从中国科学院微生物所引进科学院“百人计划”的高层次人才何朝族教授，担任国家级重点学科作物遗传育种学科责任教授。

围绕“211”工程大学建设和博士点的申报工作，学校加大重点学科领域高层次人才的招聘和引进力度。通过采用学院推荐、公开招聘和重点出击等灵活多样的招聘方式，充分利用省政府相应的优惠政策和学校的教学研究资源，吸引了多位国内知名专家学者，已确定引进博士生导师2名，教授（博士）1名。他们均为国内相关领域的知名专家，发表论文50篇以上，出版专著10多部，主持和完成过国家级课题，多次获得省部级奖项。

2009年9月，学校化工学科组和罗素兰教授分别获得中组部、中宣部、人力资源和社会保障部、科学技术部联合颁发的“全国专业技术人才先进集体”和“全国杰出专业技术人才”称号；材料与化工学院获人力资源和社会保障部、教育部联合表彰的“全国先进集体”称号；王崇敏获得“全国模范教师”称号；罗邻球获“全国优秀教师”和“全国高校优秀辅导员”称号。

（撰稿：张平恒　　审稿：黄东益）

# 招 生 工 作

【概况】 2009年是学校进入“211工程”重点建设高校后首次在全国进入一本批次大量招生。面对日趋加剧的生源竞争，校招生办公室采取多种措施，吸引优秀生源，保证招生录取工作运行平稳，较好完成稳步进入一本招生的目标，生源质量得到实质性的提高。

【招生计划】 2009年，面向全国31个省（市、区）招生（除港、澳、台外），计划招生7440人，其中本科7220人，专升本180人，海南省少数民族预科生40人；海甸校区计划招生4965人（含预科班），儋州校区计划招生1705人，城西校区计划招生770人。一本招生计划3995人，占总计划53.70%；二本招生计划2789人，占总计划37.49%；艺术类本科292人，占总计划3.92%；高水平运动员33人，占总计划0.44%；预留计划69人，占总计划0.93%；省专升本180人，占总计划2.42%；2008预科班转入42人，占总计划0.56%；海南省少数民族预科班40人，占总计划0.54%。招生总计划比2008年增加370人，增幅5.26%。

【录取批次】 2009年新增北京等23个省（市、区）进入一本批次招生，加上往年已在一本批次招生的新疆、陕西、内蒙古、安徽、青海、海南6省（区），共计29个省（市、区）进入一本招生，广东和江苏仍在二本批次招生。考虑到首次进入一本批次招生的生源问题，经与相关省招生办公室申请，共有安徽等22个省（市、区）仍安排部分二本招生计划，主要用于录取农学类和城西校区的专业。北京、上海、陕西、湖南、宁夏、西藏、青海7省（市、区）只在一本批次招生，没有二本批次招生计划。

【招生录取】 2009年本科实际录取7354人，其中一本3882人，二本2920人，艺术类专业291人，高水平运动员10人，海南省专升本209人，2008预科班转入42人,海南省少数民族预科班录取40人。

【新生入学报到】 截止2009年11月30日，录取本科新生实际入学6957人，其中一本入学3707人，二本入学2710人，艺术类专业入学281人，高水平运动员9人，省专升本209人，2008预科班转入41人。2009级本科新生报到率94.60%，比2008年的95.20%下降0.6个百分点。少数民族预科班新生实际入学40人，报到率100%。

【生源概况】 2009级录取的7103名本科新生中（不含预科班转入、专升本人数），女生3526人，占49.64%，比2008年提高1.59个百分点；农村生源2979人，占41.94%，比2008年下降6.03个百分点；少数民族576人，占8.11%，比2008年提高1.83个百分点；中共预备党员59人；小语种考生2人（日语），国家二级运动员12人，获得国家级奖励128人。详见表1：

表1　2009年实际录取本科新生基本概况统计表

| 类别 | 性别 | | 来源 | | 少数民族 | 小语种考生 | [illegible] | 国家二级运动员 | 国家级奖励 | 省级奖励 |
|---|---|---|---|---|---|---|---|---|---|---|
| | 男 | 女 | 农村 | 城镇 | | | | | | |
| 人数 | 3577 | 3526 | 2979 | 4124 | 576 | 2 | 59 | 12 | 128 | 79 |
| 比例% | 50.36 | 49.64 | 41.94 | 58.06 | 8.11 | 0.03 | 0.83 | 0.17 | 1.80 | 1.11 |

**【分类招生规模、录取人数和报到率】**

2009 年一本专业报到率 95.49%，二本专业报到率 92.81%，。详见表 2：

表2　2009年本科招生计划、实际录取、入学报到情况统计表

| 招生类型 | 招生计划 | 各类招生计划占总计划比例 | 实际录取 | 新生入学 | 报到率 |
|---|---|---|---|---|---|
| 一本 | 3995 | 53.99% | 3882 | 3707 | 95.49% |
| 二本 | 2789 | 37.69% | 2920 | 2710 | 92.81% |
| 艺术类本科 | 292 | 3.95% | 291 | 281 | 96.56% |
| 高水平运动员 | 33 | 0.45% | 10 | 9 | 90.00% |
| 预留计划 | 69 | 0.93% | — | — | — |
| 2008 预科转入 | 42 | 0.57% | 42 | 41 | 97.62% |
| 省专升本 | 180 | 2.43% | 209 | 209 | 100.00% |
| 合计 | 7400 | 100.00% | 7354 | 6957 | 94.60% |

**【各省招生规模、录取人数和报到率】**　在2009 年实际录取的 6802 人中（不包括艺术类、2008 级预科班转入、高水平运动员和专升本人数），海南生源 1860 人，占 27.34%，比 2008 年增加 8.59%；外省生源 4942 人，占 72.66%。招生人数排在前 14 位的分别是(人数超过 200 人)：海南、安徽、河南、湖北、湖南、四川、贵州、江西、山西、陕西、山东、云南、福建、广西，排在后 5 位的分别是（人数少于 30 人）：西藏、上海、北京、宁夏、青海。

理科新生入学报到率排在前 10 位的省份为：北京、黑龙江、青海、上海、西藏、新疆、浙江、湖南、广东、陕西，其中北京、黑龙江、青海、上海、西藏、新疆六省的理科新生报到率均为 100%；排在后 10 位的省份为：河北、宁夏、云南、四川、湖北、天津、河南、江西、山西、甘肃。文科新生入学报到率排在前 10 位的省份为：广东、黑龙江、湖南、吉林、宁夏、青海、上海、天津、西藏、新疆，新生报到率均为 100%；排在后 10 位的省份为：湖北、江西、甘肃、浙江、广西、贵州、辽宁、河南、山西、北京。详见表 3：

表3　2009年在各省实际录取和新生入学报到情况统计表

| 省份 | 科类 | 合计录取 | 一本录取新生人数 | 一本占全校录取人数比例 | 一本入学报到人数 | 一本报到率 | 二本录取新生人数 | 二本占全校录取人数比例 | 二本入学报到人数 | 二本报到率 | 合计分省报到率 |
|---|---|---|---|---|---|---|---|---|---|---|---|
| 安徽 | 文 | 107 | 90 | 2.32% | 88 | 97.78% | 17 | 0.58% | 16 | 94.12% | 97.20% |
| | 理 | 303 | 218 | 5.62% | 211 | 96.79% | 85 | 2.91% | 74 | 87.06% | 94.06% |

续上表

| | | | | | | | | | | | |
|---|---|---|---|---|---|---|---|---|---|---|---|
| 北京 | 文 | 6 | 6 | 0.15% | 5 | 83.33% | — | — | — | — | 83.33% |
| | 理 | 4 | 4 | 0.10% | 4 | 100.00% | — | — | — | — | 100.00% |
| 福建 | 文 | 56 | 34 | 0.88% | 33 | 97.06% | 22 | 0.75% | 22 | 100.00% | 98.21% |
| | 理 | 144 | 87 | 2.24% | 85 | 97.70% | 57 | 1.95% | 55 | 96.49% | 97.22% |
| 甘肃 | 文 | 37 | 27 | 0.70% | 26 | 96.30% | 10 | 0.34% | 9 | 90.00% | 94.59% |
| | 理 | 138 | 94 | 2.42% | 73 | 77.66% | 44 | 1.51% | 38 | 86.36% | 80.43% |
| 广东 | 文 | 35 | — | — | — | — | 35 | 1.20% | 35 | 100.00% | 100.00% |
| | 理 | 80 | — | — | — | — | 80 | 2.74% | 79 | 98.75% | 98.75% |
| 广西 | 文 | 45 | 34 | 0.88% | 33 | 97.06% | 11 | 0.38% | 9 | 81.82% | 93.33% |
| | 理 | 161 | 99 | 2.55% | 99 | 100.00% | 62 | 2.12% | 57 | 91.94% | 96.89% |
| 贵州 | 文 | 85 | 48 | 1.24% | 46 | 95.83% | 37 | 1.27% | 32 | 86.49% | 91.76% |
| | 理 | 228 | 144 | 3.71% | 143 | 99.31% | 84 | 2.88% | 71 | 84.52% | 93.86% |
| 海南 | 文 | 502 | 193 | 4.97% | 190 | 98.45% | 309 | 10.58% | 305 | 98.71% | 98.61% |
| | 理 | 1358 | 347 | 8.94% | 341 | 98.27% | 1011 | 34.62% | 977 | 96.64% | 97.05% |
| 河北 | 文 | 42 | 27 | 0.70% | 27 | 100.00% | 15 | 0.51% | 14 | 93.33% | 97.62% |
| | 理 | 73 | 46 | 1.18% | 44 | 95.65% | 27 | 0.92% | 24 | 88.89% | 93.15% |
| 河南 | 文 | 110 | 68 | 1.75% | 67 | 98.53% | 42 | 1.44% | 32 | 76.19% | 90.00% |
| | 理 | 289 | 184 | 4.74% | 155 | 84.24% | 105 | 3.60% | 82 | 78.10% | 82.01% |
| 黑龙江 | 文 | 24 | 20 | 0.52% | 20 | 100.00% | 4 | 0.14% | 4 | 100.00% | 100.00% |
| | 理 | 59 | 51 | 1.31% | 51 | 100.00% | 8 | 0.27% | 8 | 100.00% | 100.00% |
| 湖北 | 文 | 93 | 69 | 1.78% | 68 | 98.55% | 24 | 0.82% | 21 | 87.50% | 95.70% |
| | 理 | 227 | 148 | 3.81% | 138 | 93.24% | 79 | 2.71% | 65 | 82.28% | 89.43% |
| 湖南 | 文 | 89 | 89 | 2.29% | 89 | 100.00% | — | — | — | — | 100.00% |
| | 理 | 196 | 196 | 5.05% | 194 | 98.98% | — | — | — | — | 98.98% |
| 吉林 | 文 | 36 | 29 | 0.75% | 29 | 100.00% | 7 | 0.24% | 7 | 100.00% | 100.00% |
| | 理 | 105 | 67 | 1.73% | 64 | 95.52% | 38 | 1.30% | 36 | 94.74% | 95.24% |
| 江苏 | 综合 | 85 | — | — | — | — | 85 | 2.91% | 84 | 98.82% | 98.82% |
| 江西 | 文 | 67 | 46 | 1.18% | 44 | 95.65% | 21 | 0.72% | 20 | 95.24% | 95.52% |
| | 理 | 194 | 124 | 3.19% | 104 | 83.87% | 70 | 2.40% | 55 | 78.57% | 81.96% |
| 辽宁 | 文 | 11 | 10 | 0.26% | 9 | 90.00% | 1 | 0.03% | 1 | 100.00% | 90.91% |
| | 理 | 39 | 35 | 0.90% | 34 | 97.14% | 4 | 0.14% | 4 | 100.00% | 97.44% |
| 内蒙古 | 文 | 38 | 26 | 0.67% | 25 | 96.15% | 12 | 0.41% | 12 | 100.00% | 97.37% |
| | 理 | 97 | 66 | 1.70% | 64 | 96.97% | 31 | 1.06% | 30 | 96.77% | 96.91% |
| 宁夏 | 文 | 6 | 6 | 0.15% | 6 | 100.00% | — | — | — | — | 100.00% |
| | 理 | 14 | 14 | 0.36% | 13 | 92.86% | — | — | — | — | 92.86% |
| 青海 | 文 | 6 | 6 | 0.15% | 6 | 100.00% | — | — | — | — | 100.00% |
| | 理 | 17 | 17 | 0.44% | 17 | 100.00% | — | — | — | — | 100.00% |

续上表

| | | | | | | | | | | |
|---|---|---|---|---|---|---|---|---|---|---|
| 山东 | 文 | 59 | 41 | 1.06% | 41 | 100.00% | 18 | 0.62% | 16 | 88.89% | 96.61% |
| | 理 | 138 | 88 | 2.27% | 86 | 97.73% | 50 | 1.71% | 44 | 88.00% | 94.20% |
| 山西 | 文 | 68 | 46 | 1.18% | 43 | 93.48% | 22 | 0.75% | 17 | 77.27% | 88.24% |
| | 理 | 144 | 85 | 2.19% | 73 | 85.88% | 59 | 2.02% | 45 | 76.27% | 81.94% |
| 陕西 | 文 | 73 | 73 | 1.88% | 72 | 98.63% | — | — | — | — | 98.63% |
| | 理 | 165 | 165 | 4.25% | 161 | 97.58% | — | — | — | — | 97.58% |
| 上海 | 文 | 4 | 4 | 0.10% | 4 | 100.00% | — | — | — | — | 100.00% |
| | 理 | 6 | 6 | 0.15% | 6 | 100.00% | — | — | — | — | 100.00% |
| 四川 | 文 | 92 | 64 | 1.65% | 63 | 98.44% | 28 | 0.96% | 26 | 92.86% | 96.74% |
| | 理 | 193 | 119 | 3.07% | 108 | 90.76% | 74 | 2.53% | 65 | 87.84% | 89.64% |
| 天津 | 文 | 10 | 6 | 0.15% | 6 | 100.00% | 4 | 0.14% | 4 | 100.00% | 100.00% |
| | 理 | 45 | 37 | 0.95% | 32 | 86.49% | 8 | 0.27% | 8 | 100.00% | 88.89% |
| 西藏 | 文 | 4 | 4 | 0.10% | 4 | 100.00% | — | — | — | — | 100.00% |
| | 理 | 4 | 4 | 0.10% | 4 | 100.00% | — | — | — | — | 100.00% |
| 新疆 | 文 | 17 | 11 | 0.28% | 11 | 100.00% | 6 | 0.21% | 6 | 100.00% | 100.00% |
| | 理 | 44 | 34 | 0.88% | 34 | 100.00% | 10 | 0.34% | 10 | 100.00% | 100.00% |
| 云南 | 文 | 56 | 31 | 0.80% | 30 | 96.77% | 25 | 0.86% | 25 | 100.00% | 98.21% |
| | 理 | 154 | 92 | 2.37% | 86 | 93.48% | 62 | 2.12% | 56 | 90.32% | 92.21% |
| 浙江 | 文 | 51 | 29 | 0.75% | 27 | 93.10% | 22 | 0.75% | 21 | 95.45% | 94.12% |
| | 理 | 104 | 65 | 1.67% | 65 | 100.00% | 39 | 1.34% | 38 | 97.44% | 99.04% |
| 重庆 | 文 | 43 | 29 | 0.75% | 29 | 100.00% | 14 | 0.48% | 13 | 92.86% | 97.67% |
| | 理 | 122 | 80 | 2.06% | 77 | 96.25% | 42 | 1.44% | 38 | 90.48% | 94.26% |
| 总计 | | 6802 | 3882 | | 3707 | 95.49% | 2920 | | 2710 | 92.81% | 94.34% |

备注：1. 新生报到率指新生入学后取得学籍人数占实际录取人数的比例（含 2009 保留入学资格 11 人，不含取消入学资格和放弃入学资格人数）；2. 以上统计不包括艺术类、2008 级预科班转入、高水平运动员和专升本人数。

**【各专业招生规模、录取人数和报到率】** 2009 年普通本科招生专业 66 个，涉及经济学、法学、农学、理学、工学、管理学、文学等 7 大学科门类，其中新增专业 2 个：工程管理和信息安全；应用型本科招生专业 7 个，其中新增专业 1 个：风景园林；海南省专升本招生专业 3 个。全校招生专业共 70 个（含方向共计 87 个）。专业报到率排在前 10 位的专业为：建筑学、会计学、统计学、绘画、音乐表演(器乐古筝方向)、音乐表演(作曲及作曲技术理论方向)、英语、广告学(网络传播方向)、化学工程与工艺和制药工程专业，专业报到率排在后 10 位的是：园艺、应用化学、风景园林、思想政治教育、园艺(花卉与景观设计方向)、音乐表演(器乐方向)、环境科学、设施农业科学与工程、草业科学、农业资源与环境和植物保护(农药方向)专业，详见表 4：

表4 2009年各专业实际录取和新生入学报到情况统计表

| 序号 | 专业 | 招生计划 | 录取人数 | 入学报到人数 | 报到率 |
|---|---|---|---|---|---|
| 1 | 草业科学 | 60 | 59 | 50 | 84.75% |
| 2 | 动物科学 | 50 | 52 | 47 | 90.38% |
| 3 | 动物医学 | 70 | 70 | 65 | 92.86% |
| 4 | 农学 | 90 | 92 | 84 | 91.30% |
| 5 | 农业资源与环境 | 60 | 58 | 49 | 84.48% |
| 6 | 生物技术 | 120 | 119 | 108 | 90.76% |
| 7 | 生物科学 | 70 | 69 | 63 | 91.30% |
|  | **农学院 汇总** | **520** | **519** | **466** | 89.79% |
| 8 | 设施农业科学与工程 | 90 | 90 | 78 | 86.67% |
| 9 | 园林 | 160 | 160 | 148 | 92.50% |
| 10 | 园艺 | 120 | 120 | 108 | 90.00% |
| 11 | 园艺(花卉与景观设计方向) | 95 | 96 | 86 | 89.58% |
|  | **园艺园林学院 汇总** | **465** | **466** | **420** | 90.13% |
| 12 | 环境科学 | 80 | 80 | 70 | 87.50% |
| 13 | 农产品质量与安全 | 70 | 70 | 64 | 91.43% |
| 14 | 植物保护 | 110 | 111 | 101 | 90.99% |
| 15 | 植物保护(农药方向) | 90 | 90 | 72 | 80.00% |
|  | **环境与植物保护学院 汇总** | **350** | **351** | **307** | 87.46% |
| 16 | 海洋科学 | 65 | 62 | 57 | 91.94% |
| 17 | 水产养殖学 | 65 | 63 | 61 | 96.83% |
| 18 | 制药工程 | 90 | 87 | 86 | 98.85% |
|  | **海洋学院 汇总** | **220** | **212** | **204** | 96.23% |
| 19 | 车辆工程 | 80 | 80 | 78 | 97.50% |
| 20 | 电气工程及其自动化 | 85 | 83 | 81 | 97.59% |
| 21 | 机械电子工程 | 80 | 80 | 77 | 96.25% |
| 22 | 机械设计制造及其自动化 | 80 | 79 | 73 | 92.41% |
| 23 | 交通运输(汽车运用工程方向) | 80 | 81 | 77 | 95.06% |
| 24 | 农业机械化及其自动化 | 85 | 81 | 73 | 90.12% |
|  | **机电工程学院 汇总** | **490** | **484** | **459** | 94.83% |
| 25 | 电子信息工程 | 60 | 56 | 54 | 96.43% |
| 26 | 计算机科学与技术 | 120 | 118 | 115 | 97.46% |
| 27 | 数学与应用数学 | 60 | 60 | 56 | 93.33% |
| 28 | 通信工程 | 120 | 115 | 111 | 96.52% |
| 29 | 信息安全 | 60 | 59 | 58 | 98.31% |

续上表

| | | | | | |
|---|---|---|---|---|---|
| 30 | 信息与计算科学 | 60 | 58 | 55 | 94.83% |
| | **信息科学技术学院 汇总** | **480** | **466** | **449** | 96.35% |
| 31 | 材料科学与工程 | 95 | 93 | 91 | 97.85% |
| 32 | 高分子材料与工程 | 80 | 78 | 74 | 94.87% |
| 33 | 化学工程与工艺 | 100 | 101 | 100 | 99.01% |
| 34 | 生物工程 | 75 | 73 | 70 | 95.89% |
| 35 | 应用化学 | 80 | 80 | 72 | 90.00% |
| | **材料与化工学院 汇总** | **430** | **425** | **407** | 95.76% |
| 36 | 食品科学与工程 | 150 | 149 | 142 | 95.30% |
| 37 | 食品质量与安全 | 100 | 100 | 96 | 96.00% |
| | **食品学院 汇总** | **250** | **249** | **238** | 95.58% |
| 38 | 工程管理 | 60 | 58 | 56 | 96.55% |
| 39 | 建筑学 | 30 | 30 | 30 | 100.00% |
| 40 | 土木工程 | 180 | 176 | 171 | 97.16% |
| | **土木建筑工程学院 汇总** | **270** | **264** | **257** | 97.35% |
| 41 | 法学 | 133 | 135 | 132 | 97.78% |
| | **法学院 汇总** | 133 | 135 | 132 | 97.78% |
| 42 | 公共关系学 | 60 | 58 | 57 | 98.28% |
| 43 | 思想政治教育 | 40 | 39 | 35 | 89.74% |
| 44 | 行政管理 | 120 | 120 | 116 | 96.67% |
| 45 | 土地资源管理 | 80 | 78 | 73 | 93.59% |
| | **政治与行政学院 汇总** | **300** | **295** | **281** | 95.25% |
| 46 | 工商管理 | 80 | 76 | 71 | 93.42% |
| 47 | 国际经济与贸易 | 80 | 76 | 75 | 98.68% |
| 48 | 会计学 | 80 | 75 | 75 | 100.00% |
| 49 | 金融学 | 80 | 80 | 78 | 97.50% |
| 50 | 统计学 | 40 | 40 | 40 | 100.00% |
| 51 | 财务管理 | 120 | 120 | 117 | 97.50% |
| 52 | 农林经济管理 | 90 | 89 | 83 | 93.26% |
| 53 | 人力资源管理 | 90 | 87 | 82 | 94.25% |
| 54 | 市场营销 | 90 | 90 | 87 | 96.67% |
| 55 | 信息管理与信息系统 | 80 | 77 | 71 | 92.21% |
| | **经济与管理学院 汇总** | **830** | **810** | **779** | 96.17% |
| 56 | 旅游管理(国际酒店管理方向) | 90 | 88 | 86 | 97.73% |
| 57 | 旅游管理(旅游规划与景区管理方向) | 60 | 59 | 55 | 93.22% |
| 58 | 旅游管理(旅游企业管理方向) | 60 | 57 | 52 | 91.23% |

续上表

| | | | | | |
|---|---|---|---|---|---|
| 59 | 旅游管理(旅游信息管理方向) | 60 | 57 | 53 | 92.98% |
| 60 | 旅游管理(应用外语方向(英、日)) | 160 | 157 | 152 | 96.82% |
| 61 | 人力资源管理(旅游人力资源管理方向) | 60 | 58 | 53 | 91.38% |
| 62 | 市场营销(电子商务方向) | 60 | 61 | 58 | 95.08% |
| 63 | 市场营销(旅游市场营销方向) | 115 | 114 | 104 | 91.23% |
| 64 | 资源环境与城乡规划管理 | 60 | 60 | 56 | 93.33% |
| | 旅游管理（专升本） | 60 | 77 | 77 | 100.00% |
| | **旅游学院 汇总** | **785** | **788** | **746** | 94.67% |
| 65 | 广告学(网络传播方向) | 110 | 110 | 109 | 99.09% |
| 66 | 汉语言文学 | 110 | 109 | 107 | 98.17% |
| 67 | 戏剧影视文学(编导方向) | 50 | 52 | 51 | 98.08% |
| 68 | 对外汉语 | 125 | 123 | 119 | 96.75% |
| | **人文传播学院 汇总** | **395** | **394** | **386** | 97.97% |
| 69 | 俄语 | 30 | 30 | 29 | 96.67% |
| 70 | 日语 | 60 | 60 | 59 | 98.33% |
| 71 | 英语 | 120 | 118 | 117 | 99.15% |
| 72 | 英语(经贸英语方向) | 90 | 90 | 87 | 96.67% |
| | **外国语学院 汇总** | **300** | **298** | **292** | 97.99% |
| 73 | 绘画 | 65 | 66 | 66 | 100.00% |
| 74 | 舞蹈编导 | 45 | 45 | 44 | 97.78% |
| 75 | 艺术设计 | 92 | 95 | 90 | 94.74% |
| 76 | 艺术设计(服装表演方向) | 20 | 19 | 18 | 94.74% |
| 77 | 音乐表演(器乐方向) | 20 | 19 | 17 | 89.47% |
| 78 | 音乐表演(器乐古筝方向) | 5 | 4 | 4 | 100.00% |
| 79 | 音乐表演(演唱方向) | 35 | 38 | 37 | 97.37% |
| 80 | 音乐表演(作曲及作曲技术理论方向) | 10 | 5 | 5 | 100.00% |
| | **艺术学院 汇总** | **292** | **291** | **281** | 96.56% |
| 81 | 风景园林 | 70 | 70 | 63 | 90.00% |
| 82 | 会计学(注册会计师方向) | 180 | 182 | 168 | 92.31% |
| 83 | 旅游管理 | 130 | 128 | 117 | 91.41% |
| 84 | 农学(观光农业方向) | 70 | 70 | 66 | 94.29% |
| 85 | 网络工程 | 130 | 133 | 124 | 93.23% |
| 86 | 行政管理(中英文秘书方向) | 70 | 72 | 67 | 93.06% |
| 87 | 英语(商务英语方向) | 120 | 120 | 116 | 96.67% |
| | 市场营销（专升本） | 60 | 65 | 65 | 100.00% |
| | 会计学（专升本） | 60 | 67 | 67 | 100.00% |
| | **应用科技学院 汇总** | **890** | **907** | **853** | 94.05% |
| | **总计** | **7400** | **7354** | **6957** | 94.60% |

**【在各省一本批次录取分数线】** 2009年学校录取分数线明显提高。总体来看，实现了由二本院校进入一本院校的平稳过渡。一本批次共录取3882人（其中文史1166，理工2716人），达到一本分数线的新生4007人（含二本批次录取但达到一本分数线的考生），占本科生55.50%，比2008年增加2111人，增幅52.68%。一本分数线除北京文、上海文理、天津文降分以外，其余省份的分数线均高于当省一本控制线或持平，生源质量得到了实质性的提高。生源较好的省份有贵州、云南、湖南、河北、内蒙古、新疆6省（区），文理科第一志愿率均为100%（其中贵州、云南、湖南、河北是首次在一本招生）。分数线高出当地控制线10分以上的省份有：新疆文、云南文、安徽理、贵州文、贵州理。详见表5：

表5　2009年在各省一本批次录取分数线统计表

| 序号 | 省市 | 科类 | 当地一本控制线 | 学校录取分 | 录取分高出一本线 | 平均分 | 平均分高出一本线 | 最高分 | 最高分高出一本线 |
|---|---|---|---|---|---|---|---|---|---|
| 1 | 安徽 | 文 | 543 | 543 | 0 | 552.0 | 9.0 | 568 | 25 |
| | | 理 | 579 | 590 | 11 | 594.0 | 15.0 | 625 | 46 |
| 2 | 北京 | 文 | 532 | 524 | -8 | 533.5 | 1.5 | 546 | 14 |
| | | 理 | 501 | 506 | 5 | 523.8 | 22.8 | 549 | 48 |
| 3 | 福建 | 文 | 582 | 585 | 3 | 590.5 | 8.5 | 610 | 28 |
| | | 理 | 569 | 569 | 0 | 576.2 | 7.1 | 591 | 22 |
| 4 | 甘肃 | 文 | 516 | 516.5 | 0.5 | 521.0 | 5.0 | 528.5 | 12.5 |
| | | 理 | 521 | 521 | 0 | 543.0 | 22.0 | 583.5 | 62.5 |
| 5 | 广西 | 文 | 523 | 528 | 5 | 533.0 | 10.0 | 556 | 33 |
| | | 理 | 507 | 508 | 1 | 515.0 | 8.0 | 545 | 38 |
| 6 | 贵州 | 文 | 532 | 542 | 10 | 546.8 | 14.8 | 561 | 29 |
| | | 理 | 477 | 487 | 10 | 497.2 | 20.2 | 528 | 51 |
| 7 | 海南 | 文 | 670 | 670 | 0 | 683.0 | 13.0 | 712 | 42 |
| | | 理 | 632 | 632 | 0 | 644.4 | 12.4 | 697 | 65 |
| 8 | 河北 | 文 | 539 | 540 | 1 | 544.0 | 5.0 | 555 | 16 |
| | | 理 | 569 | 569 | 0 | 574.0 | 5.0 | 589 | 20 |
| 9 | 河南 | 文 | 552 | 552 | 0 | 559.4 | 7.4 | 580 | 28 |
| | | 理 | 567 | 567 | 0 | 587.2 | 20.2 | 635 | 68 |
| 10 | 黑龙江 | 文 | 531 | 533 | 2 | 547.0 | 16.0 | 577 | 46 |
| | | 理 | 538 | 538 | 0 | 550.0 | 12.0 | 621 | 83 |
| 11 | 湖北 | 文 | 518 | 518 | 0 | 525.4 | 7.4 | 562 | 44 |
| | | 理 | 540 | 540 | 0 | 550.6 | 10.6 | 591 | 51 |
| 12 | 湖南 | 文 | 554 | 554 | 0 | 556.0 | 2.0 | 566 | 12 |
| | | 理 | 534 | 536 | 2 | 539.0 | 5.0 | 555 | 21 |

续上表

| | | | | | | | | |
|---|---|---|---|---|---|---|---|---|
| 13 | 吉林 | 文 | 530 | 530 | 0 | 538.4 | 8.4 | 559 | 29 |
| | | 理 | 539 | 539 | 0 | 545.8 | 6.8 | 595 | 56 |
| 14 | 江西 | 文 | 515 | 521 | 6 | 524.9 | 9.9 | 545 | 30 |
| | | 理 | 518 | 518 | 0 | 535.3 | 17.3 | 580 | 62 |
| 15 | 辽宁 | 文 | 559 | 562 | 3 | 565.0 | 6.0 | 573 | 14 |
| | | 理 | 520 | 520 | 0 | 532.0 | 12.0 | 544 | 24 |
| 16 | 内蒙古 | 文 | 497 | 506 | 9 | 513.9 | 16.9 | 524 | 27 |
| | | 理 | 501 | 506 | 5 | 516.8 | 15.8 | 539 | 38 |
| 17 | 宁夏 | 文 | 501 | 510 | 9 | 506.2 | 5.2 | 518 | 17 |
| | | 理 | 468 | 473 | 5 | 475.4 | 7.4 | 489 | 21 |
| 18 | 青海 | 文 | 443 | 443 | 0 | 454.5 | 11.5 | 463 | 20 |
| | | 理 | 400 | 402 | 2 | 420.5 | 20.5 | 444 | 44 |
| 19 | 山东 | 文 | 596 | 596 | 0 | 601.6 | 5.6 | 617 | 21 |
| | | 理 | 586 | 586 | 0 | 596.1 | 10.1 | 626 | 40 |
| 20 | 山西 | 文 | 548 | 548 | 0 | 552.8 | 4.8 | 566 | 18 |
| | | 理 | 547 | 547 | 0 | 554.7 | 7.7 | 587 | 40 |
| 21 | 陕西 | 文 | 540 | 540 | 0 | 551.7 | 11.7 | 585 | 45 |
| | | 理 | 537 | 537 | 0 | 551.4 | 14.4 | 590 | 53 |
| 22 | 上海 | 文 | 471 | 441 | -30 | 450.0 | -21.0 | 462 | -9 |
| | | 理 | 455 | 408 | -47 | 421.0 | -34.0 | 431 | -24 |
| 23 | 四川 | 文 | 540 | 540 | 0 | 544.0 | 4.0 | 557 | 17 |
| | | 理 | 498 | 498 | 0 | 505.0 | 7.0 | 522 | 24 |
| 24 | 天津 | 文 | 511 | 503 | -8 | 511.8 | 0.8 | 522 | 11 |
| | | 理 | 502 | 494 | -8 | 507.0 | 5.0 | 527 | 25 |
| 25 | 西藏 | 文 | 290/450 | 296/464 | 6/14 | 305/464 | 15/14 | 310/464 | 20/14 |
| | | 理 | 260/450 | 280/476 | 20/27 | 283/476 | 23/27 | 289/476 | 29/27 |
| 26 | 新疆 | 文 | 499 | 516 | 17 | 523.4 | 24.4 | 538 | 39 |
| | | 理 | 480 | 484 | 4 | 508.9 | 28.9 | 582 | 102 |
| 27 | 云南 | 文 | 520 | 534 | 14 | 538.3 | 18.3 | 547 | 27 |
| | | 理 | 500 | 500 | 0 | 518.0 | 18.0 | 593 | 93 |
| 28 | 浙江 | 文 | 606 | 606 | 0 | 613.0 | 7.0 | 641 | 35 |
| | | 理 | 605 | 607 | 2 | 614.0 | 9.0 | 646 | 41 |
| 29 | 重庆 | 文 | 546 | 546 | 0 | 553.2 | 7.2 | 573 | 27 |
| | | 理 | 557 | 557 | 0 | 569.5 | 12.5 | 603 | 46 |

备注：按省份第一个字的拼音顺序排序；西藏分数线分为少数民族和汉族分数线，左边的数字为少数民族的数据，右边的数字为汉族的数据；山东省根据不同地区有不同的划线，最高、平均和最低分统计时不考虑地区因素；江苏不分文理科；广东和江苏省不在一本批次招生。

【在各省二本批次录取分数线】 2009年二本批次录取2920人（其中文史730，理工2190，未含高水平运动员），生源较好的省份有浙江、新疆、福建、河北、重庆、辽宁、广东、江苏等8省（市、区），文理科第一志愿率均为100%。在各省二本批次的分数线远远高于各省划线，除湖北理工类分数线与湖北省二本划线持平以外，其余省份文理科的录取线都高于当地二本控制线。生源较好的省份有（高于当地二本控制线20分以上）：安徽文理、福建文、广东理、广西文理、海南文、河北文理、河南文、黑龙江理、江西文、辽宁文、内蒙古文理、四川文、新疆文、云南文理、浙江文理、重庆文。详见表6：

表6 2009年在各省二本批次录取分数线统计表

| 序号 | 省市 | 科类 | 当地二本线 | 学校录取线 | 录取分高出二本线 | 平均分 | 平均分高出二本线 | 最高分 | 最高分高出二本线 |
|---|---|---|---|---|---|---|---|---|---|
| 1 | 安徽 | 文 | 501 | 536 | 35 | 538 | 37 | 543 | 42 |
| | | 理 | 520 | 548 | 28 | 557 | 37 | 585 | 65 |
| 2 | 福建 | 文 | 518 | 566 | 48 | 575 | 57 | 587 | 69 |
| | | 理 | 500 | 507 | 7 | 536 | 36 | 565 | 65 |
| 3 | 甘肃 | 文 | 466 | 477.5 | 11.5 | 495 | 29 | 515.5 | 49.5 |
| | | 理 | 470 | 471.5 | 1.5 | 495 | 25 | 541 | 71 |
| 4 | 广东 | 文 | 540 | 558 | 18 | 565 | 25 | 585 | 45 |
| | | 理 | 530 | 551 | 21 | 559 | 29 | 577 | 47 |
| 5 | 广西 | 文 | 467 | 519 | 52 | 527 | 60 | 559 | 92 |
| | | 理 | 443 | 465 | 22 | 486 | 43 | 508 | 65 |
| 6 | 贵州 | 文 | 471 | 473 | 2 | 514 | 43 | 540 | 69 |
| | | 理 | 422 | 429 | 7 | 460 | 38 | 497 | 75 |
| 7 | 海南 | 文 | 600 | 632 | 32 | 648 | 48 | 677 | 77 |
| | | 理 | 573 | 582 | 9 | 599 | 26 | 677 | 104 |
| 8 | 河北 | 文 | 502 | 536 | 34 | 539 | 37 | 552 | 50 |
| | | 理 | 524 | 553 | 29 | 560 | 36 | 572 | 48 |
| 9 | 河南 | 文 | 510 | 531 | 21 | 544 | 34 | 559 | 49 |
| | | 理 | 520 | 523 | 3 | 553 | 33 | 594 | 74 |
| 10 | 黑龙江 | 文 | 467 | 473 | 6 | 496 | 29 | 518 | 51 |
| | | 理 | 464 | 505 | 41 | 523 | 59 | 537 | 73 |
| 11 | 湖北 | 文 | 491 | 509 | 18 | 516 | 25 | 525 | 34 |
| | | 理 | 506 | 506 | 0 | 523 | 17 | 553 | 47 |
| 12 | 吉林 | 文 | 466 | 469 | 3 | 503 | 37 | 529 | 63 |
| | | 理 | 466 | 467 | 1 | 508 | 42 | 538 | 72 |
| 13 | 江苏 | 文 | 326 | 336 | 10 | 340 | 14 | 348 | 22 |
| | | 理 | 326 | 336 | 10 | 340 | 14 | 348 | 22 |

续上表

| | | | | | | | | |
|---|---|---|---|---|---|---|---|---|
| 14 | 江西 | 文 | 482 | 513 | 31 | 515 | 33 | 527 | 45 |
| | | 理 | 466 | 471 | 5 | 505 | 39 | 572 | 106 |
| 15 | 辽宁 | 文 | 495 | 533 | 38 | 533 | 38 | 533 | 38 |
| | | 理 | 439 | 441 | 2 | 461 | 22 | 474 | 35 |
| 16 | 内蒙古 | 文 | 452 | 492 | 40 | 498 | 46 | 511 | 59 |
| | | 理 | 444 | 471 | 27 | 484 | 40 | 510 | 66 |
| 17 | 山东 | 文 | 575/555/564 | 589 | 34 | 595 | 40 | 610 | 55 |
| | | 理 | 554/534/544 | 545 | 11 | 578 | 44 | 600 | 66 |
| 18 | 山西 | 文 | 507 | 516 | 9 | 533 | 26 | 558 | 51 |
| | | 理 | 505 | 506 | 1 | 529 | 24 | 546 | 41 |
| 19 | 四川 | 文 | 480 | 518 | 38 | 528 | 48 | 543 | 63 |
| | | 理 | 436 | 447 | 11 | 481 | 45 | 505 | 69 |
| 20 | 天津 | 文 | 462 | 471 | 9 | 484 | 22 | 495 | 33 |
| | | 理 | 435 | 437 | 2 | 454 | 19 | 479 | 44 |
| 21 | 新疆 | 文 | 445 | 497 | 52 | 514 | 69 | 550 | 105 |
| | | 理 | 426 | 435 | 9 | 453 | 27 | 475 | 49 |
| 22 | 云南 | 文 | 478 | 518 | 40 | 523 | 45 | 531 | 53 |
| | | 理 | 442 | 470 | 28 | 484 | 42 | 506 | 64 |
| 23 | 浙江 | 文 | 478 | 548 | 70 | 554 | 76 | 562 | 84 |
| | | 理 | 429 | 526 | 97 | 536 | 107 | 560 | 131 |
| 24 | 重庆 | 文 | 480 | 518 | 38 | 537 | 57 | 551 | 71 |
| | | 理 | 502 | 504 | 2 | 525 | 23 | 553 | 51 |

备注：按省份第一个字的拼音顺序排序；北京、湖南、宁夏、青海、陕西、上海、西藏7省（市、区）无二本批次招生；山东省根据不同地区有不同的划线，学校录取最高最低分统计时不考虑地区因素；江苏不分文理科；农科专业按专业志愿优先的原则录取，但本表最低分统计中不区分农科和非农科专业。

**【特殊类型招生】** 2009年特殊类型招生主要有高水平运动员和艺术类本科专业招生。

（1）高水平运动员招生。招生项目有篮球、排球、田径，招生计划33人，实际录取10人，其中：篮球项目4人，排球项目3人，田径项目3人；海南9人，山东1人；男生7人，女生3人。录取专业主要为法学、工商管理、国际经济与贸易、行政管理。

（2）艺术类本科专业招生。招生专业5个：艺术设计、绘画、音乐表演、舞蹈编导、戏剧影视文学，其中戏剧影视文学专业以往是在本科批次招生，今年首次安排在艺术类批次招生；招生计划292人，实际录取291人；安排在河北等13个省招生。详见表7：

**表7 2009年艺术类本科专业在各省录取人数统计表**

| 省区 | 招生计划 | 录取人数 | 省区 | 招生计划 | 录取人数 | 省区 | 招生计划 | 录取人数 |
|---|---|---|---|---|---|---|---|---|
| 河北 | 35 | 36 | 山东 | 43 | 39 | 黑龙江 | 17 | 16 |
| 海南 | 10 | 22 | 安徽 | 25 | 24 | 山西 | 24 | 20 |
| 湖南 | 32 | 33 | 江西 | 19 | 25 | 福建 | 16 | 16 |
| 河南 | 31 | 31 | 甘肃 | 18 | 18 | 内蒙古 | 9 | 9 |
| 青海 | 2 | 2 | 预留计划 | 11 | — | 合计 | 292 | 291 |

**【招生宣传】** 2009年设计编印大版本招生简章5000份，其中4150份寄发各省中学、各省招生办公室和部分兄弟院校，其余发放校内单位和参加各省招生咨询会使用。编印折页招生简章10000份，主要发放到海南、河南、贵州、广西、山东、湖北等省考生。编印《海南大学2009年报考指南》150份，在海南、安徽、江西等省高考志愿填报指南作书面广告，在教育部阳光高考、海南大学招生信息网、中国教育在线等网络进行宣传。

**【招生咨询】** 通过海南大学招生信息网考生留言栏目、招生专用咨询电子邮箱、教育部阳光高考平台、考生专用咨询QQ、中国教育在线平台、招生院校统一平台、海南大学百度贴吧、重庆招考信息网、江苏省教育考试院网、湖南省高校招生网上咨询交流会、福建省教育厅阳光高考信息平台等11个网络途径进行招生咨询，截止2009年8月15日，网上回答考生问题近20000条次。电话回答考生和家长咨询问题近5000个。

**【艺术类招生专业考试】** 2009年艺术类招生专业考试省份为河北、江西、山西、安徽、湖南、山东、甘肃、河南、黑龙江、福建、内蒙古、青海、海南等13个省（区），与2008年相比，减少了湖北、陕西，增加了福建、内蒙古、青海。除海南省和青海省考生参加本省招生部门组织的专业统考外，其余11个省的考生须参加我校在当地生源省组织的艺术类专业考试。招生人数292人，比2008年增加3 2人。详见表8。

16902名考生分别参加了学校在11个省组织的艺术类招生专业考试，比2008年增加了1044人，发放艺术类专业测试合格证1082份，比2008年增加169份，具体情况详见表9。艺术设计、绘画2个专业分别有考生10365和3041人，每科目试卷13406份，3个科目阅卷40218份。每个科目有5人评卷，每个成绩由两组人员分别录入，共录入原始成绩402180个。其他专业（方向）考生3497人，分别是艺术设计（服装表演方向）140人，属新增方向；舞蹈编导805人；音乐表演2552人，其中声乐方向1869人，器乐方向556人，作曲及作曲技术方向28人，古筝方向99人。

**表8 2009年艺术类分专业招生计划**

| 专业名称 | 2009年 | 2008年 |
|---|---|---|
| 艺术设计 | 112 | 100 |
| 绘　画 | 65 | 60 |
| 音乐表演 | 70 | 60 |
| 舞蹈编导 | 45 | 40 |
| 合　计 | 292 | 260 |

表 9　2009 年艺术类分省招生计划考试人数和合格证发放统计表

| 序号 | 省份 | 招生计划 | 考试人数 | 发放合格证数 |
|---|---|---|---|---|
| 1 | 河北 | 35 | 2188 | 142 |
| 2 | 河南 | 31 | 2921 | 126 |
| 3 | 安徽 | 25 | 1302 | 97 |
| 4 | 山西 | 24 | 1827 | 99 |
| 5 | 湖南 | 32 | 1852 | 126 |
| 6 | 山东 | 43 | 1633 | 176 |
| 7 | 海南 | 10 | — | — |
| 8 | 江西 | 19 | 1172 | 75 |
| 9 | 黑龙江 | 17 | 1328 | 66 |
| 10 | 福建 | 16 | 1254 | 65 |
| 11 | 甘肃 | 18 | 907 | 73 |
| 12 | 内蒙古 | 9 | 518 | 37 |
| 13 | 青海 | 2 | — | — |
|  | 预留计划 | 11 | — | — |
|  | 合计 | 292 | 16902 | 1082 |

**【2010 年硕士研究生学校自命题考试】** 2009 年 12 月 29 日出台《海南大学硕士研究生入学考试自命题管理办法（试行）》，对研究生入学考试自命题工作的命题、评卷、制卷、封装、寄发、保密等环节进行规范。

做好 2010 年硕士研究生入学考试自命题部分命题教师人选推荐、命题工作组织，试题印制、寄送等工作。共组织 147 名教师参与 75 个初试和 72 个复试考试科目命题工作，印制 75 个初试考试科目试题 1684 份。

做好 2009 年硕士研究生入学考试自命题考试工作。印制 2009 年硕士研究生入学考试自命题 68 个复试科目试题 976 份，组织 83 名教师参与儋州校区和海甸校区 72 个初试考试科目、1151 人次评卷工作，组织 73 名教师参与儋州校区和海甸校区 68 个复试考试科目、871 人次评卷工作。学校博士研究生招生考试实行招考分离，原由研究生处负责的博士研究生命题教师人选推荐，命题、制卷和评卷等工作划转校招生办公室。2009 年，组织 18 名教师参与 16 个初试考试科目命题工作，印制初试考试科目试题 228 份。组织 18 名教师参与 16 个初试考试科目 206 人次评卷工作。

2009年9月正式启动建立硕士研究生入学考试自命题专家库工作，截止 2009 年底，已建成由 22 个教学科研单位和机关各处室副教授以上职称的 372 名专家组成的专家库，覆盖命题科目（初试及复试）170 多门。

（撰稿：胡　静　于文霞　林　华　李布明　资料：黄　伟　　审稿：林强盛）

# 教 学 工 作

## 研究生教育

【概况】 至2009年底，学校共有11个博士学位授权点、70个硕士学位授权点、5个专业学位授权点及20个高校教师在职攻读硕士学位专业。在校全日制博士研究生107人，全日制硕士研究生2122人，在职硕士研究生1208人。

【研究生招生与考试】 招生工作。2009年学校顺利完成研究生招生任务，招生规模继续保持平稳增长，招收博士生27人、硕士生1202人（含工商管理硕士、法律硕士、高校教师在职攻读硕士学位研究生、农业推广硕士和公共管理硕士）。

2009年，学校利用网络、传媒等方式广泛进行招生宣传，先后到省内各市县和福建、四川、河南、云南、广东、广西、江西、湖南、辽宁、重庆、安徽等省市进行宣传活动，取得良好效果。报名参加我校2009年各类硕士研究生入学考试的考生达2361人，报考博士研究生的考生94人。

考试工作。2009年，海南省继续在学校海甸校区和儋州校区分别设立全国硕士研究生入学考试考点。学校还是海南省研究生招生入学考试所有公共考试科目的阅卷工作承办单位。

在硕士研究生录取过程中根据教育部划定C类地区的最低复试分数线，学校在第一志愿上线生源不足的情况下进行了合理调剂，并按录取人数与参加复试人数1:1.2的比例组织复试，严格按照教育部有关规定录取新生；在博士研究生的录取过程中，严格复试考核，按综合成绩排名确定录取名单。

【研究生培养】 加强管理。为加强日常教学监督管理，研究生处组织各教学单位进行期中教学检查，通过师生座谈、征求研究生和导师意见、组织公开课等形式，认真听取各位导师及研究生对研究生教育的意见和建议。此外，研究生处工作人员还不定期进行课堂抽查，发现问题及时向有关教学单位反馈，并跟踪整改。

狠抓学位论文质量。2009年，研究生处提前做出安排，各学院认真负责地组织实施，使每位参加答辩的同学都能在规定时间内上交论文，在论文评阅过程中，严格实施双盲评阅，共有821位研究生（含专业学位研究生）顺利通过硕士研究生论文答辩，14位顺利通过博士研究生论文答辩。2009年授予13位研究生博士学位、816位研究生硕士学位。按照学校有关规定，坚持宁缺勿滥的原则，评选出优秀博士学位论文1篇，优秀硕士学位论文24篇。2009学年，研究生共发表SCI收录论文10余篇，EI收录论文20余篇，ISTP检索论文10余篇，国内核心期刊论文200余篇，参与出版专著9部，参与编写教材7部。

2009年，有2篇博士学位论文被评为省优秀博士学位论文，9篇硕士学位论文被评为省优秀硕士学位论文；获省研究生创新课题立项 21 项，其中博士创新课题 7 项，硕士创新课题 14 项。

就业工作。2009 年，研究生的就业形势依然严峻，全校研究生有统计的最终就业率较上年略有下降。

**【研究生思想政治工作】** 2009 年，学校增加了对研究生学术活动和文体活动的投入，在校团委、研究生工作部的指导下，研究生的各项活动顺利开展，增强了研究生的凝聚力，丰富了校园文化生活，尤其是研究生“致远讲坛”已逐渐形成校园文化的品牌之一。

**【博士后科研流动站管理】** 2009 年有 3 位博士联系到我校作物学博士后科研流动站开展科研工作，经综合考核确定 1 位博士后进站。2009 年，我校博士后科研流动站有 1 位博士后出站。

**【研究生导师】** 2009 年 12 月，经学校学位评定委员会审核批准，学校新增博士生导师 16 名（含兼职），硕士生导师 77 名（含兼职），列表如下。

博士研究生指导教师名单

| 序号 | 姓　名 | 所在学科、专业 | 序号 | 姓　名 | 所在学科、专业 |
|---|---|---|---|---|---|
| 1 | 黄　惜 | 植物分子遗传学 | 7 | 刘四新 | 农业生物技术 |
| 2 | 刘国民 | 农业生物技术 | 8 | 罗丽娟 | 植物学 |
| 3 | 袁潜华 | 农业生物技术、作物遗传育种 | 9 | 王世范 | 南药学 |
| 4 | 廖双泉 | 橡胶学 | 10 | 胡碧煌 | 南药学 |
| 5 | 曹　阳 | 能源植物 | 11 | 许先升 | 植物学 |
| 6 | 周永灿 | 农业生物技术 | | | |

硕士研究生指导教师名单

| 序号 | 姓　名 | 所在学科、专业 | 序号 | 姓　名 | 所在学科、专业 |
|---|---|---|---|---|---|
| 1 | 郑继平 | 发育生物学 | 14 | 符国基 | 生态学 |
| 2 | 夏志辉 | 生化与分子生物学 | 15 | 付云芝 | 应用化学 |
| 3 | 符文英 | 作物遗传育种 | 16 | 潘莉莎 | 化学工艺 |
| 4 | 陈明智 | 土壤学 | 17 | 汪志芬 | 材料学 |
| 5 | 阮云泽 | 作物栽培与耕作学、植物营养学 | 18 | 刘钟馨 | 材料物理与化学 |
| 6 | 李新国 | 果树学 | 19 | 于晓龙 | 材料学 |
| 7 | 周开兵 | 果树学 | 20 | 林仕伟 | 材料学 |
| 8 | 吴友根 | 南药学 | 21 | 熊春荣 | 化学工艺 |
| 9 | 江雪飞 | 园林植物与观赏园艺 | 22 | 王　嫣 | 水产养殖 |
| 10 | 李东海 | 植物学 | 23 | 刘志媛 | 海洋生物学 |
| 11 | 刘晓妹 | 植物病理学、分子植物病理学 | 24 | 方再光 | 海洋生物学、农业生物技术 |
| 12 | 但建国 | 生态学 | 25 | 邓世明 | 海洋生物 |
| 13 | 刁晓平 | 生态学 | 26 | 杨厚群 | 计算机应用技术 |

续上表

| | | | | | |
|---|---|---|---|---|---|
| 27 | [illegible] | 计算机应用技术 | 49 | 江红义 | 政治学理论 |
| 28 | 杜育宽 | 计算机应用技术 | 50 | 李辽宁 | 思想政治教育 |
| 29 | 姚孝明 | 计算机应用技术 | 51 | 冯艳昌 | 外国语言学及应用语言学 |
| 30 | 黄梦醒 | 计算机应用技术 | 52 | 施　光 | 外国语言学及应用语言学 |
| 31 | 杜文才 | 通信与信息系统 | 53 | 刘亚儒 | 外国语言学及应用语言学 |
| 32 | 杜　锋 | 通信与信息系统、农业机械化工程 | 54 | 王　红 | 旅游管理 |
| 33 | 白　勇 | 通信与信息系统 | 55 | 董林峰 | 旅游管理 |
| 34 | 冯文龙 | 通信与信息系统 | 56 | 范士陈 | 旅游管理 |
| 35 | 王　磊 | 信号与信息处理 | 57 | 周金泉 | 旅游管理 |
| 36 | 孙建强 | 应用数学 | 58 | 赵全鹏 | 旅游管理 |
| 37 | 申铉日 | 食品科学与工程 | 59 | 董万程 | 民商法学 |
| 38 | 陈新锋 | 农业经济管理 | 60 | 伍　奕 | 经济法学 |
| 39 | 韦开蕾 | 农业经济管理 | 61 | 王　琳 | 宪法学与行政法学 |
| 40 | 樊孝凤 | 农业经济管理 | 62 | 马　莹 | 刑法学 |
| 41 | 刘殿国 | 世界经济 | 63 | 陈鸣芬 | 英语语言文学 |
| 42 | 胡永和 | 世界经济 | 64 | 白丽芳 | 英语语言文学 |
| 43 | 何国平 | 世界经济 | 65 | 陈　研 | 美术学 |
| 44 | 刘家诚 | 金融学 | 66 | 牧　之 | 美术学 |
| 45 | 唐　荣 | 金融学 | 67 | 叶仄辉 | 美术学 |
| 46 | 宋增伟 | 政治学理论 | 68 | 谭晓东 | 美术学 |
| 47 | 于　营 | 政治学理论 | 69 | 张继光 | 美术学 |
| 48 | 黄崇利 | 政治学理论 | 70 | 文聘元 | 外国哲学 |

## 兼职研究生指导教师名单

| 序号 | 姓　名 | 所在学科、专业 | 导师类别 | 序号 | 姓　名 | 所在学科、专业 | 导师类别 |
|---|---|---|---|---|---|---|---|
| 1 | 罗　微 | 作物栽培学与耕作学 | 博导 | 7 | 谢江辉 | 果树学 | 硕导 |
| 2 | 陈业渊 | 种质资源学 | 博导 | 8 | 徐　立 | 植物学 | 硕导 |
| 3 | 王祝年 | 南药学 | 博导 | 9 | 陈　青 | 农业昆虫与害虫防治 | 硕导 |
| 4 | 黄贵修 | 分子植物病理学 | 博导 | 10 | 胡美姣 | 植物病理学 | 硕导 |
| 5 | 陈光英 | 南药学 | 博导 | 11 | 吴志祥 | 生态学 | 硕导 |
| 6 | 邓晓东 | 作物遗传育种 | 硕导 | 12 | 秦启伟 | 水产养殖 | 硕导 |

（撰稿、审稿：蒋国洲）

# 本科教育

【概况】 2009年是学校全面开启改革、建设与发展事业的重要一年,也是学校启动实施“211工程”大学建设的第一年，做好这一年的本科教学工作，是学校深化教学改革、稳步提高教学质量的关键。2009年本科教学工作以科学发展观为指导，以提高人才培养质量为核心，以大学生的能力培养为重点，以实施“高等学校本科教学质量与教学改革工程”为突破点，积极组织、指导和督促本科教学质量工程项目建设各阶段的工作，在建设成效上取得新的突破。

按照学校党委的工作安排，通过学习调研，结合学校“211工程”建设的实际，认真检查分析，抓好整改落实，在本科教学工作中增强贯彻落实科学发展观的自觉性。坚持以提高学校本科人才培养质量为载体，紧密结合本科教育人才培养的实际，进一步解放思想，更新观念，抓住重点，以点带面，整体推进本科教学工作，创新人才培养模式，提高人才培养质量。

加快实施教学质量和教学改革工程，切实提高人才培养质量。认真组织实施教育部、财政部本科教学质量工程。根据《海南大学本科教学质量与教学改革工程实施方案（试行）》（海大[2008]26号），认真落实做好2009年度“质量工程”各项建设工作，总结经验，促进各项目建设科学合理、公正透明。加强对“质量工程”项目建设的指导和检查，建立健全规章制度，将项目建设与人才培养工作有机结合，促进项目建设有效开展。大力加强对特色专业、精品课程、教学名师、特色教材、教学示范中心等建设工作的组织、指导和督促。继续推进三学期制教学改革与文理科实验班试点工作。以学部为单位组建教学督导员队伍，加强教学质量监控，制定教学目标管理办法，深化教学改革，强化教学管理，不断提高教学质量。

【加强教学建设】 严格教学管理，全面修（制）订2009级本科专业人才培养方案，开展2009年度校级、省级、国家级优秀教学成果奖的评选及2009年教改立项，加强专业建设及新增专业评估工作。规范日常教学管理、考试管理、学籍管理及现代化管理，确保本科教学工作的顺利进行。

【修(制)订2009级本科人才培养方案】 本科人才培养方案是学校组织和管理教育教学过程的基本依据。为了进一步明确学校人才培养目标定位,把握好人才培养的总体质量和规格,推进教育教学改革、省部共建和“211工程”建设，2009年对2009级7个本科专业（含2个实验班专业）的人才培养方案进行全面修（制）订，构建“公共基础课、学科基础课和文化素质教育课”三大教学平台以及专业课程教学模块。

【本科专业建设】 学校高度重视本科专业特别是新办本科专业建设工作。校党委会和校长办公会多次就专业建设规划、新专业设置、新办专业建设与改革等议题进行讨论，及时研究解决新办本科专业建设过程中出现的问题。同时，学校以适应经济社会发展需要、依托相应学科、符合学科专业整体布局为原则，严格审核新办专业的设置。要求各学院申报新办专业都必须经过调研、论证，提前做好师资队伍、教学设施和实验仪器设备等准备工作，制定专业建设规划、课程设置及教学培养方案等教学文件。2009年学校新增2个本科专业：商务英语（文学）、物流管理（管理学）。

【特色专业建设】 根据《教育部 财政部关于批准第四批高等学校特色专业建设点的通知》（教高函[2009]16号），农学院农学专业（项目编号：TS11689 ）被教育部批准为第二类特色专业建设点。公共关系学、生物技术、计算机科学与技术 3 个专业被批准为省级特色专业建设点。至 2009 年，学校共有国家级特色专业建设点 7 个， 省级特色专业建设点 7 个。

**【精品课程建设】** 精品课程建设是高等学校教学质量与教学改革工程的重要组成部分，是深化教学改革、提高教学质量的重大举措。根据《海南大学本科教学质量与教学改革工程实施方案（试行)》的有关规定，组织完成了省级精品课程的申报工作。2009 年，环境与植物保护学院的《生态学》、管理学院的《财务管理》、园艺园林学院的《园艺产品采后生理与技术》、信息科学技术学院的《管理信息系统(双语)》、机电工程学院《电子技术基础》6 门课程被评为省级精品课程。至 2009 年，学校有 2 门国家级精品课程、41 门省级精品课程和 44 门校级精品课程。

**【教材建设】** 2009 年，组织自编特色教材立项共 5 项，资助总额 10 万元。

**【教学队伍建设】** 2009 年，王崇敏教授、陈明锐教授和翁绍捷教授被评为省级教学名师。我校累计有 1 名国家教学名师和 14 名省级教学名师。 2009 年，植物学课程群、民法学和农业经济管理专业教学团队被评为省级教学团队。

**【教学评估】** 根据省教育厅《关于 2009 年度普通高等学校新办本科专业评估工作情况的通报》（琼教高〔2009〕83 号），环境与植物保护学院的环境科学和农产品质量与安全专业、机电工程学院的车辆工程专业、经济与管理学院的信息管理与信息系统和统计学专业、政治与公共管理学院的思想政治教育专业、人文传播学院的戏剧影视文学专业等 8 个新办本科专业，全部通过海南省教育厅组织的新办专业评估检查，取得学士学位授予权。

**【文理科实验班及小学期制】** 为培养德智体美全面发展的高质量、高素质、创新型人才，构建高水平人才培养平台，我校自 2008 年起，从入学的新生中，选拔一批优秀学生单独组成“文理科实验班”。 为保证实验班人才培养的质量，实验班的管理引入激励机制，对教学实验班学生的管理坚持高标准，鼓励冒尖；实行淘汰制，每学期根据考试成绩及德智体综合考评筛选，调整不合格的学生转出实验班。在 2009 级学生中开设了法学和电子信息工程 2 个专业文理科实验班，在做好宣传、组织选拔、培养方案制定等工作的基础上顺利开班，共招收学员 60 人，文科、理科各 30 人。

2009 年继续推行三学期制改革，分为春、秋季学期和冬季小学期。在 2008 年冬季小学期工作经验的基础上，调整完善教学安排和管理。2009 年冬季小学期学校共邀请国内外 20 所著名高校或研究机构的 29 位专家、学者前来授课，为 10 个学院 14 个本科专业和 2 个学部的研究生开设了 26 门课程。

**【学科竞赛】** 2009 年，组织学生参加全国大学生数学建模竞赛、全国大学生电子设计竞赛、全国周培源大学生力学竞赛、全国大学生节能减排社会实践与科技竞赛、第十届海南省高校大学生英语演讲比赛暨 2009 年“CCTV 杯”全国大学生英语演讲比赛、全国大学生英语夏令营和首届全省大学生日语演讲比赛。其中有 2 个团队获得全国大学生数学建模竞赛二等奖，3 个团队获海南省一等奖，5 个团队获海南省二等奖，7 个队获得三等奖；1 个团队获全国大学生电子设计竞赛二等奖，2 个团队获海南省一等奖，4 个团队获海南省二等奖，3 个团队获海南省三等奖；首次参加全国周培源大学生力学竞赛，1 人获得三等奖；首次参加全国大学生节能减排社会实践与科技竞赛，2 个团队获得二等奖、1 个团队获得三等奖；2 人获 2009 年"CCTV 杯"全国大学生英语演讲比赛海南赛区一等奖、2 人获二等奖、4 人获三等奖。其中 2 人推荐参加全国比赛，1 人获得第三届全国大学生英语风采大赛二等奖、第十届全国大学生英语演讲赛三等奖、第十届全国大学生英语辩论赛三等奖，1 人获得第十届全国大学生英语辩论赛二等奖；在首届全省大学生日语演讲比赛中，1 人获得一等奖，1 人获三等奖。

**【学籍管理】** 2009 年本专科学生学籍注册人数达到 27575 人。顺利完成 2009 届毕业生资格和学位资格审查。2009 届本科毕业生 7682 人（海甸校区、儋州校区），实际毕业 7046 人，取得学位 6304 人。

**【规章制度建设】** 规章制度是高等学校的管理法规，是高校管理活动的重要依据和行为准则。学校非常重视规章制度的建设，2009 年制订或修订了《海南大学关于普通本科学生转专业的补充规定》、《海南大学"十佳"老师评选办法（试行）》、《海南大学学生参加对外合作留学项目管理办法》、《海南大学推荐优秀应届本科毕业生免试攻读硕士学位研究生工作实施办法》、《海南大学本科教学工作目标管理评价办法》《海南大学学部学术委员会章程》等文件，从而确保教学管理工作有章可循。

**【专业设置】** 至 2009 年，学校本科专业分属 7 个学科门类，设置了 70 个本科专业。本年度新增设商业英语和物流管理本科专业 2 个。

（撰稿：胡先文、郭桂英、王冬梅、符金万、许修斌　　审稿：邱锡光）

# 继续教育

**【管理体制与模式】** 本着资源共享、分类管理的原则，成人继续教育实行校、院二级管理体制，即成人继续教育的管理由继续教育学院代表学校统一组织、各办学学院分类管理的模式。

**【办学类型与规模】** 成人教育。2009 年，成人学历教育类型有函授、业余、脱产等 3 种形式，层次分高升专、高升本、专升本 3 类。2009 年在校生 6252 人，毕业 2536 人。学院在省外设有 3 个函授站（河南、湖南、福建），在省内设有若干教学站点。

自学考试。2009 年，以学校为主考院校的自学考试毕业生共 855 人，学校与海口经济学院、海南政法职业学院、海南科技职业学院等高职院校合作举办自学考试"专接本"助学班，助学专业 9 个，已累计招生 5700 多人。

**【招生工作】** 2009 年，录取函授、业余新生 1492 名，其中本科生 663 名，专科生 823 名。

**【教育培训】** 继 2008 年圆满完成海南农垦系统科级干部大规模培训任务后，2009 年又先后举办了海南省"临高县教育局中小学校长培训班"、"保亭县科级干部培训班"、"海南省财政厅乡镇财政所长研修班"、"保亭县科级后备干部培训班"、"海南大学后勤集团中层领导干部培训班"等，还首次承接省外干部培训任务——贵州省平塘县妇女干部培训班。

**【专业设置】** 2009 年，共开设成人教育专业 62 个，涵盖经济学、法学、文学、理学、农学、工学、管理学等 7 大学科门类。详见"2009 年成人高等学历教育专业设置一览表"。

## 2009年成人高等学历教育专业设置一览表

| 序号 | 专业名称 | 专业代码 | 学习形式 | 学制 | 科类 |
|---|---|---|---|---|---|
| 高中起点本科 | | | | | |
| 1 | 法学 | 030101 | 脱产，业余 | 4年、5年 | 文史类 |
| 2 | 美术学 | 050406 | 业余 | 5年 | 艺术（文） |
| 3 | 计算机科学与技术 | 080605 | 脱产，业余 | 4年、5年 | 理工类 |
| 4 | 会计学 | 110203 | 脱产 | 4年 | 经济管理类 |
| 5 | 农林经济管理 | 110401 | 函授 | 5年 | 经济管理类 |
| 专科起点升本科 | | | | | |
| 1 | 国际经济与贸易 | 020102 | 业余 | 2.5年 | 经济管理类 |
| 2 | 法学 | 030101 | 业余 | 2.5年 | 法学类 |
| 3 | 英语 | 050201 | 业余 | 2.5年 | 文史、中医类 |
| 4 | 商务英语(电子商务英语) | 050201 | 业余 | 3年 | 文史、中医类 |
| 5 | 英语(商务英语方向) | 050201 | 业余 | 3年 | 文史、中医类 |
| 6 | 音乐表演 | 050403 | 脱产，业余 | 2年，2.5年 | 艺术类 |
| 7 | 艺术设计 | 050408 | 脱产，业余 | 2年，2.5年 | 艺术类 |
| 8 | 舞蹈编导 | 050410 | 脱产，业余 | 2年，2.5年 | 艺术类 |
| 9 | 资源环境与城乡规划管理 | 070702 | 函授 | 3年 | 理工类 |
| 10 | 国土管理 | 070702 | 函授 | 3年 | 经济管理类 |
| 11 | 机械设计制造及其自动化 | 080301 | 函授 | 2.5年 | 理工类 |
| 12 | 车辆工程 | 080306 | 函授 | 3年 | 理工类 |
| 13 | 计算机科学与技术 | 080605 | 脱产，函授，业余 | 2年，3年，2.5年 | 理工类 |
| 14 | 土木工程 | 080703 | 业余 | 2.5年 | 理工类 |
| 15 | 管理科学 | 110101 | 函授，业余 | 2.5年 | 经济管理类 |
| 16 | 工商管理 | 110201 | 业余 | 2.5年 | 经济管理类 |
| 17 | 会计学 | 110203 | 脱产，函授，业余 | 2年，3年，2.5年 | 经济管理类 |
| 18 | 财务管理 | 110204 | 业余 | 2.5年 | 经济管理类 |
| 19 | 人力资源管理 | 110205 | 业余 | 2.5年 | 经济管理类 |
| 20 | 旅游管理 | 110206 | 函授 | 2.5年 | 经济管理类 |
| 21 | 行政管理 | 110301 | 业余 | 2.5年 | 经济管理类 |
| 22 | 农林经济管理 | 110401 | 业余 | 2.5年 | 经济管理类 |
| 高中起点升专科 | | | | | |
| 1 | 作物生产技术 | 510101 | 业余 | 2.5年 | 理工类 |
| 2 | 农学 | 510101 | 函授 | 3年 | 农学类 |
| 3 | 作物生产技术（林学方向） | 510101 | 函授 | 2.5年 | 理工类 |
| 4 | 作物生产技术（橡胶栽培与植保方向） | 510101 | 函授 | 2.5年 | 理工类 |

续上表

| | | | | | |
|---|---|---|---|---|---|
| 5 | 畜牧兽医 | 510301 | 函授，业余 | 2.5年 | 理工类 |
| 6 | 建筑工程技术 | 560301 | 业余 | 2.5年 | 理工类 |
| 7 | 建筑工程项目管理 | 560507 | 业余 | 2.5年 | 理工类 |
| 8 | 给排水工程技术 | 560603 | 业余 | 2.5年 | 理工类 |
| 9 | 数控技术 | 580103 | 函授 | 2.5年 | 理工类 |
| 10 | 模具设计与制造 | 580106 | 函授 | 2.5年 | 理工类 |
| 11 | 机电一体化技术 | 580201 | 函授 | 2.5年 | 理工类 |
| 12 | 电气自动化技术 | 580202 | 函授 | 2.5年 | 理工类 |
| 13 | 汽车检测与维修技术 | 580402 | 函授 | 2.5年 | 理工类 |
| 14 | 计算机应用技术 | 590101 | 脱产，函授，业余 | 2年，3年，2.5年 | 理工类 |
| 15 | 计算机网络技术 | 590102 | 脱产，函授，业余 | 2年，3年，2.5年 | 理工类 |
| 16 | 会计 | 620203 | 脱产，函授，业余 | 2年，3年，2.5年 | 文史类 |
| 17 | 会计电算化 | 620204 | 函授 | 2.5年 | 文史类 |
| 18 | 经济管理 | 620301 | 业余 | 2.5年 | 文史类 |
| 19 | 市场营销 | 620401 | 业余 | 2.5年 | 文史类 |
| 20 | 电子商务 | 620405 | 函授 | 2.5年 | 文史类 |
| 21 | 工商企业管理 | 620501 | 业余 | 2.5年 | 文史类 |
| 22 | 商务管理 | 620503 | 业余 | 2.5年 | 文史类 |
| 23 | 物流管理 | 620505 | 函授 | 2.5年 | 文史类 |
| 24 | 旅游管理 | 640101 | 函授，业余 | 2.5年 | 文史类 |
| 25 | 涉外旅游 | 640102 | 函授 | 3年 | 文史类 |
| 26 | 酒店管理 | 640106 | 业余 | 2.5年 | 文史类 |
| 27 | 行政管理 | 650203 | 业余 | 2.5年 | 文史类 |
| 28 | 国土资源管理 | 650206 | 业余 | 2.5年 | 文史类 |
| 29 | 商务英语 | 660108 | 业余 | 2.5年 | 外语（文） |
| 30 | 公关文秘 | 660112 | 函授 | 3年 | 文史类 |
| 31 | 艺术设计 | 670101 | 业余 | 2.5年 | 艺术（文） |
| 32 | 音乐表演 | 670202 | 业余 | 2.5年 | 艺术（文） |
| 33 | 舞蹈表演 | 670203 | 业余 | 2.5年 | 艺术（文） |
| 34 | 传媒策划与管理 | 670313 | 业余 | 2.5年 | 文史类 |
| 35 | 法律事务 | 690104 | 业余 | 2.5年 | 文史类 |

（撰稿：李　锋　　审稿：段书臣）

# 留学生教育

【概况】　国际文化交流学院承担全校外国留学生的招生、汉语言非学历留学生的教学及管理 、学历留学生的涉外管理以及汉语水平考试（HSK）考点和国务院侨办华文教育基地的建设与管理。

【招生情况】　2009 年各类长短期留学生 170 人。

【教学类别】　研究生、本科学历生、长期进修生、短期进修生、特殊项目班等。

【学习期限】　长期生 98 名（6 个月及 6 个月以上），短期生 72 名（6 个月以内）。

【生源性质】　语言生 146 人，占学生总数 86%；研究生 1 人，占学生总数 0.6%，本科学历生 22 人，占学生总数 13%；普通进修生 1 人，占学生总数 0.6%。

【生源地区】　按洲别统计，亚洲 80 人，占留学生总数 47.1%；欧洲 75 名，占留学生总数 44.1%；美洲 13 名，占留学生总数 7.6%；大洋洲 1 人，占留学生总数 0.6%；非洲 1 人，占留学生总数 0.6%；按国别统计，来自俄罗斯、哈萨克斯坦、蒙古、韩国的留学生人数名列前位，分别为 40 名、28 人、15 人、13 人。

【对外交流】　成功举办了“第十届中国海南大学·美国夏威夷大学汉语暑期班”、“中国海南大学·韩国德成女子大学汉语短期班”、“第一届中国海南大学·澳大利亚达尔文大学汉语短期班”等 3 期汉语短期班。

（国际文化交流学院、外事侨务处　供稿）

# 教学成果

## 2009 年获省、校精品课程情况一览表

| 序号 | 所在学院 | 课 程 名 称 | 课程组负责人 | 职称 | 级别 |
|---|---|---|---|---|---|
| 1 | 环境与植物保护学院 | 生态学 | 唐文浩 | 教授 | 省级 |
| 2 | 管理学院 | 财务管理 | 胡国柳 | 教授 | 省级 |
| 3 | 园艺园林学院 | 园艺产品采后生理与技术 | 黄绵佳 | 教授 | 省级 |
| 4 | 信息科学技术学院 | 管理信息系统(双语) | 杜文才 | 教授 | 省级 |
| 5 | 机电工程学院 | 电子技术基础 | 翁绍捷 | 教授 | 省级 |
| 6 | 材料与化工学院 | 化工原理 | 姚伯元 | 教授 | 校级 |

续上表

| | | | | | |
|---|---|---|---|---|---|
| 7 | 农学院 | 生物统计学 | 唐燕琼 | 副教授 | 校级 |
| 8 | 法学院 | 债权与合同法 | 宁清同 | 教授 | 校级 |
| 9 | 人文传播学院 | 中国现当代文学 | 刘复生 | 教授 | 校级 |
| 10 | 应用科技学院 | 线性代数 | 孙冬梅 | 副教授 | 校级 |
| 11 | 机电学院 | 机械原理 | 李　粤 | 副教授 | 校级 |
| 12 | 材料与化工学院 | 无机化学 | 尹学琼 | 副教授 | 校级 |
| 13 | 旅游学院 | 旅游市场营销 | 魏成元 | 教授 | 校级 |
| 14 | 信息科学技术学院 | 概率论与数理统计 | 潘　伟 | 教授 | 校级 |
| 15 | 人文传播学院 | 影片分析 | 焦勇勤 | 教授 | 校级 |

## 海南大学2009年度教育教学研究课题项目一览表

| 项目编号 | 项　目　名　称 | 项　目负责人 | 所在单位 | 项目类别 | 完成时间 | 成果形式 |
|---|---|---|---|---|---|---|
| hdjy0901 | 面向地方经济　探索化工人才培养模式 | 庞素娟 | 材料与化工学院 | 重点 | 2011.12 | 论文及报告 |
| hdjy0902 | 园艺专业多样化创新型人才培养模式的探索与研究 | 杨好伟 | 园艺园林学院 | 重点 | 2011.12 | 论文 |
| hdjy0903 | 对海南省高校国防教育的现状分析与对策研究 | 黄海宁 | 武装部 | 重点 | 2010.12 | 调研报告及论文 |
| hdjy0904 | 模拟审判教学法研究 | 王　琦 | 法学院 | 重点 | 2009.12 | 论文 |
| hdjy0905 | 语言与思想的双重输出—辩论式英语口语教学的改革研究 | 曹玲娟 | 外国语学院 | 重点 | 2010.12 | 研究报告及论文 |
| hdjy0906 | 旅游营销“移动实验室”教学模式探讨 | 魏成元 | 旅游学院 | 重点 | 2011.12 | 论文 |
| hdjy0907 | 大学英语四级网考形势下的教学模式改革与实施 | 符雪青 | 公共外语部 | 重点 | 2011.12 | 论文和研究报告 |
| hdjy0908 | 经管类学科分层次双语教学的理论研究与实践探索 | 蔡东宏 | 管理学院 | 重点 | 2010.12 | 研究报告和论文 |
| hdjy0909 | 热带海洋科学特色专业建设 | 李洪武 | 海洋学院 | 重点 | 2010.12 | 论文 |
| hdjy0910 | 化工实验室开放式管理研究 | 张永明 | 材料与化工学院 | 重点 | 2010.12 | 论文及报告 |

续上表

| | | | | | | |
|---|---|---|---|---|---|---|
| hdjy0911 | 课程责任制与优秀教学团队建设研究 | 钟　声 | 信息科学技术学院 | 重点 | 2010.10 | 研究报告及论文 |
| hdjy0912 | 高校二级教学单位内部教学目标管理体系研究 | 胡国柳 | 管理学院 | 重点 | 2010.12 | 研究报告及论文 |
| hdjy0913 | 海南大学“通识教育”设计方案 | 贾冬阳 | 社科中心 | 一般 | 2010.12 | 研究报告及论文 |
| hdjy0914 | 普通高等院校声乐教学与实践相结合研究 | 李群山 | 艺术学院 | 一般 | 2010.12 | 专著及调查报告 |
| hdjy0915 | 国际旅游岛建设背景下旅游业人才培养模式研究 | 龚　萍 | 旅游学院 | 一般 | 2010.12 | 论文 |
| hdjy0916 | 地方综合性院校提交高等教育国际化办学水平的研究 | 王冬梅 | 教务处 | 一般 | 2011.12 | 论文 |
| hdjy0917 | 海南高校教师师德建设研究 | 陈明宝 | 信息科学技术学院 | 一般 | 2010.12 | 论文 |
| hdjy0918 | 法学本科教学中研讨式教学法研究 | 童伟华 | 法学院 | 一般 | 2010.12 | 论文 |
| hdjy0919 | 海南大学思想政治理论课教学方法体系设计与创新 | 贺尧夫 | 社会科学部 | 一般 | 2010.12 | 论文 |
| hdjy0920 | 草业科学专业草地保护学课程改革研究 | 于旭东 | 农学院 | 一般 | 2011.12 | 论文及教材 |
| hdjy0921 | 教学用接触角表面能仪器的研制 | 曹　阳 | 材料与化工学院 | 一般 | 2010.12 | 设备及操作软件及论文 |
| hdjy0922 | “质量工程”背景下的海南省高校美术史论教学改革研究 | 陈翔宇 | 艺术学院 | 一般 | 2010.12 | 论文 |
| hdjy0923 | 以就业为导向探讨制药工程专业建设 | 朱　伟 | 海洋学院 | 一般 | 2012.12 | 论文 |
| hdjy0924 | 综合性大学建设艺术设计专业的优势与特色 | 刘　军 | 艺术学院 | 一般 | 2011.12 | 论文 |
| hdjy0925 | 走出困境：关于变革大学思想政治理论课考试模式的思考 | 程双凤 | 社会科学部 | 一般 | 2010.12 | 论文 |
| hdjy0926 | 海南大学信息管理专业本科教育教学改革研究 | 陈赞章 | 管理学院 | 一般 | 2011.12 | 论文 |
| hdjy0927 | 生物统计课程实验教学改革的研究 | 周开兵 | 园艺园林学院 | 一般 | 2011.12 | 论文 |
| hdjy0928 | 提高贵重仪器使用效率的研究 | 王志国 | 食品学院 | 一般 | 2011.12 | 论文 |
| hdjy0929 | 就业压力背景下在校大学生的认知、行为及其对策研究 | 王章佩 | 政治与行政学院 | 一般 | 2009.12 | 研究报告及论文 |

续上表

| | | | | | | |
|---|---|---|---|---|---|---|
| hdjy0930 | 高校辅导员专业化研究 | 罗小云 | 环境与植物保护学院 | 一般 | 2010.12 | 论文 |
| hdjy0931 | 教学督导在教学质量监控体系中的作用探究 | 虞海珍 | 教务处 | 一般 | 2010.12 | 研究报告及论文 |
| hdjy0932 | 兽医药理学新型教学模式—歌诀式教学内容的研究 | 杨雨辉 | 农学院 | 一般 | 2010.12 | 教材及论文 |

## 2009年获省级、校极教学成果奖一览表

| 序号 | 获奖年度 | 成果名称 | 获奖人（主要完成人） | 等级 | | 主要完成单位 |
|---|---|---|---|---|---|---|
| | | | | 校级 | 省级 | |
| 1 | 2009 | 多方位构建大学生课外科技文化活动新平台 | 韦 勇 程立生 华世佳 符成彦 欧阳克毅 | 一等 | 一等 | 海南大学 |
| 2 | 2009 | 热带农业高等教育特色教材建设的探索与实践 | 周兆德 陈琼花 赖桂春 黄文强 程立生 | 一等 | 一等 | 海南大学 |
| 3 | 2009 | 地方综合性高校创新实验教学体系的研究与实践 | 程立生 张莉娜 虞海珍 于文霞 潘学松 郭桂英 | 一等 | 一等 | 教务处 |
| 4 | 2009 | 数学建模方法与高等数学课程融合的探索与实践 | 李志林 欧宜贵 王冬梅 程立生 陈明锐 | 一等 | 一等 | 信息科学技术学院 |
| 5 | 2009 | 地方综合性高校法学本科专业三元互动人才培养模式的探索与实践 | 王崇敏 谭 兵 王 琦 叶英萍 邓和军 | 一等 | 一等 | 法学院 |
| 6 | 2009 | 昆虫学课程群的建设与改革 | 程立生 蔡笃程 周 祥 叶卫东 黄光斗 | 一等 | 二等 | 环境与植物保护学院 |
| 7 | 2009 | 基于特殊体制下的产学研农科研究生培养模式的发展与应用 | 周兆德 张银东 朱国鹏 陈琼花 | 一等 | 二等 | 海南大学 |
| 8 | 2009 | 植物学精品课程体系的建设 | 罗丽娟 杨好伟 黄 瑾 陈惠萍 罗丽华 | 一等 | 二等 | 园艺园林学院 |
| 9 | 2009 | 国家精品课程《城市生态学》改革与建设 | 杨小波 吴庆书 杨定海 杨好伟 李东海 | 一等 | | 园艺园林学院 |
| 10 | 2009 | 水产养殖专业应用型人才培养方案与模式的创新与实践 | 尹绍武 陈雪芬 陈国华 周永灿 赖秋明 | 一等 | | 海洋学院 |
| 11 | 2009 | 精细化工课程群的整合、教学改革与实践 | 陈祎平 张 岐 李嘉诚 张德拉 袁文兵 | 一等 | | 材料与化工学院 |

续上表

| | | | | | | |
|---|---|---|---|---|---|---|
| 12 | 2009 | 诊所法律教育课程—法科大学生实践能力培养的成功尝试 | 叶英萍 [illegible] 张 [illegible] 黄丽环 | 二等 | | 法学院 |
| 13 | 2009 | 探讨学生社团开展课外科技活动机制，培养学生创新能力 | 林　电 邱志春 符常明 | 二等 | | 农学院 |
| 14 | 2009 | 富有热带特色的植物学实验教学体系的建立与完善 | 陈惠萍 黄　瑾 尤丽莉 罗丽娟 单家林 | 二等 | | 园艺园林学院 |
| 15 | 2009 | 药学专业“大药化”实验教学改革 | 王世范 陈雪芬 罗素兰 李　军 刘海青 | 二等 | | 海洋学院 |
| 16 | 2009 | 双语教学课程教学建设 | 杜文才 王　琳 傅国华 | 二等 | | 信息科学技术学院 |
| 17 | 2009 | 嵌入式网络单片机应用系统一学生实验数据的远程监控 | 杜育宽 陈褒丹 何　铮 邢海霞 | 二等 | | 信息科学技术学院 |
| 18 | 2009 | 培养我省大学生试验设计及数据分析能力教学模式研究 | 韩汉鹏 唐燕琼 薛文珑 王　英 林海婵 | 二等 | | 信息科学技术学院 |
| 19 | 2009 | 本科毕业论文“系列化”、“一体化”设计·写作·指导模式的探索与跟踪 | 谭兵 叶英萍 段书臣 王崇敏 李建波 | 二等 | | 法学院 |
| 20 | 2009 | 微观经济学 | 李仁君 余升国 段　愿 | 二等 | | 经济学院 |
| 21 | 2009 | 本科院校高职教教学改革与实践 | 潘贤丽 康由发 邱锡光 肖　姝 李碧英 | 二等 | | 应用科技学院 |
| 22 | 2009 | 多媒体及网络环境下的大学英语教学模式研究 | 陈鸣芬 覃成海 赖桂春 肖艳玲 史　康 | 二等 | | 公共外语部 |
| 23 | 2009 | 以“热”、“海”、“特”为主线 强化专业建设的研究与实践 | 周兆德 程立生 郭桂英 欧阳克毅 王愉人 | 二等 | | 教务处 |
| 24 | 2009 | 大学生学籍预警制度的研究与实践 | 胡先文 程立生 赖桂春 杨志斌 黄文强 | 二等 | | 教务处 |

## 2009年获国家、省级教学团队名单

| 序号 | 团队名称 | 所在单位 | 带头人姓名 | 职称 | 等级 |
|---|---|---|---|---|---|
| 1 | 植物学课程群教学团队 | 园艺园林学院 | 杨小波 | 教授 | 国家级 |
| 2 | 民法学教学团队 | 法学院 | 王崇敏 | 教授 | 省级 |
| 3 | 农业经济管理教学团队 | 经济管理学院 | 柯佑鹏 | 教授 | 省级 |

（教务处　提供）

# 2009 届毕业生名单

## 研究生名单

### 博士研究生（13 人）

**作物栽培学与耕作学**

林　电　刘子凡　杨福孙

**作物遗传育种学**

莫廷辉　董凤英

**植物分子遗传学**

夏志辉　廖文彬　李定琴　冯素萍

**农业生物技术**

黄小龙

**植物学**

于旭东　史敏晶　肖再云

### 硕士研究生（816 人）

（含在职获硕士学位名单）

**外国哲学**

唐俊峰　张守永　韩丽华　戚　瑞　高　琪
郝春鹏　盛　芳

**世界经济**

周书馨　柳　丹　宪蓉蓉　申　珅　毛　煜
熊春阳　徐翠枚　邓　剑　赵蓓蓓　于　涛
李　嘉　蒋登科　李习文　杨秀玉　吴　昊
刘　晨　张　婷

**法学理论**

郑若晨

**民商法学**

周　鑫　赵金净　严　琼　杜　丹　陈彦婷
赵郡峰　王钧禾　王淑梅　肖时云　贺显平
王际航

**诉讼法学**

向　瑛　李建波　孙　云　李　苹　张晓梅
马晓伟　刘红美　李　岚　齐　虎　沈宝生
张　亚　钟垂林　陈晓彤　王达雷　陈晓刚
程　杨　何　石　邓　鹃　冯　翔　龚晓琴
颜　燕　吴　典　黄丽燕

**经济法**

李　莎　陈楠楠　余玉琴　张　阜　揭才彬
杨　静　龚　江

**马克思主义理论与思想政治教育**

李丽丽　刘华荣　陆鹏飞　李大明　杨　扬
郑　欣　王一凡　黄　莉　张　文　李向荣
于　佳　张佳奇　秦晓华　费丽莎　张　朔
林艳瑜　张　琦　吴媛媛　王国祥　李丽丽
刘华荣　陆鹏飞　李大明　杨　扬　郑　欣
王一凡　黄　莉　张　文　李向荣　于　佳
张佳奇　秦晓华　费丽莎　符昌昭　徐靖喻
林尤伟　谭　继　舒象忠　项炳池　陈丽云
管金标　陈秀莲　杨成群　储静丘子

**思想政治教育**

陈若团　谢锡銮　李　丹　王　静　莫劲奔

王强

### 文艺学

徐桃　周雅　陈术颖　康燕玲　柳改玲
高佳　李永建　刘刚　吴泽琼　蒋磊
陈萍萍　唐光能　杨建生　林豪燕　周萍
陈珏　苏壮　夏德飞　夏旭光　姜岚
邱婧　陈元芳　黄庆　杨松全　吴晓雯
黄桂玲　唐海梅　颜秋蓉　陈亚芳　肖红秀
李翠华　朱慧丽　许苗　张秋荣　刘家宝

### 植物学

于旭东　史敏晶　肖再云　林伯煌　罗瑛
范伟　杨虎彪　杨文凤　高贤玉　徐晓梅
李先昆　宗鑫凯　陈福　黄鹏云　梁胜伟
康冬鸽

### 微生物学

陈善辉　戴文君　叶建军　王超　曾涛
田永强　黄美容　滕昆仑　徐小雄　庄令
朱艳秋　孟锐　唐坚　张秀环　俸毅
王义　曾涛　余继叁

### 生物化学与分子生物学

洪磊　王卓　苏东晓　唐建平　林秀琴
阙东枚　吴发红　肖小虎　黄德宝　蔡露良
周利民　张兴　邓伟科　刘建　李伟
彭建华　李晓娟　冯团诚　顾文亮　易国辉
袁克华　迟光红　常凯军　雷美玉　黄文峰
高新征　苏震

### 生态学

赵春梅　吴能义　胡小婵　周卫卫　覃姜薇
肖厚贞　王中　张聿柏　印华　刘建波
陈娟　闫学金　冯丽　潘丹　陈宁
陈文庆　潘海波

### 材料学

唐铭徽　赵红磊　郑辉林　王永洪　沈宝甄
蒋利军　余晓东　林鸿基　李超　徐志义

### 通信与信息系统

张恒　李凌云　刘亚敏　刘彤彤　杨曦
王开郁　黄凯宁　丁春宝　常成　郭芙蓉
高进乐　王维娜　薛以胜　余远波　马志英
邢海花　钟杰卓　赵颂璋　张广路　黄敏
郑兆华　李应勇　刘明　符晓芳　刘雍
符锡城　张建沼　虞成诚　莫春俊　王康寿
王业统　邢孔多　靳婷　刘晶　陈静
李富芸　周瑞琼　王茂儒

### 应用化学

王向辉　刘海宽　韩彬　顾海波　庞京团
陈四利　吴溢文　朱冠军　盘茂东　易辉华
杨亮　宋维春　吴良　符乃光　杨海峰
王华明　陈尚文

### 环境工程

沈哲峰　贾德峰　关学彬　林扬碧　李继武
林秀榕

### 作物栽培学与耕作学

林电　刘子凡　杨福孙　许祥富　刘壮
邓军　陈冠喜　池富旺　丘秀灵　高玲
钟银宽　周艳霞　杜前进　戴宇　蒙海花
陈生香　李晓明　王燕丹　郝丽虹　张桃莉
詹建星　黄鹤丽

### 作物遗传育种学

莫廷辉　董凤英　王文治　刘钢　黄志
邓小果　冯慧敏　李娇　申龙斌　陈蕾
喻时周　赵剑　吴紫云　郑学项　郑鹏
梁小莲　张学财　肖旭倩　姚全胜　昝逢刚
陈亚鸿　罗远华　周雪莉　王镇　张艳琳
肖琼　周建国　吉家敏　胡伟　张影波
王小华　周广奇　党金玲　黄运峰　徐远峰

高艳梅 叶　凡 罗　涛 侯立恒 李娟玲
黄圣健 朱红林 王　丰 吴繁花 麦明晓
王　毅 范武波

**植物分子遗传学**

夏志辉 廖文彬 李定琴 冯素萍 曾　淇
李文杨 张融雪 杨成龙 石　峰 吕恒玉
陈　洁 程　萍

**种质资源学**

李月仙 宋付平 陈金花 曾燕君 宋立霞
杨鹏雅 邹枚伶 赖富丽 赵丽宏

**农业生物技术**

胡正龙 林海妹 于　飞 蔡元保 陈　泉
吴转娣 李亚丽 信彩云 张艳玲 崔莹莹
丛汉卿 彭　杰 胡军瑜 潘羡心 宁文彬

**分子植物病理学**

符美英 高宏华 李　涛 吴庆菊 罗　霓
汪　军

**果树学**

李效超 王艳琼 张惠云 王文林 周兆禧
杨祥燕 黄国玉 祁　寒 焦　云 许桂莺

**土壤学**

黄雄军 徐卫清 王丽华 吴鹏飞 欧　滨
张冬明 王建霄 赵　雄 孙君莲 杨　熙

**植物营养学**

吴炳孙 佘贵连 张永发 张焱华 张耀华
吴建文

**植物病理学**

淦国英 林　超 魏小慧 杨　玲 李晓娜

**农业昆虫与害虫防治**

温丽娜 郑凌燕 张小冬 黄榕娣 宋晓君
陈立君 陈　磊 吴　涛 和晓波 郝慧华
荣文雅

**农药学**

杨秀娟 蔡春茂 韩朋辉 孙　丹 郭治强
肖　星 毕仁军 占胜利 王　利 张建华

**草业科学**

曾鸿普 李　茂 刘　圳 严琳玲 黎春花
王海慧

**森林培育学**

刘　宁 张　斌 太立坤 邓利和

**园林植物与观赏园艺**

刘益曦

**水产养殖**

梅　冰 王　茜 陈学敏 王永波 徐先栋
朱利军 潘　娟 高炳淼 张振蕾 黄海燕
文万侥 黎　明 王　芳 王　莉 蒲利云
周雯伊 范小勇 申屠垠 吴鹏飞 王　珺
霍　蕊 刘晓霞 秦　旻

**农产品加工及贮藏工程**

赵新河 刘　静 曲　直 黄玉林 王海灿
胡荣锁 谭　勇 高　阳 李　涛 黄　凯
李勤炽 田娟娟 王永周 何灿忠 赵银梅

**企业管理**

严　惠 黄先锋

**农业经济管理**

李慧兰 王君珺 毛玲玲 许洪杰 马超侠
金侠鸾 孙　杨 苏岳亭 张　倩 郑素芳
周艳丽 卜庆国 赵　磊 董友琴 符学忠
何映敏 胡治文 黄文强 李布明 罗邻球

谭胤宁　杨吉琼

**法律硕士**

陈　华　吕瑞芳　李恒芳　龙小红　王明达
王　娟　李建兵　郭艳斌　余力杰　胡开梁
陈　亮　余　正　黄　莹　李殿申　陈　挺
张艳茹　陈　良　余　浩　娄在兴　汤晓慧
林　兰　朱永君　李学科　胡娇娇　张　礼
张林红　王　伟　鹿静媛　贺晨灏　李明卉
刘梅林　王　凤　石　峰　殷允臣　许　涛
赵　旭　刘晓杰　叶予静　杨　诚　张方彪
曹鹏鹏　赵　蕾　李　东　蔡益根　罗彬彬
王峰松　贺　敏　骆　健　路　艳　郑坚铭
何晋前　廖　勇　胡乾华　黄文钦　蒋　瑜
马传煌　彭宗磊　陈　雄　王　伟　周公平
王　晓　高泽新　吕　琦　谢　欣　刘　欣
戴明如　邱　隽　吴挺源　王　山　庄　著
陈钭一　黄丽颖　陈云峰　徐抒音　李　力
陈杨丽　文　静　张才灵　曲坚锐　李书平
纪　红　高毕章　陈　杰　李颖灿　李　祎
胡宗丽　洪　晓　柴　华　郑海旺　杨春顺
李　鑫　肖昭义　陆忠明　曾鹏宇　张　涛
豆华杰

**工商管理硕士**

吴　军　叶　青　田　华　杨　帆　刘宁涛
黎　菲　牟宗宝　蓝远明　胡美强　陈展望
张成忠　叶林炎　袁　戎　杨俊辉　宋　涛
陈海英　丁纲意　邱达超　熊方军　王　莉
胡　薇　王启超　龚沛星　雷　宇　邓文成
李锡瑞　姚　臣　叶海军　白丽萍　陈　芸
何纯民　刘文卫　康文韬　黄　芊　符　军
邱坚贞　徐志勇　雷　萍　陈　藜　邹勍成
高　凌　胡　敏　伍千舟　孙　雨　李　金
曹　伟　谢岳宏

**公共管理硕士**

王源远　洪建军　潘执坤　邓静萍　唐德银
罗立新　唐　晖　杜先敏　魏平峰　卓如翠
贺成文　公丕学　李　大　陈亮明　徐　婳
黄　乐　郝春城　陆　敏　向福英　周伟宏
王　博　陈　实　陈志坚　邬习强　王瀚鋆
吴若萍　秦　筱　谢惠如　罗劲梅　周博捷
敖林水　卢晓舟　何云峰　林善文　肖　靖
陈文彬　李利军　许小伟　钱家英　郭熙钟
王　华　陈家扬　韩经畴　何奕广　谈学文
黄代彬　赵春安　施新秋　应瑞平　王春柳
李伟清　黄唯哲　杨广聪　戴新煌　吴小阶
毕则勇　陈国其　颜杰斌　周先成　岳平中

**农村与区域发展**

陈　超　胡先文　贾成义　廖明保　刘　诚
刘仁龙　王照国　张　霞　陈教春　陈奕雄
陈育坚　冯华安　符石寿　何秋香　何泽华
黄建南　李卫华　刘旭斌　莫东红　莫运书
庞大安　裴成明　王　刚　王健强　王运才
王志光　吴淑天　吴永平　肖　武　谢家林
余志荣　曾万玉　钟国深　周海斌　周经业
朱　坚　黄章生　唐志凤　王　珍　吴毓炜
蔡泽祺　陈超平　陈光义　傅学军　韩广勇
何　维　黄　保　黄香武　李恩光　林国圣
林小松　刘万顺　马朝光　潘永寿　吴登孟
吴第祥　吴阁玮　吴家强　吴卓平　谢珠武
熊银忠　羊兴菁　喻天宏　郑有光　朱红梅

**种植**

万　玲

**作物**

何留伟　赵志昆　陈伟强　候　丹　赖荣光

**园艺**

段　红　冯美利　符海泉　黄忠兴　刘南炯
苏茂源　王　娟　吴多贵　吴仕章　吴向崇
谢浩才　易朝晖　陈鸿洁　符天元　郭春媛
李华忠　刘以道　苏　翠　吴　丹　许森明
曾　鹏

**植物保护**

李　琳　刘胜利　王树明

**农业资源利用**

李庆霞　黄绍明　陈　彬

# 本科毕业生名单

## 材料与化工学院

### 材料科学与工程

王树森 尹海超 蒋岳飞 徐盼盼 陈书铭
张亚迪 王宗钢 胡泽欢 王碧玉 祝慧平
王　影 李　强 邹　园 董伍乐 孙庆国
赵　冉 陈志明 田中原 冯　大 罗定虹
曾月梅 李颜波 段文杰 杜　科 李忠华
张梅芬 田　桑 孙静玄 刘叶林 杨　昊
李　成 张　硕 王侃侃 王新兵 梁　坤
钟　杰 陈宇兰 董信锋 王承真 曹　永
赵永飞 李艾娜 李　玲 张　凡 张　捷
张垚鑫 马春艳 童　铁 林家生 吴印奎
马　敏 戴晓磊 侯建明 朱荻娜 刘　桥
马振国 林晖泽 钟小玲 曾建辉 黄　兴
黄海滨 许玉华 姜恒基 李　涛 李珍珠
于文举 吴　军 罗芳华 赵　旭 蒋开兴
黄　涛 张淑萍 吴　洁 肖清丹 郑优矿
张　帅 陈山东

### 高分子材料与工程

韦德志 林　犇 黄展翔 主江丽 刘华伟
尹起忠 刘　日 张中红 陈太平 罗杰龙
江周胜 张　倩 邵宏雪 吴　博 顾波波
杨耀华 刘河山 刘名海 刘志峰 张桂贤
陈翰卿 屈　超 郭高飞 余尚阳 郭　青
夏富强 刘庆光 孙建宏 毛　雪 吴振兴
徐大伟 朱东琦 李　超 陈金花 李章卫
杜　攀 张　静 熊金凤 郑南国 薛春坤
王永凯 徐　勇 张剑伟 吴培培 朱绍宽
曾宪伸 邓家营 林　硕 简　永 李　政
廖新荣 王利伟 康　敏 张　奎 陈张元
林玉鹏 欧运雄 卢丁全 张　斌

### 化学工程与工艺

崔裕山 何　帆 李花禄 陈祥昱 田　庆
王静茹 赵晋霞 王　剑 申雅源 丁大玲
程小平 孙旭明 贾毓秀 郑秀芝 段敏伟
汤海兵 甘　晶 彭世雄 陈秀平 黄子鹏
田　余 刘　巍 甘　帅 梁　贝 李　旻
王　磊 王咸旺 张凤超 周文慧 黄七梅
胡小珍 郭小峰 周　妮 蒋志明 李双利
王万忠 鲁　帆 成　一 裴　婕 吴　阳
雷　杨 赵　磊 李子园 黄　艳 丁丽丽
贾　飞 黄　松 刘丽花 李义华 黄宏泽
余振伟 窦凌云 陈　泓 李　智 邓正仁
潘良培 蒙元铃 岑桂秋 符叶洁 孙晓丹
刘运成 孟繁冰 王　朝 赵振华 王夏秋
陈镛任 严豪咚 车洋冰 许嘉玮 黄进财

### 生物工程

段斐斐 张林伟 蔡　璐 何　平 李佛晓
赵秀凤 付步明 王　凯 鲍晓雨 王敏敏
王　军 王　冠 冯智虎 张　权 张雪涛
李　娜 杨旭明 熊　威 石　林 张正华
邱　琼 朱小明 邹永京 宫福生 胡　琴
陈太雷 马立娜 罗双江 徐友林 李伟兰
魏　哲 蒋　婧 徐书蜜 牛娜娜 李　冲
马吉顺 金思思 农才松 欧徽宇 鲁战平
何　毅 王　玲 何　山 陈朝阳 刘　珊
吕国强 曹鹏程 宁　楠 高　鹏 陈长春
赵　武 谢　瑜 张泽华 何　勤 曾德隆
封　烨 陈　欢 贾　津 黄　龙 邵喜贵
袁　萌 汪杨辉 张　弓 肖杨松 王云卿
刘　刚 刘　静 楼真勇 廖梅芳 张　琳
戴　苏 李春艳 赖家林 周道骏 李　鸿
邱德伟 贾菲菲 辜祖传 李宝珠 赵大蔚
鲍建峰 章　芹 林　森 刘亚楠 刘　桥
王兰杰 李　潘 叶志超 曲　建

### 应用化学

谭学梅 岁浩瑜 龙凤 徐淼 吴志威
冉晓琼 宋桂平 曾韩平 孙明芝 黄维钱
陈娟娟 夏欢 刘强 吴江 于淼
徐欢 刘海 刘婷 杨勇军 郭宁
颜攀敦 詹才雾 李志攀 符巨康 李飞
高苹苹 刘岩 符灵梅 吴志成 王军
岑献玉 李智 刘培文 魏汝强 龚霞
宋小芳 雷连波 张化云 岳朝巧 孙海峰
代火星 陈红 黄文远 杨霄 王顺友
张微微 张婷 黄建 吴永英 王重舒
谌孟晴 陈恒 钟景雅 唐晓明 王晓曦
白金平 王娇 胡建芳 陈迎举 张武元
王金棒 孙锌 刘冬平 卓鹏飞 李辉
张学良 何宏林 李文浩 任秀赟 王然
罗兆勇 陈名辉 王建英 陈伟锋 杨志荣
王霄 姜金土 杨淑贞 谢冬 陆地
王宏伟 王新平 曾凡科 陈永良 刘添福
黎锦平 陈建 余苗苗 胡少琴 谢显春
李智辉 雷统席 赵俊涛 杨羽茂 毛延丰
洪一峰 曹谨 王昌远 王文华 周克彪
王波 夏靖泊 张仕渊 汤丽昌 冯伟
李英宏 文高凡 王莉 文秋真

## 土木建筑工程学院

### 土木工程

冯杨 孙宇晓 陈亮 丁杰江 辜显军
郭伯亮 郭为为 黄莹 金鑫 李帅
李一鹤 罗斌 施丹 宋杰 王楠
王哲 熊学刚 张麟爱 何江云 孟国厅
刘俊 聂元忠 张健 杨锐 丁国伟
向坤 曲涛 高文辉 霍晶 熊粒
鞠敏 侯彦琴 曹胜发 苏煜勋 孙斌
林朝钰 扶明举 陈华斌 马闯 侯梦麟
马梦龙 刘伟 吴雷 袁清波 阳孝刚
王继毓 周岳东 邢郊 张宏 陈加顺
王飞 陈泽宁 丁衍文 龙籍成 邬铭铢
于星舸 陈娟 王庆来 刘翔 牟力健
徐刚 钱向辉 张光宝 姚玉松 张雷
宋文娟 唐康康 张发广 刘金仕 吴冰强
赵灿 刘泳伶 张敏敏 常健 黄伟
刘云 韩继勇 邓楠 蒲文国 王巍山
刘洪波 罗成福 屈灵娇 唐诣橙 陈艳菊
李磊 郑冬 徐孟强 刘小明 雷鹏
陈阿杰 董云奎 成二军 彭冬芹 马大炜
郭涛 宋莹 林恩光 张春雷 牛景贤
钟正 吴美英 文波 谷登峰 马辉
朱亦方 张遥 杨志娟 黄小燕 张伟
谷鹏 杜玉昆 胡岳峰 李得焘 李强
龙后程 余金龙 杨黎 杨猛 张宁
刘五英 宁一波 莫旺聪 李进腾 许宇锐
严树传 刘霜 韩烨 龚尚谦 朱晓鸣
王锋 郭强 唐咏泉 杨朝阳 丁庆磊
王铮 代伟 兰发品 冉岐昆 张伟峰
杨刚 杨雪 麦晓娣 许全敏 屠兴照
侯松 陈江磊 刘望兵 李淑娟 霍路川

## 食品学院

### 食品科学与工程

邹锦霞 林家福 杨仕生 黄光玲 崔越
刘文俊 袁学会 罗满珍 裴志胜 吴文娟
曾德芬 李媛媛 王美婷 张小松 张凯
徐桂霞 胡敏 张洋 文乐欣 王会
陈文娜 邹洁 陈香英 黎金凤 朱鹏飞
邓国雄 李敬敬 柳青 季爱加 吴玉
廖飞宝 蔡丽君 林恒 段树伟 张海英
张巧丽 陈英 康晨 吉兰绿 张弛
李超 庞博 郭晓东 蒋楠 商晶辉
徐园园 周玉莹 郝明华 程祎 陈志伟
孙林芳 徐硕 刘娟 杨建平 龙映均
卢威 刘薇 陈希 吴韬 余丽安
殷鑫 刘林 邢增通 梁欣欣 黄志强
王丽萍 曾妮 田甜 唐承红 张志鹏
杨小柳 蒋伟 张佳婵 成长玉 余娜
孙小苓 李艳兰 王婷 王声佳 蒋传铨
廖艳云 王小英 刘军 田雅莹 张鑫

杨丽萍 王欣欣 施海英 华 勇 张 强
于 洋 赖富鑫 王 文 晁若瑜 周水力
高 猛 刘 海 张晓峰 辛晓晨 赵大全
张微微 李红梅 黄 毛 王 伟 金文娟
吕 亮 刘 明 黄 振 薛晓令 张雯雯
陈 建 蒋安娜 曹让辉 唐冬梅 陈双英
吴丹红 高建峰 江林娟 李远蒙 郑荣杰
杨 琴 朱新初 温静文 郎 亮 梁晓翠
刘敏雪 杨利华 杨 洁 刘 乐 刘增革
贺世厅 梁 富 戴莉莉 张 鹏 于国庆
宋玉蕾 刘 敏 马 良

**食品质量与安全**

李 峰 李赛男 袁腊梅 吴日章 陈玲玲
俞银燕 金 骏 查春月 陈 林 辛艳芳
邱昱晶 周邵平 彭 娜 林学靖 王红强
刘小琴 何 婕 段宙位 郝文金 朱传硕
钟 春 周思伟 常 淋 梅 璐 余敏华
曹 振 王 云 程小飞 张春梅 刘 豪
邢益俊 杨 妹 陈运鹏 唐依莉 孙 迪
刘 莎 翁 琳 陈耀彬 李 楠 吴 轶
李梦婕 尚 进 刘 航 谢志华 艾 莹
郑绮云 王 喆 王 铜 牟 霄 胡 振
孟庆伟 孙亚楠 冯瑞敏 杨 贤 郭 慧
李 菁 熊 兵 孙 洁 唐 栋 程妙湫
庄 磊 赵 琳 唐 威 徐日满

## 机电工程学院

**车辆工程**

廖 鑫 曹钧滨 孙成业 苏文涛 王海军
赵瑞林 韩 媛 白 伟 刘重洋 邓跃虎
庞 鹏 黄建国 刘兆源 詹林华 孙 武
张 东 施琦卿 尉国钢 吴雷斌 张斌斌
倪 明 高云峰 闫 立 胡锡云 郭 林
李 汉 冯君华 安 荣 杨建路 阎 勇
黄小峰 刘 真 邓丽君 旷明秋 徐德安
郭佳驹 陈少凯 刘立志 任 通 张 超
金建红 熊堂汀 胡恒宾 秦代远 杨 巍
张建祥 申习明 涂朋东 汤刚青 倪海飞
范吉磊 李松超 邓 孟 姜银林 李发智
刘 亮

**电气工程及其自动化**

邵兴元 李为武 王国良 杨 福 黎 淋
钟玉成 张丽楠 李晋波 王 寅 汪南方
翁建武 周志清 朱建财 唐敬黄 郭 静
樊 亮 肖志兵 曾 志 黄翠淼 凌 晨
郑伟超 陈 丹 蒋德刚 张婷雁 肖 伟
邓 超 李 想 刘 超 跃磊 吕 哲
高芳飞 刘彦君 付 力 李 凯 周玉萍
赵云龙 陈 波 陈焕奇 吴 智 王 哲
陈 雪 隋益鑫 代 燕 涂福旗 张慧英
毛泽光 瞿金华 钱培培 韩 洋 戴鸿星
王飞飞 杨 颖 王 辉 陈少帅 明宝山
庞洗洪 刘功军 李洪明 曾宪华 余 洋
刘占博 马仕武 刘复永 万达辉 祁文哲
罗 群 王效东 胡广敏 洪川宗 周王伟
令狐玉玉

**机械设计制造及其自动化**

郭春磊 左 韬 杨 权 林金朝 蒋志军
文 旭 黄 敞 黄朝辉 王亚丽 崔 丽
杨健标 马召民 任晋峰 陈国斌 罗 亮
郑 爽 王振茂 张大为 徐鹂刚 毛火根
薛 倩 刘瑞峰 黄建平 邱家浩 肖美玲
植军平 陈 曼 程兴全 胡小平 徐学宝
李 翔 李保亮 宋春芳 王东菱 李文昌
李玉林 张 顶 严云飞 刘清涛 李志强
王 琅 陈春来 刘 欢 周 龙 周 双
柯龙海 胡 革 刘小标 雷世万 王江雄
王 茜 张得选 张 恒 林德强 刘青林
覃瑞碌 邢运刚 文立耿 冯彦元

**交通运输**

余 威 覃红奔 李发法 王善志 侯聪政
左燕群 李 杰 王 庆 林 勃 刘锦珠

黄小凤　林崇智　俞艳颖　傅丽贤　许邦山
王振伟　王　宁　章泓敏　简文渊　朱立术
张　旸　谢江莹　王旭晶　黄　娜　肖　川
梁　欣　钦　青　郑建华　陈敏杰　赵　航
班　攀　陈　佳　焦　芳　张　兵　韩　建
严东艳　程学轶　徐成文　王弋铭　杨　虎
王　璐　殷会芳　杨玉婷　李道君　赵石柳

**农业机械化及自动化**

万可信　周　非　李胜君　何彩霞　潘立甫
芦勇拓　张　毅　李兴贵　蔡兆荣　林大春
俞浩明　陈寅斌　朱利莉　艾剑娟　陈智辉
林志刚　刘镇行　刘飞飞　丁　彬　朱小平
邓家全　王　强　陶　彬　汪　桂　周上鑫
宋键铭　王晓雷　王美美　孙佑攀　尹　雨
吴　伟　范坤霞　王志龙　王三侠　何家坤
徐　伟　陈振宇　侯俊杰　郭乔林　芦家奎
郭教振　唐传平　卢玉舜

## 信息科学技术学院

**电子信息工程**

鲁大亮　程　杰　龙华厅　卢　晖　王宇观
杨　艳　姚　迪　邓瑞华　胡鹏程　李耀辉
梁　超　刘爱红　杨　涛　张新波　蒋卫东
曹　量　曹　玥　陈贵生　陈　凯　陈昆仑
陈礼章　陈　强　陈青元　陈文政　代小迪
邓　盾　丁振锋　杜海建　段　悦　丰日杉
冯瑞华　付　燕　付主平　高　琳　韩小芳
何　姗　贺　鹏　黄坤涌　江锡雄　康晓华
赖　鑫　蓝海花　李北科　李　博　李建亮
李亮秀　李　玲　李梦军　李　伟　李先胜
李小庆　李　星　李运亭　李洙锦　梁朔宁
刘　霞　刘　易　刘芸瑞　吕　鹏　罗　斌
罗广明　罗　娇　马　骏　马　越　潘艳丽
盘　丽　平国飞　任宝鹏　阮红冰　申　川
盛　楠　石挺升　史　朋　司云飞　唐　勤
陶世祥　陶玉奎　仝红梅　万付增　王宝燕
王　健　王丽玲　王廷茂　王卫建　王蔚斯
王文岭　闻　贺　闻　洪　吴绘鹏　吴　丽
吴　鑫　武　琳　夏　勇　肖晋疆　谢　笙
薛鹏康　杨丽嫦　杨玲玲　杨庆康　杨延力
杨寅威　姚向成　叶晶景　袁　岩　曾志纲
张　珂　张　娜　张　巍　张　伟　张西原
张旭文　张琰伟　张业晗　张一平　张远鸿
张子欣　赵克新　郑大奇　周超磊　周　辉
周亚磊　朱　婵　朱许荣　朱子翰　邹胜隆
陈　为　涂小红　曲　伟　陆孤航　罗　锐
胡鹏飞　石　忠　李硕军　廖甘比　莫彩云
王彦斌　邓海美　张　明　张高森　邓　辉
周剑娟　寿立江　严立祥　张玉星　文先刚
李志洋　陆国飞　马　妮　李晓龙　郭　斯
罗　浩　李　俊　高东东　何　军　杨　磊
樊梁燕　王　磊　罗　钺　王春妹　李军平
代永锋　周婷婷　杨　扬　王见波　庄志峰
王佳慧　胡鹏程　李伟华　李腾起　马硕英
李方德　吴智威　李国亮　郭　赞　魏素琼
邓阳春　刘　帅　马志伟　刘建波　翟峻杰
李贵生　刘喜宏　张武焱　谢先涛　李　响
李　伟　蔡孟斯　王　毅　赵祖洋　乐　挺
孙陈凡　蒋军文　刘　飞　令狐冰波

**计算机科学与技术**

刘朋磊　马小江　黄炳琳　武小进　虞　源
陈洪银　李科磊　李守玉　林鹏宇　马学忠
宋立明　杨　哲　张德军　赵　鹏　陈　杰
白晓辉　曹　峰　曹　泓　陈　飞　陈　峰
陈　涵　陈焕华　陈伟峰　董小伟　段　超
段道静　冯　晟　傅中华　高　博　高　超
高　慧　高　漫　韩　倩　韩　玉　郝立东
何倩倩　胡勋锋　黄　军　黄晓瑜　黄　政
江文军　旷　灵　兰　梅　李丹峰　李　荐
李　杰　李　爽　李源源　刘　辉　刘　娟
刘清华　刘庆鹏　刘帅勇　卢宗平　马　辉
马　琳　麦艺华　聂灵辉　彭志华　朴中正
乔　良　秦　靖　申香萍　沈　阳　史存会
史　宁　苏　洋　孙　伟　唐　清　王　斌

王超群 王冬 王福道 王关胜 王静
王立强 王文涛 王英 韦红苗 吴雷
吴培东 吴占永 谢闵 徐凤 徐钢
薛勇 杨超 杨琪 叶柯达 叶强
余文姣 喻世凯 曾祥广 展云涛 张金钺
张龙海 张妮妮 张品科 张兴 赵毅
郑少萍 智睿 钟锦 周吉 字强
邹建勋 陈佳佳 刘旋杰 王宠惠 杨柳堤
陈文芳 陈东海 李晓芬 何毓雄 毛文杰
卢荣平 王应求 罗奎 毛俊毅 洪波
王泽能 陈良孟 汪斌祥 黄载弼 银科
赵亮 穆勇杰 张利 杨文金 蒋孝文
刘群先 张玉清 李志强 龙贻许 陈琦
董党妮 杨宏 袁超 李玲 吴超
高玉通 孙亚丽 王松 陈昌华 李德江
王新业 张中义 张东海 贺丽娟 汤小琴
卢玉洁 董晓飞 宋吉涛 姜朋 史宇亮
许丽枝 陈涛 李永来 冯汉军 虞飞
王成满 丁华华 刘文杰 任小华 梁军荣
王涛 全筱冬 蒙晓光 吴云龙 王飞
宁玉伟 李深 胡智灿 张卫 杨洋
李玉旋 邓玉塔 乔兴宏 舒凡 承龙
樊玉雷 李清丽 王尔燕 胡广泽 李杨
柯亮 徐慧征 张漫 黄莉丽 张雷
徐蕾 王志 吕博 谢明华 陶蔚海
饶鹏 孙子众 王小峰 吴发军 吴智学
吴孙胖 李兴华 谢德道

**通信工程**

丰柳培 裴勤燕 邵磊 王番明 吴毅
兰雨阳 史丽敏 宋玉波 熊万馨 敖子博
鲍永忠 蔡德磊 陈丹 陈海燕 陈丽华
陈名开 陈熙 陈延云 丛强 崔昊
邓大盈 董国强 董杰 杜琼 樊晶晶
樊鹭 范华军 冯韩伟 冯伟 高洁
郭成 洪健 胡超 胡寻伟 胡志勇
黄超 黄金兰 黄群星 黄轶然 黄远文
黄玥 黄志超 蒋光桃 黎锦钰 李安
李昂 李超 李春明 李琳 李帅
李旭 李跃东 李真慧 李志恒 李志良
刘杰 刘婧 刘少云 刘雪峰 龙倜
楼晓乐 卢春兰 鲁定龙 罗强 马红红
马晶晶 马均 马永春 聂灿萍 宁凤
宁连芳 潘奕屹 彭贵超 彭俊飞 彭丽蓉
亓成宇 沈川敏 沈晓 师广辉 石媛媛
孙邡淼 谭凤妹 王红涛 王家驹 王敬卿
王世湖 王婷 王伟刚 王文超 王志昊
魏晓妮 吴昊 吴建才 吴坤樑 伍勇
胥丽 徐博 徐强 许腾 薛松江
于涛 俞书鸯 岳洋洋 曾娟 曾丽艳
曾勇 张天斌 张伟 张卫东 张文川
张岩 赵天媛 赵维明 赵欣 郑宝
郑兴中 周显 周增光 周兆熊 朱丽文
朱玉石 朱媛 吴泽冠 曹红光 张怀强
丛剑 张鑫 胡文飞 常建明 林侠

**信息与计算科学**

刘灿 林清河 王开胜 王泽 左永亮
赵磊 肖毅 邓乔 王彬 高山
包小川 蔡仁煌 陈玲玲 陈斯 陈威
陈文斌 陈小平 陈小员 丁杨 段少如
符金才 傅雪鹏 郭琎 郭良 何佳
胡五泉 江沛 蒋磊磊 来守芹 冷爽娟
李德鹏 李倩 李颖 梁俊毅 林明聪
林硕果 刘东东 刘鹏飞 刘强 刘伟彬
刘欣 卢慧鹏 吕银玉 罗洪平 罗婧妤
罗贤惠 马立明 蒙信杰 牛亚舒 欧阳越
彭坚 祁硕 谯波 石鹏鹏 宋荣炎
孙懿琪 覃阳毅 汤报名 王铎 王俊洋
王勇 王振波 韦志尧 吴德乐 吴晶坤
吴远 吴至耀 武亮亮 夏添 谢福贵
邢国位 熊雪玮 颜斌 姚艳 易志孟
余萌 袁月秋 曾果红 张杰 张军
张培涛 张文 张小军 张宗典 钟雅萍
周毅 朱敏 黄晓芬 衣波 马英
欧阳竹香

## 农学院

### 草业科学

李秀兰　赵承梅　谭结莹　郑华龙　郑明山
叶永昌　吴友钧　黄艳丽　吴佳静　陈燕英
王晓雷　宋　阳　王文峰　肖　郑　朱远斌
钟　飞　钟天秀　樊　鳞　宋剑灵　任　林
胡钟波　吴鹏豹　赵君华　谢小玲　胡光良
韦伙胜　缪纯庆　董彩娥　赵丹恒　程文静
王　维　邹金强　代艳飞　宗丹洁　侯禄健
刘　华　梁晓玲　胡　鹏　王　虹　梁远绫
张文波　罗　翔　陈泰高　蔡祎炜

### 动物科学

梁振京　马　經　苏文天　韦多吉　颜　琼
于洪盛　蔡国樑　蔡兴泉　陈道舒　邓春琳
符家珠　郭汉庚　黄　文　黄循捷　蒋　辉
雷　明　李明聪　李学文　梁　志　林怡君
林远鹏　刘建才　刘　昆　罗国王　蒙小琴
潘小庄　皮显俊　漆赛美　孙　漫　王国海
王　伟　王耀平　王　英　王玉宝　温　翔
吴钟照　颜仁禄　杨　宝　张建省　赵志广
郑丁萍　杨满华　刘小湖　符艳丽　唐　懿
高海波　王单位　吕惠敏　康艳丽　叶建飞
程灵武　徐肖雅　闫宏达　刘慧清　陈　哲
谭诺研　王财兴　张立涛　郭有刚　王仁杰
张　岳　刘文秀　彭小珍　曾　勇　戴小连
邢　慧　杜海语　雷路生　娄　亮　吴　艳
李　乐　茹　祥　刘易均　张俊萍　施云娟
和俊芳　郭明义　王芳娟　荣国铜　李少华
符霜霜　李翔辉

### 农学

马彩燕　王业海　曾维强　苏红海　蔡　和
陈淑湘　陈贻锐　段志松　符发高　符国长
符运科　何美丹　黄林君　黄小玲　黄志宣
柯　月　李道通　李正绪　梁日伟　林健乐
林青莉　林云丽　吕先念　马诗娜　苏阳日
谭伦群　王昌江　王　技　王　嘉　王　宁
吴松洪　吴　伟　吴　艳　项秋兰　谢建引
许杰斌　杨彩云　杨甲品　杨锦鹤　张雄珍
周书宇　朱　浩　庄玉媛　许国鹏　黄　静
苏　明　傅志兴　黄培锋　苏文地　黄建祥
肖利芳　林嘉乐　刘青云　刘雪芹　胡景平
胡　鹏　王　丽　黄　勇　王练武　王贵生
雷　俊　杨荣信　文　凤　廖　畅　林　斌
周　伟　曾超锋　张　洋　郑金凤　贺　帅
彭寿宏　施春婷　赵新华　潘展礼　傅旭坤
罗宏顺　余文慧　叶万富　陈敬锋　黎丽华
吴景强　黄　毅　雷　同　赵亚歌　李　刚
刘鹏飞　何选杉　杨建超　胡　艺　秦兴曜
王万勇　朱　娇　周　刚　郭旭东　刘文锋
贺靖凯　徐水红　陈　偲　蔡　吉　郑喜凤
陈水琼　柳仁康　魏　程　王其同　马　林

### 农业资源与环境

刘正富　李国强　解　钰　黄　俊　吴文钦
张剑南　张俊华　曾　兵　罗志森　温翠平
尚　旭　曾晓军　刘　旭　杨　沐　霍敏霞
时雷雷　张翠平　李　赫　王砚砚　闵　锋
管利民　庞其银　陈亦婷　余　昕　龙敏杰
韦华广　谢永议　刘　骏　刘　利　赵　志
钟根华　杨　帆　许　杰　江林波　傅友强
吴广兰　郭安娜　孙恪志　黎光达　梁　雪
石定凤　陶柏顺　汤云松　施志阳　章金强
邵　晶　林　波

### 生物技术

王美玲　杨伟燕　陈　江　陈旭峰　范宏华
符弘亮　符启超　高鹏之　郭晓峰　韩宏丽
何　龙　胡冰峰　胡小虎　江　明　姜建中
姜军卫　黎明清　李长远　李　黎　刘长仁
刘　秦　刘文龙　吕洁杰　罗　洪　潘晓磊
柒　科　饶　明　沈林波　沈通达　沈星星
孙文迪　田　予　田　钰　王房东　王金星
王西川　吴　辉　辛鲁生　徐丹丹　徐辉杏
薛　磊　杨　珊　业杜芳　殷　萌　于永华

岳建辉 曾德军 张少清 张莹莹 赵爱妍
赵国强 赵文箔 钟文滨 朱建梁 左雨鑫
孙琮皓 张亚兴 徐春山 杨文杰 王颖屹
李　才 许继强 韩　泽 张　铭 易思同
许茂轩 卢　轶 曾锦秀 王琴秋 王天天
赵素叶 孙　虎 张　展 黄翔昊 戚　骏
王　敏 郭军辉 张琼予 何元祥 朱利林
熊　晖 彭　颖 付　佳 程小玲 谢　斌
胡吟胜 黄文虎 杨慧英 韩元杰 章　莉
杨荣恒 顾文彪 周　维 徐　林 林飞鹏
刘　宁 高　杰 杨　松 夏永丰 张何芳
林发壮 朱　玲 李美娟 李　智 白青海
傅家庭 戴英葵 陈彦生 唐改娟 郝宏刚
张　玥 刘　彬 龙建勇 蔡林宏 王东阳
薛玉潇 赵炎坤 王国昊 王　婷 刘　季
罗儒才 余开亮 张　超 王　芳 孔　冉
吴俊南 张　洁

王　涛 杨　英 林尤康 余　佳 夏　鹏
杨大卫 邓春燕 方　丽 赵宋艺 王增伟
李　茂 陈奕静 吕盘根 何文兵 杨　波
胡　锋 陈仔文 潘　翔 吴家丽 黄德银
廖雅婷 关　杰 周　英 成克辉 罗俊玲
袁斌斌 张丹芬 任　飞 林　瑶 饶　东
张　丽 黄宗敏 梁翠薇 王　虎 刘凡祯
李　刚 赖耿星 苏玉婷 胡　浩 何莉芳
刘志平 苏选达 冯　剑 黄木兰 袁国科
向丽珊 颜清辉 高　彦 付　誉 何瑜锐
黄家柱 李　伟 张玉叶 向　蕊 吴　逸
翁中钻 王晓琳 孔令玉 黄万玲 蔡洪坚
李小辉 李清云 张轶星 何　玲 聂爱平
曾志林 鲁晓松 江妍蕾 赵凤燕 李　尧
吴旭林 田雪娇 郑珠珠 杨　威 牛雄飞
邓鹏娟 刘　婷 肖亦敏 芦　艺 杨丽倚
黄　旭 李　程 于燕楠 窦家涛 桑子伟
李　彬 黎发联 杨　行

## 园艺园林学院

### 园林

张金海 李　垚 李玲玲 曹丙寅 胡江通
骆东晶 吴挺炳 郑进安 白金萍 陈开伟
陈小雁 仇发玉 崔瑞芳 邓曼玉 丁　一
董雪薇 冯磊杰 符永昆 高　洁 黄　飞
黄循学 蒋祎烨 金　鹏 孔　婷 匡广忠
赖龙隆 黎　鹏 李　可 李宥梁 刘　佳
刘小曼 吕咪咪 罗　旋 罗召美 南明莲
牛红雅 潘海飞 秦　婷 任春富 任景景
佘小平 申春凤 孙晓威 唐光慧 唐志斌
王帮开 王　丹 王　金 王　双 文香平
吴胜兰 夏儒国 徐　丹 许武光 杨小洁
余其洋 袁　凡 曾德劭 曾宇晗 曾玉婷
张　芳 张海美 张泽鹏 赵明骥 郑　磊
朱雅栋 左麟峰 罗伟铭 江　周 冉姗姗
郑荣华 李海洋 胡姿燕 徐　婷 吴铭凤
李　亚 李振智 魏　韬 肖文平 俞志军
苏少为 郑春苗 孙　彪 李文华 吴彩有
弋　萌 张　亮 李　娟 郭　亮 李婵娟

### 园艺

李　晗 冯公武 洪世阳 李　冰 李晏萍
王夏颖 徐　斌 白云锋 蔡春丹 蔡永飞
曹羽贤 常艾珍 陈春喜 陈佳佳 陈李叶
陈　媛 程一哲 邓承贤 范美莉 黄宏宝
黄　燕 贾　媛 李国萍 李红平 李梅艳
李　星 李源志 刘　斌 刘艳荣 龙凤琼
罗轶奇 蒙丽云 庞士清 彭　德 司祚显
孙　娥 王　敏 王思鸿 文仕兰 吴海梅
吴倩倩 向　舒 严梅桂 叶冰冰 尹洲云
曾　亚 翟丽艳 张孟文 张　萍 赵钟鑫
郑邦娟 卓　玉 刘卫峰 肖　杰 陈言究
易　沁 武　迪 冯红玉 马武强 何小花
孙海燕 秦燕琼 胡淑芳 曾祎婧 朱文娟
李双双 王浩锋 仲月明 暨　澎 易文志
傅小宾 余鹏波 黄杏英 叶小巧 关东海
任　苗 蔡永琴 苏　红 邬兴涛 廖　芳
张　啸 谭芳丽 高海娜 张　宇 郭兴泽
龙　贵 郭　钰 代万益 王彩霞 杨　妹

徐媛媛　高小真　丁晶晶　吴贞萍　周亚琦
王莺璇　吕　晶　韦　凡　黄位珠　刘　莉
胡先贵　欧阳晓娟

园艺(果树方向)

邹小芳　朱志壮　郑勇健　毛英姿　王兰兰
李　伟　何　维　滕孝锦　廖乃卜　郑必帅
陈少君　郭燕滨　徐辉峰　宋圣根　陈传芳
陈炎标　高金芳　伍尚辉　李颖颖　李金明
唐丹琪　张　连　黄先伟　姚　健　刘智能
安慧珍　肖慈云　夏　兵　陈　婷　谢守梅
范玉杰　何　超　李　茜　朱　兴　蔡惠玲
朱丹琳　范　飞　熊迪妮　黄晓玲　欧阳雨函

园艺(花卉与景观设计方向)

陈昌林　李传总　赖高宏　丁书仙　蒙真铖
钟培钰　梁芝绵　潘立嵩　兰国鹏　张宝利
么文仪　于玉娟　庄淑彬　陈松福　江宗林
魏　薇　施桃云　朱伟玲　李文蓉　欧艳丽
黄伟清　钟彩华　丘友达　刘明明　廖　倩
王　娟　王贵美　向　阳　魏　薇　刘　兰
邹琪莹　龙燕婷　韩留光　董艳红　喻　娟
张兰兰　朱思璇　黄　雪　杜　松　段　艳
赵玉飞　张如瑶　李　涛　陆洪玫　王婷婷
简冲冲　王艳平　向　颖　黄　硕

## 环境与植物保护学院

环境科学

何建刚　苏文学　李光明　赵艳方　王娇娇
石　彪　王　熙　谭雁予　廖丽萍　陈爱雪
孙　文　杨　坡　祝海平　何　磊　于爱琛
郭胜群　李鹏志　谢昕峰　张志向　操　亮
李　凯　魏　华　曹　驰　王　莹　牛雅典
潘　波　王淑梅　赵利伟　尹　涛　王　菁
张媛君　赵明江　徐　鹏　李　蓉　谭宏伟
鲁坤生　张结华　张　豹　彭银霞　徐　莹
钱慧玲　朱　正　王明霞　胡晨晨　冯　栋

农产品质量与安全

苏满凤　周家剑　李艳光　黄生精　潘艳艳
王小建　崔　恒　李　博　罗靖渝　黄　勇
周　凤　林雍竑　刘陈杨　郑衍龙　王　健
张丽芳　蒋辉平　柯　岩　黄小筛　陈瀚妍
田　超　饶　勇　李学林　唐　勤　廖巧周
李俊莹　刘　鹏　高　欣　张旭沼　吴安安
谢佳芝　陈芙蓉　付　斌　彭神风　徐　力
吴元刚　张延茶　陈　芷　牛联军　胡　博
杜公福　石秋明　欧阳早红

植物保护

廖泽达　黄彩霞　莫坤联　潘德健　刘　羽
傅海州　吴燕玲　吴志平　林高亮　魏铭丽
张妮静　曾建民　张九兰　文　静　洪志忠
赵一繁　刘冰霜　王　瑞　肖凌杰　何海平
朱　超　赵　茜　涂　胜　汪晓雯　卢俊锋
黄国樑　张胜良　林　江　陈云铃　柯兴业
王延丽　王寅霄　李　颖　杨文金　林　珊
李明璇　龙　争　陈　瑜　孔德敬　李　琳
朱泉舟　刘　健　陈文坚　王　媚　李嘉嘉
韦增才　韦爱娟　张相敏　蓝芝思　万　靖
胥世玉　黄东山　纪凤娇　邹游兴　俞群伟
陈晶晶　邹蒙蒙　曾隽颖　劳育英　贾博峰
黎　亮　王　维　文慧晴　罗建军　谢伶哲
冉茂盛　左　群　方　园　谢　辉　唐登亮
李姝颖　代元堂　王　芳　蒋文龙　王应章
钟　妹　李　婷　谢　瑛　刘　昕　李　晋
李　华　李灯球　郑　丽　李博勋　张　盛
叶　虹　刘安良

植物保护(农药方向)

梁云学　容国钧　苏　丽　雷志洁　万春惠
向　桠　黄有航　黄勤剑　陈　宇　叶金灶
陈安妹　邵　飞　杨　焊　朱智明　陈德强
冯广荣　杜志敏　吴翠婷　李佐珈　雷博林
严　志　赵　丹　张　良　唐　彪　江平康
史俊良　陈深义　黄德绪　饶红芬　姜万福

张 烈　付 波　杨向贵　田齐东　王永刚
张 颖　李春红　王丽雯　章 武　陈奕梅
邓昌盛　赵剑波　陈少勇　符玉晶　符策博

植物保护(专科起点)

贾 佳　李 莉　曹达伟　刘思远　雷照鸣
赵浦宇　王益祥　姜雯婷　张振华　罗 欢
董小平　李寅飞　赵凤鸣　廖张波　杨立志
包代堂　吴镜泉　李园丽　李 舒　古 鑫
谢 恒　王 昕　李 聪　车江萍　刘笔灿
张周辉　宁庆善　曾文君　陆 敏　沈 蓉
刘会娟　沈乾敏　张罗伟　张继鹏　曾 园
韩佳宇　王 帮　谢祖健　朱 婷　张敏娟
肖妮妮　傅衍毅　梁荣建　邹 瑞　骆文婷
岳建军　蓝华敏　许广意　常东东　高亚萍
唐春园　代威威　黄智勇　陈艺彬

制药工程

黄英旗　卢远倩　任双喜　孙亚男　张朝辉
乔俊杰　佘 露　黄梁财　张迎春　黄 鑫
张雪芳　杜进辉　单超刚　冯玲玲　侍伟红
吴水平　陈文佳　孙静文　李晓凡　师 超
曾跃鸣　徐 军　王 鹏　李 健　张 强
安 勇　陈 伟　范晔波　杨 俭　敖锡琳
刘清礼　许红萍　韩 芮　胡加来　曹 琬
付 倩　卢 璐　杨光荣　林 雄　韩益畴
唐俊茹　王延峰　王龙帮　陈荣亮

## 海洋学院

### 水产养殖学

张 伟　李 嵿　林 佳　陈 函　张坚强
陈培艳　朱晓平　魏 柯　曹杨林　庞道典
黄兴乔　韦清艳　许飞鸿　吴育端　兰 杰
郑 飞　王彩云　张 海　林成龙　陈金芳
徐明海　黄晓玲　陈凤英　钟家玲　卢嘉斯
黎维振　王康乐　周 亮　朱 林　张娓玲
符俊梅　李 军　袁立元　符龙榜　苏 艺
林 挺　谢瑞日　覃水胜　黄 丹　钟丹琴
符传良　洪德保　蔡水局　彭玉姑　马绍杰
叶朝翠　冯学超　郭若溟　黎 飞

制药工程

王 池　王 仙　冯 光　籍建荣　刘 俊
陈丽娟　孙文辉　徐剑锋　宋 蕾　贲前名
杨 影　邢洪丽　张 俊　王 迪　蔡 玉
张鹏程　李磊磊　高 洋　洪 流　刘繁华
王 蓓　侯志茹　高元盛　杨婉玉　孙定婉
林小娟　张 娜　吴秀锦　卓 栋　颜礼兴
邓 辉　罗 娜　刘 慧　吴红梅　仇 勇
楚 慧　樊江涛　孙乐花　师 蕾　李 阳
张文皎　龚惠娟　朱珍珍　韦 唯　邱 超
冉 涛　蔡志华　王波超　敖斌红　黄 伟
罗 俊　李 松　程庆有　李姗姗　闫 辉
刘志文　鲁钰霞　张 龙　吴 琳　谭 部
肖国鹏　王海妹　梁桂莲　赵雪娜　罗 薇
陈金玲　张晓曼　李 亚　高芳壮　黎铁平
张雪莲　王 霞　陈文晓　冯顺发　谢娜纯
莫位珍　莫翠山

## 经济学院

### 工商管理

吴育洪　魏国娜　马国凤　范高秀　郑 刚
刘家亮　吕振国　孙 浩　凌金亮　邱绪光
闫明哲　贾炳林　赵秀军　翁全雪　刘 毅
符林红　李申贺　刘雅恬　陆 婷　罗 松
洪其宁　洪 鸣　陈 飞　顾 帆　周帅伟
张柏鹤　杨 芮　王 波　邝清永　曹 燕
孙东来　易 平　戴晓亮　付海峡　于 斌
赵 欣　李怀洲　刘智勇　毕英莺　熊 敏
李春媛　陈 梅　黄泽平　陈 娜　冉红霞
陈 婷　欧 映　张丽霞　陈淑娟　杨体珊
董燕飞　吴婉婉　廖晓锐　赵倩楠　苏宏斌
周玉芬　刘扬景　文秀甜　吴 笛　王 振
闫乃进　杨喜东　张 倩　聂朝辉　黄贵芳
朴 玲　何 亮　邹武林　李高平　刘 鹏
边孟娇　姜红艳　王朝霞　雷 剑　胡嘉琦

[illegible]
朱顺文 陈 欣 陈小亮 吴艳艳 李 琳
李建龙 车星宇 蒋志纯 丁小蘅 王 猛
高 琴 杨燕红 蒋 鑫 罗 锋 蒋红梅
张立影 李杨杨 张 俊 殷道军 宋云锦
梁 天 李七胜 黄建琴 佟诚昊 刘持见
赵 灿 靳 军 刘佳佳 王彦斌 武 琼
朱莎莎 易凌泽 刘艳红 马 丽 孔 璐
舒 婷 杨 燕 陈泽升 叶子萱 杨 丹
周 转 符 珍 黄 艳 符 翔 潘 涛
方文娟 陈 伟 惠继盛 魏 萍 梁娇娜
李彦娜 薛世欢 舒建雄 舒衡标 周 霜
李能芳 刘 博 付丽霞 刘 婷 乐志成
韩慧娟 杨得财 尹成国 郑书霞 南校生
刘 婷 魏立民 刘 艺 张 霞 王丽莎
邱 梅 刘蓉芳 严嘉伟 项小平 王燕光
叶慧珍 张德宁 吴 斐 陈常青 钟 慧
陈小龙 刘 双 黄 石 廖武航 王照福
李芳莹 白丰年 王 珑 吴冰艳

## 国际经济与贸易

盛宇乐 贾永强 赵建周 黎 强 赵 璐
芮阳彦 郭玉磊 阮 彬 谢 勋 林书俊
苏 哲 梁振业 白如斌 李 伟 郭 蕊
叶 倩 刘 彬 王 盛 陈文艳 苗 芸
郭海波 李耀辉 张 昭 隋文亮 黄兴艳
田 甜 叶 飞 方文英 尹华旭 童望书
李 灿 王美霖 薛 建 凌 佳 曾春莲
李晓东 王洪娟 鹿晓波 何 璐 张亚宁
翟 娜 王劲羽 罗文琳 王碧兰 黄彦华
黄德源 龚芸斐 刘 芳 李 珊 董太明
陈家华 严海伟 连 萌 苗 伟 张清泽
何 珺 曾祥云 叶世英 陈 燕 牛艳飞
秦永艳 张晓霞 李 珺 郑叶红 谭 敏
邓光辉 夏 宇 周 盛 车 琨 万 全
何 帅 何 琦 吴东风 刘 晶 吴兆恒
魏晋星 田 媛 李纷纷 周 斌 曹冬梅
张东吉 蒋 晶 张慧嘉 王 飞 袁永娥

[illegible]
吕文文 赵 娟 朱丙宇 丘小倩 程彩荣
钟金彩 黄志超 徐 强 战 嵩 邹玉萍
张文才 夏 洁 石慧娟 刘宏维 王震宇
陈俊嘉 韩 冰 万小辉 童隆峰 张文彬
安 睿 徐 浩 李翼飞 张景玲 张 敏
赵 蓓 王 瑾 黎 林 付荣涛 夏文婷
欧家华 陈 雪 翟 羽 周海燕 王琦亢
胡安静 王奕婷 袁李武 陈 衡 汪 姣
张 阳 黄新桓 张燕翔 李 璐 卓 磊
钟晓妹 刘 鑫 黄 真 孙亚光 柳 静
周启友 张 彦 刘铁奇 潘 鹏 陈丹丹
王笃兆 林 姗 雷 靖 王 鑫 赵 飞
张 燕 李维俊 范智勇 刘 雷 陈 矗
邵雪菲 龙 俊 董增宁 刘 瑞 杨赵科
李 蕾 彭贤丽 梁 鑫 陈知丹 卢振环
黄春忠 王晓明 黄靖萱 王 洁 吴小虎
陈许权 黄秀珍

## 会计学

王 群 付 强 谢晓春 张能建 王意果
陈琤琤 黄 瑜 周小楠 秦小怡 陈 健
牛 阵 杨 中 刘彦炜 蒙恒明 林 玉
李冬灵 赵 曼 袁彦涛 胡 松 邓艳丽
刘姗姗 齐华伟 余春艳 刘正清 范媛玲
肖 潇 唐满玉 陈 雪 占明明 周小花
王晓洁 海 洋 常 燕 刘 静 万 利
晏承丽 王 艳 吴拥军 刘园源 姚冠峰
王志鹏 苏志燕 徐东升 李 婵 陈慧玫
周小楠 石国钦 罗 毅 周胜利 张国鑫
周丽华 杨 杰 苏 卡 谢晓丹 李秀颖
靳洁玉 叶丹娜 杨 利 谭旭琦 谭丽芳
钟丽芬 余移波 张 霞 周建华 丛丽丽
唐晓静 张昊静 韩 靖 胡晓峰 李晓帆
熊 强 王愈康 刘晓月 李荣华 费留宾
陈 琳 赵 静 林凯娜 林 燕 陈 丹
姚富民 刘智超 周冬梅 杜振华 胡相军
吴梦思 杨宏旭 孔腊梅 吴 锟 肖志芳

李林羽 王钰博 彭琼 邹伟伟 郭莹
刘萍萍 阮奎奎 王国 赵磊 郝飞朋
赵阳 岳婷 刘小飞 周薇 杨博龄
字亚萍 包佩吉 杨珊姗 魏雯 秦腾
张苑 彭力 唐丽妍 李明兰 吴晓芳
唐春菊 刘环 张艳武 李艳芳 曹德前
邓丽君 梁勇 宋玲 张新苗 李玲
孙丽云 余娟 沈火萍 周绯 朱莉
滕修珂 黄旗 李鹏 李慧 杨波
谭珊 胡海丽 唐顺 杨雪敏 谭丹
徐燕 乔丽娜 殷华 邵俊 王娟
王子文 王哲斌 岳慧 苏秋来 孙秀莲
李秀山 刘喆 刘曼琪 王珊 何敏
韦敏 乔丽 李凡荣 罗静 袁竞芳
王春秋 王杨森 王凤 资天敏 雷育成
韦朝芬 兰明玉 石美君 刘平平 司金华
旷茂雪 彭家华 陈昌渊 肖艳 洪亚玲
杨丽华 毛燕红 孙涛 夏志洲 贺昇平
林凯丽 陈琅 张文丽 刘霜梅 匡真静
王红运 李志明 经海霞 孙涛涛 郭丹娟
张莉君 宋正全 黄寿花 陈春会 许志强
方圆 胡娜娜 孙利军 吴忠诚 郭星
张静 张玥琦 马昕 韦时文 连雨晴
刘志刚 陈小宁 郑桂武 陈秋霞 苏丽梅
周岩 钱引丽 戴巧红 汤姚 罗伟平
唐德其 张文 杨锦伊 张梅 李艳梅
吴文锋 兀珍珍 田梦飞 于江毫 王静
陈新英 张宏森 叶雪婷 薛林峰 洪豆豆
吴春芬 沙志颖 马小雅 郎富森 陈芷莹
陈娇娜 任凯 周树涛 王文慧 张文翠
郑清程 杨晶晶 张秀秀 李丹 吴启雪
汪贵仙 张琼 王敬成 严丽 张奇琳
王肖凡 严建聪 李秀苗 蔡治帆

**金融学**

周兆才 王磊 马文静 谢品 李扬
史占军 李洪波 冯小琼 张飞 吴莉
陈琳芳 蒋东翔 王春光 陈美能 羊垂高
刘东亮 王佳印 马静 张石 熊汝霞
袁磊 钟丽利 向亚静 屈城 崔超奇
朱春芹 刘昌宝 龚少芬 王晓柱 莫晓梅
李一凰 鲍莹 刘敏敏 陈哲 赵月
周化东 寇宝林 毛梓奕 龚举龙 姚后军
李芳 肖静 邱晓 涂新文 侯洁玲
魏莹 王忠杰 江玉 莫晶晶 张琴
朱明龙 肖秀颜 张立宽 王文娟 贾春子
费久黎 程莹莹 梅朝亮 陈唯 何琼
李维扬 张茜茜 陈治舟 姜源 陈杰
刘文革 姚丽萍 马君 陈帅 张雪松
刘岳 杜江辉 晋茹 雷潮 刘小艳
廖津鑫 李亚萍 周国东 徐德志 刘秉飞
郭金妹 王崔 皮俊宇 张乐奎 唐雪花
潘甫育 常兴 段炳宇 贾李 孙金伟
方龙舟 宋军发 周芳 王湘梅 崔雪梅
吴学文 杨夏芳 陈阳 吴江龙 董春蕾
刘斌 王建科 赵微 李小亮 常河
郭敏 叶和平 李河江 杜飞 杨青
罗月 邵飞飞 刘勇 吴书裕 刘晓燕
侯全丰 王锐 林艺宁 刘鸿光 洪柳
王海月 周艳红 王在林 王亚兰 刘法庆
张璇 杨飞 张灿 谭娟 李鹏
阳秋琴 邢传库 黄毅祥 蒋文凤 王思琦
周湘梅 孙磊 王英豪 胡娟 李艳
南江 李丽 梅婧 吴波 范路路
宁富山 张见勇 赵元婕 熊贝尔 李红成
薛飞 黄霄 董二伟 徐丽夏 王林
符晶晶 甘昌晖

**统计学**

李珊珊 周光浩 梁丹 高卓 姚型涛
韩丽香 郭瑞锋 高林 庞洪杰 谢济
冉隆才 苏锦泉 郑双双 彭菲 吕倩
孙珍 王翔翔 周振 高升 罗素辉
李小伟 廖立芬 李振声 魏航波 王富强
刘东升 陈兵 黄莉 刘通 王静
李素霞 曹珂 吴金杰 王忠文 王贞兵

张小刚 申 春 王 娟 伍 曹 谢晓丽
方 曾 胡 冰 黄 [illegible] 陈绍文 李廷妙

## 法学院

### 法学

夏 言 卢芳宇 王 锐 陈 曦 刘 阳
曾翠敏 袁昌勇 孙 超 王动动 姜 蕊
张 波 韩 晶 刘 欢 于 潇 鞠 波
陈一博 杨 明 李娟娟 吴 天 贾晶晶
陈蜀梅 黄小芹 彭 勇 盛远平 宋欣怡
崔 强 陈晓晖 师万颂 李 洋 罗 毅
王丹凤 黄 兴 胡智勇 喻暄怡 刘美超
何海林 毛学媛 胡晓舒 陈少玲 程 鸿
梁晓玲 王海龙 蒋达波 史 涛 谭 川
李 松 苏泓遐 张 军 何 江 李国平
刘 玙 杜飞强 腾霄琼 牛 辉 王瑞峰
杨爱净 尹 鹏 吴 悦 李树雄 廖添彩
冀思梦 贾维康 韩 辉 吴 静 陈美璇
刘旷怡 方亚菲 高俊峰 杨贵芝 卫 伟
李 虹 章振玺 易俊宇 李 晶 张少琳
葛树孟 谢丽娟 陈会甫 苏刘东 郑 鹏
凡仁达 徐钰洁 彭达利 余 勤 方慧枝
何明先 陆 纯 杨晓琳 卓立运 冯学智
林 婷 伍一舟 林敏妤 邵大军 冯 兰
李 晓 熊承维 翟 晨 李文杰 刘晓燕
张 艰 卢建果 杜建正 余升运 杨 睿
赵显梅 孙伟峰 李丽欢 贾小静 吕振宗
赖玉娥 吴 坚 李 艳 侯丁华 王建国
许平飞 仇云义 高红梁 朱兆南 杨文昊
郭后芳 詹婉秋 詹掌辉 何 鸿 孙雁南
吴 琼 马 彪 李 鑫 贾 艳 吴永林
任金波 朱 薇 谭 宁 胡 彪 蒋 腾
刘 莎 杨秋慧 王松林 洪伟伟 李 建
代文强 江 丽 胡雪梅 刘 超 饶立玮
杜 秋 郑小丽 常 辉 张小虎 张 政
周 璇 李 娇 冯 博 徐 玲 王 栩
李影影 吴 敏 苗 林 崔洪月 党 冲
周丽娟 于 波 白红泉 郭媛瑜 芮正云

卢 鹏 邓海康 [illegible] [illegible] 曹 磊
陈 红 赵蜜蜜 王盐盐 刘广同 张 建
马 山 王 琴 卢 清 许者贤 陈良艳
夏运平 瞿 苇 向 民 唐新培 符秋燕
钟策文 曾祎莹 车双林 曾俊萍 胡浪涛
李建虎 李开军 张 欢 苏振刚 胡露予
高三婷 刘政文 李元勇 赵丽容 孔晓霞
高 婷 付明地 杨圣斌 蔡 立 黄进瑞
陈 明 杨 琳 王 茂 杨宝英 李金陵
江小琴 陈 源 王丽艳 蔡玉谷 廖 岩
彭 静 杨 华 梁远花 马渊博 孙媛媛
强恒甲 石明方 王 璇 李 睿 陈剑波
张 鹤 武金霞 朱一帆 温 渊 张文娟
鞠 尧 闫佳丽 徐志明 代 丽 井泉旺
吕成阳 占环环 吴思瀛 吕政龙 苏云云
李 秘 陈德超 邹 靖 林 华 姚 芳
薛思思 汪 霞 孙东飞 吴建波 李 娟
张 伟 张 瑞 张晓姣 冯 亮 向梓武
白玉兰 陈珂珂 刘世俊 关亚丽 李光秀
王 乾 何彩云 王亚洲 姚胜勇 张丽萍
陈永聪 王丽娟 陈素文 田红杰 刘思思

## 政治与行政学院

### 思想政治教育

张天骄 范 煜 肖 波 李文杰 李波文
胡怀予 贾雅俊 陈婷婷 刘显涛 温小平
黄艳兰 江 维 丁天全 张 峥 李晓星
崔林虎 郭祖阳 卢有安 陈雪妮 吉 森
范玉玲 吴晶晶 王智慧 周 方 华 建
郑立冬 王鑫鑫 史圣洁 张祖翎 田红楠
杜丽君 梅 励 余红军 廖艳梅 叶世斌
何 磊 余 菲 唐 康 彭记文 曹冰冰
赵会丽 骆 奎 张樱山 王惠宁 甘孙云
郭周芳 李 燕 吴艳虹 翁秀妃 李 南
伍 朵 罗子春 段九拥 尚 婷 周景春
谢春娜 林道敏 李燕燕

### 行政管理

王一乐　殷玮东　刘晓坤　马晓凤　张　楠
杨家俊　陈　维　兰　玲　黄　丹　肖　威
武若宇　王　峰　刘　伟　胡俊强　史维波
赵鹏程　陈文福　黄莹萍　李俊保　吴思怡
鲁安国　阮玲芝　刘亚亚　葛飞霆　王宇飞
崔月强　罗华贤　靳　然　雷荣华　吴　海
冯慧敏　刘连峰　刘　飞　赵　静　陈元庆
陈晓丹　刘　磊　蒙栾钧　尹　婕　石　颖
梁海波　胡志锋　王惠浪　林远森　袁　慧
张进一　陈玉魂　肖劲松　陈余娜　蒋志伟
吉晓清　林海霞　曾　丽　吴岳飞　刘运锋
李春锁　赖少春　李尚泽　张春男　吴　琼
罗正敏　郭圣洋　黄　兴　关天小　代林强
王传永　成　磊　郑震峰　张宇慧　张静伟
檀晓青　陈　琦　侯　亚　王彦磊　曹满扩
张耀奇　江　琼　杨　丹　王　琳　文超华
刘　强　李之明　李　梅　陈浩然　沈　衍
孙绪忠　赖　宁　刘建超　明卫其　袁子钦
王周辉　梁　晓　薛小娟　闫　晨　万德东
蒋文倩　聂绪波　张　炳　陈冠杰　符海珊
钟家苗　王芸芸　唐才智　谭宝容　田泽周
谢　沫　苏平妹　陈兴利　林友峰　潘新生
王丽娴　林　燕　吴钟霖

### 行政管理(公共关系方向)

陈荣清　罗　霞　李　明　彭俊杰　鲍　通
刘　冬　李志芸　宋小艳　廖文玲　何　丹
潘孝良　朱　宁　谭　慧　张丽微　张　鹏
江小娟　梁玉锋　林妙玲　韩　冰　代林林
邹春梅　程勇超　武湘庭　张桃文　马谢亲
王红起　马俊超　熊有诚　金　锋　张大鹏
陈楠楠　黎　丰　胡　春　张晓辉　朱军军
陈　达　陈坤峰　潘淑惠　黄炳宁　许　翔
刘　洋　贺　勇　董　超　李俊莉　陈英桃
汤新娟　魏小虎　陈水桂　黎　平　罗洁莹
周世雄　高　洁　杨秋香　李　汀　李中传
冯　亮　金　喆　李有果　白　静　屈孝龙
王俊岭　朱　勇　张　敏　马　龙　吴海洋
谭　冰　杨玉明　郑小亮　李彦良　赵庆玉
马　灵　于　欢　华海涛　李磊琼　王　岚
吕伟斌　袁嫣楠　周海燕

## 管理学院

### 财务管理

姚龙涛　翁清冰　麦　涛　杨远富　汤　颖
王　晴　杨宇翔　李　庆　胡　静　陈秋娥
黄　凯　黄　媚　徐丽霞　刘潇萌　陈　聪
刘友波　何中月　李隽瑶　冯铭华　刘晓妮
魏　伟　许　琴　张　婧　刘赛男　李美琴
张会岭　赵　璇　王相东　孟春艳　陈世海
薛　玲　任丽蓉　胡江静　李　影　王　飞
陶　巧　姚　慧　张丽莉　安婉丽　胡增凯
陈潇潇　卢　蝶　江　敏　刘廷廷　陈国方
李爱萍　谭　萍　魏锦芳　赵娜敏　叶佩佩
李伟军　陆　婷　周晓燕　李俊明　王　静
梁添富　杨　娜　李江涛　张利萍　陈元武
彭　易　李芬英　郭　超　王　鑫　肖　露
向周周　吕金水　方国俭　孙润雪　王　俊
杨　洁　范　钰　陈灵民　申　莹

### 农林经济管理

陈　春　林明慧　谭招植　陆海波　龙小丽
凌茂雪　袁燕鲁　淦　波　韩　镭　秦瑶霞
陈祖兴　张彩凤　杜　卡　王　静　刘　乐
蒋贞苗　谢金香　陈忠馨　任小冬　王　刚
黄英杰　张　莉　魏谋红　张树楠　李　彬
刘　宾　蔡　云　杨　红　成亮姣　李　应
袁力强　项顺舟　杨改琼　毕海福　杨文智
莫文静　黄天瑶　巩河贤　刘　慧　廖云东
傅真晶　郑文达　邝慧君　吴　颖　汤恩良
季卫立　罗志彪　李任昌　韩建虎　周　佳
黄麒颖　易　健　游艳英　戴　勇　张承琴
殷　磊　赵利歌　王银磊　程　鹏　杨晓帅
梁振超　黄　波　段风军　侯德勇　舒　波
韦　伟　张国美　刘金星　李燕清

**农林经济管理（专科起点）**

田　燕　朱　琳　张林敏　马宏宇　文　麟
陈彦君　陈雪峰　严　娟　丁方圆　宋丛锐
任思璇　彭　晨　王　鹏　李蓉蓉　臧晓娟
梁　锐　叶琼海　杨祚奎　陆　佳　舒红燕
张隽陶　徐瑜晓　邹泽雄　吕晓莉　覃章龙
龚智军　李有发　刘东辉　韩冬波　李　鑫
石　慧　黄剑挺　胡珍珍　陈　艳　周垂勇
李文进　黑　宁　陈学能　符占彬　邹　昕
赖　云　蒋　冬　刘上乐　袁　泉　张献刚
李延红　刘旖旎　熊兴燕　钟裔锦　旷文彬
金秀芳　胡敏婷　胡　才　刘　婕　龚志杰
史　敏　张　伟　翁业琴　罗　波　陈　敏
林　楠　郑振宇　侯燕金　胡远志　周水根
江佳茜　张赛丽　张汝琪　吴新萍　谢泽安
李　峥　何春霞　王国涛　刘会来　王　博
丁煌英　莫湘湘　周广鲁　刘冬云　刘能志
韦　胜　黄　军
[illegible]　[illegible]　[illegible]　[illegible]　[illegible]
秦伟欣　范晓珺　种　飞　[illegible]　[illegible]
吴洋伟　黄　志　陈胜勇　潘明军　鲁　辉
庞亚暖　令狐昌政

**市场营销**

朱明银　谢家兆　谭凤雅　邱翠萍　王昱昭
唐婗婵　陈　露　何泽友　何春花　柯小芳
任锟华　冯玉梅　陈丹荔　周佳挺　张克涛
刘　波　詹　露　李海播　胡建华　吕燕群
赵　盼　胡正瑞　邓文彬　刘小敏　郑尚会
青　方　李肖飞　宋万展　张艳娜　姚　伟
王应茹　陆文雄　于桂杰　杨磊进　刘　魏
张　玥　胡长宇　景　莲　王旭升　廖世梅
李其轶　吴其彩　宋　云　初建峰　朱金秋
杨晓娟　袁仁婧　林　洁　牟一姣　陈惠姜
肖英华　刘　硕　吴孟锋　郑仙蓉　李中原
张　健　洪　帆　刘燕刚　郭桂兰　梁灶连
赵红兵　王　华　李鹏欣　蒋丽霞　张　蓁
王　芬　孙昌杰　张华见　刘　萍　倪书闯
谢　星　郝　雨　雷小方　朱正琼　任明伟
代焕杰　万　琳　何思颖　陶承湘　朱彬文
吴晶龙　庄跃青　吉才娴　何其敏　周杨雪
赵延松　黄国强　吴　刚　肖仁树　范　月

**土地资源管理**

王朝杰　周　涛　周宏斌　李均勇　王保杰
胡秀艳　高　超　周远航　林惠萍　苏　敏
杜佳娜　李　鑫　仲　健　周艺聪　张　丽
蒋　婕　杜文静　胡　蜜　黄　莉　蔡国辉
周　放　王　彬　卢建锋　张少禄　潘　涛
廉　敬　洪予华　梅卫威　朱　辉　张金辉
保雅君　王　娜　杨建飞　骆惠斌　孙小霞
阳益海　李　佳　杨永明　彭菲菲　赖　魁
唐涵敏　陈　娟　冯　峰　张晓峰　刘　阳
方地长　周建立　吴逸群　张晨曦　高　芳
田勇刚　刘　琳　蒲宏杰　侯星星　张　鑫
祝仰敏　张玉靖　曹兴钰　郭忠堂　余　隽
曹海霞　陈　威　杨凤林　郝炳君　陈建春
王晓雪　李　洲　单宇意　孙振亮　苏世玲
李欣倬

**信息管理与信息系统**

伍国文　李盛洋　曾祥汪　汲　磊　李彩荣
张　杰　金　铁　李　军　邵太鑫　魏太强
王　毅　曹腾飞　赵　敏　苏　跃　应兴力
余洪亮　方建春　蒋红琳　王　成　杨　冉
满　颖　杨　军　吴俊锋　关冠豪　杨　明
王　浩　王　斌　何爱洁　李振兴　彭　霞
邹　滔　戚高榜　苗晓丰　徐　阳　朱建强
陈　鲲　郑远江　于兴玲　赵义龙　肖　云
苗嘉伟　景　姣　皮云涛　王真鹏　童　文
赵长阜　高　嘉　冯　强　谭　泉　董娇娇
徐凤英　贾宝明　张海清　张明志

## 旅游学院

**旅游管理**

杨　玉　敖燕军　刘花云　吴浏洋　刘莉萍

王璐 叶建微 张珊珊 范建萍 聂婷
赖毅华 罗亚男 黄辉勤 王玲娟 唐美娟
李英姿 朱富 彭都 丁启洪 蒋金明
刘萍男 诸润敏 刘爱金 王磊 代志
姜兴中 肖娟 曾春明 邓飞翔 严姗姗
袁晓丽 钱黎 张扬 朱壬北 陈秀蓉
肖衍丽 张伶 叶岚 黄璟 钟杰
刘柳 胡睿 梁志强 赵娇玉 陈婉婷

**旅游管理（企业管理）**

常秀峰 郝佳 李丁丁 高斌 赵丹
王旭 古国江 窦硕豪 曾诚 吕荣超
余志敏 张天龙 寻礼平 杨厚才 卓启金
蔡芬 曹原 陈君 陈微 邓灿芳
甘立武 韩清凯 胡婷 黄春梅 黄坤
江念武 蒋德喜 解敏 李微 梁元
卢云云 罗漫 邵帅 苏丽 苏文雅
唐婷 万红 王丹 李聪 文亚燕
夏秋芳 徐涛 徐艳波 张剑飞 赵冰玉
赵香燕 周西超 陈异宾 戴莉群 封芳
黄伟 江飚 雷大为 李贝蓓 李臣儒
梁永康 刘攀 石磊 苏兴山 孙嘉晗
田欢 王海宾 王丽艳 文瑞彪 谢佳政
徐晓毅 杨凯 叶珊 岳莉 张广君
张园园 宗兆丹 欧阳显风 欧阳燕军
吕姚冬东 张齐晓洁

**旅游管理（人力资源）**

陈国秦 吕超 丁沙金 史丽艳 黄志成
王龙 胡思勇 欧春蕾 张洁 郁再凯
王祥 王闯 邹全华 雷晓莹 孙嘉俊
徐春秋 张冬花 陈汉香 陈修利 陈芸
何岩 甘志军 葛丽丽 黄妍 赖携岛
李佳 李灿宏 李慧 李倩 李泽绵
林梁 刘超 刘惠梅 刘通 骆伟
潘桃春 裴宽 浦仕冕 孙慧香 田茜
王渊 谢丽君 杨婧 杨学美 俞良方
曾燕燕 张传具 张欣 周宇 朱峰
蔡庆煌 陈成 陈静 陈梅 丁艳雅
冯亚毛 甘英菊 高璐 桂敏 黄成
黄改 姜贺 蒋万奇 金晶 李锐
李晓娇 林文静 刘芳伶 刘晓玉 马丽强
庞佩 盆小兰 商艳艳 苏娇元 田洋
汪志强 夏虹 谢永川 杨竺 庾建英
曾祝利 赵丹丹 郑琴华 周舟

**旅游管理（应用日语）**

朱琳 游璐 李钦 张蕴 梁超
贾洪艳 谭晓明 钟琳 吴俊杰 杜鹃
于寅 代冬梅 易胜洁 陈铃玉 赵超
高冰冶 倪存领 张波 黄煜 刘逸婷
丁虹 王宁 李晓唯 唐昌松 孟凡卓
兰家骥 刘志恒 吕嫱

**旅游管理（应用英语）**

裴士兰 高乐 刘佳 韩云娟 黄翠玉
雷琼英 李玮珂 梁海燕 刘释空 马恒恒
闵寅秋 苏会娜 王明明 王沛 王伟杰
吴鼎 吴娱 杨丽霞 杨伟 喻双青
云黄艳 张芳芳 张志文 赵佳 赵善梅
郑健 朱苗 朱千靖 邹敏妮 艾剑南
常晓 陈洁 迟迅 黄畅 姜芳芳
蒋伟平 靖金静 李刚 刘辉 孟彩佩
石明会 苏德民 唐杨 万永涛 王佳菲
王健 王婉 王玉舒 韦丽莉 温强
谢雅琼 徐镠 徐雪 姚斐 曾光莹
郑禄强 朱小慧 汪昌盛

**市场营销**

杨昆 郭晓明 钱叶颙 拓新乐 李薇
马剑 罗燕妮 罗旬 罗文秀 罗菲
吕艳芬 鲁静 鲁继光 卢业锋 卢涛
龙兴 刘园园 刘永久 刘亚芹 刘天波
刘硕实 刘守波 刘群 刘巧 刘琦
刘丽娜 刘超 林少芳 梁永存 梁亮
连海明 李泽方 李媛 李旭 李伟

李仁刚　李　倩　李启龙　李美香　李海波
李　兵　黎凤英　黎　婵　雷晓鸣　兰　青
孔小仙　金　峰　黄玲洪　贾晓林　吉加益
黄诗诗　胡振志　胡小英　胡　菲　候庆丹
莫彩华　何　冰　郝志敏　汉景志　韩泽彪
韩　博　郭耀波　顾安邦　高满玲　高　峰
付书锋　符英娜　范昌银　杜英凤　杜　高
丁小琴　邓李琼　陈运鸿　陈有辉　陈小林
陈善史　陈　宁　陈　磊　陈锦龙　陈辅标
陈春燕　陈柏蓉　曹宇田　曹会席　卞伟昌
左文星　朱吉鸿　朱海滨　朱冰兰　周永奎
钟胜蓝　郑　琴　赵　尧　赵二动　张艺山
张　旭　张晓明　张文强　张丽炜　张　健
张家伟　张　斌　张　滔　詹成成　曾洪亮
臧来媛　臧　芳　岳　文　余春梅　印丽丽
杨仲彬　杨裕林　杨　乐　杨惠岚　杨海平
颜　芳　许　忠　许　春　徐新龙　徐培渊
熊友国　熊　卉　熊　芳　谢琴琴　肖　涛
肖　蓉　肖炼成　肖　爱　伍　颜　吴英奎
吴　迅　吴上飞　吴丽香　温艳丽　魏崇芳
韦衍丽　王自美　王　宁　王　建　王佳丽
王怀欣　王凤先　李　聪　王佰华　田　宁
田　洁　唐小香　唐　欢　孙　珍　孙　燕
苏丽英　宋俊超　石今金　容玉姣　祁竹君
彭国栋　倪　琳　蔡亲妹　袁春燕　刘秋萍
胡光旭　范明华　刘　伦　张红枚

**旅游管理（专科起点）**

何润娟　许雅妮　代晓明　刘成龙　容　贺
苏春燕　张　欢　薛同舟　刘　佳　李　敏
陈金秋　董　双　胡仁洁　杜　炫　彭　蝶
易国权　邹会云　曾　婷　邓国勇　陶　蓉
林玉洁　熊　俊　马婵婵　孔洋洋　刘艳丹
郑　伟　付素云　任　乐　孟　燕　吴　伟
王荔薇　苏秋明　李福芸　李微妃　耿　翔
卢思超　张　宏　左剑锋　曾　琴　涂　金
孙利萍　余思航　吴君曲　陈鹍鹏　曾仕材
吴海洲　敖雪莉　刘　云　詹　婷　杨　柳

周　青　何　征　李　杰　晏　伶　叶　玲
林卫华　文　静　熊焕焕　彭　翠　蔺俪俪
刘亚平　刘　芳　隋　佳　邓微微　陈　畅
李平凡　何燕妮　尹秀梅　林于华　陆　晴
周　艳　刘　瑾　姚旭东　尹溢佳　杨琪云
匡小娟　郑菊萍　郑燕玲　李　平　李明立
刘亭亭　卢　娜　毛钰晴　杨　昊　赵俊霞
王　瑾　聂惠峰　张渐璇子

## 人文传播学院

**广告学**

郭晓冬　赵文丽　谢　丽　陈伯栋　张黎明
刘　波　苏文婷　关　健　李　炜　杨　昭
孙语晨　刘　卓　王　骥　陈建宜　朱筠丽
白莉群　谢艳刚　孙广明　吕金孟　冯丽英
杨　政　张　吉　王添一　尹　宁　郑贤良
王水丽　马　晓　段　超　戴　芳　王礼超
王增林　马蕊波　陈　为　杜兆忠　刘国荣
施志文　李维轲　吴慧宇　黄　晶　郭江燕
银　环　杜兴彦　袁文静　黄　鹏　符雪子
陈小妹　王晶雪　李　燕　朱　燕　金　荣
胡志敏　贡汉军　杨　漫　袁　愉　刘　吉
王海斌　慕明亮　王志博　杨振国　李华博
霍　晓　石美玉　高　丽　韦昌杰　郭　勤
潘翠萍　王华杰　查　奔　周丹婷　郭　磊
程　琳　唐朝文　张　路　陈　瑶　李燕燕
何雨阳　魏建华　张雪菲　王高飞　冯　蓉
康靓宇　李　荣　陶　萌　吴小迪　周　勇
张　婷　吴梦君　王　登　梁　传　李　艳
张　超　刘佰霞　李春毅　陈　倩　邓玉婷
黄昌乐　柴守岩　李　伟　张　倩　钱俊俊
黄小龙　孟俊凯　何利利　张小艳　鲍常顺
赵　艳　梁　艳　刘瑞英　周　璠　孟少峰
陈　琳　范明湘　黄　春　何　鳌　谢林娟
陈晓倩　简柳丝　尚　希　王保军　刘春生
符锡耿　欧阳建文

**汉语言文学**

盛洁　赵德旭　黄专　吴思邈　高航
王世丽　李鹏飞　董若冰　孙雅宁　王珊
王富强　史小兵　王江　孙宝娜　辛露
刘蕾　丁祺　代婷婷　徐兰竹　赵丹丹
任晓鸣　马驰　张昕　杨旭虹　黄召仲
陈治安　陈学群　何先凤　吴礼旺　廖小刚
孙长乾　周彦　宋泽天　闫晶晶　杨珍
张慧　马旭佳　林浩　许李萱　高红岩
欧慧丹　蒋文奇　陈荣宝　杨君　仇莎
饶洁琳　秦凤梨　惠婷　张丽红　任明兰
吴海珠　卢少敏　刘丽丽　吴雪花　莫生潮
郑一萌　高艳平　唐燕　刘俊秀　寇芙蓉
陈关祥　王萌　刘艳　杨浩飞　程智伟
杨文玉　李春燕　苏杰　胡小霞　邓文涛
易征正　田菲　黄潜星　黄佳丽　孙明明
张艳　王哲莹　杨昌岚　孙珍　俞婷
李振　耿文菲　张永　吴龙　卓婷
任玲　袁汭文　甘资鸿　罗婷　钟声璇
余玲艳　陈丽娟　蔡亦广　王献文　青格乐
姚亮　龙世锋　何昕　郭泓尧　胡晓超
魏鑫　何琪　周俊芳　周丽丽　许哲
赵鹏远　曾艳　王伧　沈晓彩　李琴
孔令建　夏洪凯　周继巍　黄丽珍　郑俊朋
葛蒙蒙　黄荣亮　任玉杏　沈红晶　封丽娟
平霞　陈松　展路路　殷霜　曾小红
邱昭昭　张旭霞　李程　刘亚　张茜
郭玉秀　陈显雅　李静　郑琳　关建文
陈运钒　王彩金　刘毅炘　黄掘生　陈啟亮
余秀宝　管鑫　崔永超　湘靳宇琪

**戏剧影视文学**

徐露　韩云宇　杨燕　王伟　万峻江
宋淑青　万圆　赵紫梅　杨汝惠　汪娜
李妍妍　张宏伟　易智健　周静　郭超
张超　马好帆　才华　曾琪　温秋燕
孙芬芬　张敏　乔乐　张珺　张秀洁
邹婷　万艳华　朱金发　王梦巍　赵帅
潘莎　刘沁　卓丽丽　严飞　杜鹃
符超　郝艳辉　英启玉　桂介六　陈丁丹
陈红花　薛婷　周娟娟　李红霞　李娥飞
刘芳　杨秀碧　周颖　朱亦翔　张华
林楠　彭涛　曾丽　蒲晋松　张可
杨海丹　蔡为润　曹一舒　刘玉亮　张晓花
张勇

## 外国语学院

### 日语

王韵　曹晓辉　鲁威　吴如蒋　吴小丽
张世艳　温猛　于晗　刘瑞萍　王卓
王丽颖　李有佳　杨洋　袁平　李金贤
罗兰　曾双明　杨威　王刚　徐静静
金哲　陈青　段妍　南屏秀　王晓燕
庞成程　赵磊芳　邵伟青　雷明慧　陶琨

### 英语

杜学刚　高志勇　秦蕾　王晶晶　关健
蒋鹏程　黄刚　尹校　韦金龙　杨雪萍
段琛琛　吴胜男　周翔　常芳　焦扬
袁玥　金红梅　余莉华　孙剑　史凤丽
张磊　丁建兵　朱超　王康　李世慧
王洁　孟莹莹　刘贵军　谢经松　乔娇娇
甘海霞　张乔雪　陈鸽　王爱霞　童桂雪
徐春兰　李智华　胡寅洁　杨敏　张芳
翟瑞梅　李玉萍　李彦宗　姜萍　宁静
董婷　陈运苗　王少靳　张姗姗　辛姜
黄春丽　杨威　金泉水　李杨维　温春瑶
孟娜　贾王帅　王晓楠　田黎杰　王宏
王菲　曾富秋　付述豪　王文娟　石波
王相龙　李珊珊　温贵亮　陈婕　李丹
梁紫芸　戴佳佳　王敬华　郗晓丹　赵灿
刘菁苗　尤丽　王辉煜　周灿　刘晓凤
唐珍珍　王晓旭　司丽丽　林阳　卜爽
岳艳　白绍艳　徐桂英　王胭茜　王琼
姬剑鑫　李琳艳　张涛　秦雅超　杨君伟
常可一　严晗　王俊峰　吴琼　葛明星
周亚菁　邓群英　黄娟娟　张帆　刘晓瞳

娄长晶 刘小田 贾小静 郭琳娟 梁湘玲
杨艳宁 杨淑婷 李 露 胡元媛 郭文娟
苏金福 马文燕 祝红虹 张雨墨 于晶晶
袁 莉 张秋娣 潘启予 凌志清 李 迅
赵佳佳 陈志博 李菁楠 熊章欣 胡新秀
彭 琴 罗 娟 何芳冬 邓 敏 宋凤山
赵守菊 朱 莎 杨 果 满昌林 张天夷
何 花 彭艳花 孙 艾

**英语(经贸方向)**

林小燕 何丹丹 陈 超 孙丽娜 刘 洁
江虎林 李丽雅 杨慎智 卓安弟 陈海燕
孟凡健 关 娟 邹能力 封丽洁 杨云青
张 楠 李飞勃 张亭亭 羊际瑞 吕 亮
钱远喜 刘 佩 高文静 王 维 刘乔伟
陈 蕾 张启玉 黄乾虎 刘 艳 张 萍
李 建 韩启艳 王婉玉 符良姣 梁秀丽
张胜楠 马新涛 赵妍君 胡晓琴 郑建清
吴爱丽 彭文强 顾维维 毛琦琦 张双喜
曹 云 汤建华 卢沛东 张芳芳 费小莹
姬建伟 王 墨 梁甜花 李 胜 姚 俭
刘 利 邓 岩 熊广平 刘妍薇 别 夜
席 松 何飞燕 胡明明 潘阳琴 李生秀
何声芳 文彩春 黄宋玉 何莉菁 奚咏梅
李 群 李 岩 陈金晶 邱清锋 丘美兰
叶模军 马 飞 江美清 陶裕爱 林春如
张贵宁 江小妮 余 川 胥 娇 毛 敏
陈 丽 杨 娜 梁兴华 余小辉 肖华飞
廖丽娟 杨志伟 高月娟 鄢明霞 金 聪
赵海艳 赵 沁 常 敏 林 琳 潘林婷
李 倩 陈雪花 李红红 刘 连 任建会
杨 燕 陈为博 黄佑聪 项 奇 骆小敏
曾运通 赵淑妹 莫晓锋 麦丝敏 杨雪利
张玲娥 罗旭丹 许小利 彭 岚 赵 丽
张郝彩 王 果 罗稀文 田福宝 魏 红
张 飞 金 娜 杨旺琼 彭建会 牛倩倩
杨明珠 张 端 温思文 梁炳洪 李 云
贺 爽 郭小梅 杨光明 颜雪世锦

## 艺术学院

**绘画**

胡 兰 徐丽娜 王晓东 严淇璎 刘 欣
柳 阳 张龄愉 李 波 黄 晶 杨其颖
王 鹏 孙明光 赵珍珍 郭伟杰 符 潇
赵黎恩 屈有江 宋亚璞 陈 春 许燕娜
路 靖 支艳杰 刘 瑛 付雪娇 苗乾坤
龙福涛 温熙超 陈传深 尚英蕾 林 惠

**艺术设计**

徐晓燕 白振华 冯清培 周挺芳 宋海浪
刘金秀 李瑞红 李俊花 向莹莹 文 洁
曾柳欢 冯雪青 宋 磊 方俊廷 刘燕军
刘煜晗 李成银 焦方刚 冯 亮 王杜娟
张维纳 公 蕾 赵现伟 谯 娥 王宇权
张 建 易 锞 钟 丹 周昭柏 孙贻平
邓一鸣 马 健 刘 虹 孙 娟 张 嫚
刘 征 赵 锐 梁 勇 李 英 刘夏影
朱育娟 王迎昌 隋 丰 余明峰 邢 星
陈晶晶 吴晓莉 曾建设 刘 帅 魏薏轩
高瑞峰 张 艳 冀红利 杨虎英 陈金金
张怡然 刘泽勇 董晓然 王鹏程 杨翠云
高 莺 刘 艳 范文广 李 松 石 凤
杨 燕 叶兆祥 叶尧华 王 蒙

**音乐表演**

谭龙飞 邢 雨 孙小红 刘庆文 赵露宁
王英专 蒋丽丽 刘 婉 邵泳铭 何子文
朱慧心 王利梅 李 新 张美茹 荆 坤
吴治臣 刘丽娟 聂炳瑞 刘亚东 李溯源
唐 聪 段茜瑶 唐 梅 鞠丽君 张明夏
王 琨 胡连优 李 燕 邹文敬 柳 磊
刘元周 同 鑫 吴杭臻 董 波 胡 婕
宫 锐 栗 芳 牛阿妮 徐 苛 韩 瑾
赵 敏 高旭霆 段琛熙 陶洪霞 王雯婷
徐 果 姚 希 管黔浙 鄢 俊 孙雁鹏
张星星 张 璐 田 冲

音乐表演（舞蹈）

李雪敏 张 曦 赵士恒 周 侃 黄 露
李敏敏 董 珍 张 曦 张 锴 赵佳妮
林茉莎

## 应用科技学院

会计学（专科起点）

马李俊 周丹丹 杨淇圳 聂 锋 彭如意
田培群 林孟华 王 峰 林 海 郭跃飞
廖文斌 江秀珍 万江南 骆晓梅 刘施莉
陈学梅 瞿进清 郭婷婷 许文芳 李芳艳
王俊钢 李儒锋 万亚茹 何芳芳 阳小芬
皮锦彪 陈桂丽 李剑峰 胡 金 杨泽栋
邵兆炫 杨 慧 武 杰 陈 靖 赵元涛
王 兴 李 艳 豆冬针 张 静 刘文娟
朱 伟 徐蓓如 连璐璐 尚建英 黄丽萍
白 鸽 吴 迪 田 甜 刘 非 丁璋瑜
曾 晶 江美善 郭 艳 刘 茜 王 竞
李 健 吴 佶 毕 伟 冯 怡 洪 敏
吴修坤 许 飞 邵 升 向 纯 熊 芝
叶永峰 厉良燕 陈桦楠 曾 萍 于 香
李朋朋 李菲菲 邓传勋 吴文彬 桂冰娥
王春田 钟翠珍 寇海峰 郑 攀 伍 杰
郭俊彤 刘冬梅 范青峰 赵婕宇 薛 淼
张林江 陈 佳 陈友辉 高亚茹 郭菲斐
张 涛 赖雪梅 齐金建 刘 琳 朱益荣
韩 冰 房媛媛 尤 莉 杨乐海 刘 丹
申树林 葛双双 任文政 朱 明 江小献
刘 伟 杨光峰 彭冬梅 陈 荣 陈侃佩
蒲伦杰 姚 蕾 黄晓欢 张明燕 欧阳琳珍

市场营销（专科起点）

张贵兵 朱艳春 苏仲博 陈晓莉 谭 杰
田学强 陈 婷 刘万圣 姚 烨 闵 燕
张雅淳 杨二平 赵 兵 梁 飞 陈贵娇
赖华金 蔡晓伍 曾 佳 蒋芳玷 周晓媚
徐敬平 侯江猛 陈琼涛 刘美玲 马红霞
李 昕 梁 昱 张 岩 冉晓燕 朱梅芳
苟慧春 张凌智 董 峻 郭 琪 郭 巍
冉 敏 孟红生 唐文梅 任向伟 彭芳梅
宁 照 李桂花 杨东晓 陈雪到 李 伟
曹玉魏 张 余 肖伟伟 卓 丹 崔贻光
马知博 周俊杰 张 敏 袁 琳 段嘉林
薛艳蓉 刘延志 彭 楠 赵 娜 朱 杨
姜安宁 施秋菊 韩守涛 张延旭 江艺丽
谢神娟 姜 堃 陈金玲 麻伟燕 张 鹏
周 堃 王军旗 潘 峰 向金晶 张学佳
徐 淳 吴 佳 樊炳辉 陈自超 宋小宁
彭晓旭 张志亮 陈晓冉 冷晶磊 王 帆
赵海江 何 丹 张岩丹 潘佳佳 周海峰
刘 纳 李 雯 赵 航 高 建 荣 鑫
李志贤 张 浩 李娴坤 冉 琴 周 平
李 星 邢艳萍 靳 瑾 陈超飞 张文娟
范立静 董成现 李兆胤 童小健 石 瑞
张晓兰 王成刚 张子宁 黄明金 胡 桐
许盼盼 龚辉志

计算机科学与技术（专科起点）

赵 磊 孙亚飞 龚万辉 黄乔炜 齐伟伟
何继昌 陈 程 凡文豪 陈慧华 贺消兢
胡 宁 罗亮亮 黄光毅 周焕文 罗瑶明
钟美权 张 真 赵 艳 付遵民 姜德欣
许金圣 江海涛 毛 坤 刘东敢 黄 希
彭凤建 张延海 陶慧梅 张晓献 宋 波
王 芬 郭鹏飞 潘 波 吴 勇 马晓晖
高芳雄 纪 宇 樊列翠 徐霄蔚 罗平波
符气强 敬甫盛 王超慧 毛 睿 丁 浩
杨 芳 胡 广 龙木荣 李奇峰 孙涵深
李 伟 孟凡强 徐 令 郭 靖 曾一山
付贞意 宁美文 江剑伟 杜 建

# 专科毕业生名单

## 旅游学院

### 宾馆管理

周　茗 杨许栋 周怡荟 陈泽友 夏继广

### 酒店管理

陈　浪 陈蕾蕾 冯　锋 何春雨 黄　连
苏　兰 王　斌 薛蕃严 郑德义 詹广州
孙　燕 邱宇敏 符丹玉 刘　青 吴彩銮
符芳菊 孙亚青 陈　芳 梁美川 王浚毅
刘晶晶 黄晓瑜 文启斌 张　云 符史峰
王淑艳 张　婷 陈　宏 崔海花 陈翠鸟
卢丽妃 蔡婷婷 方晓晴 陈如之 陈承霞
蔡晓艳 赵　洁 杨　洪 杨　莉 蒋玉清
徐晓欢 林晶晶 冯和芳 陈　静 羊燕菲
林小童 杨泽冠 郑映华 陈世宁 苏　慧
潘林苗 何贤成 林慧香 黄彩霞 蔡　英
吴赛立 徐翠盈 陈明文 陈　佳 曾　雯
李宏成 王翠微 林先绿 蒋世葆 周青丽
赵扬丽 林小霞 黄江丽 陈善胜 张　巧
麦华颜 孙发贞 卢国义 符丹丹 陈太良
陈玛丽 符子丁 高　恋 卢大珍 朱丽萍
李　冠 王若瑜 汤喜晶 陈洁琼 蔡碧玉
庞　强 林春丽 冯培芬 姜　艳

### 旅行社经营管理

王　灵 王小莹 曾　灵 吕雪曼 麻　勇
周先武 杨　晨 符秋玲 陈　嫱 林柔妍
王泽亭 陈小彬 王冬霞 王族伟 朱　超
姚祉光 陈春娇 张家裕 冯　君 秦子艳
纪定兴 张　琳 冯银铃 吴育攀 孙婵琪
卢家伟 罗世通 曾　静 林立强 陈　柏
陈光忠 吴日重 冯　静 许辉飞 李少霞
林捷慧 李永辉 蔡土森 赖颖莹 王莉莉
郑生弟 卓文慧 邓小丁 曾　辉 王　婷
许彬彬 郑琼鸿 吴增燕 邢贞宝 王荷蕊
符兴发 林东昇 陈丽娜 郑梦姬 杨大鑫
李　冰 王玉莲 李晓芳 吴淑华 陈　柳
吴琼雄

### 旅游管理（导游与旅行社管理）

张显波 倪　铭 黄　婷 米　凤 傅　婷
吴云鹤 郭晨灿 黄雪芹 高　超 梁丽萍
姚　欣 符　浩 吴　楠 周经海

### 旅游管理（旅游信息管理）

吴生莲 陈孙才 符进宁 尹小华 黄　银
方天良 陈　程 杨　成 陈　旺 程显智
符文燕 李　华 李　睿 林辉杰 欧先景
王成嘉 王川杰 伍海军 张立林 凌　濛
郝　龙 范暘昊 黄　梅 王国斌 林　冠
徐　微 李　健 陈娇弟 梁少华 欧阳巧
吴　丹 邱　清 陈如康 杨海清 符相宇
赵克攀 王光童 曾慧芳 许泽惠 林明友
鄞骄云 符丽丹 陈国凯 文　会 陈天蕊
符冠南 罗荣丽 苏定飞 吴　艳 陈小伟
符玲玲 王垂江 陈淑铃 韦玉锦 周海蕊
王　钧 朱增莉 陈　大 杜尚婵 杜尚豪
陈　弟 黎仕娟 文秋燕 欧阳娇 戴　莉
陈春燕 王　玲 王　静 王怡文 刘　裕
王迎春 吴劲柏 范广见 林川云 符婉嫕
于凡迪 尹　楠 欧　江 吴　锐

## 应用科技学院

### 计算机网络技术

李乾源 刘小江 孙志鹏 王春晖 陈　颖
翟小秀 苏德勇 梁其凤 吴忠学 梁志辉
陈家峻 何其儒 蒲少坤 高　沅 符永萃
钟鸣洪 黄名招 陈少童 邓　腾 余正东
莫嘉文 吴卓龙 朱云逸 王其精 符志锋
石　磊 祝小玲 王向荣 张秀卉 李佳佳

王春娃　李世民　刘　苗　邝福林　苏尚钊
王之芳　游宇星　杨新堂　唐中浪　陶家权
韩　龙　孔小天　陈颖祺　丁　财　郑承睿
李曦哲　杨　生　陈　忠　陈兴宝　梁玉奇
黄守福　云永和　李贵卿　黄文冠　刘一明
许志飞　蔡汝坚　陈小新　黎威荣　黎儒江
黄　冠　甘　琼　符丽玲　陈　培　李新华
谭　博　吴金兰　李美林　应利超　周垂蓉
汪　翔　冉丽娇　欧阳继川

## 商务英语

唐鸿伟　何　雯　郑磊磊　胡传梅　刘桂霞
江泽华　黄瑞娟　曾　敏　王绍兴　王振敏
张志权　陈嘉俐　赵　静　庄小静　秦　楠
王惠珍　刘　帅　谢金兰　王　静　郑晓珺
蔡辉丽　王　茹　李晓倩　许彦婷　许秀群
陈晓菲　吴丹娜　钟英秀　刘　斌　陈鸿荔
李倩然　艾盛慧　廖永慧　吴　苏　刘　潘
王　露　范艳阳　路　健　王宗俊　羊丽梅
张美平　金丽荣　孙　楠　段淑娟　李小玉
蔡海燕　韦娇月　张　婷　李秀英　徐妍妍
韦磊环　王婧芝　苏　娇　叶民娇　黄小芹
熊海兰　田廉豫　钟玉姿　罗雪玲　王艳婷
林　洁　陈　瑜　符彩凤　韦心心　龚丽燕
胡　健　黄书生　谢　雪　谢代文　李　杰
石思琴　黄远霞　刘　晨　郭　莹　张振武
马　诏　吕翁情　浦绣滔　和素梅

## 会计(涉外会计方向)

陈侯尹　李　倩　王美练　符谋蕾　王　翔
路文芳　薛　雄　王玉娣　闭　耘　毛健波
王　阳　王芳帅　许　俊　占善聪　吴晓珠
柯　瑜　贺　琳　韩　倩　符青茹　黄天萍
王　程　潘奕丞　符雪梅　陈少芹　冯华文
谭慧梅　毛朝波　卢玉娟　林　荷　陈佳妹
林小媛　桂玉珍　李　斌　余渊丽　杨一月
刘　猛　沈帅鸥　贾燕玲　田盛榆　蔡世奇
邢斗和　杨灿星　庹　超　杜小明　罗　珍

潘张辉　黄玉文　马立民　胡伟光　王彩联
胡文兰　韦彩兰　王米娜　林彬彬　潘冠冠
王晓辉　吴多彬　吴光卿　曾　曾　邓春雨
骆　莹　钟　莉　吴志明　蔡于芳　童腊梅
陈　冰　李秀玉　孙剑云　赖文峰　陈小红
秦人秀　杨　泉　翁聪慧　陈　茹　梁　燕
李文娟　渠玉柱　刘朝贤　崔丽丽　陈曹军
束方建　徐俊皓　张全湘　尤玲燕　陈　玲
蔡清宇　何天仪　梁鸿伟　杨华梅　徐美虹
文　卓　李永文　李小倩　符少妹　莫晓倩
彭秋丽丝

## 涉外旅游

赵　莉　李中国　吉飞达　陈亚强　韩恒元
范玉林　徐　芳　黄健永　张小安　张　倩
欧　政　黎　聪　李勤凯　王亚康　欧上品
林志坚　谢小燕　童　玲　刘元翔　林家果
李　青　林海云　王应梅　薛桂合　钟水洁
陈红霞　陈丹云　陶香朝　梁佩娜　宋　琛
周　娅　殷思明　沈园月　刘俊军　钟园园
周　英　王　娟　朱益堂　毛海波　吴丹曦
吴章廷　李　坚　黎军妮　李芳芸　成　跃
李　瑶　付智清　胡　瑜　陈良金　邓丽芳
刘家伦　林冬英　区艳清　林海莹　廖书婕
覃　霖　龙　婷　黄修严　黄运辉　冯　鑫
罗　磊　蔡兴若　龙　凤　陈传艳　吴秋艳
阎胜颖　唐　虹　土映云　李霞丽　黎冬燕
杨　秀　李江完　符金意　李　楠　丁旭东
马　静　朱　国　陆倩莉　黄紫英　许　波
赵　敏　陈仕会　王　亮　陈婷婷　郑少琼
陈珍珍　郭　蕾　孙建春　王海云　杨　蓉
陈振宇　林子杰

## 园林技术(城市园林方向)

徐　敏　吴振龙　况皓云　唐川翔　郭佩宜
马庆媛　王宇强　江　英　李若涛　黄仁雄
冯太武　刘伟鸬　郭晓明　陶　陶　黄进才
黄香芳　陈　宙　林禄宁　吴淑超　林师华

吴清桐 林尤恩 吴毓智 陈思强 黄应丰
王招峻 黄振晶 陈建兴 虞南豹 赵朋超
董海峰 谢壮臣 符大成 吴振奋 吴小专
黄梅珍 刘芸芸 吴福娇 黄新丽 孙慧琴
黄国娇 李孟阳 王晓娟 许泽康 唐 贺
张勇彬 王 维 刘慧容 王 欢 肖 妮
叶 爽 林艺玲 田良峰 丁雨园 何 挺
杨 浩 陈嘉玮 陈文东 李光育 王槐岳
李以松 郑 霄 符景明 符式炎 卓书文
郑鹏飞 王召江 曾祥雷 王 强 王小弟
王学礼 王乃鸿 符大秦 曾 宁 郭益善
林 忭 刘绕妮 黎秀丽 刘 茜 王元英
邓丙连 陈必爱 周雪映 喻鸣鸣 郭亚平
秦 智 吴兰花 黄马良 周爱丽 胡益超
汪春松 王贝林 余良智

**园艺技术(观赏园艺方向)**

黄聪君 郑 瑾 韩日华 黄振卿 古紫凤
周佚珂 淳加凤 黄昌福 黎善昌 吴 勇
唐文强 冯海航 甘传礼 陈奇颖 何开铭
张凯旋 符平俊 苏鸿鹄 符策樟 曾祥大
钟芸森 韦泽辉 卢玉谊 郭美娜 吴笑媚
刘尧湘 麦丽莹 宁 敏 周 帆 孙 进
杨庆洋 曾金东 项嘉华 马俊友 王 鹏
于倩倩 杨飞进 王明乐 张培生 张梓钰
元 咪 曾萍萍 张中银 符传阳 柯景东
黎灵涛 何 平 欧哲昆 韦泽锦 王 盛
钟 晓 姜垂喜 李晓龙 林文强 黄垂嘉
叶小妹 陈运莉 王春宝 曾 丽 尹晶晶
周小妹 陈小丽 李晶晶 谭虎松 孙允升
郑智康 张小娟 王小平 谭雅素 曾婷婷
吴晓萱 张洪瑞 狄朋敏 高灿萍 张月淼

**电子商务**

魏春利

**电子商务技术**

龚 伟

**会计电算化**

王丁坤 王标峰

**计算机应用**

谭继文

**计算机应用技术**

李大仁 江 元 李 明

**市场营销**

许儒花 李瑞山 王朝扬

**艺术设计**

刘 勇 陈 镇 覃忠杰

**种植养殖**

麦舒壮

（教务处 提供）

# 科 学 研 究

【概况】 2009年，我校的科学研究工作紧密围绕学校的发展目标，创新机制，注重科研平台建设，狠抓科研重点难点工作，加强联络，拓宽科研渠道，取得了长足的进步。

【科研项目及经费】 2009年，获国家自然科学基金项目资助14项，国家社会科学基金项目4项，国家863计划项目1项，国家软科学计划项目1项，国家973计划前期研究专项2项，国家科技支撑计划项目9项，国家科技重大专项1项，国际科技合作项目2项，国家科技人员服务企业项目18项，国家农业科技成果转化资金项目1项，国家级项目共53项，批准经费2525.9万元。自然科学类部级项目38项，经费2096.1万元；省级项目55项，经费104.5万元。人文社会科学类部级项目8项，经费52.5万元；省级项目30项经费20.8万元。厅级及横向项目67项，资助经费732.112万元；校科研基金项目147项，资助经费565万元。

【科研成果与奖励】 2009年，我校作为主要完成单位，1项成果获教育部高等学校科学研究优秀成果奖（人文社会科学），1个项目获广东省科学技术奖一等奖（海南大学为第二完成单位），9个项目获海南省科学技术进步奖，22项成果获得海南省第六次社会科学优秀成果奖。具体是：

（一）政治与公共管理学院赵康太为主要完成人的著作“世界马克思主义理论教育比较研究”获教育部高等学校科学研究优秀成果奖（人文社会科学）二等奖。

（二）我校参与完成的“中国华南及邻区森林大型真菌样性研究及其应用”获广东省科学技术奖一等奖。

（三）信息科学技术学院杜锋为负责人完成的项目“一种补偿网络控制系统随机时延的新方法”、海洋学院段振华为负责人完成的项目“几种鱼鳔的成分分布规律及鱼鳔寡肽的制备技术研究”、农学院符文英为负责人完成的项目“海巴戟（NONI）规范化种植和精深加工技术及应用”获海南省科技进步奖二等奖；材料与化工学院文峰为负责人完成的项目“碳氧氮系类金刚石薄膜的合成及其力学和表面性能研究”、旅游学院胡涛为负责人完成的项目“电子政务中的协同工作安全模式研究”、信息科学技术学院陈绮为负责人完成的项目“基于灰色系统理论的蛋白质三维结构频谱研究”、园艺园林学院莫饶为负责人完成的项目“海南野生兰花远缘杂交及其杂交种子离体培养的研究”、农学院刘德兵为负责人完成的项目“番木瓜施硒效应及硒素积累特性研究”、海洋学院石耀华为负责人完成的项目“九孔鲍优质苗种大规模培育关键技术”获海南省科技进步奖三等奖。

（四）我校为主要参与单位、社会科学研究中心曹锡仁为主要负责人的“海南历史文化大系”（10卷104本）获海南省第六次社会科学优秀成果奖特等奖；政治与公共管理学院李德芳为主要完成人的专著“中国共产党农村思想政治教育史”、经济与管理学院胡国柳为主要完成人的论文“股权结构与企业资本支出决策：理论与实证分析"、学报编辑部郑小枚完成的论文"论鞭炮燃放的伦理隐喻"、社会科学研究中心曹锡仁为主要完成人的专著"现代化背景下的海南大特区"、法学院王崇敏为主要完成人的论文"论我国民法典总则中的知识产权保护规则"获海南省第六次社会科学优秀成果奖一等奖；政治与公共管理学院安应民为主要完成人的编著"企业柔性管理——获取竞争优势的工具"、经济与管理学院张尔升完成的论文"制度递延逆反论——一个典型制度变迁的案例描述与推论"、人文传播学院刘复生完成的论文"蜕变中的历史复现——从'革命历史小说'到'新革命历史小说'"、中国现代经济理论研究所王毅武为主要完成人的编著"贯彻科学发展观——海南干部读本"、人文传播学院周伟民为主要点校人的编著"丘濬集（10册）"、社会科学研究中心阎根齐为主要完成人的研究报告"海南文物保护、开发、利用与发展战略"、经济与管理学院王丽娅完成的专著"民间资本投资基础设施领域研究"、经济与管理学院柯佑鹏为主要完成人的专著"中国天然橡胶经济问题研究"获海南省第六次社会科学优秀成果奖二等奖；法学院梁亚荣为主要完成人的论文"构建正当的土地征收程序"、徐明旭完成的论文"达赖喇嘛的鬼蜮伎俩"、图书馆张塑人完成的论文"海南疍民问题研究"、人文传播学院焦勇勤完成的论文"幽灵与惩戒：从电影《青红》的空间叙事谈起"、经济与管理学院李仁君为主要完成人的编著"微观经济学"、继续教育学院段书臣为主要完成人的专著"证明标准问题研究"、人文传播学院符其武完成的专著"琼北闽语词汇研究"、图书馆张红霞完成的专著"图书馆质量评估体系与国际标准"获海南省第六次社会科学优秀成果奖三等奖。

**【著作、教材及论文】**　自然科学类：主编和参与编写的学术著作17部，教材21部。发表学术论文730篇，其中核心期刊222篇，国外刊物61篇，被三大检索收录95篇。

人文社科类：主编和参与编写的著作（含文学艺术作品集）66部，教材27部。发表学术论文420篇，其中核心期刊185篇，国外刊物3篇。

**【科研基地建设】**　2009年，根据实验室、工程中心的研究方向和发展的需要，省部共建教育部重点实验室"热带园艺植物资源与遗传改良"更名为"热带作物种质资源保护与开发利用"、省工程技术研究中心"海南省Internet信息检索工程技术研究中心"更名为"海南省海洋通信与网络工程技术研究中心"。

至2009年底，学校拥有教育部重点实验室3个、工程研究中心2个，省级重点实验室5个，省级工程中心2个，省级人文社会科学研究基地1个，校级实验中心2个。

**【科技成果转化与推广】**　2009年，我校强化社会服务功能，加大科技成果转化与推广的力度，为地方经济发展做出了应有贡献。

（一）收集科研成果信息，为科技成果的推介和转化提供服务。2009年收集各学院和研究机构的科研成果信息和资料，筛选出有市场推广前景的技术成果，编辑出版《海南大学科技成果汇编》。

（二）积极参加科技成果展示，扩大对我校的宣传和科技成果的推介。2009年先后组织人员参加"首届高校高科技成果展示与交流会"、"2009中国（长沙）科技成果转化交易会"和"2009百所高校昆山行产业科技人才合作洽谈会"。

（三）加强与地方和企业的科技合作，推动学校科技成果的产业化。2009年，我校与省内外有关企事业单位签订的服务项目44项，经费481万元；与企业合作项目共27项，经费377万元；地方标准项目11项，经费33万元。项目已经渗透到科教、体育、文化、卫生、能源、城建等各行各业。

2009年，我校完成的服务社会项目47项：姚伯元为10家企业完成的“焦炭光学组织测定系统开发与应用”、“高精度光学显微镜”、“HD型全自动显微光度计与煤岩测定设备”、“HD型全自动显微光度计”、“HD型全自动显微光度计研制”、“HY-4型全自动显微镜光度计升级改造”；黄东益完成的“抗稻瘟病耐冷优质水稻新品种选育研究”、“芒草田间预备试验”；章程辉、仇厚援完成的“芒果采收、贮运与包装规程”；黄朝明完成的“东方市耕地开垦项目库建设项目”、“海南国际科技工业园土地集约利用评价”；刘殿国完成的“广坝电站来水量预测模型的建立研究”；杨雨辉完成的“动物饲养场废弃物处理卫生要求”、“猪饲养卫生条件”；胡永和完成的“海口市城市建设投融资模式创新研究”；李洁琼完成的“‘十二五’期间海口市城乡一体化发展研究”、“海口市游艇经济发展模式研究”、“海口市海洋旅游发展模式研究”；李洪武完成的“海口市沿岸主要海域浮游生物资源调查”；张继军完成的“海口市人才投入机制研究”、“海南省人才投入机制研究”；栾乔林完成的“海南海口保税区土地集约利用评价”；韦士川完成的“洋浦经济开发区土地集约利用评价”；卫宏完成的“海航大厦深基坑灌注护桩应力分析”；林栖凤完成的“西沙进行耐盐蔬菜试种推广”；孟和乌力吉完成的“海南省优生发展教育研究”；郭强完成的“海南省公路勘察设计院人事、绩效和激励体系设计项目”；李培红完成的“永庄水厂水源污染源调查及整治措施建议”；唐文浩完成的“海南省农业污染调查及防治对策研究”、“海南省废弃金矿矿区生态恢复技术研究”、“海南主要城市面源水污染调查”；杨小波完成的“海南省生物多样性评价”、“海南生物物种资源（陆地植物）调查”；王磊完成的“农产品质量追溯系统兼容”；傅国华完成的“海南省工会企事业发展规划”；阮云泽完成的“生物有机肥在香蕉上的生物效应及示范”；邓家先完成的“JPEG-LS数据压缩技术”；田良完成的“地理信息系统资料处理”；黄国泰完成的“热带特色香辛饮料作物综合管理智能专家系统构建与应用”；程宁宁完成的“香草兰营养特性研究”、“菠萝蜜生长土壤理化性质研究分析样品经费”；张峰完成的“橡胶树栽培技术移动电子手册”。

（四）成立知识产权服务站（海南大学），为我校师生提供优质、高效的知识产权服务。组织教师参加由省科协组织的2007～2008年度海南省自然科学优秀学术论文评选工作，协助省科协对我校教学仪器设备自主研发情况和需求进行调研。根据省委关于进一步加强联手扶贫工作的意见，深入了解我校帮扶单位东方市天安乡天好村的基本情况，制定可行的科技扶贫计划。

**【知识产权】** 2009年，以我校为申请人，申请专利共32项，其中发明专利27项，实用新型5项。获得专利授权8项：用椰壳渣制备低灰高比表面积活性炭的方法（ZL200610139415.2）、创伤弧菌的一管法半巢式PCR检测试剂盒及检测方法（ZL200710100758.2）、啤酒次品回收机（ZL200710085174.2）、电磁辐射防护型透明夹层玻璃窗（ZL200820009175.9）、电磁辐射防护型眼镜夹片（ZL 200820009174.4）、一种基于环保设计的封闭循环水养殖池塘（ZL200820130162.7）、一种兼具增氧和反冲洗功能的无动力生物滤池（ZL200820133322.3）、一种培养基灭菌时使用的纸袋（ZL200920002489.0）。

（撰稿：杨德禧　审稿：陈超核　数据提供：杨德禧、张盛敏、初华丽、秦春秀、游建华、杜丽、刘建华）

# 科研机构

## 2009年海南大学省部级重点实验室、工程技术研究中心（所）、人文基地一览表

| 序号 | 机构类别 | 机构名称 |
| --- | --- | --- |
| 1 | 省部共建教育部重点实验室 | 热带作物种质资源保护与开发利用教育部重点实验室 |
| 2 |  | 热带生物资源教育部重点实验室 |
| 3 |  | 海南优势资源化工材料应用技术教育部重点实验室 |
| 4 | 教育部工程研究中心 | 热带作物新品种选育教育部工程研究中心 |
| 5 |  | 热带多糖资源利用教育部工程研究中心 |
| 6 | 海南省重点实验室 | 海南省耐盐作物生物技术重点实验室 |
| 7 |  | 海南省精细化工重点实验室 |
| 8 |  | 海南省热带水生生物技术重点实验室 |
| 9 |  | 海南省 INTERNET 信息检索重点实验室 |
| 10 |  | 海南省硅锆钛资源综合开发与利用重点实验室（筹） |
| 11 | 海南省工程技术研究中心 | 海南省精细化工工程技术研究中心 |
| 12 |  | 海南省海洋通信与网络工程技术研究中心 |
| 13 | 海南省省级研究所 | 海南省食品科学研究所 |
| 14 | 海南省人文社科研究基地 | 海南省历史文化研究基地 |

# 科研项目

## 2009年科研成果鉴定情况表

| 序号 | 日期 | 学　院 | 主　要<br>完成人 | 项目名称 | 组织单位 |
| --- | --- | --- | --- | --- | --- |
| 1 | 6.29 | 信息学院 | 杜　锋 | 一种补偿网络控制系统随机时延的新方法 | 省科技厅 |
| 2 | 5.11 | 食品学院 | 段振华 | 几种鱼鳔的成分分布规律及鱼鳔寡肽的制备技术研究 | 省科技厅 |
| 3 | 4.9 | 旅游学院 | 胡　涛 | 电子政务中的协同工作安全模式研究 | 省科技厅 |
| 4 | 8.10 | 机关 | 李建保 | 流动沙丘的固定和绿化用新材料、新结构及其野外实践效果研究 | 省科技厅 |

续上表

| | | | | | |
|---|---|---|---|---|---|
| 5 | 6.11 | 机关 | 林 强 | 可降解聚碳酸亚丙酯基塑料薄膜的研制 | 省科技厅 |
| 6 | 6.26 | 经济与管理学院 | 刘家诚 | 宅地权制度对海南住房保障及房地产经济的影响及模型研究 | 省科技厅 |
| 7 | 9.8 | 经济与管理学院 | 许 芳 | 全球化条件下产业入侵的生态机制及对策研究 | 科技部办公厅调研室 |
| 8 | 7.15 | 经济与管理学院 | 过建春 | 中国天然橡胶安全及其指标体系研究 | 科技部办公厅调研室 |

## 2009年获专利情况表

| 序号 | 专利名称 | 专利号 | 专利类型 |
|---|---|---|---|
| 1 | 用椰壳渣制备低灰高比表面积活性炭的方法 | ZL200610139415.2 | 发明专利 |
| 2 | 创伤弧菌的一管法半巢式PCR检测试剂盒及检测方法 | ZL200710100758.2 | 发明专利 |
| 3 | 啤酒次品回收机 | ZL200710085174.2 | 发明专利 |
| 4 | 电磁辐射防护型透明夹层玻璃窗 | ZL200820009175.9 | 实用新型 |
| 5 | 电磁辐射防护型眼镜夹片 | ZL 200820009174.4 | 实用新型 |
| 6 | 一种基于环保设计的封闭循环水养殖池塘 | ZL200820130162.7 | 实用新型 |
| 7 | 一种兼具增氧和反冲洗功能的无动力生物滤池 | ZL200820133322.3 | 实用新型 |
| 8 | 一种培养基灭菌时使用的纸袋 | ZL200920002489.0 | 实用新型 |

## 2009年科研项目立项一览表

### 2009年国家自然科学基金项目立项一览表

| 序号 | 项目名称 | 负责人 |
|---|---|---|
| 1 | 代数的Leadinghomogeneous(monomial)代数及其应用研究 | 李会师 |
| 2 | 苯并异噻唑啉酮类绿色海洋防污剂的合成及生物活性研究 | 杨建新 |
| 3 | 应用SCAR标记技术对苦丁茶冬青炭疽病抗性进行早期鉴定 | 刘国民 |
| 4 | CO通过NO调控干旱胁迫下水稻种子萌发过程细胞程序性死亡的发生 | 陈惠萍 |
| 5 | 水稻野栽远缘杂交来源的温敏不育基因Tms7的定位与克隆 | 罗越华 |
| 6 | 马氏珠母贝贝壳珍珠质颜色和珍珠颜色数量遗传学效应分析 | 王爱民 |
| 7 | 花狭口蛙海南亚种皮肤Kph-hemolysin溶血活性及细胞毒活性研究 | 张英霞 |

续上表

| | | |
|---|---|---|
| 8 | 广藿香主要活性成份形成的遗传机制研究 | 吴友根 |
| 9 | 烟碱乙酰胆碱受体在蛙卵中的高效表达 | 罗素兰 |
| 10 | 近现代海南岛社会变迁与区域开发时空演进的共轭机制研究 | 范士陈 |
| 11 | 特殊环境下海洋小球藻油脂积累的分子机制研究 | 刘志媛 |
| 12 | 波纹唇鱼种质资源的分子遗传多样性研究 | 尹绍武 |
| 13 | 微生物凝固天然橡胶中非胶组分的变化及其对橡胶性能的影响研究 | 廖双泉 |
| 14 | 宏观分层虚拟标杆管理理论与方法创新研究 | 傅国华 |

## 2009年国家社会科学基金项目立项一览表

| 序号 | 项目名称 | 负责人 |
|---|---|---|
| 1 | 我国滨海体育理论与实践发展研究 | 洪家云 |
| 2 | 农村宅基地使用制度的现代化构建--基于全国农村宅基地现状调查的研究 | 王崇敏 |
| 3 | “主旋律”文学的创作现状与发展走向 | 刘复生 |
| 4 | 海上恐怖主义犯罪及海盗犯罪的刑事规制对策研究 | 童伟华 |

## 2009年国家863计划项目立项一览表

| 序号 | 项目名称 | 负责人 |
|---|---|---|
| 1 | 产油微藻细胞培养中试实验研究 | 刘平怀 |

## 2009年国家软科学计划项目立项一览表

| 序号 | 项目名称 | 负责人 |
|---|---|---|
| 1 | 海南国际旅游岛建设对旅游自然环境影响的预测与对策研究 | 符国基 |

## 2009年国家973计划前期研究专项立项一览表

| 序号 | 项目名称 | 负责人 |
|---|---|---|
| 1 | 热带贝类品种改良的分子遗传和生理能量学基础 | 王爱民 |
| 2 | 青皮种子萌发和幼苗定居对海岸木麻黄林下环境反应的研究 | 杨小波 |

## 2009年国家科技支撑计划项目立项一览表

| 序号 | 项目名称 | 负责人 |
|---|---|---|
| 1 | 热带农业科技信息服务技术集成与应用示范 | 杜文才 |
| 2 | 热带主要作物设施农业技术信息集成与示范 | 傅国华 |
| 3 | 热带地区特色果树产期调节高效栽培技术研究与示范 | 林尤奋 |
| 4 | 海南岛珊瑚生物多样性与保护研究 | 王爱民 |
| 5 | 西沙特色生物资源增殖与珊瑚病敌害防控关键技术 | 谢珍玉 |
| 6 | 益智稳产优质野生抚育技术研究 | 杨福孙 |
| 7 | 霸王岭生态系统类型自然保护区功能区划技术研究 | 杨小波 |
| 8 | 桉树相思速生纸浆林可持续经营管理技术研究与示范 | 余雪标 |
| 9 | 热带花卉病害调查及检测 | 张荣意 |

## 2009年国家科技重大专项项目立项一览表

| 序号 | 项目名称 | 负责人 |
|---|---|---|
| 1 | 针对神经疾病的海南产一芋螺毒素候选新药的研究 | 罗素兰 |

## 2009年国际科技合作项目立项一览表

| 序号 | 项目名称 | 负责人 |
|---|---|---|
| 1 | 太阳能光催化污水处理新技术开发 | 曹　阳 |
| 2 | 企鹅珍珠贝养殖和育珠生产技术 | 王爱民 |

## 2009年国家科技人员服务企业项目立项一览表

| 序号 | 项目名称 | 负责人 |
|---|---|---|
| 1 | 鞍带石斑鱼的规模化人工繁育与养殖 | 陈国华 |
| 2 | 瓜蒌胸痹滴丸新药临床前研究 | 邓世明 |
| 3 | 方斑东风螺健康养殖技术推广与示范 | 冯永勤 |
| 4 | 锯缘青蟹池塘生态育苗与健康养殖技术示范推广 | 赖秋明 |
| 5 | 香蕉采后商品化处理与贮运保鲜关键技术研究、示范和应用 | 李　雯 |
| 6 | 可降解聚碳酸亚丙酯基塑料薄膜的研制及其中试工艺研究 | 林　强 |
| 7 | N95非织造材料的研究与开发 | 刘钟馨 |

续上表

| | | |
|---|---|---|
| 8 | 豹纹鳃棘鲈的规模化人工繁育与养殖 | 骆　健 |
| 9 | 石斛兰新引进品种育苗关键技术研究及栽培示范和推广 | 莫　饶 |
| 10 | 利用罗非鱼加工废弃物生产低聚多肽的中试 | 申铉日 |
| 11 | 新型兰花菌肥高效增产文心兰配套栽培技术研究与示范 | 宋希强 |
| 12 | 纳米级小分子芦荟多糖的研究与开发 | 孙达远 |
| 13 | 华贵栉孔扇贝优质苗种繁育和无公害养殖技术 | 王爱民 |
| 14 | “优质‘定安黑猪’标准生产技术体系”在海南热带山区的示范推广 | 吴科榜 |
| 15 | 江蓠多糖的研制与开发 | 向　东 |
| 16 | 中药活性部位一黄精多糖的药物研究 | 于文辉 |
| 17 | 蟒蛇生产关键技术创新与成果转化 | 张立岭 |
| 18 | 对虾无公害养殖的病害防治 | 周永灿 |

## .2009年国家农业科技成果转化资金项目立项一览表

| 序号 | 项目名称 | 负责人 |
|---|---|---|
| 1 | 石斑鱼等热带海水养殖鱼类疾病免疫防治示范 | 周永灿 |

## 2009年部级科研项目立项一览表

| 序号 | 项目名称 | 负责人 | 资助单位 |
|---|---|---|---|
| 1 | 抗稻瘟病耐冷优质水稻新品种选育研究 | 黄东益 | 中央基本科研业务费 |
| 2 | 动物饲养场废弃物处理卫生要求 | 杨雨辉 | 国家标准 |
| 3 | 红树林湿地生态系统浮游动物种类测试 | 黄　勃 | 国家林业局 |
| 4 | 海南省外来木本植物入侵风险评估 | 余雪标 | 国家林业局 |
| 5 | 猪饲养卫生条件 | 杨雨辉 | 行业标准 |
| 6 | 海南热带雨林林窗对土壤种子库种子萌发的影响机制 | 杨小波 | 教育部博士点基金 |
| 7 | 大豆线粒体磷酸盐转运蛋白基因GmPic的分离及调控大豆开花的分子机理研究 | 陈银华 | 教育部博士点基金 |
| 8 | 水稻结实前期茎叶部贮藏物质分解能力的研究 | 杨重法 | 教育部留学回国基金 |
| 9 | 度序列、整数流与群连通度 | 尹建华 | 教育部留学回国基金 |
| 10 | 鱼类胶原蛋白生物医用材料的制备 | 申铉日 | 教育部留学回国基金 |
| 11 | 海南省反季节蔬菜低温冷害灾损模式及减灾、避灾措施的研究 | 江雪飞 | 教育部重点科技项目 |

续上表

| | | | |
|---|---|---|---|
| 12 | 气候变化背景下的热带季雨林生物多样性保育 | 杨小波 | 林业局公益性行业专项 |
| 13 | 芒果热处理及配套技术的引进与消化使用 | 李 雯 | 农业部948项目 |
| 14 | 菠萝鲜切加工保鲜技术 | 潘永贵 | 农业部948项目 |
| 15 | 芒果病虫害高效安全防治和采后保鲜技术研究 | 李 雯 | 农业部公益性行业专项 |
| 16 | 香蕉果实品质与采前生理研究 | 黄绵佳 | 农业部公益性行业专项 |
| 17 | 木薯淀粉在生物医学材料领域中的应用研究 | 曹 阳 | 农业部公益性行业专项 |
| 18 | 椰子产业提升关键技术研究与集成示范 | 刘四新 | 农业部公益性行业专项 |
| 19 | 保健功能性水稻新品种选育和示范生产研究 | 黄东益 | 农业部公益性行业专项 |
| 20 | 鲜切菠萝品质控制关键技术的研究 | 李 雯 | 农业部行业科技项目 |
| 21 | 鲜切菠萝加工关键技术 | 潘永贵 | 农业部行业科技项目 |
| 22 | 橡胶树野生种质产排胶和抗旱能力早期预测参数的研究 | 黄 惜 | 农业部基本科研业务费 |
| 23 | 天然橡胶病虫害监测预报 | 郑服丛 | 农业部南亚专项 |
| 24 | 热带作物病虫害信息平台建设 | 郑服丛 | 农业部南亚专项 |
| 25 | 香蕉产业化关键技术集成与示范推广 | 刘康德 | 农业部南亚专项 |
| 26 | 热带作物种质圃 | 李绍鹏 | 农业部南亚专项 |
| 27 | 热带农业环境研究 | 谭基虎 | 农业部南亚专项 |
| 28 | 国家牧草产业技术体系 | 吴蔚东 | 农业部农业产业体系 |
| 29 | 国家牧草产业技术体系 | 罗丽娟 | 农业部农业产业体系 |
| 30 | β－环糊精清洁、高效生产关键技术研究与产业化示范 | 张伟敏 | 农业部农业产业体系 |
| 31 | 国家香蕉产业技术体系建设－农药新剂型与施药新技术 | 朱朝华 | 农业部农业产业体系 |
| 32 | 天然橡胶现代产业技术体系建设 | 郑服丛 | 农业部橡胶产业体系 |
| 33 | 全胶凝技术制备球形颗粒天然橡胶及性能研究 | 廖双泉 | 农业部重点实验室开放基金 |
| 34 | 典型抗生素在热带土壤中的环境行为和生物毒性研究 | 葛成军 | 农业部重点实验室开放基金 |
| 35 | 环境安全风险评价模型及相应数据库 | 袁潜华 | 农业部转基因重大专项 |
| 36 | 转基因水稻向普通野生稻的基因漂流研究 | 袁潜华 | 农业部转基因重大专项 |
| 37 | 海南水稻基因飘流控制措施的研究 | 徐立新 | 农业部转基因重大专项 |
| 38 | 高滴度重组慢病毒的制备 | 王凤阳 | 农业部转基因重大专项 |
| 39 | 财产罪基础理论研究 | 童伟华 | 教育部人文社科项目 |

续上表

| | | | |
|---|---|---|---|
| 40 | 重构与转型　《小说月报》(1910—1930)翻译文学研究 | 石晓岩 | 教育部人文社科项目 |
| 41 | 经济全球化背景下我国东部沿海地区经济持续增长路径研究 | 王连杰 | 教育部人文社科项目 |
| 42 | 金融危机与中国上市公司投资现金流敏感性问题研究 | 孙建军 | 教育部人文社科项目 |
| 43 | 金融危机生成与传异的社会诱发机制研究 | 范士陈 | 教育部人文社科项目 |
| 44 | 汉语单音极性词组配空位研究 | 刘　甜 | 教育部人文社科项目 |
| 45 | 校外辅导员在地方高校学生就业报导工作中的作用研究 | 黄丽芹 | 教育部人文社科项目 |
| 46 | 我国民法典中私权保护制度的立法设计 | 王崇敏 | 教育部人文社科基地重大项目 |

## 2009 年省级科技项目立项一览表

| 序号 | 项目名称 | 负责人 | 资助单位 |
|---|---|---|---|
| 1 | 海南麻疯树叶化学成分及生物活性研究 | 陈祎平 | 省自然基金 |
| 2 | 二元表面活性剂的农药微乳液微观结构、性质及介质模拟 | 李嘉诚 | 省自然基金 |
| 3 | 海南萝芙木药用活性物质的研究 | 刘平怀 | 省自然基金 |
| 4 | 海南红原鸡与文昌鸡及其杂交后代肉质性状比较研究 | 王学梅 | 省自然基金 |
| 5 | 蟒蛇呼吸系统疾病病原学研究 | 曾纪峰 | 省自然基金 |
| 6 | 热带牧草柱花草和王草的青贮研究 | 郇树乾 | 省自然基金 |
| 7 | 海南原鸡 PDCD10cDNA 的克隆及其遗传多肽性研究 | 杜　丽 | 省自然基金 |
| 8 | 罗非鱼片渗透微波复合脱水特性研究 | 段振华 | 省自然基金 |
| 9 | 活性成分缓释型罗非鱼胶原蛋白微粒子德制备 | 申铉日 | 省自然基金 |
| 10 | 病毒侵染对凡纳对虾 Dicer 基因表达的影响 | 姚雪梅 | 省自然基金 |
| 11 | 结缕草根际联合固氮菌的分离、鉴定及筛选 | 张晓波 | 省自然基金 |
| 12 | 典型持久性有机污染物对贻贝胚胎分子毒理机制的研究 | 周海龙 | 省自然基金 |
| 13 | 木薯淀粉合成关键性酶 GBSS 和 SBE 基因的物理定位研究 | 庄南生 | 省自然基金 |
| 14 | 几种植物生长物质诱导蝴蝶兰幼苗高温抗性的研究 | 杨华庚 | 省自然基金 |
| 15 | 海南龙血树种质评价及遗传背景研究 | 唐燕琼 | 省自然基金 |
| 16 | 南药荜茇防治芒果炭疽病的活性成分研究 | 赵　超 | 省自然基金 |
| 17 | 拟除虫菊酯类农药对海南海洋微藻毒性效应的研究 | 张　宇 | 省自然基金 |
| 18 | 海南胡椒病害调查及其主要病害防控技术研究 | 崔昌华 | 省自然基金 |

续上表

| | | | |
|---|---|---|---|
| 19 | 海南省几种入侵杂草化感作用的研究 | 朱朝华 | 省自然基金 |
| 20 | 产油微藻筛选及培养条件优化 | 刘志媛 | 省自然基金 |
| 21 | 海南省外来树种簕仔树的生物入侵评价研究 | 余雪标 | 省自然基金 |
| 22 | 濒危植物海南油杉群落生态学研究 | 李东海 | 省自然基金 |
| 23 | 血液吸附用细菌纤维素的可控生物合成 | 曹献英 | 省自然基金 |
| 24 | 铁钴合金磁性纳米天然橡胶复合材料研究 | 薛行华 | 省自然基金 |
| 25 | 高分子量透明质酸产生菌的诱变选育 | 冯建成 | 省自然基金 |
| 26 | 椰壳炭负载纳米钯/碳催化剂德制备及催化偶联反应研究 | 杨建新 | 省自然基金 |
| 27 | 改性液体天然橡胶的研究 | 廖双泉 | 省自然基金 |
| 28 | 真空旋转蒸发制备浓缩天然胶乳的研究 | 张可喜 | 省自然基金 |
| 29 | 微波辐射凝固天然胶乳的研究 | 赵艳芳 | 省自然基金 |
| 30 | 纤维土工程特性研究 | 李光范 | 省自然基金 |
| 31 | 蛋白质一级结构与三维结构关联规则的研究 | 陈　绮 | 省自然基金 |
| 32 | 基于 DSP 和 FPGA 的液剂异物自动检测系统研究 | 杜育宽 | 省自然基金 |
| 33 | 一种新的网络控制系统时延补偿方法研究 | 杜　锋 | 省自然基金 |
| 34 | 海南农垦农业产业链发展与创新研究 | 韦　明 | 省自然基金 |
| 35 | 海南红粘土地区排土管桩的抗震性能研究 | 胡　伟 | 省自然基金 |
| 36 | 海南省甘蔗收获机械化及关键技术切割器的研究 | 林　茂 | 省自然基金 |
| 37 | 典型抗生素在热带土壤中的环境行为和生物毒性研究 | 葛成军 | 省自然基金 |
| 38 | 海南岛旅游开发与社会变迁共轭演进研究 | 范士陈 | 省自然基金 |
| 39 | 海南万泉河流域景观资源调查与旅游利用研究 | 赵书彬 | 省自然基金 |
| 40 | 农场规模与生产绩效研究-海南国营橡胶农场的经验证据 | 许能锐 | 省自然基金 |
| 41 | 海南农垦天然橡胶生产规模经济实证研究 | 张德生 | 省自然基金 |
| 42 | 海南未被充分利用农作物种质资源的产业化开发利用一以能源大薯为例 | 陈新锋 | 省自然基金 |
| 43 | 珍稀濒危动物波纹唇鱼的遗传多样性研究 | 尹绍武 | 省自然基金 |
| 44 | 外商直接投资和海南发展现代农业问题研究 | 韦开蕾 | 省自然基金 |
| 45 | 海南省开发区土地集约利用政策措施与评价体系研究 | 韦仕川 | 省自然基金 |
| 46 | 基于 WebGIS 的海南省旅游信息系统建设研究 | 陈赞章 | 省自然基金 |
| 47 | 基于 ENVI 遥感影像信息提取模块下的海南省土地利用动态监测信息系统的建立研究 | 谷秀兰 | 省自然基金 |
| 48 | Iniferter 对环氧天然橡胶开环改性作用方式与机理研究 | 张　岐 | 省自然基金 |
| 49 | 高品质肉鸡配套系的初步选育 | 王凤阳 | 省重点科技项目 |

续上表

| | | | |
|---|---|---|---|
| 50 | 可生物降解二氧化碳聚合物下游产品的开发与应用 | 林　强 | 省重点科技项目 |
| 51 | 羟基磷灰石粉料及陶瓷系列产品的开发 | 曹　阳 | 省重点科技项目 |
| 52 | 角螺人工繁育技术研究 | 冯永勤 | 省重点科技项目 |
| 53 | 罗非鱼片微冻加工关键技术研究与产业化示范 | 林向东 | 省重点科技项目 |
| 54 | 蟒蛇常见病防治技术研究 | 张立岭 | 省重点科技项目 |
| 55 | 海南养殖污水净化枯草芽孢杆菌的研究与应用 | 谢珍玉 | 省重点科技项目 |

## 2009年省级社会科学项目立项一览表

| 序号 | 项目名称 | 负责人 | 资助单位 |
|---|---|---|---|
| 1 | 金融危机对海南国际旅游岛建设的影响及对策研究 | 王丽娅 | 省社科基金 |
| 2 | 海南热带水果加工产业成长——动力与模式 | 陈新锋 | 省社科基金 |
| 3 | 公有产权制度安排与激励机制研究——以海南农垦橡胶农场为例 | 许能锐 | 省社科基金 |
| 4 | 山水实景演出的美学分析与产业研究 | 焦勇勤 | 省社科基金 |
| 5 | 海南省成人高等教育管理体制改革与创新研究 | 张延梅 | 省社科基金 |
| 6 | 台商在琼投资权益保护状况研究 | 王　琦 | 省社科基金 |
| 7 | 海南农村基层党建调查与研究 | 杨素稳 | 省社科基金 |
| 8 | 高校处理和防范邪教问题研究 | 赵康太 | 省社科基金 |
| 9 | 海南现在金石铭文研究 | 李长青 | 省社科基金 |
| 10 | 海南方音与英语听说能力相关性实证研究 | 梁　鲜 | 省社科基金 |
| 11 | 海南特区多元文化与多元语言政策研究 | 王　琳 | 省社科基金 |
| 12 | 海南黎族民歌的艺术特征专题研究 | 刘彩云 | 省社科基金 |
| 13 | 白玉蟾诗文与山水画研究 | 安　君 | 省社科基金 |
| 14 | 海南省对外宣传翻译问题与对策研究 | 冯　军 | 省社科基金 |
| 15 | 海南黎学传统养生保健文化研究 | 王公法 | 省社科基金 |
| 16 | 海南省海洋产业结构优化研究 | 宋贤卓 | 省社科基金 |
| 17 | 海南国际旅游岛建设的社会变迁支撑研究 | 范士陈 | 省社科基金 |
| 18 | 海南省热带体育旅游资源调查与开发利用 | 宋静敏 | 省社科基金 |
| 19 | 南海汕气资源开发与中国——东盟能源合作问题研究 | 周　伟 | 省社科基金 |
| 20 | 中小企业融资环境的区域比较研究——发达地区对海南特区的启示 | 秦翰翔 | 省社科基金 |
| 21 | 大学生就业能力与职业素养研究 | 李　纲 | 省社科基金 |
| 22 | 体育俄语 | 肖　霞 | 省社科基金 |

续上表

| | | | |
|---|---|---|---|
| 23 | 幽默理论关键词研究 | 闫广林 | 省社科基金 |
| 24 | 海南影视文化产业现状及前景研究 | 文丽敏 | 省社科基金 |
| 25 | 高校辅导员队伍专业化建设研究 | 韦　勇 | 省社科基金 |
| 26 | 明清时期的海南文化 | 张朔人 | 省社科基金 |
| 27 | 中国古代文人笔记中的黎族文献考 | 杨德禧 | 省社科基金 |
| 28 | 国际旅游岛背景下的海南企业文明建设研究 | 王志芳 | 省社科基金 |
| 29 | 国际旅游岛背景下的海南特色文化建设研究 | 焦勇勤 | 省社科基金 |
| 30 | 国际旅游岛背景下的海南机关文明建设研究 | 王　红 | 省社科基金 |

## 2009年厅级项目立项一览表

| 序号 | 项目名称 | 负责人 | 资助单位 |
|---|---|---|---|
| 1 | 海南省优生发展教育研究 | 孟和乌力吉 | 省发改委 |
| 2 | 新能源发展研究 | 林仕伟 | 省发改委 |
| 3 | 海南省发展热带现代农业研究 | 傅国华 | 省发改委 |
| 4 | 海南省人才投入机制研究 | 张继军 | 省财政厅 |
| 5 | 海口市人才投入机制研究 | 张继军 | 海口市财政局 |
| 6 | “十二五”期间海口市城乡一体化发展研究 | 李洁琼 | 海口市发改局 |
| 7 | 关键词丛书•反腐 | 王　琳 | 广州市社科联 |
| 8 | 海南省农业污染调查及防治对策研究 | 唐文浩 | 省国土环境资源厅 |
| 9 | 海南省废弃金矿矿区生态恢复技术研究 | 唐文浩 | 省国土环境资源厅 |
| 10 | 海南省生物多样性评价 | 杨小波 | 省国土环境资源厅 |
| 11 | 海南省人才投入机制研究 | 张继军 | 海南省财政厅 |
| 12 | 芒果采收、贮运与包装规程 | 章程辉<br>仇厚援 | 地方标准项目 |
| 13 | 海南省工会企事业发展规划 | 傅国华 | 海南省总工会 |
| 14 | 海口市沿岸主要海域浮游生物资源调查 | 李洪武 | 海口市海洋与渔业局 |
| 15 | 海口市游艇经济发展模式研究 | 李洁琼 | 海口市海洋与渔业局 |
| 16 | 海口市海洋旅游发展模式研究 | 李洁琼 | 海口市海洋与渔业局 |
| 17 | 海南省社保基金筹资及运用的研究报告 | 王丽娅 | 省人大财经委 |
| 18 | 海南桉树种植合理性及存在的生态环境问题调查 | 杨小波 | 省国土环境资源厅 |

续上表

| | | | |
|---|---|---|---|
| 19 | 海口市果树产业发展规划 | 林兆高 | 海口市农业重点科技项目 |
| 20 | “十二五”期间海口市城乡一体化发展研究 | 李洁琼 | 海口市发展和改革局 |
| 21 | 热带水果酿酒关键技术研究与中试 | 刘四新 | 海口市重点项目 |
| 22 | 海口沿岸不同海域水体和贝类中多环芳烃（PAHs）的分布特征及其生态风险评价研究 | 刁晓平 | 海口市重点项目 |
| 23 | 基于网络处理器入侵检测系统研究 | 陈明锐 | 海口市重点项目 |
| 24 | 纳米磁性天然橡胶复合材料的研究 | 张可喜 | 省教育厅 |
| 25 | 海南建设国际旅游岛的旅游自然环境影响研究 | 符国基 | 省教育厅 |
| 26 | 一种基于小波在动漫作品中嵌入零水印的鲁棒算法研究 | 李京兵 | 省教育厅 |
| 27 | HDTV STB 软件技术研究开发 | 王兆庆 | 省教育厅 |
| 28 | RFID 中间件的研究与实现 | 黄　萍 | 省教育厅 |
| 29 | 网络安全协议和安全威胁的研究 | 吴汉炜 | 省教育厅 |
| 30 | 手机流媒体播放软件的研究与设计 | 王隆娟 | 省教育厅 |
| 31 | 不确定变量的收敛性质研究 | 王志刚 | 省教育厅 |
| 32 | 基于 WEB 服务的存储网格体系研究 | 冯文龙 | 省教育厅 |
| 33 | 基于多元数据复数矩阵表示模型的信息可视化方法研究 | 王　旭 | 省教育厅 |
| 34 | 均匀设计在热带作物育种及其加工中的应用 | 韩汉鹏 | 省教育厅 |
| 35 | 海南热带毒蘑菇资源调查研究 | 吴兴亮 | 省教育厅 |
| 36 | 烷基硫醇自组装膜对海洋船舶防腐性能的电化学研究 | 付云芝 | 省教育厅 |
| 37 | 减震天然橡胶材料的研究 | 赵艳芳 | 省教育厅 |
| 38 | 海口市近海水体中铬、锌、镉等重金属元素的含量与形态分析 | 胥　涛 | 省教育厅 |
| 39 | 微生物凝固天然橡胶流变行为的研究 | 廖双泉 | 省教育厅 |
| 40 | 粉煤灰—铝基颗粒复合材料的制备与研究 | 罗洪峰 | 省教育厅 |
| 41 | 混合动力汽车电动力系统的研究 | 林妙山 | 省教育厅 |
| 42 | 橡胶籽油环氧己烷化新型光固化树脂制备及应用开发研究 | 白新鹏 | 省教育厅 |
| 43 | 海南热带菜用花卉资源的研究与利用 | 万　玲 | 省教育厅 |
| 44 | 海南黄牛 Mx1 基因 cDNA 的克隆及遗传多态性研究 | 满初日嘎 | 省教育厅 |
| 45 | 海南农田土壤有机碳含量地域性变异规律及影响机制 | 孟　磊 | 省教育厅 |

续上表

| | | | |
|---|---|---|---|
| 46 | 热带微藻的分离、筛选与培养研究 | 王　珺 | 省教育厅 |
| 47 | 相变材料在设施蔬菜抗热栽培上的应用技术研究 | 江雪飞 | 省教育厅 |
| 48 | 广藿香种质资源评价及其地道性分子鉴别的研究 | 吴友根 | 省教育厅 |
| 49 | 外源甜菜碱对香蕉地上与地下部分抗冷性的调节作用研究 | 李绍鹏 | 省教育厅 |
| 50 | 生长调节剂对荔枝花芽性别分化的调控机理研究 | 王令霞 | 省教育厅 |
| 51 | 鲜切菠萝微生物控制关键技术研究 | 邵远志 | 省教育厅 |
| 52 | 海南旅游企业信息化建设与应用研究 | 王康寿 | 省教育厅 |
| 53 | 海南旅游资源文献数据库建设 | 图书馆 | 省教育厅 |
| 54 | 海南记忆数字资源库建设 | 图书馆 | 省教育厅 |
| 55 | 海南热带农业文献数据库建设 | 图书馆 | 省教育厅 |
| 56 | 化工实验教学教改实践研究 | 张德拉 | 省教育厅 |
| 57 | 热带海水养殖数字资源库 | 文献中心 | 省教育厅 |
| 58 | 海南省热带农业知识产权研究 | 邓须军 | 省教育厅 |
| 59 | 海南省高校大学生英语作文语料库建设 | 郭锦萍 | 省教育厅 |
| 60 | 精益旅游供应链中若干关键问题研究 | 郭　强 | 省教育厅 |
| 61 | 公示语翻译与国际化旅游目的地建设 | 纪俊超 | 省教育厅 |
| 62 | 山水实景演出的美学研究与产业分析 | 焦勇勤 | 省教育厅 |
| 63 | 海南家谱与移民海外史料 | 陈　虹 | 省教育厅 |
| 64 | 区域农村空间系统发展动力机制和优化模式研究 | 李洁琼 | 省教育厅 |
| 65 | 海南省上市公司自主知识产权培育和发展现状、问题和解决对策 | 刘远山 | 省教育厅 |
| 66 | 高校思想政治教育方法个性化的理论研究与实践——以海南大学为例 | 罗邻球 | 省教育厅 |
| 67 | 黎族妇女筒裙纹样研究 | 孙海兰 | 省教育厅 |
| 68 | 我国农村宅基地使用制度的现代化构建 | 王崇敏 | 省教育厅 |
| 69 | 海南农业组织化问题研究 | 王　芳 | 省教育厅 |
| 70 | 海南产业结构调整中女性人才经济贡献的动态分析 | 王　亮 | 省教育厅 |
| 71 | 图书馆与非物质文化遗产保护、开发研究 | 王贤芬 | 省教育厅 |

续上表

| | | | |
|---|---|---|---|
| 72 | 外商直接投资与海南经济增长影响的实证研究 | 韦开蕾 | 省教育厅 |
| 73 | 朱光潜早期心理美学思想研究 | 吴　杰 | 省教育厅 |
| 74 | 农村劳动力流动与产业转移实证研究 | 许能锐 | 省教育厅 |
| 75 | 海南先住民树皮布文化研究——以黎族为例 | 杨德禧 | 省教育厅 |
| 76 | 高校科技管理创新研究 | 游建华 | 省教育厅 |
| 77 | 中国黎族传统文化数据库建设与研究 | 张红霞 | 省教育厅 |
| 78 | NGO 在海南省文明生态村建设中的作用研究 | 张礼祥 | 省教育厅 |
| 79 | 海南经济特区建立自由贸易区研究 | 邹立刚 | 省教育厅 |
| 80 | 生态视角下的海南图书馆可持续发展研究 | 刘　晨 | 省教育厅 |
| 81 | 电子信息类面向全球化 CDIO 工程人才培养模式创新研究 | 陈褒丹 | 省教育厅 |
| 82 | 教学平台的建立与应用 | 刁晓平 | 省教育厅 |
| 83 | 齐白石艺术思想研究对海南教育的启示意义 | 李牧之 | 省教育厅 |
| 84 | 大学英语电脑调适性测试系统开发与研究 | 梁　鲜 | 省教育厅 |
| 85 | 海南大学风景园林学科模块加制度化教改研究 | 林世平 | 省教育厅 |
| 86 | 海南高校英语专业教师在课堂上语码转换的研究 | 刘汉军 | 省教育厅 |
| 87 | 基于虚拟仪器技术的电工电子实验室的构建 | 刘　虹 | 省教育厅 |
| 88 | 枝叶检索表在“观赏树木学”实践教学中的应用 | 史佑海 | 省教育厅 |
| 89 | 大学英语听力学习策略培训实证研究 | 覃成海 | 省教育厅 |
| 90 | “TPP”教学模式应用于会计电算化教学的探索 | 万新焕 | 省教育厅 |
| 91 | 面向国际酒店管理的本科人才培养模式研究 | 王　琳 | 省教育厅 |
| 92 | 《化工原理》试题库及其试卷自动生成系统的制作 | 王小红 | 省教育厅 |
| 93 | 管理学科专业模块课程体系的研究与实践 | 韦　明 | 省教育厅 |
| 94 | 琼台两地高校教育交流创新模式研究 | 韦　勇 | 省教育厅 |
| 95 | 本土化的西方经济学案例研究 | 姚大鹏 | 省教育厅 |
| 96 | 法律思维、法学教育与法律逻辑学教学改革——基于海南省普通高校的调查研究 | 张静焕 | 省教育厅 |
| 97 | “数字化”音乐教学方法论研究 | 张　黎 | 省教育厅 |
| 98 | 基于社会认同度的海南高校财务管理专业课程体系建设研究 | 张长海 | 省教育厅 |

续上表

| | | | |
|---|---|---|---|
| 99 | 《海水养殖动物病害学》之 Blackboard 网络 | 周永灿 | 省教育厅 |
| 100 | 《救护》课程的教学与研究 | 朱　萍 | 省教育厅 |
| 101 | 新时期高校教育管理与安全稳定对策研究 | 陈卫东 | 省教育厅 |
| 102 | 海南房地产价格波动差异的空间计量实证分析 | 吴学品 | 省教育厅 |
| 103 | 海南省普通高校本科学科专业设置与毕业生就业对口性调查研究 | 王默忠 | 省教育厅 |
| 104 | 海南高校大学生的就业压力、行为策略及其对策研究 | 王章佩 | 省教育厅 |
| 105 | 《马克思主义基本原理概论》课程建设研究 | 张云阁 | 省教育厅 |
| 106 | 海南红色原鸡种质特性与杂交利用的研究 | 胡日查 | 省教育厅 |
| 107 | 絮凝剂的合成及其在制胶废水处理中的应用研究 | 何映平 | 省教育厅 |
| 108 | 人工皮肤的抗菌性研究 | 符　新 | 省教育厅 |
| 109 | 纳米羟基磷灰石/丝素蛋白生物材料的制备 | 王　江 | 省教育厅 |
| 110 | 蚕丝蛋白纤维表面季胺化抗菌材料的制备 | 朱荣华 | 省教育厅 |
| 111 | 几种水生植物栽培技术及其在水体景观中的应用 | 陈生香 | 省教育厅 |
| 112 | 海芒果叶子杀虫成分的研究 | 朱　文 | 省教育厅 |
| 113 | 海南热带环境中外来物质对土壤酶活性影响的研究 | 陈红军 | 省教育厅 |
| 114 | 基于循环经济的海南省主导产业评价模型研究 | 唐晓兰 | 省教育厅 |
| 115 | 地方高校研究生管理信息系统的设计与实现 | 曾水香 | 省教育厅 |
| 116 | 数字化校园整体解决方案研究与应用 | 李文化 | 省教育厅 |
| 117 | 光晶格中玻色一爱因斯坦凝聚体的非线性研究 | 陈文钦 | 省教育厅 |
| 118 | 橡胶六点始叶螨监测与经济阈值研究 | 蔡笃程 | 省教育厅 |
| 119 | 木薯倍性育种创造三倍体新种质的研究 | 赖杭桂 | 省教育厅 |
| 120 | 木薯离体诱变选育耐盐新种质的研究 | 唐燕琼 | 省教育厅 |
| 121 | 干旱胁迫下槟榔生物学与生理特性的研究 | 杨福孙 | 省教育厅 |
| 122 | 鱼尼丁受体激活剂的设计、合成及活性研究 | 骆焱平 | 省教育厅 |
| 123 | 海南岛螺旋粉虱天敌资源调查与保护利用 | 周　祥 | 省教育厅 |
| 124 | 滴滴涕(Dichlorodiphenyltrichloroethane , DDT)对海南贻贝胚胎遗传毒性作用及其应用研究 | 周海龙 | 省教育厅 |
| 125 | 海南野生酿酒酵母筛选及应用研究 | 杨东升 | 省教育厅 |

续上表

| | | | |
|---|---|---|---|
| 126 | 黑眶蟾蜍活性成分的分离及抗菌活性研究 | 胡文婷 | 省教育厅 |
| 127 | 香蕉韧皮纤维微生物脱胶研究 | 黄小龙 | 省教育厅 |
| 128 | 胡椒抗氧化成分的分离及鉴定 | 陈文学 | 省教育厅 |
| 129 | 黄皮果皮中黄酮的提取及抗氧化性研究 | 何金兰 | 省教育厅 |
| 130 | 船用语音视频传输技术研究 | 李太君 | 省教育厅 |
| 131 | 苦丁茶树土壤中重金属的分布及迁移转化特征 | 罗盛旭 | 省教育厅 |
| 132 | 甜瓜工厂化育苗基质与环境研究 | 穆大伟 | 省教育厅 |
| 133 | 甘蔗赤条病的发生与危害情况调查 | 谭志琼 | 省教育厅 |
| 134 | 山竹的化学成分研究 | 杨先会 | 省教育厅 |
| 135 | 蝴蝶兰不同品种耐热性的研究 | 杨华庚 | 省教育厅 |
| 136 | 基于民主公民权、公民意识与制度供给的海口市社区治理定量研究 | 郑崇明 | 省教育厅 |
| 137 | 英语专业学生词汇水平动态研究 | 白丽芳 | 省教育厅 |
| 138 | 海南省业余网球运动发展现状及对策的研究 | 蔡友凤 | 省教育厅 |
| 139 | 海南热带农产品绿色营销策略创新研究 | 曾　峰 | 省教育厅 |
| 140 | 海南自由贸易区建设与外语人才培养策略研究 | 陈传显 | 省教育厅 |
| 141 | 海南省生态旅游空间开发与管理模式研究 | 陈海鹰 | 省教育厅 |
| 142 | 基于压力——响应模式的海南环境管理指标研究 | 陈新峰 | 省教育厅 |
| 143 | 国际旅游岛建设背景下的海口与三亚旅游业错位发展研究 | 陈扬乐 | 省教育厅 |
| 144 | 中国黎族传统体育状况研究 | 房殿生 | 省教育厅 |
| 145 | 海南省上市公司治理结构与会计信息质量之关系的实证研究 | 韩葱慧 | 省教育厅 |
| 146 | 新会计准则在海南企业实施情况调查与研究 | 李　丽 | 省教育厅 |
| 147 | 海南省财政支农支出效应研究 | 李龙梅 | 省教育厅 |
| 148 | 海南省产业结构优化与仿真研究 | 李玉凤 | 省教育厅 |
| 149 | 海南现存金石刻文校勘 | 李长青 | 省教育厅 |
| 150 | 海南经济特区土地承包经营权保护研究 | 梁亚荣 | 省教育厅 |
| 151 | 声乐作品的审美意境 | 林方吟 | 省教育厅 |
| 152 | 海南黎族民歌音乐文化研究 | 刘彩云 | 省教育厅 |
| 153 | 海南省新农村建设中的征地补偿制度研究 | 刘民培 | 省教育厅 |
| 154 | 海南农垦企业集团财务管理模式研究 | 刘学兵 | 省教育厅 |
| 155 | 上市公司技术效率与技术进步及其影响因素研究 | 天顺祥 | 省教育厅 |
| 156 | 认知语言学视域中的英语词汇学研究 | 王克献 | 省教育厅 |

续上表

| | | | |
|---|---|---|---|
| 157 | 戏剧影视教育与海南地方戏剧合作模式研究 | 文丽敏 | 省教育厅 |
| 158 | 中国农垦天然橡胶生产效率测度及应用研究 | 许海平 | 省教育厅 |
| 159 | 民艺造型理念于当代设计艺术的价值取向初探 | 闫　超 | 省教育厅 |
| 160 | 海南省经济增长与环境质量演进的实证研究 | 俞花美 | 省教育厅 |
| 161 | 海南省社会发展区域差异及其现代化进程研究 | 余升国 | 省教育厅 |
| 162 | 海南农垦天然橡胶生产效率测算与评价研究 | 张德生 | 省教育厅 |
| 163 | 海南省对外贸易结构的实证研究 | 张宇慧 | 省教育厅 |
| 164 | 当代中国公务员制度研究 | 周　伟 | 省教育厅 |
| 165 | 分层次教学理论在会计教学中的应用研究 | 王金兰 | 省教育厅 |
| 166 | 大学英语教学中英语思维习惯的培养 | 陈满平 | 省教育厅 |
| 167 | 精细化工课程群的整合、教材建设及教学研究 | 陈祎平 | 省教育厅 |
| 168 | 非电类专业电工电子课程实践教学改革的模式探索 | 储春华 | 省教育厅 |
| 169 | EDA 技术引入电工电子学教学环节的研究 | 胡文锋 | 省教育厅 |
| 170 | 体育教育专业学生教学实践能力评价指标体系的研究 | 姜秀英 | 省教育厅 |
| 171 | JAVA 技术（J2EE 架构）在物理实验教学中的应用研究 | 李　娜 | 省教育厅 |
| 172 | MATLAB 在《电力工程》教学中的应用研究 | 李婉萍 | 省教育厅 |
| 173 | 虚拟仪器技术在电路实验教学中的应用研究 | 李有军 | 省教育厅 |
| 174 | 高校开展灾害预防学教育试点工作的研究 | 刘湘洪 | 省教育厅 |
| 175 | 风景园林专业研究性教学法的实践探索 | 刘拥春 | 省教育厅 |
| 176 | 《单片机原理及应用》课程“案例+项目”教学模式研究 | 马志英 | 省教育厅 |
| 177 | 法学硕士一级学科培养模式研究 | 宁清同 | 省教育厅 |
| 178 | 高校外语教师动态课堂研究 | 施　光 | 省教育厅 |
| 179 | 水产专业应用型人才培养与课程建设的关系研究 | 石耀华 | 省教育厅 |
| 180 | 服装设计教学研究 | 谭晓东 | 省教育厅 |
| 181 | 虚拟技术在网络实验教学中的应用 | 王世恭 | 省教育厅 |
| 182 | 计算机基础课程体系设置和教学改革探索 | 刑　琳 | 省教育厅 |
| 183 | 会计专业双语教学示范课程建设研究 | 燕新梅 | 省教育厅 |
| 184 | 高等学校教务工作规程化管理的研究 | 于　涛 | 省教育厅 |
| 185 | ESP 教学——大学英语与双语教学桥梁的研究与实践 | 张　蘅 | 省教育厅 |
| 186 | 现代绘画材料研究 | 张继光 | 省教育厅 |
| 187 | MATLAB 在车辆工程专业课程教学中的应用 | 张建珍 | 省教育厅 |
| 188 | 互换性与技术测量课程体系与实验改革的研究与实践 | 朱冬云 | 省教育厅 |
| 189 | 域外律师权利保障制度研究 | 曲　涛 | 省教育厅 |

## 海南大学2009年科研立项一览表（横向及其他）

| 序号 | 项目名称 | 负责人 | 资助单位 |
|---|---|---|---|
| 1 | 海南换地权益书法律问题研究 | 伍　奕 | 海南海大平正律师事务所 |
| 2 | 海南换地权益书法律问题研究 | 张静焕 | 海南海大平正律师事务所 |
| 3 | 日本的环境技术在中国沙漠治理领域可应用性研究 | 李建保 | 日本新能源产业技术综合开发机构北京办事处 |
| 4 | 海南海口保税区土地集约利用评价 | 黄朝明 | 海南国源土地矿产勘测规划设计院 |
| 5 | 海南国际科技工业园土地集约利用评价 | 黄朝明 | 海南国源土地矿产勘测规划设计院 |
| 6 | 洋浦经济开发区土地集约利用评价 | 黄朝明 | 海南国源土地矿产勘测规划设计院 |
| 7 | 太阳湾珊瑚产卵期调查与人工育苗技术的开发 | 李洪武 | 三亚蓝丝带海洋保护协会 |
| 8 | 太阳湾珊瑚产卵期调查与人工育苗技术的开发 | 李洪武 | 三亚蓝丝带海洋保护协会 |
| 9 | 海南省大型科学仪器共享协作平台二期工程建设技术 | 冯玉红 | 海南省科学技术信息研究所 |
| 10 | 海南省公路勘察设计院人事、绩效和激励体系设计项目 | 郭　强 | 海南省公路勘察设计院 |
| 11 | 00051418中国环境意识项目 | 傅国华 | 中国国际经济技术交流中心 |
| 12 | 永庄水厂水源污染源调查及整治措施建议 | 李培红 | 海南省供水排水协会 |
| 13 | 香草兰营养特性研究 | 程宁宁 | 中国热科院香饮所 |
| 14 | 橡胶树栽培技术移动电子手册 | 张　峰 | 中国热科院橡胶所 |
| 15 | 海南主要城市面源水污染调查 | 唐文浩 | 海南省环境科学研究院 |
| 16 | 地理信息系统资料处理 | 田　良 | 中国科学院地球环境研究所 |
| 17 | 海南省广播电视产业发展前景分析 | 鞠　斐 | 海南省广播电视台 |
| 18 | 儋州市那大城区污水处理二厂项目用地土地利用总体规划局部调整方案 | 何国平 | 海南川海土地科学研究院 |
| 19 | 菠萝蜜生长土壤理化性质研究分析样品经费 | 程宁宁 | 中国热科院香饮所 |
| 20 | 转Xa21抗病水稻环境释放 | 罗越华 | 中国科学院遗传与发育生物学研究所 |
| 21 | 海口市城市建设投融资模式创新研究 | 胡永和 | 海口市城市建设投资有限公司 |
| 22 | 海南野生巢蕨属植物资源调查及驯化栽培研究 | 于旭东 | 中国热科院品资所 |
| 23 | 海南野生兰条形码构建技术研究 | 莫　饶 | 中国热科院品资所 |

续上表

| | | | |
|---|---|---|---|
| 24 | HY-4 型全自动显微镜光度计升级改造（设备检修工程合同） | 姚伯元 | 武钢集团昆明钢铁股份有限公司技术中心 |
| 25 | HD 型全自动显微镜光度计研制 | 姚伯元 | 新兴铸管股份有限公司 |
| 26 | HD 型全自动显微镜光度计研制 | 姚伯元 | 邯郸市邯钢附企商贸有限责任公司 |
| 27 | HD 型全自动显微光度计与煤岩测定设备 | 姚伯元 | 山西闽光焦化有限公司 |
| 28 | 高精度光学显微镜 | 姚伯元 | 安徽工业大学 |
| 29 | HD 型全自动显微光度计 | 姚伯元 | 迁安中化煤化工有限责任公司 |
| 30 | 升级偏光显微镜 | 姚伯元 | 曲沃县闽光焦化有限责任公司 |
| 31 | 广坝电站来水量预测模型的建立研究 | 刘殿国 | 国电海南大广坝发电有限公司 |
| 32 | 百姓坊企业发展战略管理咨询项目 | 刘家诚 | 百姓坊(海南)文化发展公司 |
| 33 | 建设工程承包常年法律咨询服务 | 赵振华 | 江苏省华建建设股份有限公司 |
| 34 | 芒草田间预备试验项目 | 黄东益 | 美国 CERES 公司 |
| 35 | 芒草田间试验 | 黄东益 | 美国 CERES 公司 |
| 36 | 销售人员薪酬方案设计咨询 | 黄崇利 | 海南大德高科智能系统工程有限公司 |
| 37 | 洗涤用荧光增白剂的研发 | 杨建新 | 山西青山化工有限公司 |
| 38 | 香蕉病害综合治理 | 张荣意 | 海南万钟实业有限公司 |
| 39 | 施可丰长效缓/控释肥试验示范 | 孟　磊 | 沈阳中科新型肥料有限公司 |
| 40 | 民艺造型理念于当代艺术设计的价值取向 | 阎　超 | 海南岛派设计工程顾问有限公司 |
| 41 | 海南特色旅游纪念品的设计咨询 | 谭晓东 | 海南岛派设计工程顾问有限公司 |
| 42 | 华能海口电厂转运站结构加固效果分析评价 | 陈奕柏 | 海南慧立工程技术有限公司 |
| 43 | 生物有机肥在香蕉上的生物效应及示范 | 阮云泽 | 江苏省固体有机废弃物资源化高技术研究重点实验室开放课题 |
| 44 | 基于 ISR 序列的溶藻弧菌株型鉴定方法的建立 | 谢珍玉 | 中国科学院南海海洋研究所 |

## 2009年校科研基金项目立项一览表

| 序号 | 项目名称 | 负责人 | 项目类别 |
|---|---|---|---|
| 1 | 热带植物生态科研团队 | 杨小波 | 创新团队 |
| 2 | 热带特色海洋多肽药物创新团队建设 | 罗素兰 | 创新团队 |
| 3 | 海南优势资源化工材料应用技术 | 曹　阳 | 创新团队 |
| 4 | 海南特色有机质资源开发及应用研究 | 林　强 | 创新团队 |
| 5 | 中国苦丁茶种质资源普查、种质库构建及相关技术研究与推广应用 | 刘国民 | 国家奖筹报 |
| 6 | 橡胶树病虫害监测防控技术的研究与应用 | 郑服丛 | 国家奖筹报 |
| 7 | 海南热带丰产生物资源的高效开发利用 | 张　岐 | 国家奖筹报 |
| 8 | 第七届软件工程研究、管理与应用国际大会 | 杜文才 | 国际学术会议 |
| 9 | 中日民商法研究会2009年会 | 王崇敏 | 国际学术会议 |
| 10 | 南药植物农用活性研究与开发 | 骆焱平 | 重点项目 |
| 11 | 橡胶树多病害协同防治的高扬程药剂研发与应用 | 邬国良 | 重点项目 |
| 12 | 海南岛周边海域潜在风力发电资源调查研究及分布图编制/海南岛周边海域潜在风力发电资源调查研究 | 翁绍捷<br>李光范 | 重点项目 |
| 13 | 热带农业废弃物制备生物燃油及其应用研究 | 符　新 | 重点项目 |
| 14 | 木薯收获机样机试制 | 廖宇兰 | 重点项目 |
| 15 | 鲍鱼新品种人工繁殖技术产业化及示范 | 黄　勃 | 重点项目 |
| 16 | 棕点石斑鱼规模化人工繁殖技术与示范 | 陈国华 | 重点项目 |
| 17 | 蟒蛇生产关键技术及产业化示范 | 张立岭 | 重点项目 |
| 18 | 基于热带海洋生物（芋螺）的创新先导药物研发 | 罗素兰 | 重点项目 |
| 19 | 温敏雄性不育基因Tms7克隆与功能鉴定 | 罗越华 | 重点项目 |
| 20 | 芒果、番木瓜采后商品化处理及贮运保鲜关键技术研究 | 李　雯 | 重点项目 |
| 21 | 大珠母贝大规格稚贝培育关键技术与示范 | 王爱民 | 重点项目 |
| 22 | 海上风力发电机样机及其试运行 | 陈超核 | 重点项目 |

续上表

| | | | |
|---|---|---|---|
| 23 | 木薯淀粉在生物医学材料领域的应用研究 | 曹　阳 | 重点项目 |
| 24 | 以瓷代钢增韧高硅陶瓷托辊制备的关键技术研究 | 邓湘云 | 重点项目 |
| 25 | 基于水溶性糖类新型表面活性剂的开发和利用 | 张　岐 | 重点项目 |
| 26 | 海南大学三维校园地图设计(整合"一种基于分割的景点动态合影图生成算法"及几个同内容项目) | 耿凤奎 | 重点项目 |
| 27 | 微波辐射凝固天然胶乳的研究 | 廖建和 | 重点项目 |
| 28 | 海南洋浦金海浆纸厂造纸黑液制备活性炭 | 姚伯元 | 重点项目 |
| 29 | 椰壳和椰壳纤维的综合开发与利用 | 陈　永 | 重点项目 |
| 30 | 细菌纤维素基功能性杂聚糖材料的生物组装制备 | 林　强 | 重点项目 |
| 31 | 血液吸附用细菌纤维素的可控生物合成及应用 | 曹献英 | 重点项目 |
| 32 | 基于菌剂应用的药用石斛繁育技术与示范 | 宋希强 | 重点项目 |
| 33 | 壳聚糖提高长豆角产量和品质的应用研究 | 陈惠萍 | 重点项目 |
| 34 | 新型食品物料冰点测定仪的样机成型与推广 | 林向东 | 重点项目 |
| 35 | 荔枝冰酒酿制的产业化 | 钟秋平 | 重点项目 |
| 36 | 海南社会发展史研究 | 曹锡仁 | 重点项目 |
| 37 | 海南优势产业经济及热带农业发展战略研究 | 傅国华 | 重点项目 |
| 38 | 南海安全战略与强化海域行政管理研究 | 安应民 | 重点项目 |
| 39 | 多元化纠纷解决机制研究 | 谭　兵 | 重点项目 |
| 40 | 基于国际旅游岛建设背景下的海南农垦发展战略研究 | 胡国柳 | 重点项目 |
| 41 | 基于海南国际旅游岛建设背景下的旅游资源开发、旅游环境保护和旅游经济发展战略研究 | 李永文 | 重点项目 |
| 42 | 海南黎族民商事习惯法制研究 | 陈秋云 | 重点项目 |
| 43 | 海南宗教文化资源调查与研究 | 耿开君 | 重点项目 |
| 44 | 旅游商品协同设计及数据管理系统研究 | 董林峰 | 重点项目 |
| 45 | 宋氏家族奠基人宋耀如的现代教育理念研究 | 杨国良 | 重点项目 |

续上表

| | | | |
|---|---|---|---|
| 46 | 海南黎语与南岛语核心词比较研究 | 辛世彪 | 重点项目 |
| 47 | 海南山地体育旅游资源调查与发展战略研究 | 宋静敏 | 重点项目 |
| 48 | 英语同声传译研究 | 曾传生 | 重点项目 |
| 49 | 海南文化产业发展年度报告（2009年） | 焦勇勤 | 重点项目 |
| 50 | 洋浦湾不同海域多环芳烃的分布来源及其对贝类的生态毒性效应研究 | 刁晓平 | 自由选题 |
| 51 | 热带海洋微藻资源收集及其产油特性评价 | 刘志媛 | 自由选题 |
| 52 | 热带海水鱼类细菌性疾病的免疫防治 | 周永灿 | 自由选题 |
| 53 | 广藿香主要活性成份的形成及其与遗传差异相关性的研究 | 吴友根 | 自由选题 |
| 54 | 红海榄 *RsNHX1* 基因的功能鉴定及转化研究 | 黄　惜 | 自由选题 |
| 55 | 花狭口蛙海南亚种皮肤溶血素溶血及肿瘤细胞毒活性研究 | 张英霞 | 自由选题 |
| 56 | 遥爪型液体天然橡胶的研究 | 廖双泉 | 自由选题 |
| 57 | 二氧化钛纳米管阵列利用太阳能制氢的研究 | 林仕伟 | 自由选题 |
| 58 | 反季节蔬菜风险监测分析 | 谢艳丽 | 自由选题 |
| 59 | 细菌纤维素生物合成中的功能化调控 | 冯玉红 | 自由选题 |
| 60 | 节能型多孔陶瓷砖的制备及性质研究 | 刘钟馨 | 自由选题 |
| 61 | 便携式高压装置改进及气水合物实验研究 | 王　赵 | 自由选题 |
| 62 | 热带海洋环境下强风化沉凝灰岩的工程力学特征 | 王　宏 | 自由选题 |
| 63 | 基于概念设计的建筑结构CAD案例研究 | 赵　菲 | 自由选题 |
| 64 | 热带海洋气候下海水中微生物对碳钢腐蚀行为及对其力学性能的单因素影响 | 吴进怡 | 自由选题 |
| 65 | 海藻提取物用于系列绿色环保型农药的研制及产业化 | 李嘉诚 | 自由选题 |
| 66 | 海南石英砂磁选提纯的拉曼研究 | 于晓龙 | 自由选题 |
| 67 | 天然橡胶接枝共聚物对共混体系增容作用的研究 | 陈永平 | 自由选题 |
| 68 | 槟榔果仁油提取工艺研究及胶囊化产品开发 | 李国胜 | 自由选题 |

续上表

| | | | |
|---|---|---|---|
| 69 | 蛋白质三维结构预测研究 | 陈 绮 | 自由选题 |
| 70 | 网络化系统的时延补偿研究 | 杜 锋 | 自由选题 |
| 71 | 融合 3G+IPv6 的多媒体信息检索与传输技术 | 李太君 | 自由选题 |
| 72 | 图论与最优化理论及其应用 | 尹建华 | 自由选题 |
| 73 | Ad hoc 网络的海上组网技术研究 | 周又玲 | 自由选题 |
| 74 | 胡椒抑菌活性成分的应用研究 | 陈文学 | 自由选题 |
| 75 | 人工影响天气法律问题研究 | 王秀卫 | 自由选题 |
| 76 | 政法网络舆情的演变及其应对 | 王 琳 | 自由选题 |
| 77 | 不动产税制改革—海南国际旅游岛背景下公共服务财力保障 | 陈 弦 | 自由选题 |
| 78 | 海南省农业科技推广网络体系的构建研究 | 张 峰 | 自由选题 |
| 79 | 国际旅游岛建设中的精益旅游服务系统研究与应用 | 郭 强 | 自由选题 |
| 80 | 海口市社工参与城市治理模式探析：基于与深圳模式的比较视角 | 郑崇明 | 自由选题 |
| 81 | 偶在论谱系——西方哲学史的阴影之谷 | 张志扬 | 自由选题 |
| 82 | 国有企业经营者薪酬的法律规制——一个程序视角的分析 | 彭真明 | 自由选题 |
| 83 | 国际旅游岛视角下消费与经济增长实证研究：海南 1988-2007 经验证据 | 李均立 | 自由选题 |
| 84 | 金融危机下我国天然橡胶产业政府规制研究 | 许能锐 | 自由选题 |
| 85 | 终极所有权、会计稳健性及其经济后果研究 | 张长海 | 自由选题 |
| 86 | 海南特区三次产业经济增长科技贡献率比较研究 | 李仁君 | 自由选题 |
| 87 | 热带主要作物区域布局优化模型与产业化管理研究 | 张洪波 | 自由选题 |
| 88 | 海南房地产业的价格构成及其政府管制研究 | 吴学品 | 自由选题 |
| 89 | 基于产业升级的海南国际旅游岛高端旅游市场定位与开发 | 周金泉 | 自由选题 |
| 90 | 国际旅游岛建设背景下海南文化软实力研究 | 李辽宁 | 自由选题 |
| 91 | 海南农村村民自治问题研究 | 李德芳 | 自由选题 |
| 92 | 国际旅游岛建设中若干关系研究 | 陈扬乐 | 自由选题 |
| 93 | 海南旅游业欺诈行为法律规制研究 | 黎其武 | 自由选题 |
| 94 | 海南旅游产业区域生态产业链规划模型及管理研究 | 余升国 | 自由选题 |
| 95 | 技术与社会：黎族现代化变迁 | 沈德理 | 自由选题 |

续上表

| | | | |
|---|---|---|---|
| 96 | 地方综合性大学创新人才培养的理论及实践研究 | 韦　勇 | 自由选题 |
| 97 | 海南 FDI 调查及其偏少的原因分析 | 韦开蕾 | 自由选题 |
| 98 | 话语意义建构与英语语用能力培养的动态互动关系研究 | 王　勇 | 自由选题 |
| 99 | 词汇能力与英语水平相关性研究 | 白丽芳 | 自由选题 |
| 100 | 海南国际旅游岛建设背景下的景点及公共标识英文翻译规范系统研究 | 冯　军 | 自由选题 |
| 101 | 明清时期海南文化研究 | 张朔人 | 自由选题 |
| 102 | 海南岛橡胶林生态系统碳氮储量及其动态研究 | 王　旭 | 自由选题 |
| 103 | 海南外来杂草病原微生物及昆虫天敌的调查研究 | 杨　叶 | 自由选题 |
| 104 | 桉树林农复合经营系统技术研究与示范 | 余雪标 | 自由选题 |
| 105 | 龙眼和荔枝中多效唑残留限量与安全使用技术标准研究 | 张　宇 | 自由选题 |
| 106 | 香蕉枯萎病根际土与未发病根际土的微生物区系对比研究 | 谭志琼 | 自由选题 |
| 107 | 木薯机械种植关键技术的研究 | 袁成宇 | 自由选题 |
| 108 | 基于机器视觉的热带水果无损检测技术的研究 | 唐荣年 | 自由选题 |
| 109 | 洋浦港物流发展模式研究 | 金志扬 | 自由选题 |
| 110 | 海南山栏稻种质资源评价及有利基因分子检测与定位 | 王　英 | 自由选题 |
| 111 | 海南猫须草野生资源调查与人工引种驯化栽培研究 | 于旭东 | 自由选题 |
| 112 | 海南水稻硅增产效应及施肥技术研究 | 常春荣 | 自由选题 |
| 113 | 五唇兰菌根化苗重引入生理生态适应性机理研究 | 杨福孙 | 自由选题 |
| 114 | 番木瓜主要病毒病分子探针检测试剂盒研制及应用 | 陈　萍 | 自由选题 |
| 115 | 热带地区设施农业关键技术研究 | 穆大伟 | 自由选题 |
| 116 | 钙调控香蕉耐盐生理和分子机制的研究 | 李新国 | 自由选题 |
| 117 | 海口传统商业街特色空间环境规划研究 | 刘拥春 | 自由选题 |
| 118 | 学生创新课题共 30 项 | | 校团委负责 |

# 科研经费

## 2009年度立项项目、经费及经费来源情况统计表

| 序号 | 项目类别 | 项目数 | 经费数（万元） |
| --- | --- | --- | --- |
| 1 | 国家自然科学基金项目 | 14 | 316.9 |
| 2 | 国家社会科学基金项目 | 4 | 34 |
| 3 | 国家863计划项目 | 1 | 14 |
| 4 | 国家软科学研究计划 | 1 | 8 |
| 5 | 国家973计划前期专项 | 2 | 65 |
| 6 | 国家科技支撑计划项目 | 9 | 960 |
| 7 | 国家科技重大专项 | 1 | 150 |
| 8 | 国际科技合作项目 | 2 | 178 |
| 9 | 国家科技人员服务企业项目 | 18 | 750 |
| 10 | 国家农业科技成果转化资金项目 | 1 | 50 |
|  | 小计 | 53 | 2525.9 |
| 11 | 省、部级自然科学项目（小计） | 93 | 2200.6 |
|  | （1）部级自然科学项目 | 38 | 2096.1 |
|  | （2）省级自然科学项目 | 55 | 104.5 |
| 12 | 省、部级人文社会科学项目（小计） | 38 | 73.3 |
|  | （1）部级人文社会科学项目 | 8 | 52.5 |
|  | （2）省级人文社会科学项目 | 30 | 20.8 |
| 13 | 2009年度省教育厅高校科研资助项目（小计） | 166 | 32.9 |
|  | （1）理工农医类 | 64 | 17.7 |
|  | （2）人文社科及教改类 | 102 | 15.2 |
| 14 | 其他项目（小计） | 214 | 1297.112 |
|  | （1）地厅级项目 | 23 | 389.1 |
|  | （2）横向及其他项目 | 44 | 343.012 |
|  | （3）校科研基金项目 | 147 | 565 |
| 合计 |  | 564 | 6129.812 |

# 科研成果

## 2009年国家自然科学基金项目结题验收一览表

| 序号 | 项目名称 | 负责人 |
|---|---|---|
| 1 | 浓度及时间依赖性代表药物在猪体内药动-药效同步模型的研究 | 杨雨辉 |
| 2 | 猪戊型肝炎病毒 pORF3 对 MAPK 通路作用的分子机制研究 | 王凤阳 |
| 3 | 脂多糖诱发的点带石斑鱼免疫相关功能基因及其活性表达产物的研究 | 周永灿 |
| 4 | 罗非鱼片 AMD 干燥的数值模拟与动力学研究 | 段振华 |
| 5 | 兰科植物基于内生菌根真菌的保育生物学研究 | 宋希强 |
| 6 | 海洋天然产物 Makaluvic acids 的全合成及其对南海鱼虱存活的影响 | 王世范 |
| 7 | 热带海草海菖蒲地理种群遗传多样性分析 | 方再光 |
| 8 | 马氏珠母贝养殖群体对海南岛东部野生种群遗传多样性的影响 | 王爱民 |
| 9 | 基于第二代小波的结构模态分析及其在健康诊断和可靠性评估中的应用 | 韩建刚 |
| 10 | 马氏珠母贝转外源荧光蛋白基因技术 | 石耀华 |

## 2009年农业科技成果转化资金项目结题验收一览表

| 序号 | 项目名称 | 负责人 |
|---|---|---|
| 1 | 马氏珠母贝“海优1号”育苗和养殖技术区域试验与示范 | 王爱民 |

## 2009年海南省重点科技项目结题验收一览表

| 序号 | 项目名称 | 负责人 |
|---|---|---|
| 1 | 海南省高新技术产业发展战略研究 | 李建保 |

## 2009年海南省自然科学基金项目结题验收一览表

| 序号 | 项目名称 | 负责人 |
|---|---|---|
| 1 | 海南人心果种质资源调查、鉴定和评价的研究 | 周开兵 |
| 2 | 芒果采后气调贮藏体系的建立与采后耐贮性的研究 | 黄绵佳 |
| 3 | 香蕉果实壳聚糖结合蛋白的特性及功能研究 | 陈惠萍 |
| 4 | 海南野生荔枝分子水平遗传多样性及保育研究 | 姜成东 |
| 5 | 多肽氨基酸类叶面肥对龙眼、荔枝增产优质的生物学机制 | 单家林 |

续上表

| | | |
|---|---|---|
| 6 | 甜菜碱和壳聚糖在香蕉抗冷性上的应用研究 | 李茂富 |
| 7 | 海南野生兰花远缘杂交及其杂交种子离体培养的研究 | 莫　饶 |
| 8 | 耐热菊花种质资源收集、引种、驯化及优良品系的筛选 | 吴友根 |
| 9 | 濒危兰科植物华石斛种子原生境共生萌发技术研究 | 宋希强 |
| 10 | 抗肝癌纳米羟基磷灰石的荧光信号标示 | 曹献英 |
| 11 | 天然橡胶/聚乙稀共混型吸水膨胀热塑弹性体研究 | 廖双泉 |
| 12 | 碳氧氮系类金刚石薄膜的合成及其力学和表面性能研究 | 文　峰 |
| 13 | 二氧化锰单晶纳米材料的制备 | 陈　永 |
| 14 | 热塑性可生物降解木薯淀粉的研究 | 符　新 |
| 15 | 乳液共沉法制备纳米碳酸钙/天然橡胶复合材料的研究 | 李　光 |
| 16 | 基于第二代小波的土木工程结构模态参数提取方法研究 | 韩建刚 |
| 17 | 海南热带环境中农药残留对土壤酶活性影响的研究 | 陈红军 |
| 18 | 海南特种桉树叶化学成分及其活性研究 | 陈祎平 |
| 19 | D一核酸的药用研究 | 刘平怀 |
| 20 | 萃取-分离 ICP-MS 技术及在环境与生物分析中应用研究 | 罗盛旭 |
| 21 | 发光材料用 1，8--萘酰亚胺的合成及发光性能研究 | 杨建新 |
| 22 | 过氧化氢废水处理催化剂研究 | 张永明 |
| 23 | 苯并异噻唑啉酮类海洋绿色防污剂的合成与生物活性测试 | 林　强 |
| 24 | 海洋多糖催化降解材料的开发及其降解产物的活性研究 | 袁文兵 |
| 25 | 香辛料抗氧化活性成分提取分离、鉴定及应用研究 | 仇厚援 |
| 26 | 大环氮功能化染料木素的合成及其对鲍鱼弧菌的抑制作用 | 王世范 |
| 27 | 海南冬季条件运动损伤动物模型的建立及其应用研究 | 肖　霞 |
| 28 | 羊鲍和耳鲍微卫星 DNA 指纹图谱构建 | 方再光 |
| 29 | 海南坡鹿 HSF1 的 cDNA 克隆和功能研究 | 王凤阳 |
| 30 | 芦荟多糖在肉鸡生产上的应用研究 | 王学梅 |
| 31 | 宅地权制度对海南住房保障及房地产经济的影响及模型研究 | 刘家诚 |
| 32 | 南海资源开发的区域合作研究 | 张尔升 |

续上表

| | | |
|---|---|---|
| 33 | 海南省城市生活垃圾产业化的经济研究 | 过建春 |
| 34 | 转型时期海南特区可持续旅游发展的系统管理研究 | 袁国宏 |
| 35 | 区间关联函数及其应用研究 | 李志林 |
| 36 | 两两 NQD 列与随机 Dirichlet 级数性质研究 | 王志刚 |
| 37 | 试验设计中多因变量建摸及优化方法的研究 | 韩汉鹏 |
| 38 | 经济学中的 Riemann 几何方法 | 张炳侠 |
| 39 | 基于 Web 挖掘的多路径分割聚类算法的研究 | 杨厚群 |
| 40 | 基于 IXP2400 及神经网络的信息过滤技术 | 张　晋 |
| 41 | 高性能海量中文 Web 信息检索系统关键技术研究 | 张春元 |
| 42 | 无线传感器网络能源策略研究 | 周又玲 |
| 43 | 海南琼海原生境普通野生稻保护遗传学和基因多样性研究 | 符文英 |
| 44 | 海南超级稻米合特性研究 | 张吉贞 |
| 45 | 一氧化碳对干旱胁迫下水稻幼苗氧化损伤的缓解效应 | 陈惠萍 |
| 46 | 巴西橡胶树部分已克隆基因的原 PCR 物理定位研究 | 庄南生 |
| 47 | 寄生性天敌对美洲斑潜蝇种群控制作用的研究 | 蔡笃程 |
| 48 | 亲和双水相萃取番木瓜中木瓜蛋白酶的研究 | 张海德 |
| 49 | 海南岛反季节生产用油豆角优良品种的引进及选育研究 | 田丽波 |
| 50 | 槟榔食品深加工关键技术研究 | 张海德 |
| 51 | 酶法制备几丁寡糖的研究 | 刘四新 |
| 52 | 红曲霉-醋酸菌共发酵制备新型功能性食品 | 李从发 |

## 2009 年教育部项目结题验收一览表

| 序号 | 项目名称 | 负责人 |
|---|---|---|
| 1 | 新型芋螺毒素的人工合成和重组表达研究 | 罗素兰 |
| 2 | 石斑鱼疾病及其控制技术研究 | 周永灿 |
| 3 | 脂肪酶转化橡胶籽油生产生物柴油的研究 | 李从发 |
| 4 | 氮杂大环桥连双黄铜类化合物的合成 | 王世范 |
| 5 | 马氏珠母贝杂交品系与非选育贝抗病力的比较研究 | 王凤阳 |
| 6 | 双频带兼容性柔软型电磁波吸收体 | 郝万军 |
| 7 | 桉树人工林植被多样性恢复技术研究 | 刘国道 |

## 2009年农业部项目结题验收一览表

| 序号 | 项目名称 | 负责人 |
|---|---|---|
| 1 | 固体有机废弃物高附加值资源化技术引进、创新和产业化开发 | 阮云泽 |
| 2 | 速冻菠萝加工保鲜关键技术的引进与消化应用 | 李 雯 |
| 3 | 菠萝鲜切加工保鲜技术 | 潘永贵 |
| 4 | 芒果热处理及配套技术的引进与消化使用 | 李 雯 |
| 5 | 香蕉果实品质与采前生理研究 | 黄绵佳 |
| 6 | 鲜切菠萝品质保持关键技术的研究 | 李 雯 |
| 7 | 保健功能性水稻新品种选育和示范生产研究 | 黄东益 |
| 8 | 芒果病虫害高效安全防治和采后保鲜技术研究 | 李 雯 |
| 9 | 木薯淀粉在生物医学材料领域中的应用研究 | 曹 阳 |
| 10 | 橡胶树野生种质产排胶和抗旱能力早期预测参数的研究 | 黄 惜 |
| 11 | 天然橡胶病虫害监测预报 | 郑服丛 |
| 12 | 热带作物病虫害信息平台建设 | 郑服丛 |
| 13 | 香蕉产业化关键技术集成与示范推广 | 刘康德 |
| 14 | 热带作物种质圃 | 李绍鹏 |
| 15 | 热带农业环境研究 | 谭基虎 |
| 16 | 香蕉种苗市场整顿与苗木质量监测 | 黄东益 |

## 2009年海南省哲学社会科学规划课题结题验收一览表

| 序号 | 项目名称 | 负责人 |
|---|---|---|
| 1 | 幽默理论关键词研究 | 闫广林 |
| 2 | 海南省成人高等教育管理体制改革与创新研究 | 张延梅 |
| 3 | 《海南岛黎族的社会组织和经济组织》的翻译 | 金 山 |
| 4 | 海南省农业突发事件公关管理研究 | 陈小桃 |
| 5 | 民国时期海南利用华侨资本问题研究 | 张朔人 |

## 2009年海南省质量技术监督局项目结题验收一览表

| 序号 | 项目名称 | 负责人 |
|---|---|---|
| 1 | 海南省自驾车租赁管理与服务规范 | 安应民 |
| 2 | 海南省公共沙滩管理导则 | 安应民 |
| 3 | 海水浴场管理服务规范 | 安应民 |
| 4 | 文明生态村旅游服务质量等级划分评定 | 安应民 |
| 5 | 特色节庆活动的组织与管理导则 | 李辽宁 |
| 6 | 三亚购物一条街服务质量规范 | 庞京城 |

## 2009年海南省教育厅高校科研项目结题验收一览表

| 序号 | 项目名称 | 负责人 |
|---|---|---|
| 1 | 基于Globus网格服务的研究与实现 | 黎才茂 |
| 2 | 基于语义的Internet图象检索研究 | 李太君 |
| 3 | 变形运动图像分析 | 龙　翔 |
| 4 | 高负载Web服务器集群负载均衡研究 | 邱　钊 |
| 5 | 网页恶意代码实时防护系统 | 吴　星 |
| 6 | 废弃椰壳粉/聚烯烃塑料高性能复合材料的研究 | 李志君 |
| 7 | 氮氧掺杂类金刚石薄膜的制备和性能研究 | 文　峰 |
| 8 | 溴化天然橡胶的制备及结构表征 | 薛行华 |
| 9 | 微波膨化型热带水果脆片的加工及酥脆性研究 | 阳辛凤 |
| 10 | 微波膨化型热带水果脆片的加工及酥脆性改善方法研究 | 阳辛凤 |
| 11 | 完全相交截面上正数量曲率的存在性 | 张炳侠 |
| 12 | 多年连栽香蕉园土壤养分与酶活性的变化 | 陈明智 |
| 13 | 桉树倍性育种创造三倍体新种质的研究 | 庄南生 |
| 14 | 一个新的乙烯利刺激、胶乳特异表达基因的克隆与表达调控分析 | 张治礼 |

续上表

| | | |
|---|---|---|
| 15 | 人民调解转型研究 | 唐茂林 |
| 16 | 合作性司法研究 | 王　琦 |
| 17 | 基于会计委派制背景下的高校财务管理创新研究 | 胡国柳 |
| 18 | 企业人力资本增殖理论研究 | 黄崇利 |
| 19 | 海南高校科研现状调查研究 | 杨德禧 |
| 20 | 海南上市公司治理结构改革的比较研究 | 孙　容 |
| 21 | 黎族社会：从传统走向现代----以重合盆地 1942 年的田野调查为根据 | 杨德禧 |
| 22 | 海南省女大学生婚恋观研究 | 张慧卿 |
| 23 | 海南省普通高校体育弱势群体的体育行为及影响因素研究 | 洪家云 |
| 24 | 网络信息资源利用中的版权保护与利益平衡机制研究 | 王小会 |
| 25 | 网络环境下的文献编目效益研究 | 蔡瑞平 |
| 26 | 海南省高校期刊的现状与发展对策研究 | 吴爱敏 |
| 27 | 杨绛年谱 | 杨国良 |
| 28 | 英语同声传译 | 曾传生 |
| 29 | 班级企业的模拟运营—管理类专业学生的实际技能培养方法探索 | 李　纲 |
| 30 | 三维造型整合机械制图教学改革的研究 | 廖宇兰 |
| 31 | 高校非计算机专业计算机“两课合一”的改革与实践 | 陈明锐 |
| 32 | Dexel 体造型技术在飞机复合材料零件设计中应用 | 高新瑞 |
| 33 | 高等学校学生管理实行预警制度的探索与实践 | 胡先文 |
| 34 | 学分制改革的研究与实践 | 李　婷 |
| 35 | “十一五”期间海南高级旅游管理人才的需求与培养 | 王凤霞 |
| 36 | 水产养殖学专业养殖学课程实验教学改革的研究 | 陈雪芬 |
| 37 | 对高校病、残、弱学生开设木球保健课的实验研究 | 王晓青 |
| 38 | 口译特色教学与高级翻译人才的培养 | 李渝凤 |
| 39 | 《和声学》课“数字化”多媒体教学系统的建构与应用 | 赵京封 |

续上表

| | | |
|---|---|---|
| 40 | 本科普通遗传学实验教学改革的研究 | 王　英 |
| 41 | 高校科研信息化管理系统 | 陈超核 |
| 42 | 海南省高等学校管理网站的建设与开发 | 初华丽 |
| 43 | 旅游管理专业大学生职业选择的实证研究 | 宋子斌 |
| 44 | 高校课堂教学质量评估系统应用研究 | 王　琳 |
| 45 | 海南省高等学校实验教学示范中心评估程序化、标准化研究 | 王康寿 |
| 46 | 方斑东风螺营养生理初步研究 | 王冬梅 |
| 47 | 当代社会思潮引导与大学生成才研究 | 李辽宁 |

## 2009年厅级及其他项目结题验收一览表

| 序号 | 项目名称 | 负责人 | 资助单位 |
|---|---|---|---|
| 1 | 焦炭光学组织测定系统开发与应用 | 姚伯元 | 济南钢铁股份有限公司 |
| 2 | 抗稻瘟病耐冷优质水稻新品种选育研究 | 黄东益 | 中国农业科学院 |
| 3 | 高精度光学显微镜 | 姚伯元 | 安徽工业大学 |
| 4 | 芒果采收、贮运与包装规程 | 章程辉<br>仇厚援 | 海南省质量技术监督局 |
| 5 | 东方市耕地开垦项目库建设项目 | 黄朝明 | 东方市土地开发整理储备中心 |
| 6 | 广坝电站来水量预测模型的建立研究 | 刘殿国 | 国电海南大广坝发电有限公司 |
| 7 | 动物饲养场废弃物处理卫生要求 | 杨雨辉 | 中国动物卫生与流行病学中心 |
| 8 | 海口市城市建设投融资模式创新研究 | 胡永和 | 海口市城市建设投资有限公司 |
| 9 | “十二五”期间海口市城乡一体化发展研究 | 李洁琼 | 海口市发展和改革局 |
| 10 | 海口市沿岸主要海域浮游生物资源调查 | 李洪武 | 海口市海洋与渔业局 |
| 11 | 海口市游艇经济发展模式研究 | 李洁琼 | 海口市海洋与渔业局 |
| 12 | 海口市海洋旅游发展模式研究 | 李洁琼 | 海口市海洋与渔业局 |
| 13 | 海口市动物基因工程重点实验室 | 王凤阳 | 海口市信息科学技术局 |
| 14 | 海口市人才投入机制研究 | 张继军 | 海口市财政局 |
| 15 | 海南海口保税区土地集约利用评价 | 栾乔林 | 海南国源土地矿产勘测规划设计院 |

续上表

| | | | |
|---|---|---|---|
| 16 | 海南国际科技工业园土地集约利用评价 | 黄朝明 | 海南国源土地矿产勘测规划设计院 |
| 17 | 洋浦经济开发区土地集约利用评价 | 韦士川 | 海南国源土地矿产勘测规划设计院 |
| 18 | 海航大厦深基坑灌注护桩应力分析 | 卫　宏 | 海南赛博地理信息科技有限公司 |
| 19 | 海南省人才投入机制研究 | 张继军 | 海南省财政厅 |
| 20 | 西沙进行耐盐蔬菜试种推广经费 | 林栖凤 | 海南省财政厅 |
| 21 | 海南省优生发展教育研究 | 孟和乌力吉 | 海南省发展改革厅 |
| 22 | 海南省公路勘察设计院人事、绩效和激励体系设计项目 | 郭　强 | 海南省公路勘察设计院 |
| 23 | 永庄水厂水源污染源调查及整治措施建议 | 李培红 | 海南省供水排水协会 |
| 24 | 海南省农业污染调查及防治对策研究 | 唐文浩 | 海南省国土环境资源厅 |
| 25 | 海南省废弃金矿矿区生态恢复技术研究 | 唐文浩 | 海南省国土环境资源厅 |
| 26 | 海南省生物多样性评价 | 杨小波 | 海南省国土环境资源厅 |
| 27 | 海南生物物种资源（陆地植物）调查 | 杨小波 | 海南省国土环境资源厅 |
| 28 | 海南主要城市面源水污染调查 | 唐文浩 | 海南省环境科学研究院 |
| 29 | 农产品质量追溯系统兼容 | 王　磊 | 海南省热带作物开发中心 |
| 30 | 海南省工会企事业发展规划 | 傅国华 | 海南省总工会 |
| 31 | HD 型全自动显微镜光度计研制 | 姚伯元 | 邯郸市邯钢附企商贸有限责任公司 |
| 32 | 猪饲养卫生条件 | 杨雨辉 | 中国动物卫生与流行病学中心 |
| 33 | HD 型全自动显微光度计与煤岩测定设备 | 姚伯元 | 河南省济源市金马焦化有限公司 |
| 34 | HD 型全自动显微光度计 | 姚伯元 | 湖南华菱涟源钢铁有限公司 |
| 35 | HD 型全自动显微光度计研制 | 姚伯元 | 湖南华菱湘潭集团有限公司 |
| 36 | 生物有机肥在香蕉上的生物效应及示范 | 阮云泽 | 江苏省固体有机废弃物资源化高技术研究重点实验室 |
| 37 | 芒草田间预备试验项目 | 黄东益 | 美国 CERES 公司 |
| 38 | HD 型全自动显微光度计 | 姚伯元 | 迁安中化煤化工有限责任公司 |
| 39 | HD 型全自动显微光度计与煤岩测定设备 | 姚伯元 | 山西闽光焦化有限公司 |
| 40 | HY-4 型全自动显微镜光度计升级改造（设备检修工程合同） | 姚伯元 | 武钢集团昆明钢铁股份有限公司技术中心 |
| 41 | HD 型全自动显微镜光度计研制 | 姚伯元 | 新兴铸管股份有限公司 |
| 42 | 和谐社会与土地问题研讨会 | 王崇敏 | 亚洲基金会 |

续上表

| | | | |
|---|---|---|---|
| 43 | JPEG-LS 数据压缩技术 | 邓家先 | 中国航天科技集团公司第五研究院五0四所 |
| 44 | 地理信息系统资料处理 | 田　良 | 中国科学院地球环境研究所 |
| 45 | 热带特色香辛饮料作物综合管理智能专家系统构建与应用 | 黄国泰 | 中国热科院品资所 |
| 46 | 香草兰营养特性研究 | 程宁宁 | 中国热科院香饮所 |
| 47 | 菠萝蜜生长土壤理化性质研究分析样品经费 | 程宁宁 | 中国热科院香饮所 |
| 48 | 橡胶树栽培技术移动电子手册 | 张　峰 | 中国热科院橡胶所 |
| 49 | 关键词丛书•反腐 | 王　琳 | 广东市社科联 |

## 2009 年科研成果统计

### 2009 年出版学术著作统计表

单位：部

| | 学术著作 | 大专院校教科书 | 编著 | 工具书 |
|---|---|---|---|---|
| 自然科学 | 6 | 21 | 11 | |
| 人文社科 | 50 | 27 | 16 | 11 |
| 合计 | 56 | 48 | 27 | 11 |

### 2009 年发表学术论文统计表

单位：篇

| | 国外学术刊物 | 国内学术刊物 |
|---|---|---|
| 自然科学 | 36 | 703 |
| 人文社科 | 2 | 418 |
| 合计 | 38 | 1121 |

# 2009 年科研获奖情况

**自然科技类**

### 海南省科学技术进步奖

| 序号 | 成果名称 | 完成单位 | 主要完成人 | 获奖等级 |
|---|---|---|---|---|
| 1 | 一种补偿网络控制系统随机时延的新方法 | 海南大学、四川大学锦城学院 | 杜　峰　杜文才　雷　楮 | 二等奖 |

续上表

| | | | | |
|---|---|---|---|---|
| 2 | 几种鱼鳔的成分分布规律及鱼鳔寡肽的制备技术研究 | 海南大学、海南大学热带生物资源教育部重点实验室 | 段振华 易美华 汪菊兰 殷安齐 王美蓉 王锡彬 王志国 高 倩 | 二等奖 |
| 3 | 海巴戟（NONI）规范化种植和精深加工技术及应用 | 海南大学、海南万维生物制药技术有限公司、万宁市热带作物技术开发中心 | 符文英 邢诒旺 云韵琴 符海青 李琼义 张伟敏 李从发 陈东良 | 二等奖 |
| 4 | 碳氧氮系类金刚石薄膜的合成及其力学和表面性能研究 | 海南大学、西南交通大学 | 文 峰 黄 楠 冷永祥 景凤娟 孙 鸿 赵安莎 | 三等奖 |
| 5 | 电子政务中的协同工作安全模式研究 | 海南大学 | 胡 涛 杜文才 董林峰 蒲 剑 郑尚魁 邢孔多 | 三等奖 |
| 6 | 基于灰色系统理论的蛋白质三维结构频谱研究 | 海南大学 | 陈 绮 傅兆敏 | 三等奖 |
| 7 | 海南野生兰花远缘杂交及其杂交种子离体培养的研究 | 海南大学 | 莫 饶 郭丽霞 彭 彬 罗远华 黄东益 吴繁花 | 三等奖 |
| 8 | 番木瓜施硒效应及硒素积累特性研究 | 海南大学、中国热带农业科学院热带作物品种资源研究所 | 刘德兵 魏军亚 李绍鹏 蔡胜忠 姜成东 卢业凌 | 三等奖 |
| 9 | 九孔鲍优质苗种大规模培育关键技术 | 海南大学、海南大学热带生物资源教育部重点实验室、三亚珍珠养殖场 | 石耀华 王 嫣 王爱民 顾志峰 唐建民 | 三等奖 |

## 人文社会科学类

### 教育部高等学校科学研究优秀成果奖

| 序号 | 成果名称 | 完成单位 | 主要完成人 | 获奖等级 |
|---|---|---|---|---|
| 1 | 世界马克思主义理论教育比较研究 | 海南大学 | 赵康太 沈德理 张云阁、胡斌武 李辽宁 于 营 | 二等奖 |

### 海南省第六次社会科学优秀成果奖

| 序号 | 成果名称 | 完成单位 | 主要完成人 | 获奖等级 |
|---|---|---|---|---|
| 1 | 海南历史文化大系(10 卷 104 本书) | 海南大学（参与） | 曹锡仁（参与） | 特等 |
| 2 | 中国共产党农村思想政治教育史 | 海南大学 | 李德芳、杨素稳 | 一等 |
| 3 | 股权结构与企业资本支出决策：理论与实证分析 | 海南大学、海南经贸职业技术学院 | 胡国柳 黄景贵 裘益政 | 一等 |
| 4 | 论黎族文身的伦理隐喻 | 海南大学 | 郑小枚 | 一等 |
| 5 | 现代化背景下的海南大特区 | 海南大学<br>海口市委党校 | 曹锡仁 鲁 兵 | 一等 |

续上表

| | | | | |
|---|---|---|---|---|
| 6 | 论我国民法典总则中的知识产权保护规则 | 海南大学 | 王崇敏　张丽娜 | 一等 |
| 7 | 《企业柔性管理——获取竞争优势的工具》 | 海南大学 | 安应民　郝冬梅 | 二等 |
| 8 | 制度递延逆反论——一个典型制度变迁的案例描述与推论 | 海南大学 | 张尔升 | 二等 |
| 9 | 蜕变中的历史复现——从“革命历史小说”到“新革命历史小说” | 海南大学 | 刘复生 | 二等 |
| 10 | 贯彻科学发展观——海南干部读本 | 海南大学<br>海南省委党校 | 王毅武　彭京宜 | 二等 |
| 11 | 丘濬集（10 册） | 海南大学 | （明）丘濬著<br>点校：周伟民　王瑞明<br>崔曙庭　唐玲玲 | 二等 |
| 12 | 海南文物保护、开发、利用与发展战略 | 海南大学 | 阎根齐　梁小平 | 二等 |
| 13 | 民间资本投资基础设施领域研究 | 海南大学 | 王丽娅 | 二等 |
| 14 | 中国天然橡胶经济问题研究 | 海南大学<br>琼州学院 | 柯佑鹏<br>过建春 | 二等 |
| 15 | 构建正当的土地征收程序 | 海南大学 | 梁亚荣　刘　燕 | 三等 |
| 16 | 达赖喇嘛的鬼蜮伎俩 | 海南大学 | 徐明旭 | 三等 |
| 17 | 海南疍民问题研究 | 海南大学 | 张朔人 | 三等 |
| 18 | 幽灵与惩戒：从电影《青红》的空间叙事谈起 | 海南大学 | 焦勇勤 | 三等 |
| 19 | 微观经济学 | 海南大学 | 李仁君　余升国　段　愿 | 三等 |
| 20 | 证明标准问题研究 | 海南大学 | 段书臣　刘　澍 | 三等 |
| 21 | 琼北闽语词汇研究 | 海南大学 | 符其武 | 三等 |
| 22 | 图书馆质量评估体系与国际标准 | 海南大学 | 张红霞 | 三等 |

## 海南大学“吴多泰博士科研成果奖”

| 类 别 | 一等奖 | 二等奖 | 三等奖 |
| --- | --- | --- | --- |
| 成果类 | 王凤阳 尹绍武 | 李嘉诚 | 杨小波 |
| 著作类 | | 杨小波 | 陈 永 李 军 但建国 |
| 论文类 | 邓万刚 张 岐 | 袁文兵 黄 惜 文 峰 | 钟秋平 潘莉莎 郭 强 陈银华 |

# 学 生 工 作

【概况】 2009 年，学生工作以认真落实学校的中心工作为基础，以优化学生成长发展环境、深化指导服务体系、构建全员育人机制、推进学生工作创新为重点，将培养高素质学生与全面提升学校学生工作水平有机结合起来，取得好效果。

【学生政治思想教育】 加强学生思想政治教育，确保学校稳定。2009 年国家大事（新中国成立 60 周年；西藏平叛和实行民主改革 50 周年；纪念五四运动 90 周年；澳门回归祖国 10 周年；中美建交 30 周年）对比较多，校园管理、学校稳定工作任务重。学生工作部门从实际出发，积极应对国际国内环境挑战，组织参与“经济社会发展”论坛、“做人做事做学问”名家论坛及政治形势系列报告会。以国家大学生文化素质教育基地为平台，开展政治思想教育创新活动。

【辅导员队伍建设】 1. 加强队伍建设，鼓励辅导员向职业化、专业化方向发展。

2. 根据工作需要，科学配备辅导员和班主任。按照师生 1：200 的岗位配备要求，在保证 1：300 的基础上，增配一定数量的专职辅导员。

3. 组织辅导员工作培训及暑期新任辅导员培训，建立分层次、多形式的培训体系，做到先培训后上岗，坚持日常培训和专题培训相结合。

4. 建立“辅导员俱乐部”，定期研讨和交流工作经验和体会，增强辅导员队伍的归属感和凝聚力。

5. 加强心理咨询工作，每月邀请校外资深心理咨询专家对专兼职心理健康工作人员进行督导辅导。选派一定数量的专兼职心理咨询师参加心理咨询专题培训，或参加国家心理咨询师资格认证考试。

【学生资助工作】 在做好经济困难学生的“奖、贷、助、补、减”工作的同时，科学管理勤工助学岗位，公平、公开、公正地开展勤工助学活动。建立和完善网上勤工助学信息平台，设立勤工助学服务基地，努力探索勤工助学的基地化、实体化建设。培养学生自立自强意识，竞争意识，形成以“助困、扶志、锻炼、成才”为目的学生资助工作。

1. 国家助学贷款工作。2009 年我校累计发放国家助学贷款 556.745 万元，其中中国农业银行为海甸校区 2005 级和 2006 级 590 名贷款学生续放国家助学贷款 313.65 万元；中国建设银行为儋州校区和城西校区 2005 级和 2006 级 473 名贷款学生续放国家助学贷款 243.095 万元。

2. 勤工助学工作。2009 年，围绕“三助”（助研、助教、助管）开展校园勤助学工作，勤工助学人次以每年 10%的速度递增。为家庭经济困难学生提供了学生助理、教学助理、贴报、校区内草地维护、校园绿化美化等常设岗位 1300 多个，每人每月 150-200 元酬金，共发放勤工助学酬金 180.4563 万元人民币。为给经济困难学生提供更多勤工助学机会，利用学生资助管理中心办公室学生干部队伍，开拓校外勤工助学市场。2009 年，海甸校区为学生提供了近 3000 个校外勤工助学岗位，主要有促销、家教等。举行了首次寒假勤工助学招聘会，2 5 家用人单位提供 2 0 0 多个寒假兼职岗位（餐饮服务、公司助理等）。寒假留校学生积极参与，与招聘企业形成了良好的互动，满足了寒假期间用人单位的临时人事需求，也为寒假留校学生提供了一次社会实践机会。通过对设岗单位申请设立的岗位进行审核与筛选，设立大量适合学生从事的勤工助学岗位。

3. 资助工作。各类奖助学金 12 项，共计资助 18140 名学生，资助金额 4370.1 万元。其中 950 名家庭经济困难学生获国家励志奖学金；国家助学金共资助 6850 名家庭经济困难学生； 499 名经济困难学生获高等学校优秀贫困生奖学金；金光贫困大学生助学金资助 600 名经济困难学生。

4. 各类减免补工作。根据海南省财政厅《关于下达 2009 年春季学期普通高校家庭经济困难学生临时伙食补贴专项资金的通知》（琼财教[2009]725 号），我校 2009 年春季学期为 6274 名家庭经济困难学生发放了临时伙食补贴，按照每生每月 40 元，春季学期 5 个月共发放临时伙食补助专项资金 125.48 万元。

2009 年，为 21 名家庭经济困难学生发放临时困难补助 9100 元人民币。

**【学生管理】** 1. 拓展学生工作教育管理体系。完善学生的综合测评，发挥评价与激励的功能最大化。逐步改革奖助学金评定制度，发挥奖助学金的激励作用。深化学生思想政治教育、校园文明行为规范教育和学风教育。统筹规划，强化学生工作队伍的建设和培养，推进全员育人机制的形成。

2. 深化学生工作指导与服务体系。以建设“211 工程”大学为契机，以学生服务网络建设与现场办公为平台，以学生心理健康指导、帮困助学指导、学生事务调解、学习指导四个中心为依托，落实学校的中心工作。积极探索网络服务及“一站式”服务模式，拓展学生工作指导与服务的领域和空间。

3. 落实学生工作考评制度，建立目标考核体系。转变管理理念，管理重心下移，创新指导模式，提供学生工作窗口式服务。坚持客观公正的标准，将定性考核和定量考核相结合，体现民主监督、注重实绩的原则。扩大服务内涵，推出工作咨询、互动评价等新的内容。

4. 推进学生管理信息化建设。充分利用和发挥网络的作用，加快学生管理信息系统的开发与利用，建立学生工作局域网。完善奖学金、违纪处分、帮困、心理咨询、综合测评等项目查询管理系统，提高学生工作管理效率。依托网络平台，加强三校区学生工作，实现信息互享，构建新的学生工作平台。

5. 完善各项学生管理制度，依法管理与有效激励相结合。做好三个校区的学生管理工作，完善学生管理工作的各项制度，建立校区管理档案，做好案例汇总和管理分析研究。做好违纪学生的教育、处理工作，依法维护学生权益。加强校园突发事件应急处理预案的落实，维护学校稳定。

6. 发挥学生社区的育人平台，建立学生党员社区值班制和学生党员责任制。强化公寓辅导员的业务指导，强化学生社区的调研工作和信息工作，协调学生社区文化建设，营造良好的文化生活环境。尝试公寓管委会制度，让学生自我管理、自我教育、自我服务。

7. 建立健全学生处处务会议制度、党总支副书记例会制度和学工办负责人例会制度，建立各项工作的长效机制。加强宣传与信息工作，办好《学生工作简报》。走访共建、合作单位，加强与他们的沟通和联系。

8. 做好学生奖学金、荣誉奖制度调研，完成本、专科学生奖学金、荣誉奖评定办法修订工作。加强同社会各界联系，多元化、多渠道筹措捐赠奖学金，拓宽捐赠奖学金的资金来源。做好 2008-2009 学年各类奖学金、荣誉奖的评定工作。

9．做好助学贷款贷后跟踪和督促还贷工作。（1）加强与银行的合作，做好助学贷款资金的划转、管理工作。（2）监督学生按照约定用途使用贷款，并及时对高消费的贷款学生进行批评教育。（3）做好温馨提醒工作，提前一、二个月就把学生的还款时间、金额通过电子邮件、QQ、经办银行的信息平台、信件或电报等各种方式告知学生，各学院(系)指定专人负责督促、提醒借款学生及时履行义务，以减少或者避免学生出现失信行为。（4）把好学生毕业离校的关口，督促每位贷款的学生毕业离校前严格按照要求办妥相关手续。(5)对贷款毕业生通过多种方式进行追踪，如向每位贷款毕业生发放《致国家助学贷款学生的一封信》，将《致用人单位的一封信》和《贷款确认表》放入学生个人档案中。

**【心理健康教育】** 1．做好心理咨询和心理健康教育宣传工作。健全机构，配备专业人员，完善咨询师的日常咨询值班工作制度。尝试开展团体咨询工作，开设留言信箱，接受学生的反馈意见和约见咨询信件。开展全校性培训，建立专兼结合的队伍。开设心理健康教育选修课。5月，开展全校学生抑郁情结普查工作。10月举行我校第一届心理健康教育宣传活动周，开展09级新生心理测试工作，建立新生心理档案。

2．加强硬件建设。营造有利于学生心理咨询工作的环境，按照心理咨询室建设基本要求，对现有心理咨询室进行整改，同时申请采购“沙盘疗法”所需用品，满足有效的心理治疗工作的开展。建立团体辅导室，完善咨询工作，满足学生的心理需求。

3．开展“心理辅导员心理知识与技能”培训。对各学院20名心理辅导员及900名学生骨干进行心理知识与技能培训，编印工作手册、心理常识等资料合计20000份。指导老师科学地帮助学生发现自己的优点，学生干部更好的了解学校心理健康管理工作，掌握常见心理问题的表现方式和原因。深化“心理辅导员培训例会制度”、“心理咨询师督导例会制度”。指导实际工作，开展多形式的活动，各学院普遍开展心理健康教育工作。

4．组织开展“5.25”心理健康月活动，以“5.25（我爱我）心理健康”活动为依托，加强校园文化建设，发挥活动育人职能。我校在校生近30000名，校心理辅导的力量相对薄弱。通过举办“心理健康月活动”将服务对象由个体转变为群体，充分利用辅导老师的资源及学生骨干资源，促进团体发挥动力，成为相互帮助健康成长的重要力量。开展亲情系列和成长系列心理影片欣赏活动、心理征文和心理漫画大赛、万人签名活动、健康纪念书签宣传活动、大学生心理健康专题讲座、心理知识展板巡展、“和谐海大、关注心灵、快乐成长”主题班会、大学生综合心理健康沙龙、母亲节“心语亲情传话筒”现场互动活动、心理健康教育主题宣传橱窗设计大赛、高年级学生心理问卷复测等等，收到很好的宣传效果，得到广大学生的积极响应与参与。

**【甲流防控工作】** 2009年，国内外发生甲型H1N1流感疫情以后，学校高度重视，积极有效地开展防控工作。学工系统紧密配合学校的防控工作，落实各项工作内容和要求。做到及早布置，及早准备，及早落实预防控制措施。

1．启动应急预案，建立防控应急联动机制。召开防控工作会议，抓防控布置，抓工作落实。与党办、校办、医院、保卫等有关部门紧密协作，落实学校各项防控措施。

2．加强食品卫生安全教育。开展学生卫生意识宣传，提高自我防范和自我保护能力。召开以学生卫生意识教育和预防感染甲型H1N1知识为主题的班会。

3．启动工作信息零报告制度。做好预防宣传工作，及时排查身体健康出现异常学生的相关信息，做到早预防、早发现、早报告、早处理。

4．做好防控知识宣传工作。督查落实每日晨检制度；搞好宿舍卫生、校园卫生整治行动，创建卫生健康的校园环境。

**【重要活动】** 1．1月6日，召开学工系统2009年新年茶话会。茶话会围绕学生管理工作、辅导员队伍建设工作、学生心理健康教育、学生思政教育工作、学生就业指导工作等问题进行座谈。

2．做好2009年春节期间留校学生工作。1月26日（初一）、27日（初二），校党委副书记韦勇到海甸校区、儋州校区慰问了春节留校学生，给留校学生中家庭经济特别困难的学生带来了慰问金。春节期间留校学生2291人。

3．2月25日，是藏历新年的第一天。学校有8名来自西藏、青海、四川等地区的藏族学生。学生处和统战部派人看望藏族学生，并与他们共度藏历新年。

4．参加2009年度全国高校学工部长、研工部长论坛，并获得2010年论坛承办权。

5．3月7日海甸校区2009年校级勤工助学岗位招聘会举行。此次招聘会面向海甸校区家庭经济困难学生提供244个勤工助学岗位。

6．3月17日，学校第一期心理辅导员培、学生心理委员培训班开班仪式暨第二次学生心理健康教育讲座厅举行。各学院主管学生工作的党委副书记、心理辅导员以及各班级学生心理委员共300多人参加培训。

7．3月18日，省委宣传部文明办，团省委相关领导到政治与行政学院慰问海南省首位"中国大学生年度人物评选"入围候选人赵红亮同学。 省委宣传部文明办领导转达省委常委宣传部长周文彰对赵红亮同学的慰问，赠送了一批书籍和慰问金。要求各相关部门与新闻媒介切实做好赵红亮同学先进事迹挖掘与宣传工作。

8．3月21日学校举行 "赵红亮同学先进事迹报告会"。

9．3月31日，由中华农业科教基金会主办、学校承办的中华农业科教基金会何康农业教育科研教育基金第三次座谈会举行。国家农业部原部长、华南热带作物学院和华南热带作物研究院原院校长、现中华农业科教基金会名誉会长何康出席座谈会

10．4月29日，召开学生教育管理工作会议。会议通报了近期学生思想动态，涉及到教学与教学设施、食堂饮食与卫生、校园网络、学生资助、宿舍安全等问题，分析了学生工作面临的形势，对下一阶段的工作进行了部署。

11．5月，以"5.25（我爱我）心理健康活动月"为依托，开展了一系列丰富精彩的心理健康教育宣传活动。

12．5月21日，举行深入学习科学发展观分析检查报告学生座谈会。

13．9月，根据《海南大学2009年儋州校区搬迁工作实施方案》，在儋州校区管委会统一部署下，学工处指导、协调各搬迁学院和后勤等有关部门完成2009年儋州校区部分学生搬迁任务。

14．9月9日，召开学工系统甲流防控工作第四次部署会。

15．9月11日，是学校2009级新生入学报到第一天，学校在海甸、儋州、城西三个校区分别设立了三个"绿色通道"入学报到点，确保经济困难学生顺利入学。

（撰稿：李江俊 何欢宝 王 静 审稿：王大群）

# 2009-2010学年海南大学学生会组织机构

**主席团**

主　席：郑　鹏

副主席：刘德明　于　昊　王文峰　孙　东　田凌溪　安全超　马奋勇

秘书长：傅馨菊（学生）

主席助理：昝　睿

指导老师兼秘书长：陈广锐

**办公室**

主　任：王渊桂

副主任：黄茂恒　姚　鑫

干　事：林云志　权　强　张　旭　李　力　李雅雯　李佳曦　张小妹

**秘书部**

部　长：陈涵宇

副部长：刘　青

干　事：刘春阳　龚国双　邱春梅　潘留珊　刘　洋

**学习部**

部　长：史旭峰

副部长：李月娇　王菁蕙

干　事：刘李阳　高驷岳　吕周伟　李甜甜　史甲恺　王静霞　郭黄英

**文娱部**

部　长：韦裕粱

副部长：林治宇　潘欣欣

干　事：张云翔　陈飘云　郝　敏　李梦莹　李禾臻　史锐敏

**体育部**

部　长：董正平

副部长：闫汝冰

干　事：高逸群　迟也迪　曹雅丹　王天意　李美毅

**新闻部**

部　长：姜　晨

副部长：骆　晶　王宏伟

干　事：肖振西　逄焕学　李骥远　张安宁　武奕含　陈林卫　程　怡

**女生部：**

部　长：黄山凌子

副部长：史雪娇　张文唯

干　事：李　阳　陈　帅　侯　雯　叶晓璐　于　跃　张　冰

**财务部**

部　长：刘　聪

干　事：秦书锴　刘璇林　董　畅

**学风督导部**

部　长：赵　轩

副部长：曹　霞　沈　晔

干　事：石智灵　米　兰　赵玉玺　诸　燕　彭德华　韩丽娟　唐小龙　王　宁　高鲁娟　宋新乐

**文明督导部**

部　长：祁健柠

副部长：苑佳兴谢　谢　陶

干　事：王向阳　徐　四　张　帅　冯子尧　易　磊　李丹丹　左保杏子　任意可　陶玉乐　林海兵

**生活服务部**

部　长：王　晶

副部长：才凯华　卿秋霞

干　事：刘　伟　张金垚　吴文浩　徐明祯　李依蓓　迟　海　王　玲　林　娜　刘洁丽　肖鹭鹭

**权益服务部**

部　长：张丽娜

副部长：陈　舒　周少峰

干　事：李瑜皎　丁　帅　夏君香　童　浩　王润菡　刘　琪　马　斌　潘盈羽　刘兴隆　吴晓磊

**实践部**
部　长：曹　阳
副部长：杨　晓　魏晨羽
干　事：赵　辉　崔玉兵　袁海永　周　明
董　京　梅雪昂　路　杨　黄　蓉
王恒影　时　雨

**外联部**
副部长：吕　翼　杨乔乔　陈　岑
干　事：林　杨　罗　楠　侯　敏　张　浩
张永超　刘业辉　陈　帅　曲　璐
赵一帆

**宣传部**
部　长：徐　磊
副部长：张　驰　雷小悦
干　事：王　馨　冯可心　周宇亭　刘伟豪
余松松　叶剑华　宋　鸽　张大兴

# 2009-2010 学年海南大学研究生会组织机构

**主席团**
主　席：魏克帅
副主席：陈婷婷　马艳彬

**办公室**
主　任：谢　楠
副主任：商飞飞　贺　燕　程晶晶

**学术部**
部　长：张天宝
副部长：周启蔓　马佳佳

**宣传部**
部　长：王　蒙
副部长：李凌旭　沈金玲　李　岚

**文艺部**
部　长：朱　茜
副部长：何　沙

**外联部**
部　长：汪　沙
副部长：张建省　赵　璐

**体育部**
部　长：肖　剑
副部长：陈涵静　黄　铃

**生活部**
部　长：张一凡
副部长：周　舟　胡剑云

**女生部**
部　长：张　琳
副部长：刘晓犇　陈　哲

# 2009-2010 学年海南大学学生社团联合会

**主席团**
主　席：张　欣
副主席：周成铭　宋博思　杨智伟　王　瑞
夏呈辉
指导老师兼秘书长：林　琛
秘书长：王全兵

**办公室**
主　任：王梓灏
副主任：周　红　邢云翔（兼秘书）
干　事：程世杰　郭方舟　黄天河　李思琪
王　然　颜朝阳　易　娟　郑　丹

**财务部**
部　长：张　锐
干　事：韩东来　李　莉　商文婷　肖道歌

**策划部**
部　长：初松峰

干　事：邓迪月　靳夏丽　潘　好　申　晨
　　　　王　颖

人力资源部

部　长：屈晓媛

干　事：郝　爽　何员华　黄熙智　林祥阳
　　　　刘思宇　王近维　杨　雪

文娱部

部　长：刘晓华

副部长：李　乐

文工团领队：郑鑫燕

干　事：杜　君　郭　婷　李雁鸿　刘　莉
　　　　马雪瑞　汪　津　姚丽梅

新闻部

部　长：温子帆　孙茜雨

干　事：卫一帆　金　青　金　帅　李珍桢
　　　　孙丹蕾　宋姝琳　唐雪婷　温科霖

外联部

部　长：周鹏飞

副部长：杨　仑　范贝贝

干　事：董楚琦　段威威　胡国美　李　宇
　　　　刘玉梅　陆雪丽　蒲秋宇　谭小荣
　　　　剡一尧　王跃淇　周　霞　朱正浜

团工委

部　长：王娅雯

干　事：鲁子颖　苏　蕊　徐伊莹　肖凌翎

# 海南大学学生社团情况表

| 序号 | 协 会 名 称 | 会 长 | 指导老师 |
|---|---|---|---|
| 1 | 未来经理人俱乐部 | 史贝贝 | 李仁君　洪　颖　张洪波 |
| 2 | 武术协会 | 郝少南 | 李　秀 |
| 3 | 公共关系协会 | 曹亚昕 | 徐国定　章汝先　陈小桃 |
| 4 | 旅游协会 | 刘海龙 | 陈朝阳 |
| 5 | 创业协会 | 袁　帅 | |
| 6 | 公共管理协会 | 任华中 | 韩晓莉 |
| 7 | 电子商务协会 | 徐祖瑞 | 王小宁 |
| 8 | 金融投资协会 | 邓　柯 | |
| 9 | 计算机协会 | 苏洒思 | 肖老师 |
| 10 | 海韵文学社 | 昝　睿 | 林豪燕 |
| 11 | 食品营养协会 | 柳　松 | 易美华 |
| 12 | 俄语协会 | 李延嵩 | 刁科梅　肖晶晶 |
| 13 | 会计协会 | 李慧芳 | 张西克 |
| 14 | 日本社会与文化研究协会 | 郝鹏楠 | 金　山　周厚勇　尾崎光子 |
| 15 | 韩语协会 | 黄雪英 | |
| 16 | 魔术爱好者协会 | 李秋林 | |
| 17 | 大学生科技协会 | 谢　占 | 林　琛 |
| 18 | 三味书社 | 郑雪坳 | |
| 19 | 轩辕人文历史社 | 刘　申 | 严　峰　邓　明 |
| 20 | 青年法学和法律援助社 | 郑华琛 | 韩立收 |
| 21 | 邓小平理论与三个代表重要思想研究协会 | 何金尉 | 李辽宁　曹艺涛 |
| 22 | 椰岛民族风情社 | 卓传旺 | 韩立收 |
| 23 | 大道小报社 | 廖小玲 | 杨国良 |
| 24 | 地理人文社 | 陈宏柱 | 陈扬乐 |
| 25 | 法律外语协会 | 穆学详 | 黄永锋 |
| 26 | 游泳协会 | 陶武金 | 宋静敏 |
| 27 | 海艺社 | 张金龙 | 李群山 |
| 28 | 美术协会 | 张金海 | 谭晓东 |
| 29 | 足球协会 | 吕胜鹏 | 殷培根 |
| 30 | 篮球协会 | 林友清 | 田　东 |

续上表

| | | | |
|---|---|---|---|
| 31 | 羽毛球协会 | [illegible] | 海南大学体育部 |
| 32 | 风飏动漫协会 | 陈佳璐 | |
| 33 | 乒乓球协会 | 林先学 | 吴钟权 |
| 34 | 桌球协会 | 杜　维 | |
| 35 | 瑜伽协会 | 李　鹏 | 朱超巍 |
| 36 | 杨氏太极拳协会 | 王炳凤 | 李　秀 |
| 37 | 自行车者协会 | 周　强 | 黄海宁 |
| 38 | 广告协会 | 安　康 | 王海燕 |
| 39 | 市场营销协会 | 张　金 | 雍天荣 |
| 40 | 潜水协会 | 黄　晴 | 黄　渤 |
| 41 | 海棠剧社 | 刘少辉 | 张　军 |
| 42 | 影视协会 | 蔡　青 | |
| 43 | 演讲与口才协会 | 王　涵 | 李晓东 |
| 44 | 军事爱好者协会 | 陈吉祥 | 黄海宁 |
| 45 | 汽车爱好者协会 | 常晶晶 | |
| 46 | 书法协会 | 汪君昌 | 藤　琪 |
| 47 | 网球协会 | 张绍林 | 盛晓芳 |
| 48 | 快乐同盟 | 廖亮亮 | 王林桂 |
| 49 | 梦剧团 | 姜治民 | 王　立 |
| 50 | 英语俱乐部 | 刘雅琴 | 宁　霞 |
| 51 | 爱心协会 | 王佳毅 | 王克岩 |
| 52 | 环境保护协会 | 黄　兵 | 赵建国 |
| 53 | 心理协会 | 任新敏 | |
| 54 | 形象与礼仪协会 | 黄　薇 | |
| 55 | 艺术设计协会 | 王　瑞 | 钟　恒 |
| 56 | 旅游市场调研协会 | 王首道 | |
| 57 | 摄影协会 | 王建合 | 孔详标 |
| 58 | 棋弈俱乐部 | 骆耀军 | 肖水平 |
| 59 | 数学建模协会 | 夏鸿君 | 李志林　王浩华 |
| 60 | 青年励志协会 | 王雅婷 | 符　江 |
| 61 | 独轮车协会 | 王一卿 | 王公法 |

# 表彰与奖励

## 省级以上的表彰与奖励

### 2009年中国教育年度新闻人物获选名单

| 姓　名 | 所在学院 | 颁奖单位 |
|---|---|---|
| 赵红亮 | 政治与公共管理学院 | 中国教育报、中国教育电视台 |

### 2009“海南青年五四奖章”获得者名单

| 姓　名 | 荣誉奖章 | 所在学院 | 颁奖单位 |
|---|---|---|---|
| 赵红亮 | 海南青年五四奖章 | 政治与公共管理学院 | 共青团海南省委员会<br>海南省青年联合会 |

### 2009海南省道德模范名单

| 序号 | 姓　名 | 荣誉称号 | 所在学院 | 颁奖单位 |
|---|---|---|---|---|
| 1 | 赵红亮 | 助人为乐模范 | 政治与公共管理学院 | 省委宣传部、团省委、省总工会、省妇联、省文明办 |
| 2 | 潘东升 | 见义勇为模范 | 信息科学技术学院 | |

### 2009年海南省优秀博士、硕士学位论文获得者名单

| 序号 | 论文作者 | 授予学位 | 论文题目 | 学科专业 | 指导教师 |
|---|---|---|---|---|---|
| 1 | 阮孟斌 | 博士 | 棉花蔗糖合成酶基因启动子结构功能及其调控分析 | 植物分子遗传 | 彭　明 |
| 2 | 罗越华 | 博士 | 水稻反向温敏雄性不育机制的研究 | 作物遗传育种 | 陈守才 |
| 3 | 吴　翼 | 硕士 | 椰子SSR分子标记的开发及裆初步应用 | 农业生物技术 | 武耀廷 |
| 4 | 谭　毅 | 硕士 | “中间地带”的卡夫卡——从《饥饿艺术家》看理解卡夫卡的几种路径 | 文艺学 | 耿占春 |

续上表

| | | | | | |
|---|---|---|---|---|---|
| 6 | 张丽华 | 硕士 | 我国农村住宅基地使用权流转问题研究 | 民商法 | 王崇敏 |
| 6 | 吴姗姗 | 硕士 | 新型配合物合成表征及与 DNA 蛋白的相互作用研究 | 应用化学 | 张 岐 |
| 7 | 杨晓强 | 硕士 | 尼采的“苏格拉底问题” | 外国哲学 | 张志扬 |
| 8 | 徐安毕 | 硕士 | 黄单胞细菌致病相关基因的克隆 | 生物化学与分子生物学 | 王文泉 |

## 2008-2009 学年普通高等学校国家奖学金获奖名单

| 序号 | 姓 名 | 学 院 | 专 业 | 年 级 |
|---|---|---|---|---|
| 1 | 苏 芳 | 海洋学院 | 海洋科学 | 2008 级 |
| 2 | 徐 璟 | 海洋学院 | 制药工程 | 2008 级 |
| 3 | 刘璐璐 | 人文传播学院 | 汉语言文学 | 2006 级 |
| 4 | 邵 莹 | 人文传播学院 | 戏剧影视文学 | 2006 级 |
| 5 | 余甜甜 | 人文传播学院 | 广告学 | 2007 级 |
| 6 | 卢艳梅 | 人文传播学院 | 对外汉语 | 2007 级 |
| 7 | 徐玲玲 | 外国语学院 | 英语 | 2006 级 |
| 8 | 刘兰萍 | 外国语学院 | 日语 | 2007 级 |
| 9 | 夏真重 | 外国语学院 | 俄语 | 2008 级 |
| 10 | 赵嫚嫚 | 信息科学技术学院 | 通信工程 | 2006 级 |
| 11 | 黄文林 | 信息科学技术学院 | 电子信息工程 | 2007 级 |
| 12 | 游玲华 | 信息科学技术学院 | 计算机科学与技术 | 2007 级 |
| 13 | 尚 雪 | 信息科学技术学院 | 信息与计算科学 | 2007 级 |
| 14 | 王 雁 | 信息科学技术学院 | 电子信息工程 | 2008 级 |

续上表

| | | | | |
|---|---|---|---|---|
| 15 | 迟 迅 | 信息科学技术学院 | 电子信息工程 | 2008 级 |
| 16 | 王 柱 | 政治与公共管理学院 | 土地资源管理 | 2007 级 |
| 17 | 杨 帅 | 政治与公共管理学院 | 公共关系 | 2006 级 |
| 18 | 葛小抱 | 政治与公共管理学院 | 行政管理 | 2008 级 |
| 19 | 史 君 | 政治与公共管理学院 | 思想政治教育 | 2006 级 |
| 20 | 侯 慧 | 法学院 | 法学 | 2007 级 |
| 21 | 汪 婧 | 法学院 | 法学 | 2008 级 |
| 22 | 徐国建 | 经济与管理学院 | 财务管理 | 2006 级 |
| 23 | 程玉霞 | 经济与管理学院 | 工商管理 | 2006 级 |
| 24 | 尹文静 | 经济与管理学院 | 国际经济与贸易 | 2006 级 |
| 25 | 彭明志 | 经济与管理学院 | 国际经济与贸易 | 2007 级 |
| 26 | 何 丽 | 经济与管理学院 | 会计学 | 2006 级 |
| 27 | 马少雷 | 经济与管理学院 | 金融学 | 2006 级 |
| 28 | 王浩明 | 经济与管理学院 | 农林经济管理 | 2007 级 |
| 29 | 朱 江 | 经济与管理学院 | 人力资源管理 | 2006 级 |
| 30 | 周 密 | 经济与管理学院 | 市场营销 | 2006 级 |
| 31 | 郝伟伟 | 经济与管理学院 | 统计学 | 2006 级 |
| 32 | 秦海军 | 经济与管理学院 | 信息管理与信息系统 | 2006 级 |
| 33 | 王维兰 | 土木建筑工程学院 | 建筑学 | 2006 级 |
| 34 | 徐 秀 | 土木建筑工程学院 | 土木工程 | 2006 级 |
| 35 | 刘亚平 | 应用科技学院 | 市场营销 | 2008 级 |
| 36 | 李 骏 | 应用科技学院 | 行政管理 | 2007 级 |

续上表

| | | | | |
|---|---|---|---|---|
| 37 | 朱中凡 | 应用科技学院 | 注册会计 | 2007级 |
| 38 | 王诗艺 | 应用科技学院 | 商务英语 | 2008级 |
| 39 | 李　昕 | 应用科技学院 | 注册会计 | 2008级 |
| 40 | 周华庆 | 旅游学院 | 旅游规划与开发 | 2008级 |
| 41 | 周　葳 | 旅游学院 | 应用英语 | 2007级 |
| 42 | 王　群 | 旅游学院 | 企业管理 | 2007级 |
| 43 | 田世民 | 旅游学院 | 市场营销 | 2007级 |
| 44 | 王婷婷 | 旅游学院 | 应用英语 | 2006级 |
| 45 | 石海峰 | 旅游学院 | 市场营销 | 2006级 |
| 46 | 李琼珠 | 旅游学院 | 旅游管理 | 2008级 |
| 47 | 彭金峰 | 食品学院 | 食品科学与工程 | 2006级 |
| 48 | 张望月 | 食品学院 | 食品质量与安全 | 2006级 |
| 49 | 刘梦婕 | 艺术学院 | 艺术设计 | 2007级 |
| 50 | 郑鑫燕 | 艺术学院 | 舞蹈编导 | 2008级 |
| 51 | 王全升 | 艺术学院 | 艺术设计 | 2006级 |
| 52 | 吕倩倩 | 环境与植物保护学院 | 环境科学 | 2008级 |
| 53 | 张　勤 | 环境与植物保护学院 | 环境科学 | 2007级 |
| 54 | 樊兰艳 | 环境与植物保护学院 | 植物保护 | 2006级 |
| 55 | 尚　珂 | 农学院 | 生物技术 | 2006级 |
| 56 | 冉长城 | 农学院 | 生物技术 | 2006级 |
| 57 | 郭利磊 | 农学院 | 农学 | 2007级 |
| 58 | 杨　奎 | 农学院 | 动物科学 | 2006级 |
| 59 | 肖守平 | 机电工程学院 | 电气工程及其自动化 | 2006级 |
| 60 | 张辉锋 | 机电工程学院 | 机械设计制造及其自动化 | 2006级 |
| 61 | 廖名洋 | 机电工程学院 | 电气工程及其自动化 | 2007级 |

续上表

| | | | | |
|---|---|---|---|---|
| 62 | 雷英栋 | 机电工程学院 | 交通运输 | 2008 级 |
| 63 | 潘　婷 | 园艺园林学院 | 园林 | 2006 级 |
| 64 | 李　洁 | 园艺园林学院 | 设施农业科学与工程 | 2008 级 |
| 65 | 刘春莲 | 园艺园林学院 | 园艺 | 2008 级 |
| 66 | 彭晓彬 | 园艺园林学院 | 园林 | 2006 级 |
| 67 | 余高波 | 材料化工学院 | 化学工程与工艺 | 2006 级 |
| 68 | 万　里 | 材料化工学院 | 生物工程 | 2006 级 |
| 69 | 夏艳萍 | 材料化工学院 | 应用化学 | 2006 级 |
| 70 | 王　欢 | 材料化工学院 | 材料科学与工程 | 2006 级 |
| 71 | 黄仙红 | 材料化工学院 | 应用化学 | 2006 级 |

## 2009 高教社杯全国大学生数学建模竞赛（海南赛区）获奖名单

| 姓　名 | 指导教师 | 获奖等级 |
|---|---|---|
| 张　烨　李德斌　王苏辰　黄　飞　范龙玲　李凤红<br>曾　晓　姜岩磊　王　军 | 数模组 | 一等奖 |
| 王雨菱　夏鸿君　钦艳梅　张　旭　岳银锋　鹿明明<br>潘心笑　文　露　屈　娟　刘　鹏　李　根　陆　维<br>罗光富　刘　楷　林怀翔　王亚文　郭晓振　戴成康<br>王　磊　蔡　对　刘军峰 | 数模组 | 二等奖 |
| 陈龙龙　严子人　刘　坤　王　玲　石梦云　谢慧芳<br>尚　雪　钟　力　张理建　高　峰　郭　肖　李　洁<br>崔亚妮　崔莉莉　刘　敏 | 数模组 | 三等奖 |

## 第十届海南省高校大学生英语演讲比赛<br>暨2009年“CCTV杯”全国大学生英语演讲比赛复赛(海南赛区)<br>获奖人员名单

| 奖项 | 姓　名 | 指导教师 | 组　别 |
|---|---|---|---|
| 二等奖 | 施文俊 | 林　旭 | 英语专业组 |
| 三等奖 | 李绍贵 | 林　旭 | |
| 一等奖 | 张　烨 | 符雪青 | 非英语专业组 |
| 一等奖 | 陈　舒 | 孙建萍 | |
| 二等奖 | 周　葳 | 匡晓文 | |
| 三等奖 | 黄莎莎 | 杨云升 | |
| 三等奖 | 刘　洋 | 许　彬 | |
| 三等奖 | 邵天天 | 匡晓文 | |

## 海南省首届大学生日语比赛获奖名单

| 姓　名 | 所在学院 | 获奖等级 | 颁奖单位 |
|---|---|---|---|
| 严文娟 | 外国语学院 | 一等奖 | 海南省教育厅 |
| 贝浩源 | 外国语学院 | 三等奖 | |

## 第四届中国青少年艺术节获奖学生名单

| 姓　名 | 所获奖项 | 所在学院 |
|---|---|---|
| 李若婕 | 青年A组古筝类一等奖 | 艺术学院 |
| 陈丽丽 | 青年A组舞蹈类二等奖 | 人文传播学院 |

## 2009年全国大学生电子设计竞赛<br>海南赛区“鑫网网络杯”竞赛获奖名单

| 姓　名 | 获奖等级 |
|---|---|
| ★孔　龙　左　洪　周　芳　王　彦　刘　鑫　程晓其 | 一等奖 |

续上表

| | |
|---|---|
| 刘　燕　王　猛　郭海艳　陈相羽　张国伟　张　涛　郭志武　孙丽霞　肖守平　曾兴敏　廖名洋　安生建　甘振威 | 二等奖 |
| 张本奎　李　锋　陈荣军　徐长茂　张　博　武　婧　陈　亮　李　峻 | 三等奖 |

注：标有“★”孔龙等三人参赛队获得本科组“鑫网网络杯”最高荣誉奖。

### 中国高等农业院校中南区第七届田径运动会比赛获奖名单

| 姓　名 | 获奖名次 | 获奖项目 |
|---|---|---|
| 范才云 | 第一名 | 男子组标枪 |
| 李丽童 | 第一名 | 女子组 400 米栏 |
| 黎　冰 | 第一名 | 女子组 100 米栏 |
| 卢芳宇　谢乙强 | 第四名 | 男子组 |
| 杨婉敏　林　吉 | 第三名 | 普通女子组 |

### 全国大学生第五届沙滩排球锦标赛获奖名单

| 姓　名 | 获奖名次 | 获奖项目 |
|---|---|---|
| 卢芳宇　谢乙强 | 第四名 | 男子组 |
| 杨婉敏　林　吉 | 第三名 | 普通女子组 |

### 十一届 CUBA 中国大学生篮球联赛东南赛区比赛获奖单位

| 单　位 | 奖　项 | 颁奖单位 |
|---|---|---|
| 海南大学男子蓝球队 | 体育道德风尚奖 | 中国大学生体育协会 |
| 海南大学女子蓝球队 | | |

## 校级表彰与奖励

### 先进基层党组织

| 单　　位 | 颁奖单位 |
|---|---|
| 机电学院电气系学生（儋州）党支部 | 海南大学党委 |
| 信息科学技术学院学生（儋州）党支部 | |

续上表

| | |
|---|---|
| 农学院学生（儋州）第一党支部 | 海南大学党委 |
| 园艺园林学院园艺系学生（儋州）党支部 | |
| 环境与植物保护学院学生（儋州）第一党支部 | |
| 经济学院会计专业学生党支部 | |
| 法学院学生第二党支部 | |
| 管理学院市场营销系学生（儋州）党支部 | |
| 旅游学院市场营销系学生党支部 | |
| 人文传播学院研究生党支部 | |

## 优秀共产党员

| 姓　名 | 在读学院 | 颁奖单位 |
|---|---|---|
| 赵艳芳 | 材料与化工学院 | 海南大学党委 |
| 夏　兵 | 食品学院 | |
| 黄兴鹏 | 信息科学技术学院 | |
| 张向旺 | 经济学院 | |
| 王　兵 | 法学院 | |
| 王阿凡 | 管理学院 | |
| 赖毅华 | 旅游学院 | |
| 许姗姗 | 农学院 | |
| 李　丹 | 园艺园林学院 | |
| 王开文 | 环境与植物保护学院 | |
| 杜和禾 | 海洋学院 | |
| 王和浩 | 应用科技学院 | |

## 深入学习实践科学发展观活动先进个人

| 姓　名 | 在读学院 | 颁奖单位 |
|---|---|---|
| 赵红亮 | 政治与行政学院 | 海南大学党委 |
| 夏　兵 | 食品学院 | |
| 曾南春 | 海洋学院 | |

## 2009届优秀研究生学位论文获得者名单

| 序号 | 论文作者 | 研究生类别 | 论　文　题　目 | 学科专业 | 指导教师 |
|---|---|---|---|---|---|
| 1 | 夏志辉 | 博士 | 水稻隐性抗病基因 xa5 的功能分析与基因工程 | 植物分子遗传学 | 陈守才 |

续上表

| | | | | | |
|---|---|---|---|---|---|
| 2 | 肖小虎 | 硕士 | 橡胶树超高产单株与普通株胶乳差异表达基因的筛选及初步分析 | 生物化学分子生物学 | 唐朝荣 |
| 3 | 黄德宝 | 硕士 | 巴西橡胶树蔗糖转运蛋白基因的克隆和表达分析 | 生物化学分子生物学 | 唐朝荣 |
| 4 | 吴紫云 | 硕士 | 橡胶树悬浮细胞有丝分裂同步化及微核诱导研究 | 作物遗传育种 | 黄华孙 |
| 5 | 胡 伟 | 硕士 | 香蕉谷氨酸脱羧酶基因克隆及对采后成熟的调控研究 | 作物遗传育 | 金志强 |
| 6 | 邹枚伶 | 硕士 | 白木香自然种群遗传多样性与演化 | 种质资源学 | 王文泉 |
| 7 | 吴繁花 | 硕士 | 热研5号柱花草同源四倍体诱导的研究 | 作物遗传育种 | 庄南生 |
| 8 | 佘晓东 | 硕士 | 微生物凝固天然橡胶分子结构的变化及其对性能的影响研究 | 材料学 | 廖双泉 |
| 9 | 刘海宽 | 硕士 | 新型仲胺配合物的合成及性能研究 | 应用化学 | 张 岐 |
| 10 | 王向辉 | 硕士 | 苯并异噻唑啉西酮类衍生物的设计合成与抑菌活性 | 应用化学 | 林 强 |
| 11 | 李建波 | 硕士 | 司法文化若干问题研究 | 诉讼法 | 谭世贵 |
| 12 | 孙 杨 | 硕士 | 海南省固定资产投资对产业结构影响的实证分析 | 农业经济管理 | 胡治文 |
| 13 | 田娟娟 | 硕士 | 酿酒葡萄叶片和果实矿质元素的产区及品种特性研究 | 农产品贮藏加工 | 仇厚援 |
| 14 | 范 伟 | 硕士 | 海马齿根系盐诱导基因的克隆和分析 | 植物学 | 张治礼 |
| 15 | 李效超 | 硕士 | 化学物质诱导香蕉幼苗抗冷性的生理效应研究 | 果树学 | 胡新文 |
| 16 | 杨虎彪 | 硕士 | 海南省禾本科牧草光合类型及其种质资源分布特性的研究 | 植物学 | 罗丽娟 |
| 17 | 唐俊峰 | 硕士 | 《普罗米修斯的“业”与“罪”》 | 外国哲学 | 张志扬 |
| 18 | 周雯伊 | 硕士 | 激素诱导雄性花鳗鲡性腺发育及相关激素分泌的研究 | 水产养殖 | 林浩然 |
| 19 | 高炳淼 | 硕士 | 新弄芋螺毒素 K411 基因在毕赤酵母中表达研究 | 水产养殖 | 罗素兰 |
| 20 | 王 珺 | 硕士 | 石斑鱼工厂化育苗系统主要生态因子的研究 | 水产养殖 | 陈国华 |

续上表

| | | | | | |
|---|---|---|---|---|---|
| 21 | 姜 岚 | 硕士 | 城与乡：小说里的人生界域）——路遥侧论 | 文艺学 | 孙绍先 |
| 22 | 徐 桃 | 硕士 | 《边城》经典化过程的历史探究 | 文艺学 | 张江南 |
| 23 | 王 义 | 硕士 | 热带土壤解磷微生物筛选鉴定与生防效果的初步评价 | 微生物学 | 郑服丛 |
| 24 | 徐小雄 | 硕士 | 23 种红树植物根际土壤小双孢菌的选择性分离 | 微生物学 | 洪 葵 |
| 25 | 郭治强 | 硕士 | 新型农药噻森铜环境行为研究 | 农药学 | 吴莉宇 |

## 2008-2009 学年度优秀研究生名单

| 序号 | 姓 名 | 所在学院 | 研究生类 别 | 专业、年级 | 获奖等级 |
|---|---|---|---|---|---|
| 1 | 夏 兵 | 食品学院 | 硕士 | 食品科学 2007 级 | 一等 |
| 2 | 曲 直 | 食品学院 | 硕士 | 农产品加工与贮藏工程 2006 级 | |
| 3 | 邹枚玲 | 农学院 | 硕士 | 种质资源学 2006 级 | |
| 4 | 张 睿 | 艺术学院 | 硕士 | 美术学 2007 级 | |
| 5 | 符美英 | 环境与植物保护学院 | 硕士 | 分子植物病理学 2006 级 | 二等 |
| 6 | 魏小慧 | 环境与植物保护学院 | 硕士 | 植物病理学 2006 级 | |
| 7 | 陈 娟 | 环境与植物保护学院 | 硕士 | 生态学 2006 级 | |
| 8 | 王玲玲 | 机电工程学院 | 硕士 | 农业机械化工程 2008 级 | |
| 9 | 胡 娜 | 法学院 | 硕士 | 法律专业 2007 级 | |
| 10 | 高 琪 | 社科中心 | 硕士 | 政治经济学 2006 级 | |
| 11 | 胡 伟 | 农学院 | 硕士 | 作物遗传育种 2006 级 | |
| 12 | 吴紫云 | 农学院 | 硕士 | 作物遗传育种 2006 级 | |
| 13 | 党金玲 | 农学院 | 硕士 | 作物遗传育种 2006 级 | |
| 14 | 顾文亮 | 农学院 | 硕士 | 分子化学与分子生物学 2006 级 | |
| 15 | 王 园 | 农学院 | 硕士 | 生化与分子生物学 2006 级 | |
| 16 | 景晓辉 | 农学院 | 硕士 | 能源植物 2008 级 | |

续上表

| | | | | | |
|---|---|---|---|---|---|
| 17 | 宋立霞 | 农学院 | 硕士 | 种质资源学 2006 级 | 三等 |
| 18 | 郑素芳 | 管理学院 | 硕士 | 农业经济管理 2007 级 | |
| 19 | 邱　婧 | 人文传播学院 | 硕士 | 比较文学与世界文学 2007 级 | |
| 20 | 丁彦皓 | 经济学院 | 硕士 | 世界经济 2008 级 | |
| 21 | 申　涛 | 旅游学院 | 硕士 | 旅游管理 2007 级 | |
| 22 | 顾　玲 | 外国语学院 | 硕士 | 英语语言文学 2008 级 | |
| 23 | 曾艳波 | 园林园艺学院 | 博士 | 南药学 2008 级 | |
| 24 | 范　伟 | 园林园艺学院 | 硕士 | 植物学 2006 级 | 三等 |
| 25 | 王永波 | 海洋学院 | 硕士 | 水产养殖学 2006 级 | |
| 26 | 高炳淼 | 海洋学院 | 硕士 | 水产养殖学 2006 级 | |
| 27 | 李金亮 | 海洋学院 | 硕士 | 海洋生物学 2007 级 | |
| 28 | 霍　蕊 | 海洋学院 | 硕士 | 水产养殖学 2006 级 | |
| 29 | 田娟娟 | 食品学院 | 硕士 | 农产品加工与贮藏工程 2006 级 | |
| 30 | 陈守则 | 中国现代经济理论研究所 | 硕士 | 政治经济学 2007 级 | |

## 海南大学 2009 十大励志大学生名单

| 序号 | 姓 名 | 性别 | 所 在 学 院 | 专 业 | 校 区 |
|---|---|---|---|---|---|
| 1 | 朱　盼 | 女 | 应用科技学院 | 行政管理 | 城西校区 |
| 2 | 谭芳容 | 女 | 环境与植物保护学院 | 农产品质量与安全 | 儋州校区 |
| 3 | 肖守平 | 男 | 机电工程学院 | 电气工程及其自动化 | |
| 4 | 秦延林 | 男 | 材料与化工学院 | 化学工程与工艺 | 海甸校区 |
| 5 | 曾南春 | 男 | 海洋学院 | 制药工程 | |
| 6 | 欧贻琼 | 女 | 旅游学院 | 旅游管理 | |
| 7 | 杜兴彦 | 男 | 人文传播学院 | 广告 | |
| 8 | 刘庆鹏 | 男 | 信息科学技术学院 | 计算机 | |
| 9 | 赵现伟 | 男 | 艺术学院 | 装潢设计 | |
| 10 | 谭麒麟 | 男 | 政治与行政学院 | 思想政治教育 | |

## 2008—2009学年度优秀共青团员名单

| 单　位 | 姓　名 |
| --- | --- |
| 农学院 | 王凉洁 欧爱花 王敬茂 徐　芳 郑金海 李长茂 陈友喜 黎　帅<br>高文超 陆月娇 宋　宇 韦海娟 郭光勇 吴继恒 杨　明 马玉乾<br>武容华 郭　勋 刘浩波 冉长城 陈燕飞 王　培 叶　通 张　宏<br>王　栋 郭利磊 李洁英 孟东蓝 陈　霆 王鹤松 黄亮涛 王　博<br>李亚兵 |
| 园艺园林学院 | 李　飞 丰　华 付　俊 陈祖珏 黄仕雄 李　蓓 刘文彬 刘文娟<br>罗　群 潘　婷 孙　蓉 谭德勇 童　霞 文　峰 许　鑫 吴江焕<br>杨胜涛 吴　迪 余　健 袁　航 岳凤祖 张国亮 张海波 赵立明<br>周海梅 周昭阳 刘雯雯 康亚利 刘志辉 吴瑾洋 黄　程 |
| 环境与植物保护学院 | 蔡余高 吴小燕 黄　裕 邹启禄 徐天意 王　翠 沈潇玲 何俊杰<br>李　龙 陈　剑 刘　斌 何其光 杨富坤 张官发 闫　武 郭技星<br>万　斌 蒋昊洋 邱　波 赵闻娟 宋根苗 田　富 谢侯昱 |
| 海洋学院 | 王小莉 苏　芳 赵紫薇 柯承会 李青艳 皮娟娟 李乐欢 王雅丽<br>朱厚壮 谢　志 郭　蕾 吴光焘 唐叶玲 |
| 材料与化工学院 | 刘红艳 赵雪花 金春阳 雷浩宇 钟　华 魏爱平 郑如刚 房天宇<br>韩　娟 鲁涛天 张智毅 高　攀 冯礼兴 陈焕兰 王　菁 马晓阳<br>田　野 徐文娟 陈　勇 杨浩伦 何沂飞 王　祯 杜　晶 邓云志<br>罗　静 谢贵志 薄振峰 汪　辉 陈　彬 刘家凯 邱于献 高金晶<br>张　峰 张　哲 秦重庆 |
| 食品学院 | 陈昱洁 李文辉 刘　磊 周　丁 曹宝庆 杨萌萌 王章晗 王　密<br>谭韩英 罗思胜 卢　娟 李　伟 郭洁玉 高吉成 方超越 邓　健<br>曹　锐 |
| 土木建筑工程学院 | 马瑞霞 廖正军 王　晨 衣　君 张　航 韩智凡 韩宏超 朱　然<br>李　彬 张建昂 王　天 姚芹芹 王　帅 |
| 人文传播学院 | 蔡春芳 陈运钒 郭新川 何　冉 景金和 李　娇 李　晶 李小丽<br>廖　娟 刘　婧 王　伟 王　希 邢子凯 阳佳龙 杨昌岚 杨　奕<br>杨　越 张达燕 赵洪潭 周　沁 周洋洋 邱俊博 司云建 孔婷婷 |
| 外国语学院 | 陈若凡 王小兰 郑梅园 张群贺 朱方明 罗秋萌 程　瑶 魏统和<br>周　双 李　广 陈　硕 陈美娇 张余燕 薄一楠 廖晓玉 钟添秀<br>胡胜丽 成诗惠 刘　柘 李晶晶 历福文 王　含 熊　蔚 张发莲<br>钟　晶 史旭峰 |
| 艺术学院 | 郑鑫燕 高　悦 赵　博 李　方 黄银霞 蓝海波 徐珊珊 周炉强<br>白　璐 王　婧 张冰阳 苗淑琪 吴少鹏 王全升 万　祎 刘佳静<br>戴　玥 张碧溪 贾　欣 位泳宽 |

续上表

| | |
|---|---|
| 国际文化交流学院 | 李　丽　李蓓蓓　纪晓娇　李　锐 |
| 应用技术学院 | 杨　露　黎小花　徐　聪　李　路　张巧明　林明慧　闫　佳　王家欣　曹莹锋　刘亮明　杨东梅　唐金兰　张秀华　从前胜　周　奋　严　欢　张家昌　彭小强　李　骏　刘　通　朱中凡　丁　帅　崔耀天　李梦然　魏皇涛　张莉云　王　婷　周　琳　潘斌斌　王梦茨　黄冠夏　江　芬　吴秋霓　王诗艺　高　芸　赵春晓　邢维山　何美璇　张慧琳　符冬冬　袁　霞　刘译霞　李　昕　刘　兴　杨　锐　苗宝才　全孝梁　魏远耀　张　斌　吴晨坤 |
| 机电工程学院 | 肖守平　王　健　王　宇　李海波　吴　文　李学俊　黄仕浩　邱文艺　柳　青　赵　慧　苏长胜　周庆飞　蔡沾华　朱南海　贺巍巍　廖从建　李国华　虞铮彦　李兴泽　董文昊　闫　楠　唐统强　徐川川　雷英栋　刘自淳　陈运星　董梦龙　张承亮　何　彪 |
| 信息科学技术学院 | 何生芬　杨　林　魏建平　叶　威　任传云　安文秀　马　巍　张　文　冯剑锋　李剑波　曾长裕　王　玉　王亚文　徐　盼　尚　雪　谢春燕　曹　阳　李文柯　姚平平　栗　嘉　焦鹏飞　朱　烨　谭洪川　王鹏超　王婷瑶　邹云锋　赵　涤　程　震　武　婧　李仙颖　陆泓羽　陶圣平　魏　璇　鲍艳会　戴凯朗　高娉娉　黄文林　黄晓立　寇圆圆　陆　亭　裘晨曦　杨　业　叶　丹　张家宁　周孝海 |
| 法学院 | 张鑫彤　何辛强　田　进　邢婷婷　段梦乔　侯　慧　田亚洁　吕　浩　庞　博　高俊峰　李光秀　李昌瑜　李洪韬　唐玮浩　闻婷婷　许　雨　李　蓉　田　甲　穆学祥 |
| 政治与行政学院 | 温小平　黄莹萍　陈文福　史　君　李益杰　林启徽　黄　淮　林侯德　黄　伟　张　肖　张昊冉　江　珊　公　宁　黄　磊　王　磊　杨　香　何莎莎　李　欣　陈　琪　王　成　罗　建　范　琼 |
| 管理学院 | 蔡　磊　王浩明　吴益童　马八五　付连军　谢清翠　刘阳辉　张　琦　马瑒浩　吕　涛　徐　龙　王　函　冯　波　黄华文　林智勇　徐　融　史亚博　胡君志　贺佩兰　郭涛涛　高　亮　王　许　周　密　王　越　钟嘉兴　刘　勋　李　京　郭一腾　吕芳芳　彭月月　许嘉龄　许青青　张亚军　朱婷婷　邹　华　秦　丽　王艳红　李寰宇　刘　毅　令狐克波 |
| 经济学院 | 杨雪玲　赵丽娟　杨丽丽　行　丹　曾积玉　陈靖尧　刘建林　李　艳　彭虹菱　刘小飞　陈　辉　常英琦　时应生　王　曼　罗晓萌　郭　杰　贠发钊　王丹霞　陈　毅　王晓洁　何　琼　杨锦伊　周　麓　王建宏　杨　抑　张欣苗　朱恒恒　章中华　黄　超　汤迎女　李娟娟　陈丽文　马　丽　黄贵芳　李　丹　王燕光　薛丽棋　汤海瑞　郝伟伟　戴海余　陈　琼　姜岩磊　谭小龙　张　磊　李　濯　苏　萌　曹　也　王海娟　唐云亭　李玉龙　史贝贝　周晓仿　朱　强　周健康　欧阳华贵 |

续上表

| | |
|---|---|
| 旅游学院 | 周　薇　吕东洋　申　君　赵大浩　方　琴　梁晓旺　殷增超　王　曼<br>潘　璇　吕聪慧　季　雨　周　飞　王　浩　赵文慧　汪玲丽　姬海瑞<br>吴　楠　陈芳芳　陈斌馨　杨锦涛　罗　京　杨　虹　陈金华　郑慈贞<br>王秀文　王　群　邹文凤　孙　会　陈明玉　吴　云　顾小妹　邱春华<br>李爱南　赵宏敏　梁新亮　赵大伟　杨晓玭　贾林瑞　杨海坤　刘　斌<br>陈淑娴　李琼珠　吴益玲　杨　纯　刘明清　张倩楠　龙　泳　郭华丽<br>王奋举　李　璐　荣　磊　张梦蝶　王梦斌　郑先礼　李　悦　侯　洁<br>付　堂 |
| 校团委 | 张亚萍　夏匠锋　吉梓慢　赵　伟　范　君　薛　刚　武力威　李　娜<br>林冬冬　刘国伟　成　奕　彭　懿 |
| 校学生会 | 王渊桂　李璐茜　杨淑婧　李　云　邵天天　杨思宁　于　莹　孙　琪<br>刘　杰　姜海水　姜　晨　汪　婧　刘国栋　吕　潇　夏乃淇　咎　睿<br>程　实　李洁诚　沈　晔　王继婷　赵松梅　夏俊仪　梁佳文　安全超<br>赵纹东　刘学文　范珺璐　王仲鹏　徐　磊　夏　莹　黄钰淼　周　婷<br>于泽华　朱广谦　肖　建　沈　婷　魏　超　刘良生　张媛媛　刘　坤<br>薛乃升　赵　亮　魏浩铭　马奋勇　邵　山　王勇夫　闫汝冰 |
| 学生社团联合会 | 彭俊水　雍梁敏　宋博思　陈彦佳　杨智伟　骆耀军　姜　楠　王金良<br>张晶晶　何琴琴　唐若男　吕　涛　柳　松　王朝仙　张　阳　王娅雯<br>柯海滨　周　红　林翠艳　李洋帆　杨　番　王录胜　王莹莹　王明铭<br>王贞丽　夏呈辉　李慧瑜　梁乐华　彭家鸿　赵亚林　刘　欢　张仙兰<br>王玉印　方　珠　尚　进　李斌瑜　钟　梅 |
| 研究生会 | 冯海青　李松伟　林　瑜　秦晓阳　王哲博　伊长专　翟宇佳　赵瑞超 |
| 大学生创新院 | 谢　占　王雪娟 |
| 机关团委 | 邓婷婷　林超楠 |
| 后勤团委 | 叶世旺　文武乾　张　蕾 |

## 2008-2009 学年度优秀学生统计表

| 学　院 | 特等综合奖学金 | 一等综合奖学金 | 二等综合奖学金 | 三等综合奖学金 | 单项奖学金 | 三好学生 | 优秀学生干部 | 最具创新与实践能力大学生 |
|---|---|---|---|---|---|---|---|---|
| 土木建筑工程学院 | 4 | 19 | 36 | 64 | 2 | 50 | 12 | 1 |
| 材料与化工学院 | 11 | 31 | 123 | 202 | 29 | 127 | 71 | 6 |
| 信息科学技术学院 | 13 | 37 | 129 | 161 | 19 | 101 | 91 | 1 |
| 机电工程学院 | 12 | 29 | 95 | 126 | 14 | 77 | 59 | 1 |

续上表

| | | | | | | | | |
|---|---|---|---|---|---|---|---|---|
| 农学院 | 16 | 26 | 87 | 119 | 29 | 65 | 64 | 1 |
| 园艺园林学院 | 11 | 39 | 98 | 126 | 25 | 84 | 51 | 0 |
| 环境与植物保护学院 | 7 | 21 | 81 | 141 | 14 | 72 | 42 | 0 |
| 海洋学院 | 5 | 14 | 36 | 51 | 6 | 32 | 38 | 2 |
| 食品学院 | 5 | 15 | 60 | 103 | 14 | 51 | 28 | 1 |
| 经济学院 | 14 | 39 | 168 | 276 | 38 | 114 | 92 | 1 |
| 管理学院 | 12 | 44 | 151 | 183 | 45 | 87 | 97 | 6 |
| 法学院 | 1 | 11 | 48 | 81 | 25 | 27 | 11 | 4 |
| 人文传播学院 | 7 | 21 | 80 | 93 | 11 | 44 | 36 | 0 |
| 外国语学院 | 5 | 23 | 88 | 114 | 22 | 44 | 43 | 1 |
| 政治与行政学院 | 6 | 12 | 65 | 112 | 17 | 40 | 47 | 0 |
| 艺术学院 | 6 | 26 | 61 | 116 | 33 | 65 | 15 | 3 |
| 国际文化交流学院 | 0 | 3 | 20 | 27 | 4 | 9 | 9 | 0 |
| 旅游学院 | 16 | 48 | 177 | 305 | 20 | 154 | 186 | 0 |
| 应用科技学院 | 12 | 34 | 140 | 142 | 18 | 89 | 74 | 0 |
| 合　计（人） | 163 | 492 | 1743 | 2542 | 385 | 1332 | 1099 | 38 |

## 2008-2009 学年度先进班集体名单

| 所　属　学　院 | 先　进　班　级 |
|---|---|
| 土木建筑工程学院 | 2008 土木工程专业 1 班 |
| 材料与化工学院 | 2006 高分子材料与工程专业 2 班 |
| | 2006 应用化学专业班 |
| | 2007 高分子材料与工程专业 1 班 |
| | 2008 应用化学专业 2 班 |
| 信息科学技术学院 | 2006 计算机科学与技术专业 2 班 |
| | 2008 电子信息工程专业班 |
| 机电工程学院 | 2006 机械设计制造及其自动化专业 2 班 |
| | 2007 机械电子专业 1 班 |
| | 2008 交通运输专业 2 班 |

续上表

| | |
|---|---|
| 农学院 | 2006 生物技术专业班（海甸校区） |
| | 2006 生物技术专业 1 班（儋州校区） |
| | 2006 生物技术专业 2 班（儋州校区） |
| 园艺园林学院 | 2006 园林专业 3 班（儋州校区） |
| | 2007 园林专业班（海甸校区） |
| 环境与植物保护学院 | 2007 环境科学专业班 |
| | 2007 植物保护专业 1 班 |
| 海洋学院 | 2007 海洋科学专业班 |
| | 2008 制药工程专业 2 班 |
| 食品学院 | 2006 食品科学与工程专业 2 班 |
| 经济学院 | 2006 统计学专业 1 班 |
| | 2006 工商管理专业 4 班 |
| | 2006 国际经济贸易专业 1 班 |
| | 2006 工商管理专业 3 班 |
| | 2006 国际经济贸易专业 2 班 |
| 管理学院 | 2006 市场营销专业 2 班 |
| | 2008 人力资源管理专业 2 班 |
| | 2008 人力资源管理专业 1 班 |
| 法学院 | 2007 法学专业 1 班 |
| | 2008 文科实验班 |
| 人文传播学院 | 2008 汉语言文学专业 2 班 |
| 外国语学院 | 2006 英语专业 4 班 |
| | 2007 英语（经贸方向）专业 4 班 |
| | 2008 俄语专业班 |
| 政治与行政学院 | 2006 公共关系专业 1 班 |
| | 2007 思想政治教育专业班 |
| 艺术学院 | 2006 舞蹈专业班 |
| | 2006 室内设计专业 2 班 |
| 应用科技学院 | 2006 英语专业 1 班 |
| | 2007 农学（观光农业方向）专业 2 班 |
| | 2008 会计学（注册会计师方向）专业 2 班 |

## 海南大学2009届优秀毕业生名单（总计192名）

| 所属学院 | 优秀毕业生姓名 |
| --- | --- |
| 土木工程学院 | 刘俊 杨锐 霍晶 赵灿 彭冬芹 杨黎 黄小燕 刘五英 |
| 材料与化工学院 | 刘丽花 段敏伟 蒋志明 裴婕 王军 刘岩 鲁战平 李宝珠<br>刘静 陈欢 张捷 段文杰 戴晓磊 黄维钱 张婷 王军<br>吴志威 王金棒 王新平 吴培培 陈金花 |
| 农学院 | 蔡吉 吴佳静 钟天秀 霍敏霞 林远鹏 刘昆 蒙小琴 王玉宝<br>张建省 杨珊 江明 许杰猛 李正绪 何美丹 |
| 园艺园林学院 | 仲月明 施桃云 余佳 赵钟鑫 李源志 范美莉 佘小平 罗召美<br>陈开伟 |
| 环境与植物保护学院 | 牛雅典 何磊 李光明 陈安妹 陈宇 苏满凤 蒲艳艳 罗靖渝<br>魏铭丽 汪晓雯 |
| 机电工程学院 | 朱利莉 张丽楠 傅丽贤 左燕群 刘欢 |
| 信息学院 | 张娜 王蔚斯 韩小芳 李亮秀 曹泓 史存会 王文涛 麦艺华<br>陈飞 刘庆鹏 傅中华 喻世凯 聂灿萍 周兆熊 刘婧 亓成宇<br>张鑫 陈名开 周增光 黎锦钰 吴昊 熊雪玮 蒋磊磊 汤报名<br>吴远 王铎 王飞 |
| 海洋学院 | 朱晓平 符传良 洪流 李磊磊 王蓓 黄伟 张晓曼 |
| 食品学院 | 杨洁 王美婷 张志鹏 龙映均 |
| 经济学院 | 张彦 童隆峰 徐浩 李灿 何琦 刘晶 汪姣 邹武林<br>吴笛 周帅伟 向亚静 赵月 龚举龙 莫晶晶 姜源 宋军发<br>杜飞 谭娟 胡娟 范路路 吴金杰 肖志芳 余春艳 |
| 管理学院 | 李伟军 刘廷廷 王静 张树楠 傅真晶 周远航 刘阳 王成<br>邱翠萍 张华见 雷小方 |
| 法学院 | 孙超 韩晶 刘欢 李松 孙雁南 马彪 李鑫 武金霞 |
| 人文传播学院 | 杜兴彦 陈倩 寇芙蓉 赵艳 张茜 吴礼旺 张丽红 白莉群<br>刘瑞英 符超 周静 |
| 外国语学院 | 张雨墨 谢经松 王康 杨威 |
| 政治与行政学院 | 史维波 刘亚亚 张春男 |
| 艺术学院 | 刘丽娟 |
| 旅游学院 | 梁超 苏会娜 赵善梅 常晓 马婵婵 杜炫 黄妍 梁永康<br>张扬 姜兴中 刘超 钟胜蓝 王建 石金今 |
| 应用科技学院 | 李杰 王欢 梁鸿伟 尤玲燕 李晓龙 孙元芹 李芳艳 姜德欣<br>刘万圣 赖华金 何丹 周海峰 |

## 海南大学第十四届校园十大歌手大赛获奖名单

| 序号 | 姓　名 | 获奖等级 | 所 在 学 院 | 组 别 |
|---|---|---|---|---|
| 1 | 杨明颖 | 一等奖 | 艺术学院 | 专业组 |
| 2 | 宋梓淇 | 二等奖 | 艺术学院 | |
| 3 | 王菲菲 | 三等奖 | 艺术学院 | |
| 4 | 方陆轶男 | 优秀奖 | 艺术学院 | |
| 5 | 张　超 | 一等奖 | 海洋学院 | 业余组 |
| 6 | 刘晓颂 | 二等奖 | 政治与行政学院 | |
| 7 | 王鹤章 | | 土木建筑工程学院 | |
| 8 | 冯　岩 | 三等奖 | 应用科技学院（城西） | |
| 9 | 汪世国　邓亚宁 | | 应用科技学院 | |
| 10 | 鲁思萱 | | 外国语学院 | |
| 11 | 王　潇 | | 园艺园林学院（儋州） | |
| 12 | 廖　雄 | 优秀奖 | 园艺园林学院（儋州） | |
| 13 | 卜晓悦 | | 管理学院(儋州) | |

# 各 类 奖 学 金

## 2009 年国家励志奖学金获奖名单

**材料与化工学院（海甸校区 62 人）**

牧　虹　夏细胜　梁文瑞　杨建鹏　何艳红
田　甜　王　建　王雅琴　侯　杰　陈利水
高　红　沈　进　周荣杰　陶春荣　马志武
周　敏　李金风　黎黄珍　杨　杰　胡晓春
吴龙梅　郗　珍　郑义林　康文婷　赵雪花
操传波　张宇博　温贤勇　张坚强　楼彩霞
马晓阳　许静贤　熊　迪　李　洁　金春阳
屈晓洁　宋　丽　赵迎梅　陈　恳　邹水林
蔡晓霞　杨　豆　杜明桂　赵容丽　余素超
姜　侃　叶春林　海　娟　何　琴　王瑞娟
张日洪　罗文杰　陈秀琼　欧阳勇　魏　微
孟令宾　张永强　曹孝荣　王　婧　王　磊
罗盛丽　王宽泽

**法学院（海甸校区 30 人）**

赵婷婷　韦　利　武晓梅　张　肖　王　瑞
罗　勇　刘　友　王崇彩　张斌斌　程　鹏

刘金 向阳 张静 黄雅琴 陈雨晴
陶燕 盛自鸿 郑华琛 钟扬民 朱玉娇
许建刚 魏丽霞 安猛 周立魁 吴琼
李宜利 石婷 胡小慧 简爱 李玲

**海洋学院（海甸校区25人）**

叶质 郭璐璐 庞兴红 谢修丹 刘强
陈雪珍 周亚吉 赵光军 龙元薷 杨存瑞
李五湖 万义超 金远香 魏文超 高晓旭
王莉 吴喜英 马倩倩 汤忠婷 段秋红
杨锦玲 张永福 易容 程川 曹贞吉

**环境与植物保护学院（儋州校区42人）**

林明建 王子连 丁伟 王小飞 苏郭寿
李红林 廖凤仙 王开文 牟燕 王丽
任飞 汪展英 叶春艳 滕峰 邓诗凯
王琼 陈丽博 傅帅 王翠 黄学兵
陈祖聪 张旭萍 翁利清 张翠 王禹
龙兰 张慧敏 黄艳波 侯伟 张俊威
黄一华 刘欢 宋秋明 邓艳凤 黄晓英
何伟 李茂勋 薛丁榕 肖娜 邹飞
苏是浒 张海良

**机电工程学院（儋州校区53人）**

程晓其 王晓明 胡竟 曾兴敏 郭志武
梁辉 许明涛 肖乾虎 刘功明 彭学玉
邱永进 卢从坚 张琪 赵亚光 李明义
刘欣荣 李海波 胡见 陈泽建 龚庸才
黄仕浩 常博 梁植顺 程国强 刘玉盛
秦俐俐 李中品 黄文涛 王春 曹迎春
王飞虎 吴永硕 朱晓闯 魏勇 符子财
陈奎 赵美佳 罗林辉 曹运新 黄浩宇
郭鹏飞 郁继要 李亲强 聂松 熊汉良
刘芬 郑美云 刘庆国 李梅玲 冯琪
叶浩 张耀伦 李海波

**经济与管理学院（海甸校区147人）**

杨军 龙俊 张若玲 弋兴飞 王继祥
马瑒浩 王倩 张亚军 张昌凤 伍金林
杨杰 许卫蕾 肖丽娟 李明 王娟
郭方园 杨迎 赵敏如 吕艳 兰玉华
杨波 苑争光 李长金 曹晓雪 王媛
孔林杰 高海峰 邓芳 康丽群 王箭射
李至波 陈浩 武胭脂 宋美玲 李青
钟丽君 宋春玲 卫晓琴 王东升 时鹏
李小红 郭红美 杨娟 武林 张小燕
蔡亮 史贝贝 杨冬梅 梁缘 丁鸿羽
王菲 刘婷 熊艳 苑西恒 刘芳
闫丽曼 王征 乐茜 甘罗 任飞
冀岚岚 兰黔丽 沈永建 洪小云 王忠更
黄忠燕 徐斌 高静 刘海琼 武欢欢
赵军会 翁烈锋 张历琼 徐乃增 杜娟
李婷婷 张佩玉 潘璐 李美棠 李濯
张习华 姜晶 沈益君 张波 蒋丽娟
雷成虎 贺淑玉 娄明磊 汪楠 杨晓玲
肖祖漳 姚彬 徐晓晴 宋鑫 林晓娜
李理 谢兰香 高亮 吴海灵 张晓
徐伟明 关莹 张佳 冯凡璎 周丹
母丽娟 曾姿娟 左媚 郭海增 靳斌
许青青 何雅 盛仪 刘悦 陈杰
刘红梅 王玉彬 李红丽 莫良科 田彩凤
章艳军 贾静静 杜开科 朱玉 陈爱弟
左月月 任跃文 刘飞飞 亓玉鹏 平琼
秦巧巧 张丽娜 何凤 叶美丽 周丽娟
何杭飞 杨宏恩 刘强 王帅锋 彭敏
刘红辉 赖萱 贺佩兰 杨晓楠 杨婷
李聪 武秀丽

**旅游学院（海甸校区97人）**

李辉 陈小晶 王晴晴 邢利娟 张玉强
黄克己 陈美璘 王杰 潘瑜 李敏江
陈宏 王冰 杨婷婷 刘玉 徐龙军
林凤梓 卢忠艳 邹文凤 张放 李小强
杨艳梅 高善苓 周丽芬 林飞 蒙钟健
古金梅 张婷 唐艳 陈世坤 王玲
覃茂华 麦贻浓 符丽丝 费格 谭天祥

郭　斌　黄松珍　贾林瑞　李相东　苗储妍
杨海妹　张　彬　蔡　娜　吴　云　胡永莉
王莲艳　周　飞　周亚娟　姜利利　钟晓虹
李　光　王　浩　胡明清　龚金金　王　勇
苗莹莹　李广元　林思威　张　耀　石庆书
彭俊水　曾慧珍　何　霞　李泽鹏　王书微
邢爱妹　郭　强　葛　娟　孙贵博　吴　楠
陈芳芳　郭建洪　唐　萍　陈树仁　李小桃
储丽华　黄军杰　安艳红　段辉煌　李　璐
姚　鑫　程金朵　董正平　陈　浩　潘　霞
谭晓青　罗　佳　黄小燕　王秋妍　李少英
黄春妹　杜秀明　贺雄飞　高力学　刘　锟
韩　凡　胡伟娜

**农学院（海甸校区 21 人）**

李　宏　樊则磊　王　英　张　宏　张夏莲
卢　瑜　王苗苗　周　秀　高文超　莫启文
谢少林　吴　敏　陈二花　卓博义　陈文娟
徐　芳　周　超　王德化　罗霭玲　于　萍
杜　玲

**（儋州校区 41 人）**

邱　波　魏久镇　罗天杰　张　维　罗　丹
沈晓坤　李洁英　李海波　叶顺成　袁明英
邓权权　肖　峰　王莹莹　章　旭　江志聪
王彩云　熊跃昌　韦海娟　秦兴春　谢红艳
耿连科　罗　凯　吴继恒　白亭玉　宋莲钗
金宝森　刘志涛　谭施北　梁羽萍　肖晓蓉
马玉乾　杨玲玲　计云鹤　刘芬玲　张　焕
钱双宏　彭小燕　魏丹萍　康专苗　李建宏
潘　彬

**人文传播学院（海甸校区 50 人）**

张　颖　张　岩　谢代思　刘　倩　张　佩
杨玉林　唐敏思　李年智　段书娟　万　菊
黄丁慧　邓小群　秦红卫　武丽魁　刘德林
骆耀军　黄雷松　魏小利　喻小燕　陈小梅
黄旭霞　吴礼银　段文娥　刘　魏　周艾凤
晏丽敏　刘瑞青　王俊华　韦介能　唐慧子
黄才颖　王树侠　刘　瑜　张小燕　贾超男
杨雁鹏　陈桂兰　郑丽玉　易主林　刘　美
李陵和　刘秀秀　闫超凡　张亚萍　赵彩燕
肖　霞　汤　姣　杨　柳　余　庆　丁传亮

**食品学院（海甸校区 30 人）**

杨　盼　柳　东　宁年英　张浩琪　李　伟
王雨菱　曹　锐　王晓久　彭家鸿　曾　坚
刘　洋　赵记清　李钰敏　于　洋　彭　超
杨　昭　柳　松　孙　涛　王　皓　王雅莉
高吉成　冯　云　彭　健　张东仙　郭洁玉
徐克寒　张　俊　朱萍萍　肖鑫鑫　龚　伟

**土木建筑工程学院（海甸校区 24 人）**

李　铁　辛　建　赵忠岳　阳征千　段贝贝
陈吉全　刘　凤　王秋成　滕　起　翟江涛
杨天赐　周　也　王　燕　李志鹏　杨小乙
陈芳平　江　鹏　梅加河　陈　强　李春艳
屈建民　李婉莹　任希硕　张　婷

**外国语学院（海甸校区 45 人）**

计晓云　刘丰丰　李冬勤　方　舟　余水红
姜佩佩　房　泳　陈美伶　郭玉芹　黄香莲
徐榕徽　缪智萍　李维娟　李梅兰　冉　娟
黄运芳　陈荷仙　孙　龙　王艳娟　张　涛
曹　洋　李建文　陈礼义　马春菊　张余燕
陈梅兰　王　函　姚秀程　白　谨　郭留柱
李　花　李少茹　贺琳丽　刘大玲　高金梅
张尔玲　王露萍　金玲玲　胡丁元　王　建
赵晓光　王智慧　冯文君　冯程程　李　慧

信息科学技术学院（海甸校区 73 人）

王　猛　周玉朋　邢晓增　翟朝亮　刘　凯
杨　鹏　麻　莹　宫树杰　谷稳稳　王　飞
康　姗　张本奎　李　锋　吴　建　吴道琴
杨天光　蒋　念　黄春容　郝冬林　张　青
张玲兰　冯剑锋　李桂香　何承洪　田文飞
张　梵　徐长茂　庞　洁　刘国财　李小龙
贺汇林　曹颜岭　管丽娜　李龙雨　李　莉
王　玲　屈爽爽　张南南　王彦江　白洪瑜
朱汝松　张柏贵　谢春艳　蔡成都　姚平平
宁日裕　冯珊珊　李　敏　于小青　肖礼祥
肖　强　徐克楠　刘　坤　宁佳婷　陈经伟
段云欣　朱会朴　杨　紫　蒋朝龙　张勇华
赵　姣　严祥欢　张秋月　寇圆圆　崔园园
黄月萍　廖小余　张伟英　陈小娟　裘晨曦
张　燕　张源方　毛楠楠

艺术学院（海甸校区 36 人）

赵　静　周介东　陈华妮　齐仲渊　庞树浩
边　博　庄翠萍　马烨飞　张馨祎　李　慧
周栋栋　祝　丝　沈艳艳　李维斌　刘昊勋
邓细亮　任　涛　马海健　王维鹏　刘　涛
咸　阳　包丽羽　詹　玉　陈茂林　陈　锦
李　彬　潘建国　查　颖　董丁丁　岳　媛
沈延丽　杨柳青　宋忠乐　林新子　王文静
郭来辉

园艺园林学院（海甸校区 12 人）

陈春宇　郭旭阳　徐万金　高洪贺　郭雪婷
文采丰　张　勇　丁　姗　何辉学　程江波
胡　静　郑乾坤

（儋州校区 46 人）

李　飞　谭德勇　张飞龙　梁慧乐　姚凯宇
张圣红　范重文　武华周　黄国洋　彭　香
杨晓霞　罗　意　李　蓉　邱施荣　舒　静
刘凤杰　张　娟　王少功　左苏曼　胡建广
吴玉姣　凌加科　罗飞雄　王春侠　胡丽霞
匡小芬　王桦艳　宋传梅　林　冲　方　忠
王小青　许二波　岳凤祖　陈宝娟　徐志华
谢　丹　苏　婷　李承轩　胡天彬　覃宇宁
任辉辉　佛欣欣　包　顺　姜　洪　吴艳敏
孟　洁

政治与公共管理学院（海甸校区 50 人）

许　凯　彭　静　徐　磊　方锡斌　席　伦
顾光勇　杨　耀　董　杏　罗济标　高丽云
刘　芊　易金财　万东东　赵春艳　何宏米
胡　梦　熊昌盛　陈笑双　杜云雷　段威虎
翁　玲　周斌雄　朱　珊　邓慧君　李亮亮
李　敏　吴　波　苏李燕　俞征锦　易丽情
赵　映　郭士博　高　峰　卢永春　马瑞云
王见春　夏成龙　彭　建　黄秋菊　刘　邓
范丁千　高加正　尙小倩　陈绪梅　苟洪英
陈　程　张小琴　汪娟娟　张隆敏　任华中

应用科技学院（海甸校区 6 人）

文　文　王　星　田旭玲　梁虎生　赵振飞
刘　意

（城西校区 60 人）

彭　迎　王秀悯　张海丹　郭教丹　田俐萍
包竹滨　孟吊芳　林秋英　李小彬　朱　盼
张少科　周吉兰　朱建兴　赵拾梅　许田玉
刘秀军　丁丽云　何俊生　刘亮明　郭金兰
李　琼　刘　欣　安　钧　李玉南　彭小强
肖文龙　谭文丽　李星星　梁忠拓　孔晓英
谭海燕　郑黎榕　邓后发　陈伦梅　黄秀花
彭丽娟　段晓琛　游　纯　王莉莉　屈　瑶
孙小凤　陈敏吾　陈小红　周　琳　黄玉贵
陈雪娇　祝　利　李　静　莫国春　张　耀
裯小凤　莫丽华　杨　佳　杨粒镭　赵少华
彭中美　毕佐琳　康美芳　王亚珂　李君君

## 2009年"时代海岸留学奖学金"获奖名单

| 姓　名 | 学院及专业 | 境外就读学校 |
|---|---|---|
| 王若鸣 | 经济学院2007级会计学专业 | 美国犹他大学 |
| 赵鹏飞 | 外国语学院2007级英语专业 | |
| 苏　醒 | 外国语学院2007英语专业 | 加拿大爱德华王子岛大学 |
| 赵紫薇 | 海洋学院2006级水产养殖专业 | |
| 徐宗琦 | 信息科学技术学院2006级计算机技术专业 | |
| 崔家鑫 | 信息科学技术学院2006级数学与应用数学专业 | |
| 郭雨晶 | 旅游学院2007级旅游管理专业 | 英国纽卡斯尔大学 |
| 黄滳漪 | 外国语学院2007级英语专业 | |
| 侯　赛 | 外国语学院2007级英语专业 | |
| 张琴琴 | 外国语学院2006级英语专业 | |
| 刘庆怡 | 外国语学院2006级英语专业 | |
| 万　然 | 外国语学院2006级英语专业 | |
| 谭丽丽 | 经济学院2007级金融学专业 | 法国里昂第三大学 |
| 虞珅璐 | 经济学院2007级金融学专业 | |
| 王　萌 | 经济学院2007级工商管理专业 | |
| 李欣欣 | 旅游学院2007级旅游管理专业（应用英语） | |
| 代晓光 | 旅游学院2007级市场营销专业 | |
| 许　诺 | 外国语学院2006级英语专业 | |
| 钟鸣扬 | 外国语学院2006级英语专业 | |
| 陈　帅 | 海洋学院2008级水产养殖专业（研究生） | 台湾成功大学 |
| 林　瑜 | 管理学院2008级企业管理专业（研究生） | |
| 王　蕾 | 国际文化交流学院2007级对外汉语专业 | |
| 乔　楠 | 法学院2007级法学专业 | |
| 于小敏 | 人文传播学院2007级汉语言文学专业 | |
| 李　蓓 | 园艺园林学院2007级园艺专业 | |
| 赵东韶 | 信息科学技术学院2007级计算机科学与技术专业 | |
| 仇　飞 | 法学院2007级法学专业 | |

续上表

| | | |
|---|---|---|
| 周庆飞 | 机电工程学院 2007 级电气工程及自动化专业 | 台湾成功大学 |
| 曹瑞耘 | 经济学院 2007 级会计学专业 | |
| 袁　璐 | 食品学院 2007 级食品科学与工程专业 | 台湾嘉南药理科技大学 |
| 王艺霏 | 旅游学院 2007 级市场营销专业 | |
| 熊　盼 | 食品学院 2007 级食品科学与工程专业 | |
| 梁　村 | 人文传播学院 2007 级戏剧影视文学专业 | |
| 王金良 | 农学院 2007 级生物技术专业 | |
| 邓长娟 | 农学院 2008 级作物遗传育种专业（研究生） | |
| 高　洁 | 经济学院 2007 级金融学专业 | 台湾宜兰大学 |
| 刘　伟 | 旅游学院 2007 级市场营销专业 | |
| 伍松翠 | 海洋学院 2007 级海洋科学专业 | |
| 李四方 | 外国语学院 2008 级英语专业 | |
| 张万高 | 机电工程学院 2007 级电气工程及自动化专业 | |
| 陈　曦 | 旅游学院 2007 级旅游管理专业应用外语专业 | |
| 杨　澜 | 园艺园林学院 2007 级园艺专业 | |
| 王　玉 | 信息科学技术学院 2007 级计算机科学与技术专业 | |
| 黄　霞 | 农学院 2007 级动物科学专业 | |

## 2009 年高等学校优秀贫困生奖学金获奖名单

| 所属学院 | 获奖学生姓名 | 校区 |
|---|---|---|
| 材料与化工学院（32 人） | 徐文娟　肖归喜　刘智慧　吴晓萍　罗宋平　闫　宁　李加广<br>严子人　李文龙　刘红梅　罗　静　王宏伟　李　崴　赵峰惠<br>张　森　黄小毛　高　攀　钟　华　宋首屹　屈　娟　陈龙龙<br>颜慧琼　刘仙平　李玉文　曾亚后　蔡明慧　陈建华　葛敬辉<br>杜　晶　高金晶　朱甜霞　徐　沙 | 海甸校区 |
| 法学院(16 人) | 张吉润　朱单军　郭　维　翟昕岳　苏　丽　王宝宝　向晓韵<br>张　玲　安　荟　袁世华　张　莉　蔡拾梅　石小叶　温宝璇<br>黄钟初　黄　海 | |
| 海洋学院（12 人） | 毛秋良　赵振峰　周俊如　王元丽　董　骥　胥　丹　张琪琳<br>王玲婷　李　浩　黄　鑫　廖亮亮　杜　晶 | |

续上表

| | | | | | | | | |
|---|---|---|---|---|---|---|---|---|
| 环境与植物保护学院（22 人） | 林　娜 | [illegible] | [illegible] | [illegible] | [illegible] | [illegible] | [illegible] | 儋州校区 |
| | 唐宏玉 | 李　龙 | 于锦蓉 | 于泽华 | 王贞丽 | 袁淑芬 | 倪　彪 | |
| | 罗明明 | 何秋燕 | 潘江禹 | 赵福鹏 | 王红梅 | 智国铮 | 焦　淼 | |
| | 林文萍 | | | | | | | |
| 机电工程学院（28 人） | 卢小平 | 马　静 | 唐大芳 | 彭才望 | 叶　龙 | 张立军 | 马　奎 | |
| | 柳　青 | 陈泽轲 | 胡　静 | 覃　露 | 李雪龙 | 王家林 | 符传俊 | |
| | 刘　进 | 杨　虎 | 李　新 | 李开龙 | 舒善君 | 俞桂周 | 赖　星 | |
| | 黄伟明 | 王　维 | 王　军 | 何幕峰 | 靳文娟 | 罗堉华 | 刘晓晗 | |
| 经济与管理学院（77 人） | 龚　婷 | 蔡　娟 | 罗锦超 | 黄卫卫 | 王　敏 | 罗　意 | 王　明 | 海甸校区 |
| | 杨　敏 | 谢素岸 | 陈丹敏 | 吴迎春 | 李娟娟 | 史衍超 | 邢彩蝶 | |
| | 张向旺 | 姜丹丹 | 陈乔方 | 柯传秀 | 梁艳芳 | 刘晓婷 | 刘芳芳 | |
| | 李鹏伟 | 罗华平 | 熊　成 | 李　明 | 杜英英 | 张　晓 | 曾　婷 | |
| | 崔　勇 | 梁婧远 | 拓卫卫 | 程小霞 | 符月秀 | 丁珊珊 | 张峰瑞 | |
| | 汪吉平 | 李全秋 | 杨美良 | 王邦伟 | 易小玲 | 王小军 | 李菊阳 | |
| | 彭　双 | 李晓兰 | 贾鹏飞 | 张　欣 | 李传芸 | 陈德全 | 淡梦华 | |
| | 李　理 | 秦晓婷 | 蔡　磊 | 马八五 | 王　新 | 解明明 | 黄文娟 | |
| | 孟辽阔 | 于淑平 | 刘　丛 | 刘德明 | 董　玉 | 欧阳敏 | 张媛媛 | |
| | 李淑云 | 曹　星 | 刘义波 | 肖颖杰 | 明　飞 | 陈曼娇 | 吴波亮 | |
| | 张　瑞 | 时茜瑶 | 刘　勋 | 杨　琴 | 张　龙 | 樊红梅 | | |
| 旅游学院（51 人） | 单丽英 | 刘丽娜 | 袁树阳 | 李金露 | 劳雪妹 | 王秋燕 | 陈邦宏 | |
| | 李　青 | 何家瑚 | 苏为飘 | 梅宇佳 | 王雅婷 | 罗超斌 | 范淑芳 | |
| | 吴兴祝 | 唐纪平 | 罗　斌 | 吴欣燕 | 曾德芳 | 唐　宇 | 黄丽婷 | |
| | 孟　静 | 孙　会 | 杨娇娇 | 方　琴 | 林龙喜 | 黄菊英 | 符史君 | |
| | 吉　珠 | 林海文 | 高雪莲 | 许琳尉 | 欧贻琼 | 沈延辉 | 彭忠庭 | |
| | 卢传伟 | 熊　杰 | 王　震 | 黎秀凤 | 邢夏雨 | 刘燕玲 | 朱彩云 | |
| | 伍祥涛 | 倪小伟 | 孙令苗 | 何宗莉 | 贾晓霖 | 肖　莉 | 周　强 | |
| | 李　悦 | 杨瑞馨 | | | | | | |
| 农学院（33 人） | 周海蓉 | 张彦星 | 黄荣霞 | 王海洋 | 丰　卫 | 欧爱花 | 卢　琦 | |
| | 韩　丽 | 符宗美 | 劳英福 | 黄耀华 | 何　翠 | 谢　陶 | 贾晓晓 | |
| | 李祠称 | 王金良 | | | | | | |
| | 梁　冰 | 高　蜜 | 王　培 | 易显良 | 吴伦英 | 周志刚 | 夏　琼 | 儋州校区 |
| | 余　臣 | 黎张早 | 卢伟芳 | 江志刚 | 刘　浩 | 陈小花 | 王　应 | |
| | 郭娜娜 | 陈　旭 | 王小宁 | | | | | |
| 人文传播学院（26 人） | 彭　娟 | 李　雪 | 刘晓欢 | 刘　津 | 唐　文 | 孙福娜 | 王旭东 | 海甸校区 |
| | 杨木子 | 余佳维 | 曾东玉 | 黄小星 | 李小丽 | 李小红 | 丁　旭 | |
| | 何旭萍 | 万亚琦 | 吴琪晖 | 李　丽 | 纪晓娇 | 李　坤 | 蒋桂芳 | |
| | 王　欢 | 朱妍娇 | 阙庆元 | 徐　飞 | 王　妃 | | | |

续上表

| | | |
|---|---|---|
| 食品学院（16人） | 杨康 曹宝庆 文延香 韩静 闫红云 李亦恒 吴琼 许美玲 李晓敏 李川 熊亮 高翔 谭韩英 秦广燕 胡小喜 欧阳志勇 | 海甸校区 |
| 土木建筑工程学院（12人） | 施立新 袁莉 李玲 石春龙 廖日文 潘黎波 郭旭 郭靖 刘宏伟 陈渡桥 王帅 姚芹芹 | 海甸校区 |
| 外国语学院（24人） | 王丽华 谢群芳 简易 莫桂梅 郭秀萍 胡胜丽 邓文军 马江 付金平 熊玲 王文文 何春蕊 邹银娥 周芳琴 覃连甘 张睿颖 杨良峰 赵之福 李富珍 余凤霞 黄风 郑梅园 夏西宁 刘美 | 海甸校区 |
| 信息科学技术学院（39人） | 孔龙 周敏 杨龙 陈俭 林石标 韦花玲 吕凯 陈婷娇 熊净芳 王利冬 李建 孙龙菲 赵真 张卓 黎志剑 潘伟红 辛海洋 宋德成 冯清慧 朱莉红 李松芳 汪云龙 魏会林 程亚宏 冯春飞 殷雪琴 朱洁 陈益刚 石开荣 曹阳 焦鹏飞 黄兴鹏 李宪玉 张玉军 曹智勇 陈红冬 马明 孟巧玉 覃思伟 | 海甸校区 |
| 艺术学院（19人） | 吕鹏 李平 周丽 杜有斌 侯海萌 徐玉洁 顾乃珊 梁志君 王娜 贾欣 谢雨青 邓子娟 施金生 段冰鹏 叶自建 邓敬一 靳茹男 王小雨 周建 | 海甸校区 |
| 园艺园林学院（31人） | 施秀光 侯开硕 唐金花 田慧芸 曾彬 李琴 | 海甸校区 |
| 园艺园林学院（31人） | 杨洪涛 周威 黎路路 慕晓东 王祖力 万安 李小霞 熊丽梅 庾仁军 邓红 王波 孙蓉 吴小丽 刘国银 胡涵 罗露萍 温秋菊 刘超其 李慧 银华梅 高亚军 吴小燕 许颖 刘美华 陈英 | 儋州校区 |
| 政治与公共管理学院（26人） | 徐燕菲 王和艳 吴君 顾媛媛 劳文蕙 黄琼 梁冰 吕天晓 何莎莎 张肖 付永霞 黄伟 陈凤娇 马万里 白大鹏 刘蒙 徐婧 林彩虹 张秋萍 尚涛 刘秋洋 罗艳 张通 张语媚 赵纯 诸葛美平 | 海甸校区 |
| 应用科技学院（35人） | 刘小军 李元春 王丽华 | 海甸校区 |
| 应用科技学院（35人） | 童立福 黄海琴 李振刚 郑莉 王春燕 陈海英 郑梦华 梁志念 刘芳呈 李宗博 黄军 卢安英 王陛威 刘刚 马晓莉 曹俊铭 王培茂 王凡 曹莹锋 王海慧 吴丕菲 吴厚吕 刘晨 王妙花 张晓明 黄雅慈 吴彩珍 张梅 龚佳丽 黄波 杨亚群 吴海虹 | 城西校区 |

## 2009年度国家助学金受助学生统计表

### 海甸校区

| 所 属 学 院 | 一 档（人） | 二 档（人） |
|---|---|---|
| 材料与化工学院 | 218 | 218 |
| 土木建筑工程学院 | 95 | 95 |
| 经济与管理学院 | 493 | 493 |
| 海洋学院 | 94 | 94 |
| 旅游学院 | 344 | 344 |
| 农学院 | 77 | 77 |
| 法学院 | 101 | 103 |
| 人文传播学院 | 180 | 180 |
| 食品工程学院 | 109 | 109 |
| 外国语学院 | 158 | 158 |
| 信息科学技术学院 | 255 | 253 |
| 艺术学院 | 131 | 131 |
| 应用科技学院 | 35 | 35 |
| 园艺园林学院 | 32 | 32 |
| 政治与公共管理学院 | 167 | 167 |
| 合计 | 2489 | 2487 |

### 儋州校区

| 所 属 学 院 | 一 档（人） | 二 档（人） |
|---|---|---|
| 环境与植物保护学院 | 153 | 153 |
| 机电工程学院 | 198 | 198 |
| 农学院 | 154 | 154 |
| 园艺园林学院 | 182 | 182 |
| 合计 | 687 | 687 |

### 城西校区

| 所 属 学 院 | 一 档（人） | 二 档（人） |
|---|---|---|
| 应用科技学院 | 249 | 249 |
| 合计 | 249 | 249 |

## 2009年中国教育发展基金会“金历助学金”获得者名单

| 序号 | 姓 名 | 学 院 | 专 业 | 年 级 |
|---|---|---|---|---|
| 1 | 陈文钢 | 外国语学院 | 英语 | 2008级 |
| 2 | 周潇潇 | 外国语学院 | 俄语系 | 2007级 |
| 3 | 王晶晶 | 海洋学院 | 海洋科学 | 2008级 |

续上表

| | | | | |
|---|---|---|---|---|
| 4 | 符丽嘉 | 人文传播学院 | 广告 | 2008 级 |
| 5 | 林　燕 | 材料与化工学院 | 应用化学 | 2006 级 |
| 6 | 郑诗远 | 材料与化工学院 | 高分子材料与工程 | 2009 级 |
| 7 | 符常琪 | 土木建筑工程学院 | 土木工程 | 2006 级 |
| 8 | 符海果 | 政治与行政管理学院 | 行政管理 | 2009 级 |
| 9 | 陈白莉 | 应用科技学院 | 市场营销 | 2009 级 |
| 10 | 陈元瑞 | 应用科技学院 | 会计学 | 2007 级 |
| 11 | 林秀乾 | 旅游学院 | 市场营销 | 2007 级 |
| 12 | 林　影 | 旅游学院 | 应用外语系 | 2007 级 |
| 13 | 魏子学 | 管理学院 | 市场营销 | 2007 级 |
| 14 | 曾明章 | 管理学院 | 人力资源 | 2006 级 |
| 15 | 刘　志 | 艺术学院 | 室内设计 | 2008 级 |
| 16 | 朱　洁 | 信息科学与技术学院 | 数学与应用数学 | 2008 级 |
| 17 | 陈开娜 | 信息科学与技术学院 | 数学与应用数学 | 2007 级 |
| 18 | 林文婕 | 农学院 | 生物技术 | 2006 级 |
| 19 | 刘桂和 | 农学院 | 动物科学 | 2006 级 |
| 20 | 黎学培 | 环境与植物保护学院 | 农产品质量与安全 | 2006 级 |
| 21 | 吴海理 | 环境与植物保护学院 | 制药工程 | 2007 级 |
| 22 | 谢　菲 | 国际文化交流学院 | 对外汉语 | 2007 级 |
| 23 | 孙　忠 | 机械电子学院 | 机械电子工程 | 2009 级 |
| 24 | 林觉强 | 机械电子学院 | 机械电子工程 | 2007 级 |
| 25 | 陈功贵 | 园艺园林学院 | 园林 | 2007 级 |
| 26 | 肖海花 | 园艺园林学院 | 花卉与景观设计 | 2007 级 |
| 27 | 黄　红 | 法学院 | 法学 | 2008 级 |
| 28 | 陈泽锋 | 食品学院 | 食品科学与工程 | 2008 级 |
| 29 | 黄秋玲 | 经济学院 | 会计学 | 2008 级 |
| 30 | 林晓娜 | 经济学院 | 金融学 | 2008 级 |

## 2009年宋庆龄基金会“中海油大学生助学基金”获得者名单

| 序号 | 姓　名 | 院系及专业 | 校 区 |
|---|---|---|---|
| 1 | 张　培 | 经济学院国际贸易专业 | 海甸校区 |
| 2 | 孔林杰 | 经济学院工商管理专业 | |
| 3 | 钟　华 | 材料与化工学院材料科学与工程 | |
| 4 | 张世友 | 法学院法学 | |
| 5 | 巴理波 | 政治与行政学院公共关系 | |
| 6 | 闫超凡 | 人文传播学院汉语言文学 | |
| 7 | 周　娜 | 管理学院财务管理专业 | |
| 8 | 孙海燕 | 海洋学院制药工程专业 | |
| 9 | 廖信丽 | 土木建筑工程学院土木工程专业 | |
| 10 | 黄才颖 | 国际文化交流学院对外汉语专业 | |
| 11 | 黄兴鹏 | 信息学院电子信息工程 | |
| 12 | 熊　杰 | 旅游学院旅游管理专业 | |
| 13 | 雷欢欢 | 外国语学院英语专业 | |
| 14 | 柳　松 | 食品学院食品科学与工程专业 | |
| 15 | 郝平平 | 艺术学院06级装潢专业 | |
| 16 | 李　波 | 农学院生物技术专业 | |
| 17 | 林　洁 | 园艺园林学院园艺专业 | 儋州校区 |
| 18 | 陆宇婵 | 环境与植物保护学院植物保护专业 | |
| 19 | 张　芳 | 机电工程学院08级机械专业 | |
| 20 | 陈光坪 | 应用科技学院行政管理专业 | 城西校区 |

## 2009年“何康奖学金”获奖名单

| 序号 | 姓　名 | 所 属 学 院 | 专　业 | 校 区 |
|---|---|---|---|---|
| 1 | 金　鋆 | 政治与公共管理学院 | 土地资源管理专业 | 海甸校区 |
| 2 | 王　许 | 经济与管理学院 | 农林经济管理 | |
| 3 | 胡　岗 | 人文传播学院 | 广告学 | |
| 4 | 丰　攀 | 旅游学院 | 旅游管理专升本 | |
| 5 | 张发莲 | 外国语学院 | 英语 | |
| 6 | 南皓雄 | 材料与化工学院 | 应用化学 | |
| 7 | 汤秋玲 | 环境与植物保护学院 | 植物保护（农药方向) | 儋州校区 |
| 8 | 吴紫微 | 应用科技学院 | 行政管理（中英文秘书方向） | 城西校区 |

# 2009年"刘建贤、张永清助学金"受助学生名单

| 序号 | 姓　名 | 专　业 | 学　院 | 校　区 |
|---|---|---|---|---|
| 1 | 赵虹霞 | 公共关系 | 政治与行政学院 | 海甸校区 |
| 2 | 邓　媚 | 市场营销 | 旅游学院 | |
| 3 | 代继军 | 人力资源管理 | | |
| 4 | 吴青玫 | 国际酒店管理 | | |
| 5 | 李雅迪 | 应用英语 | | |
| 6 | 邓小琴 | 水产养殖 | 海洋学院 | |
| 7 | 王玉萌 | 文科实验班 | 法学院 | |
| 8 | 杨勇超 | 法学 | | |
| 9 | 陈素兰 | 食品科学与工程 | 食品学院 | |
| 10 | 王　璇 | 日语 | 外国语学院 | |
| 11 | 彭陇刚 | 英语 | | |
| 12 | 赵　科 | 建筑学 | 土木建筑工程学院 | |
| 13 | 夏森林 | 对外汉语 | 人文传播学院 | |
| 14 | 张凤波 | 广告学 | | |
| 15 | 张芳芳 | 绘画 | 艺术学院 | |
| 16 | 夏　欢 | 绘画 | | |
| 17 | 李　杰 | 电子信息工程 | 信息科学技术学院 | |
| 18 | 王　振 | 计算机科学技术 | | |
| 19 | 蒲婷婷 | 理科实验班 | | |
| 20 | 徐送丽 | 会计学 | 经济与管理学院 | |
| 21 | 靳　姣 | 市场营销 | | |
| 22 | 韩丽萍 | 信息管理与信息系统 | | |
| 23 | 王　琳 | 统计学 | | |
| 24 | 黄德江 | 高分子材料 | 材料与化工学院 | |
| 25 | 王银芳 | 生物工程 | | |
| 26 | 马能凤 | 动物医学 | 农学院 | |
| 27 | 李　权 | 生物技术 | | 儋州校区 |

续上表

| | | | | |
|---|---|---|---|---|
| 28 | 杨云明 | 生物技术 | | 儋州校区 |
| 29 | 陈祖诚 | 园林 | 园艺园林学院 | |
| 30 | 陈　旭 | 园艺花卉与景观设计 | | |
| 31 | 文承功 | 植物保护 | 环境与植物保护学院 | |
| 32 | 张永利 | 植物保护 | | |
| 33 | 李鹏飞 | 农业机械化及其自动化 | 机电工程学院 | |
| 34 | 曾祥淼 | 农业机械化及自动化 | | |
| 35 | 王大益 | 电气1班 | | |
| 36 | 陈秀丽 | 注册会计 | 应用科技学院 | 城西校区 |
| 37 | 曾　媛 | 观光农业 | | |
| 38 | 韦　娜 | 网络工程 | | |
| 39 | 苏　铮 | 旅游管理 | | |
| 40 | 密向磊 | 商务英语 | | |

## 海南大学2009年"动感服饰"奖学金获奖名单

| 序号 | 姓　名 | 专　业 | 学　院 |
|---|---|---|---|
| 1 | 盈金华 | 绘画 | 艺术学院 |
| 2 | 邓细亮 | 艺术设计 | |
| 3 | 邓海凤 | 艺术设计 | |
| 4 | 郗志超 | 计算机科学与技术 | 信息科学与技术学院 |
| 5 | 胡茂霖 | 计算机科学与技术 | |
| 6 | 吴晴晴 | 计算机科学与技术 | |
| 7 | 田世民 | 市场营销 | 旅游学院 |
| 8 | 高　晓 | 市场营销 | |
| 9 | 王玉枝 | 市场营销（电子商务） | |
| 10 | 唐秀丽 | 应用外语（英语） | |
| 11 | 邱　丹 | 应用外语（英语） | |
| 12 | 欧美柳 | 应用外语（日语） | |

续上表

| | | | |
|---|---|---|---|
| 13 | 邢夏雨 | 旅游信息管理 | 旅游学院 |
| 14 | 熊　杰 | 旅游管理（国际酒店） | |
| 15 | 杨海坤 | 旅游管理 | |
| 16 | 冯　兵 | 旅游管理（企业管理） | |
| 17 | 施海丽 | 旅游管理专升本 | |
| 18 | 张丰硕 | 旅游管理专升本 | |
| 19 | 付连军 | 市场营销 | 管理学院 |
| 20 | 范　燕 | 市场营销 | |
| 21 | 朱兵艳 | 外国语言学及应用语言学 | 旅游学院（研究生） |
| 22 | 朱　瀚 | 外国语言学及应用语言学 | |
| 23 | 金银星 | 外国语言学及应用语言学 | |
| 24 | 王　博 | 外国语言学及应用语言学 | |
| 25 | 申　涛 | 旅游管理 | |
| 26 | 苏　鹏 | 旅游管理 | |
| 27 | 李丙涛 | 法律硕士 | 法学院（研究生） |
| 28 | 李　刚 | 法律硕士 | |

## 2009年“王伟光优秀贫困生助学金”受助学生名单

| 序号 | 姓　名 | 所属学院 | 专　业 |
|---|---|---|---|
| 1 | 梁执城 | 经济学院 | 国际经济与贸易 |
| 2 | 白　多 | 人文传播学院 | 汉语言文学 |
| 3 | 李　锐 | 国际文化交流学院 | 对外汉语 |
| 4 | 刘红梅 | 材料与化工学院 | 化学工程与工艺 |
| 5 | 易金财 | 政治与行政学院 | 思想政治教育 |
| 6 | 廖亮亮 | 海洋学院 | 水产养殖 |
| 7 | 张　卓 | 信息科学技术学院 | 计算机科学与技术 |
| 8 | 张晓东 | 法学院 | 法学 |
| 9 | 蒋　凤 | 土木建筑学院 | 土木工程 |

续上表

| | | | |
|---|---|---|---|
| 10 | 符国弟 | 外国语学院 | 英语 |
| 11 | 孙荣君 | 管理学院 | 农林经济管理 |
| 12 | 陈　芬 | 旅游学院 | 旅游信息管理 |
| 13 | 韦　健 | 旅游学院 | 旅游管理 |
| 14 | 侯晶晶 | 食品学院 | 食品质量与安全 |
| 15 | 程　乐 | 艺术学院 | 室内设计 |
| 16 | 李明义 | 机电工程学院 | 机械电子工程 |
| 17 | 李碧平 | 环境与植物保护学院 | 植物保护 |
| 18 | 谌　振 | 园艺园林学院 | 园艺 |
| 19 | 丁雪瑶 | 农学院 | 动物医学 |
| 20 | 许乐红 | 应用科技学院 | 行政管理 |

## 2009年“心本爱心”奖学金获奖名单

| 序号 | 姓　名 | 所属学院 | 专　业 |
|---|---|---|---|
| 1 | 王雅丽 | 海洋学院 | 海洋科学 |
| 2 | 张　艳 | 材料与化工学院 | 应用化学 |
| 3 | 黄玉林 | 外国语学院 | 经贸英语 |
| 4 | 曾　涛 | 法学院 | 法学 |
| 5 | 张卡飞 | 国际文化交流学院 | 对外汉语 |
| 6 | 金红霞 | 经济学院 | 会计学 |
| 7 | 井晨光 | 经济学院 | 国际经济与贸易 |
| 8 | 李　君 | 政治与行政学院 | 行政管理 |
| 9 | 黄　波 | 土木建筑工程学院 | 土木工程 |
| 10 | 姚平平 | 信息科技学院 | 计算机科学与技术 |
| 11 | 邢晓增 | 信息科技学院 | 通信工程 |
| 12 | 刘　雪 | 艺术学院 | 绘画版画 |
| 13 | 王汀若 | 人文传播学院 | 戏剧影视文字 |
| 14 | 姜兴中 | 旅游学院 | 旅游管理 |
| 15 | 欧贻琼 | 旅游学院 | 旅游管理 |

续上表

| | | | |
|---|---|---|---|
| 16 | 丁丽云 | 应用科技学院 | 商务英语 |
| 17 | 孙　群 | 管理学院 | 市场营销 |
| 18 | 苏郭寿 | 环境与植物保护学院 | 农产品质量与安全 |
| 19 | 谭韩英 | 食品学院 | 食品质量与安全 |
| 20 | 刘芬玲 | 农学院 | 生物技术 |
| 21 | 徐金虎 | 机电工程学院 | 机械 |
| 22 | 王晓霞 | 园艺园林学院 | 园林 |

## 2008-2009 学年度“林浩然院士奖学金”获奖名单

<table>
<tr><th>序号</th><th>姓　名</th><th>专业</th><th>获奖等级</th><th>所获奖项</th><th>学　院</th></tr>
<tr><td>1</td><td>周雯伊</td><td rowspan="6">2006 级水产养殖学</td><td>二等奖</td><td rowspan="7">优秀研究生奖</td><td rowspan="17">海洋学院</td></tr>
<tr><td>2</td><td>王永波</td><td rowspan="6">三等奖</td></tr>
<tr><td>3</td><td>高炳淼</td></tr>
<tr><td>4</td><td>王　芳</td></tr>
<tr><td>5</td><td>霍　蕊</td></tr>
<tr><td>6</td><td>徐先栋</td></tr>
<tr><td>7</td><td>李金亮</td><td>2007 级海洋生物学</td></tr>
<tr><td>8</td><td>苏树叶</td><td>2006 级水产养殖学（2）班</td><td>特等奖</td><td rowspan="10">优秀本科生奖</td></tr>
<tr><td>9</td><td>叶　质</td><td>2006 级水产养殖学（1）班</td><td>一等奖</td></tr>
<tr><td>10</td><td>杜和禾</td><td>2006 级制药工程（1）班</td><td rowspan="4">二等奖</td></tr>
<tr><td>11</td><td>张　涵</td><td>2006 级水产养殖学（1）班</td></tr>
<tr><td>12</td><td>庞兴红</td><td>2006 级水产养殖学（2）班</td></tr>
<tr><td>13</td><td>刘　强</td><td>2006 级制药工程（2）班</td></tr>
<tr><td>14</td><td>郭少华</td><td>2006 级水产养殖学（2）班</td><td rowspan="4">三等奖</td></tr>
<tr><td>15</td><td>邱长美</td><td>2006 级水产养殖学（2）班</td></tr>
<tr><td>16</td><td>文冬梅</td><td>2006 级制药工程（1）班</td></tr>
<tr><td>17</td><td>王　俊</td><td>2006 级制药工程（1）班</td></tr>
</table>

## 2009年度"吴多泰博士奖学金"获奖名单

| 序号 | 姓　名 | 所 在 学 院 | 所 属 班 级 |
|---|---|---|---|
| 1 | 王　欢 | 材料化工学院 | 2006 材料科学与工程 |
| 2 | 胡文涛 | 材料化工学院 | 2006 化学工程与工艺 |
| 3 | 方　祁 | 土木建筑工程学院 | 2006 建筑学 |
| 4 | 陈　俊 | 土木建筑工程学院 | 2007 土木建筑学 |
| 5 | 徐　锦 | 信息科学技术学院 | 2006 计算机科学与技术 |
| 6 | 陈开娜 | 信息科学技术学院 | 2007 数学与应用数学 |
| 7 | 余　素 | 机电工程学院 | 2006 交通运输 |
| 8 | 葛　蕾 | 机电工程学院 | 2007 电气工程 |
| 9 | 郭　勋 | 农学院 | 2008 动物医学 |
| 10 | 陈燕飞 | 农学院 | 2006 农学 |
| 11 | 刘春莲 | 园艺园林学院 | 2008 园艺学 |
| 12 | 王晓鸣 | 园艺园林学院 | 2007 园艺学 |
| 13 | 许洪波 | 环境与植物保护学院 | 2006 植物保护 |
| 14 | 黎金瓦 | 环境与植物保护学院 | 2006 制药工程 |
| 15 | 李　川 | 食品学院 | 2006 食品科学与工程 |
| 16 | 张　俊 | 食品学院 | 2008 食品科学与工程 |
| 17 | 陈来喜 | 海洋学院 | 2007 海洋科学 |
| 18 | 邢诒炫 | 海洋学院 | 2006 水产养殖学 |
| 19 | 邓红军 | 经济学院 | 2007 统计学 |
| 20 | 倪宏杰 | 经济学院 | 2006 工商管理 |
| 21 | 刘学文 | 经济学院 | 2007 统计学 |
| 22 | 李倩晖 | 法学院 | 2006 法学 |
| 23 | 杨婉敏 | 法学院 | 2007 法学 |
| 24 | 王　柱 | 管理学院 | 2007 土地资源管理 |
| 25 | 刘冰清 | 管理学院 | 2007 信息管理 |
| 26 | 吴彩嘉 | 艺术学院 | 2008 舞蹈编导 |
| 27 | 张冰阳 | 艺术学院 | 2007 绘画 |
| 28 | 佳　琳 | 国际文化交流学院 | 2007 对外汉语 |

续上表

| | | | |
|---|---|---|---|
| 29 | 何彭美 | 外国语学院 | 2008 英语 |
| 30 | 罗满虹 | | 2007 英语 |
| 31 | 喻小燕 | 人文传播学院 | 2007 汉语言文学 |
| 32 | 余佳维 | | 2007 广告学 |
| 33 | 弓晓颖 | 政治与行政学院 | 2007 思想政治教育 |
| 34 | 杨月朗 | | 2007 行政管理 |
| 35 | 胡 铭 | 旅游学院 | 2007 旅游管理 |
| 36 | 杨 茹 | | 2008 市场营销 |
| 37 | 贾晓霖 | | 2007 旅游管理（应用外语） |
| 38 | 黄嘉慧 | 应用科技学院 | 2008 旅游管理 |
| 39 | 李 雪 | | 2006 英语（商务英语） |
| 40 | 周梦婷 | | 2007 会计学（注册会计师） |

## 2009 年度“海钢贫困研究生助学金”受助学生名单

| 序号 | 姓 名 | 年级 | 专 业 | 所在学院 | 资助金额 |
|---|---|---|---|---|---|
| 1 | 于 伟 | 2007 | 作物遗传育种 | 农学院 | 1000 元 |
| 2 | 陈 鑫 | 2008 | 发育生物学 | | |
| 3 | 蔡甫格 | 2008 | 发育生物学 | | |
| 4 | 庹德财 | 2008 | 农业生物学 | | |
| 5 | 冯 超 | 2008 | 农业生物学 | | |
| 6 | 董军美 | 2008 | 生物化学与分子生物学 | | |
| 7 | 宫庆龙 | 2008 | 野生动植物保护与利用 | | |
| 8 | 姜 艳 | 2008 | 作物遗传育种 | | |
| 9 | 江程记 | 2008 | 作物遗传育种 | | |
| 10 | 余昌花 | 2008 | 作物遗传育种 | | |
| 11 | 黄耿磊 | 2008 | 作物栽培与耕作学 | | |
| 12 | 陈艳琴 | 2008 | 草业科学 | | |
| 13 | 杨 光 | 2007 | 海洋生物 | 海洋学院 | |
| 14 | 毛黎敏 | 2008 | 水产养殖 | | |

续上表

| | | | | | |
|---|---|---|---|---|---|
| 15 | 冯守川 | 2008 | 计算机应用技术 | 信息科学技术学院 | 1000 元 |
| 16 | 蒋良军 | 2008 | 通信与信息系统 | | |
| 17 | 王成成 | 2008 | 信号与信息处理 | | |
| 18 | 李　婷 | 2007 | 材料物理与化学 | 材料与化工学院 | |
| 19 | 陈健健 | 2008 | 材料物理与化学 | | |
| 20 | 朱素娟 | 2008 | 材料物理与化学 | | |
| 21 | 王　倩 | 2008 | 材料学 | | |
| 22 | 邢明祥 | 2008 | 材料学 | | |
| 23 | 郑洪辉 | 2008 | 生物化工 | | |
| 24 | 唐　仕 | 2008 | 化学工艺 | | |
| 25 | 戴雪芹 | 2008 | 应用化学 | | |
| 26 | 王学文 | 2008 | 农业经济管理 | 管理学院 | |
| 27 | 张文静 | 2008 | 农业经济管理 | | |
| 28 | 陶兢强 | 2008 | 企业管理 | | |
| 29 | 张先琪 | 2007 | 世界经济 | 经济学院 | |
| 30 | 李凌涛 | 2007 | 企业管理 | | |
| 31 | 谭超平 | 2008 | 世界经济 | | |
| 32 | 王　钦 | 2008 | 金融学 | | |
| 33 | 刘子苏 | 2008 | 马克思主义中国化研究 | 政治与行政学院 | |
| 34 | 李文丽 | 2008 | 思想政治教育 | | |
| 35 | 宁　辉 | 2008 | 法理学 | 法学院 | |
| 36 | 闫宇辉 | 2008 | 经济学 | | |
| 37 | 何重华 | 2007 | 法律硕士 | 旅游学院 | |
| 38 | 付中果 | 2008 | 法律硕士 | | |
| 39 | 揭秋云 | 2008 | 旅游管理 | 人文传播学院 | |
| 40 | 舒　心 | 2008 | 旅游管理 | | |
| 41 | 吴　敏 | 2008 | 比较文学与世界文学 | 园艺园林学院 | |
| 42 | 孙思胜 | 2007 | 植物学 | 环境与植物保护学院 | |
| 43 | 肖　茜 | 2008 | 果树学 | | |

续上表

| | | | | | |
|---|---|---|---|---|---|
| 44 | 王　瑞 | 2008 | 生态学 | 艺术学院 | 1000 元 |
| 45 | 周石池 | 2008 | 环境工程 | | |
| 46 | 田轩铭 | 2008 | 美术学 | 外国语学院 | |
| 47 | 谭云英 | 2007 | 英语语言文学 | 食品学院 | |
| 48 | 罗士数 | 2008 | 农产品加工及贮藏工程 | 食品学院 | |
| 49 | 陈　伟 | 2008 | 食品科学 | | |
| 50 | 陈业范 | 2008 | 岩土工程 | 建筑工程学院 | |

## 2009 年“金光贫困大学生助学金”受助学生统计表

| 所属学院 | 研究生（人） | 本、专科学生（人） | | |
|---|---|---|---|---|
| | | 一等奖 | 二等奖 | 三等奖 |
| 农学院 | 14 | 6 | 9 | 19 |
| 材料与化工学院 | 8 | 6 | 10 | 19 |
| 法学院 | 3 | 3 | 5 | 9 |
| 人文传播学院 | 1 | 5 | 8 | 16 |
| 经济与管理学院 | 4 | 15 | 22 | 44 |
| 食品学院 | 2 | 3 | 5 | 10 |
| 海洋学院 | 3 | 3 | 4 | 8 |
| 旅游学院 | 1 | 10 | 15 | 31 |
| 土木建筑学院 | 1 | 3 | 4 | 8 |
| 园艺园林学院 | 3 | 6 | 9 | 17 |
| 信息科学技术学院 | 2 | 8 | 12 | 23 |
| 环境与植物保护学院 | 6 | 4 | 6 | 12 |
| 机电工程学院 | 1 | 4 | 9 | 18 |
| 社会科学中心 | 1 | | | |
| 外国语学院 | | 5 | 6 | 14 |
| 艺术学院 | | 4 | 6 | 12 |
| 应用科技学院 | | 8 | 13 | 25 |
| 政治与公共管理学院 | | 5 | 7 | 15 |
| 合计 | 50 | 98 | 150 | 300 |

# 学子风采

## 赵红亮：展现当代大学生别样风采

他,腿有残疾,却坚持十年默默献爱心,成为闻名遐迩的“爱心大使；他,出身贫寒,毕业后却放弃公务员工作,投身海南贫困山区从事志愿者服务,被黎苗族兄弟深情地称为“技术行者”；他,一路坎坷,却奋斗不息,一次次实现人生的自我升华。他就是海南大学2008级硕士研究生赵红亮。

### 从“向群弟”到“爱心大使”

赵红亮出生在河南安阳一个农民家庭。在他很小的时候,一次生病打针,使他的神经受损致使左腿残疾。身残志坚的赵红亮从小就崇拜英雄人物,当1998年全国掀起学习“抗洪英雄李向群”的热潮后,赵红亮就将自己的笔名定为“向群弟”。也就是从那个时候起,他热心参与了团中央组织的“希望工程”,将个人的零花钱积攒下来,资助江西革命老区高安县的两名贫困家庭小学生鞠虹和熊思琴直到2007年完成学业。

2002年,赵红亮考入原华南热带农业大学经贸学院(现海南大学管理学院)市场营销专业学习。海南是李向群的故乡,当赵红亮得知海口有一所向群小学后,开始省吃俭用,继续以“向群弟”名义给向群小学的贫困生捐款至今。

2002年11月,赵红亮第一次来到儋州市敬老院,就与那里的老人和孤儿结下了不解之缘,成为闻名遐迩的“爱心大使”。大学四年里,他坚持每周按时到敬老院、孤儿院做义工。为了能进一步帮助孤寡老人和孤儿,赵红亮自学了中医穴位按摩、药膳常识、聋哑儿童心理辅导等知识,自购血压计、拔罐器等医用器具,定期到敬老院、孤儿院为他们做医疗保健。在赵红亮的努力下,敬老院的王家贵等孤寡老人头竟然不昏了,更可喜的是,几位阿公、阿婆的血压也明显下降,趋于正常。

通过赵红亮牵线搭桥,敬老院里有5个弃婴已经被人抱养,6个孤儿也已经在附近的小学里读书。六年多来,赵红亮成为那里孤寡老人、孤儿最亲的人。老人们一提到赵红亮的名字,都会不自觉的泪流满面。至今,敬老院的老人们还为他留着床位。

### 主动请缨到山区支教助农

2006年7月,赵红亮毅然放弃在家乡政府部门当公务员的工作,坚定地响应“中国大学生中西部志愿服务计划”,主动申请到国家级贫困县——白沙黎族自治县南开乡黎苗少数民族山区,开始了他的两年志愿服务生涯。

“那里是黎苗少数民族居住地,中小学教师尤其是英语教师奇缺,他们更需要我的帮助。”谈起当初的选择,赵红亮没有丝毫的后悔。赵红亮教过数学、英语、地理、政治、生物和自然,并且都是同时教三、四门课程。课堂上赵红亮是老师,课堂下他跟学生们学说黎话,走访黎苗山寨。

刚到那里支教,正好赶上全省开展农村中小学危房改造攻坚战,赵红亮每天趁课余时间到工地上运砖、拌水泥,一个月下来,人变得又黑又瘦,手脚都起泡化脓,但他没有退缩。

在南开乡,黎苗族兄弟称赵红亮为“技术行者”,因为他是来自华南热带农业大学的学生,能帮助他们解决橡胶种植的技术问题,而橡胶是当地黎苗族兄弟惟一的经济来源。为帮助当地人发家致富,他多次回母校了解橡胶、木薯等热带经济作物知识,主动学习橡胶种植与割胶技术,回来后指导当地种植户，并向他们发放以橡胶等热带经济作物为主的科普图书300余册、赠送自费刻录的近百份关于橡胶种植的光碟。

2008年10月，海南中部边远山区爆发大面积橡胶树病虫害，赵红亮不辞辛劳，多次徒步深入山区，调查和收集害虫标本，配合母校和中国热带农业科学院专家给当地种胶农户最大的帮助，减少黎苗乡亲的经济损失。

赵红亮还拿出了自己的2500多元积蓄为边远黎苗山寨编撰出版多期涵盖科普兴农、法律宣传、医疗自救、奥运等内容的刊物《南溪苑》。他多次徒步翻山越岭、深入边远黎区苗寨，为当地黎、苗乡亲拍摄并赠送以“摄影凝聚和谐”为主题的“全家福”。

## 身残志坚奋斗不息

在支教期间，赵红亮仍然坚持多年养成的良好生活习惯，每天早起晚睡，点着蜡烛在山里蚊虫的叮咬下读书、学习。2008年，在即将圆满完成两年的支教任务时，他以优异的成绩考取了海南大学政治与行政学院中共党史专业的研究生，继续回到母校攻读硕士学位。他又一次成功地做成了一件常人看来无法做成的事情，开始了人生的又一次升华。

当问到他为什么选择中共党史专业时，赵红亮说，“我在中学时候就加入了中国共产党，一直在党的培养下成长，对党的感情很深。十余年来我坚持开展志愿服务，完全是在党组织中不断接受教育和熏陶的结果。选择这个专业，我是想更深入地学习党的知识，更深入地了解我们的党，更好地为党工作、为人民服务。”对这位在大学本科四年中考察和吸收过400多名学生入党的年轻的老党员来说，如此的回答我们理解、信服！

十年来，赵红亮把自己的积蓄全部用在自己所从事的志愿服务事业上，记者采访时发现他身上的衬衫已经补了好几个洞。献爱心、下基层、知奋斗的赵红亮得到了社会各界的充分肯定，先后被评为海南省“大学生中西部计划十大杰出志愿者”、“十大杰出青年志愿者”、“十大助人为乐道德楷模”，并获评2008年度“中国大学生自强之星”等。

光明日报记者　王晓樱　魏月蘅

原载：　2009-07-03《光明日报》

## 赵红亮获得的主要荣誉称号

（一）1997年，共青团河南省安阳市委授予赵红亮“雷锋精神奖”荣誉称号；

（二）1999年，共青团河南省安阳市委授予赵红亮“先进个人”荣誉称号；

（三）2004年，共青团海南省委授予赵红亮“海南省优秀共青团员”荣誉称号；

（四）2005年，原华南热带农业大学授予赵红亮“优秀共产党员”荣誉称号；

（五）2006年7月，共青团海南省委授予赵红亮“海南省大学生中西部计划志愿者标兵”荣誉称号；

（六）2006年12月，共青团海南省委授予赵红亮“海南省大学生中西部计划十大杰出志愿者”荣誉称号；

（七）2007年4月，共青团海南省委、省教育厅、财政厅、民政厅、发改厅授予赵红亮“海南省十大杰出青年志愿者”荣誉称号和“海南青年志愿服务金质奖章”；

（八）2007年9月，中共海南省委宣传部、海南省文明办授予赵红亮“海南省十大助人为乐道德模范”荣誉称号；

（九）2008年8月，共青团中央授予赵红亮“中国青年志愿者银质奖章”；

（十）2009年1月，共青团中央授予赵红亮“2008年度中国大学生自强之星”荣誉称号，同时向赵红亮颁发“中国大学生新东方自强奖学金”；

（十一）2009年4月，共青团中央、教育部、人民日报社等单位授予赵红亮“2008年中国大学生年度人物入围奖”荣誉称号；

（十二）2009年4月，共青团海南省委授予赵红亮第十五届“海南青年五四奖章”；

（十三）2009年5月，中共海南大学委员会授予赵红亮“优秀共产党员标兵”荣誉称号；

（十四）2009年6月，中央宣传部、中央文明办、总政治部、全国总工会、共青团中央、全国妇联确定赵红亮为“第一届全国道德模范候选人”；

（十五）2009年10月，赵红亮被确定为由中国教育报、中国教育电视台主办的2009中国教育年度新闻人物评选活动候选人；

（十六）2009年12月，赵红亮被中共海南省委宣传部、共青团海南省委、海南省总工会、海南省文明办、海南省妇联授予海南省“助人为乐道德模范”荣誉称号。

## 潘东升：见义勇为抢救两名溺水老人

2009年2月26日下午，被很多人称为“夺命门”的海口市白沙门附近海域正欲夺走两位老人的生命，生死攸关之际，一名青年跳入海中，冒着生命危险奋力将两位老人救出。这位青年就是我校信息科学技术学院2006级通信工程专业学生潘东升。

当天下午5点，潘东升骑着自行车来到白沙门海滩散步，突然听到一位老人大声呼救的声音，循声望去，他发现有两位老人在不远处的海水里挣扎。他迅速扔下自行车，奋不顾身地跳入暗流涌动的海水中……

游了二三米后，水深突然增加，潘东升顾不上多想，拼尽全力游到最近的一位老人身边，经过10多分钟的努力，终于将老人救上岸。旁边的一个老伯看到潘东升面色苍白，显然体力不支，关切地想劝他不要再冒险，潘东升只轻轻地说了一句“我去”，便又一次跳入海水中。潘东升游泳技术并不高，只会蛙泳一种姿势，而且体力消耗大半，游得非常吃力。更加危急的是，第二位老人已经与他相隔100多米，被海浪冲到一条挖沙船附近。挖沙船在作业时会产生很大的吸力，潘东升在奋力接近老人的过程中，自己也受吸力影响，逐渐靠向挖沙船，危险万分。幸好正在挖沙船上的作业工人及时发现险情，抛出救生圈，潘东升才脱离危险，并把老人带到岸边……

此时，筋疲力尽的潘东升才发现，自己的腿和脚被海里的石头划出几道深深的伤口，海水一浸，疼痛难忍。他顾不上自己的伤，同大伙一起，忙着将救上来的老人交给民警。看到老人开始接受抢救，他默默地离开了现场。回到学校后，潘东升没有主动跟任何人提起，直到室友何庆鹏看到他腿上的伤，他才把救人经过简单地讲了一下。学校也是在公安局打来电话之后，才知道这件事情。

事后来到现场的警官说：“当时小伙子两脚流着血，有人问他叫什么名字，要不要送医院，他摆摆手，什么也没说。我叫他等一下，留下联系方式，他却骑上自行车就走了。后来几经调查才打听到他的身份。真是个了不起的年轻人！”面对媒体报道后社会上的一片赞扬声，他淡淡地说：“真的没有什么，遇到的人都会那么做的。当时，心里怎么想的就怎么做了，没考虑太多。”

在身边同学和朋友的眼中，潘东升一直是个做人有原则、遇事冷静、勇敢而不张扬的人。“潘东升还是个意志坚定、有恒心的人，只要他想做的事情，总是会去尝试，去冒险，不会因困难而退缩。”“朋友有困难的时候，他总是倾力相助。”一位同学得知他白沙门海滩救人的事情后，感慨地说：“依他的性格和为人这么做，我们都不会感到惊讶，只是感到佩服。有这样的好朋友、好同学，我觉得很光荣很自豪！”对于潘东升同学的见义勇为之举，潘东升所在的信息科学技术学院党委副书记曲涛认为，潘东升的高尚品格与他受到的家庭、学校教育分不开。他的义举提升了学校的声誉，有利于树立良好新风，弘扬正气，推动良好学风建设。

（编稿：单文启　　审稿:张继友）

# 党建与思想政治工作

## 组 织 工 作

**【概况】** 2009年，校党委组织工作围绕“加快‘211工程’建设、促进新海大科学发展”，推动学习实践科学发展观活动，用科学发展观统领工作全局，加强队伍建设和制度建设，为“211工程”大学建设提供坚实的思想、政治和组织保证。

**【党建工作】** （1）完成5个重组机构和应用科技学院（儋州校区）党委（党总支）成立和选举工作，确保基层组织工作正常化。开展创先争优活动，评选出校先进基层党组织24个，优秀党员50名，优秀党务工作者10名。

（2）建立健全领导班子建设长效机制。以思想建设和能力建设为重点，加强校院两级党政领导班子建设。制定《学院党政领导班子工作规则》，明确学院党政领导班子实行重大事项集体决策、具体工作分工负责的管理制度。建立健全学院党政联席会议制度，理顺党政关系、集体领导与个人分工负责的关系，提高领导班子决策科学化、民主化水平。贯彻民主集中制原则，制定《领导班子民主生活会制度》、《处级党员领导干部谈话制度实施办法》，增强领导干部党内生活的思想性、政治性、原则性，促进领导班子成员之间的沟通与交流，提高领导班子解决自身存在问题和矛盾的能力。

（3）加大发展学生党员工作力度。努力实现本科学生班级“低年级有党员、高年级有党支部”的目标。2009年全校发展党员1569人，其中学生党员1552名。

（4）积极探索大学生党员教育的新途径。各学生党支部结合学生的特点开展形式多样的支部活动，比如“支部共建活动”、党员先锋模范工程建设活动、优秀毕业生党员报告会等。

（5）召开党建工作研讨会。学校于10月22-24日召开党建工作研讨会，校领导和校党委职能部门负责人、各二级单位党委（党总支）书记共87人参加研讨会。与会人员围绕“新形势下如何加强和改进学校党的建设”这个主题进行讨论，提出了很多建设性的意见和建议。

（6）重视党内统计工作。督促各二级单位党委（党总支）认真做好党员信息库的录入、维护和管理工作。初步实现学校“党内统计直统化，党内管理信息化”目标，实现全校党组织和党员信息资源分级管理维护，数据动态更新，信息上下对接，发挥党内统计工作的信息、咨询作用。

**【干部工作】** （1）加强干部队伍建设，调整配备学校中层干部。2009年中层干部队伍建设总体分两个阶段进行。第一阶段是根据部分中层班子调整优化的需要和干部提拔、调动、退休等缺岗情况，在对各单位领导班子现状进行充分调研的基础上，2、3月份对中层干部进行了一定范围的调整，其中平级调整29人，提拔任用14人，进一步优化了班子结构。第二阶段是下半年对涉及调整归并的教学机构领导班子进行配备，落实35名处级干部相应的领导岗位，让他们的优势得到充分发挥。

（2）拓宽选人用人渠道，扩大干部工作视野和群众参与度，采用公开选拔、公开推荐等方式，分别对校团委书记、艺术学院院长、副院长职位进行公开招聘，对校产集团公司经营管理负责人、学校医院院长职位进行公开推荐，通过公开报名推荐、资格审查、选拔考试、组织考察、会议讨论决定等程序，精心组织实施，保证公开招聘、推荐领导干部顺利进行。

（3）配合上级组织部门，推荐省管后备干部。经严格履行民主推荐、征求意见、党委会集体研究等程序，提出省管后备干部推荐名单，使一批基本素质较好、工作成绩突出、比较有培养潜力的优秀干部进入省管后备干部队伍。按照类似程序推荐了一批省管党外后备干部。配合省委组织部完成对我校推荐后备干部建议人选的组织考察以及部分校级领导干部选拔任用工作。

（4）严格按照有关规定，做好处级领导干部管理考核工作。对全校处级领导班子和处级干部进行学年度考核，对9名试用期满的处级干部试用期进行考核并经校党委讨论正式任命。

（5）加强干部工作的制度建设，规范干部选拔任用和监督工作。研究制定并严格执行《海南大学党政领导干部选拔任用工作暂行规定》、《海南大学处级领导班子和处级干部年度考核办法》、《海南大学处级党员领导干部谈话制度实施办法》、《海南大学关于党员领导干部民主生活会的若干规定》、《海南大学学院党政领导班子工作规则（试行）》等制度。

至2009年底，全校在职处级干部202人，平均年龄45.7岁；其中50岁以上55人，占在职处级干部总数27.23%；36-45岁92人，占总数45.54%；35岁以下10人，占总数4.95%。其中机关各部门主要负责人平均年龄44岁；二级单位行政主要负责人平均年龄49.6岁；二级单位党委（党总支）书记平均年龄48.3岁，副书记平均年龄41.3岁。

**【党校工作】**　（1）入党积极分子培训。一方面，学校党校充分发挥各分党校的作用，推进入党积极分子培训工作。2009年，19个分党校共举办入党积极分子培训班34期。培训学员3563人，结业3420人，结业率96%。另一方面，学校党校加强对各分党校的管理和师资队伍建设。一是要求各分党校举办培训班做到开班有计划、报总结。二是通过到各分党校听课，监督办班的管理情况、教学水平和教学效果，提高培训质量。

（2）发挥学校党校培训功能和作用。围绕“211工程”大学的目标要求和学校的中心工作，办好专题培训班。比如，12月党校举办第一期办公室主任培训班，全校49个单位59名办公室主任和管理人员参加了培训。

**【党组织基本情况】**　2009年底，全校有二级单位党委19个，党总支7个，基层党支部203个，其中学生党支部105个，教职工党支部98个。在册党员5942人。在校党员中，正式党员3699人，预备党员2243人。教职工党员1331人，占教职工总数44.36%；学生党员4611人，占学生总数的15.48%。

2009年度申请入党3052人。

（撰稿：武　丹　　审稿：郑再喜）

# 宣 传 工 作

**【概况】**　2009年，学校宣传思想工作围绕建设有特色、高水平“211工程”大学、深入学习实践科学发展观活动、庆祝新中国成立60周年、儋州校区搬迁、校园文化建设等一系列重点工作展开，取得了显著成效。

**【理论学习】** 加强领导，完善制度，创新形式，努力推动党委中心组和教职工的理论学习深入开展。

在党委中心组学习方面，出台了《海南大学党委两级中心组学习制度》，进一步规范和加强学校党委和二级单位党委（党总支）中心组的理论学习。2009年，学校两级中心组以科学发展观为核心内容，紧紧围绕建设有特色、高水平“211工程”大学开展理论学习活动，其中校党委中心组学习9次，内容涉及科学发展观、学校发展规划、干部选拔任用规定、党的建设和反腐倡廉等方面。

开辟理论学习辅导平台和窗口。开通学习实践科学发展观活动专题网页，整理发布最新理论学习资料100多篇，为师生员工开展理论学习和实践活动提供平台和窗口；邀请校内外专家作全校性专题辅导报告17场，帮助全校师生员工准确把握中央精神，了解掌握党的理论创新成果和国际经济政治发展趋势；为党委中心组提供《科学发展观干部读本》、《2009党委中心组学习参考资料》等各类学习资料300余册（份）；与校党委组织部、校团委等部门联合开展以“加快‘211工程’大学建设，促进新海大科学发展”为主题的学习实践科学发展观活动征文比赛，共收到教职工水平较高的参赛文章50余篇、学生参赛文章600余篇。

抓好形势与政策教育教学工作。2009年，学校的形势与政策教育教学工作得到了进一步加强和规范。一是制定形势与政策课教育教学方案，推进形势与政策课进课表、进课堂；二是编印学校上、下半年大学生形势与政策教育教学要点，保证全校大学生形势与政策教育教学内容的针对性和统一性；三是组织每学期的形势与政策课集体备课会，进一步提高师资队伍素质和教育教学水平；四是对各学院的形势与政策教育教学工作作出具体安排，确保大学生形势与政策教育教学的各项任务落到实处；五是在学校层面组织专家举办科学发展观的基本理论、当前国际国内经济形势、社会主义核心价值体系等大型专题报告会，增强大学生形势与政策教育教学的时效性和针对性。

**【深入学习实践科学发展观活动】** 2009年3-9月，学校全面开展深入学习实践科学发展观活动，校党委宣传部全力开展舆论宣传和引导工作，充分发挥校园网站、工作简报、校报、宣传橱窗、广播、专题论坛等宣传阵地的作用，大力宣传科学发展观的科学内涵、精神实质和根本要求，宣传学习实践活动的重大意义，宣传学习实践科学发展观的先进典型，宣传学习实践活动的部署、要求、做法、经验和成效，努力营造开展学习实践活动的良好氛围。

1. 开辟学习实践活动专题网页。在校园网主页开辟深入学习实践科学发展观活动专题网页，内容包括重要文件、学习动态、实践调研、基层信息、学习与参考、经验体会、它山之石等12个专栏，链接了中国共产党新闻、学习与实践、科学发展观学习辞典、教育部等重要的全国性学习实践活动站点。编发各类稿件360多篇，平均每个工作日编发6篇，全面反映学校学习实践活动的情况，推动了学习实践活动的顺利开展。

2. 编辑出版学习实践活动简报。按照校党委学习实践活动领导小组的要求，负责编制工作简报。编发形式规范、内容充实、信息丰富的学习实践活动工作简报59期，内容涉及学习调研、分析检查、整改落实3个阶段11个环节的工作，全面系统反映学校学习实践活动的进展情况，多次受到省委第五指导检查组的表扬。

3. 开展丰富多彩的校园宣传活动。为了广泛地动员全校共产党员和师生员工深入开展学习实践科学发展观活动，组织开展了一系列校内宣传活动。先后悬挂横幅130多条，制作科学发展观专题宣传橱窗62个，着力宣传中央和省委的重要精神，宣传科学发展观的科学内涵、精神实质和根本要求，宣传学校开展学习实践活动的进展情况和取得的成效。

4.编辑出版学习实践活动校报专刊。编辑出版海南大学校报深入学习实践科学发展观活动专刊4期，把校党委开展学习实践科学发展观活动的重要情况及时传递到学生班级、宿舍，让每个学生都能及时充分了解活动的进展情况和取得的重要成果，主动参与到学习实践活动中来。

5.组织专家宣讲团开展理论宣讲活动。根据学校学习实践科学发展观活动领导小组办公室的安排，在全校范围内挑选5名专家，承担全校科学发展观的宣讲活动，共举行宣讲报告17场次，内容涉及科学发展观的基本理论、高等教育的改革发展、全球和我国经济形势等方面，受到全校党员和广大师生的好评。

6.完成学习实践活动的其他任务。积极配合学校学习实践活动领导小组办公室开展先进典型的推荐工作，负责撰写典型事迹材料6份；与有关部门联合组织开展学习实践科学发展观征文活动，收到全校师生参赛征文700余篇，效果显著；承担学习实践活动的外宣工作、图片和视频资料的整理报送工作、部分重要文件材料和制度的起草工作等，较好地完成了各项工作任务，受到各方好评。

**【宣传思想工作】** 2009年，以促进两校师生融合和职工思想政治工作为重点，开展针对性的富有成效的思想政治教育活动，增强了师生员工的凝聚力和战斗力。

1.宣传学校的办学理念和发展目标。着力宣传在学习实践科学发展观活动中提出的推进学校科学发展的基本思路、主要任务和具体举措，把广大党员、干部和教职工的思想统一到努力实现学校的发展目标上来。针对教职工的思想实际，发挥宣传思想工作的优势，引导教职工心往一处想，劲往一处使，营造聚精会神搞建设、一心一意谋发展、共同努力建设有特色、高水平“211工程”大学的氛围。

2.报道学校党政的重大决策和活动。紧扣学校中心工作，做好宣传服务。围绕“211工程”大学建设、校内教学科研改革、服务地方经济建设、与国内外兄弟院校合作交流等学校的重大活动开展宣传活动，编发各类校园网新闻稿件400余篇，使全校师生员工及时了解学校发展的重大步骤，赢得了他们对学校改革、建设和发展的关心与支持。

3.树立、宣传师生中的先进典型。在教师中，重点围绕海南大学（合并）后首届“十佳教师”的评选活动进行宣传，在海南日报制作专版推介“十佳教师”，在全省引起广泛反响；在学生中，重点推出赵红亮和潘东升同学的先进典型。中共中央政治局常委李长春同志专门对赵红亮同学的先进事迹作出重要批示：“赵红亮同志事迹感人，展现了当代大学生风采”；中央和省各大媒体对赵红亮的感人事迹进行了全面报道。赵红亮和潘东升2位同学均被评为“海南省道德模范”，同时被海南省推荐参加第二届“全国道德模范”评选并荣获提名奖，这在全国高校中是绝无仅有的。赵红亮同学还获2009年“教育年度人物”提名奖。这2位同学的先进事迹，不仅对全校学生起到了很好的模范带头作用，而且在全国范围内产生了积极影响。

4.开展“我爱我的祖国”爱国主义教育系列活动。以庆祝新中国成立60周年为契机，与有关部门联手组织开展“我爱我的祖国”教职工歌咏比赛、新生歌咏比赛暨迎新晚会、征文比赛、书画艺术展等系列活动，唱响共产党好、社会主义好、改革开放好、人民军队好、人民群众好的主旋律，激发师生的爱党爱国爱岛爱校热情。

5.加强思想政治工作。围绕两校合并融合、“211工程”大学建设、学习实践科学发展观活动等重点工作，与校工会、校团委等部门密切合作，通过各种活动载体，组织开展形式多样的思想教育活动，化解矛盾，理顺情绪，着力增强两校师生员工的认同感、凝聚力和向心力，激发大家的荣誉感、归属感、责任感和使命感，把大家的思想统一到建设有特色、高水平“211工程”重点大学上来。

【校园文化建设】　校党委宣传部及时从全校思想大讨论等活动中提炼出具有学校特色的大学精神和主流价值观，开展广泛的宣传和教育，促进学校和谐发展。

进一步完善以校徽为基础的学校视觉识别系统，筹划校训校歌征集活动，以统一学校的形象标识，形成师生认同的文化理念；组织力量对校园内校道两侧受损或陈旧的文化竖牌从内容到形式进行了更新；通过与学工处、校团委、艺术学院等部门和学院的协调与合作，组织丰富多彩的校园文化活动，活跃校园文化；参与组织、协调、宣传学校运动会、各学院迎新晚会、十大歌手比赛、诗歌朗诵会、主题游园会、新年音乐会、化妆舞会和焰火表演等活动，丰富师生课余文化生活；对学校校园文化活动进行梳理，选出一批有特色、高品位的校园文化活动进行重点建设，努力打造海大特色的校园文化品牌。

【对外宣传】　以提升学校知名度和影响力为目标，紧密围绕海南经济社会发展全局和学校中心工作，精心策划，统筹安排，对外宣传工作取得显著成效。

2009年，继续加强与中央和省内主流媒体的合作，加大社会媒体的宣传力度，特别是中央媒体对我校的报道明显增加，对提升学校在国内外的良好声誉和影响力起到了积极的作用，为建设有特色、高水平“211 工程”大学、推动学校又好又快发展营造了良好的社会舆论氛围。

全年撰写编发以及被转载的新闻稿件 400 多篇，题材和内容涉及科学研究、教育教学、学科建设、学生活动、社会服务、对外交流、专题访谈、人物专访等，报道媒体包括人民日报、光明日报、新华社、中新社、中央电视台、中央人民广播电台、中国教育电视台、中国教育报、中国青年报、海南日报、海南广播电视台、海口晚报、海口电视台、上海东方卫视、海南特区报、南国都市报、国际旅游岛商报、新华网海南视窗、人民网海南视窗、新浪网、腾讯网、南海网等 30 多家电视、网络和纸质媒体、100 多家国内大型门户网站。学校“211 工程”大学建设、教学科研和社会服务、师生先进典型、与境外高校的合作与交流、冬季小学期、文理科实验班、“十佳教师”评比等重大事件和活动得到了各大媒体的广泛关注，这一系列宣传活动大大提升了我校的社会影响力和美誉度。

【网络管理】　校党委宣传部加强对网络信息发布的管理。8 月，对校园网进行全面改版更新，新设计的网页增加首页的信息量，网页内容更加丰富多彩，层次清晰明了，彰显了网络及时、高效、便捷、实用的特点。首页内容由多个版块构成，《海大新闻》栏目全面、翔实、迅捷地报道学校的重大新闻事件，成为广大师生员工和社会公众了解学校的重要窗口；《海大公告》栏目及时发布学校的重要通知公告，便于师生员工和社会公众了解学校的动态信息；《专题中心》栏目用制作专题的形式进行全方位、立体式、多角度的报道；《图片新闻》栏目则侧重用图片形式更为生动具体地报道新闻事件。校内网首页还设有《教务动态》、《科研在线》、《招生信息》、《就业信息》、《学术活动》、《学生在线》等栏目，栏目分类更加详细、信息量更大、对学校的宣传报道更加具体和生动。全年共编发海大新闻、海大公告、基层信息等各类稿件 1600 余篇，有力地促进了学校的科学发展。

除了日常维护和更新外，校园网还围绕学校重点工作设立专题网页，策划一系列专题报道，如开设了深入学习实践科学发展观、“211 工程”建设、首届“十佳教师”评选活动、“我爱海南岛、我爱台湾岛”网络征文活动、桥西小区建设等专题网页，全程关注这些重大事件和重点工作，收到良好的宣传教育效果。

【制度建设和宣传管理】　加强制度建设，按照学习实践科学发展观活动的要求和宣传工作的需要，制定《海南大学党委两级中心组学习制度》

等各项规章制度，进一步规范宣传工作；加强宣传信息员队伍、专家队伍、学生记者队伍、广播站播音员队伍建设和管理，努力打造素质高、业务精、能力强、能打硬仗的宣传队伍，为推动宣传工作迈上新台阶提供人力保障；加强对校园内宣传环境和宣传氛围的规范管理，包括认真清理校内各种出版物、规范管理校园张贴悬挂物、严格限制商业广告与商业活动进校园等；加强报栏、橱窗、广播等校内宣传阵地的管理和使用，增强对内宣传效果。加大校园网络监管力度，按照“谁主管、谁负责；谁主办、谁负责”的原则，层层落实工作责任制，各学院、各部门对各自网站负责，党委宣传部对校园网主页负责。

**【海南大学报】**　《海南大学报》为半月刊（寒暑假期不出版），4 开 4 版，每期印刷 8000 份，发行对象为全校师生。

校报以科学发展观为指导，坚持正确的政治方向、舆论导向和办报方针，紧密结合学校的中心任务，唱响主旋律，占领主阵地，深入报道学校重大新闻，挖掘重要新闻题材，为学校发展营造良好的舆论氛围。一是紧跟形势，密切配合学校中心工作。出版学习实践科学发展观活动专刊 4 期，对庆祝新中国成立 60 周年系列活动连续 2 期进行专题报道，对学校“211 工程”建设、冬季小学期和桥西小区建设等师生关注的热点问题通过专访等形式进行及时、深入的报道。二是大力宣传师生中的先进典型。2009 年教师节期间，校报除在头版显著位置刊登“我校举行庆祝 2009 年教师节座谈会暨‘十佳教师’表彰大会”消息外，还在二版整版介绍我校（合并后）首届“十佳教师”，营造浓厚的尊师重教氛围。校报还大力宣传名师风采，如在 226 期刊登《“授人以渔”的好教授》一文，宣传海洋学院陈国华教授的故事。三是做好校园文化建设的舆论引导。校报的第四版为文艺副刊，是校园文化建设的重要园地，是反映校园文化层次和品位的重要窗口，也是学生读者参与度最高的版面。在选择稿件时，校报编辑注重对稿件的甄选力度，力争刊发更多有力度、有深度的文章，为学生营造一个良好的文化氛围，给校园文化以正确的导向。

2009 年校报四版主要内容及发稿量：一版以报导学校的大事要事为主，同时配发高质量的图片，刊载文稿 53 篇、图片 31 幅。二版内容以综合新闻为主，刊载文稿 64 篇、图片 30 幅。三版以校园精神文明建设、教学科研工作、学校先进人物事迹的宣传报道为主，刊载文稿 80 篇、图片 24 幅。四版为文艺版，刊载随笔、诗歌、影评等文稿 51 篇、图片及我校学生的漫画习作等 41 幅。

**【大学生广播站】**　2009 年，大学生广播站坚持正确的政治方向和舆论导向，充分发挥广播传媒的优势，积极宣传学校的大事、要事和好事，主动开展大学生宣传思想教育工作，积极承担学校各种活动的播音宣传，认真做好日常播音宣传工作，设立丰富多彩的栏目，为丰富学生课余文化生活，引导和教育学生健康成长发挥积极作用。

4 月，广播站组织学校首届话剧大赛。比赛节目丰富，参与学生众多，达到丰富学生校园文化、提升校园文化品位、锻炼学生的目的。下半年，广播站配合学校防控甲型 H1N1 流感工作，通过每天播放防控小知识、制作专题节目等形式向同学们普及卫生常识，有效消除同学们的恐慌情绪，为学校稳定作出了贡献。

**【学生记者团】**　学生记者团是在校党委宣传部直接领导下以从事校园新闻报道为主的学生团体，是开展校内宣传报道的一支重要力量。学生记者团记者分布在海甸校区、儋州校区和应用科技学院（城西校区）。学生记者团以“做校园宣传喉舌、建一流学生团队”为指导思想，以“捕捉校园动态、反馈校园信息、引导校园舆论、繁荣校园文化”为宗旨，以反馈校园重要信息、宣传健康向上的校园文化为主要内容。

2009 年，学生记者团主要宣传活动：一是对赵红亮、潘东升等校园先进人物事迹进行跟踪报道，对弘扬舍己为人、乐于奉献的崇高精神起了积极的舆论导向作用。二是协助校党委宣传部做好学校重大事件及日常新闻报道工作。如“教师节专题”、“世博校园行”、“甲型 H1N1 流感防控”、“冬季小学期”和由我校承办、协办的全国性年会等重大活动的新闻报道及摄影工作。三是配合各学院、各社团组织，参与校园各类文体、慈善教育等活动的报道。

10 月，学生记者团通过层层筛选从新生中招聘一批新记者，经过新闻业务培训与实践学习，整体专业素质与新闻报道能力有了较大的提高。在学校的新闻报道工作中学生记者团参与报道的比例大幅度提升，在及时传播校园新闻动态、繁荣校园文化等方面发挥了重要作用。

（撰稿：张君成　孙旭东　张井富　单文启　审稿：张继友）

# 统 战 工 作

**【概况】** 2009 年，统战工作以邓小平理论和“三个代表”重要思想为指导，以科学发展观为统领，以“大团结、大融合”为宗旨，以“争取人心，凝聚力量”为使命，围绕学校中心任务，发挥统一战线特有的优势和作用，为学校建设有特色高水平的“211 工程”大学作了有效的工作。

**【学习实践科学发展观活动】** 2009 年 3 月，学校被省委列为第二批学习实践科学发展观活动单位。统战部以此项工作为契机，组织统一战线各界人士和广大统战干部认真开展学习实践活动，增强贯彻落实科学发展观的自觉性和坚定性，把思想和行动统一到科学发展观上。一是加强统战干部理论学习，提升自身的政治素养。二是加强理论宣传，引导广大统一战线成员开展学习实践活动。三是以深入学习贯彻党的十七大、十七届四中全会精神和胡锦涛总书记在庆祝新中国成立 60 周年大会上的重要讲话精神为主线，结合新中国成立 60 周年纪念活动，组织全校统一战线成员开展学习、讨论，深刻领会新时期党的统一战线的要求，联系学校发展目标，积极投身到建设有特色、高水平的“211 工程”大学中去。四是协助校党委召开 2009 年统战工作会议。校党委常务副书记刘康德代表校党委在大会上作题为《深入学习实践科学发展观，切实加强学校统一战线工作》的工作报告，全面总结新海大成立以来的统战工作，提出今后统战工作的目标和思路。校党委书记黄国泰在会上作重要讲话。会议对提高统战干部的思想认识，深入学习实践科学发展观，开创学校统战工作新局面起到重要作用。校统战部林少敏副部长被选派作为省第二、三批学习实践科学发展观活动指导小组成员，先后到各高校、企业、市县检查指导工作。

**【支持和帮助民主党派加强自身建设】** 围绕学习实践科学发展观活动加强民主党派思想建设，主要是组织各民主党派负责人、骨干学习《毛泽东邓小平江泽民论科学发展》、《科学发展观重要论述摘编》等，参加学校组织的学习实践科学发展观各项重要活动。各民主党派基层组织根据学校学习实践活动的整体部署，组织全体成员开展形式多样的学习活动。

配合省委统战部和有关民主党派省委会选送 2 位民主党派骨干参加中央社会主义学院民主党派干部培训班学习，提高他们的政治把握能力、参政议政能力、组织领导能力和合作共事能力。支持学校各民主党派组织做好组织发展工作。2009 年，学校 7 个民主党派组织发展 9 位新成员。

从学校发展的实际出发，协助民革、民盟、

民进、九三等民主党派校内基层组织进行了调整、融合，充实和加强了民主党派校内基层组织领导班子。支持和帮助各民主党派基层组织把组织建设与后备干部队伍建设结合起来。如协助省委统战部在我校考察民盟、民进、台盟等民主党派省委会领导班子后备干部的工作；配合有关民主党派做好校内基层组织负责人的考察工作；会同校党委组织部做好学校省管副厅级党外后备干部推荐工作；根据各方面意见，与校党委组织部商讨党外后备干部队伍建设问题，向校党委组织部推荐民主党派骨干作为党外后备干部人选。

**【坚持情况通报制度】**　及时向党外人士通报情况，听取其对学校工作的建议和意见。1 月、4 月、9 月先后 3 次协助学校召开党外代表人士情况通报会、征求意见座谈会、各界代表人士国庆座谈会，邀请驻校原省政协副主席、驻校省人大代表、政协委员和民主党派基层组织负责人、侨联负责人、无党派代表人士等参加。校党委书记黄国泰、校长李建保等校领导出席了通报会、座谈会。学校召开的教代会，也邀请党外代表人士参加。如在 9 月下旬召开的我校各界代表人士国庆座谈会上，校长李建保通报了学校的主要工作，校党委书记黄国泰等校领导认真听取与会人士的意见，并就学校管理体制改革、制度建设、“211 工程”大学建设、增强师生凝聚力等工作与大家进行了坦诚的沟通和交流。

为了使党外人士通报情况工作进一步规范化、制度化，校统战部结合学校实际，起草了《海南大学统一战线工作制度》，经校党委常委会审议通过，于 10 月 28 日印发实施。

**【发挥统一战线优势和作用】**　学校重视统战工作，发挥统一战线特有优势和作用。在 1 月召开的省政协五届二次会议上，我校的省政协委员围绕海南经济社会发展、热点难点问题共提交提案 37 宗。这些提案得到了政府有关部门的重视。如省政协常委、学校政治与公共管理学院章汝先教授提交的“关于搞好省城海口环境卫生的呼吁”和“关于加强海口居民聚居区市容市貌整治的呼吁”提案，引起海口市党政主要领导的高度重视，分别批示要求市区两级政府关注此事。全市各区随之展开了力度较大的环境卫生和市容市貌专项整治工作，取得成效。《海南日报》对此予以报道。

以庆祝新中国成立 60 周年为主题，校党委统战部支持校民主党派基层组织按照所在党派省委会的部署，结合学校实际和自身优势，开展了形式多样的活动，为海南经济社会发展服务。5 月，省政协委员、民建海南大学支部主任杜文才组织支部全体会员到澄迈县永庆生态旅游区考察，结合海南省建设“国际旅游岛”的规划，实地探讨省佛教文化旅游格局对拉动当地经济的促进作用，并向当地政府提出建议。7 月，儋州市政协委员、九三学社海南大学儋州校区支社主委李从发带领全体社员参加了“海南省统一战线服务科学发展实践基地活动”，并受琼中县政府委托，与琼中县农业技术推广服务中心签订合作协议，研究琼中绿橙常温保鲜关键技术，从 9 月开始实施协议。12 月 18 日至 19 日，民革海南大学总支 20 名党员在主委宋静敏的带领下，到琼中县开展智力扶贫活动。此次活动涵盖了科技下乡、文化下乡、医疗下乡、法律下乡等多项内容，深受当地政府、干部群众和学校师生的欢迎。

**【无党派人士工作】**　学校无党派教师队伍人数较多，是教学、科研的重要力量。校党委统战部按照校党委的工作部署，重视和支持无党派人士的教学、科研工作，搞好合作共事，充分发挥他们在学校建设和我省经济社会发展中的作用。12 月 4 日，校统战部支持和协助学校无党派人士代表举行座谈会，就“211 工程”大学建设、教育创新和国际旅游岛建设等话题展开热烈讨论，会后向学校提出建议、意见。省委统战部副部长田德毅出席此次座谈会并讲话，对与会人士的建言献策予以高度评价。12 月 10—11 日，配合省委统战部，组织我校6名无党派人士参加省无党派人士围绕国际旅游岛建设的主题，在陵水、三亚开展的考察调研活动。校党委统战部长也应邀参加此次活动。

积极配合省委统战部认真抓好无党派人士的思想教育、培训和举荐工作。10月下旬，会同校党委组织部，协助上级部门组织我校5名党外人士参加省党外后备干部定向补充推荐人选能力素质测试。10月底，协助省委统战部选送我校1名无党派人士代表参加中央社会主义学院无党派人士骨干培训班学习。

**【民族宗教工作】** 贯彻落实党的少数民族政策，加强与学校教务处、学生工作处、后勤集团等部门以及相关学院的沟通，共同做好涉及民族宗教方面的各项工作，努力营造民族和谐校园。具体做了以下几项工作：一是协助后勤集团加强学生食堂清真餐厅的饮食管理。2009年，校党委统战部部长多次带领部里同志到搬迁、装修后的海甸校区学生食堂清真餐厅实地调研，与餐厅管理人员和学生座谈，提出加强饮食管理意见。二是重视少数民族学生欢度重大传统节日活动。学校藏族、回族等少数民族学生过“藏历新年”、“开斋节”等民族传统节日时，校统战部会同学生处、后勤集团以及相关学院的有关同志或深入学生宿舍，进行慰问和看望，或到学生食堂清真餐厅，与他们共度佳节。三是支持协助有关部门和学院开展丰富多彩的少数民族师生联谊活动，比如，会同教务处、团委和艺术学院组织学校少数民族预科班学生参加在海南医学院举行的第四届海口市黎苗族大学生“三月三”文艺晚会，并获得晚会组织者的好评。

学校的民族宗教工作得到了上级部门的肯定。9月15日，以省民族宗教委员会主任陈志荣为组长的省法规和民族政策检查组一行16人，到我校检查了解党的民族政策执行落实情况，对我校民族工作取得的成绩，给予高度评价。

**【侨联、港澳台及海外联络工作】** 校党委统战部配合学校做好侨联、港澳台及海外联络工作，为“211工程”大学建设争取多方面的支持。

统战部坚持以人为本，依法履行职能，强化为归侨侨眷、海外侨胞服务意识，在积极开展海外联谊活动的同时，努力解决归侨侨眷关心的热点、难点问题，热情为他们办实事、好事。一是按照校党委的要求，加强侨务法律法规的宣传工作，为侨胞提供法律咨询和法律援助；二是深入到归侨侨眷中去开展调研，了解新情况，研究新问题。比如，2008年12月—2009年2月，由统战部牵头，校侨联有关同志参与，进行侨情调研工作。通过调研，真实反映归侨侨眷的意见和建议，在上下沟通协调中，促进一些难点、热点问题的解决。认真配合学校有关部门，做好释疑解惑工作，比如，教职工住房办证问题，集资建房有关情况等，尽力化解各种矛盾，引导广大归侨侨眷正确看待两校合并后各种利益调整，提高对学校深化改革重大意义的认识，将大家的思想统一到建设“211工程”大学上来。三是认真做好全校侨情调查摸底，协助做好学校归侨侨眷中秋、国庆茶话会的会务工作。四是协助学校召开我校（合并后）第一次归侨侨眷代表大会，负责大会的主要材料及会务工作，为健全侨联机构，凝聚侨心，发挥侨力做了有效工作。

4月5日，统战部与校外事侨务处、省文化历史研究会等单位有关人员，接待了香港艺术发展局文学组主席、东西文化事业有限公司董事长、香港著名作家寒山碧（韩文甫）先生来访。4月5—6日，统战部协助省历史文化研究会，成功举办了“南洋华侨机工回国抗日70周年纪念会”。

学校港澳台和海外联络工作得到上级部门的肯定。7月，华世佳同志获“全国侨联系统先进个人”称号，傅国华、林少敏、黄绵佳同志获“全国归侨侨眷先进个人”称号。在11月下旬省委统战部召开的有关工作座谈会上，校统战部部长做了交流发言，受到与会者的好评。

【统战宣传和理论研究工作】 充分利用《海南大学校报》、学校网站和统战部网页等校内信息平台，开展统战工作宣传报道，同党外知识分子宣传统一战线理论和方针政策，宣传党外代表人士在教学科研和管理中涌现出来的典型事迹。2009 年有 14 篇稿件被《海南大学校报》和学校网站采用，校统战部网页内容注意做到更新快捷、新颖。在省委统战部内部刊物《统战工作》及其网站发表报道 9 篇（其中《统战工作》7 篇，网站 2 篇），被采用量为省高校之首。2009 年，校统战部荣获“全省统战宣传信息工作先进单位”称号，统战部罗荫渠同志被评为全省统战宣传信息工作先进个人。

加强统战理论研究，撰写《关于高等学校民族工作的思考》、《科学发展观与新时期统一战线》和《努力开创海南大学统战工作新局面》等 3 篇论文，作为全省统战理论研究课题、全省统战部长会议和全国高校统战工作研讨会论文，校统战部撰写的《关于做好高等学校民族工作的思考》一文获全省统战理论研究优秀成果二等奖。9 月 4 日，协助省委统战部干部处在学校进行“公开选拔党外领导干部工作机制”课题调研，校统战部认真做好调研的组织和宣传报道工作。

校统战部同海南职业技术学院及我校离退休教师、干部一起从事海南文化历史研究，主编《东方的觉醒》（三），于 6 月底付梓，为继承和发扬海南文化历史传统做了有益工作。

（撰稿：罗荫渠　　审稿：蔡鹤龄、林少敏）

# 纪检监察与审计工作

【概况】 学校纪委、监察处和审计处合署办公。2009 年，纪检监察工作按照中央、省委部署的党风廉政建设和反腐败工作任务及要求，围绕“211 工程”大学建设目标，履行党章赋予的职责，扎实推进党风廉政建设和反腐败工作，完善惩治和预防腐败体系建设，为学校的科学发展提供了有力保障。审计工作结合学校面临的新发展新问题，重点加强对学校财务、工程、物资采购及基层单位经济责任的审计，规范学校经济秩序，提高学校资金使用效益和办学效益。

【落实党风廉政建设责任制】 校党委始终坚持把反腐倡廉建设作为一项重大政治任务，放在突出的位置。2009 年校党委常委研究反腐倡廉工作 12 次，部署反腐倡廉重要工作 4 次，校党政主要领导关于反腐倡廉重要批示件 10 件。年初，学校召开纪检监察工作会议，对 2009 年党风廉政建设工作进行部署；7 月，校党委一届二次全体（扩大）会议通过《关于进一步加强和改进党的建设的若干意见》、《关于学校管理体制机制改革的若干意见》等重要文件。学校把党风廉政建设与学校各项工作一起部署、一起检查、一起考核，并按照“一岗双责”的要求，与各二级单位、部门党政主要领导签订党风廉政建设责任书，形成权责明晰、逐级负责的反腐倡廉责任体系，有效促进党风廉政建设各项任务的落实。

【反腐倡廉教育】 学校不断加强反腐倡廉教育，扎实推进党风廉政建设和反腐败工作。坚持以领导干部为重点，加强理想信念教育、权力观教育和党纪国法教育。校领导班子特别是党政主要领导，经常通过各种会议教育领导干部增强廉洁自律意识，树立正确的权力观、政绩观。结合深入学习实践科学发展观活动，加强党员干部理论学习。利用中心组理论学习制度，组织学习党的反腐倡廉重要文件。坚持开展先进典型宣传教育、警示教育、干部任职廉政谈话、诫勉谈话等，切实提高广大党员干部的廉政意识，有效防止和减少腐败现象的发生。坚持把反腐倡廉教育同校风建设、师德建设及学生思想政治工作结合起来，增强反腐倡廉教育的针对性和有效性，扩大党风廉政教育的覆盖面，形成反腐倡廉教育的新格局。

**【领导干部作风建设及廉洁自律工作】**　校党委坚持教育与管理相结合，加强领导干部作风建设及廉洁自律工作。在学习实践科学发展观活动中，组织领导干部深入查找、分析和整改自身党性党风方面存在的突出问题，有效促进了领导干部作风建设。认真落实中央和省委关于厉行节约的八项规定，削减和控制有关经费开支，2009年学校公款出国（境）、车辆购置及运行、公务接待、用水用电等4项经费支出比上一年减少287万元。严格执行党员领导干部报告个人有关事项制度、《中共中央纪委关于严格禁止利用职务上的便利谋取不正当利益的若干规定》等，着力解决领导干部作风和廉洁从政方面存在的突出问题，领导干部的廉洁自律意识得到加强。领导干部没有发生违纪违法行为。

**【查处违纪违规行为】**　学校纪检、监察、审计部门坚持合署办公的体制优势，相互配合、紧密协作，认真履行党章和法律赋予的职责，加大查处违纪违规行为的力度。2009年,纪检监察部门收到群众来信28件，已处理21件，7件正在核实过程中，4名干部受到党纪政纪处分，2名干部被诫勉谈话。

学校纪检监察部门在查处违纪违规行为的同时，注重发挥查办案件的治本功能，针对案件中暴露的问题，向学校及有关部门提出意见和建议，完善规章制度，促进规范管理。

**【监督工作】**　以规范权力运行为重点，加强对学校人、财、物管理和关键岗位贯彻执行法律法规和有关规定情况的监督。

干部选拔任用与考核工作的监督。认真贯彻执行《党政领导干部选拔任用工作条例》，对学校中层干部选拔任用工作和考核工作全程进行监督，并对学校干部拟任人选遵纪守法情况进行审查，促进干部选拔任用与考核工作更加透明、民主。

财务管理的监督。加大对私设“小金库”、乱设账户等行为的查处力度，严格执行“收支两条线”的规定，规范学校财务管理。

学校基建和物资采购等经济活动的监督。纪检、监察、审计部门严格按照《招投标法》、《政府采购法》和学校有关规定，对基建工程队的考察、工程招投标、竣工验收全过程及校内自行采购设备、图书的全过程进行监督，并对项目预决算进行审计或审查，规范了学校基建和物资采购等经济活动的操作，防止违纪违法行为。

招生考试的监督。学校认真实施招生“阳光工程”，严格按照教育部及省教育厅的有关文件精神，结合学校招生的实际，从招生政策、高校招生资格及有关考生资格、招生计划、录取信息、考生咨询及申诉渠道、违规事件处理等招生工作的各个重点环节入手，建立健全招生制度，采用网络、招生简章形式，公开学校招生工作，规范招生工作，使招生工作在阳光下运行，广泛接受社会监督。改革和完善特殊类型招生制度，严格规范各种特殊类型招生行为，不断提高特殊类型招生的科学化、规范化管理水平。

人事公开招聘工作的监督。规范有关部门和单位招聘工作程序，对招聘工作全程监督，做到公开、公平、公正。

**【专项治理】**　按照省有关部门和学校的部署，由纪检监察部门会同财务处具体负责“小金库”专项治理工作。学校成立治理“小金库”工作领导小组，在各部门、各单位自查的基础上进行重点检查、专项检查，共查出“小金库”金额174万余元，并按规定进行整改，严肃了财经纪律，规范了财务工作。

**【专项检查】** 按照上级的部署，结合学校实际，组织开展“制度执行推进年”、“作风建设年”、“2009年度惩治和预防腐败体系建设暨党风廉政建设责任制执行情况检查考核”活动。认真对照有关检查和评议内容，制定实施方案，开展自查总结，发现存在问题，分析产生原因，提出整改措施。积极配合省检查组对我校进行专项检查。

**【制度建设】** 坚持“标本兼治、综合治理、惩防并举、注重预防”的反腐倡廉战略方针，注重反腐倡廉长效机制建设，强化源头治腐工作。按照校党委推行依法治校的要求，建立健全规章制度。2009年出台了《海南大学基本建设工程项目监督管理暂行办法》、《海南大学物资采购监督管理暂行办法》、《海南大学基本建设工程项目审计暂行办法》、《海南大学物资采购审计暂行办法》等规章制度，加强对招投标和采购工作的监督与审计。

**【基建审计】** 随着学校“211工程”大学建设的不断推进，学校办学规模扩大，建设项目资金投入增加。审计处加大对工程项目的审计力度，从工程招标、施工到竣工验收、结算的每个环节，实行审计监督。2009年审计项目100项，审计金额2178.99万元，审减经费83.52万元；审查项目合同78份，对外委托审计5个大型项目，送审金额25478万元。

**【财务审计】** 完成我校3名处级干部经济责任审计，提出11条审计建议，均被采纳。

**【队伍建设】** 2009年上半年配备1名处级领导干部分管审计工作，下半年增加1名纪检监察干部。严格按照“政治坚强、公正清廉、纪律严明、业务精通、作风优良”的要求，加强纪检监察审计队伍的建设。抓好廉政理论学习、业务学习和培训，提高理论政策水平、业务能力和综合素质。加强作风建设，创建“学习型、服务型、创新型、廉洁型”机关，树立纪检监察审计干部公道正派、清正廉洁、坚持原则、与人为善、可亲、可信、可敬的形象。

（撰稿：陈泰豪　何　佳　　审稿：房云昆）

# 工会与教代会工作

**【概况】** 2009年，校工会以构建和谐校园，促进学校发展为主题，以服务大局、服务教职工为根本，调动广大教职工积极性，为建设有特色、高水平的“211工程”大学作出应有的贡献。

**【基层组织建设】** 加强工会干部队伍建设。校工会采取个人自学、集中培训、专题研讨等多种形式，加强干部培训。通过学习研究与工作实践，引导工会干部进行思考，不断提高工会干部履行工会职责的能力。进一步改进工作作风，深入开展调查研究，重点围绕与教职工切身利益的问题开展调研。召开一线教职工专题座谈会，了解和掌握教职工中的热点、难点问题。加强对基层工会的指导，从各方面支持基层工会开展工作。严格执行工会经费管理制度，确保收好、管好、用好工会经费。加强工会的制度建设，完善工会各项规章制度。建立向同级党组织汇报制度，提高维护教职工合法权益的能力。

参与桥西集资房建设工作，负责开展问卷调查，发挥工会职能。

**【教代会工作】** 根据学校的工作安排，校工会积极为海南大学第一届教职工代表大会第二次会议的召开做好各项工作。

1.充分发扬民主，严格按照有关程序，做好教职工代表大会代表的选举工作。

2.组织和发动教代会代表以主人翁的精神积极发表意见，反映教职工的意愿和要求，大胆提出建设性的意见和建议，直接参与民主决策和民主管理，行使教代会代表的权力。

3.听取了《海南大学校长工作报告》，讨论了与广大教职工切身利益相关的部分规章制度，审议通过了《桥西小区集资房的选房办法》。

4.根据学习科学发展观以及学校的实际情况，联系教代会代表的意见，草拟了《海南大学教职工申诉处理办法》(草案)等有关文件。

**【女工委工作】** 3月18日，校工会召开女教职工代表大会，选举校工会女工委员会委员、女工委员会主任和副主任：主任吉布彦，副主任蔡鹤龄、沈秀清、肖霞，委员(按姓氏笔划排序)吉布彦、冯玉红、刘四新、肖霞、孙晓媛、沈秀清、李菁、李碧英、陈晖、陈红燕、邱苏敏、庞素娟、罗文杰、杨红、林姬、徐凤莲、蔡鹤龄。

认真落实《海南大学女职工工作委员会职责》，调动各基层工会女工委员的积极性。认真落实《妇女权益保障法》，把切实维护女教职工合法权益和特殊利益作为女教职工委员会的首要任务。加强对新时期女职工工作特点、规律、方法的研究与探索，切实维护女教职工特殊权益。开展学习全国“三八红旗手”活动，宣传优秀女性人才，发挥女教职工在学校各项工作中的“半边天”作用。

**【加强工会自身建设】** 校工会以《工会法》和《工会章程》为依据，按照建设“教工之家”标准要求，积极促进工会自身建设，使工会成为教职工信赖的组织。学习工会工作各项业务知识，开拓工会干部视野，改进工作作风，提高工作能力。组织工会干部深入基层调查研究，帮助教职工解决实际问题。向学校有关部门反馈有关教职工切身利益问题,为学校决策工作提供有价值的参考意见。

(校工会供稿)

# 共青团工作

**【概况】** 学校有19个基层团委、55个团总支、617个团支部，23575名团员。校团委设书记1名，副书记2名，下设综合科、组织科、思想宣传教育科3个科，有校团校、校大学生创新院、校大学生艺术团、校青年志愿者协会4个直属机构，指导校学生会、校研究生会、校学生社团联合会3个学生组织。

2009年，共青团工作以科学发展观为指导，围绕学校中心工作，以育人为工作中心，以思想政治教育为工作主线，为服务学生为工作宗旨，以素质教育为目标，开展理论学习、主题教育、“三下乡”和志愿服务等多种实践活动，为“211工程”大学建设和学校科学发展作出应有的贡献。

2009年，学校先后被评为全国大中专学生志愿者暑期“三下乡”社会实践活动先进单位、全国大学生志愿服务西部计划优秀项目办、第九批“全国五四红旗团委创建单位”、省五四红旗团委、省杰出青年志愿服务集体、省优秀青年志愿服务项目等，获第十一届“挑战杯”航空航天全国大学生课外学术科技作品竞赛高校优秀组织奖、全国高校文化建设优秀成果奖等多项国家、省级奖励。校爱心协会获第四届“全国扶残助残先进集体”称号、青年志愿者协会被评为“海南杰出青年志愿服务集体”、“文明阳光洒椰岛”志愿服务活动获“海南省优秀青年志愿服务项目”称号。

**【团的建设】** 2009年，从加强团的思想建设、组织建设、制度建设、人才建设入手，以“青年马克思主义者培养工程”为重点，以校园文化活动为载体，以挑战杯和促进就业创业工作为抓手，以拓展大学生综合素质和服务大学生成长成才为目标，求真务实，开拓创新，发挥了共青团组织的作用。

开展“践行科学发展· 奉献点亮青春”学习实践科学发展观主题教育活动，通过“五个一”：开展一次主题团日活动，参加一次主题征文比赛，举办一期青年论坛，举行一次研讨会，举办一届“科学发展·青春使命”五·四青年文化节，在团员青年中树立科学发展的理念。通过主题团日活动和纪念五·四青年节、5.12 汶川大地震一周年、建国 60 周年等活动，开展爱国主义、集体主义和社会主义教育，引导青年学生树立正确的世界观、人生观和价值观。以形势与政策教育作为切入点，抓好大学生的政治学习，引导青年学生树立远大的理想和坚定的信念。

探索共青团建设的新机制和新模式，实施团建强基工程，健全“党建带团建”的机制，坚持“六带六强”即“带思想、强政治，带组织、强基础，带班子、强能力，带队伍、强力量，带作风、强素质，带工作、强职能”，提高基层团组织的战斗力、凝集力和生命力。健全各级共青团组织机构，完善“校团委---学院团委（机关团委、后勤团委）---年级（系）团总支---班级团支部”传统模式和“校团委---校区团工委---机关团委、后勤团委、研究生团委、学生社团团委---公寓（社团）团总支（团支部）”校区模式相结合的团建模式。

在落实《中共海南大学委员会关于进一步加强海南大学共青团建设的意见》、《海南大学基层团委工作管理办法》、《关于推荐优秀团员作为党的发展对象的实施办法》等 15 个规章制度中，完善并公布了各项办事流程，规范执行制度的过程，提高执行制度的效果。坚持基层团委书记例会制度；建立公示制度和告知制度，实行团务公开。

坚持“三个结合”，即坚持强化“海南意识”学生社团活动与职业生涯规划教育相结合，承办“海南省就业创业精英论坛”，与学校毕业生就业指导中心共同举办“海南大学首届职业生涯规划大赛”，邀请省优秀企业家、学校优秀校友进校园，使学生能更多地接触社会、关注社会。推进“三个项目”，即建立大学生就业创业见习基地、大学生就业创业训练营（SYB 项目）、大学生就业创业基金，搭建服务大学生就业创业工作平台。2009 年上半年，校共青团建立 22 个“大学生就业创业见习基地”，提供 400 个见习岗位。省大学生创业试点项目——海口书香海韵旅游社有限公司挂牌成立。

**【社会实践活动】** 开展大学生学术科研和社会实践活动，注重培养大学生创新精神和实践能力，提升大学生综合素质。

全面推进大学生志愿者暑期“三下乡”社会实践活动，加强实践基地建设。2009 年大学生志愿者暑期“三下乡”社会实践活动以“实践科学发展·青春奉献社会”为主题，结合学校学科特色和学生个人特长，广泛开展建国 60 周年成就宣讲、大学生科学发展观实践、国际旅游岛建设、文化宣传、环保宣传、医疗卫生服务、科技兴农服务、就业创业见习、挂职锻炼、政策宣讲、社会调查、专业实习、法律普及、企业帮扶、支农支教、环境保护、社区援助、文艺演出和红色之旅学习参观等实践活动。学生的调查报告（论文）获省优秀论文一等奖 2 篇、二等奖 5 篇、三等奖 3 篇，获省先进实践队 5 支、优秀指导教师 6 名，学生积极分子 15 名，被授予 “先进学校”称号。截至 2009 年，学校连续十一年被评为全国大学生志愿者暑期“三下乡”社会实践先进单位。

在开展活动过程中，学校根据海南人文地理方面的实际情况，重点在海口等地区建设若干个特色鲜明的社会实践活动基地、岗位体验实践基地和服务社区平台，各学院也根据专业设置的具体情况建设若干实践基地。

**【志愿服务活动】** 2009 年的志愿服务活动，不断开拓创新，扩大优势，多渠道拓展，多方面发展，为构建和谐校园尽心出力。

规范志愿者组织建设，健全志愿者服务活动机制。在中西部计划志愿者服务，博鳌亚洲论坛保障服务，上海世博会海南宣传周等方面，开展了形式多样、内容丰富的志愿服务 200 余次。

西部计划实施 6 年来，学校已为中西部计划输送了 200 多名毕业生志愿者，并建立起一套行之有效的长效机制，学校成立工作领导小组，设立专项经费，通过宣传栏、广播、校园网络、制作发放海南大学中西部计划宣传手册等多种宣传形式，鼓励更多优秀毕业生去基层服务。建立了志愿服务中西部计划人才库，2009 年，人才库已有 600 多名在校大学生，为继续向中西部计划输送人才提供保障。

2009 年，校团委响应全国高校学生“我爱我的祖国”主题暑期社会实践活动的号召，按照“发扬好传统、创造新特色、争取新成效”的总体要求和“事业化规划、组织化推进、社会化运作、项目化支撑、特色化提升”的总体思路，组织了 2 支全国重点社会实践团队、7 支省级社会实践团队和 318 支校级社会实践团队，参加学生近 2 万人。这些学生赴全省 18 个市县和全国部分省、市、自治区，开展为期近 2 个月的暑期社会实践服务活动。

**【大学生艺术团】** 9 月，经过笔试和面试选拔，组建了校大学生艺术团第一届学生干部队伍。艺术团设团长、副团长各一名，下设行政事务办公室、公共关系部、宣传部 3 个部门，有合唱队（60 人）、舞蹈队（20 人）、器乐队（7 人）、礼宾队（45 人）、话剧队（10 人）5 支队伍，团员 163 人。

大学生艺术团精心编排文艺节目，参加校内外各类文艺演出活动。10 月，参加太平洋岛国旅游管理培训班欢迎晚会、王伟光优秀贫困生助学金颁发仪式。11 月，参加发展中国家热带作物生产与加工技术培训班欢迎晚会；参加首届中国南方（海口）国际合唱艺术周比赛，并获成人组混声合唱银奖，合唱团指导老师符美霞教授获最佳指挥奖。12 月，参加世博会在海南的系列活动，包括：“世博校园行”海南大学站仪式、“世博校园行”系列活动“环保、和谐、美丽”主题涂鸦大赛、迎世博“百万笑脸”签名等活动。

**【大学生创新院】** 2009 年，创新院开设创新课程和系列化的专题讲座，分学科门类设立 6 个创新实践班，初步形成“创新人才‘123’培养模式”。“1”是“创新课程打基础”——“创新实践中心学动手”——“创新实践基地抓提高”——“申报创新基金担项目”——“参加‘挑战杯’竞赛出成果”——“产学研结合促创业”的“创新能力‘一条龙’培养体系”；“2”是“优秀指导教师团队”和“优秀学员团队”2 支优秀团队；“3”是“挑战杯”竞赛活动、大学生学术科研项目和创新基金项目、大学生学术科技文化节 3 项重点工作。

借助创新院这一平台开展独具特色的“学生科研能力培养训练营”、“创新创业沙龙”、“创业讲堂”等系列科技文化活动，孵育了各类学生科研重点课题 50 项，资助经费 10 万元。支持学生申报“节水保湿花盘”等实用新型专利 15 项。2009 年，在第十一届“挑战杯”全国大学生课外学术科技作品竞赛中，学校报送的 6 件作品全部入围竞赛终审决赛，是学校参加“挑战杯”竞赛以来入围作品最多的一届。经组委会评选，获二等奖 1 项，三等奖 5 项，在全国 432 所入围决赛的高校中排名第 22 位。创新院学员谢占、王雪娟、林冬冬等同学申报的暑期社会实践课题《海南省发展“节水农业”现状的调查》获水利部、团中央重点课题立项（全国仅有 50 项），并获省大中专学生暑期“三下乡”社会实践优秀论文一等奖，《中国青年报》刊登了他们的调研成果。

依托创新院开办 22 期“SYB（创办你的企业）培训班”，受众学生达 600 多人。举办大学生就业创业论坛，邀请海南在线总编辑胡彬等知名企业家、学校成功创业的校友以及正在创业的大学生作报告，开阔了大学生就业创业的视野。

**【校学生会】** 学校学生会是中华全国学联和省学联的主席团单位。本部设在海甸校区，另设儋州校区学生会。本部分为直属部门、自律委员会、勤工助学中心 3 大板块，共 16 部门，儋州校区学生会根据实际情况设置相应的职能部门。

积极推进激励机制、约束机制、培训机制建设。做好“优秀学生会”、“优秀学生会主席”、“优秀学生会干部”以及“每月之星”的评选和表彰工作。完善“主席负责、主席团监督，部门实施、相互协助”的工作体制，定期召开校院学生会主席联席例会、校学生会主席团例会、工作例会、部长例会、部门会议。在网络宣传方面新开设人人网公共主页，加强学生会与外界的交流，扩大学生会的影响力，多渠道、多角度了解同学们的需要，更好地提供服务。

组织系列活动。3 月 8 日，组织“现代杯”欢乐女生节，让快乐在校园中延续。3 月 29 日，校学生会联合各学院学生会启动主题为 “科学发展观的深刻内涵”、“落实科学发展观·构建和谐新海大”、“学习实践科学发展观·争做优秀文明大学生”的科学发展观系列宣传活动。4-5 月举办我校第十六届院际辩论赛、“OPPO 杯”院际篮球赛。5 月 15 日，正式启动“图书漂流”活动，以书会友，换书交友，打造“以书换书，自主学习”的平台。11 月，组织综合素质拓展活动，展现大学生的团队意识、协作能力、应急能力、创新意识等素质；开展“权益进宿舍”活动，创建学生与校方沟通的绿色通道。儋州校区开展第三届大学生宿舍文化节活动。10 月，举办以“歌颂祖国，关注世博，立志海大”为主题的中文演讲比赛；举办“12.4 法制宣传日”活动。多次举办环球雅思名师英语讲座并坚持定期举办“外语角”，为学习和交流英语创造条件。开展第四届“创建优秀宿舍”活动，打造 “精品化、人文化、素质化”的学生活动品牌。

**【校研究生会】** 学校研究生会的领导机构为主席团，常设机构为秘书处（办公室），并设学术部、宣传部、策划部、体育部、外联部、女生部 6 个部门。每周召开部门会议，每月召开研究生会组织成员全体会议。在明确分工的基础上，各部各司其职、各尽其能，积极开展各项工作。2009 年先后组织“同心协力，挑战自我”——我校研究生会素质拓展活动；坚持科学发展，参与国际竞争——研究生“致远讲坛”；首届海南大学研究生 4 人制篮球赛等。

**【学生社团】** 学校学生社团联合会由本部和儋州校区学生社团管理中心组成，本部设办公室、财务部、策划部、人力资源部、新闻部、文娱部、外联部、团工委 8 个职能部门，学生干部 70 余名，指导教师 1 名（秘书长）。全校有学术科技类、社会实践类、文娱体育类、公益服务类、兴趣爱好类学生社团 116 个，会员 15000 余人。

学生社团联合会积极为广大学生社团的发展搭建舞台，拓展空间。以“服务于学生社团的健康发展，服务于广大学生的全面成才”为宗旨，塑造健康、积极向上的社团文化。

（撰稿:吴　昊　　审稿:王丽娜）

# 行 政 管 理

## 人 事 工 作

【概况】 2009年，人事工作围绕“211工程”大学建设，认真实施人才强校战略，积极开展各项工作，取得较好的成绩。

【制度建设】 2009年度制订一系列新的人事管理制度，出台《海南大学2009年度专业技术职务评审工作实施意见》、《海南大学关于2009年专业技术职务聘任有关问题的通知》、《海南大学教师职务低职高聘实施办法》、《海南大学职工年度考核工作暂行办法》、《海南大学博士后工作管理办法》、《海南大学人口和计划生育管理办法》、《海南大学在校学生婚育管理规定》，修订《海南大学高层次人才引进暂行规定》、《海南大学高层次人才引进暂行规定实施细则》、《海南大学教学、科研人员引进暂行规定》、《海南大学职工退休管理办法》、《海南大学职工行政纪律处分办法》、《海南大学人事处教职工校内调动及转岗的有关规定》、《海南大学关于职工培训工作的暂行规定》、《海南大学职工在职攻读博士学位的暂行规定》、《海南大学关于聘请名誉教授、客座教授和兼职教授的暂行规定》、《海南大学质量工程对口支援教师进修和干部学习锻炼管理暂行办法》、《海南大学科研启动费资助办法（暂行）》等规章制度。

【调配工作】 继续做好人才引进工作。2009年引进人才51人，其中博士30人，硕士21人；引进海外博士5人。特别是经过艰苦的谈判和多方努力，成功引进了中科院“百人计划”何朝族教授，聘任为“作物遗传育种”国家重点学科的责任教授，实现了两校合并后学术领军人物引进零的突破。

2009年办理121人的调动手续，其中调入教职工67名（博士27人，硕士31人），辞职或调出18人，校内岗位调整25人，退休32人。

【师资培养】 加强教师队伍建设。2009年，选送教师在职做博士后5人、在职攻读博士学位25人、国内访问学者4人、教师国内进修学习27人、干部学习锻炼8人、教育部精品课程进修25人、教师岗前培训45人，日元贷款项目派出进修教师15人、管理干部13人。其中到天津大学学习锻炼的干部8人、进修教师13人，到南开大学进修教师10人，到清华大学进修教师5人(其中访问1人)。培训人数共203人次。

【专家队伍建设】 学校专家队伍不断壮大。2009年，获得全国杰出专业技术人才1人，全国模范教师1人，全国优秀教师1人，全国高校优秀辅导员1人，国务院特贴专家3人，省优专家6人，海南省“515人才工程”第一层次6人、第二层次14人，宝钢优秀教师奖3人。材料与化工学院和化学工程重点学科组分别获全国教育系统先进集体、全国专业技术人才先进集体称号。

【专业技术人员职称评定与聘任】 1.做好2009年度高校教师系列、文体系列、自然科学系列、科学研究系列、工程系列、财务系列及卫生系列等7大系列的专业技术资格评审申报工作。其中高校教师系列高级职称评审申报118人，通过91人；中初级职称评审申报83人，经学校教师专业技术资格中级评审委员会评审通过72人，中、初级职称认定 34 人。流动人员专业技术资格认定 12 人，引进留学回国人员专业技术资格认定4人，其他各系列职称评审通过20多人。

2. 组织各单位撰写材料，向海南省、教育部申报我校的教师系列高级专业技术资格评审权。

3. 积极探索职称聘任工作的新模式，发挥职称聘任的杠杆和激励作用。2009 年度共聘任 222 人，其中高级职称 116 人。

**【工资社保和福利工作】** 理顺两校合并后工资关系，全校教职工工资标准统一发放。继续做好工资调整、调入人员工资入户等工作。2009年办理工资调整的教职工有 2669 人次，调入人员工资入户 70 人。做好人员工资信息录入工作，完成录入人员工资信息 4478 人次。

**【职业技能鉴定】** 完成一年两次的职业技能鉴定工作，共鉴定 520 人，其中全省统考 161 人，全国统考 359 人。协助省人力资源开发局做好计算机技术与软件、职业指导师等专业资格考试以及心理咨询师等职业资格证考前培训等工作。

**【计划生育】** 1. 下发《海南大学人口和计划生育管理办法》、《海南大学在校学生婚育管理规定》，规范计划生育管理工作。

2. 黄国泰书记、李建保校长分别与54个院、处级单位主要领导签订2009年计划生育责任书。

3. 在省计划生育协会、省人口和计划生育局协助下，举行《海南省生育关怀——现代青春健康高校行行动》启动仪式。举办“海南省生育关怀——现代青春健康高校行”第一期师资培训班。由中国计生协国际合作部生殖健康专家奇玉玲医学博士和省性协会常务副理事长张祖洪教授等人授课。

**【其他工作】** 根据省教育厅的要求，学校承办三亚航空旅游职业学院、三亚城市职业学院的教师资格认定说课评价工作，参加说课人数 44 人。

（撰稿：黄福伟　　审稿：刘　雯）

# 对外交流合作与侨务工作

**【概况】** 按照学校大力发展留学生教育，尽快扩大留学生招生规模，提升留学生培养层次的要求，外事侨务处与国际文化交流学院于 2009 年 10 月顺利合并，实行一套人马、两块牌子的运行机制。

2009 年，学校新增校际友好院校 14 所，聘请长期外国文教专家 15 人，邀请海外专家学者及知名人士在名师论坛作学术报告 42 场，接待来访外宾、港澳台同胞 51 批、400 人次，留学回国人员 16 人。公派出访团组 72 个、119 人次，其中出国（境）留学 14 批、14 人次，赴日研修 20 批、20 人次，短期出访 38 批、85 人次，派出 42 名国际汉语志愿者及教师赴泰国、菲律宾、乌克兰、俄罗斯等国任教，学生赴境外友好院校交流学习 9 批、51 人次。获国家外专局引进国外智力项目 4 个，资助金额 18 万元，引进 6 名高层次国外专家来校讲学及开展合作研究。校教育基金会筹集办学资金 260 万元，其中北京健坤集团捐赠 100 万元，海南金光助学与环保基金会捐赠 100 万元。召开学校（合并后）第一次归侨侨眷代表大会，选举产生学校（合并后）侨联第一届委员会。圆满完成由商务部主办、学校承办的“太平洋岛国旅游管理培训班”和“发展中国家热带作物加工与生产技术培训班”的援外培训项目，来自15个国家的45名官员和技术人员参加了培训。

2009年，招收长期留学生170名，其中学历生22名，研究生1名，普通进修生1人，语言生146名，分别来自30个国家。留学生的学历生人数比2008年增长3倍，并首次招收研究生，层次明显提升。举办“第十届中国海南大学·美国夏威夷大学汉语暑期班”、“中国海南大学·韩国德成女子大学汉语短期班”、“第一届中国海南大学·澳大利亚达尔文大学汉语短期班”等3期汉语短期班。

2009年，学校荣获中国高等教育学会外国留学生教育管理分会颁发的“来华留学生教育先进集体”称号，外事侨务处科长杨志昕老师被评为“来华留学生教育优秀工作者”。学校申请加入“中国政府奖学金院校”名单工作已通过省教育厅审核，并上报教育部。

**【签署协议】** 2009年，学校与国（境）外14所大学签署校际友好关系协议或备忘录。签署协议书或备忘录的院校：美国威斯康星大学欧克莱尔分校、美国洪堡州立大学、美国佐治亚西南州立大学、美国塞勒姆州立大学、美国特洛伊大学、美国卡罗莱纳海岸大学、美国夏威夷HILO大学、澳大利亚查尔斯·达尔文大学、日本国流通经济大学、日本国群马大学、马来西亚敦胡先翁大学、泰国暹罗大学、文莱大学、台湾宜兰大学。截至2009年底，学校与国（境）外23个国家或地区的72所大学签署了校际友好协议书或备忘录。

**【聘请外国专家工作】** 聘请长期外国文教专家15人，他们来自美国、英国、加拿大、澳大利亚、荷兰、俄罗斯、日本、韩国和马来西亚，分别在外国语学院、旅游学院、人文传播学院、经济管理学院、应用技术学院、海外课程教育中心授课。

**【名师论坛】** 举办名师论坛，打造文化精品。2009年先后邀请30名海外专家学者及知名人士在“名师论坛”作42场学术报告，4000多名师生聆听了报告。作学术报告的有：4月2日，奥地利钢琴艺术大师瓦尔特.葛罗本拜尔格教授（Prof. Walter Groppenberger）作钢琴音乐欣赏暨学术讲座。4月6日，宋氏家族后人、美国斯坦福大学胡佛研究所访问学者、学校客座教授宋曹琍璇女士为400多名师生作题为《使命感与勇气》的学术报告。5月11日，马来西亚高等教育部副部长何国忠博士为400多名师生作题为《马来西亚高等教育概况》的专题讲座。12月4日，台湾成功大学校长赖明诏教授作题为《21世纪的大学教育》专题学术演讲等。

**【学术报告】** 举办系列报告，扩大学术交流。2月23日，澳大利亚南澳大学计算机与信息科学学院院长安迪.科隆尼诺斯教授（Prof. Andy Koronios）在信息科学技术学院为该院师生作题为《计算机与信息科学》的学术报告

2月26日，澳大利亚驻华大使馆教育参赞裴崐廷先生（Quentin Stevenson-Perks）和澳大利亚驻广州总领事馆教育处高级主管杨建辉先生（Jeffrey Yang）作题为《澳大利亚教育概况与政府奖学金》的英语演讲。

2月27日，美国驻广州总领事馆经济政治部领事梁世安先生（Stephan Lang）、新闻文化处领事彭瑞德先生（Robert Palladino）作题为《美中关系30年》的英语演讲。

3月2日，日本名古屋大学大学院法学研究科本间靖规教授为法学院500多名师生作题为《日本的司法制度改革和民事诉讼法的动向》的学术报告。

4月3日，马来西亚马华公会中央党校常务

副校长王琛发博士作题为《当汉语遇上华语——中华民族面对全球化的历史借鉴》的学术讲座。

4 月 10 日，世界知名昆虫生态学家、国际水稻研究所（IRRI）高级科学家 Kong Luen HEONG 博士为农学院、环植学院以及省农科院植保所的学生和专家作题为《为什么我们还面临稻飞虱问题？》（Why are we still having plant hopper problems?）的学术报告。

4 月 17 日，美国夏威夷大学希洛分校（University of Hawaii at Hilo）国际交流部主任托德.舒马威先生（Mr. Todd Shumway）和教育部中教国际教育交流中心中美高校合作交流办公室首席总监华建宁先生，在我校举行的 2009 年美国夏威夷大学希洛分校“1+2+1 中美人才培养计划项目”说明会上，分别介绍了夏威夷大学希洛分校概况和“1+2+1 中美人才培养计划项目”。

5 月 5 日，俄罗斯著名物理学家、诺贝尔物理学奖获得者若尔斯.伊万诺维奇.阿尔费罗夫（Zhores Ivanovich ALFEROV）教授作题为《阿尔伯特.爱因斯坦与量子电子学的发展》的学术报告。

5 月 12 日，日本流通经济大学校长小池田冨男教授为外国语学院日语系师生作题为《日本流通经济大学》的情况介绍。

5 月 14 日，美国新泽西州立大学教授、我校客座教授、海南热带水生生物技术重点实验室执行主任郭希明博士为海洋学院师生作题为《牡蛎遗传与基因组学新进展（Recent Development in Oyster Genetics and Genomics）》的学术报告。

6 月 13 日，澳大利亚弗林德斯大学(Flinders University）副教授、中国科学院大连化学物理研究所研究员、博士生导师张卫博士为海洋学院和材料与化工学院师生做题为《海洋生物产品工程学——可持续开发海洋生物资源》的学术报告。

9 月 18 日，荷兰鹿特丹应用科技大学商学院物流管理高级教授沃米伦先生（A. A. M Vermeulen）以及鹿特丹应用科技大学国际部主任海伦.提吉森（Heleen Tijssen）作题为《供应链管理和物流未来趋势》的学术报告。

9 月 25 日，美国诺克斯学院林肯研究中心联合主任道格拉斯·威尔逊教授（Prof. Douglas Wilson）为外国语学院师生作题为《亚伯拉罕.林肯与他的珍贵遗产：从废奴制度到巴拉克.奥巴马》的英语演讲。

12 月 5-21 日，美国犹他大学公共与国际事务研究所所长、公共政策与管理研究中心主任史蒂夫.奥特教授（J. STEVEN OTT）进行为期两周的讲学。

11 月 5-12 日，美国路易斯安娜州立大学(Louisiana State University)Tiesch 教授和杨慧萍博士来我校进行学术交流，Tiesch 教授先后作题为《冷冻精液在水产养殖中的应用与发展》、《基础低温生物学及操作程序》和《科学论文的写作方法》3 场学术报告，杨慧萍博士作题为《医学模式鱼类和贝类精子冷冻保存》的学术报告。

12 月 18 日，美国德克萨斯 A&M 大学王晓雪博士在教育部热带生物资源重点实验室报告厅，作题为《美国杂交鲈的数量遗传学研究》和《大肠杆菌原噬菌体对生物膜形成的影响》的学术报告。

**【外宾来访】** 1 月 13 日，日本茨城大学地球变动适应科研机关三村信男教授和日本京都大学地球环境学堂森晶寿副教授来访，并与学校部分教师就如何培养可持续发展人才（简称 SD 人才）进行座谈。

2 月 1 日，意大利对外贸易委员会北京办事处首席代表、中国区总协调官赖世平先生（Mr. Antonino Laspina）一行 3 人来访。

3 月 1 日，新加坡南洋理工大学考官来校组织 2009 年新加坡南洋理工大学高校英语教师进修项目选拔考试。

3 月 16 日，澳大利亚查尔斯.达尔文大学国际事务办公室主任莫妮卡.特维女士(Ms. Monica

E Turvey）来访。

3月19日，加拿大爱德华王子岛大学注册主任凯瑟琳.科里女士（Ms. Kathleen Kielly）、国际学生招生负责人王朝晖博士来访。

4月6日，宋氏家族后人、美国斯坦福大学胡佛研究所访问学者、学校客座教授宋曹琍璇女士和宋子文外孙冯英祥先生一行7人来访。

4月9日，新加坡驻广州总领事馆总领事洪齐全先生来访。

4月6-10日，国际水稻研究所（IRRI）高级科学家代表团应邀来我校进行学术访问。代表团成员包括知名杂交水稻专家、国际水稻研究所杂交水稻高级科学家谢放鸣博士，世界知名昆虫生态学家、国际水稻研究所（IRRI）高级科学家Kong Luen HEONG博士等。

4月11日，越南胡志明市华文教育辅助会考察团一行10人来访。

4月16-19日，美国夏威夷大学希洛分校（University of Hawaii at Hilo）国际交流部主任托德.舒马威先生（Mr. Todd Shumway）来访。

5月11日，马来西亚高等教育部副部长何国忠博士一行10人来访。

5月13日，日本流通经济大学校长小池田富男教授、法学研究科长横田耕一教授、总务课长赤石守教授来访。

5月18日，英国爱德思（Edexcel）北亚及大中华区总监高建军先生一行3人来校，对我校国际合作BTEC(HND)项目进行全面评审。

5月25日，安地国际种子集团（Advanta）国际研究部主任阿兰.斯科特（Alan Scott）、安地国际种子集团印度公司思丹纳达博士（A.R.Sadananda)，斯蒂西.海德先生(H Sateesh Hegde）及安地国际种子集团中国办事处技术负责人章显光先生（Xianguang Zhang）一行4人来访。

6月26日，以色列驻华参赞雪山博士到园艺园林学院做学术交流。

7月22日，英国驻广州总领事馆科技领事、科学与创新中国区副主管郝荣腾先生(Mr. Peter Harrington)一行4人来访。

8月30日，美国北阿拉巴马大学副校长张春生博士，国际部招生主任、中国首席代表陈健民先生和驻北京代表孙晓华先生来访。

10月14日，英国威尔士纽波特大学副校长格拉汉姆.罗杰斯先生（Mr. Graham Rogers）和该校国际项目部主任安东尼.考纳先生（Mr. Anthony Corner）来访。

10月20日，美国州立大学与学院协会国际教育部主任艾琳•杰克森女士（Ms. Arlene Jackson）和美国州立大学与学院协会1+2+1项目协调员李苏菲女士（Ms. Sufei Li）来访。

10月20日，新加坡南洋理工大学教授、椰林社委员符之玮博士来访。

10月22日，美国富特海斯州立大学战略合作伙伴办公室助理院监辛迪•埃利奥特女士（Ms. Cynthia A. Elliott)、北京马克汉姆国际教育集团总裁文雪一行5人来访。

10月26日，美国密苏里州立大学副校长吉姆•贝克博士（Dr. James P. Baker）率代表团来访。

10月26日，乌兹别克斯坦外交部世界经济与外交大学校长霍贾耶夫教授、外事处处长图拉耶夫先生和东方语言教研室主任西金科娃女士来访。

12月4日，德国波罗的海海洋研究所（Leibniz Institute of Baltic Sea Research）所长Bodungen教授、德国不来梅大学(University Bremen)热带海洋生态中心主任Ittekkot教授和海洋化学研究所所长Balzer教授来访。

12月14日，美国驻华大使馆英语语言项目办公室主任Mr. Damon Anderson、美国驻广州总领事馆新闻文化处副领事Mr. Matthew Packer来访。

12月18日，美国驻广州总领事馆新闻文化处副领事彭嘉贤先生（Mr. Matthew R. Packer）、美国驻广州总领事馆信息资源中心主任郭万召先生来访。

12 月 22 日，以校长铃木邦雄教授为团长的日本横滨国立大学代表团来访。

**【教师因公出国出境】** 1 月 8-14 日，应新加坡南洋理工大学邀请，外国语学院院长曹玲娟教授率教师代表团一行 8 人赴该校进行培训与学术交流。

1 月 18-21 日，应日本东海大学邀请，李建保校长率代表团赴日本参加 2009 年日本新能源和产业技术综合开发机构（NEDO）主办的“流动沙丘固定及绿化新型化学材料的研究推广和中国青海周边地区实验地域的实施方法”综合科学研讨会。

2008 年 10 月-2009 年 4 月，受日本政府日元贷款项目的资助，经济学院孙建军博士应日本知名经济学家、名古屋大学家森信善教授邀请在日本名古屋大学作访问学者，为期 6 个月。

2007 年 7 月-2009 年 4 月，经新加坡教育部选拔，并受国家留学基金管理委员会派遣，外国语学院讲师马金凤赴新加坡南洋理工大学国立教育学院进修英语语言学和教学法，为期两年。

2008 年 5 月 26 日- 2009 年 3 月 14，受国家汉语国际推广领导小组办公室（简称“国家汉办”）的选派，人文传播学院讲师高智、政治与行政学院讲师洪颖以及来自人文传播学院、外国语学院、政治与行政学院、旅游学院在校研究生和 2008 届本科毕业生共 14 名师生，作为国际汉语教师中国志愿者赴泰国育民中学、广肇学校等学校教授汉语。

3 月 22-28 日，严庆副校长参加省科技厅组织的代表团，应英国纽卡斯尔大学邀请赴英国进行为期 7 天的科技访问。

3 月 24-27 日，应国际水稻研究所（IRRI）邀请，农学院副院长、香稻研究所负责人袁潜华研究员，赴菲律宾马尼拉参加由该所组织的国际东艾水稻研究与发展协会（IIIDC）2009 年度会议。

4 月 23 日-5 月 4 日，应新加坡国立大学生命科学系宫知远教授的邀请，在国家自然科学基金项目的资助下，海洋学院石耀华博士赴新加坡进行学术访问。

5 月，经校党委推荐、全省公考、英语强化、托福考试、学校面试和组织考察等选拔程序，并报省委主要领导同意，省委组织部确定重点项目办公室副主任李婷副教授作为省干部国外硕士学位培训项目第二期学员，选送美国犹他大学 EMPA 专业留学。留学时间从 2009 年 5 月至 2010 年 10 月，为期一年半。

5 月 16 日-6 月 7 日，应美国宾夕法尼亚大学的邀请，谭基虎副校长随“高校领导赴海外培训项目”代表团（共 21 人）赴美国进行为期 23 天的培训考察。

5 月 9-23 日，应意大利环境、领土与海洋部的邀请，环境与植物保护学院葛成军老师赴意大利参加在该国举行的“生态管理——水污染防治与控制”高级培训班。

6 月 6-20 日，应澳大利亚农林渔业部邀请，园艺园林学院院长李绍鹏赴澳大利亚考察澳洲坚果等热带作物研发利用情况。

6 月 21-26 日，应国际水产学会遗传学委员会邀请，海洋学院王嫣副教授参加在泰国举行的第十届国际水产遗传学大会。

7 月 11 日，旅游学院冯源教授赴爱尔兰共和国首都都柏林参加第 32 届国际政治心理学学术研讨会。

7 月 15-22 日，应韩国圆光大学邀请，科研处处长陈超核、土木建筑工程学院党委书记黄玉端赴韩国参加“第四届韩国圆光大学与中国海南大学土木工程学术交流会”。

8 月 23 日，图书馆馆长詹长智教授、副馆长李春研究馆员参加中国图书馆学会代表团，参加在意大利米兰召开的世界图书馆与信息大会暨第 75 届国际图联大会。

8 月 26-30 日，海洋学院王爱民教授出席在韩国釜山举行的第十届国际医学与应用软体动物学大会。

9 月 10-30 日，社会科学部党总支书记王志芳教授参加教育部组团赴芬兰执行教育培训任务。

10 月 2-9 日，校团委书记王丽娜同志参加以共青团中央书记处第一书记陆昊为总团长的中国青年团，应朝鲜金日成社会主义青年同盟中央委员会的邀请赴朝鲜访问。

10 月 25 日，校党委副书记韦勇等 13 人参加省教育厅第二期“大学经营管理干部培训班”，赴日本进行为期 3 周的培训。

9 月 10 日，土木建筑学院副院长韩建刚教授应美国匹兹堡大学（University of Pittsburgh, US）土木环境工程系瑞泽欧教授（Prof. Piervincenzo Rizzo）的邀请，赴美国进行访问研究，为期一年，出访费用由国家留学基金委全额资助。

9 月 5 日，政治与行政学院教研办主任张可辉作为带队老师及汉语教师，陪同外国语学院 9 名交换学生赴俄罗斯阿斯特拉罕大学进行教学交流和学习，为期一年。

11 月 2-10 日，外国语学院院长曹玲娟教授应美--中教育基金会（UCET）的邀请和资助，赴美国参加在华盛顿 DC（Renaissance）会议中心举行的 2009 美国国学研究年会。

11 月 6-13 日，应加拿大国际教育局和美国犹他大学邀请，李建保校长赴加拿大和美国进行为期 8 天的访问，国际文化交流学院副院长、外事侨务处副处长佴建乔陪同。

11 月 7-21 日，刁晓平副校长率我校中层干部团一行 10 人赴美国犹他大学进行培训。

**【学生出国出境学习工作】**　2009 年选派 51 名在校优秀学生分别赴美国犹他大学、英国纽卡斯尔大学、加拿大爱德华王子岛大学、法国里昂第三大学、俄罗斯阿斯特拉罕大学、日本群马大学、台湾成功大学、台湾宜兰大学、台湾嘉南药理科技大学等 9 所大学交流学习一学期至一学年。

2009 年 1 月，学校正式成为中国教育国际交流协会（CEAIE）、中教国际教育交流中心（CCIEE）和美国州立大学与学院协会举办的《1+2+1 中美人才培养计划》成员，7 名学生通过此项目分别被美国特洛伊大学、美国洪堡州立大学、美国塞勒姆州立学院、美国威斯康星大学欧克莱尔分校、美国佐治亚西南州立大学录取，8 月赴美国学习 2 年，然后回校继续学习 1 年，完成学业后的学生将分别获得我校和美国大学的毕业及学位证书。

1 月 27 日，旅游学院 2005 级 10 名本科学生通过美国迪斯尼乐园国际实习生项目前往世界最大的主题公园、位于美国佛罗里达州的迪斯尼乐园开展为期 6 个月的实习。通过这种国际项目的实习，使他们了解了迪斯尼乐园的管理和培训方式，拓宽了国际视野，领略了异国文化的魅力，提高了他们独立生存和学习的能力，为未来的职业生涯奠定了良好的基础。

4 月 3 日，旅游学院有 4 名应届毕业生通过美国迪斯尼乐园在中国组织的签证申请面试，获得前往美国奥兰多迪斯尼乐园工作的邀请。

7 月，学校与日本国群马大学正式签署《中华人民共和国海南大学与日本国群马大学校际友好关系协议》和《中华人民共和国海南大学与日本群马大学之间有关学生交流的细则协议》。此前，机电工程学院已与群马大学地域共同研究中心进行合作，对我校应届毕业生（主要为理工科专业）进行日语及相关技术研修培训，经考试合格后派往日本企业工作。2009 年派出 5 名应届毕业生（其中机电工程学院 3 人，信息与科学技术学院 2 人）赴日本就业。

**【侨务工作】**　3 月 24 日，国务院侨务办公室文教宣传司副巡视员汤翠英、干部徐诗乾到我校，对海南省赴泰国会色令敬德学校任教汉语教师进行面试选拔。

4月25日，国家汉办赴泰汉语志愿者宣讲团为我校及海南师范大学80名拟赴泰汉语教师志愿者作赴任指导报告。

世界海南乡团联谊会理事会5月2-8日组团赴澳大利亚、新西兰访问，并在悉尼召开十届四次理事会议。严庆副校长、外事侨务处华世佳处长作为省海外交流协会常务理事、理事随团出席会议并参加相关访问活动。

5月21日，学校举行赴泰国、菲律宾国际汉语教师志愿者欢送会。

6月3-6日，严庆副校长、外事侨务处华世佳处长、基建处李艳荣处长应香港海南商会邀请赴港访问。

6月22日，学校召开（合并后）第一次归侨侨眷代表大会，选举产生（合并后）侨联第一届委员会。

7月14-17日，严庆副校长、经济学院傅国华院长出席第八次全国归侨侨眷代表大会。

9月24日，学校举行归侨侨眷庆祝新中国成立60周年茶话会。

10月28-31日，应新加坡海南会馆邀请，校党委常务副书记刘康德教授、外事侨务处科长杨志昕参加省代表团出席在新加坡举行的第十一届世界海南乡团联谊大会暨第二届新加坡海南传统文化节。

11月7-16日，严庆副校长参加省侨联华文教育考察团，应新加坡海南会馆、印度尼西亚海南总会和马来西亚海南会馆联合会邀请，前往新加坡、印度尼西亚、马来西亚进行海外华文教育考察交流活动。

12月9日，由国务院侨务办与省外事侨务办联合主办、我校协办的第十届世界海南青少年冬令营开营仪式在我校举行。

**【对台交流】** 3月16日，海峡两岸知名行草书法家任汉平先生为艺术学院师生和书法爱好者作题为《行草硬笔书法》讲座。

4月21日，台湾宜兰大学校长江彰吉教授及夫人郑竹明教授、生物资源学院院长林荣信教授、电子计算机中心主任陈伟铭博士、研究发展处技术合作组组长江孟学博士一行5人来访。江彰吉校长和林荣信院长分别为学校师生作题为《宜兰大学简介》和《生物资源学院的发展现况简介》的情况介绍。

4月21日，学校与台湾宜兰大学签署学术交流与合作协议及师生交流实施细则。

5月20-25日，应台湾成功大学管理学院邀请，经济学院院长傅国华、党委副书记冯广波、副院长黄淑芬、教师宜丽婧赴台湾访问。

6月21-26日，应台湾南荣技术学院邀请，信息科学技术学院党委书记陈明宝赴台湾访问。

7月8日，由省台联和我校共同举办的全国台联2009年台胞青年千人夏令营海南分营开营仪式在我校举行。

8月20-25日，应台湾师范大学邀请，学校木球队一行7人赴台湾参加2009海峡两岸大专木球交流大会，取得团体第三名和男子双打第三名。

8月31日-9月10日，应台湾中华公共事务管理学会邀请，政治与行政学院王章佩、李宜钊参加在台湾国立中山大学举办的两岸青年学者论坛。

12月4日，台湾成功大学校长赖明诏教授携夫人翁惠瑛女士及成功大学校友联络中心主任萧世裕来访。

**【校教育基金会工作】** （1）筹集办学资金。2009年，校教育基金会筹集办学资金260万元，其中北京健坤集团捐赠100万元，海南金光助学与环保基金会捐赠100万元。

（2）重要活动。1月5日，举行2009年度金光贫困大学生助学金颁发仪式，600名学生获得资助，资助金额100万元。

4月28日，举行心本爱心奖学基金捐赠暨2009年度心本爱心奖学金颁发仪式。美籍华人、我校二届理事会理事、客座教授郑心本先生及夫人郑须佑群女士出席仪式，并给22名获得2009年度心本爱心奖学金的贫困优秀学生颁发奖学金。

5月19日，举行2009年度海钢贫困研究生助学金颁发仪式，50名优秀贫困研究生获助学金，资助金额5万元。

6月16日，举行2009年度时代海岸留学奖学金颁发仪式。鸿洲集团董事长王大富先生出席仪式，44名学生获奖，奖金20万元。

10月27日，举行2009年王伟光优秀贫困生助学金颁发仪式，王伟光教授将2万元助学金颁发给20名优秀贫困学生。

11月9日，举行2009年度吴多泰博士奖学奖教金颁发仪式，17位教师、40名学生分别获吴多泰博士科研成果奖和吴多泰博士奖学金，奖金20万元。该项目实施以来，共有40名教师、80名学生获得奖励，奖金达40万元。

**【其他对外交流活动】** 1月15日，海南省分管教育、外事侨务工作的姜斯宪副省长在学校外事侨务简报2008年《增刊》上作出批示："望继续努力，并使对外交流合作成为海大上水平、出人才、做贡献的重要平台"。

2009年，国家教育部考试中心同意我校设立日本语能力测试考点。

1月4日，学校举行"1+2+1中美人才培养计划"项目说明会。

1月10日，由省社会科学界联合会、中国社会科学院《抗日战争研究》编辑部、海南大学联合主办，省历史文化研究基地承办的"海南抗战七十周年暨战后遗留问题"中日学术研讨会在中国（海南）改革发展研究院举行。

2月25-28日，2009年新加坡南洋理工大学高校英语教师进修项目选拔考试在我校举行，来自全国各地81名教师（其中我校3名）参加选拔考试。

3月4日，学校举行2009春季留学生开学典礼。

3月19日，校团委、学生工作处共同组织我校近200名学生参加海南国际旅游岛宣传广告片演员选拔活动，13名学生入选，其中3名为留学生，他们分别是来自英国的Lloyd Suzanne Kaitie、德国的Christian Staub和挪威的Esten Aleksander Edna。

4月8日，学校举行2009年赴东南亚汉语教师志愿者培训开班典礼暨动员大会。

4月19日，应省旅游局特别邀请，旅游学院院长王琳为领队的11名教师参加博鳌亚洲论坛2009年会旅游分会。

5月29日，信息学院院长杜文才博士受到国际电气和电子工程师协会、国际计算机学会的表彰。

7月7日，2009年海南省地方合作项目联合评审会在学校举行。

7月5-8日，李建保校长、外事侨务处佴建乔副处长和校长办公室杨红副主任参加第二届中国--东盟教育交流周活动。

7月5日，国际日语能力考试在学校考点进行，这是我校获得国家教育部考试中心批准设立国家日本语能力测试考点后举办的第一次考试。

8月16-22日，经济学院院长傅国华教授和管理学院邓须军、张德生、黎青松参加第27届国际农经大会。

9月12日，由中日民商法研究会主办，我校法学院承办，中伦律师事务所协办的中日民商法研究会第八届年会在海口举行。

10月22日，召开外事侨务处与国际文化交流学院合并暨班子成员任职宣布大会。

10月15日-11月4日，由商务部主办、学校承办的"太平洋岛国旅游管理培训班"在海口举行，来自瓦努阿图、汤加、斐济、巴布亚新几内亚、密克罗尼西亚等南太平洋岛国旅游部门的12名官员参加本次培训。

11月23日-12月20日，由商务部主办、学校承办的"发展中国家热带作物加工与生产技术培训班"在海口举行，来自缅甸、柬埔寨、马来西亚、越南、肯尼亚、坦桑尼亚、瓦努阿图、汤加、斐济、巴布亚新几内亚、密克罗尼西亚等 15 个国家和地区的 32 名官员、学者和技术人员参加培训。

12 月 3 日，留日专家学者海南服务团一行 19 人来访，并开展学术交流活动。

11 月 23 日-12 月 18 日，中国海南大学.澳大利亚查尔斯.达尔文大学汉语短期班在我校举办，13 名学员参加。

经过国际同行的匿名评审，经济学院青年教师孙建军博士与日本名古屋大学金融学教授家森信善博士合作的学术论文 Regional Disparities and Investment-Cash Flow Sensitivity: Evidence from Chinese Listed Firms，在 Pacific Economic Review（Issue 5 of Volume 14, Year 2009）发表。本文的发表，不但是学校日元贷款项目的一个显著成果，也预示着我校社会科学研究由本土化向规范化与国际化起步。

经过杂志社的多番审稿和国际同行专家的匿名评审，经济与管理学院青年教师韦开蕾博士（第 1 作者）与学校著名校友、国际著名华人经济学家、英国诺丁汉大学当代中国学学院院长姚树洁老师合作的学术论文 Foreign Direct Investment and Regional Inequality in China，在 *Review of Development Economics*［13(4), 778-791, 2009］发表，该学术期刊是被全球三大引文库（SCI，SSCI 与 A&HCI）之一的 SSCI 检索收录的学术杂志，也是国际发展经济学领域较有影响力的学术期刊。

12 月 26-28 日，李建保校长、人事处刘雯处长参加第十二届中国留学人员广州科技交流会。

（撰稿：曾 影　　审稿：华世佳）

# 离退休人员工作

**【概况】** 2009 年底，全校在册离退休人员 993 人。其中离休人员 16 人，退休人员 977 人。2009 年退休 21 人，去世 19 人。

离退休人员（含离退休人员工作处）共有党员 285 人，设党总支部 1 个，党支部 13 个，其中海甸校区党支部 8 个，党员 164 名；儋州校区党支部 2 个，党员 45 名；城西校区党支部 3 个，党员 76 名。

学校关心下一代工作委员会和学校老年人体育协会挂靠离退休人员工作处。老年体协会员 260 人。

**【关心离退休人员的政治生活】** 组织离退休人员阅读有关文件，参加政治学习、有关会议和重大活动。组织离退休人员外出参观学习：海甸校区组织 8 个党支部党员到定安县文笔峰、南丽湖参观考察，城西校区组织 3 个党支部党员到桂林洋参观考察大学城的建设，儋州校区组织 2 个党支部党员到洋浦开发区参观考察。

2009 年，校党政主要领导给离退休人员通报工作 4 次，离退人员工作处(党总支部)向离退休人员通报工作 5 次、向党支部书记通报工作 4 次、召开各类人员座谈会 6 次，用 8 千多元为离退休人员订阅报刊杂志。元旦、春节期间，校党委和行政召开离退休人员代表座谈会，校领导和有关部门负责人参加，李建保校长通报学校发展情况，并对离退休人员代表提出的问题作了答复和解释。

**【落实离退休人员生活待遇】** 离退休人员

的退休金按国家和保障局规定按时足额发放，校内统一发放生活补贴。中秋、国庆、春节均发补贴。有些二级单位还另有福利。住院保费全年保持 15 至 20 万元。给离退休干部补助 55 人次，计 5.4 万元，补助困难党员 20 人，计 1.2 万元。

组织走访慰问离退休人员，了解情况，征求意见，帮助他们解决实际问题。春节期间，校党委常务副书记刘康德和有关部门负责人分别到广州办事处、湛江干休所和儋州校区慰问老同志。海甸校区发放离退休人员生日蛋糕款 1.32 万元。2009 年，解决了儋州校区、湛江地区离退休人员的门诊 IC 卡不能刷卡买药和看病的问题，为老同志办理老年证优惠证 40 多人次，帮助办理异地医疗费报销，帮助解决离退休人员、退休校领导用车问题，组织全体离退休人员进行体检，到医院看望住院离退休人员 125 人次，协助家属和配合有关部门处理老同志病故后事 16 人次。

**【发挥离退休人员的作用】** 积极谋划“老有所为”，支持离退休人员发挥余热，为学校发展作贡献。1.组织离退休人员参加关心下一代工作，为大学生开展科学普及教育、普法教育、心理咨询教育。2.返聘 50 多位退休人员参加学校教学和管理。3.8 位离退休教授、专家参加学校教学督导工作。4.组织退休人员参加校园治安巡逻队。在教工住宅区，有 17 名退休人员参加群防群治，维护校园治安。

**【思想政治工作】** 1.加强离退休党支部组织建设，确保组织健全和组织生活的正常开展，努力做到支部组织健全、集体活动经常、党员归属明确、管理教育责任落实。坚持并完善组织生活、理论学习、走访慰问、通报情况等制度。2.积极推动党支部工作创新。根据离退休党员进入双高期行难、看难、听难的特点，坚持本处在职党员担任离退休党员联络制度，推进党支部组织制度创新、活动创新和工作方式创新。3.探索离退休党员长期受教育、永葆革命本色的有效机制。4.加大离退休党支部和老同志先进事迹的宣传力度，发挥先进典型的示范作用，引导老同志加强自我教育，维护自身形象。在自觉自愿，量力而行的前提下，离退休党员在党的先进性建设、和谐社会建设、落实科学发展观等方面发挥了积极作用。

2009 年离退休人员工作处党总支部离休党支部、城西校区第三党支部被校党委评为先进基层党组织。

**【文体活动】** 落实《全民健身运动纲要》，组织离退休人员开展有益于身心健康的文体活动。1.每天按时开放文体活动场地，热情为离退休人员服务。2.4-10 月，多次组织离退休人员参加海口地区垂钓、地掷球、门球、乒乓球等项目比赛。3.4 月，举办海甸校区老年人体育运动会，设 15 个项目，150 余人参加比赛。4.组织离退休人员参加学校庆祝建国六十周年歌咏比赛，荣获优秀组织奖。5.组织“重阳节”活动：海甸校区组织离退休人员步行白沙门公园比赛，城西校区、儋州校区组织离退休人员与中国热带农业科学院离退休人员联合举办游园活动和拨河比赛。

**【服务与管理】** 1.健全离退休人员工作网络，从学校到二级单位都有人负责离退休工作。2.完善离退休人员工作制度，出台了我校离退休人员管理暂行办法。3.参加中南地区高校离退休工作协作会，积极探索离退休人员思想政治工作的新途径。4.创建“离退休人员工作”网页，设有“活动动态”、“党总支工作”、“关心下一代”等栏目，起到了“沟通信息、丰富生活、展示风采、健康长寿”的作用。5.加强自身建设，抓好工作人员政治学习、业务培训和工作研讨，增强责任感，从思想上、作风上和业务上从严要求，提高管理水平和服务质量。

（撰稿：严孟春　　审稿：陈行远）

# 计划财务工作

**【概况】** 2009年是原两校合并第3年，也是学校进入“211工程”建设行列的第一年，一方面学校仍然面临内外债务较重、历史遗留问题较多、资金比较紧张的局面，另一方面学校要实现儋州校区的整体搬迁和全面进行“211工程”建设，需要大量的资金投入。面对这种状况，计划财务处积极筹措和合理安排资金，在确保人员经费、学生经费和日常运转经费的基础上，重点支持学校“211工程”建设项目、儋州校区的搬迁工作及学校科研与教学工作，进一步清理解决财务方面的历史欠债，规范财务工作程序和工作纪律。

**【财务收支情况】** 收入方面。2009年，学校可动用资金总计49826万元，包括：历年结余经费指标结转本年4217万元；本年动用历年预算外（专户管理）资金1600万元；当年收入合计44221万元，其中：财政补助收入19333万元，预算外资金收入16890万元（主要是学费、住宿费及各类培训费收入）。

本年申请基本建设资金贷款30000万元（24000万元贷款已到位，6000万元在2010年年初可到位），其中：28000万元已获得省财政的贷款贴息。

剔除不可比因素，与2008年比较，2009年收入增长5.1%。

2009年收入略有增长的主要原因是财政补助收入有小幅度的增长。同时，继续加大学生学费催缴的力度，学费收缴率达到95%以上，确保了当年学费收入预算的完成。

支出方面。2009年支出总计50085万元（不含基本建设支出），其中：基本支出35016万元，占总支出的69.9%；项目支出13804万元，占总支出的27.6%；专款支出1265万元，占总支出的2.5%。

确保人员经费支出。2009年除继续对各单位和个人历年未兑现的奖励、津贴、劳务费等进行清理兑现外，确保学校2009年的津贴与奖酬金全部到位，全年在职人员工资福利支出比上年增长7.7%。

全年购置各类设备超过6000万元，全年维修费支出近1100万元，学校的教学、科研、办公设备及基础设施条件得到进一步改善。

在学校经费紧张的状况下，力保学生经费的及时足额到位，全年发放学生奖助学金4500多万元。

由于在全校推行水电有偿使用，全年水电费支出1196万元，比上年降低137万元，降低幅度10.3%。

全年交通费和差旅费支出比上一年降低908万元，降低幅度44%；全年接待费用比上一年降低21%；办公费、印刷费、邮电费支出768万元，比上一年有所下降。

为提升学校的科研水平和教学质量，全年学校内部调剂资金安排科研专项1280万元，安排教学质量工程、学科和专业建设、人才引进与培养、对外交流等专项经费1100多万元。

全年偿还外部历史债务4700万元，兑现历年内部欠债近2000万元。

全年基本建设支出8944万元，确保了学校各项基建项目前期工作的顺利进行，完成了第四教学楼的建设，第五教学楼、社科楼、中日友好交流中心、思源学堂等多个项目已全面开始施工。

**【加强学校财务管理自主权和会计核算主体地位】** 通过与财政厅国库支付局反复协调、争取，我校收回了自主进行会计核算和对财务收支进行审核审批的权利，理顺了与会计核算站之间的工作关系以及学校3个校区会计核算机构之间的关系，简化了报帐的流程，方便了教职工报帐，学校财务管理自主权和会计核算的主体地位得到加强。

**【财务制度建设】** 对学校差旅费管理暂行办法、经费支出审批暂行办法进行了修订，拟订了《海南大学经济责任制暂行办法》、《海南大学支出管理的若干规定》、《海南大学资源有偿使用管理暂行办法》，并征求各方面意见，计划在2010年出台。在年度预算下达时，更加明确了各项经费管理、使用的范围和责任。

**【预算分配和执行】** 在认真总结和分析2008年预算管理工作经验教训、预算的执行情况及收支过程中存在问题的基础上，广泛征求各方面对预算工作的意见，认真编制了2009年财务预算并及时下达，使预算更为科学合理。同时，加强对预算执行的追踪分析，合理调整资金，加快和强化预算执行，预算执行情况总体良好。

**【财务监管】** 强化对各学院、教辅单位、后勤、产业的全面财务监管，在明确经济责任的同时，确保学校对全校资金的统一监管，保证学校资金安全。加强票据管理，严格执行收支两条线制度，在进一步处理学校已经查出的小金库的同时，防止出现新的小金库。严格报帐的审核审批程序，防止套取资金行为。

（撰稿、审稿：陈险峰）

# 国有资产管理工作

**【概况】** 根据学校教学机构设置和学科专业的调整方案，原实验室管理处撤并，该处部分管理职能和基地管理科划归国有资产管理处。

调整后的国有资产管理处设5个科室：资产管理科、设备管理科、土地与房产管理科、基地管理科、综合科。基本职能：负责全校设备的政府采购、验收和配置，以及实验设备的维护维修工作；负责国有资产（含办公用房）的配置和管理工作；负责指导、检查、督促国有资产使用部门做好资产日常管理工作，确保国有资产安全完整；负责全校教学实践基地的建设与管理；负责统筹国有资产的开发运营并监管校办产业，确保经营性国有资产的保值增值；负责校企合作工作。

**【制度建设】** 印发《仪器设备计划与采购管理办法》、《固定资产管理办法》。草拟《大型精密仪器设备管理办法》、《低值仪器及耐用品管理办法》、《仪器设备损坏丢失赔偿办法》、《海南大学公用房屋管理暂行规定》等，待学校审定后印发。

**【固定资产】** （1）截止2009年末，学校固定资产总额118840.74万元，其中：房屋构筑物77973.80万元；全校仪器设备30079.92万元（含交通运输设备），其中教学科研仪器设备26800.40万元；图书资产4668.82万元；家具资产3197.67万元；其它资产2920.53万元(含后勤服务系统资产)。2009年新增仪器设备4630.03万元。

（2）完成原实验室管理处（公共实验中心）、原政治与行政学院、经济学院、管理学院、外国语学院、公共外语部、国际文化交流学院等9个单位机构合并调整后资产划转工作。

**【土地管理】** （1）完成海甸校区东坡湖145.62亩土地的确权办证工作，土地权证书移交档案馆保存。

（2）完成海口市公安局拘留所第一期 18 亩土地的整合工作。

**【条件建设】** （1）依据财政部《关于编制 2007—2010 年中央与地方共建高校特色优势学科实验室项目规划的意见》（财教〔2007〕78 号），组织相关单位认真做好 2009 年度项目申报和现场评审工作。2009 年度共申报高分子材料与工程学科实验室、热带果树学科实验室、设施农业科学与工程学科实验室、热带生态学科实验室、材料科学与工程专业实验室、水产品加工与贮藏工程学科实验室、植物学学科实验室等 7 个项目， 申请项目经费 3250.89 万元。

7 个项目通过了财政部评估专家组的评审，财政部批复我校 2009 年度共建项目经费 2100 万元。

（2）仪器设备采购工作。2009 年完成各项目采购计划约 3448 万元，包括：2009 年度共建项目 2100 万元、省级重点学科建设经费 131 万元、省高校重点实验室建设经费 60 万元，以及校内办公和教学设备经费 200 万元、图书馆（书架、阅览桌椅、多媒体阅览室）建设 98 万元、四号教学楼配套设备专项经费 456 万元、各学院及处室经费 177 万元等。大部分设备已投入使用，较好地改善了学校的教学、科研和办公条件。

（3）完成新建 4 号教学楼的课桌椅、多媒体课室设备等配套设施建设工作并投入使用，确保新学期正常的教学秩序。

（4）按照省教育厅 2009 年 8 月 28 日《日元贷款海南省高等教育项目年度会议纪要》精神，完成日元贷款第一批设备采购项目的确认及合同签订工作，合同金额 1.6297 亿日元，第一批设备将于 2010 年 6 月底前陆续到货验收。

（5）会同基建处完成旅游学院第 4、5 号楼装修改造工作；组织相关单位顺利完成海甸校区 1 号教学楼计算机实验室、语音实验室和经济学院等单位的搬迁，以及儋州校区部分学院办公及实验室搬迁工作，为机关办公楼用房调整搬迁创造条件。

**【产业工作及医院管理】** （1）学校党委常委会议审议原则同意国有资产管理处提交的关于成立学校产业集团公司的意见，组织部根据常委会议精神，选拔配备了产业集团公司经营管理班子。

（2）签订南希 1 号楼 1-3 层商铺整体租赁捆绑销售协议，盘活了资产。

（3）学校党委常委会议审议原则同意国有资产管理处提交的《海南大学医院整合设置及管理方案》，学校于 2009 年 10 月印发了《关于组建新的海南大学医院的决定》（海大[2009]309 号），完成了医院领导班子配备工作。

（撰稿、审稿：卢江海）

# 基 建 工 作

**【概况】** 基建处有 12 人，其中处领导 3 人，省教育厅借调 1 人，退休返聘 1 人。下设工程科、计划科、综合科。

年度竣工项目 6 个，新增建筑面积 44922 平方米；正在施工项目 10 个，总建筑面积 108486 平方米；前期报建项目 7 个，总建筑面积 365870 平方米。

【竣工工程】 2009 年竣工校舍建筑面积44922 平方米。

1．第 4 教学楼（22845 平方米）

该项目为日元贷款土建项目之一，主体 6 层框架结构，工程于 2008 年 12 月开工，2009 年 9 月竣工交付使用。该项目功能为公共教学教室，拥有大小教室 96 间，座位 9783 个。

2．14、18 号学生公寓楼（18831 平方米）

该项目为满足 2009 年秋季儋州校区第二批搬迁使用，2008 年 12 月开工，2009 年 9 月竣工交付使用，可容纳 3456 名学生入住。该项目共有 2 栋独立的学生公寓楼，其中 14 号学生公寓楼建筑面积 9811 平方米，房间 302 间，每间住 6 人，可住 1812 人；18 号学生公寓楼建筑面积 9020 平方米，房间 274 间，每间住 6 人，可住 1644 人。

3．简易教学办公用房和实验室（1466 平方米）

包括简易教学办公用房和材料化工简易实验室，其中简易教学办公用房 761 平方米，2 层框架结构，为解决儋州校区搬迁后教学办公用房不足问题，主要为学校机关、食品学院和管理学院使用，工程于 2009 年 8 月开工，11 月竣工交付使用；材料化工简易实验室 705 平方米，1 层框架结构，该项目是在理工学科群楼未建成的情况下，为解决学校材料与化工学院 2 个重点实验室成立而获得捐赠的大型科研设备的存放和使用。工程于 2009 年 7 月开工，11 月竣工交付使用。

4．学生食堂加层扩建（1780 平方米）

本项目的建设内容包括在第二食堂上加 1 层扩建食堂的建筑面积（1250 平方米）和新建食堂烹饪间及大楼梯（530 平方米），该项目为缓解 2009 年秋季儋州校区搬迁学生就餐压力问题。工程于 2009 年 6 月开工，9 月交付使用，新增学生就餐座位 400 多个，可解决 2000 多名学生就餐问题。

3 月 10 日，12 个篮球场交付使用。

【维修改造项目】 2009 年维修改造项目 2 个，面积 8205 平方米。

1．旅游学院 4、5 号教学楼装修工程

旅游学院 4 号教学楼建筑面积 4155 平方米，5 号教学楼建筑面积 3350 平方米，这 2 栋楼主体建安工程已于 2006 年初竣工，但一直没有投入使用。为了解决原在 1 号教学楼各单位的办公及实验室用房，对 2 栋教学楼进行装修。工程于 2009 年 7 月 15 日开工，8 月 31 日竣工验收并交付使用。

2．旧图书馆附楼改造工程

改造面积 700 平方米，安排经济学院、管理学院、校报编辑部等单位临时办公，待社科群楼交付使用后再予搬迁。该项目于 2009 年 7 月下旬开工，10 月 26 日竣工验收。

【在建工程】 2009 年底在建工程 10 个，总建筑面积 108486 平方米。

1．第五教学楼

建筑面积 24093 平方米，6 层框架结构，大小教室 106 间，10012 个座位，计划总投资 6896 万元。工程于 2009 年 8 月 31 日动工，截止 2009 年底，已完成 1 区六层钢筋绑扎，2 区二层砼浇注，3 区人防底板，4 区一层柱子施工，计划在 2010 年 8 月竣工交付使用。

2．思源学堂

建筑面积 7432 平方米，4 层框架结构，拥有 1028 座位的观众厅以及舞厅、展厅、多功能厅、社团办公室等，计划总投资 4500 万元。工程于 2009 年 12 月 31 日动工，计划在 2010 年 8 月竣工交付使用。

3．社会科学学科群实验室与行政办公楼

建筑面积 28126 平方米，8 层框架结构，功能为社会科学学部包括法学院、经济学院、管理学院、政治与行政管理学院的教学、科研、实验及行政办公用房，拥有科研用房或实验室 135 间，办公室 134 间，模拟法庭 1 间，报告厅 2 间，计划总投资 7091 万元。工程于 2009 年 12 月 26 日动工，计划在2011年初竣工交付使用。

4．外国语学院与中日友好交流中心楼

建筑面积30065平方米，14层框架--剪力墙结构，功能为外国语学院的教学、科研、实验、行政办公用房和酒店式的交流中心，拥有客房192间（200个床位）、办公室6间、展览馆1间、多功能厅1间、餐厅2间、会议室13间，计划总投资7594万元。工程于2009年12月26日动工，计划在2010年底竣工并进行二次装修。

5．城西校区2号学生公寓楼

建筑面积8000平方米，7层框架结构，有180间住房，可容纳学生720人，计划总投资1464万元。工程于2009年12月开工，计划在2010年8月竣工交付使用。

6．1号教学楼改造工程（校行政办公楼）

该楼原建筑面积8700平方米，改造后达到9028平方米，新增建筑面积328平方米，7层框架结构，共有办公室115间，会议室4间，计划总投资1100万元。工程于2009年12月开工，计划在2010年6月竣工交付使用。该项目改造后作为学校行政办公大楼，原行政办公楼将调整为部级重点实验室、长江学者（或相应层次人才）工作用房和研究生教学用房。

7．艺术学院排演厅改造工程

艺术学院排演厅原建筑面积824平方米，改造后为1042平方米，新增218平方米，1层框架结构，屋顶采用钢结构，大厅设计座椅614个，计划总投资450万元。工程于2009年12月开工，计划在2010年4月竣工交付使用。

8．市政扩建与改造工程（二期）

一期工程主要建设纵四路，二期工程包括致远南路、横3路及其排水和照明工程。工程于2009年9月开工，2009年底已完成路面施工，预计2010年初能投入使用，计划总投资511万元。

9．供配电扩容与改造工程（二期）

一期工程主要建设电房土建工程和10、11号配电房，二期工程包括建设2号开闭所、7、8、9、12号配电房及其电缆辅设工程。二期工程于2009年9月开工，2009年底已完成7、12号配电房设备安装和个别室外电缆沟砌筑，其中8、9号配电房须待社科楼和交流中心主体结构出来后才能进场安装，预计2010年6月全部竣工，计划总投资1419万元。

10．图书馆太阳能应用工程

该项目是财政部第三批可再生能源建筑应用示范项目，计划总投资508万元。工程于2009年2月24日开工，由于配套资金不到位，工程只能陆续建设，2009年底已完成屋顶太阳能集热器基础及支架制作、安装，集热器安装，热水管道安装；空调冷水机组、水泵、冷、热水箱等设备及材料已订货。

**【前期报建项目】**　截止2009年底，尚处在前期报建阶段的项目有7个，共计365870平方米。

1．19号学生公寓楼

建筑面积8930平方米，6层框架结构，有学生公寓住房240间，可容纳1440人，计划总投资1607万元。2009年底已完成项目前期规划报建，并已发布施工和监理招标公告，计划在2010年8月竣工交付使用。该项目为满足2010年招生需要的必建项目。

2．6号学生食堂

建筑面积6132平方米，3层框架结构，1、2层设普通食堂，3层设风味食堂，每层560座位，共1680座位，计划总投资1486万元。2009年底已完成项目前期规划报建，并已发布施工和监理招标公告，计划在2010年8月竣工交付使用。该项目为满足2010年招生和儋州校区搬迁需要的必建项目。

3．紫荆学生公寓楼

建筑面积35548平方米，12层框架结构，有学生公寓住房849间，可容纳5094人，计划总投资6395万元。2009年底已完成项目前期规划报建，并已发布施工和监理招标公告，计划在2011年6月竣工交付使用。该项目为满足2011

年儋州校区搬迁的必建项目。

4．热带农业与生命科学学科群实验楼

建筑面积 54249 平方米，计划总投资 15824 万元。分一期和二期建设，一期 15855 平方米，为日元贷款项目，包括东附楼（6 层）和报告厅（1 层），2009 年底已完成工程预算编制，待财政厅评审中心审核完预算后即可进入招投标阶段；二期 38394 平方米，包括主楼（19 层）和西附楼（6 层），2009 年底已完成工程预算编制，建设场地填土和场地平整也基本完成，已开始着手招投标准备工作。该项目计划在 2011 年 8 月竣工交付使用，其功能主要为农学院、园艺园林学院、环境与植物保护学院、海洋学院的教学、科研、实验及行政办公用房。

5．理工学科群楼

建筑面积 57237 平方米，计划总投资 16685 万元。分一期和二期建设，一期为主楼又名研究开发中心，建筑面积 28079 平方米，21 层，为日元贷款项目，2009 年底已完成预算编制，待财政厅评审中心审核完预算后即可进入招投标阶段；二期包括 3 栋裙楼和室外附属工程，建筑面积 29158 平方米，5 层，2009 年底已完成工程预算编制和建设场地前期“三通一平”，已开始着手招投标准备工作。该项目计划在 2011 年 8 月竣工交付使用，其主要功能为材料与化工学院、食品学院、土木建筑工程学院的教学、科研、实验及行政办公用房

6．教职工周转房

建筑面积 16320 平方米，地上 23 层，176 套周转住房，每套建筑面积约 80 平方米，计划总投资 3590 万元。2009 年底已完成工程预算编制和前期填土工程。该项目计划在 2011 年 6 月竣工交付使用，其功能主要是为解决新引进高层次人才的临时过渡住房，以及各重点学科聘请高水平学者来校进行科研合作和讲学居住。

7．1092 套教工集资房

桥西教职工集资房分二期建设，其中一期建设 9 栋楼，最高 25 层，最低 19 层，总建筑面积 187454 平方米，有 1092 套住房，主要是满足原海甸校区的无房户和儋州校区搬迁的教职工住房需求，2009 年底已完成规划报建工作，正在进行施工图优化和预算编制工作，预计 2011 年 10 月竣工；二期建设方案尚未确定。

**【完成了海甸校区校园建设总体规划修订】** 根据《海南大学校园建设规划》，2007 年 9 月委托清华大学规划设计研究院编制修订海甸校区校园建设总体规划。经过多次召开学校各层面研讨会，反复完善修改设计方案，与海口市规划局多次沟通、协调，历时两年，《海南大学海甸校区修建性规划》终于 2009 年 11 月得到主管部门的批复。批复的校园建设规划对今后一段时间学校基本建设具有重要的指导作用，同时也是办理基建工程项目前期工作的重要依据，特别是对于学校理工楼、农学楼和征地拆迁的建设意义重大。

**【完成桥西教工小区规划的修编】** 根据海口市规划局要求，学校对桥西居住小区进行单独规划。2008 年 5 月我校在海南日报公开招标设计单位，经过报名和专家评选，确定由中南设计院为桥西居住小区规划与单体设计单位。2008 年 11 月学校向市规划局申报了 2700 套住房，容积率为 2.79 小区规划设计方案，而规划局于 2009 年 2 月批复小区规划设计条件，容积率仅为 1.2，层高最高为 12 层，总建筑面积为 16 万平方米，总套数仅有 1200 多套，与学校的实际需求相差甚远，无法满足学校教职工住房需求。为了最大限度满足教职工需求，尽可能为教职工创造福利，学校领导和相关部门积极跟海口市人民政府进行密切沟通，得到了市政府及规划、建设等部门的大力支持，至 2009 年 4 月市政府正式批复，将该项目建筑容积率调整为 2.2。按照新的容积率设计院经过多次修改完善，最终于 2009 年 9 月 22 日得到正式批复设计方案，长达近一年的桥西教职工居住区修建性详细规划报审完成，对

下步教职工周转房，集资房的报建起到推动作用。

【基建财务和统计】 2009年度基建任务繁重，开工项目多，欠款压力大。学校多方筹措资金，共筹措近2.1亿元，其中工行贷款1.4亿元，开行贷款0.6亿元，省财政专项资金等0.1亿元。年初和年底还利用省财政资金分别解决了历史欠债300万元和200万元，使欠款从3000多万元下降到2000多万元，极大缓解了基建财务压力。学校还积极向光大银行等商业银行申请贷款。

基建处认真贯彻执行《会计法》、《统计法》和国家的有关政策、法规，及时准确向上级有关部门报送会计报表及统计报表等资料。

【重要活动】 3月24日，校党委常务委员会讨论审核2009-2010年基建投资计划，原则通过。会议决定集资建房工作领导小组下设三个工作组：建设方案谈判工作组、建设分房贷款工作组，建筑进展协调工作组。

5月11日，校党委常务委员会同意山东建大教育置业有限公司为我校桥西教工小区集资房准代建单位并签署合作框架性协议。

5月22日，校党委常务委员会同意海南亚联工程招标代理有限公司、海南正荣项目投资管理有限公司、海南泓建工程项目管理有限公司为我校基建项目招标代理机构。

7月22日，李建保校长主持召开第9次办公会，同意调整桥西教工住宅区项目建设进展协调组成员，原则通过《海南大学桥西教工住宅小区建设项目委托施工代建合同》。

9月22日，海口市规划局下文原则同意我校桥西教工居住区修建性详细规划。

11月16日，海口市规划局批复我校海甸校区修建性详细规划。

（撰稿：林诗海　　审稿：李艳荣）

# 后勤管理工作

2009年后勤管理工作围绕学校“211工程”建设目标，秉承“三服务、两育人”的服务宗旨，完善管理制度建设，抓好基础设施建设、改造，桥西小区集资建房，校园环境整治，H1N1甲型流感等流行性传染病防控，学校食堂卫生与食品安全监督，实施后勤管理改革等工作。

【管理制度建设】 制订《海南大学环境卫生门前三包管理实施办法》，《海南大学水电费管理办法》，《海南大学食堂卫生与食品安全管理制度（试行）》、《海南大学学生宿舍卫生管理规定》、《海南大学课室、宿舍、公共场所卫生清洁制度》、《海南大学室内场所通风及重要场所定期消毒制度》等，进一步完善后勤管理制度。

【基础设施建设、改造】 （1）配合学校基建处完成基础设施项目建设，解决儋州校区搬迁学生吃住问题。在第二食堂二层加盖厨房、餐厅2000平方米，投入676600元配置餐桌厨具，其中就餐座位有600个。配合基建处完成14#、18#学生公寓建设，面积18831平方米，床位3252个。

（2）改造学生食堂和学生宿舍，为学生提供安全、卫生的就餐环境和住宿环境。按食品安全卫生要求标准，全面改造面食餐厅的食品制作加工区240平方米，重新配置生产设备。投入283779元重新维修第五学生食堂363平方米的接待包厢；维修改造3#学生普通宿舍楼，面积5346平方米，其中更换铁床180张、桌子314张、椅子

615 张、床板 190 块。维修 7#学生普通宿舍楼：修补暴露钢筋的部分墙体、顶面；更换部分宿舍门，每间宿舍门全部油漆一新；把楼南边的护栏全部拆除重建。

（3）其它维修养护。整治教工住宅区人行道 732 米，修建教工区荷花塘基 234 米，对海甸校区的防雷设施全部进行安全检测。

**【房产管理与桥西小区建设】** （1）房产管理。给 49 户教职工办理了房改房退房款，金额 158 万元，解决了历史遗留问题。

（2）桥西小区建设。完成桥西小区集资建房资格审查；选举集资建房住户代表，与代表沟通集资建房工作信息；做好集资建房缴交首付款工作。桥西小区第一批集资建房 1014 名集资户缴房款 10088.52 万元 ，缴车位款 167.5 万元。

**【儋州校区搬迁】** 组织车辆帮助儋州校区信息科学技术学院、管理学院、食品学院、农学院、社会科学部、材料与化工学院、继续教育学院等 7 个学院完成院办公室设备搬迁；积极准备校内校外房源，顺利完成儋州校区 200 名教职工搬迁 ，其中安置 63 户在校内住宿，帮助 54 户在校外租房；组织车辆共 80 车次搬迁儋州校区学生 2591 名。

**【环境整治与绿化】** （1）环境整治。发动全体师生员工做好“门前卫生三包”，先后组织全校集中开展环境卫生大整治活动 6 次，各部门、各单位领导带头，群众积极参与清除杂草、落叶、枯枝，清理水沟淤泥，擦洗墙壁广告，打扫路面废弃物等，全部清除校园卫生死角，使校园环境得到净化；

（2）校园绿化。木球场种草坪 5500 平方米，种弧尾柏树 65 株，火焰木 100 株；木球场的东边种草坪 2900 平方米。14#、18#学生公寓周围种草坪 7000 平方米，种芒果树 50 株。游泳池后种草坪 2000 平方米，非洲楝树 165 株。

**【H1N1 甲型流感等流行性疾病防控】** （1）为落实 H1N1 甲型流感等流行性疾病防控工作，制订《后勤管理处、后勤集团 2009 年传染病防控工作方案》，在加强校园环境卫生整治的同时落实消杀“四害”制度，每隔三个月对教工住宅区、学生公寓、教学区、学生食堂等公共区域全面灭鼠、灭蝇、灭蚊、灭蟑一次，定期对排水沟、排污沟、化粪池洒石灰或喷“立消净”、“84 消毒液”等药物灭杀病菌，消除疫病滋生隐患。2009 年 10 月 23 日，海口市疾病预防控制中心来学校检查校园环境防控工作时，对学校的环境防控工作给予高度评价。海口市爱卫办对学校防控工作也给予充分肯定。

（2）加强学生食堂肠道传染病防控，做到每月不定期检查学生食堂的食品采购索证、食品卫生安全管理、员工个人卫生管理等制度执行情况，检查学生食堂环境卫生打扫和厕所的冲洗、保洁，餐具用具的洗涤、消毒、保洁等卫生工作情况，发现问题及时进行整改。

**【后勤管理改革】** （1）全校安装水电表。为落实学校的节能降耗工作，全面实行用电计量收费管理，给用电没有电表的单位和学生宿舍全部装上电表。

（2）供水交由海口威立雅水务有限公司管理。为提高学校供水服务质量，2009 年 7 月 13 日，学校和海口威立雅水务有限公司签署了《供用水合作协议》，实行校园供水专业化、行业化管理。按照双方的约定，自 2009 年 9 月 1 日起，海甸校区的供水管网建设、供水设施设备的改造更新和日常维修维护、水质监测、供水经营管理收费等工作和业务正式移交海口威立雅水务有限公司管理。海口威立雅水务有限公司与海甸校区的所有用户签订标准的格式化供用水合同，统一管理，各用户直接向海口威立雅水务有限公司缴交水费。海口威立雅水务公司接管后，提高了学校饮用水的卫生、安全质量。

（撰稿：郑传宽　　审稿：邢谷川）

# 保卫工作与国防教育

**【概况】** 保卫处（武装部）在编干部职工28人，其中干部10人，职工18人，管辖校卫队员66人。

2009年，保卫处（武装部）坚持以中国特色社会主义理论为指导，以打造"和谐海大、平安海大"为目标，为学校"211工程"建设保驾护航。

**【稳定工作】** 2009年，修订各类安全管理规章制度及预案共34个，其中管理规章制度18个，各类预案16个。完成学校下达保卫部门的校内安全保卫（如推研风波、桥西工地进场安保维稳、四号教学楼工地纠纷维稳等）工作任务，及时将事件平息在萌芽状中。在6-11月"甲型H1N1流感"期间，全力配合学校开展防控工作，全员上岗，坚持每天连续工作18小时，维护了学校的正常秩序。

**【治安管理】** 以加大盗窃、纠纷和打架案件调查侦破力度、妥善处理治安纠纷、避免引发伤害等恶性突发事件为重点，开展安全防范工作。2009年破获、处理各类案件80起，抓获违法犯罪嫌疑人53人，其中校外34人，校内19人。调解教职工、学生纠纷案件154起。6月8日在广东省中山市端掉传销窝点2个，并救出我校学生1人（传销被控学生）。装订档案材料103卷。

协同学校综治办、国资处、后勤管理处、基建处开展校园周边治安环境检查整治活动。督促基建部门修建捕捞村校园周边防盗护栏近5000米。加强对校内施工工地、出租房屋、商业网点、公共场所和外来人口的管理，对施工现场、宿舍安全等重点部门进行安全检查，发现问题及时解决，确保校园安全。

参与各类活动保卫47次，其中包括"5.12"汶川大地震周年哀思会、60周年国庆安全保卫工作、第十届"欢聚海南大学"两岸大学生冬令营等。

**【消防管理】** 1.按照2008-2009学年度《海南大学关于开展校园消防、化学危险品管理安全检查活动的通知》，配合校综治办抓好校园消防、化学危险品管理安全隐患排查工作。坚持"以查促改，以查促建"的工作思路，层层落实消防、化学危险品管理安全工作责任制。坚持以每幢楼房为消防单元，对全校136幢楼房逐幢进行检查，层层落实消防、化学危险品安全管理责任人。全校共完成新建的消防档案97个，落实24个二级单位消防安全第一责任人24名、义务消防员31名、消防督察员4名，全校基本上每幢楼房都落实1名消防安全员。2.加强消防安全教育。2009学年度，组织4期安全、消防讲座和2期（保卫处1期，后勤集团1期）消防演练。3.坚持消防工作月监督检查制度。对全校20个学院23个消防重点部位（实验室、微机室）进行逐个检查12轮次。针对学生公寓楼学生消防意识淡薄、乱拉乱接乱使用电器（主要是"热得快"、电水壶、电炉）等违规用电不良现象，组织楼管人员逐个对学生宿舍进行全面排查整治，在后勤集团楼管和旅游学院楼管配合下，没收学生违规使用电器"热得快"、电水壶、电水杯一批，消除了学生宿舍的消防隐患。4.组织消防、防空紧急疏散逃生演练。配合海口市政府人防办组织近1200名学生在旅游学院主会场进行防空、消防紧急疏散逃生护救演练，由于组织周密，配合密切，得到市人防办领导的好评。5.消防设备更新保养。争取学校拨款购置更换补齐一批灭火器、消防水袋，手枪喷头，对全校地面消防栓进行涂漆保养150个。6.安全生产隐患排查。配合校综治办，先后2次到儋州、城西、海甸校区，以学生食堂、学生宿舍、水电房、图书馆、实验（中心）室、计算机房为重点，认真排查安全用电、用水、食堂食品卫生等消防安全生产隐患。

**【交通管理】** 严格执行《海南大学（海甸校区）校园交通管理暂行规定》，落实机动车凭证进出校门制度。加大整治力度，本着“控制中门，定时开关，两边分流“和“管理有序、疏导有方”的工作思路，强化校园交通、机动车辆停放监控管理，基本纠正了校内主干道乱停乱放现象。

**【校卫队工作】** 实施校卫队垂直统一管理，回收整合后勤集团校卫队，完成后勤集团 54 名和公共实验中心 4 名校卫队员接管任务。落实校卫队管理工作费用 108 万元，维护校卫队员合法权益，稳定校卫队伍。

2009 年，校卫队员共制止学生打架 18 次，抓获盗窃钢筋、铁夹等施工材料嫌疑人 8 人，制止爬校墙、贴小广告以及推销人员 206 人次，制止滋扰 7 起 15 人，扑灭火险 3 次，制止无证、无邀请进校机动车 526 辆次，为大中型活动、校园交通整顿、治安蹲守、财务收费、招聘会、考试等派勤 592 人次。

**【户籍管理】** 2009 学年度，为教职员工办理户口迁移、入户手续 951 件，为学生办理户口迁移、入户手续 4873 件，迁出户口 982 件，更正户籍 672 人次，办理居民身份证 1000 多件。

**【安全防范教育】** 围绕构建和谐校园、遵纪守法、加强法制教育的主题，向全校师生员工发放《安全防范提示》5000 余份。6 月，保卫处主编出版《大学生安全教育》二十一世纪高校教材 1 部（海南出版社出版）。9 月，对新入学的 6000 多名本科生、研究生进行安全教育。

**【军训工作】** 严格按照学校 2009 学年度新生入学教育计划的要求和省教育厅关于做好全省高校 2009 级新生军训工作的通知，认真抓好新生军训工作。由于受“甲流”的影响，军训推迟到 12 月进行。组织退伍学生、校卫队员教官共 55 人，分别对海甸、儋州和城西 3 个校区 6580 名新生进行为期 28 天的军事技能训练。

**【军事理论教学与研究】** 严格按照高等学校军事教程教学大纲的要求，保质保量完成 2009 年度全校学生《高等学校军事教程》的军事理论教学任务。2009 年，校武装部军事教研室获全国国防教育先进单位。在 2009 年军事理论课讲课交流比赛活动中，校武装部部长、军事教研室主任黄海宁分别获省高校军事理论课讲课比赛一等奖、全国高校军事理论课讲课比赛二等奖。按时完成军事理论课室装修改造，受到省军区动员处和海口市美兰区武装部领导的好评。

**【征兵工作】** 配合省军区动员处、海口市警备区兵役管理职能部门抓好冬季征兵工作。2009 年动员组织学校 39 名应征学生上站体检，其中 19 名学生通过体检、政审合格关，被兵役机关正式批准入伍。

**【民兵工作】** 校武装部是省军区、海口市警备区、海口市美兰区武装部重点共建单位。2009 年，校武装部继续贯彻落实上级军事管理部门的工作部署，坚持“练为战” 的工作理念，以提高全校师生国防意识为重点，积极开展民兵训练。在民兵训练方面，特别在信息心理战分队训练工作中，能严格按照规定的科目达标要求，认真组织训练。

（撰稿：龙诚果　审稿：黄海宁　符志新）

# 学院（部）

## 材料与化工学院

**【概况】** 学院有5个专业：化学工程与工艺、生物工程、材料科学与工程、应用化学及高分子材料与工程；5个硕士授权点：应用化学、化学工艺、生物化工、材料物理与化学及材料学。

教职工164人，专任教师148人，其中正教授23人，博士生导师7人，副高职称50人。全日制在校生1946人，其中硕士研究生139人。2009年招收本科生407人，研究生55人。

3月24日，学院分析测试中心获得实验室资质认定（国家计量认证）证书（证书编号：2009003028K），具备向社会出具第三方公正检测数据资质。

2009年，学院获人力资源和社会保障部、教育部授予全国教育系统先进单位，化学工程重点学科组被中共中央组织部、中共中央宣传部、人力资源和社会保障部、科学技术部授予全国专业技术人才先进集体。

**【学科建设】** 学术梯队建设。2009年，晋升教授4人、副教授6人、中级职称8人、初级职称4人；引进美国加州大学博士等高层次D类人才2人、国内一流大学优秀博士(后)2人；3人考入国内重点大学在职攻读博士学位、6人在国外进修学习。

学科专业建设。在原有“材料科学与工程”、“化学工程与工艺”省级特色专业建设点的基础上，新增“高分子材料工程”省级特色专业建设点。新增“高分子材料加工”省级实验教学示范中心，使省级实验教学示范中心由原有的“化学化工”1个增加至2个。学科基地建设。2009年3月学院申报的化学工程专业和材料专业的工程硕士点获批准。

**【教学工作】** 2009年，遵循以本科教育为本，以教学工作为中心的指导思想，加强特色专业建设、课程建设和教学实习基地建设，加强学生专业素质及科研能力的培养。积极组织学生参加各类科技竞赛活动，在化工系和材料科学与工程系老师的精心组织指导下，学院学生参加第二届全国大学生节能减排社会实践与科技竞赛、华南地区第三届大学生化工设计创业大赛。学院召开会议，对遴选作品和参赛工作做了充分部署。在第二届全国大学生节能减排社会实践与科技竞赛中，学院选送9件作品参加竞赛，2件作品获二等奖，2件作品获三等奖，4件作品获鼓励奖。在华南地区第三届大学生化工设计创业大赛中，学院选送3件作品参赛，1件作品获得银奖。

各类教研课题立项3项，发表教研论文多篇。《化工原理》、《精细化学品与工艺学》2门课程被评为校级精品课程。在教材建设方面，主编出版了全国普通高等院校工科化学规划精品教材《物理化学实验》、教育部高等农林院校理科基础教学指导委员会推荐示范教材《大学物理》，副主编出版高等学校“十一五”规划教材《绿色化学原理与绿色产品设计》、教育部高等农林院校理科基础教学指导委员会推荐示范教材《物理化学》，参编了多部教材。本年度冬季小学期不但开设学科前沿课程，还开设专业核心课程，使学生感受到来自国内一流大学名师的教诲和风采。聘请的教授来自清华大学、天津大学、北京工业大学。

教学质量不断提高。毕业班英语四、六级通过率大幅提高。课堂教学学生评估优秀率达 90%以上。2009 届毕业生考研录取率比往年有所提高，尤其是应用化学专业考研录取率达到 33%。本科生在核心刊物上发表论文 6 篇，获全国数学建模大赛二等奖 3 项、7 人次，海南赛区一等奖 3 个、7 人次，二等奖 4 个、7 人次，三等奖 3 个、5 人次。

**【科研工作】** 2009 年，新增国家自然科学基金 2 项、省重点科研项目 3 项、省科技厅重点项目 1 项、省自然科学基金 6 项、省教育厅项目 1 项、企业国际合作项目 3 项。新增科研经费 1239 万元，申请发明专利 3 项，出版学术专著 12 篇，获省科技进步二等奖 1 项(李嘉诚等)，获科技进步三等奖 1 项(文峰等)，发表学术论文 120 篇（SCI、EI、ISTP 收录 80 篇）。

**【党建工作】** 党委下设教工党支部 7 个、学生党支部 10 个。党员 377 名，其中教职工党员 68 名，学生党员 309 名。

（1）深入开展学习实践科学发展观活动 。学习实践活动期间，院党委组织专题学习 2 次、举办专家讲座 1 期，开辟宣传专栏 3 个，问卷调查 1 次，学生支部各开展讨论 5 次，各系教工支部学习讨论各 4 次，领导班子讨论会 5 次。

（2）认真贯彻落实党的民主集中制原则。党委与行政互相支持、互相配合，共同商议学院事务。在各项工作中，充分发挥二级组织的作用。

（3）加强党组织建设。2009 年培训入党积极分子 310 人，发展学生党员 144 人。

（4）重视党风廉政工作。认真落实 2 0 0 8 年 12 月制定的《院务公开制度》、《科研成果奖励办法》、《院内津贴分配办法》等规章制度，坚持学院事务向师生公开，推进管理民主化、公开化。

**【学生工作】** 2009 年，学生工作坚持以人为本，在抓好理想信念教育、爱国主义教育、校纪校规教育，加强思想道德建设的基础上，突出抓好几项活动，取得好成绩。

1. 以挑战杯、数学建模、全国大学生节能减排社会实践和科技竞赛、化工设计创业大赛为突破口，加强大学生学术科研活动。1 件作品获第十一届全国“挑战杯”大学生课外科技作品竞赛三等奖，1 件作品获第十一届全国“挑战杯”大学生课外科技作品竞赛海南赛区二等奖，2 件作品获第十一届全国“挑战杯”大学生课外科技作品竞赛海南赛区三等奖；2 名学生获“中国电机工程学会杯”全国大学生电工数学建模竞赛三等奖；获全国数学建模竞赛海南赛区一等奖 2 名、二等奖 4 名、三等奖 5 名；1 名学生获全国大学生电子设计竞赛海南赛区一等奖。

2. 开展各具特色的校园文化活动。1 名学生获 2009“CCTV”杯全国英语演讲比赛海南赛区（非专业组）一等奖；1 名学生获 2009“CCTV”杯全国英语演讲比赛（非专业组）优胜奖；获 2009 年海峡两岸大专木球交流大赛男子团体第一名、2009 年海峡两岸大专木球交流大赛男子双打第三名，1 名学生获个人单打第七名；

3. 组织暑期社会实践活动。根据专业特点，坚持学院组队和分散回家就近就便相结合。学院组 5 个队，40 个课题，指导教师 15 名，带队教师 2 名，参加学生 795 名，收回论文 452 篇。1 篇论文获省大学生志愿者暑期“三下乡”社会实践活动优秀论文“二等奖”，2 名学生被评为省大学生志愿者暑期社会实践积极分子。

4. 做好贫困生工作。对贫困生信息数据库实行系统化动态管理，整合解困资源，开拓助学解困途径。做好特困生的勤工助学工作，院内共举行 2 次勤工助学招聘会，共 80 人参加岗位工作；利用各种渠道学生提供家教、冬令营助教、校内游泳馆兼职等。

6. 加强学生心理健康教育。在班级上设立心理委员，及时反馈心理方面问题。组织心理征文大赛、电影赏析、团体咨询、青春舞会、心理健康系列主题班会等，普及心理健康知识，提升学生的心理抵御能力。在学校的评比中，获心理主题班会一等奖、宣传橱窗二等奖、征文二等和优秀组织奖。

1 名学生获省十大优秀大学生标兵，1 名学生获宝钢教育奖学金。

2009 届毕业生 393 人，截止 2009 年 10 月 10 日，化学工程与工艺就业率 91%，生物工程 90.40%，材料科学与工程 91.90%，高分子材料与工程 91.53%，应用化学 93.90。报考研究生 87 人，录取 64 人，总录取率 18.6%；2005 应用化学专业的考研率高达 33.3%，在全校位居专业考研率排名第一。

（撰稿：曹　阳　庞素娟　于晓龙　王茂钢　刘莉莉　　审稿：曹　阳）

# 土木建筑工程学院

**【概况】** 学院设有 3 个普教本科专业：土木工程、建筑学、工程管理；1 个二级硕士点：岩土工程；4 个实验室：结构、岩土、工程材料和力学。实验教学实际面积 1200 平方米，仪器设备价值约 550 万元，新增的 300 万日元贷款设备将陆续到位。研究方向有混凝土结构、空间结构、计算结构力学、边坡稳定、岩土工程数值分析、软土力学与地基基础和岩土工程检测技术。

在校本科生 764 人，成教专科与专升本生 261 人。

**【学科建设】** 学院 2006 年设岩土工程二级硕士点，2009 年申报晋升结构工程一级学科硕士点。

学科基地建设。完成中央与地方共建高校特色优势学科实验室项目（建筑与土木工程学科实验室）。

**【教学工作】** 坚持以教学为中心，以提高质量为目标，严格执行各项教学管理规章制度。开展教研教改活动，组织教师从事教学研究。

组织观摩教学活动，开展教学检查，加强教材管理，改进教学手段，推进实验、实践教学。

建筑学冬季小学期获得广大师生好评。

**【科研工作】** 正在申报的项目有：韩建刚申请，卫宏、李光范、陈奕柏、胡伟参加的“深基坑开挖与邻近桩基相互作用及建筑物损评价研究”青年基本金项目；胡伟申请，韩建刚、李光范、陈奕柏、杜治光参加的“考虑结构性的红黏土本构模型及水平受荷管桩的 p-y 曲线研究”青年基金项目；阮家荣、周华申请的“钢筋混凝土梁柱节点抗震性能及设计的试验及理论研究”海外及港澳基金项目。

**【教师队伍建设】** 教职工 44 人，其中：教授 5 人、副教授 12 人、讲师、实验师 17 人（博士 7 人，博士后 2 人，在读博士 1 人、硕士 13 人）。教师中拥有国家一级注册建筑师、结构工程师 3 人，国家一级注册结构师 2 人，国家二级注册结构师 4 人。

2009 年，晋升副教授 1 人，引进教授 1 名，考取博士 1 名。

**【党建工作】** 深入开展学习实践科学发展观活动，积极探索党建工作的新内容、新方法、新途径，利用党课、形势与政策课进行思想政治教育，确保各项工作稳定发展。

学院设党总支部，党员 69 名，其中教工党员 16 名、学生党员 53 名，学生党员约占在校学生 7%。2009 年，接收新党员 25 名，预备党员转正 16 名。

【学生工作】　坚持以人为本，围绕学生成长成才，开展内容丰富、形式多样的活动。进行思想教育、形势教育、心理教育，提高学生的思想道德素质。资助贫困学生，保证贫困学生顺利完成学业。举办建筑作品展、力学竞赛等课外科技文化艺术活动，促进专业发展。组织文艺晚会、歌手比赛、篮球赛等，活跃校园文体生活。开展暑期社会实践活动，1 名学生获省暑期社会实践先进个人，2 支社会实践队获学校先进实践队，15 名学生获学校先进积极分子，《关于钢筋混凝土框架结构和室内设计的调查》获学校二等奖，《关于海南大学学生挂科现象的调查及解决方案》获学校三等奖。加强毕业生就业指导工作，到 2009 年底，学院应届毕业生就业率 90.73%，相比上一年大幅度增加，就业质量明显提高。

（撰稿：周邦华　　审稿：陈奕柏）

# 食品学院

【概况】　食品学院原分为儋州校区和海甸校区。9 月，基本完成从儋州校区搬迁至海甸校区的工作任务。11 月，完成教学系的整合调整工作，成立 2 个教学系（食品科学与工程系、食品质量与安全系）和 1 个实验教学中心。行政建制设综合办、教研办、学工办。教职工 44 人（含校聘人员 3 人），其中教授 10 人、副教授 12 人；具有博士学位 12 人、硕士学位 13 人。

2009年，招生264人，其中本科生236人，研究生28人；毕业生212人，其中本科生200人，硕士研究生12人；在校生951人，其中研究生71人，本科生880人；本科毕业生就业率91%。考取硕士研究生32人，占毕业生人数16%。

（撰稿：范燕忠　陈亮　梁丽仪　审稿：仇厚援）

【学科建设】　农业部及海南省重点学科 1 个：农产品加工及贮藏工程；硕士学位点 2 个：农产品加工及贮藏工程、食品科学；高校教师硕士学位点 1 个：农产品加工及贮藏工程；农业推广硕士专业学位点 1 个：食品加工与安全。本科专业 2 个：食品科学与工程、食品质量与安全，其中“食品科学与工程”专业是国家级第一类特色专业建设点；挂靠单位 1 个：海南省食品科学研究所；1 个国家水产品加工专业技术研发分中心和 3 个中央与地方共建特色优势学科实验室。学院实验室总面积 2000 多平方米，实验仪器设备总值达 1200 多万元。

【教学工作】　教学质量工程建设。出版教材 8 部：《水产品加工工艺学实验技术》（主编、全国高校素质教育教材研究编审委员会审定的高校特色教材）、《功能食品的设计与评价》（主编、21 世纪高等学校规划教材）、《食品工程原理》（副主编）、《食品安全导论》（副主编）、《生物资源开发与加工技术》（主编）、《食品安全与危害控制》（主编）、《食品安全热点问题解析》（主编）、《食品安全新的检测方法》（主编）。全院 32 名毕业生被华南理工大学、南昌大学、华南农业大学、中国海洋大学、上海医药工业研究院、暨南大学、广西大学、南昌大学郑州烟草研究所等录取为研究生。

实验室建设。学院设立实验教学中心，“中

心”下辖本科教学实验室、微生物检验实验室、研究生实验室、科研创新实验室、中试车间、精密仪器及大型仪器公共平台等。2009年，建成1个中试车间并安装热带果酒生产线1条、果汁生产线及无菌包装生产线1条、天然产物提取中试生产线1条、超临界提取装置1套、喷雾干燥器1台及颗粒包装、软胶囊包装等装置。新建实验室面积1074平方米，其中教师、研究生科研实验室12间，面积300平方米，公用教学、科研平台面积200平方米。原公共实验中心微生物实验室划归食品学院，增加3名实验人员及相关的设备仪器约60万元，“农产品质量安全特色优势学科实验室”新配置设备300万元，设备到位并进行了安装调试。

毕业生实习管理。为了更好地帮助学生进行生产实习工作，对毕业班学生实行学院统一管理与教师独立负责相结合的办法，每个老师对所指导毕业论文的学生进行全面的管理，帮助他们联系实习和就业单位，认真做好服务工作。

校外实习基地工作。对前几年联系确定的一些实习单位进一步加强联系，保证学生的实习，如“海南出入境检验检疫局检验检疫技术中心”、“中国热带农科院分析测试中心”、“江门市质量技术监督局”等实习基地，在此基础上又联系多家实习单位，为落实学生的实习岗位奠定了基础。

【科研工作】 2009 年，获农业部公益性行业科研专项 1 项、科技部科技人员服务企业行动项目 2 项、科技部星火计划项目 1 项、省自然科学基金指导项目 4 项、省重点科技项目 1 项、省教育厅基金指导项目 3 项、海口市重点科技计划项目 1 项，获学校基金 4 项，其中重点科技项目 2 项。在研项目 28 项，经费近 1000 万元，所承担的各项科研课题进展顺利。

2009 年，发表学术论文 67 篇，其中 SCI 收录 9 篇，EI 收录 1 篇，主编和参编教材和专著 10 部，省级成果鉴定 8 项，获省科技进步二等奖 1 项，完成省地方标准《芒果采收、包装、贮运规程地方标准》1 项。

【教师队伍建设】 2009 年，在职攻读博士学位 3 人，其中 1 人已获得博士学位并返校；晋升正高职称 4 人、副高职称 3 人。在 26 名专业教师中，有博士学位 12 人、硕士学位的 8 人，分别占教师人数 46.2%和 30.8%；有教授 10 人，副教授 10 人、讲师 6 人，副高以上占 76.9%。

继续加强“热带果蔬加工与贮藏”、“热带水产品加工与贮藏”、“食品生物技术”、“天然产物化学”、“食品质量与安全”等 5 个学术团队的建设，发挥团队在教学、科研中的带头作用。

【党建工作】 学院党委下设 6 个党支部，其中教工党支部 2 个，研究生党支部 1 个，本科学生党支部 3 个。党员 241 人，其中教工党员 27 人，占学院教工人数 61%；本科学生党员 166 人，占本科生人数 18.7%；研究生党员 48 人，占研究生人数 67.6%。

抓好制度建设。制定或完善《食品学院学生党支部内部管理暂行规定》、《食品学院学生党支部发展党员条件及程序》、《食品学院学生党支部入党积极分子管理的暂行规定》、《食品学院学生党员评议细则》、《食品学院发展党员联系人制度》等规章制度。

抓好发展新党员工作。通过宣传、教育、引导，本科新生中有一半的学生申请入党。学院分党校举办第二期党课培训学习班，学员 80 人，合格率为 89%。全年发展党员 82 名。

抓好学习实践科学发展观活动。根据学校党委的统一部署，学院制定具体可行的深入学习实践科学发展观活动的实施方案，按质按量按时完成各个阶段、环节的学习实践任务，取良好效果。暑假期间，学院儋州校区全体师生不休息，在学校有关职能部门的指导和学院海甸校区教职工的配合下，基本完成学院从儋州校区搬迁至海甸校区的任务。

【学生工作】 坚持以人为本，围绕人才培养，扎实做好学生工作。。

主要活动：3 月，举办大学生英语演讲比赛学院预选赛，开展 “学习雷锋见行动” 活动。4 月，组织食品文化宣传活动，举办具有食品学院特色的第三届烹饪大赛、“乞巧节”手工艺品制作大赛、学院十大歌手大赛，开展 “食品杯“足球比赛、五四歌咏比赛。5 月，策划“面对面”学风建设系列活动，包括毕业生经验交流会及考研指导、英语四六级过级专题讲座、食品大讲坛、学风建设主题班会、“学习是大学生的天职”系列宣传活动、学风建设宣传展等，并评选出“学风建设先进单位”和“学风建设先进个人”。开展“5•25”心理健康教育主题班会、“我与祖国共奋进、我与海大同发展” 主题教育系列活动。组织“我环保，我自豪，向白色污染 say no”志愿者活动。6 月，开展院级优秀共青团员、优秀共青团干、优秀学生干部评选活动。组织 “热大杯”羽毛球赛、“热大杯” 足球赛。举办 “缘分相聚食品人，今生难忘食品情” 食品学院 2009 年欢送毕业生晚会。7-9 月，组织暑期社会实践活动。10 月，组织新生杯篮球赛,开展 “手牵手，你我他” 食品学院团学内部交流会。11 月，举办 “缘聚海大，情系食品” 系列活动,开展团支部建设活动月,组织学院中文演讲预选赛。12 月，组织星级文明宿舍评比,进行团学干部培训。

在学生科技文化活动中，李川在中文核心刊物发表学术论文 2 篇；吴琼的《罗非鱼鱼鳞制备胶原复合补充剂》、李川的《利用罗非鱼头提取硫酸软骨素的工艺探讨》课题获学校本科生创新科研课题立项，每个项目获资助 2000 元。

（撰稿：张伟敏 段振华 刘四新 白新鹏 范燕忠 梁丽仪 黄小欧 许坤志 审稿：林章义）

# 机电工程学院

【概况】 机电工程学院设有机械工程系、电气工程系和汽车工程系。有农业机械化工程学科硕士学位授权点、农业推广硕士授权领域和电气工程及其自动化、农业机械化及其自动化、机械设计制造及其自动化、机械电子工程、交通运输和车辆工程等 6 个本科专业。

教职工 71 人，专任教师 46 人，其中教授、副教授（高级工程师）19 人，具有博士、硕士学位教师 32 人。在校硕士生、本科生共 1632 人，其中：硕士生 9 人，本科生 1623 人。

2009 届毕业生初次就业率 97.45%，学院被评为全校唯一的就业工作标兵单位。

【学科建设】 在现有“农业机械化工程”硕士学位授权点增设“车用生物能源技术”研究方向，使该学科覆盖范围进一步扩大，为下一轮学位点申报和建设奠定了良好基础；启动新一轮的学位点申报和建设工作，制定学院学位与研究生教育发展规划，通过论证，确定农业电气化与自动化、载运工具运用工程和机械设计及理论等为新一轮申报的硕士学位授予权学科，前期申报材料组织工作已经完成；申报通过《电子技术基础》课程为省级精品课程、《机械原理》课程为校级精品课程；组织申报 “农业机械化及其自动化”、“电气工程及其自动化”、“交通运输”特色专业，被学校推荐参加省级特色专业申报；申报省级教学团队 2 个；新办专业申报申请《检测技术》一个新专业和《汽车运用工程》一个新专业方向；车辆工程专业通过了省教育厅新办专业评估；修订了 2009 级 6 个专业的培养方案；制定了 160 余门课程的教学大纲。

【教学工作】 承担本学院农业机械化及其自动化、机械设计制造及其自动化、机械电子工程、电气工程及其自动化、交通运输、车辆工程等 6 个本科专业和材料与化工学院、食品学院、农学院、信息与科学技术学院机电类课程共 347 门次共 23000 个标准学时的本科课程的理论、实践教学任务及农业机械化工程硕士学位授权点和农业推广硕士授权领域的研究生课程；新建 2009 级新生教务管理系统中的电子档案 481 个，完成约 40 人的学籍异动、修课管理等工作；完成 5 个本科专业 274 名学生的毕业论文（设计）、6 个本科专业 9 周的实习、实训等教学工作和 6 个本科专业的课程论文的指导工作，审核 274 名毕业生毕业资格；完善机电工程基础实验室“日元贷款项目”的设备购置计划；开展“211 工程”大学建设项目的公共服务体系建设子项目“电工电子实验教学中心”和“工程训练中心”的申报工作；实施 2007 年省部共建高校特色优势学科实验室项目（200 万元），新建机械原理实验室、机电一体化实验室和电气工程创新实验室等 3 个实验室。鼓励任课教师采用现代教学手段提高教学质量，2009 年使用多媒体或 CAI 课件进行教学有 300 多门课程，占总课程数 98%以上。

【科研工作】 2009 年，立项和资助 23 项，其中：国家级项目 4 项（国家科技支撑计划项目和农业部公益事业项目各 2 项，参与），省自然科学基金 1 项，省教育厅高等学校科学研究项目 12 项，校级科研项目 7 项（主持 6 项，参与 1 项）；累计在研立项课题 50 多项，研究经费 260 多万元，多数在研课题取得了阶段性成果；在国内外专业期刊上发表学术论文 50 余篇；主编、出版《实用数控技术》、《机械工程专业英语》、《液压系统 PLC 控制》、《牧草加工与贮藏》、《汽车电气设备结构与检测》和《汽车传感器原理与检修》等 6 部教材；申请专利 3 项、授权 1 项（《基于氩弧焊的熔覆装置》专利号 ZL200710141482.2）。

【教师队伍建设】 教师队伍学历和职称结构趋于合理，自主培养、鼓励青年教师在职在岗或在职脱岗攻读学历学位和人才引进并举。10 名教师攻读在职硕士研究生和博士研究生，8 名专业教师前往对口支援的天津大学进修学习并已返校，1 名教师将前往进修学习；2 名教师利用日元贷款项目基金，从日本进修学习归来，1 名教师正在日本深造；引进具有博士学位学历的专业教师 2 人，充实教师队伍；组织 10 多人次参加省级以上学术会议与交流。

翁绍捷教授获省第五届“教学名师”称号，廖宇兰副教授获 2009 年学校首届“教学十佳”称号

【党建工作】 院党委以学习实践科学发展观活动为契机，加强领导班子建设和党风廉政建设，密切干群关系，调动教职工积极性，推动学院科学发展。加强发展青年教师、学生党员的工作，5 月，院党校举办一期入党积极分子培训班，本学院和信息科学技术学院（儋州校区）共 123 名入党积极分子参加，培训合格率 82.93%。2009 年，599 人申请入党，其中教职工 2 人，学生 597 人；入党积极分子 59 人，其中教职工 1 人，学生 58 人；发展对象 40 人。学生党员 127 人，占学生总数 7.8%. 电气系学生党支部获校“先进基层党组织”称号，陈秀妍同志被评为校“优秀党务工作者”。

【学生工作】 加强学生工作队伍组织的建设，完善制度建设，强化日常管理工作，提高工作效率；制定《辅导员例会制度》、《班主任例会制度》、《辅导员办公室假期值班制度》等；修订《机电工程学院毕业生就业工作方案》、《机电工程学院示范班建设方案》、《机电工程学院维护校园稳定工作预案》、《机电工程学院学生党支部管理方案》、《机电工程学院团学活动管理办法》（系列）等。以学习实践科学发展观活动为契机，组织各基层团支部举办科学发展观主题学习活动、学院团委调研活动、“团建与科学发展”主题生活会、参与学校学习实践科学发展观主题征文等专题活动，引导青年团员结合实际进行科学发展的大讨论，形成 60 余篇“为学校献一策”的征

文，积极为学校“211工程”大学建设献计献策。其中王宇等2位同学获征文1个一等奖和2个优秀奖；通过组织青年志愿者服务活动、团员宣誓及烈士陵园扫墓活动等，增强广大共青团员的政治意识、组织意识、模范意识和荣辱意识，增强团组织的创造力、凝聚力和战斗力；以学风建设、科技创新为主线，大力开展科技文化建设活动；依托学生党支部及专业社团，通过组织专业特色活动，增强学生的实践动手操作能力，激发专业学习热情，营造良好的学术科研氛围；组织首届电气总动员活动“机器人杯”焊接制作大赛、汽车模型设计大赛、第五届电子设计制作大赛等大型活动，为同学提供创新实践的平台。

组织专业教师及学生开展专业科技创新活动，有2项课题获学校资助；参加第七届全国周培源大学生力学竞赛，获1个三等奖，2个优秀奖；程晓其等同学参与全国电子设计大赛海南赛区的比赛，获1个一等奖，2个二等奖，胡文峰老师获全国大学生电子设计竞赛海南赛区优秀指导教师称号，尹雨同学参加第四届“挑战杯”大学生课外学术科技作品大赛的作品《甘蔗收割机切割器的刀片切割效果研究》获省级表彰。

2009年，设16个固定勤工助学项目，提供54个固定勤工助学岗位，安排学生上岗394人次，共计岗酬约8万余元；通过“国家励志奖学金”、“国家助学金”、“海南省优秀贫困大学生奖学金”、“中海油宋庆龄助学金、“何康助学金”等项资助性质奖学金、助学金，资助381名贫困大学生，计40.05万元；对汶川地震重灾区（含陕西地区）的学生资助金额10.6万元；发放国家助学贷款125人，贷款金额为65.39万元。

**【服务地方】** 2009年，举办海南省第一届PRO/E培训班，18人参加学习并取得合格证书；完成2期国家职业技能和洋浦技工学校初级工的培训、鉴定工作；组织近1000名学生参加社会实践活动，累计发放资料6000多份；举办免费家电维修3次，为农民免费维修86件家电；电脑培训5次，200人次参加学习培训；招收青少年素质拓展班学员1000多人。

**【重要活动】** 成功承办“海南大学（儋州校区）2009届毕业生招聘会”。

（撰稿：方海旋　　审稿：翁绍捷）

# 信息科学技术学院

**【概况】** 学院设有电子信息工程系、计算机科学与技术系、信息安全系、应用数学系、通信工程系和公共计算机教学中心、公共数学教学中心。拥有学校“211工程”重点建设学科项目“海洋通信与信息岛建设”、通信与信息系统省级重点学科、海南省internet信息检索重点实验室、海南省海洋通信与网络技术工程中心、省级电子实验示范中心和计算机基础实验示范中心，实验室面积3000多平方米，仪器设备总值近3000万元，建立校内外实习基地25个。有6个本科专业：电子信息工程、计算机科学与技术、通信工程、信息与计算机科学、数学与应用数学、信息安全；有4个硕士学位点：通信与信息系统、计算机应用技术、信号与信息处理、应用数学；1个工程硕士学位点：电子通信工程。

教职工165人，其中专任教师150人，专任教师中有正高职称27人，副高职称40人。具有博士学位的教师21人，硕士学位75人。在校生2545名，其中硕士生210人，本科生2077人，全日制成教生275人。

**【学科建设】** 2009年新增本科专业1个：信息安全。筹备建设重点学科项目“海洋通信与信息岛建设”，力争我校重点学科通信与信息系域在海洋通信学科理论体系及应用方面、旅游产业信息化等研究方向在特色应用领域取得显著成果。计算机科学与技术专业获省级特色学科建设点，杜文才院长负责的《信息系统管理（双语）》获2009年省级精品课程。

【教学工作】　加强教学主要环节的管理。进行开学课堂检查，期中教学检查。召开学生座谈会、教师座谈会，征求对教学工作的意见和建议。开展课堂教学评估，整顿教学秩序。冯思玲、王冬梅、毛鏐、刘细阳、张勇军等5位教师参加学校青年教师讲课比赛，组织全院教师观摩学习，提高教学质量。李志林、欧宜贵、陈明锐等负责的“数学建模方法与高等数学课程融合的探索与实践”获学校教学成果奖一等奖。杜文才负责的“双语教学课程教学建设”、杜育宽、陈褒丹负责的“嵌入式网络单片机应用系统一学生实验数据的远程监控”、韩汉鹏、薛文珑、林海婵等负责的“培养我省大学生试验设计及数据分析能力教学模式研究”获学校教学成果二等奖。

本科教学。制定2009级本科培养方案，增加“信息安全”新专业和电子信息工程理科实验班；完成本科教学课程1133门，共计54281教学学时。完成研究生教学课程36门，共计2078教学学时。完成4个本科专业共计663名学生的毕业实习、毕业论文（设计）指导工作。

冬季小学期教学。再次聘请北京大学博士生导师、国内外著名的密码学家、信息安全专家卿斯汉教授为学生讲授《密码学》，聘请哈尔滨工程大学机械电子工程专业博士生导师张立勋为2007通信工程专业学生讲授《机器人概论》，聘请新加坡南洋理工大学博士生导师沈平教授为学生讲授《光纤通信概论》，聘请英国格林威治大学博士生导师马纪新教授为研究生讲授《计算机前沿技术》。

研究生教育。学位点情况：科学学位点4个、专业学位点2个、高校教师人才培养学位点3个。科学学位点分别是通信与信息系统、信号与信息处理、计算机应用技术、应用数学；专业学位点分别是电子与通信工程领域工程硕士学位点、软件工程领域工程硕士学位点；高校教师人才培养学位点分别是通信与信息系统、计算机应用技术、应用数学。导师队伍情况：研究生指导老师32人，其中教授21人，具有博士学位的21人，外聘导师3人。研究生培养情况：全日制研究生83人，高校教师类研究生116人，软件工程硕士研究生11人。

2009年，15名研究生组成5个队参加全国研究生数学建模竞赛，第2队队员周潜、向炎春、冯守川获全国二等奖1项；申报省教育厅研究生创新课题3项，1项获省教育厅资助；2名研究生获金光助学金资助；研究生在各级各类刊物上发表论文15篇。

【科研工作】　2009年，新增立项各级各类课题31项，总资助经费1068.9万元，其中国家级项目3项（杜文才获国家科技支撑项目，资助经费717万元；李会师获国家自然基金项目，资助金额26万元，尹建华获留学回国人员科研启动基金项目，资助金额2.5万元）、省部级项目19项、地厅级项目8项。

2009年获奖成果12项：其中杜锋、杜文才获省科技进步二等奖一项；杜文才、曾水香、陈绮分别获得省科技进步三等奖；邱钊获省自然科学优秀学术论文二等奖；李京兵、王志刚、黎才茂分别获省自然科学优秀学术论文三等奖；王磊获得瓦房店市科学进步一等奖。

获各级各类学会成果奖励8项、国内先进省级鉴定成果1项。申请并获公开专利号专利3项，主编或参编教材16部。发表论文124篇，其中被SCI收录的论文3篇，被EI收录的论文24篇，被ISTP收录的论文4篇，被SCIE收录的论文有5篇。

【教师队伍建设】　2009年，做博士后1人，考取攻读博士学位4人，晋升教授4人，副教授5人，讲师3人，实验师2人；引进4名博士，其中第一类人才3名。

陈明锐、韩汉鹏获学校（合并后）首届“十佳教师”称号，李文雅获学校（合并后）首届“十佳教师”提名奖，张勇军获第六届省普通高等学校青年教师教学大赛优秀奖。

【党建工作】 院党委下设10个党支部，其中教工党支部5个，本科学生党支部4个，研究生党支部1个。党员329人，其中教工党员75人，占全院教工人数45.45%，本科学生党员213人，占全院本科学生人数10.20%，研究生党员41人，占全院研究生人数50.62%。

1．深入开展学习实践科学发展观活动，加强组织建设与管理。2009年，院党委和原儋州校区学生党支部获校先进基层党组织称号，教师陈明锐、欧少红和学生黄兴鹏被评为校优秀共产党员，院党委书记陈明宝获校优秀党务工作者称号。

2．做好党支部调整工作。撤消原儋州校区教工党支部和原儋州校区学生党支部，儋州校区12名教工党员和45名学生党员分别归入相应党支部。

3．做好党员发展工作和入党积极分子培养教育工作。2009年，发展188名学生入党，其中本科生179人，研究生9人；转正124名党员，其中教工2人，本科生113人，研究生9人；1158名学生提交入党申请书；举办2期入党积极分子培训班，302人参加培训。

4．做好毕业生党员的教育管理和组织关系转接工作，2009届159名本科毕业生和12名研究生毕业生的党组织关系全部顺利转出。、

【学生工作】 以科学发展观为统领，以创建“勤奋、多思、求实、进取”的良好学风为目标，营造良好育人环境。

2009年主要活动。3月，开展“弘扬雷锋精神，向建国六十周年献礼”学雷锋月活动；举办“迎祖国六十华诞，论信息09精彩”新生辩论赛。4月，举办“携手共建绿色校园”电脑文化节、“青春舞·风采秀——我们在一起”信息风采节、“创建星级宿舍”活动、“心随舞动”舞会、考研经验交流会。5月，开展“5.25心理健康教育”系列活动。7-8月，开展暑期社会实践，组织“三下乡”活动。9月，举办2009级新老生见面交流会、专业教育，帮助新生尽快融入新环境；开展“甲流”防控工作。10月，院团委、学生会换届，对新干部进行培训；举办“HELLO-C”杯班际篮球赛、暑期社会实践答辩会、贫困生交流会。11月，举办趣味体育、2009级迎新圣诞晚会。

在“五四评优”活动中，2008级通信2班团支部、2006电子信息工程2班团支部获学校“五四红旗团支部”称号。43人获被评为暑期社会实践“积极分子”。在全国大学生数学建模竞赛中，5人获全国二等奖；5人获得海南赛区一等奖、10人获二等奖，9人获三等奖。

(撰稿：陈 丹 审稿：陈明宝)

# 农学院

【概况】 学院分为儋州、海甸2个校区，下设3个办公室：综合办公室、教研办公室、学工与团委办公室；5个教学系：农学系、生物技术系、农业资源与环境系、草业科学系、动物科学系。教职工122人，在校本科生1701人，硕士研究生431人，博士研究生62人。

【学科建设】 学院有专科、本科、硕士、博士、博士后等办学层次，有作物学一级学科博士后科研流动站1个；有作物学一级学科博士点

授予权，下设二级学科博士点7个：作物遗传育种、作物栽培与耕作学、植物分子遗传、种质资源学、农业生物技术、橡胶学、能源植物；有硕士学位授权点 15 个：作物遗传育种、作物栽培与耕作学、生化与分子生物学、土壤学、植物营养学、草业科学、森林培育、植物分子遗传、种质资源学、农业生物技术、发育生物学、林木遗传育种、橡胶学、能源植物、野生动植物保护与利用；有专业学位授权点 2 个：高校教师硕士学位授权点、农业推广硕士学位授权点。硕博士学位点覆盖学院全部本专科专业。有 7 个本科专业：农学、生物技术、生物科学、农业资源与环境、动物科学、动物医学、草业科学和作物生产技术，2 个成教专科专业；有国家级重点学科 1 个：作物遗传育种，农业部重点学科 1 个：作物遗传育种，省级重点学科 2 个：作物遗传育种、作物栽培与耕作学，校级重点学科 5 个：作物遗传育种、作物栽培与耕作学、生物技术、生化与分子生物学、野生动植物保护与利用，教育部工程研究中心 1 个：热带作物新品种选育工程研究中心，省级重点实验室 1 个：耐盐作物生物技术重点实验室。

2009 年，作物遗传育种国家重点学科的建设工作，引进 1 名学科带头人（责任教授），组建学术团队，积极为该学科申报科研项目，争取科研经费，并精心组织各类科研成果的申报，准备迎接国家对重点学科的评估验收。完成海南省对省级重点学科作物栽培与耕作学的评估验收工作，评估结果为优秀。

积极申报生化与分子生物学博士点、农业资源与利用一级学科硕士授权点、动物营养与繁殖及基础兽医学硕士点。

**【教学工作】** 2009 年，本科教学实现了两个校区办学资源共享，一体化管理逐步到位，办学实力进一步增强，本科教学工作稳步推进。

质量工程建设。成功申报国家特色专业 1 个：农学专业；海南省特色专业 2 个：农学专业与生物技术专业；海南省优秀教学团队 2 个：生物技术教学团队和生物科学教学团队；学校精品课程 2 门：植物细胞工程、田间试验设计与生物统计。

实验室建设。做好实验设备管理和维护，完成教学计划所规定的实验教学任务及科研实验工作；完善和补充实验指导书、实验教材；整合资源，申报各级实验教学示范中心。有 10 多个实验室，使用面积 5700 多平方米，教学仪器设备总值 3000 多万元。建立 320 亩教学科研基地，为教学、科研提供实验条件。2009 年，通过中央与地方共建项目、重点学科及科研课题等投入，增加教学设备经费 400 多万元，进一步提升学院的教学条件水平。

教学基地建设及管理。儋州校区农学院教学基地投入 20 多万元，进一步完善了教学基地的基础条件，完成部分田间灌溉设施，整修基地大门；创新管理机制，提升教学基地的服务能力，较好地完成了所承担的各项工作，促进了专业建设和学科发展。

考风考纪。考前召开全院教职工监考动员大会，部署监考有关事项，学院领导及教学秘书亲临考场进行巡查，考场秩序良好，无教师发生教学事故，无学生违反考场纪律。

毕业论文（设计）。加强对毕业论文（设计）管理，落实指导教师和论文选题，加强中期考核检查，抓好论文评阅和答辩等工作，提高毕业论文（设计）的质量，本科毕业生全部完成论文答辩工作。加强本科生发表论文工作的指导，2009 年有 6 名本科生发表论文，其中 2 篇在国家核心期刊发表， 4 篇在省级期刊发表。

教育教学研究。组织教师申报并获批省级教育教学研究课题 1 项，校教育教学研究课题 2 项。公开发表教学改革类论文 3 篇。

2009 年毕业班有 409 名学生，383 人获得毕业资格，占 93.6%；364 人达到学士学位授予条件，占 88.9%。

2009 年，完成教学工作量 21707.99 学时（本科 19214.12），平均每位教师 289.44 学时。

【研究生教育】 2009年，重新修订研究生培养方案；抓好研究生论文质量建设，实行导师负责、学位点把关、学院监督三级管理制度，使研究生学位论文质量较上年有明显的提高；就导师队伍建设、学科211建设、制度建设、研究生各个培养环节的管理、研究生课程建设、教学方法与手段、研究生学术交流、研究生的理想和信念教育、研究生的招生工作以及研究生就业指导工作等10个方面工作提出了具体的措施，实施效果良好。

【科研工作】 2009年，出台一系列新措施鼓励教师申报各类项目，获批国家自然科学基金项目2项、农业部转基因重大专项2项（科研经费分别为250万元和800万元）、农业部产业技术体系项目1项、人力资源和社会保障部留学人员科技活动项目1项、省自然科学基金项目8项、省教育厅高校科研项目9项、校教育教学改革项目2项、横向项目2项，各项目申报获批总金额1000多万元，2009年到帐经费300多万元。

2009年，获省科技进步奖2项，吴多泰博士科研成果奖2项，主编或参与出版著作9部，教师发表科研论文63篇（被SCI收录4篇），研究生发表论文283篇（核心期刊120篇）。承担（在研）国家自然科学基金项目、国家863计划项目、国家“九五”重点攻关项目以及国家计委、林业部、海洋局、教育部、省教育厅资助项目课题70多项。

开展对外科技合作和学术交流，教师到外单位或外省进行学术交流55人次，参加院校或外省的学术报告及讲座31人次，邀请国内外专家来校讲学19次。

【教师队伍建设】 教职工122人，其中专任教师66人，具有硕士学位教师44人、博士学位教师22人；博士生导师10人，硕士生导师30人。2009年引进博士4名，晋升教授1名、副教授5名、讲师3名。教师考取博士研究生1名，在读博士研究生12名。

【党建工作】 学院党委下设教工党支部2个（儋州校区1个、海甸校区1个），学生党支部11个，其中本科生党支部6个、研究生党支部5个（儋州校区7个、海甸校区3个、城西校区1个）。学生党员396名（本科生党员213名、研究生党员183名），教工党员52名。

2009年主要工作：（1）深入开展学习实践科学发展观活动。按照校党委部署，结合学院党员人数多、党支部分散的实际，灵活、合理组织党员学习活动，取得较好效果。(2)加强思想教育工作。党政齐抓共管，团委、学生会密切配合，采取多种形式进行教育活动，为各项工作顺利开展提供思想保障。（3）抓好社会治安综合治理和安全稳定工作。认真落实各项综合治理和安全措施，关注特殊时期、重要场所、特殊群体等事关安全稳定的工作，落实防范措施，确保校园安全稳定。（4）重视发展党员工作。推荐确定218名入党积极分子，发展学生党员153名，学生党员占学生总人数6%；发展教职工党员3名，教工党员占教职工总人数40.2%。（5）教工党支部多次组织党员深入学校周边乡镇、社区和工厂开展科技宣传、科技帮扶和文化交流活动。学生各党支部开展志愿服务、法律宣传、文艺下乡等活动，受到社会好评。

【学生工作】 2009年主要工作：（1）学生安全稳定工作。完善应对和解决学生突发事件的预警机制，组织辅导员、班主任、学生干部深入学生宿舍开展安全检查，及时发现和解决安全隐患，定期开展安全教育活动，增强防范意识，确保学生生命财产安全。

（2）学风建设。采取多种措施加强学风建设，学生勤学上进，刻苦钻研的学习风气蔚然成风，学习成绩大幅度提高。2009年248名学生获得三等以上综合奖学金，绝大部分奖励指标的获奖比率与上一年相比，有较大提高。海甸和儋州校区有160多人参加2010年研究生考试，录取86人，录取比例53.7%，有些同学被中科院、浙江大学、中山大学等名校录取。

（3）团学组织建设。加强系学生会建设、团学制度建设、团学干部教育培养，发挥团学干部的作用。组织系列学术、科技、文化、体育活动，丰富同学们业余文化生活。

（4）就业指导工作。2009 届本科毕业生 409 人，学院通过职业指导、就业调查、与用人单位合作等多种途径，促使初次就业率达 92.89%。超额完成了年初定 85%的计划，签约率达 46.95%。

（5）贫困生助困工作。贫困生 337 人，占学生总人数 29.7%。完成 2009 年贫困生各项资助工作，累计 93 名同学申请贷款、606 人次获得各项资助、600 多人次参加各类勤工助学项目，资助金额超过 100 万元。

【科技服务】 学院热带植物繁育中心已完成香蕉、海南龙血树、木薯、咖啡、柑橘、金钱树、胡椒等 60 多种热带植物组织培养技术开发和产业示范，其中香蕉优良组培苗年生产量达 500 万株，可提供橡胶苗、芒果苗、黄皮苗等优质种苗 50 余种。

积极为“三农”服务，与地方政府或农业企业联合举办动物养殖培训、香蕉栽培技术培训以及员工职业培训等，为热带农业发展提供智力支持。在科研方面，将成果转化成为生产力，如苦丁茶研究开发、热带花卉组织培养、海南肾茶的研究开发等科研成果，及时转化成为产品，走向市场。

（撰稿：樊俊华　　审稿：黄承和）

# 园艺园林学院

【概况】 园艺园林学院 3 个教学系和 3 个教研室：园艺系、园林系、设施农业系、植物生理生化教研室、植物学教研室和测量学教研室。

在校学生 1734 人，其中本科生 1579 人，硕士、博士研究生 155 人。

学院现有实验室近 4000 平方米，设备固定资产近 2000 万元。校内教学实习实践基地 18.53 公顷（278 亩），教学用温室、荫棚 3600 平方米，有多个校外省内省外教学实习实践基地。拥有有“植物学省级实验教学示范中心”，“热带作物种质资源保护与利用”教育部重点实验室、“海南省香蕉产业工程技术研究中心”等教学研究平台。

【学科建设】 学院具有博士、硕士、普通本科等各层次办学体系，主要有两个博士学位授权点：植物学和南药学；及植物学、南药学、果树学、园林植物与观赏园艺四个硕士学位授权点；农业推广专业硕士学位园艺领域授权点，植物学高校教师专业硕士学位授权点；校级重点学科两个：植物学、果树学。

学院有省级“热带园艺学实验教学示范中心”，“热带果树栽培生理”、“植物生理生化”等中央与地方共建高校基础实验室，省部共建“热带园艺资源与遗传改良”教育部重点实验室。

学院学科建设的思路是：在现有基础上进一步加强建设，提高现有优势学科的水平和档次，争取在省级重点学科建设方面取得实质性突破；同时培育新的优势学科。

【教学工作】 本年度学院圆满完成了本科生的教学任务，在教学过程中，注重加强教学主要环节的管理，组织教学观摩活动，整顿教学秩序，加强教风和学风建设。

在教学上取得了较好的成绩。“观赏花卉学”课程被评为省级精品课程；“热带园艺产品保鲜技术”被推荐上报国家级精品课程。“植物学课程群教学团队”被评为2009年度国家级教学团队，实现了我校国家教学团队零的突破。“国家精品课程《城市生态学》改革与建设”、“植物学精品课程体系的建设”分别获2009年海南大学教学成果奖一等奖，其中“植物学精品课程体系的建设”还获海南省高等教育2009年省级教学成果奖二等奖；“富有热带特色的植物学实验教学体系的建立与完善”获2009年海南大学教学成果奖获奖二等奖。杨小波老师被评为2009年宝钢基金获得者，宋希强老师获得了2010年“海南青年五四奖章”，罗丽娟、杨小波两位老师被评为海南大学“十佳教师”。

**【科研工作】** 2009年，学院纵向科研新立项目24个，全年纵向科研到校经费290.5万元。横向科研新立项目3个，横向科研到校经费52万元。总到校科研经费342.5万元。

2009年承担在研的国家级、部级项目**12**项，其中国家自然科学基金**5**项：CO通过NO调控干旱胁迫下水稻种子萌发过程细胞程序性死亡的发生（30960182），广藿香主要活性成份形成的遗传机制研究（30960533），兰科植物基于内生菌根真菌的保育生物学研究（30660153），东西特有种五唇兰两个生态型的生理与内生真菌分化的对比研究（30860233），香蕉抗旱的重量遗传研究（30860170）；教育部科学技术研究重点项目（地方高校）**1**项：海南省反季节蔬菜低温冷害灾损模式及减灾、避灾措施的研究（209096）；国家支撑计划项目**1**项：广藿香提取技术与规范化研究（子项目）（2006038101010-7）；农业部支助项目**4**项：香蕉现代产业技术体系研究与建立(子项目)（nyhyzx07-029），芒果采后热处理设备技术的引进与消化使用（子课题）（批准号：2006-G33），速冻菠萝加工保鲜关键技术引进与消化应用，香蕉产业化关键技术集成与示范推广，热带作物种质圃；霍英东高校青年教师基金**1**项：全球气候变化对兰科植物菌根真菌多样性和功效的影响等。

2009年发表学术论文共85篇。出版著作及教材9部。获奖成果4项：“海南桉树人工森林生态特征研究”获海南省教育科技成果奖二等奖（第一完成人），“番木瓜施硒效应及硒素积累特性研究”获海南省科学技术进步三等奖，“濒危兰科植物华石斛共生萌发技术研究”获中国第七届花卉博览会科技二等奖，“热带水果的贮运保鲜”省优秀论文二等奖。申请专家专利1项：检测兰科植物种子生活力的方法。

邀请国内外专家及学者作学术报告9场次。

**【教师队伍建设】** 学院现有教职工106人。其中专职教师67人，专职教师中，正高级职称12人，副高级职称28人；具有博士学位14人，硕士学位34人。

当年在职攻读博士学位和硕士学位教师分别为9人和4人，获得博士学位和硕士学位教师各1人，研究生结业教师1人。出国进修教师4人，对口支援高校进修教师4人。派出做博士后工作教师1人。

**【党建工作】** 学院党委下设8个党支部，其中教职工党支部3个，本科生党支部3个，研究生党支部2个。申请入党人数646人，占学生总人数的41.4%。截止2009年12月31日，学院共有党员293人，其中教职工党员52人，占全院教职工人数的49.5%；学生党员241人，其中研究生党员72人，学生党员占全院学生人数比例为14.2%，其中本科生党员比例为10.8%，研究生党员比例为51.8%。成立园艺园林学院分党校，本年度培训入党积极分子240人。

制度建设，认真落实《海南大学学生党支部工作暂行条例》、《海南大学教职工党支部工作暂行条例》和《海南大学发展党员工作实施细则》，制定《园艺园林学院学生党支部发展党员工作实施细则》。此外还建立健全了党员联系人制度、班级党情统计表登记制度和对入党积极分子实行准组织生活制度。

思想建设，认真学习科学发展观，注重发挥党组织的战斗堡垒作用和党员的先锋模范作用。举办了党员宣誓大会、新老党员交流会、为地震灾区捐款等活动，特别是在重大活动中安排党员值班发挥了良好作用。

**【学生工作】** 学生主要活动：3 月，以学院班级为单位组织“三 八”女子排球比赛和班级辩论赛、英语演讲赛，3.12 日开展大型植树留念活动；4 月，班级开展中国传统文化宣传活动，团委、学生会、党支部全体干部到儋州市人民公园进行清明节扫墓活动、组织开展“乞巧节”活动，协助校学生会会开展文化衫涂鸦大赛和团支部歌咏比赛，丰富校园文化，同时开展学生干部培训活动，进一步提高学生干部的理论水平和责任意识；5 月，积极响应学校号召，组织广大同学参加“5.25”心理健康活动，开展园艺设施杯篮球赛，并依托专业特色，先后举办了园艺观赏植物展，书画展和艺术插花比赛，取得良好效果；6 月，整治考风考纪，开展学院毕业生晚会活动；9 月，召开“2008 级新生入学专业教育大会”，组织“新生杯篮球赛”活动；10 月，组织学院“新老生交流会”，帮助新生尽快适应大学生活和学习，并组织学院“迎新优秀作品展”，拔河比赛、足球比赛；组织青年志愿者开展公益活动到那大敬老院开展爱心活动，开展“纪念新中国成立六十周年”主题版块设计活动，使学生在集体动手的同时了解新中国成立以来祖国的重大变化，培养爱国主义精神；11 月，组织 2009 级新生才艺大赛，做好预防 H1N1 流感宣传防治工作，组队园艺园林学院校区植物摄影展，组织志愿者进行爱心无偿献血活动；12 月，开展学院宿舍文明契约活动和团委学生会联谊，组织“回顾与展望”新年沙龙活动，为学生交流提供平台。

学生主要获奖。黄云川等同学获得“青国青城”中国大学生校园环保行动创意大赛获得国家优秀创意奖；张哲同学获得第十一届“挑战杯”全国大学生课外学术科技作品竞赛二等奖；21 位同学获得海南大学 2009 年暑期社会实践积极分子称号；10 位同学获得海南大学优秀学生干部称号，24 位同学获得海南大学优秀共青团员称号；2 个班级在校运动会中获得道德风尚奖等。

贫困生资助工作。 2009 年，共发放各类奖、助学金 146. 51 万元，奖励、资助学生 1429 人次。发放国家助学贷款 56 人，共计 27. 57 万元，协助办理生源地贷款 60 余人。安排勤工助学 197 人次，共计发放 4. 49 万元工资。

毕业生就业工作 。学院成立就业领导小组，制定就业奖励措施。2009 届毕业生共有毕业生 353 人，初次就业率 83.00%，年底就业率 88.39%。

（撰稿：陈红兵　审稿：李绍鹏）

# 环境与植物保护学院

**【概况】** 学院设综合办公室、教研办公室、学工与团委办公室、植病教研室、昆虫教研室、化保机具微生物教研室、环境保护教研室、生态与气象教研室等教学管理机构。拥有植物病理学、农业昆虫学、化学保护、农药、植保机械、微生物学、环保科学、生态学、气象学等 10 个教学实验室，7 个中央与地方共建实验室。

在校学生 1313 人，其中本科生 1120 人，博士生 11 人，硕士生 182 人。

**【学科建设】** 学院已形成环境、生态、植保 3 个学科群，拥有分子植物病理学及作物害虫学2个博士点，分子植物病理学、作物害虫学、植物保护学、植物病理学、农业昆虫与害虫防治、微生物学、农药学、生态学、环境工程学、森林保护学等10个硕士点，植物保护、植物保护（农药方向）、农产品质量与安全、环境科学等、制药工程（农药方向）等5个本科专业（方向）。有2个专业学位授权点：农业推广（植物保护、林业）；高校教师（生态学、农业昆虫与害虫防治、植物病理学、环境工程）。

植物保护专业被列为国家级特色专业，植物保护教学示范中心被列为省级教学示范中心，普通昆虫学、生态学被列为省级精品课程，植物病理学、农业昆虫与害虫防治、生态学为学校重点学科。

【教学工作】 2009年，在教学上获得省级奖2项，校级1项，分别为：由程立生、蔡笃程等完成的“昆虫学课程群的建设与改革”获海南省高等教育省级教学成果二等奖；由李增平等完成的《橡胶树病虫害诊断图谱》获海南省高等学校科研成果二等奖；由程立生、蔡笃程等完成的“昆虫学课程群的建设与改革”获2009年海南大学教学成果一等奖；我学院组织完成的“芒果炭疽生物学基础及其可持续防控关键技术研究与应用”获中华农业科技三等奖。《生态学》获批省级精品课程。生态学学科实验室获批中央与地方共建项目。组织申报国家级实验教学示范中心—环境科学实验教学中心。

青年教师骆焱平被评为学校首届“十佳”教师。

【科研工作】 在研项目70多项，科研合同经费1500多万元，其中国家级、省部级项目合同经费1000多万元。2009年，学院纵向科研新立项10个，合同经费达500多万元；横向科研新立项2个，合同经费达60多万元。省自然科学基金立项5项：拟除虫菊酯类农药对海南海洋微藻毒性效应的研究；海南胡椒病害调查及其主要病害防控技术研究；海南省几种入侵杂草化感作用的研究；海南省外来树种簕仔树的生物入侵评价研究；典型抗生素在热带土壤中的环境行为和生物毒性研究。省教育厅基金立项5项：基于循环经济的海南省主导产业评价模型研究；橡胶六点始叶螨监测与经济阈值研究；鱼尼丁受体激活剂的设计、合成及活性研究；海南岛螺旋粉虱天敌资源调查与保护利用；甘蔗赤条病的发生与危害情况调查。

2009年，发表学术论文40多篇，其中核心期刊30篇，其中EI收录1篇；编写著作8本。

【教师队伍建设】 学院有专、兼任教师106人，其中专职教师53人。专职教师中有高级职称28人；具有博士学位11人.，硕士学位28人，2009年，引进教师4人，其中博士3人，教授1人。

【党建工作】 党委下设6个党支部，其中教工党支部1个，本科生党支部3个，研究生党支部2个。党员297名，其中教工党员31名，占学院教职工总人数44.3 %；研究生党员83人，占研究生总人数43.1%；本科学生党员183人，占本科生总人数16.3%。

做好职工思想教育工作。贯彻落实新海南大学第一次党代会和教代会精神；统一教职工对新海南大学发展及“211 工程大学建设”的思想认识；开展深入学习实践科学发展观活动，树立科学发展的理念；重视宣传防范甲型H1N1流感等传染病，增强自我健康保护意识；维护学院的和谐、安全和稳定。

加强党员教育和基层组织建设。坚持“抓早、抓紧、抓好”的原则，把发展学生党员工作的重心保持在低年级，2009年发展新党员106人，预备党员转正98人；坚持学生党员担任班主任助理制度，加强党员班主任助理的教育和培训，指导班主任助理发挥党员模范带头作用，促进班风建设；举行入党积极分子培训班，加强教育，提高新党员质量。

改进学生思想政治教育和管理工作。以促进学生成长成才为目标，充分发挥学院团委的生力军作用，积极开展思想道德、校园文化、创业创新、素质拓展等特色主题教育活动。一年来共获国家级奖励 1 项、省级奖励 4 项，学院学生在创新创业方面获国家级奖励 2 项、省级奖励 5 项，建设文化教育、科技创新、就业见习等活动阵地 7 个。

**【深入学习实践科学发展观活动】** 学院党委贯彻落实《海南大学深入学习实践科学发展观活动实施方案》的精神和要求，全面，认真组织各党支部按照各阶段的具体任务和目标，加强党性党风党纪教育，树立科学发展观，提高领导班子和党员干部的思想政治素质和科学发展能力。活动从 3 月中旬启动，到 9 月下旬结束，顺利完成了“学习调研”、“分析检查”、“整改落实”三个阶段重要任务，总结测评满意占 82.5%，满意和基本满意占 100%。

学院深入学习实践科学发展观活动取得了较好的成绩，学院党委获“海南大学开展深入学习实践科学发展观活动先进单位”荣誉称号，党委副书记崔昌华同志获“海南大学开展深入学习实践科学发展观活动先进个人”荣誉称号。

**【学生工作】** 2009 年，以服务青年学生成长成才为目标，加强和改进大学生思想教育，力求校园文化上水平、学生工作创品牌。

开展系列特色学生活动。主要有：迎新暨院企联谊联欢晚会、第三届趣味运动会、“展九州之魅力　现职业之风采” 2009 年促进大学生就业创业行动启动晚会、首届“正业杯”大学生创业计划大赛、纪念五四运动九十周年歌咏比赛、校园安全卫生教育宣传活动、五四青年志愿者系列活动、"赛专业技能 展专业风采" 第二届“田园杯”专业技能大赛、第十一次团学代表大会、暑期大学生社会实践、迎国庆六十周年系列活动、第四届“环植杯”篮球赛、第七届新生才艺大赛、2009—2010 学年度学生骨干培训活动。

获得省级以上的奖励。1 月，学院谭芳容同学获 2008 年度“中国大学生自强之星”提名奖；7 月，学院团委获 2008 年度海南省大学生暑期社会实践活动“先进实践队”称号； 11 月，学院楼坚、林明建、何洁《海南岛典型红树林生态系统防风效应研究》获得第十一届“挑战杯”全国大学生课外学术科技作品竞赛三等奖；12 月，学院楼坚、林明建、何洁《海南岛典型红树林生态系统防风效应研究》获海南省第四届“挑战杯”大学生课外学术科技作品竞赛一等奖，学院张贺、刘羽、刘增亮《橡胶树棒孢霉落叶病在中国的发现和 PCR 检测体系的建立》获海南省第四届“挑战杯”大学生课外学术科技作品竞赛二等奖，学院吕明超、李成、张杏艳《热带中热带牧草的重金属胁迫效应研究》获得海南省第四届“挑战杯”大学生课外学术科技作品竞赛三等奖；12 月，学院团委获 2009 年度海南省大学生暑期社会实践活动“先进实践队”称号。

毕业生就业工作。学院继续“以社会需求为导向、以企业需要为突破、以专业技能为亮点”的工作思路，提高就业工作的管理、指导和服务水平，提升毕业生的就业竞争力。2009 年，学院主动走出校园，联系用人单位近 50 家，组织大型招聘会两场、专场招聘会 30 余场，为学生提供就业岗位 300 余个；新增就业基地 3 个，学院的就业实习基地达 12 个。2009 届毕业生 618 名，截止 2009 年 8 月底，初次就业率本科 94.97%，其中签约率为 48.74%。年底就业率本科达到 95.60%。

（撰稿：张俊宏　黎　伟　姚天增　　审稿：沈秀清　朱朝华　崔昌华）

# 海洋学院

【概况】 教职工 60 人，其中专任教师 33 人，正高职称 13 人，副高职称 11 人，中级职称 9 人，博士学位 19 人，硕士学位 9 人；实验教学教师 16 人，其中高级职称 7 人，中级职称 7 人，博士学位 1 人，硕士学位 9 人。双聘院士 1 人，特聘教授 1 人，客座教授 10 人，兼职教授 2 人。国务院特贴专家 5 人，国家有突出贡献专家 1 人，省有突出贡献优秀专家 3 人，“新世纪百千万人才工程国家级人选” 2 人，新世纪优秀人才支持计划人选 1 人、全国杰出专业人才 1 人，全国优秀教师 1 人，省 515 人才工程人选 2 人。

在校本科生 677 人，硕士研究生 65 人，农业推广硕士生 20 人。

2009 年 10 月，学校调整实验教学管理处，生物技术中心整体划归海洋学院。

2008 年 9 月，陈国华院长当选省科协副主席。

【学科建设】 设有“水产养殖学”、“海洋生物学”2 个硕士学位点和农业推广硕学位（渔业领域）授权点；有水产养殖专业、制药工程专业、海洋科学 3 个本科专业；有省级重点学科：水产养殖学，校级重点学科：海洋生物学科。新设立海洋药物学科，是学院近期重点建设学科。有海洋生物国家级实验教学示范中心、省热带水生生物技术重点实验室、生物技术中心等实验教学与科研平台；有海南—东盟海洋生物科技合作基地。水产养殖学是教育部和财政部批准的第一批高等学校特色建设专业建设点。

以建设“211 工程”重点大学为契机，做好“211 工程”三期重点学科建设项目可行性研究，编制 “211 工程”建设项目 2009 年度建设计划；加强对国家级特色专业“水产养殖学”建设和管理，积极组织 “水产养殖学” 申报为省新一轮“重中之重”学科；加大对 “海水养殖动物病害学”和“鱼类学”等省级精品课程的建设和投入，积极组织申报国家级精品课程；加强其它课程建设工作，积极组织申报校、省级精品课程；加强“水产养殖”博士点申报的前期准备工作。

【教学工作】 本科教学。加强教学各环节的管理和监督，学院领导听课 15 次，组织青年教师进行教学观摩 2 次，召开师生座谈会 6 次，听取学生对教学工作的意见和建议，加强教风和学风建设。聘请国内知名专家为 2006 级水产养殖学专业学生开设小学期课程《水产生物育种新技术》，增加学生对本专业新技术的了解。海洋科学专业根据两年来的教学工作实际，对 2008、2009 级本科人材培养方案进行适当调整，使专业课程的设置更加合理；鼓励教师参加教改教研活动，全年共申报教研教改立项 4 项，发表教研教改论文 4 篇，取得教研教改成果 3 项，出版全国统编教材一部（副主编），教师指导学生参加全国大学生“挑战杯”获三等奖 1 项。

研究生教学。创新培养模式，建立研究为导向的导师负责制，将科学研究导向原则贯彻到研究生招生、培养全过程。修订培养方案，优化课程体系，改进教学方法。开设研究生学位课程 18 门、非学位基础课程 26 门，理论教学课时达 1320 学时，实验教学课时达 294 学时。组织研究生开展学术研讨会 10 余场，参加国内各种学术研讨会 5 次，参加导师主持的国家级、省部级科研课题研究达 20 项，发表学术论文 10 余篇。毕业生中有 5 人考取博士研究生。

实验教学。2009 年，新增实验设备 250 万元，建设一套重点仪器智能管理系统，一套实验教学管理系统，资助本科生创新实验项目 56 项，已签约出版实验教学指导书 3 本，按教育部要求建成海洋生物实验教学示范中心网站。

【科学研究】 获立项的科研项目 37 项，

其中省部级以上项目[illegible]项，其它项目[illegible]项。共国家级资助立项项目 17 项，其中包括科技部国际合作项目 2 项，国家 973 前期研究专项 1 项，科技部农业科技成果转化资助项目 1 项，国家支撑计划(子项目)1 项，国家自然基金 5 项，科技部科技人员服务企业行动项目 7 项；获国家外国专家局引进人才项目、引进外国智力项目等部级项目 2 项；获省重点科技计划项目 2 项、省自然基金 3 项；获省教育厅科研、教改项目 4 项；获学校重点资助科研项目、创新项目、自选课题资助项目、教研项目 10 项；获三亚市资助的重点合作项目等 3 项。

在研科研项目总经费达到 1787.9 万元，全年获立项资助总经费 705 万无，到账总经费 457.12 万元，其中获得国家和省部级立项资助项目到帐经费 437.87 万元，其它到账经费 19.25 万元。还获学校资助重点科研项目 34.2 万元，学院省水生生物技术重点实验室获省财政资助科研建设经费 25 万元。

科研项目通过结题、鉴定、验收的科技成果 40 余项；获各种奖励 6 项，其中省科技进步奖三等奖 1 项，第八届省青年科技奖 1 项，学校“吴多泰博士科研成果奖一等奖 1 项，三等奖 1 项，其它奖励 2 项。

以第一作者或通讯作者发表教学、科研论文 80 篇，其中 SCI 收录 15 篇；出版著作 3 部；国家申请专利 3 项，已获授权专利 2 项；举办第二届中国高校水产学科发展联席会，第九届中国生物毒素学术研讨会等国内学术会议等 2 场次；邀请国内外专家、学者作学术报告 8 场次，参加国际学术会议 2 场次，对外交流合作 5 次。

加强产学研的开发和利用。在省科技厅的支持下，学院继续与海南省农业科技 110 万宁市和乐水产养殖服务站、海南省科技特派员万宁市和乐水产养殖服务站协作，建设石斑鱼育苗与养殖示范基地，推广各类石斑鱼的人工育苗技术（池塘育苗、工厂化育苗）、石斑鱼的池塘养殖、网箱养殖技术；与海口庚申农业综合开发有限公司合作，建设东风螺健康养殖技术示范基地，推广东风螺规模化优良苗种繁育技术，东风螺健康养殖技术；与海南断山渔业有限公司、海南文昌金山花鳗科技有限公司合作，建设泰国笋壳鱼人工繁育与高效养殖示范、花鳗鲡种苗驯养与集约化养殖技术开发示范；与三亚意源养殖有限公司合作，建设扇贝优质苗种繁育和无公害养殖示范科技基地。

**【教师队伍建设】**　2009 年，晋升教授职称 1 人、副教授职称 3 人、讲师职称 1 人、副研究员职称 1 人、实验师职称 2 人；新增博士生导师 2 人、硕士生导师 4 人，引进教师 2 人，其中 1 名是具有博士学位的留学归国人员；完成留学学业回国 1 人，完成博士后研究 2 人，在职做博士后研究 1 人，在职攻读博士学位 2 人、攻读硕士学位 2 人。罗素兰教授被中央组织部、宣传部、科技部、人力资源和社会保障部授予“全国杰出专业人才”、被省教育工委授予敬业奉献道德模范称号，周永灿教授获学校首届“十佳教师”称号。

**【生物技术实验中心】**　生物技术实验中心于 2005 年成立，是跨学院、跨学科的大型综合性重点开放实验室研究平台，是学校科技创新体系的重要组成部分。中心拥有基因工程、细胞工程、蛋白质工程、发酵工程、药理、营养分析、显微镜、染色体分析和光合作用测定等方面的进口精密仪器 50 多台（套），仪器资产总值近 1900 万元，实验室使用面积 1600 多平方米。具备开展生物医药研发、动植物新品种培育、水生生物遗传育种、环保微生物产品研制、生物材料创制等多项研究工作的实验室空间和设备条件；承担相关专业的研究生培养工作，为全校的教学科研提供优质服务，并向社会开放。中心重视高层次人才引进，聘请承担国家重大科研项目的人员进入本实验中心工作。与美国、英国、澳大利亚、韩国、日本和泰国等建立广泛的国际合作。

【党建工作】 学院党委下设9个党支部（教工党支部5个、学生党支部3个、流动党支部1个），在校党员168人（教职工党员31人、学生中本科生党员104名、研究生党员33名），2009年发展党员65人。

主要活动：3-8月，开展深入学习实践科学发展观活动，促进学院科学发展；3-12月，在全体学生党员中开展“四个一工程”活动，增强党员的先进性，增强党组织的凝聚力和战斗力；4-6月，举办海洋学院分党校第2期入党积极分子培训班，培训75名入党积极分子；9月，在迎新工作中，专门设立“党员服务岗”，为新生提供接待服务；10-12月，举办海洋学院分党校第3期入党积极分子培训班，培训94名入党积极分子。

【学生工作】 坚持“建设、服务、创新”的工作理念，以思想政治教育和理想信念教育为核心，以培养具有创新精神和创新能力大学生为目标，以学生课外科技活动、“挑战杯”全国大学生课外科技作品竞赛与创业大赛、暑期社会实践活动和青年志愿者行动等一系列活动为载体，推动学生工作扎实开展，促进学生成长成才。

主要活动：3月，举办院第六届中文辩论赛；4月，开展学生科研能力培养训练营活动、“传递爱心•成就你我•共筑和谐”资助家庭经济困难学生活动；5-6月，开展毕业生文明离校工作；6月，召开院第二次团代会暨院第二次学代会；3-7月，开展以“笃学•考研•就业•创业”为主题的“学风建设工程”；7月，开展以“实践科学发展•青春奉献社会”为主题的暑期社会实践活动；9-10月，在2009级新生班开展“我的大学我做主”主题班会、新老生经验交流会等入学教育系列活动；10月，举办院学生干部培训班、开展“祖国你好”主题教育活动；10-11月，组队前往北京航天航空大学参加第十一届“挑战杯”全国大学生课外科技作品竞赛决赛；9-12月，举办毕业班学生就业专场招聘会；12月，召开暑期社会实践经验交流会、举行2009级新生军训。

主要获奖：院团委获校“五四红旗团委标兵”；院学生会获校“优秀学生会”；国家励志奖学金25人，国家奖学金2人，省优秀奖学金12人；校“三好学生”综合奖学金特等奖5人、一等奖14人、二等奖36人、三等奖51人，特别奖学金6人。在第十一届“挑战杯”全国大学生课外科技作品竞赛三等奖3项；省第四届“挑战杯”大学生科技作品竞赛一等奖3项；校首届大学生职业生涯规划大赛一等奖1人、优胜奖1人；获中国青少年发展基金会《希望工程20年希望之星》1人；学生的就业情况：2009年本科毕业生初次就业率为90.48%，签约率为74.60%，被学校评为“就业工作优秀单位。

（撰稿：潘孝昌 陈曼真 王林桂 郝之逸 审稿：陈国华）

# 经济与管理学院

【概况】 经济与管理学院是2009年10月21日，由经济学院、管理学院、海南大学中国现代经济理论研究所合并而成的新学院。

学院设有国际经济与贸易、金融学、农林经济管理、会计学、财务管理、工商管理、人力资源管理、市场营销、信息管理与信息系统、统计学和物流管理等11个本科专业，其中农林经济管理专业为国家级特色专业建设点；有世界经济、农业经济管理、金融学、企业管理和政治经济学5个科学硕士学位授予点，其中政治经济学学科为省级重点学科；有工商管理硕士（MBA）、农业推广硕士（含农村区域发展、农业科技组织与管理2个方向）、高校教师（世界经济、农业经济管理）3个专业学位授予点。

学院拥有一支教学经验丰富，学术造诣较高，专业、年龄、学历结构合理的师资队伍。教职工174人，其中专任教师131人(教授22人、副教授50人)，有博士学位和在职攻读博士学位的教师39人，多名教师具有海外留学背景。

在校普教本科生4003人，研究生681人，成教学生近1000人。

2009年在省第六次社会科学优秀成果评奖活动中，获一等奖1项，二等奖4项，三等奖1项。

2009年学院与天津大学管理学院、台湾成功大学管理学院签署合作协议，在人才培养、科学研究、师生互访等领域开展了广泛的合作与交流。

**【学科建设】** 以农林经济管理学科为特色和优势。2009年完成申报农业经济管理省级重点学科，获批农林经济管理专业省级教学团队。

学科基地建设。中国热带作物学会农业经济专业委员会挂靠学院，成为农林经济管理学科与外界交流的重要科研和学术平台。

学科基础建设。除学校公共教学资源外，学院还拥有实验室2个（综合模拟实验室、土地管理实验室），使用面积约200平方米。截至2009年底，万元以上仪器设备、软件系统3台（套），各种型号计算机近200多台。学院资料室中外文藏书超过1.92万册，中外文期刊共130多种。

申报并获批新本科专业《物流管理》。

**【教学工作】** 组织实施各专业教学计划，做好日常教学常规管理，不断提高教学水平。落实课程安排，做好调课、停课、补课等工作，配合教务部门进行教学检查。认真组织学生的各级各类考试，做好教材的征订、发放等工作。完成信息管理与信息系统和统计学等3个新办专业的评估。修订《工作量计算办法》、《教学质量工程建设办法》等教学管理制度。组织教学观摩活动，做好教学档案管理。完成1300多名学生的毕业资格审核及2010年推免生的资格审核工作。完成2009级本科培养方案修订工作，胡国柳教授主持的《财务管理》获省级精品课程。

**【科研工作】** 2009年，学院科研项目合同经费219.37万元，其中纵向科研经费136.4万元；横向科研经费77.52万元；校级科研费5.45万元。

全年共发表学术论文98篇，其中46篇在核心期刊上发表。

出版著作(含教材)16本，分别为，《新编会计信息化教程（用友T6版）》、《管理学基础》、《创业投资：运作机制与国际比较》、《产业结构演进与城市化实证研究》、《收入来源构成视角下的农民增收问题研究》、《人生管理学》、《海南天然橡胶产业发展研究》、《中国股神VS美国股神》、《千万别“学”巴菲特》、《投资与管理生命体模式构想》、《财务管理习题与案例》、《赢在“挑战杯”》、《财务软件实用教程》、《品出经济学三味》、《中国"股神"VS美国股神--中美价值投资战略战术比较分析》、《主体功能区的生态补偿研究》。

研究报告4篇，分别为：《中国电子商务之都2009互联网经济发展报告》、《海南人才测评报告》、《海南高尔夫球场社会经济环境影响分析》、《关于金融危机背景下中国天然橡胶产业发展的若干对策建议》。

全年鉴定成果共5篇，分别为：《我校财务管理本科专业课程体系构建及实施问题研究》、《海南大学教师绩效管理研究》、《宅地权制度对海南住房保障及房地产经济的影响及模型研究》、《海南省技能人才建设研究》、《海南省高校教师人才素质模型研究》。

获奖成果8篇，成果名称分别为：“股权结

构与企业资本支出决策关系:理论与实证分析”（省第六次社会科学优秀成果奖、论文一等奖），“微观经济学”(省第六次社会科学优秀成果奖、教材二等奖），“制度递延逆反论——一个典型制度变迁的案例描述与推论”（省第六次社会科学优秀成果奖、论文二等奖），“中国天然橡胶经济问题研究”(省第六次社会科学优秀成果奖、专著二等奖），“民间资本投资基础设施领域研究”（省第六次社会科学优秀成果奖、专著二等奖），“上市公司现金持有决策影响因素的实证研究”获 2009 年省高等学校科研成果二等奖，“宅地权制度对海南住房保障及房地产经济的影响及模型研究”获省科技厅优秀科研成果奖，“完善农村信用社贷款定价机制　支持海南新农村建设”获中国农村财政研究会第五次优秀论文奖。

**【教师队伍建设】**　采取多种方式加强教师队伍建设。鼓励符合条件的教师申报职称，2009 年晋升教授 3 人，副教授 7 人，讲师 7 人。2009 年引进教师 1 人。推荐 4 名骨干教师赴国内外进修。推荐乔继红、李玉凤老师到日本知名高校研修。支持青年教师在职攻读博士，有 2 人考上博士研究生。

**【党建工作】**　学院党委以学习实践科学发展观为契机，切实加强党员管理，做好党员教育，发挥党员的带头作用。

学院于 11 月成立党委会，调整设立教工支部 6 个、学生党支部 11 个。2009 年，组织 468 人参加学院党课培训班学习，发展新党员 307 名，党员人数达 704 名，其中，教工党员 77 名，学生党员 627 名，学生党员占在校学生数 15.3%。

各支部开展以学习科学发展观、政府工作报告和党的十七大精神为主题的组织生活。在两院合并期间，做好宣传工作，召开安全稳定会议，维护正常的教学秩序。各支部组织学生党员和入党积极分子坚持每周两次到图书馆、学院资料室义务劳动，2009 年共有 1450 人次参加。

**【学生工作】**　根据“教书育人，德育为先”的理念，切实加强学生管理，做好思想教育工作。

学生日常管理。1. 学生心理健康教育工作：建立学院心理健康教育网站和心理健康教育宣传专栏，建立学院心理工作小组，建立心理委员档案和学生心理健康档案，开展班级心理健康相关的特色活动；针对学习困难、家庭经济贫困和心理不健康学生开展心理咨询及处理由心理健康问题引发的突发事件等。2. 开展学生资助工作：做好各类奖助贷及勤工助学工作；联系社会资助，如：香港运豪集团“彩能”奖助学金；建立和完善各类评选工作规章制度。3. 学生就业工作：成立就业工作领导小组，制定就业奖励制度，加强对毕业生的综合管理；建立学院就业网站，及时发布就业信息；对毕业班级进行就业指导，关注贫困生等特殊群体的就业状况，让毕业生找准自己的就业方向；强化毕业生服务工作，鼓励教职工和校友及社会各界向用人单位推荐毕业生。

团学工作。新的经济与管理学院成立之后，进一步理顺组织机构，合并设置了团学组成部门，以专业为单位成立了 10 个专业团总支、学生会。坚持党建带团建，做好“推优”工作，2009 年推优人数 216 人，入党 184 人。开展以“践行科学发展观、奉献点亮青春”、“做文明学生，创文明校园”为主题的系列教育活动；开展以“强国之路、青春使命”为主题的教育实践活动；组织各种文体活动和“象牙塔杯”征文大赛、“新生辩论赛”、“中文演讲比赛”等，促进学生素质全面提高。

2009 年，原经济学院获校“五四”红旗团委称号，原经济学院学生会获校优秀学生会标兵称号，原经济学院分别获省、校暑期大学生社会实践活动先进集体。经管学院合并后，在学校中文演讲比赛中，学院选手获一等、三等奖。据不完全统计，有 400 多人次学生在学校、省和国家各级类比赛中获奖。

（撰稿：胡国柳　审稿：曾玉蓉 许能锐 吴 新）

# 法学院

【概况】 法学院有教育部高等学校特色专业建设点法学本科专业。设立特区法制研究所、中欧比较法学研究中心、金融刑法学研究中心等科研机构。有法学应用综合实验室，其中有物证实验室、案例教学分析室、模拟法庭、法律诊所等4四个实验室。

学院设有综合办公室、教研办公室、学工与团委办公室、法律硕士教育中心、理论法学教研室、诉讼法学教研室、民商法学教研室、经济法学教研室、刑法学教研室、国际法学教研室等行政、教学管理机构。

在校本科生678人，硕士研究生663人。

【学科建设】 法学一级学科是海南省省级重点学科。2009年，诉讼法学、民商法学、经济法学、法理学、法律史学、国际法学、刑法学、环境法学、宪法与行政法等9个硕士点均招收硕士研究生，实现了除军事法学外所有二级学科点均能招收硕士研究生，法律硕士专业开始招收法律硕士（法学）班。法学一级学科积极申报博士学位授权点。

【教学工作】 本科教育 。实行“3+1”的教学模式，注重学生“三基三能”的培养，坚持本科毕业论文写作与科研相结合的模式，开展规范有序的毕业实习和诊所教学工作，在海口市、三亚市、琼海市、文昌市等32个公检法实习基地开展学生毕业实习与暑假社会实践活动。召开专业实习工作研讨会，研究、总结实习经验。组织教师进行教学研究，2009年，获学校教学成果一等奖2项，二等奖1项，1人被评为省级教学名师；召开“地方综合性高校教育改革与创新研讨会”，要求所有教师提供论文、进行主题发言；鼓励教师申报教研课题，共有2项教研课题、1项自编教材获学校立项。在教学团队建设上，继续加强教师和课程两个方向的组合，以教学团队的力量提高教学质量，“民法学教学团队”获省级教学团队立项。

2009届本科毕业生260人，有8篇论文获得校级本科优秀毕业论文，54人考取研究生，占毕业生人数20.8%，通过司法考试86人，占2006法学人数的34.5%。

研究生教育。学院对整个一级学位点的培养方案重新进行评估、分析、整合，根据法学人才培养的社会需要，反复征求意见，制定了新的培养方案，包含比较系统、完备的法学各专业硕士学位课程教学计划，对各专业的培养目标、研究方向、学习年限和时间安排、课程设置与学分要求、教学实践与社会实践，科学研究与学位论文、培养方式与学习方法、考核与管理等问题注意作了明确的规定。

学院现有硕士生导师27名，其中有教授职称的22名，有博士生导师资格的3人。

学院研究生素质逐年提高，有3名同学获2项海南省高校硕士研究生创新科研课题；他们是08级民商法吴卓静、王晨华的“海南妇女婚姻家庭地位的实证调查与思 ”；08级诉讼法左菲的“海南经济特区立法评估制度研究”（全省仅有22项）。 06级诉讼法学研究生李建波，在校期间主编法学学术专著4部：《中国法律援助制度》、《和谐社会与法治》、《通向和谐高校的法治之路》、《司法和谐与社会主义司法制度革新》，2007年1月应邀参加在北京人民大会堂举行的首届中国法治论坛开幕式暨首届钱端升法学研究成果奖颁奖大会，其论文获得“首届中国法治论坛”优秀论文奖。2007年7月与导师合写的《论司法和谐及其实现》获中国法学会颁发的“和谐社会与法治建设”征文二等奖。

法学研究生毕业率98％，司法考试平均通过率80%，英语六级通过率65%以上，就业率90%

以上。2009年研究生招生61名，毕业38名。

法律硕士教育。2009年招收230名法律硕士（其中在职法律硕士80名）。2009年度，共有129名法律硕士研究生顺利通过论文答辩并获得学位。2009年度法律硕士的教学质量与管理水平不断提高。不断摸索，认真总结，因地制宜建立起科学高效、公平合理的招生选拔机制。勇于探索，积极尝试，尊重人才培养规律发展个性化教育。在教学模式上，强调理论与实践并重的教学模式。在培养方式上，创新培养模式，确保培养质量。在整合资源上，建立学习交流小组。在学术交流与合作上，利用办学条件和教育资源，举办各类学术讲座，搭建学术交流平台。

高效率的教学管理组织结构及科学完善的制度建设。1.法律硕士教育中心制度化、高效化的流程管理模式。法硕管理工作细分为招生宣传、招生、录取、入学教育、课程学习、论文开题及论文撰写、论文答辩等阶段，每一个阶段明确了工作流程。2. 法律硕士导师组职责化。导师组的作用在于发挥集体指导的优势，专门研究法律硕士的培养事宜，并在入学时为每位在职学生分配导师，明确导师组及各导师的职责。3.建立健全评估机制，完善质量监控体系。学院教学督导组不定期开展教学检查，对教学过程和环节进行全方位管理和监督，规范教学行为，提高在职培养质量。4.规范的学籍管理。为保证培养质量，精心为每个在职研究生建立规范的学籍档案，专门制作在职学籍档案管理和培养手册，将他们在校的基本情况、课程学习情况、学位论文开题报告情况、中期考核情况、论文答辩情况、在学期间科研情况等逐一登记。以市场化的理念把好就业关。

建立良好的就业渠道，并对学生进行职业拓展指导。联络分布在社会各个领域的优秀的校友，为学生的职业拓展提供更多机会。2009年法律硕士毕业生就业率100%。

**【科研工作】** 2009年，获得科研项目20项，科研经费77.2万元。其中国家社科基金2项，科研经费15万元；教育部基地重大项目1项，科研经费20万元；教育部人文社会科学研究项目1项，科研经费5万元；省社科联项目1项，科研经费1万元；省教育厅高等学校科学研究指导性项目3项；省教育厅高等学校科学研究资助性项目4项，科研经费1.2万元；学校重点项目2项，科研经费10万元，学校一般项目4项，科研经费8万元。其他项目有美国亚洲基金会《中国土地法律制度研究》，科研经费15万元；承办国际会议《中日民商法年会》，科研经费2万元。

2009年，发表论文101篇，其中核心期刊31篇；出版著作16部，教材4部；获省部级以上科研成果奖6项，其中一等奖2项，二等奖1项，三等奖4项。王崇敏教授、张丽娜副教授的《论我国民法典总则中的知识产权保护规则》获省第六次社会科学优秀成果评奖论文一等奖，王崇敏教授的《中国物权法》一书获省高等学校优秀科研成果奖编著一等奖，宁清同教授的《生态建设的法律问题》获省高等学校优秀科研成果奖论文二等奖，梁亚荣教授的《构建正当的土地征收程序》获省第六次社会科学优秀成果评奖论文三等奖，段书臣的《证明标准问题研究》获省第六次社会科学优秀成果评奖专著三等奖，宋强教授的《刑诉法的再修改——构建控辩平等的取证机制”获中国法学会第二届中青年刑事诉讼法学优秀科研成果评奖论文类三等奖。

**【学术交流与合作】** 邀请国内外著名专家、学者作学术报告20多场。与中国人民大学法学院、吉林大学法学院的对口支援工作有序进行，取得了明显效果。学院主办学术会议3次，包括中日民商法研究会2009年年会、法学院教学研讨会、金融刑法研究会年会。教师参加各类学术会议30多人次，包括全国法学院院长联席会、教育部法学指导委员会年会，以及各类返学研究会年会。

**【教师队伍建设】**　学院 61 名专任教师中，教授 16 人，副教授 14 人，讲师 21 人，博士和在读博士 18 人，硕士 25 人。具有高级职称的教师占教师总数的 58%，具有硕士以上学位的教师占教师总数的 83%。2009 年，晋升教授 4 人，副教授 2 人，讲师 2 人。王崇敏教授被评为全国模范教师。

**【党建工作】**　学院党委下设教工党支部 1 个，党员 38 名，占教职工总数 57.6%，本科生党支部 3 个，党员 108 名，占本科生总数 13%，研究生党支部 7 个，党员 176 名，占研究生总数 41.5%。

以科学发展观为指导，抓好党建促发展。发挥党委的政治核心作用、党支部的战斗堡垒作用、党员的先锋模范作用。加强党的建设，提高党建工作的效能，初步形成具有时代特色、务实高效的党建工作体系。创新基层组织设置、工作方式和活动内容，设置了 9 个学生党支部，召开 3 次学生支部书记培训会，对新当选委员进行党务知识培训，并对学生党建工作进行部署。为学习和弘扬伟大的抗震救灾精神，院党委举行“法学院纪念 5•12 地震一周年暨学习抗震救灾精神座谈会”。为了进一步加强学生干部思想政治教育，提高学生干部综合素质，院党委在文昌市召开法学院学生干部工作研讨会。开展纪念建党 88 周年系列活动，举行新党员入党宣誓暨党员重温入党誓词仪式。深入学习实践科学发展观，进一步调动师生的积极性和创造性，为加快“211 工程”大学建设、促进学校科学发展贡献力量。组织学习实践科学发展观主题征文比赛，钟扬民等 10 名党员的征文章获表彰，本科第二党支部获组织奖。在开展学习实践科学发展观活动中，王崇敏同志获省、校先进个人，院党委获校先进单位。在校 2009 年“七一”争先创优评选中，院党委获先进基层党组织 ，邹立刚、王兵同志获 “优秀共产党员” 称号。

2009 年，举办入党积极分子学习班 2 期，学员 661 名，结业 610 名。发展党员 167 名，转正党员 87 名。取消党员资格 1 名。

**【学生工作】**　以建国 60 周年为主载体，以学校“211 工程”建设为目标，激发大学生爱国热情，服务大局，服务学校建设。通过加强队伍建设、加强政治理论学习、组织丰富多彩的校园文化活动和社会实践活动，促进学风建设，服务学生成长，引导学生科学规划人生，实现管理育人、服务育人，提高法科大学生的学习能力、实践能力、创新能力和竞争能力。

1．开展爱国教育，增强国家意识与集体观念。以 60 周年国庆为契机，组织全院学生观看“60 周年国庆大典——向祖国母亲致敬”、参观龙华区爱国主义教育基地、举办“我爱祖国大好河山”图文大赛、“爱永不止息：法科学子举行纪念 5•12 地震一周年暨学习抗震救灾精神座谈会”、组织志愿者参加青春建功国际旅游岛统一行动日活动.

2．创新日常管理，促进学风建设。以班风学风建设年为契机，开展班风学风“七个一”活动和班级 DV 大赛，增强班级集体观念和凝聚力，营造团结、勤奋、求实、创新的班风学风。以综合考评为抓手，规范学生日常行为，创新评优方法，提高评选效率与保证公平公正。建立贫困生与资助信息库，落实和完善奖勤助贷制度，落实生源地贷款，确保贫困生都能受到资助。以心理健康教育为创新点，在学院主页开辟“心灵驿站”心理健康专栏，普及心理健康知识，指导开展心理健康测试、建立心理健康档案，进行心理危机干预，举办心理健康趣味活动，多渠道疏导，确保无一学生出现心理问题。负责心理健康工作的辅导员取得国家二级心理咨询师资格证。以英语晨读为出力点，紧抓英语学习，有的班级四级通过率 91.1%。建立谈话教育制度，指导后进学生确立目标和改进学习方法。

3．强化就业指导，推进就业工作。按照“三考一体化”就业指导模式，建立“学生就业能力培养平台”，举办求职择业与职业生涯规划讲座，开展一对一就业帮扶工作，建立用人单位信息库，引进校外培训机构，举办司考、公务员考试和研究生考试培训班。考研率为 20.3%、公务员考录率为 12.6%、司考率为 34.1%，三率逐步提高。优先推荐就业困难毕业生。负责就业的辅导员通过国家职业指导师资格考试，有利促进就业工作。

4．活跃校园文化生活，提高学生综合能力。以“五四运动九十周年”为契机，持续开展了“永远跟党走”增强共青团员意识主题教育活动，加强团员的爱国主义、民族精神和形势与政策教育.在“5.12 汶川地震周年祭”之际，组织“弘扬抗震救灾精神•增强责任意识”主题座谈会。开展直播国庆 60 周年大庆活动和座谈会活动，组织学生到海口市龙华区爱国主义教育基地参观学习。响应国家普法教育的号召，法学院与龙华区团委共同开展“普法学校行”系列活动，由学生组织普法教育，与中专、中小学校共建和谐校园。在我国第九个法制宣传日，院团委携手龙华区团委、龙华区司法局等部门共同开展法制宣传活动。组织“欢乐女生节”、“篮球比赛”、“辩论赛”、“演讲赛”、“十大歌手比赛”、“五四表彰晚会”等活动，举办第四届海南大学天涯法学论坛暨“中国民生法治建设”学术研讨会，举办周末电影展播。

2009 年，院团委被团省委授予“海南省五四红旗团委”称号，2008 级文科实验班田亚杰同学获我省“深入开展群众性爱国主义教育活动努力推进国际旅游岛建设”读书活动演讲比赛第一名，2006 级段晓萌同学获 “创建国际旅游岛”海南 2009 首届大中专学生时尚形象设计大奖赛总决赛最佳模特奖，林勇老师被评为省大学生志愿者暑期“三下乡”活动优秀指导老师。

（撰稿：虞衍聪　潘　炜　李　菁　李昌郁　林　勇　黄丽环　审稿：徐　民）

# 政治与公共管理学院

**【概况】**政治与公共管理学院于 2009 年 10 月，由政治与行政学院、社会科学部、社会科学研究中心、高等教育研究所和管理学院所属的土地资源管理专业合并组建的新学院。实行政治与公共管理学院（社会科学部）两块牌子一套人马的运行机制，社会科学研究中心、高等教育研究所仍予保留，归属政治与公共管理学院管理。

学院有行政管理、思想政治教育、公共关系学、土地资源管理 4 个本科专业，马克思主义原理、马克思主义中国化、思想政治教育、政治学理论、中共党史（含党的建设与党的学说）、中国哲学、西方哲学 7 个硕士学位点和 1 个公共管理硕士（MPA）专业学位点。有 1 个省级重点学科——《马克思主义基本原理与思想政治教育》，1 门省级精品课程——《思想道德修养与法律基础》，2 个省级特色专业——“公共关系学”、“土地资源管理”，3 门校级优秀课程《马克思主义哲学》、《人力资源管理与开发》、《毛泽东思想、邓小平理论和“三个代表”重要思想概论》。

学院内部机构：思想政治教育、行政管理、公共关系学和土地资源管理 4 个系；思想政治理论课教学部；社会科学研究中心、高等教育研究所 2 个专门研究机构，1 个研究中心（海南大学地方治理中心）兼职研究机构；公共管理硕士（MPA）教育中心；二级图书分馆。

教职工 103 人，其中专任教师 88 人。专任教师中教授 16 人，副教授 18 人，高级职称教师占专任教师 38.6% 。博士生导师 2 人，硕士生导师 24 人（博士、硕士生导师不含院外的海大教师）。具有博士、硕士学位的教师 72 人，占专任教师 82%。经学校批准，特聘全国著名高校 10 位知名专家、教授担任兼职教授。

2009 年，在校生 2125 人，其中硕士研究生 469 人，本科生 1656 人；毕业生 449 人，其中研究生 118 人，本科生 331 人；招收新生 401 人，其中研究生 133 人，本科生 268 人。

**【教学工作】** 学院除承担思想政治教育系、行政管理系、公共关系学系和土地资源管理系的本科教学任务外，还承担全校的公共政治理论课教学任务。教学工作最大的特点是：教师教学任务繁重、涉及学生面广、课程跨越度大，教学管理面临很大挑战。学院党政领导班子重视教学质量管理，积极探索新的管理模式和教学模式，取得好成绩，思想政治教育本科专业顺利通过省教育厅组织的新专业合格评估。在省第六届普通高校青年教师教学比赛中，李辽宁老师获一等奖。1. 积极探索现代教育方法和教学模式。第一，坚持“三结合”教学模式——理论与实践相结合、教书与育人相结合、校内与校外相结合，收到良好的教学效果。第二，进行课堂教学法改革——主要采取教师主讲与学生参与相结合，开展生动活泼，形式多样的课程实践教学特色活动，改变满堂灌，填鸭式的传统教学法，体现理论教学与实践教学相结合。如公关系在原有《政府公关》、《企业公关案例研讨课》教学法改革的基础上，继续选择 1-2 门课程，让高年级学生集体备课、上讲台讲课，老师给予指导、点评，让学生获得更多的锻炼与提高，探索出适合高年级学生独特的“五步骤”教学法。第三，运用现代教育技术——采取传统教学手段与现代教育技术相结合，制作好各门主干课程的多媒体课件，努力提高课堂教学效果。筹建“公共关系学专业教学网站”，为学生提供新媒体教学平台，使学生课堂教学与课外自学相结合，实行教与学在网站上的互动式教学。

2. 加强实习、实践教学基地建设，提高实践教学效果。一方面不断拓展实习、实训基地的数量；另一方面注意从基地的结构特点和地理位置上有目的地选择一批教学实训实习基地。根据人才培养的目标要求，有计划有选择地与地方基层政府机关单位建立了稳定的实习基地，如公共关系系在原来已经建立的校外实践教学基地基础上，扩展专业实习基地。计划四年内在海南建立包括政府、企业、酒店、旅游景点等在内的 10 个以上的专业实习基地，给学生提供更多的社会实践锻炼机会与场所。通过开展校内与校外形式多样，丰富多彩的实践教学系列活动，让学生把所学的专业知识运用到实践之中，有效锻炼学生的综合素质与能力，特别对学生的策划能力、组织能力、实施能力、传播能力、沟通能力、协调能力，协作能力等方面进行实战演习，获得锻炼与提高。公共关系系每年一次的“公关周”、“公关之夜”活动等，为学生提供策划实施较大型专题活动的实践操作能力的机会与条件。

3. 加强课程建设与规划。以精品课程建设为切入点和突破口，通过《思想道德修养》、《当代西方社会思潮》、《公共关系学》等课程的建设，提高教育教学和人才培养质量。科学合理地构建专业课程体系，以公共课、专业基础课打好专业基础，以专业课、专业选修课突出专业特长，以教学实习（教育实习）、毕业设计（论文）加强实践能力，以公选课、任选课拓宽专业口径，加强文理渗透，实现宽专业、厚基础、高素质、强能力的人才培养目标。

4. 加强专业建设和管理，加大专业建设经费投入力度，提高专业建设水平和质量。建立健全专业建设的一系列规章制度，制定专业建设评估指标体系，加强专业建设的质量监控。严格按规划、计划完成建设任务，做好中期检查和验收工作。思想政治教育专业本着起点高、基础实、有特色的原则，确保培养应用型人才的基本目标。2009 年，思想政治教育专业建设顺利通过省教育厅专家评估，为其他专业建设提供了经验。

5. 重视管理制度创新探索，努力构建教学质量保障与监控体系系统。在长期的教学管理实践中逐步形成了一套比较成熟的管理制度：管理体制、听课制度、教学督导制度、教学反馈制度、教学质量检查制度、毕业论文质量监控、学生评教制度等。在教学质量管理与监控实践中，形成了以院领导为核心的决策指挥与管理调控系统、教学质量评估系统、教学质量反馈系统。

MPA 教育。2009 年，学院录取 MPA 研究生 80 人，在学 MPA 研究生达 280 人，其中 2006 级 MPA 研究生顺利开题，进入 MPA 论文写作程序，43 人顺利通过 MPA 硕士论文答辩获公共管理硕士学位。

**【科研工作】** 2009 年，获得科研项目 7 项。其中，省社会科学研究规划课题 2 项：“高校处理和防范邪教问题研究”（赵康太）、“南海油气资源开发与中国——东盟能源合作问题研究”（周伟），省教育厅课题 5 项。

出版著作 9 部：《特区服务型政府公共政策创新研究》（人民出版社，沈德理等），《特区服务型政府公务员行政能力建设研究》（人民出版社，安应民等），《海南省农村基层政治与社会发展研究》（人民出版社，李德芳等），《特区高校思想政治理论课程教学创新研究》（人民出版社，胡斌武，吴朝阳等），《全球化时代的国际机制研究》（吉林大学出版社，于营），《马克思主义基本原理教育新探索》（武汉大学出版社，李德芳、张云阁等），《改革开放与马克思主义中国化》（重庆出版社，李辽宁等），《孔子济世大智慧》（中国国际广播出版社，李英华），《赢在发展人——人力资本增殖的路径、动力和制度研究》（中国经济出版社，黄崇利），《中国共产党思想政治教育史料选编》（武汉大学出版社，李德芳、杨素稳、李辽宁等）。参编 4 部：《山野崛伟业》（章汝先），《迎接新挑战：21 世纪村干部创新素质特别培训》（王芳），《创新思维培养与优化训练》（周伟），《创作思维培养与优化训练》（陈思莲）。发表学术论文 76 篇。获奖项目 4 项：《世界马克思主义理论教育比较研究》（赵康太等）获教育部高等学校科学研究优秀成果（人文社会科学）著作二等奖；《中国共产党农村思想政治教育史》（李德芳、杨素稳等）获 2009 年度省高等学校优秀科研成果二等奖、省第六次社会科学优秀成果专著一等奖，《企业柔性管理——获取竞争优势的工具》（安应民等）获省第六次社会科学研究优秀成果二等奖；《赢在人的发展--人力资本增殖的路径、动力和制度研究》（黄崇利）获 2009 年度省高等学校优秀科研成果二等奖。

通过由省质量技术监督局审定、国家标准委员会备案的标准成果 8 项：《海南省海水浴场管理与服务规范》（安应民）、《海南省公共沙滩管理导则》（安应民）、《海南省文明生态村旅游服务质量等级划分与评定》（安应民）、《海南省自驾车租赁管理与服务规范》（安应民）、《海南省特色集市管理与服务导则》（宋增伟）、《海南省特色节庆活动管理与服务导则》（李辽宁）、《海南省露天综合游乐场（园）管理与服务导则》（张云阁）和《三亚市购物一条街管理与服务规范》（庞京城）。

**【教师队伍建设】** 学院采取多种措施提高教师的政治思想与业务素质。鼓励教师在职攻读博士学位和出国进修，在 2008 年 8 位教师在职攻读博士学位之后，2009 年又有 4 位教师在职攻读博士学位，2 位教师分别赴日本和澳大利亚作访问学者，2 位教师分别赴泰国和俄罗斯执教。2009 年，引进 3 位年轻博士人才。2 位教师晋升为教授，3 位教师晋升为副教授，4 位年青教师晋升为讲师。

**【党建工作】** 学院党委下属 14 个党支部，其中教工支部 6 个，学生支部 8 个（本科生党支部 5 个，研究生党支部 3 个）。党员 260 人，其中教工党员 82 人，占教职工总数 79%，学生党员 178 人（本科生 130 人，占本科生总数 9.6%，研究生 48 人，占研究生总数 63.3%）。年初计划发展党员 67 名（均为学生，下同），年内接收入党

申请书 [illegible] 份，列入党员发展对象 [illegible] 名，发展预备党员 82 人，党员转正 51 人。

开展学习实践科学发展观活动。从 3 月至 8 月，学院党委严格按照学校党委的部署，认真开展学习实践科学发展观活动，取得了一定的成绩。学院党委被评为学校学习实践科学发展观活动先进党委，思想政治系教工党支部被评为学校先进党支部。在学习实践科学发展观征文活动中，学生党员和入党积极分子踊跃参加并取得突出成绩，在全校 30 个获奖作品中，学院 11 个作品获奖，占 36.7%。其中，1 名获一等奖（共 2 名一等奖），5 名获二等奖（共 6 名二等奖）。

开展形式多样的活动。坚持每月党支部例会，集中进行学习。组织教工党员到临高角“解放海南纪念公园”参观，让党员教师了解解放海南岛的历程，增强党的信念；组织教工党员到澄迈县桥头镇参观社会主义新农村，到陶艺厂集体制做党旗，纪念建党 88 周年；组织学生党员和入党积极分子到金牛岭烈士陵园扫墓，进行革命传统教育。

**【学生工作】** 2009 年，学生工作以大学生成长成才为主线，树立典型，突出特色，传承优良传统，创新工作模式，在学生融合、思想建设、组织建设、人才培养以及校园文化建设等方面取得可喜成绩。

学院先后涌现出赵红亮、谭麒麟等先进模范人物。赵红亮同学以“服务社会，关注民生”的感人事迹在 2008 年中国大学生年度人物评选活动中入围前 100 名，2009 年，先后被团省委授予“海南青年五四奖章”，校党委授予“优秀共产党员标兵”称号，中央宣传部、中央文明办、总政治部、全国总工会、共青团中央、全国妇联确定为“第二届全国道德模范候选人”，省委宣传部、团省委、省总工会、省文明办、省妇联授予海南省“助人为乐道德模范”称号。

学院在校内率先开展向赵红亮同学学习活动，发起举办“赵红亮同学先进事迹报告会”，“支持赵红亮，学习赵红亮”万人大签名活动。还将赵红亮先进事迹与当代大学生自身发展相结合，举办“让红亮精神更红亮”征文活动。发动全院青年学生举办团组织生活会、学习座谈会和撰写学习心得等形式来学习和弘扬“红亮精神”。

组织系列活动，主要有：党史知识竞赛，“政行先锋”宣讲团赴海口市四中宣讲，邀请赴台交流生举行交流会，召开“接过五四火炬，争当时代先锋”主题座谈会，举办“纪念 5.12 地震一周年大型签名及献爱心活动”，组织志愿者志愿服务海口电视台首届残疾人晚会，开展各类社会实践活动，召开院第二次团代会、第三次学代会、第一次研究生大会，开展“民族互助月”活动，举办“海之韵·中华魂”主题中文演讲比赛。

**【重要活动】** 1.6 月 13 日，由政治与行政学院承办的省高校反邪教警示教育研讨会，在邵逸夫学术交流中心召开。研讨会以赵康太教授主持的教育部哲学社会科学研究重大课题委托研究项目“高校防范和处理邪教问题研究”成果为重点研讨内容。全国高校思想政治教育研究会副会长、教育部思想政治理论教学指导委员会副主任、中山大学博士生导师郑永廷教授和原国务院学位委员会政治学学科评议组成员、华中师范大学博士生导师张耀灿教授专程出席。

2.邀请浙江大学公共管理学院院长姚先国教授、天津大学公共管理学院张再生教授、中山大学博士生导师郑永廷教授、华中师范大学博士生导师张耀灿教授以及政府机构和企事业单位的领导来学院做专题报告。

（撰稿：宋增伟　陈秀彬　蔡泽茹　邢红斌　曹艺涛　王　宁　　审稿：安应民　王默忠　李德芳）

# 旅 游 学 院

**【概况】** 学院设5个系：旅游管理系、企业管理系、市场营销系、信息管理系、应用外语系；4个硕士点：旅游管理、外国语言学及应用语言学、企业管理（与经济学院联合）、计算机应用技术（与信息科学技术学院联合）；4个本科专业：旅游管理、市场营销、资源环境与城乡规划、人力资源管理；5个研究机构：饭店与旅游业发展研究所、语言与跨文化交际研究所、旅游营销与策划研究所、旅游信息管理研究所、旅游开发与规划研究中心。

教职工98人，在校生2880人，其中硕士研究生41人。

**【学科建设】** 2009年，学科研究方向的凝练有了重要进展。通过几个横纵大项目的带动和旅游管理省级重点学科的申报，已经形成了大致4个研究方向：区域旅游发展、旅游企业与产业管理、现代旅游信息服务、应用语言学与跨文化交际。

**【教学工作】** 1.构建以核心课程和选修课程相结合、“平台”+“模块”的教育模式。打通了公共基础、拓宽了学科基础平台，实现了基础课程由学校统一设置，学科基础课由学部统一设置，专业课程由学院按照宽口径、特色鲜明的原则设置。依托“希尔顿人才班”订单式人才培养模式探索的成功经验，结合国际旅游岛建设对人才培养的新要求，进一步加强“订单式”人才培养模式的探索实践。

2.完善教学质量监控体系。制定具体的教学管理工作规程或实施细则，形成校、院两级教学管理规范体系，保障各教学环节的良好秩序。加强课堂教学质量监控，主要措施是学生全员评教、教学督导组和院系领导听课、期中教学检查和学生座谈会、教研办日常抽查等。其中，学生全员评教经历了从纸质问卷现场打分到信息系统评估的过程：学生全员评教环节已实现使用学院自主研发的教学质量评估系统，学生凭各自的学号登录系统进行评估，评估结果由系统统计自动生成，全过程无人为干预环节。在院系领导听课环节，创造性地执行《海南大学领导干部听课制度》，2009学年学院督导组听课120门次。以各班学习委员为主体的教学信息员队伍，通过教学信息员短信息网络和例会等形式，为学院、教师、学生之间的信息传递工作提供了有价值的反馈信息，2009学年收集处理学生提供教学信息及意见反馈365条次。

3.拓展实践平台。（1）与喜来登、万豪、丽思卡尔顿、春秋国旅、三亚南山文化旅游区、三亚大小洞天等旅游企业建立良好的合作关系与稳定的学生实习就业基地。（2）学生海外实习就业工作取得新的突破：自2009年1月旅游管理专业10名学生前往美国奥兰多迪斯尼乐园实习后，又有4名2009届毕业生以文化交流使者的身份前往美国奥兰多迪斯尼乐园工作。本专业和美国迪斯尼乐园在学生赴美实习和就业交流方面的合作仍在继续。（3）成立由学院在校学生经营的创业示范基地“海口书香海韵旅行社有限公司”，为学生开辟一个全新的实践实习平台。像这样以学生创业实习为目的而设立、总经理及一切工作人员均由学生担任的实体经营旅行社在全国尚属唯一，极具创新性和探索性。

4.组织教学研究活动。2009年举办旅游学院首届教学大赛。比赛参照学校“十佳教师”和省青年教师讲课比赛评选办法，取得好效果。

2009年，3篇论文获省高等教育学会教学工作委员会优秀教学研究论文二等奖，校级教研项目立项2项。

5.教学成果。2009年《旅游策划》、《旅游市场营销》2门课程被评为学校精品课程，推动学院优化整合方案，更新课程体系进入一个新的阶段。

范士陈获学校首届“十佳教师”称号，1 人获第六届省青年教师讲课比赛一等奖。

6. 规范本科毕业论文。严格落实《海南大学本科生毕业论文(设计)工作管理暂行规定》，2009 届毕业论文的规范程度、工作效率和工作质量较往年有提高。在参加答辩的 539 篇毕业论文中，优秀毕业论文 133 篇，优秀率 24.67%，无不及格论文。

7. 2009 年普教本专科共 755 名学生获毕业证书，其中 524 名学生获学位证书。研究生发表论文 14 篇。

**【科研工作】** 2009 年，科研立项：国家、部委级 7 项，省级 7 项，横向项目 3 项。到账科研经费 220 万元。结题科研项目 16 项，发表学术论文 60 多篇，出版学术专著 10 部。学院承办第十四届全国区域旅游开发学术研讨会暨第二届海南国际旅游岛大论坛、教育部高等学校管理科学与工程类学科专业教学指导委员会 2009 年年会。

科研成果 2 项：符国基《海南省生态足迹研究》获省科技进步三等奖，李枚珍《大学英语听力影响因素分析》获省高等教育学会教学工作委员会 2009 年优秀教学研究论文二等奖。

**【教师队伍建设】** 学院有教授 10 人，副教授 17 人，讲师 25 人，副高以上教师占 52%。96% 的教师具有硕士以上学位。在编专任教师中，具有海外教育背景教师占 42%。其中，在境外取得学士以上学位 14 人，占 27%；有国外进修经历 8 人，占 15%。专任教师的专业或研究方向涉及管理学、经济学、市场营销、人文地理、语言学、旅游信息系统、饭店管理、资源规划、生态旅游、心理学、跨文化交际、法律与法规等领域。

**【党建工作】** 学院党委下设 6 个教工党支部，6 个学生党支部，党员 385 人。其中，教工党员 58 人，学生党员 327 人。2009 年发展党员 114 名。

党组织主要活动。3 月，举办 2008-2009 学年度第二学期入党积极分子培训班；3-8 月，组织全院党员参加深入学习实践科学发展观活动；5 月，做好 2009 年毕业生党员组织关系转接工作；6 月，推荐先进集体和个人参评校党委 2009 年“七一”创先争优评选表彰活动；9 月，做好新生党员入党材料审查和组织关系转接工作，在迎接新生工作中组织党员志愿者服务队；10 月，安排高年级优秀学生党员担任 2009 级班级助理辅导员；11 月，举办 2009-2010 学年度第一学期入党积极分子培训班；12 月，做好本学院 2009 年党内统计年报工作。

**【学生工作】** 1. 以活动为载体，搞活思想政治教育。举办学院首届五四表彰大会暨颁奖晚会，表彰优秀团员团干，传承五四精神；组织庆祝祖国六十华诞系列活动，进行爱国主义教育；组织志愿者到烈士陵园金牛岭扫墓，发扬革命传统；组织系列新生入学教育活动，立志在海大成长成才；组织“青春结集号”——快乐周末行宿舍活动，推进和谐、安全宿舍文化建设。

2. 采取多种形式，加强学生干部队伍建设。先后举办第五期、第六期团校培训班；组织招聘 2009 级新生干部；开展学生干部队伍换届招新活动；安排学生干部参加儋州旅游文化节交流活动。

3. 做好“推优”工作，为党组织输送新鲜血液。每学年团组织推优两次，2009-2010 学年推优的团员 251 人。

4. 重视社会实践工作，组织志愿者活动。为同学提供多种社会实践岗位，包括：诺基亚手机、苏宁电器、王老吉、金龙鱼、东风本田、海南嘉祥车展等企业的促销活动，组织同学参加三亚文化东方大酒店、喜来登酒店、新国宾馆、文化东方酒店兼职实践工作。组织同学参加海南高尔夫国际博览会、海南国际高尔夫波兰会、第五届中国镇长论坛、“十一”小红旗义卖、“清洁白沙门“——景区环保等志愿者活动。

5. 组织系列活动，推动校园文化建设。2009年，先后举办第八届旅游风采节、海南国际形象宣传片制作大赛、导游之星大赛、多媒体制作大赛、十大歌手比赛、百米书画大赛、衣服彩绘活动、外文诗歌朗诵比赛、迎新书画大赛、迎中秋猜灯谜活动、游园活动、诗歌朗诵比赛、中文演讲比赛、乒乓球赛、篮球赛、辩论赛、圣诞树及圣诞贺卡设计大赛等。

**【重要活动】** 1. 11月19-21日，中国区域科学协会区域旅游开发专业委员会、海南省旅游发展委员会、海南大学主办，海南大学旅游学院承办，旅游学刊编辑部、北京市旅游学会、海口市旅游发展委员会、青岛大学旅游学院、北京大学旅游研究与规划中心协办的第十四届全国区域旅游开发学术研讨会暨第二届国际旅游岛大论坛在海口举行。

2. 冯源教授受国际政治心理学学术研讨会邀请，赴爱尔兰共和国参加第32届国际政治心理学学术研讨会。

3. 海南大学学生创业试点项目——“海口书香海韵旅行社有限公司”挂牌仪式；

4. 学院被2008年（第九届）中国海南岛欢乐节组委会评为先进集体。

（撰稿:周超凡　郭　强　余力力　龚　萍　黄良颖　石雄伟　　审稿:王　琳　陈扬乐　郭　强　吕裕昌　金　晟）

# 人文传播学院

**【概况】** 学院有本科专业4个：汉语言文学、广告学（网络传播方向）、戏剧影视文学（影视编导方向）、对外汉语；硕士研究生专业2个：文艺学、比较文学与世界文学；成人教育专业1个：传媒策划与管理。有影视与传播综合实验室，下设影视实验室、传播实验室和小品室3个实验分室。图书资料室藏书2万余册（含电子图书3000余册），收藏中外影视精品影碟2000余部。

学院设海南大学黎族研究中心、海南大学方言研究所、海南大学中国诗歌研究中心、海南大学传播学研究中心、海南大学普通话测试站等研究机构。

学院成立于1988年，设有汉语言文学、广告学、戏剧影视文学、对外汉语4个本科专业，学院拥有一支学历学位高、梯队结构合理、研究能力较强的师资队伍，其中：专任教师46人，教授13人，副教授11人，国家政府特贴专家3人、省优专家3人，博士生导师1人，硕士生导师7人，具有博士学位教师16人，有博士、硕士学位者达到87%，学院还聘请了严绍璗、洪子诚、韩少功、赵一凡、陈忠实、蒋子丹、李少君等42位知名专家为兼职教授。

在校生1540人，其中硕士研究生74人，本科生1466人。2009年，毕业学生356人，其中研究生33人，本科323人；招收新生396人，其中研究生17人，本科生379人。

**【学科建设】** 继续推进汉语言文学、广告学、戏剧影视文学3个本科专业的基础建设，依托现有文艺学、比较文学与世界文学2个硕士学位学科点，全面提升科研和人才培养水平。

学院下设的海南省历史文化研究基地、海南大学黎族研究中心和诗学研究中心，在少数民族文学、文化研究领域具有较高的威望，承担着国家和省部级重大课题。

以中国现当代文学系列课程为平台，优化教学资源，全面提升教学团队素质。推进学科建设，为促进学院精品课程建设和教材建设，强化教学质量监控和管理，提高教学质量奠定了基础。

“中国现当代文学”被评为 2009 年度学校精品课程，并提名申报省级精品课程。

新办本科专业“戏剧影视文学”通过省教育厅新办本科专业评估专家组的全面考察与评估。

**【教学工作】** 一、积极有序地组织开展学院各项教学管理工作。1. 认真检查教师的各项教学文件。人文传播学院在每一学期开始，组织教学副院长、教务办主任、系主任等教学管理人员对全院任课教师的教学大纲、课程教学计划、教案、课件、试卷等进行全面检查，保证了教学工作的顺利开展。

2. 加强课堂教学纪律，切实提高教学质量。人文传播学院认真组织学院的课堂教学工作，通过各种形式对教师的课堂教学进行监督管理，切实提高了学院的教学质量。

3. 组织实施教学观摩课，引导教师们进行教学交流。人文传播学院每学期都会安排 2-3 次全院的教学公开课，组织全体教师进行教学观摩，观摩过后，还组织各听课教师对教学内容、教学形式、教学互动等进行分析评价，总结不足，交流经验，形成良好的教学交流氛围。

4. 认真组织开展期中、期末考试。人文传播学院狠抓考试环节，通过闭卷、开卷、大作业等多种形式对学生的学习情况进行全面检查，取得了优良的效果。

二、有步骤地改革毕业论文写作时间，切实提高毕业论文质量

人文传播学院对 2006 级毕业生的毕业论文写作进行了改革，主要是将毕业论文的写作时间提前，即将原来安排在第 8 学期开始的毕业论文写作，提前至第 6、7 学期进行，主要做法是将毕业论文的开题时间提前至第 6 学期末，将整个第 7 学期作为毕业论文的写作时间。通过这一改革，有效地保证了毕业论文的有效写作时间，学生一方面能够将主要精力集中于毕业论文的写作中来，从而保证了毕业论文的写作质量，另一方面，毕业生毕业实习时间大大增加，从而使毕业生能够踏踏实实地开展毕业实习工作，这大大提高了毕业生的就业率。

三、组织实施《大学语文》的跨校区教学工作

2009 年是海南大学合并后的第二年，人文传播学院继续承担全校的《大学语文》教学工作，并先后动员了 5 位青年教师克服各种生活困难，进行跨校区教学。在跨校区教学中，我院青年教师积极备课、认真组织、精心安排，保证了跨校区教学工作的顺利开展，取得了非常好的效果。

四、组织实施冬季小学期教学工作

2008 年我校第一次试行冬季小学期，即将原来二学期制变为秋季学期、冬季小学期、春季学期三学期制，反响很好。

2009 年从 6 月份开始，人文传播学院院办和教务办根据教学内容的安排，继续开展了冬季小学期教学计划的制定和冬季小学期外聘专家、学者的聘请及教学安排等工作。我院聘请了北京大学、山东大学、上海外国语大学等 3 所高校的专家、学者教授，拟讲授 5 门专业选修课课程。

从 2009 年 1 月 4 日起，人文传播学院冬季小学期外聘专家吴晓东、韩毓海、梁一儒、董乃斌、程蔷等相继来校授课，他们相继为人文传播学院 2007 级汉语言文学专业和 2007 级对外汉语专业学生开设了《中国现代小说的文学主题学研究》、《中国当代文化批评》、《中国古典美学研究》、《语言学与对外汉语教学》、《中国文学的叙事传统》等五门课程。课程受到了人文传播学院广大学生的热烈欢迎，为广大学生提供了非常好的教育平台。在学院网站上开辟了冬季小学期专栏，对专家们的工作情况进行及时报导，共发表相关工作报导 10 篇，取得了圆满成功。

【科研工作】 2009年，新立项科研课题12项，其中国家社科基金1项(刘复生教授主持的《“主旋律”文学的创作现状与发展走向》)、教育部人文社科研究项目1项(石晓岩博士的“《小说月报》(1910-1932)翻译文学研究”)、省教育厅科研项目2项、省社科基金4项、学校重点项目3项。孙绍先教授的“黎族研究大系”获国家出版基金资助。2008级文艺学研究生闫伟获2009年省研究生创新课题立项。

2009年，发表论文40多篇，出版学术专著12部，多多教授获被誉为美国“诺贝尔文学奖”的“纽斯塔特文学奖”，耿占春教授获第7届“华语传媒大奖·年度文学批评家”奖，刘复生教授获省第六届“优秀社会科学成果奖”二等奖、首届“海南省文艺评论奖”特别奖，阎广林教授和朱东根教授获省教育厅高校科研成果奖，焦勇勤教授获省第六届“优秀社会科学成果奖”三等奖、省第一届文艺评论三等奖，王小妮教授获2009年度澄迈·诗探索奖“杰出成就奖”、第七届茅台杯人民文学奖“散文奖”，张军军副教授获第二届中国素质教育教研成果奖一等奖并被评为2009年中国素质教育先进工作者。

【教师队伍建设】 1.引进人才。2009年引进教师1人。2.鼓励教师申报职称。2009年晋升教授2人、副教授1人。3. 推荐骨干教师赴国内外高校研究访学。推荐仲冬梅赴北京大学作访问学者，推荐刘帅东、张江南赴日本知名学校研修。4.支持青年教师在职攻读博士学位。有4人在职攻读博士学位，2人按期取得博士学位。5.抓好青年教师岗前培训和在岗研修，加强对青年教师的指导和培养，提高他们的教学和科研能力。

【党建工作】 学院党委下设党支部11个，其中教工党支部1个，学生党支部9个（研究生党支部1个），流动党支部1个。党员197人，其中教工党员26人，学生党员171名。2009年组织185名入党积极分子参加培训班，发展党员52名。

在思想建设方面，针对独具人文特色的学习特点和专业特点，提出政治理论学习的总体思路。以“加强党的组织建设和工作、推动学院科学发展”为载体，开展深入学习实践科学发展观活动。在组织建设方面，为了适应新形势发展的需要，建设机动高效的基层党组织，在学生党支部的设置上做出了调整。在制度建设方面，坚持党的民主集中制，严格组织生活考勤制度，完善档案管理制度。在先进性建设方面，号召全体学生党员树立良好形象，在学习、实践等到方面发挥共产党员的先锋模范作用。

【学生工作】 2009年，以“211”大学建设为契机，围绕服务学生成长成才，开展一系列丰富多彩的活动，取得较好效果。

主要活动：1.举办传统的“风筝节”。 2.根据专业特点开展具有专业特色的活动，如汉语言文学专业举办原创诗歌朗读活动、戏剧影视文学专业举办戏剧小品汇演、广告学专业举办广告节等。3.举办“走进学子”发展论坛，邀请校内外专家、学者和有关领导与同学们进行面对面的交流，帮助同学了解社会、了解学校、了解自己的发展等。4.组织学生参加演讲比赛、体育比赛。5.举办学院“十大歌手”赛，参与人数创历史新高。6.举办第五届海南省大学生广告节。7.加强团建工作，创建积极向上的团组织。8. 组织学生到临高县宣传国家关于普通话的法律法规、方针政策和规范标准。9.做好大学生的心理健康教育工作。以班级为单位，以班长为第一责任人，加强对本班的管理工作，对有心理问题的同学进行登记造册和重点关注，做到早发现，早干预、早解决。10.重视贫困学生的资助管理，在做好正常资助工作的同时积极对外联系爱心人士对大学生的资助，2009年联系日本友人村濑明先生对学院20名贫困学生进行资助，每人每月100

元，冲纯资助一年。11.做好毕业生的就业指导工作。

本科生主要获奖情况：1.2007中文2班任莺飞获第十一届全国新概念作文大赛二等奖；2.2007广告2班杨航获全国第二届大学生艺术展活动三等奖；3.2007戏剧2班孔婷婷获省体育舞蹈公开赛拉丁舞冠军；4.2006戏影2班邓伯超的《迷失》《姐妹》《日出》《毒》等多部作品获2009四川电视节金熊猫奖国际大学生影视作品入围奖，《沦没》获第三届全球华人“非常短片”创意大赛最佳词曲入围奖，《姐妹》获第三届全球华人“非常短片”创意大赛最佳DV短片入围奖；2007戏影响2班王汀若的作品《逝》获2009四川电视节金熊猫奖国际大学生影视作品入围奖。

（撰稿：许美丹　苏文魁　陈传君　朴雅文　公衍峰　审稿：闫广林）

# 外国语学院

**【概况】**　2009年10月，原外国语学院和公共外语部合并，成立新的外国语学院。

学院有英语语言文学硕士学位授权点1个，英语、日语、俄语本科专业3个。英语专业下设英语语言文学和经贸英语2个方向。有多媒体语音实验室25间、网络教室3间、各类图书8000余册、中外期刊70余种。

学院公共外语部承担全校近15000名一、二年级本科生、500多名硕士研究生和博士生的外语教学任务，承担全校大学外语听力及部分综合课的讲学、学生课外网上自主学习的任务。

教职工151人，专职教师130人，其中英语教师115人，日语教师10人，俄语、法语教师6人；教师中教授5人，副教授23人；省优专家2人，博士3人，在读博士3人。

在校本科生1300多人、硕士研究生21人，省高校教师在职攻读研究生学位10人，成人教育在校生150余人。

**【学科建设】**　英语语言文学硕士点建设已逐步走入正轨。2009年底，该硕士点有研究生导师6人。作为省唯一的英语语言文学专业的硕士点，正在不断地为海南国际旅游岛建设做出贡献，研究生们先后为海南省环岛国际自行车赛、2009国际锆业大会（海口）等多项国际赛事、大型会议提供笔译、口译服务，获得一致好评。

**【教学工作】**　学院根据学校“建一流学科，办特色大学，向211目标迈进”的建设目标，紧扣复合型、应用型这一人才培养目标，努力培养知识、能力、素质协调发展和综合提高的“厚基础、宽口径”的高素质专业人才。

修订“英语”、“日语”和“俄语”3个专业的培养方案，改革不相适应的教学内容、教学方法和教学手段，合理安排课时结构，优化教学内容。

加强教学常规管理，监控教学质量，制定院系两级领导听课制度。通过对教学质量评估、考试工作（试卷）评估、毕业论文（毕业设计）评估等方式促进了教学管理的完善和教学质量的提高。日语专业通过省教育厅2009年度普通高校新办本科专业评估。

重视学生实践能力和综合能力的培养。英语系与美国驻广州总领事馆联合举办美国文化周，通过图书展、讲座、演讲比赛，电影欣赏等多种形式向学生展示了丰富的美国文化，受到师生一致好评。日语系举办内容丰富多彩的日本文化节活动，为学生展示了日本文化，深受学生欢迎。日语系外教还组织了每周一次的日语角，为学生创造了口语实践的平台。

学生在学习实践中取得好的成绩。英语专业沈儒军、赵瑞楠、赵之福同学获全国大学生英语竞赛B类三等奖，朱珍珍、彭晓月、徐陈燕同学获全国大学生英语竞赛C类三等奖；英语专业武慧娇同学获第十届全国大学生英语演讲赛二等奖、第十届全国大学生英语辩论赛三等奖、第三届全国大学生英语风采大赛三等奖。日语专业严文娟同学获海南省大学生首届日语演讲比赛一等奖；日语专业顾斌同学获第四届中华全国日语演讲大赛华南赛区二等奖。

公共外语部指导学校非英语专业选手以优异的成绩获得“CCTV”杯全国英语演讲大赛优胜奖。这是学校参加此项赛事以来的最好成绩。2009年，文科实验班四级过级率100%，理科实验班班四级过级率96.6%。

**【科研工作】** 2009年，原外国语学院按照《外国语学院科研奖励办法》，对在科研方面取得显著成果的19位教师的15篇论文和14个立项给予相应的奖励；原公共英语部7位教师申请到各级立项8项，发表了多篇教研、教改文章。其中，鲁苓教授的《语言·言语·交往》获省高等学校科研成果二等奖，鲁苓教授在外语类核心期刊《中国外语》和《外语学刊》上分别发表《论语用学理论的演化路径》和《解释学的路径》两篇论文。刁科梅副教授主编教材《俄语导游听说强化教程》。曹玲娟教授赴美国参加在华盛顿举行的2009美国国学研究年会，促进了我校在美国国学研究方面的研究。

**【教师队伍建设】** 2009年，引进博士1人、硕士2人，晋升副教授1人、讲师2人。赴新加坡南洋理工大学进修1人，赴日本作访问学者1人。邀请中山大学外国语学院博士生导师黄国文教授、澳门理工学院毛思慧教授、美国犹他大学OTT教授等国内外著名专家学者作学术报告十余场，通过学术交流等活动提高教师的业务素质。金山博士获学校首届“十佳教师”称号。

**【党建工作】** 12月，选举产生新一届院党委会。院党委下设6个党支部，其中教工党支部3个，学生党支部3个。2009年发展新党员67人，党员达184人，其中教工党员53人，学生党员131人。

开展学习实践科学发展观活动。以科学发展观为指导，围绕人才培养、教学、科研以及学院发展抓党建。举办“深入学习实践科学发展观”主题征文比赛，广大党员和同学踊跃参与，共征集90多篇文章。开展纪念建党88周年系列活动，举行新党员入党宣誓仪式暨“学习实践科学发展观”征文比赛表彰大会。开展“1名党员，一面旗帜”的活动。

**【学生工作】** 2009年，学生工作以“加强建设、突出特色、服务学生成长成才”为工作目标，扎实开展各项工作。

1．加强思想政治教育工作。结合学习实践科学发展观活动、党课培训、形势与政策课等活动，抓好学生的理论学习，提高学生的思想政治素质。

2．开展丰富多彩活动。(1)主题教育活动：组织“自强不息求学路 真爱无疆暖人心”主题爱心雷锋月活动、学习科学发展观与大学生成长成才主题活动、“缅怀革命先烈 追随红色精神”主题教育活动、“回顾历史，爱我中华”一二·九运动主题教育活动。组织“传承五四精神，争当时代先锋”、“弘扬爱国主义精神，关注国家命运发展”等主题团月活动。(2)特色品牌活动：组织省第三届日语戏剧大赛、日语演讲比赛、英文日文翻译大赛、美国文化周、俄语之夜等活动。(3)志愿者活动：组织暑期“三下乡”支教服务活动、义务清理图书馆服务活动、博鳌亚洲论坛志愿者活动、环岛自行车比赛和国际铁人赛事翻译活动等。（4）其他活动：组织街舞比赛、友谊文流辩论赛、第四届院际篮球比赛、十大歌手比赛、“新生杯”篮球赛等。

3. 贫困学生资助工作。开展勤工俭学活动，组织贫困学生申报国家助学金等项助学金。2009年，715名贫困学生获得各种助学金和临时困难补助，资助额达76.33万元。

截止9月，2009年毕业生就业率86.81%。

（撰稿：邱苏敏　杨燕来　李翠霞　易　琳　符壮慈　审稿：黄丽芹）

# 艺术学院

**【概况】**　学院设音乐系、美术系、设计系和舞蹈编导教研室。有1个硕士点：美术学，4个本科专业：绘画、艺术设计、音乐表演、舞蹈编导。

教职工95人、其中专任教师80人、教授14人、副教授20人。2009年晋升副教授1人、讲师5人。2009年公开招聘2名副院长，组建新的领导班子。

**【教学工作】**　修订完善教学管理制度，调整专业构架，建立起适合现代艺术教育的科学制度体系。召开“系列教育教学工作研讨会”，组织学术交流活动。

举办教师画展、教师音乐会与演唱会、毕业生音乐会、学生习作展等，创艺术学院历年来最高水平。

落实学校关于冬季小学期的一系列政策和要求，确保冬季小学期教学顺利开展。学院冬季小学期聘请了2位国内知名专家赵晓生教授和王景彬教授前来授课。

12月14日，中央美术学院版画系第一工作室主任、丝网版画教授张桂林先生受艺术学院邀请前来进行学术交流活动，先后举办了学术讲座及个人作品展览。

**【科研工作】**　学院横向科研课题（项目）获重大突破---叶仄辉副教授获得《中国工农红军北上抗日先遣队纪念碑》浮雕项目。

由二胡演奏家、副教授孙毅演奏的专辑《二泉映月》，由北京电影学院音像出版社出版发行。这是海南省第一部公开出版发行的二胡作品专辑。

王家儒教授的油画《艳阳天》、水彩画《几度夕阳红—海口老街》和张继光教授的油画《黎家女》三幅作品入选庆祝中华人民共和国成立60周年第十一届全国美术作品展。

钢琴教师何巍荣获首届南方国际合唱周“最佳钢琴伴奏奖”

林明俊副教授在日本第四届国际书画大赏展中荣获银奖。

音乐系主任李群山副教授作为中央音乐学院声歌系教育部访问学者，受国家大剧院邀请，与总政歌剧团的青年女高音歌唱家王磊华一同参加歌剧节系列经典歌剧音乐会，音乐会在国家大剧院举行。李群山副教授在音乐会上分别演唱了《破碎的心》、《这是泉水，这是磨房》、《黑龙江岸边洁白玫瑰花》等8首不同时期的中外经典歌剧咏叹调。

在第五届海南省音乐金椰奖暨中国音乐金钟奖海南赛区选拔赛中，王明明老师和黄茜同学获美声组银奖，方芳和刘鹏同学获美声组铜奖，陈晶晶和陈程组合获流行音乐金奖，刘丽娟、李瑛超、邓敬一3位同学分获钢琴组金、银、铜奖，邵晓晨、王奕桥、孟菲3位同学分获古筝组金、银、铜奖。

学院合唱团获第七届中国音乐金钟奖合唱比赛优秀奖。

**【党建工作】** 开展深入学习实践科学发展观活动，运用科学发展观理论，剖析存在的突出问题，形成学院科学发展的共识。加强学院领导班子的建设，完善民主监督机制。对党员进行党章、党的性质、党的宗旨教育，充分发挥党支部的战斗堡垒和党员先锋模范作用。建立和完善党政领导班子成员工作决策和落实制度，促进学院和谐发展。

2009年发展教工党员6人，学生党员143人。

**【学生工作】** 结合学生的专业特点，组织特色主题活动，定期举办“学生作品展”、“音乐汇报演出”，开展富有专业特色的青年志愿者活动。继续举办“素质教育论坛”、“艺术迹”等品牌活动。

在2009年“五四”评优中，音乐、舞蹈系团总支被评为学校“五四红旗团总支”，2008舞蹈专业团支部被评为学校“五四红旗团支部标兵”。

在2009年“阳光海南,七彩锦绣”海南七仙温泉嬉水节首届黎苗风情服饰全国设计新人邀请赛中，设计系07级服装设计专业陈善志同学的作品《黎苗 candypopularity》获银奖（奖金8000元），晁一丹同学的作品《黎韵》获铜奖（奖金5000元），张一帆同学的作品《编织彩虹》与潘腾飞同学的作品《触目生情》分别获得优秀奖（奖金2000元）。

（撰稿：徐 莹　　审稿：陈泰义）

# 国际文化交流学院

**【概况】** 国际文化交流学院与外事侨务处于2009年10月合并，实行一套人马、两块牌子的运行机制。设有综合办公室、外事科、侨务科、留学生科、留学生汉语教学中心等5个科级机构，在编教职工23人，其中教授1人，副教授6人。

2009年，各类长短期留学生总数170人，其中，语言生146人，占总数86%；研究生1人，占总数0.6%；本科学历生22人，占总数13%；普通进修生1人，占0.6%。按洲别统计，亚洲留学生人数仍然最多，共80人，占留学生总数47.1%；欧洲75名，占总数44.1%；美洲13名，占总数7.6%；大洋洲1人，占总数的0.6%；非洲1人，占总数的0.6%；按国别统计，来自俄罗斯、哈萨克斯坦、蒙古、韩国的留学生人数名列前位，分别为40名、28人、15人、13人。

学校在来华留学教育管理工作中取得好成绩，2009年7月被中国高等教育学会外国留学生教育管理分会评为“来华留学生教育先进集体”，学校外事侨务处杨志昕被评为“来华留学生教育优秀工作者”。

**【教学工作】** 加强教学管理。学院领导带头参加留学生汉语口语课教学观摩活动。学院举办一次别开生面的师生座谈会，针对留学生在学习中存在的问题和生活中遇到的困难进行了交流。

开展第二课堂活动。针对留学生的兴趣爱好，开设中国书法、中国歌曲、中国电影欣赏、武术、太极拳等具有中国传统文化特色的课程。

学院为每位需要帮助的留学生安排了1～2名中国大学生作为"一对一"语言互助朋友。

组织HSK考试。6月21日在学校举行2009年国家HSK 考试，来自不同国家的31名留学生参加，其中包括海南大学和海南其他高校的留学生。考试分为初中等和高等两个级别，25名留学生参加初中等级别的考试，6名留学生参加高等级别的考试。

承办赴东南亚海外汉语教师志愿者培训工作。4月，培训赴泰国、菲律宾汉语教师。国家汉办赴泰汉语志愿者宣讲团为2009年海南大学及海南师范大学80名拟赴泰汉语教师志愿者作赴任指导报告。

举办汉语暑（短）期班。5—7月，举办"第十届中国海南大学.美国夏威夷大学汉语暑期班"，14位留学生参加。5月27日，副院长刘亮博士为暑期班作题为"中国传统节日"的讲座。7月1日，高级茶艺师史高杰老师在她的茶艺室为暑期班作题为"中国传统茶文化"的讲座。7月15日，海南省民俗文化专家、海南大学著名黎族文化研究专家周伟民教授为暑期班作题为"海南黎族文化"的学术讲座。11—12月，举办"中国海南大学.澳大利亚达尔文大学汉语短期班"。

**【科研工作】** 2009年，在研课题2项："后现代主义文化语境中的多丽斯·莱辛研究与当代英国文学的走向"（李渝凤主持）；"王钟麒研究"（邓百意主持）。发表各类学术论文15篇，其中CSSCI1篇，核心期刊2篇，省级刊物12篇。出版专著1部。

**【学生工作】** 2009年主要活动：1.举办留学生安全教育讲座，由海口市公安局出入境管理处吴飞副处长主讲。2.举办第二届沙滩排球赛暨烧烤活动。3.对外汉语本科生的"国之骄子"队代表学院参加学校第十六届辩论赛复赛。4.举办学院"十大歌手"比赛。5.组织留学生参加学校第十六届游泳比赛，学院以总分61分的成绩取得团体第2名。6.组织对外汉语本科生参加五四表彰大会。7.举行国庆中秋双节联欢晚会。8.组织留学生前往儋州参加以"国际旅游岛，欢乐海南岛"为主题的2009年(第十届)中国海南岛欢乐节活动。9.组织海南文化之旅，安排来自美国夏威夷大学汉语暑期班的留学生前往火山口国家地质公园、定安文笔峰、兴隆热带植物园、三亚南山、亚龙湾、天涯海角等地参观考察。

（撰稿：曾　影　　审稿：杨云升）

# 继续教育学院

**【概况】** 学院设有综合办公室、教学（学籍）管理办公室、自学考试办公室、培训部（培训管理办公室）等4个科级机构，教职工19人，其中教授1人，副教授和副研究员各1人。

**【管理体制与模式】** 本着资源共享、分类管理的原则，成人继续教育实行校、院二级管理体制，即成人继续教育的管理由继续教育学院代表学校统一组织、各办学学院分类管理的模式。

**【办学类型与规模】** 成人教育。2009年，成人学历教育类型有函授、业余、脱产等3种形式，层次分高升专、高升本、专升本3类。开办成人教育专业62个，涵盖经济学、法学、文学、理学、农学、工学、管理学等7大学科门类。年内在校生6252人，毕业2536人。学院在省外设有3个函授站（河南、湖南、福建），在省内设有若干教学站点。

自学考试。2009年，以我校为主考院校的自学考试毕业生855人，学校与海口经济学院、海南政法职业学院、海南科技职业学院等高职高专院校合作举办自学考试"专接本"助学班，助学专业9个，累计招生5700多人。

**【教育培训】** 秉承“树海南大学形象，创干部培训品牌”的理念，坚持“铸就品质、精准服务、打造品牌”的指导思想，积极探索独具特色的干部培训之路，培训质量得到了社会广泛认可。继2008年圆满完成海南农垦系统科级干部大规模培训任务后，2009年又先后举办了临高县中小学校长领导力提升班、保亭县科级干部能力提升高级研修班、乡镇财政所长研修班、保亭县科级后备干部领导力研修班、学校后勤集团中层领导干部管理能力提升班等，还首次承接省外干部培训任务——贵州省平塘县妇女干部能力提升与形象塑造班，与清华大学和浙江大学共同承担了该县的干部培训工作。

为进一步拓宽培训渠道、创新培训模式，学院组织有关人员先后赴海口、东方、五指山、保亭、琼中、屯昌、文昌、陵水、三亚、昌江、白沙、儋州、临高、万宁、定安等市县，对干部培训工作进行专题调研，与各市县委组织部举行了近20场不同形式的座谈会。调研活动密切了学校与地方党委部门的关系，交流了信息、沟通了感情，达到了“把握需求、推介市场、扩大影响”的调研目的，为学校的干部培训工作奠定了坚实基础。

**【合作办学】** 经过友好协商，学院与北京文理研修学院签订了合作举办国际教育培训项目和职业教育项目协议书。双方合作举办的国际教育培训班和职业教育培训班均已顺利开班。

**【内部管理】** 以学习实践科学发展观活动为契机，加强制度建设，构建促进学院科学发展的长效机制，先后制定了《考勤管理暂行办法》、《岗位津贴分配办法》、《科研项目资助和奖励办法》等规章制度，调动了全院工作人员的工作积极性和主动性，提高了工作效率。

圆满完成本学院儋州校区人员、物资、设备、档案的搬迁工作，重新调整和明确了各部门工作人员的岗位职责，合理分工，团结协作，“事事有人做，人人有事做”，和谐的院风初步形成。

（撰稿：李　锋　　审核：段书臣）

# 应用科技学院（城西校区）

**【概况】** 应用科技学院设5个职能管理部门：综合办公室、教研办公室、学工与团委办公室、后勤办公室、保卫办公室；6个教学系部：公共课教学部、英语系、农艺系、管理系、旅游系、应用计算机系；2个教学辅助机构：实验实训中心、图书馆；有7个应用型本科专业，专业覆盖农、工、文、管4大学科。另有2个二年制（专升本）本科专业在海甸校区办学。

教职工103人，其中教授1人，副教授（副高职称）11人，讲师40人，助教3人；在教师队伍中具有硕士学位21人，享受国务院特殊津贴专家1人。

在校生2510人。2009届学生，781人毕业，32人结业。

**【学科建设】** 拥有3个国家级高职教学改革试点专业，5个省级高职教学改革试点专业，1个国家级高职精品专业。获省级教学成果二等奖1项。

2009年新增1个应用型本科专业：风景园林。

【教学工作】 应用科技学院（城西校区）是我校唯一从事应用型本科教育的学院，经过10余年的发展，逐步确立了“发挥优势，突出特色，质量为本”的办学指导思想，坚持“以服务社会为宗旨、以社会需求为导向，走产学研相结合道路”的办学方针，依托学校普通本科、研究生教育的资源优势和产学研结合的丰硕成果，积极探索应用型人才培养模式，为生产、建设、管理、服务第一线培养职业素质好、专业技能精、创业意识强、持续学习潜力大的高级技术和管理应用性专门人才。

1. 教学规章制度建设。2009年，制订了《海南大学应用科技学院关于2006级、2007级学生延长学制的补充规定》、《海南大学应用科技学院关于进一步落实〈海南大学工作规程〉相关环节的通知》、《海南大学应用科技学院2010届本科毕业生毕业论文（设计）实施方案》、《海南大学应用科技学院外聘教师管理办法》、《海南大学应用科技学院学生毕业实习管理规定》、《海南大学应用科技学院科研基金使用管理办法》等一系列规章制度。在2008级的基础上修（制）定了2009级7个应用型本科专业（包括新增的风景园林专业）人才培养方案。。

2. 实践教学。坚持每学期开学初召开实践教学研讨会。2008-2009学年第二学期、2009-2010学年第一学期共召开9次实验实训教学会议，对各门实训课程的实施方案进行论证，使实验实训教学工作落实到位。

加强实验实训基地建设。校内实验实训基地有多功能电脑模拟实验室1间，计算机网络工程实训室1间，电子电路综合实训室1间（64座），网络工程布线实训室1套，语音室2间136座，农科生物综合实验室3间，植物组织培养实验室1套，画室3间150座，园林设计制图室4间150座，财会手工模拟实训室1间48座，ERP财务管理实验室1间，旅游管理综合实训室1间，客房模拟实训室2间，多功能商务活动模拟实训室1间，形体训练室1间、农科类教学实训基地30亩田等。校外实习实训基地有广西协作研究所、海南绿达公司、索菲特大酒店等60多个。

3. 组织英语过级考试和职业技能鉴定工作。2009年，组织2085人次参加全国大学英语四六级考试及高等学校英语应用能力等级考试、161人参加职业资格鉴定考试。

4. 学籍管理工作。完成在校生2500人在教务管理系统中学生管理模块的信息维护，完成2009级856名新生学籍电子注册。

【科研工作】 2009年在研课题12项，总经费2.7万元。其中省级8项：“应用型本科人才培养模式研究”（潘贤丽承担）、“会计专业实践性教学的改革与探索”（原晓燕承担）、“海南省（农科类）大学生创新能力培养途径的实践与研究”（周其良承担）、“海南热带菜用花卉资源的研究与利用”（万玲承担）、“TPP教学模式应用于会计电算化教学的探索”（万新焕承担）、“基于民主公民权、公民意识与制度供给的海口市社区治理定量分析”（郑崇明承担）、“海南省生态旅游空间开发与管理模式研究”（陈海鹰承担）、“班级企业的模拟运营——管理类专业学生的实际技能培养方法探索”（李纲承担）、“大学生就业能力与职业素养研究”（李纲承担）、“观赏园艺专业技能型创新人才培养的方法与途径研究”（周其良承担）、“技能型人才的创造品格与素质培养”（孙冬梅承担）、“十二五期间海口市城乡一体化发展研究”（陈海鹰承担）；校级6项：“实践教学考核体系的建立”（康由发承担）、“应用型旅游管理本科专业开放性教学体系的构建”（尹正江承担）、“海口市社工参与城市治理模式探析：基于与深圳模式的比较视角”（郑崇明承担）、“能源植物—油楠离体快繁技术的研究”（周其良承担）、“海南岛主要切叶花卉病害请调查及重要病害防治的研究”（邢梦玉承担）、“大学生基本职业能力研究”（李纲承担）。出版教材7部：《观光农业概论》（潘贤丽主编）、《新编会计信息化教程》（万新焕合编）、《中级财务会计（第2版）》（胡淑英第一副主编）、《图像配准技术及其

MATLAB 编程实现》（陈显毅著）、《园林苗圃》（李碧英参编）、《草坪建植与养护技术》（李碧英参编）、《技能型人才创造品格与素质培养》（孙冬梅参编）。发表各类教研科研论文 31 篇。

**【教师队伍建设】** 专职教师 55 人，其中教授 1 人、副教授（副高职称）11 人、讲师 40 人。在专职教师队伍中，50%以上为“双师型”教师。此外，还共享海甸校区、儋州校区雄厚的师资力量，并拥有一批来自各行业和其他高校的兼职教师。

**【党建工作】** 学院设党委，有 10 个党支部，其中教工党支部 2 个、学生党支部 8 个，党员 386 人（教工党员 23 人，学生党员 363 人）。

2009年，学院分党校举办入党积极分子培训班，200人参加，183人成绩合格，合格率达到 91.50%；推荐优秀团员326人作为党的发展对象，发展党员115名，预备党员转正76人。

学院党委积极开展深入学习实践科学发展观教育活动，共有 13 个基层党支部（其中教工支部 2 个，学生支部 11 个），230 名党员同志及三十多名党外群众代表参加教育活动。

学院党委根据《海南大学深入学习实践科学发展观活动实施方案》，制定了《海南大学应用科技学院（城西校区）深入学习实践科学发展观活动工作计划》，成立了学习实践活动领导小组和工作机构，明确的职责分工。严格按照工作计划实施，召开了两场共计 243 人次的党员及党外群众代表参加的动员大会。理论学习中心组进行了 5 天 35 人次的集中学习，各党支部进行 12 次（27 学时）2711 人次的学习培训。党员领导干部撰写了 12 篇心得体会，教工及学生党员代表撰写了 422 篇学习体会。

学院党政领导围绕学校科学发展，“加快‘211 工程’大学建设、促进新海大科学发展”这一实践主题，紧密联系学院实际，做好学院改革与发展”的实践主题，采取问卷调查、设置意见箱及学院党政领导亲自深入到各自联系的系（部）、部门就学院的改革与发展进行广泛的调研，形成了“凝聚共识、 创新机制、突出特色、加快发展——应用科技学院改革与发展”的调研报告，领导班子成员也撰写了相关的两篇调研报告。围绕学院发展的中心任务召开了不同层面的三次以“落实科学发展观，促进思想大解放，推动学院科学快速发展”的思想大讨论。通过广泛的讨论真正起到了凝聚学院科学发展的新共识，形成新动力，促进学院科学发展的作用。评选出优秀共产党员 陈彪、王和浩 。

**【学生工作】** 进一步贯彻中央 16 号文件精神，坚持“育人为本、德育为先”方针，结合大学生思想、学习、生活的实际，围绕学校人才培养目标，开展校园品牌活动，做好学生工作。

组织人文社会科学讲座。为了营造浓厚的学术文化和校园文化氛围，使教育目标的外化形式在潜移默化中上升为师生的内心境界，结合学生理想、信念教育及其素质拓展要求，每周邀请各行业、各大学在某一领域做出出色成绩的人士到学院进行讲学。

开展丰富多彩的课外活动。组织“树立文明新风，构建和谐校园”主题系列活动；以“宿舍之星”评选活动为抓手，推动学生宿舍文明建设；组织 25 名学生参加“博鳌亚洲论坛”志愿者活动，获得主办单位好评。

发挥学生社团作用。学院现有“书画精英协会”、“蓝眼睛英语协会”、“紫珊瑚文学社”、“摄影协会”等 14 个学生社团。各社团结合自身特点，不断推陈出新，开展各类富有特色的活动，为繁荣校园文化，促进精神文明建设发挥了应有的作用。

2009 年，毕业生 806 人，其中:专科生 514 人，就业率 96.89%；本科生 292 人，就业率 96.23%，平均就业率 96.65%。

（撰稿：莫明锦　　审稿：李碧英）

# 体育部

**【概况】**　体育部坚持德、智、体全面发展的教育方针，崇尚育人宗旨，强化教学为中心地位，提高科研水平，提升高水平运动队的竞技水平，加快突出特色发展道路，为“211 工程”大学建设做贡献。

2009 年，学校被国家体育总局第 4 次评为全国群众体育先进单位，体育部被省总工会授予“工人先锋号”称号，肖水平教授被评为全国群众体育工作先进个人，肖霞教授被评为省“三八红旗手”。

**【教学工作】**　坚持和深化以“游泳特色教学”为核心的“1+1+2 体育教学模式”，促进体育教学以点带面，全面发展的局面。对新生游泳技能进行摸底、测验、分班。第一学期对全体入校新生进行游泳技能测验考核，掌握学生入学时游泳技术现状。根据第一学期入学游泳测验情况，将教学行政班打乱，将全体不会游泳学生编入游泳班进行游泳强化教学；将入学时已掌握游泳技能的学生编入球类班进行综合学习，同时强化蛙泳技术，提高游泳距离。在第三、四学期，根据学生兴趣爱好、体育专长以及学校的场地设施和师资条件，开设篮球、排球、足球、乒乓球、羽毛球、网球、木球、健美、健美操、武术、防身术、太极拳、瑜伽等1 3个项目的专项体育课。游泳技能仍作为必考项目，并且提高了考核标准。

**【科研工作】**　2009 年，获省级以上科研课题 3 项，其中洪家云博士主持的《我国滨海体育理论与实践发展研究》获全国哲学社会科学规划青年项目立项。

肖水平教授主编的《体育指导教程》教材已修订并经全国高校教学指导委员会审定，面向全国发行，肖水平教授主编的《海南高校体育》教材具有海南特色，已面向全省大专院校发行。

**【高水平运动队建设】**　招收 10 名高水平运动员新生。2009 年，运动队代表学校参加 9 项省级以上比赛，并获得好成绩：全国沙滩排球赛男子组第四名、全国沙滩排球赛女子普通组第三名、省沙滩排球赛女子组第二名、省篮球锦标赛男子组第二名、省篮球锦标赛女子组第一名省大学生足球赛第二名、省足球锦标赛第二名、中国高等农业院校中南区第七届田径运动会 3 个单项第一名。

**【教师队伍建设】**　专任教师 50 人，其中教授 6 人、副教授 24 人，具有博士学位 2 人、研究生学历 9 人。2009 年，引进具有硕士学位专任教师 1 名；2 人在职攻读研究生硕士学位，1 人赴北京体育大学作访问学者；2 人晋升为教授，3 人晋升副教授，2 人晋升讲师，3 人晋升助理实验师。

**【党建工作】**　坚持以深入学习实践科学发展观作为党建的核心工作。注重党的理论建设和思想建设，组织党员学习科学发展观的重要理论、十七大文件精神、胡锦涛总书记的重要讲话，开展形式多样、内容丰富的党员活动。定期召开党的民主生活会，抓好党员的发展培训工作，2009 年有 3 名教师申请入党，1 人列为培养对象。

2009 年，党总支协同工会发动全体教职工为困难职工捐款 14300 元。

（撰稿：梁振成　　审稿：肖水平）

# 辅助机构

## 毕业生就业指导中心

**【概况】** 2009 年海南大学毕业生就业工作取得好成绩。2009 届本、专、研毕业生合计 7412 人，涉及 116 个专业，初次就业 5918 人，初次就业率 80%；本、专毕业生合计 6912 人，涉及 75 个专业，初次就业 5762 人，本、专合计初次就业率 83.36% 。其中本科毕业 6159 人，涉及 66 个专业，初次就业 5101 人，平均初次就业率 82.82%；有 39 个本科专业初次就业率超过 90%，其中植物保护（农药方向）、机械设计制造及其自动化、交通运输、车辆工程、信息管理 5 个专业达到 100%。专科毕业 753 人，涉及 9 个专业，初次就业 661 人，初次就业率 87.78%，其中 6 个专业初次就业率达到 90%以上。

2009 年，毕业生就业指导中心获省大学生职业生涯规划大赛优秀组织奖，周孝怀主任被教育部授予全国高校就业工作先进个人称号。

**图一：学院初次就业率统计**

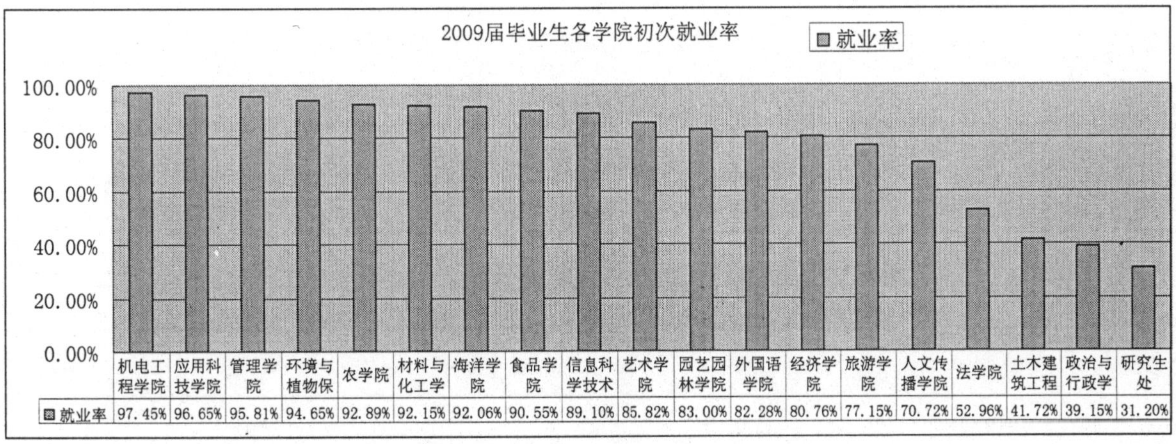


图二：全校不同层次类毕业生就业情况

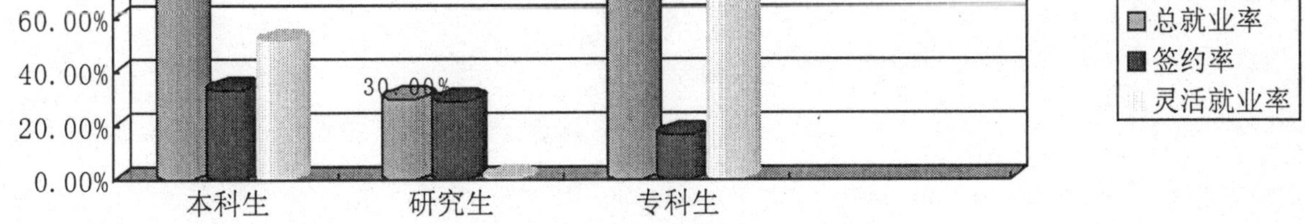

图三：全校各学院就业率与签约率情况

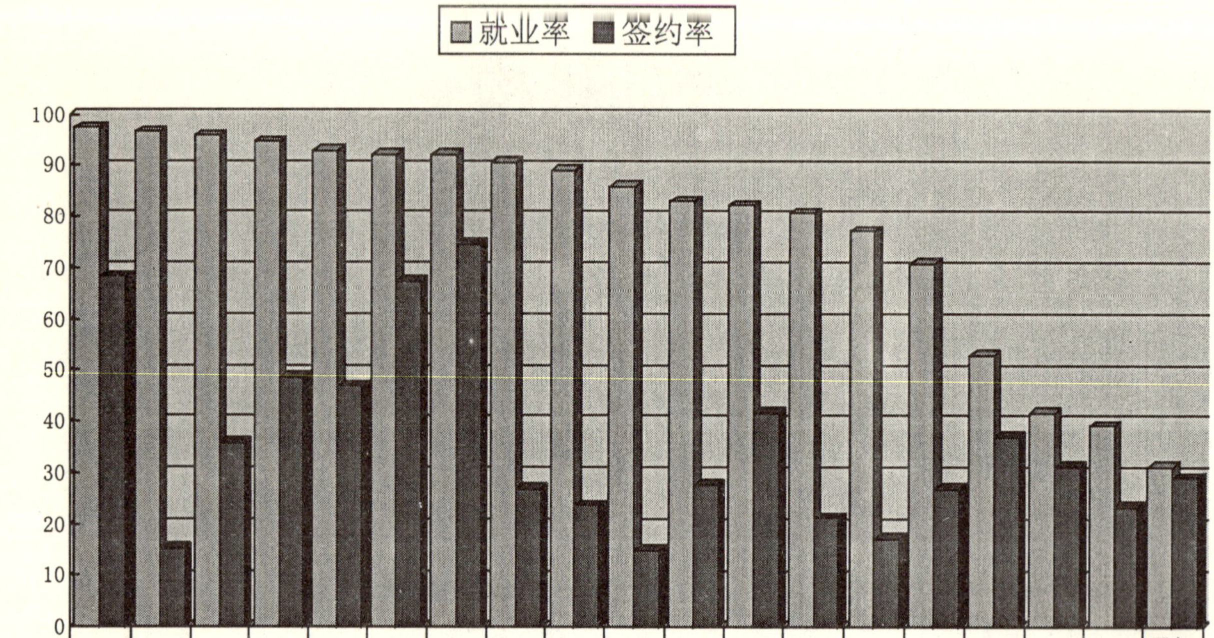


| | 机电 | 应用 | 管理 | 环植 | 农学 | 材化 | 海洋 | 食品 | 信息 | 艺术 | 园艺 | 外语 | 经济 | 旅游 | 人文 | 法学 | 土木 | 政行 | 研究生 |
|---|---|---|---|---|---|---|---|---|---|---|---|---|---|---|---|---|---|---|---|
| 就业率 | 97.45 | 96.65 | 95.81 | 94.65 | 92.89 | 92.15 | 92.06 | 90.55 | 89.1 | 85.82 | 83 | 82.28 | 80.76 | 77.15 | 70.72 | 52.96 | 41.72 | 39.15 | 31.2 |
| 签约率 | 68.25 | 15.26 | 35.9 | 48.74 | 46.95 | 67.34 | 74.6 | 26.87 | 23.53 | 14.89 | 27.76 | 41.77 | 21.27 | 17.23 | 26.79 | 37.04 | 31.13 | 23.26 | 29 |

单位

图四： 2009届不同培养层次毕业生就业统计表

| 层次 | 毕业生人数 | 签约人数 | 签约率 | 灵活就业人数 | 灵活就业率 | 总就业人数 | 总就业率 |
|---|---|---|---|---|---|---|---|
| 专科 | 753 | 124 | 16.47% | 537 | 71.31% | 661 | 87.78% |
| 本科 | 6159 | 2083 | 33.82% | 3018 | 49.00% | 5101 | 82.82% |
| 研究生 | 500 | 145 | 29.00% | 6 | 1.20% | 156 | 31.20% |
| 本专科 | 6912 | 2207 | 31.93% | 3555 | 51.43% | 5762 | 83.36% |
| 总计 | 7412 | 2352 | 31.73% | 3561 | 48.04% | 5918 | 79.84% |

图五： 2009届毕业生就业单位性质统计表

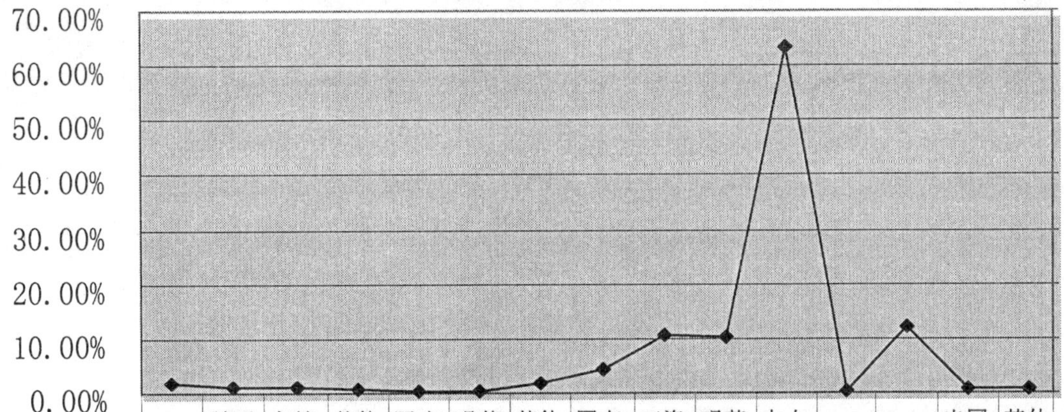


| | 机关 | 科研设计 | 高等学校 | 其他教学 | 医疗卫生 | 艰苦行业 | 其他事业 | 国有企业 | 三资企业 | 艰苦行业 | 中小民企 | 部队 | 升学 | 出国出境 | 其他灵活 |
|---|---|---|---|---|---|---|---|---|---|---|---|---|---|---|---|
| 系列1 | 1.75 | 1.16 | 1.09 | 0.78 | 0.21 | 0.21 | 1.67 | 4.50 | 10.6 | 10.1 | 63.2 | 0.36 | 12.2 | 0.87 | 0.82 |

**【开拓就业市场，拓宽就业渠道】** 1. 建立和完善校内毕业生就业市场。与2008年同期相比，多举办3场中型供需见面会（理工农类、土木工程类、儋州校区夏季供需见面会），校内定期或不定期招聘活动持续不断，形成了大、中、小相结合的校园供需见面会格局，前来参加校园招聘活动的单位近1200家，提供岗位12000余个，来校参加招聘活动的用人单位数和提供岗位数超过2008年。

2. 重视网络就业市场建设。学校开通就业信息网，信息及时更新，并与省内外就业网链接，形成网上就业市场；与中国企业人才网等合作，开设我校就业社区，积极组织学生参加教育部等部委组织的全国性网上双选会。各学院也利用本学院网站直接发布就业信息。建立毕业班QQ群，利用QQ在线发布就业信息，提高了就业信息发布的时效。

3. 加强省内外就业市场的开拓。通过上门联系、信函、电话等方式向用人单位发布学校生源信息，搜集需求意向。通过报纸、网络、宣传册等广泛宣传学校毕业生，学校先后派出6个工作组分赴"长三角"、"珠三角"、广西、福建等地推荐毕业生，走访用人单位，收集需求信息，建立就业实习基地。加强同省内重点行业、重点企业的联系，取得了良好效果。机电学院、旅游学院还为毕业生开拓了国外（日本）、境外（澳门）就业市场。

4. 各学院加强实习与就业基地建设，并将一些具有人才需求潜力的单位建设成为就业基地，积极开展"订单式培养"。旅游学院与三亚希尔顿酒店合作实施的订单式培养"希尔顿人才班"19人顺利在希尔顿酒店就业。环境与植物保护学院的"诺谱信"、广西田园、海南正业等单位的实验班有67人顺利就业，占毕业生人数的27%。应用科技学院发动全院教师，主动与省内外用人单位联系，建立较为稳定的实习基地，将实习和学生就业有机地结合起来。机电工程学院领导亲自带队深入企业建立就业实习基地，联系用人单位，推荐毕业生就业，与2008年同期相比签约率提高20个百分点。

5. 利用校友资源做好毕业生推荐工作。前来参加校园招聘的单位许多是校友所在单位或者是校友推荐的单位。部分学院积极利用校友资源，开拓毕业生就业市场，通过往届毕业生的牵线搭桥，推荐介绍应届毕业生就业，取得了一定的成效。

**【就业指导与服务】** 1. 开设就业指导课程。海甸校区开设《大学生职业生涯规划与就业指导》全校公选课程，儋州校区开设《大学生职业生涯规划》、《大学生就业指导》课程。城西校区将职业指导课列入必修课教学计划。就业指导课程获毕业生和学生的普遍好评。引导学生使用“职业开生”测评系统，指导学生进行职业生涯规划。

2. 有针对性地做好指导工作。从 2008 年 10 月起，就业指导中心以问卷调查的形式在毕业生中开展就业意向调研，了解毕业生就业期望、就业意向（包括求职意向地区、单位性质、薪资待遇以及是否需要学校提供帮助、提供哪些帮助等），编印了毕业生求职知识和就业形势政策宣传手册，发放到每个学生宿舍。学校和各学院通过召开座谈会、个体咨询、专题讲座等形式，分析就业形势，通报就业工作安排，解决毕业生就业观念中存在的问题，帮助毕业生了解形势，掌握政策，准确定位，把握机会，促进毕业生成功择业。旅游学院、法学院、政治与行政管理学院、机电工程学院、环境与植物保护学院等专门邀请校外成功人士为毕业生举办专题报告会，帮助学生解决求职中的疑惑。

3. 举办创业培训活动。针对 2009 年毕业生有创业意向的人数明显超过往年的情况，就业指导中心加强与海口市人力资源与社会保障局联系，利用政策资源，由市人力资源与社会保障局免费为我校 300 多名毕业生举办了创办你的企业（SYB）项目的系统培训。

4. 鼓励毕业生到基层艰苦行业就业。学校和各学院分别召开动员大会，并通过利用网络资源，张贴宣传资料等形式，动员和组织毕业生到基层和艰苦行业就业，参加“特岗教师计划”、“三支一扶计划”、对外汉语支教、西部计划、应征入伍等政策性就业项目，参加报名的毕业生比往年略有增加。

5. 以学校毕业生就业信息网为依托，先后与海南人才网、海南在线等为毕业生提供就业信息。实行互联互通，在网上专门开设就业指导内容，开设就业 QQ 咨询台和短信网上群呼平台，专门为毕业生进行有针对性的咨询和服务。

6. 引导学生升学深造，促进学生多层发展。法学院积极探索“三考一体化”的就业指导模式，即辅导学生考研、司法考试、公务员考试，提高学生的考取率。机电工程学院为报考研究生的学生组织数学和英语方面的培训班，为准备去日本就业的学生专门组织日语培训班，均取得了良好的效果。

**【家庭困难和就业困难学生的帮扶工作】** 学校制定了家庭困难学生就业服务援助计划，对家庭困难学生提供就业支持，有重点地做好贫困家庭学生特别是获得国家助学贷款学生、“零就业”家庭毕业生和 2008 年汶川地震中受灾家庭毕业生的就业工作。针对他们的特点，进行重点就业推荐。就业工作部门有针对性地对未就业的贫困学生的就业意向、原因等进行调查摸底，尽量将就业工作落实到每一个学生。除极少数未能及时就业外，其他获得国家助学贷款的学生都在离校时找到了自己的就业岗位。

**【就业指导工作队伍建设】** 派出 24 人次参加省内外有关就业指导的培训班，派出 30 余人次参加省内外就业市场的调研或与有关高校、用人单位进行交流，使就业指导人员扩大了视野，提高了理论水平和实际工作能力。

**【校友会建设】** 两校合并之后，原两校校友会迫切需要整合。2009 年，校友会秘书科积极组织原两校校友会主要骨干之间的相互交流和磋商，共同商讨如何整合校友会，推进校友会建设。校友会秘书科还登门拜访了原两校老领导，咨询校友会建设的意见，校友会建设取得进展。

**【重要活动】** 1. 2009 年 7-10 月，组织学校首届大学生职业生涯规划大赛。学校成立校党委副书记为组长、毕业生就业指导中心主任为副组长、各学院党委副书记为成员的大赛组委会。大赛通过网上报名、学院初审、学校复赛、学校决赛等 4 个环节进行。初赛学生参与热情较高，有 263 名学生通过网上报名；各学院经过初赛向学校提交作品 46 件；学校再经过组织专家对作品进行评审，选出 15 件作品参加学校决赛；决赛阶段，均采用全国大学生职业生涯大赛的评审标准，按作品评分 30%及现场展示评分 70%的比例，最后评选出一等奖 1 篇、二等奖 2 篇、三等奖 2 篇，按得分高低，选出 7 件作品参加省大赛。

2. 200 年 11 月 1 日，学校参加省首届大学职业生涯规划大赛获优秀组织奖，3 名学生分别获二等奖、三等奖、优秀奖。

（撰稿：韩庆红　　审稿：周孝怀）

# 图 书 馆

**【概况】** 图书馆正式职工 96 人（其中正高职称 3 人，副高职称 22 人，中级职称 39 人，初级职称 25 人，工人 7 人），临时聘用人员 56 人。图书馆面积：总面积 44438 平方米，其中海甸馆 32889 平方米，儋州分馆 9396 平方米，二级馆 2153 平方米。开放图书时间：94 小时/周，借阅时间 80 小时/周；电子资源 24 小时/天。2009 年 11 月开放多媒体阅览室。

**【组织机构】** 9 月，图书馆原党总支书记蔡鹤龄同志调任校党委统战部部长，由顾江洪同志接任图书馆党总支书记；10 月，敖荷花副馆长调往后勤处。3 月，地方文献部改为特藏部，分设宋氏家族文献室、海南华侨与东南亚文献室、海南地方文献室、海南大学学者文库、中国海疆研究文献信息中心、海南旅游信息中心、古籍善本书库和周伟民、唐玲玲工作室 8 个库室。

本年度改选校工会图书馆分会主席。调整馆安全工作小组、资源建设小组成员。

**【全面质量管理和队伍建设】** 2009 年对各部门各人员进行 3 次质量检查，对第二版第二次质量管理体系文件进行修订。安排 60 余人参加省高校图工委组织的各类专业培训。1 人攻读图情专业博士学位，6 人参加硕士课程学习和本科自学考试。

**【文献资源建设】** 2009 年采购图书 31797 册，订购中外文期刊 2823 种。完成 18 个中外文数据库的订购工作，其中续订 12 个，新订 6 个。

至 2009 年底，馆藏文献 313.2 万余册，其中纸质 202.7 万余册，电子 110.5 万余册。中外文数据库 18 个，自建特色资源库 8 个，免费试用数据库 70 余个。

**【读者服务】** 一、基础服务 1. 全年读者流通量 187.5 余万人次。2. 图书总流通量为 110 万册，比 2008 年有所增加，生均借书量 40 册；光盘、磁带借阅量 4427 张。3. 电子资源访问量 207.3 万篇次。4. 馆际互借 199 册。

二、现代信息服务 1. 2009 年完成查新课题 362 项，比 2008 年增加 80%。2. 完成新生培训 4000 多人。3. 负责全校文检课教学 288 课时，听 3093 人次。主持数据库培训 9 次，听课读者 550 人。

**【重要活动】** 1. 1 月 10 日，历史文化研究基地承办“海南抗战七十周年暨战后遗留问题”中日学术研讨会。

2. 1 月 12 日，教育部科技发展中心发文正式确定我校图书馆为教育部部级科技查新工作站资格。

3. 2 月 27 日-3 月 3 日，举办陆家嘴“梅园杯”上海国际藏书票邀请展海南巡展。

4. 4 月 1 日，举办校第二届图书文化节。

5. 4 月 6 日，宋氏家族后人、美国斯坦福大学胡佛研究所访问学者宋曹琍璇教授来馆访问。

6. 8月，[illegible]的第75届世界图书馆与信息大会（也称IFLA大会）。

7. 9月24日，著名文史专家，省史志办副主任符和积向图书馆捐赠重要地方文献2千余册；校党委原书记林亚珉向图书馆赠送《传世藏书》130卷。

10. 9月30日，[illegible]馆揭牌。

11. 11月21日，著名图书学者李华伟博士莅临我馆参观指导。

（撰稿：林　苗　　审稿：李　春）

# 档 案 馆

**【概况】** 档案馆设综合办公室、综合档案室、人事档案室、学生档案室和编研室，在编人员11人，其中馆长一名，高级职称4人，中级职称3人，初级职称2人。2009年3月成立档案馆党支部，隶属图书馆党总支。7月研究生档案正式移交档案馆，实现了全校档案集中统一管理。

**【档案馆建设】** 2009年，档案馆继续加强自身建设，硬软件条件均得到明显改善。在硬件建设方面，添置了1台服务器、2台计算机、1台打印机、1台扫描仪、1台传真机和50套五节式档案柜，为档案管理现代化提供了良好的条件。在软件建设方面，一是引进“南大之星”档案管理系统（网络版）；二是完善制度。制订《海南大学档案馆党政联席工作会议制度》、《海南大学档案馆馆务公开制度》和《海南大学档案馆紧急预案》等，并将制度汇编成册，推进学校档案工作规范化、制度化建设；三是提高档案工作者的业务素质。为培养专（兼）职档案人员编制了《高等学校档案工作实用手册》，安排4人次到湖南师范大学、贵阳理工大学、贵阳师范大学等高校档案部门参观考察和进行业务交流。

**【综合档案工作】** 2009年，综合档案归档3556件，其中党群类档案283件，行政类档案688件，教学类档案1872件，科研类档案70件，基建类档案30件，外事类档案77件，出版类档案26件，财会类档案212件，设备类档案262件；归档光盘13张，实物档案16件；整理保存2008年度上级文件405件。征集原华南热带农业大学1958-2006年期间实物档案39件。

档案利用服务工作。全年利用综合档案1135件（卷），747人次，提供复印1768张。利用电子文件及时为单位及个人提供文凭核实服务近200人次，并通过电话、传真和邮寄等方式，为利用者提供全方位服务。

**【人事档案工作】** 人事档案管理和转递工作。全年整理档案907卷，归档各类材料如工资表、年度考核表（两年）、职称评审表、学籍材料、入党材料等7917份，接收、整理调入人员档案171卷，为70名教职工建立专业技术考核档案，为48名教工找回了学籍材料，为35名教职工办理了转档案手续，为16名退休人员、19名死亡人员调整了档案，并将所整理的档案材料一一录入电脑进行管理。

档案利用服务工作。本年度接待查阅档案778人次，提供利用档案2333卷，借出和复印档案748份，电话查询319人次。

**【学生档案工作】** 学生档案归档工作。全年共接收在校生各种归档材料93170份，接收、建立2009年新生档案7672卷，其中研究生档案

594卷、本专科生档案7078卷，接收2008级研究生档案463卷，并按档案管理规范全部入库且全部录入电脑进行管理。接收2009届毕业生档案材料62730份，并整理归入毕业生档案6970卷。完成2009届毕业生档案传递5211卷，为应届毕业生办理档案暂存1759卷。

档案利用服务工作。本年度接待来馆查询216人次，接待来电查询档案去向以及与办理档案有关事项的咨询11058人次，接待借阅16人次，为历届生、应届生在就业、升学、参军等方面提供了档案凭证。

**【编研工作】** 编纂73万字的《海南大学年鉴》(2009卷)，并于2009年12月正式出版。编辑《省部领导考察指导海南大学工作讲话汇编》(2007年1月-2009年3月)。

**【开展学习实践科学发展观活动】** 根据学校党委统一部署，档案馆有计划、有步骤，按质按量按时完成各个阶段、环节的学习实践任务，取得了良好效果。通过学习，全体党员和领导干部深刻领会了科学发展观的重大意义、科学内涵、精神实质和根本要求，加深了对科学发展观的理解，树立了科学发展的理念，形成了科学发展的共识，全馆上下形成了民主、团结、务实、创新的氛围。落实胡锦涛总书记关于“学习刘义权同志的先进事迹和崇高精神”的重要指示，组织全馆工作人员学习刘义权同志的先进事迹，立足本职，勤奋工作，为档案事业多做贡献。

（撰稿：黄天明　审稿：范　明）

# 海南大学学报

**【概况】** 2009年，经国家新闻出版总署批准（新出审字[2009]30号），原《华南热带农业大学学报》更名为《热带生物学报》，并由海南大学主办，海南省教育厅主管。海南大学学报（人文社会科学版和自然科学版）的工作继续向前推进。

**【学报工作与业绩】** 1.《热带生物学报》的更名不仅为热带生物资源的开发和利用提供了一个展现其最新科研成果的高水准交流平台，促进生物科学领域的新发展，而且还突出了海南的热带科研特色，体现新海南大学的学科特点、办学理念和办刊方向。在充分利用海南区位优势的基础上，更好地满足广大作者和读者的需求，在更大范围为生物科学领域的科研、教学、生产提供新的科学信息。2009年，《热带生物学报》的工作，主要体现在宣传和发动我校师生和校外作者向本刊投稿，做好创刊前的审稿和编稿工作。

2.《海南大学学报：人文社会科学版》2009年出版发行6期，学术质量再创新高。据中国人民大学书报资料中心提供的信息显示，2009年《学报》被“复印报刊资料”转载50篇，是《学报》创刊以来最多的一年，其论文涉及法学、经济学、文学、艺术、政史、民族等多学科领域。《学报》继续被南京大学中国社会科学研究评价中心列为《中文社会科学引文索引》(CSSCI)来源期刊。

3.《海南大学学报：自然科学版》2009年发行4期，学术质量不断提高。2009年《学报》荣获“全国高校科技期刊优秀编辑质量奖”。《学报》继续被中国科学技术信息研究所列为“中国科技论文统计源期刊”(中国科技核心期刊)。

**【编辑队伍建设】** 2009年，海南大学学报编辑部编辑人员由2008年的11名增加到13名，其中新增的2名是合校后调任《热带生物学报》的编辑。编辑人员中具有正高职称2名，副高职称6名，中级职称3名；具有硕士学位4名。

（撰稿、审稿：许文深）

# 网络与现代教育技术中心

**【概况】** 2009 年，网络与现代教育技术中心积极推进学校数字化校园建设。一是扩大校园网用户接入覆盖面；二是抓好正方数字校园应用系统建设；三是配合学校“211 工程 ”项目立项及十年发展规划制定，做好项目规划及项目申报工作。

**【网络基础设施建设】** （1）校园网络接入覆盖增加。与后勤部门合作，学生区已全部接入校园网。配合校内机构调整与搬迁，完成了全部单位和楼栋的网络接入工作。

（2）数字化校园建设规划。结合学校“211 工程”大学建设内容，已做好学校下一步数字校园建设的规划工作。

（3）三校区校园网络平稳运行，各项数字化应用正常使用。

（4）学校网站不断更新与维护，全面配合与保障学校对内对外宣传与沟通。

（5）年底基本完成中心位于 4 号教学楼新办公室和网络机房的装修改造工程。

**【网络应用系统建设】** （1）正方数字校园应用系统中的九大应用系统已全部启动并全部投入运行，在各相关单位的配合下，各分系统的基础数据正在不断进行充实完善，各项目已经全部在校园网上开通，进展顺利。九大系统包括现代教学管理信息系统、学生工作管理系统、人力资源管理信息系统、研究生教学管理信息系统、迎新管理信息系统、电子离校服务系统、数字中心平台系统、统一身份认证平台、统一门户平台。其中，电子离校服务系统和迎新管理信息系统首次应用于毕业生离校和新生报到，取得了良好的效果。通过统一门户平台，实现了校园网各大应用系统的统一身份认证，简化了用户登录，提高了系统的使用效率。其它系统也在教学、学工、人事和科研等方面发挥着应有的作用。

**【现代教育技术】** （1）完成了学校师生及课程数据向精品课程平台系统的对接工作，完成了原有各级精品课程向网络精品课程平台的数据转换。2009 年度的 17 门校级精品课程、5 门省级精品课程已经全部在新平台进行建设。

（撰稿：周文山　王　芳　李庆刚　王世恭　颜　磊　　审稿：周文山）

# 后 勤 集 团

**【综述】** 后勤集团负责经营、管理学校后勤资产和全校性后勤服务工作，为师生提供后勤服务。有海南海大修建装饰工程中心、海南海大物业管理中心和海大儋州校区商贸公司等 3 个法人单位。接管海南政法职业学院物业管理服务、省委党校物业管理服务、省政府海府机关食堂，取得较好的社会效益。

**【房产管理】** 1. 教工住宅管理。住宅区物业管理中心负责住宅区约 24 万平方米公共区域的管理工作。以“以人为本，优质服务”为服务宗旨，实行全天候服务。2009 年，在管辖区域内安装休闲椅 37 张，建设 300 多个停车位，规范区内车辆停放管理，在道路各转弯处安装减速带。加强绿化养护，绿化覆盖率 60%。

2. 学生住宿管理。学生区物业管理中心负责18栋学生公寓（宿舍）楼4612间宿舍的维修维护、公共区域卫生清洁及学生生活区的安全管理工作。2009年，学生区物业管理中心努力为学生营造良好的生活、学习环境。（1）对海甸校区学生区宿舍门锁进行加固，安装新门锁和插销，消除安全隐患。（2）严格按照学校和集团2009年寒假及春节期间有关安全工作的通知精神，组织楼长、楼管对各楼进行全面的安全检查。（3）组织员工开展绿化、美化校园专项综合治理活动。（4）每季度召开学生座谈会听取意见，从各个渠道收集学生对学生区物业管理中心的服务信息。（5）及时汇总各楼宇房间的空床位，规定统一时间集中办理学生申请调整床位。（6）配合学校办理海甸校区2009届毕业生离校手续。（7）对3号楼进行腾空装修。（8）做好新生住宿安排。（9）对学生宿舍进行清查床铺、违规使用电器、安全设施和逃生等安全检查，消除安全隐患。（10）采取联防活动，各楼管理员相互监督。（11）在甲型流感期间，组织员工加强环境卫生扫除、清理和保洁，及时消毒、灭四害。

3. 教学楼管理。教学区物业管理中心负责海甸校区教学区项目管理。每天检查1、2、3号教学楼各种设施、设备，发现损坏，及时报修，改变过去由师生发现才报修的局面，提高日常维修工作效率。全年维修灯管246支，更换176支；维修水龙头87个，更换66个；维修开关、插座34个，更换46个；维修门窗15个，更换8个。

**【质量与资产管理】** 质量与文化办公室按照ISO9001质量管理体系要求，切实加强集团各单位的质量检查监督工作。1. 组织集团各单位开展技术比武活动。2. 2009年全面推进儋州校区ISO9001质量管理体系贯标工作的运行。3. 加强监督检查，编写监督报告。4. 做好防控期间饮食服务中心环境卫生及服务质量监督工作。5. 创新校园生活垃圾管理模式。成立生活垃圾清运部，统一清运住宅区、学生区、教学区、食堂、商业街和服务社的生活垃圾。

**【美化绿化校园】** 1. 协助基建处疏通校园排污主管道。2. 进行校园卫生大扫除，清理卫生死角。3. 移植东门北边1500多株非洲楝到苗圃培育。4. 完成新建篮球场1800多平米绿化工程建设。5. 开展垃圾场环境整治，对绿化垃圾粉碎处理。6. 对全校2500多株棕榈科植物进行椰心叶甲病的防治，取得良好效果。7. 补种育才园草坪1800多平方米。8. 完成6000平方米新木球场绿化工程前期的整地工作。9. 在校园新植450多株树，共10多品种。

**【后勤服务】** 1. 饮食服务。饮食服务中心负责海甸校区20000多名师生员工的餐饮保障工作。

在2009年甲型H1N1流感防控期间，对全校食堂进行食品、容器、厨具采样，对所有的食堂进行全面“除四害”和清洗消毒，消毒面积共17950平方米。落实日常工作登记制度和消毒登记制度，所有从事服务人员健康证齐全，各项安全制度上墙，在生产中严格按操作规程进行。维修和更换防“四害”的纱网等设备。

2月底，海口市食品卫生监督局检查组到海甸校区食堂开展食品卫生检查。食堂各项工作均符合要求，综合评价结果为满意，并向海甸校区食堂颁发食品卫生“阳光监督”公示牌。

3月，开展“质量安全活动月”活动。成立“质量安全活动月”领导小组，全体员工把质量安全活动当作“生命工程”来抓。重点抓好对《饮食从业人员十条禁令》、《饮食中心食品验收标准》和《采购验收登记表》的全面落实。

强化岗位练兵，开展“金刀手”、“一勺准”、厨艺、服务礼仪、保洁等一系列技能比赛。多次召开回族学生座谈会，听取学生对清真餐厅的意见。为更好地服务学生，在学生第一食堂增开宵夜服务，宵夜品种由品种单一变为多样。

2. 水电服务。水电服务中心负责海甸校区师中的供水供电管理，为教学、科研和师生员工生活提供水电服务。水电房实行 24 小时值班，确保水电连续、可靠、稳定、正常供应，每天至少巡查全校 7 个电房，9 个变压器的供电系统、1 个主加压泵房和 2 个抽水变频控制房的设备。2009 年，供电 1058 万千瓦时，供水 135 万立方米。完成主供水管和电缆维修 11 件，零星维修 1485 件。用户水电费的回收率 95%以上。定期对水池进行清洗和消毒（每半年清洗水池一次，每月挂药消毒水池水至少一次，定期和不定期进行水质检测化验并公布结果，保证符合饮用水标准。7 月 13 日，学校和海口威立雅水务有限公司签署《供用水合作协议》，按照双方的约定，9 月 1 日起，海甸校区的供水管网建设、供水设施设备的改造更新和日常维修维护、水质监测、供水经营管理收费等工作正式移交海口威立雅水务有限公司管理。

3. 商务服务。商务服务中心主要负责全校通信服务、邮政储蓄、代发业务等。2009 年收发各种信件 10 万多件，挂号、快递、邮包等 5 万多件，订阅各类杂志 1000 多种。

4. 交通服务。校园交通服务由集团办公室交通服务部负责，有公务车 14 辆，安排、调度学校各部门公务用车。

5. 热线服务。热线服务部主要负责接听全校师生的咨询及投诉等服务工作。2009 年热线服务部共接到报修电话 16429 例，完成维修 16231 例，全年完成维修率达 98.57%。

**【党建工作】**　2009 年，后勤集团党委围绕“凝心聚力办后勤，服务保障 211”深入开展学习实践科学发展观活动。取得好成绩，被校党委评为深入学习实践科学发展观活动先进单位。

2009 年，出台《后勤集团党政联席会议议事规则》、《中共海南大学后勤集团委员会会议议事规则》、《后勤集团领导干部廉洁从业若干规定》、《党风廉政建设责任制实施办法》、《后勤集团企业文化建设指导意见》等一系列制度，规范了后勤集团党务的工作。

七一前夕，后勤集团举行党员示范岗活动启动仪式暨优秀共产党员表彰大会。

后勤集团党委下设 6 个党支部，党员 96 名。2009 年，发展党员 8 人，转正党员 12 人，培养入党积极分子 12 人。

**【工会活动】**　集团工会积极组织会员员工参加学校组织的篮球赛、排球赛、羽毛球赛、游泳比赛、歌咏比赛等活动，并取得可喜成绩：海甸校区教工排球赛女子组第 1 名，男子组第 2 名；海甸校区第十六届游泳比赛男子 4×50 自由泳接力赛第 1 名、女子 4×50 自由泳接力赛第 2 名、4 个单项第 1 名、7 个单项第 2 名、10 个单项第 3 名、6 个单项第 4 名、5 个单项第 5 名、2 个单项第 6 名、教工组团体总分第一名；庆祝新中国成立 60 周年教职工歌咏比赛二等奖；集团员工王托获 2009 年第四届全国木球锦标赛男子个人冠军和男双冠军。

组织系列活动：每周二、五晚上组织员工在学校联谊馆举行羽毛球健身活动；3 月，举办首次“员工之家”联谊会活动；4 月，在海甸校区住宅区举行迎“五一”员工拔河比赛；5 月，组建集团男子足球队。10 月，组织全体集团员工进行体检，组织集团女员工参加校工会开展的免费妇科体检活动。2009 年，慰问工伤病丧产假等员工或家属达 60 人次，开支 36731 元。

**【共青团工作】**　2009 年，集团团委坚持正面教育引导为主，深入开展学习实践科学发展观活动，坚持“讲服务、讲奉献、利发展、促和谐”的工作理念，扎实开展后勤团的工作。1. 定期召开团干部学习会。2. 不定期召开青年员工座谈会。先后举行“我与祖国共奋进，我同学校共发展，我与集团共荣辱”等主题座谈会 6 次。3. 树立典型。集团团委表彰 1 个优秀团支部、2 名优秀团干、2 名优秀团员。4. 坚持党建带团建，当好党的助手和后备军。5 月，集团成功接管省政府海府机关食堂后，为了更好地调动青年员工的积极性，确保青年员工过团的生活，在省政府海府机关食堂成立后勤团委第7团支部。2009年，推荐3名优秀团员为入党积极分子，推荐3名优秀团员加入党组织。5.以第3团支部为试点，配合饮食服务中心，开展员工礼仪培训等系列活动。

**【宣传工作】** 改进和创新宣传工作。2009年，积极向相关报刊、媒体投稿，在集团网发表稿件353篇。《中国高校后勤通讯》发表8篇，《中国院校后勤信息》发表1篇，《中国高校伙食通讯》发表1篇，《中国高校学生公寓管理通讯》发表2篇，《中国高校物业管理通讯》发表8篇，中国院校后勤信息网发表110篇，《海南日报》发表1篇，《海南大学校报》发表3篇，海南大学校园网发表25篇，这些稿件内容涵盖了集团在生产经营、发展战略、企业文化、党的建设等。

后勤集团荣获2009年全国高校后勤系统信息与宣传工作先进单位称号，李进登、黄宏俊同志荣获2008年全国高校后勤系统信息与宣传工作先进个人称号。

**【幼儿教育】** 2009年校幼儿园取得较好成绩。幼儿园参加省教育科学规划“十一五”重点课题“海南省幼儿园奥尔夫音乐教学法实验与研究”，课题研究成果通过鉴定，结题报告在省教育科学规划“十一五”重点课题“海南省幼儿园奥尔夫音乐教学法实验与研究”中荣获三等奖；在《今日海南》、《教师教育研究》、《海大学习实践科学发展观》《中国学前教育研究会》、《海南省幼儿园奥尔夫音乐教学法实验与研究》、《教育部“小小探索者”项目年会》等刊物上发表论文17篇。幼儿园詹春容园长先后被中共海口市美兰区委、美兰区政府评为2008-2009学年度优秀教师、被全国高等农业院校后勤管理研究会授予2009年度先进工作者称号。

（撰稿：李进登 黄宏俊 审稿：单明华 徐凤莲）

# 派出机构

## 儋州校区管委会

**【概况】** 2009 年，儋州校区管委会按照“全面负责、垂直管理、条块结合、校区协调、运转正常”的工作原则，紧扣学校发展主题，以“保政令畅通、保正常运转、保安全稳定、保顺利搬迁和协调解决分离遗留问题”为重心，履行了维持儋州校区正常教学、工作和生活秩序的职责。

**【思想建设】** 1. 认真配合学校组织好学习实践科学发展观活动.做好学习资料、简报等收发工作；组织 7 次学习实践科学发展观活动视频大会；配合校党委组织好在儋州校区召开的校党委理论中心组扩大会议；协助省检查组、校督导组的各项检查指导工作。

2. 做好上传下达工作。履行好学校党政延伸的职能，及时把学校各类会议精神、工作部署传达到各单位，并把校区的情况及时向学校汇报。

**【保障工作】** 1. 教学保障工作。基地建设：与实验室管理处一起收回管理学院办公楼后的空地，与其他单位协调落实部分科研项目的科研实验用地；指导实验室管理处对儋州校区农科教学基地的继续建设规划；协调专项资金建设农科基地蓄水池；进一步与热科院加强沟通，协调园艺园林学院老教学基地搬迁工作。

教学设备：每学期开学初、学期结束前，与教务处、实验室管理处、保卫处、后勤等部门及各学院进行教学条件和设施的检查，确保教学秩序正常进行；协调资金对游泳池、农学院前篮球场等体育设施及场所的修缮。

2. 生活保障工作。环境整治：督促后勤集团儋州校区办公室做好垃圾处理工作；与热科院协商，妥善解决了大石队原院校垃圾处理场赔偿、调整自来水价格、试验场水电站管理权移交等问题；督促完成了医院基建项目的改造并通过了验收；协调资金对学生宿舍部分围墙加高及加压玻璃；对车站前广场进行了维修。

防控 H1N1：根据学校《关于做好人感染猪流感防控工作的紧急通知》，精心部署儋州校区的防控工作，明确各单位各部门、疾病控制机构、医疗机构的职责，细化各自的工作责任，落实各项工作任务，指导校区内师生员工做好流感防控及医疗救治工作。做好归国人员的监测工作。积极与当地政府沟通，实现了校区教职员工近 5000 人全员接种 H1N1 疫苗。

**【安全稳定工作】** 加强与地方及周边村队的联系与合作，共同维护良好的周边环境；关注教职工思想状况。2009 年儋州校区教师对涉及待遇、搬迁、集资房建设等问题思想比较敏感，校区与各学院一起密切关注教工的思想状态，及时做好解释和劝说工作，防止教师集体上访；开展各类教育及检查活动，主要有：做好重大节日及重大活动的安全隐患排查工作、开展“防灾救灾日”宣传活动、消防安全检查等；及时做好各类突发事件的处理工作。

【积极应对自然灾害】 受2009年第13号热带风暴“彩虹”的影响，校区出现强降雨和大风，短时间内湖水爆满，致使周边房屋被淹、堤坝崩溃，校区停水停电，正常的教学生活秩序受到严重影响。在突如其来的灾害面前，校区管委会快速启动应急预案，组织全体教职员工和学生团结一致，开展抗灾救灾，较好地维护了校区及师生的利益，确保了大灾无伤亡，把损失降到最低限度。

【协助各职能部门工作】 教学工作：协调各学院及教务处做好正常的教学教务工作，如教学任务的落实、课室的使用与管理、教师跨校区任课的管理等；组织大学生四六级考试，共4100人次参加四级考试，2500人次参加六级考试；组织全国研究生入学统一考试；受学校领导委托组织协调校区车辆工程、农产品质量与安全、环境科学、信息管理与信息系统等4个新办专业评估。

学生管理工作：1．日常管理工作。利用安全教育讲座和救助知识自选课等加强对学生进行安全教育，提高学生自我防范意识和技能。加强对法纪法规的宣传，引导学生自觉遵守各类规章制度。2．继续强化心理健康教育工作。每周一至周五晚上安排老师值班，接待来访学生，有效地缓解了学生日常心理困惑。开展新生心理普查，建立心理档案，有针对性地开展心理健康讲座与培训。开展“5.25”大学生心理健康教育宣传月系列活动。3．学生资助工作。全年共设立勤工助学固定岗位440多个，发放酬金60.23万元。2009年建行提前把校区473名学生2009-2010年学费、住宿费贷款合计243.095万元，发放到学生手中，为学校教育经费的补充提供了有力的保障。做好各类资助性质奖、助学金的组织申报和发放工作，校区受助学生1779名，共发放各类奖、助学金546万元。5．2009级新生接待工作。校区2009级新生共报到1539名，其中471名新生通过“绿色通道”办理了入学手续。6．开展毕业生文明离校教育活动。通过举行就业讲座、召开座谈会、个别谈心、举行毕业生晚会、评选优秀毕业生等活动，引导毕业生认清就业形势，树立正确的择业观，增强毕业生安全意识和自我防范能力。7．举办就业双选会。共有80多家企业到校区招聘毕业生。8．举办第三十七届大学生田径运动会。9．组织1500多名学生开展新生入学军训活动。10．举办系列校园文化活动。

在协助好教学与学生这两大主体工作以外，还配合其他职能的工作，如配合工会收缴工会会费、发放春节慰问品、组织各类文体活动，开展节庆宣传活动等。

【第二次搬迁工作】 9月初，校区共有2560名学生、190名教职工及相应的教学仪器设备搬迁到海甸校区，实现了校区的第二次搬迁。

【筹建儋州分校工作】 根据《海南大学2009-2010学年度第一学期工作要点》的分工要求，由儋州校区管委会牵头筹建儋州分校。经过多方论证、调研、专家咨询，向学校提交了相关的建议报告。学校于9月正式成立了儋州分校。

（撰稿：冯社洪　　审稿：陈琼花）

# 附属机构

## 海甸校区医院

【概况】 海甸校区医院是集全科医疗、预防保健为一体的一级综合医院。职工 43 人，其中医务人员 39 人，正高职称 3 人，副高职称 10 人，中级职称 6 人。设预防保健科，内科，外科，妇科，儿科，眼科、耳鼻喉科，口腔科，中医科，针灸科，医学影像科、检验科、住院部、行政后勤等部门。

【开展医院管理年活动】 2009 年,开展以“创建平安医院”活动为切入点的医院管理年活动。

健全医疗安全管理制度，落实医疗核心制度，依法依规执业。加强基础医疗质量管理，抓好质量管理的重点环节。倡导高尚的医德医风，搞好医患沟通，构建和谐医患关系。强化感染管理措施，执行消毒隔离制度，规范各项操作，确保医疗安全。

【服务师生员工】 1. 完成海甸校区 2009 级新生 5322 人入学体检工作。建立学生健康档案，对各类健康资料进行统计分析，存在问题及时采取防治措施。新生入学按要求人手一份艾滋病、急性肠道传染病、甲型 H1N1 流感、霍乱、登革热健康教育处方。对患病学生（心脏病、乙型肝炎、心肌炎，直背综合症，肺结核、肾病、哮喘、特发性气胸）进行个体疾病咨询、治疗与健康指导。

2. 完成海甸校区 2400 多名教职工年度健康体检及后勤聘用员工健康检查工作，建立职工健康档案。对体检中发现问题及时告知，做好疾病咨询、治疗及健康指导。

3. 开展传染病知识宣传。

4. 在学校防控甲型 H1N1 流感疫情期间，医务人员一直坚持在防控工作第一线。对 2000 多名发热学生进行排查，对 300 多名学生进行隔离观察，配合学校有关部门做好防控知识宣传、健康教育。为学校各相关部门配备防护用品、消杀器械。配合上级疾控中心做好学校甲流确诊病例的流调、密切接触者的观察。指导重点部门如食堂、教室、图书馆、会议室的消毒工作。对重点服务人群做好流感疫苗接种工作。在医院内开设发热及肠道门诊，按规定做好各种登记，做好预防工作。

5. 全年医疗门诊量及健康体检人数 7 万多人次。

（撰稿、审稿：郭雅秦）

## 儋州校区医院

【概况】 儋州校区医院在岗人数 77 人，其中医生 15 人、护理人员 34 人、检验 3 人、放射 3 人，药剂 5 人、其他人员 14 人。设门诊部（内科、外科、中医科、儿科、口腔科、五官科）、住院部（内科、外科、儿科、传染科）、康复科、医技科（检验、放射、心电图、B 超），护理部、保健科、校区门诊部、药剂科和财务后勤组、卫生科防疫站。

2009 年新增海口市城镇居民医疗保险和儋州市城镇居民医疗保险定点单位，为学校参加各种医疗保险的员工提供医疗服务与生育保险服务。

**【工作量基本情况】** 2009 年工作量基本情况：放射科 10640 人次（其中透视 9831 人次、摄片 809 人次）；门诊 16870 人次（含内科、外科、妇科、儿科、中医科、急诊科等）；注射 12586 人次；化验 14531 人次；B 超、心电等 449 人次；换药 944 人次。

**【服务师生员工】** 1. 完成 2009 年度教职工健康体检建档工作。

2. 为儋州校区在校学生、毕业生、新生体检，共 9755 人次。

3. 3 名医生在儋州校区开设 3 门公共选修课：《救护》、《大学生健康教育》、《女子生理卫生学》。

**【卫生防疫】** 2009 年接种乙肝疫苗 892 人、卡介苗 560 人、三联疫苗 689 人、乙脑疫苗 340 人、狂犬疫苗 659 人、流脑疫苗 355 人、麻疹疫苗 377 人。发放儿麻糖丸 689 人，餐饮工作人员和儿童入托体检 230 人。对市场、食堂、食品卫生检查 60 次，卫生许可证发证率达 95%以上。完成 2009 年校区手足口病、甲流等多种传染病的防控工作，完成冬春季节传染病防治工作，按计划定期完成全年学校的环境消杀工作，确保校区有良好的卫生环境。

（撰稿：朱萍　　审稿：彭少华）

# 各类统计资料

## 学校基本数据

校园总面积 5206.91 亩。其中：海甸校区面积 2622.55 亩，儋州校区面积 1708.75 亩，城西校区面积 139.66 亩，秀英农场 735.94 亩。

校舍总建筑面积 882962 平方米，其中海甸校区 620714 平方米，儋州校区 234695 平方米，城西校区 27553 平方米。

教职工 2551 人，其中专任教师 1538 人、教授 163 人、其他正高职称 16 人、副教授 400 人、其他副高级职称 64 人、博士 221 人、硕士 653 人。

在校学生 37300 人。

全日制学生 29854 人，其中博士研究生 107 人、硕士研究生 2122 人、本科生 27317 人、专科生 308 人。

成教学历教育学生 6253 人，其中本科生 1960 人、专科生 4293 人。

在职研究生 1119 人。

外国留学生 74 人。

图书馆藏文献 313.2 万余册，纸质为 202.7 万余册，电子为 110.5 万余册。中外文数据库 18 个，自建特色资源库 8 个，免费试用数据库 70 余个。

档案馆馆藏档案 10932 卷和 13950 件，其中永久保存 2258 卷、13177 件，长期保存 122 卷、5935 件。现已收录条目 31003 条。

固定资产总价 36921 万元。

## 教职工基本情况

### 2009 年教职工分类情况统计表

单位：人

| | 合计 | 校本部教职工 | | | | | 科研机构人员 | 校办企业职工 | 其他附设机构人员 |
|---|---|---|---|---|---|---|---|---|---|
| | | 小计 | 专任教师 | 行政人员 | 教辅人员 | 工勤人员 | | | |
| 总　计 | 2551 | 2380 | 1538 | 313 | 324 | 205 | 29 | 34 | 108 |
| 其中：女 | 1132 | 1035 | 635 | 125 | 191 | 84 | 14 | 6 | 77 |
| 正高级 | 179 | 168 | 163 | 3 | 2 | 0 | 11 | 0 | 0 |
| 副高级 | 464 | 447 | 400 | 20 | 27 | 0 | 8 | 0 | 9 |
| 中　级 | 860 | 823 | 618 | 88 | 107 | 10 | 7 | 4 | 26 |
| 初　级 | 543 | 500 | 321 | 72 | 92 | 15 | 3 | 6 | 34 |

续上表

| | | | | | | | | | |
|---|---|---|---|---|---|---|---|---|---|
| 无职称 | 505 | 442 | 36 | 130 | 96 | 180 | | 24 | 39 |
| 其中聘任制：小计 | 1297 | 1283 | 904 | 165 | 122 | 92 | 14 | 0 | 0 |
| 其中：女 | 220 | 216 | 58 | 64 | 53 | 41 | 4 | 0 | 0 |
| 正高级 | 117 | 109 | 104 | 3 | 2 | 0 | 8 | 0 | 0 |
| 副高级 | 297 | 294 | 269 | 6 | 19 | 0 | 3 | 0 | 0 |
| 中　级 | 409 | 407 | 295 | 44 | 60 | 8 | 2 | 0 | 0 |
| 初　级 | 272 | 271 | 222 | 15 | 22 | 12 | 1 | 0 | 0 |
| 无职称 | 202 | 202 | 14 | 97 | 19 | 72 | 0 | 0 | 0 |

## 专任教师、聘请校外教师岗位分类情况

单位：人

| | 专任教师中按授课内容分 | | | | 聘请校外教师按授课内容分 | | | |
|---|---|---|---|---|---|---|---|---|
| | 计 | 公共课基础课 | 专业课 | | 计 | 公共课基础课 | 专业课 | |
| | | | 计 | 其中：双师型 | | | 计 | 其中：双师型 |
| 总　计 | 1515 | 382 | 1133 | 66 | 352 | 31 | 321 | 15 |
| 女 | 625 | 163 | 462 | 21 | 79 | 14 | 65 | 2 |
| 正高级 | 163 | 37 | 126 | 3 | 121 | 0 | 121 | 0 |
| 副高级 | 393 | 108 | 285 | 25 | 155 | 4 | 151 | 6 |
| 中　级 | 609 | 131 | 478 | 38 | 76 | 27 | 49 | 9 |
| 初　级 | 314 | 86 | 228 | 0 | 0 | 0 | 0 | 0 |
| 无职称 | 36 | 20 | 16 | 0 | 0 | 0 | 0 | 0 |

## 专任教师年龄情况一览表

单位：人

| | 计 | 30 岁以下 | 31-35 岁 | 36-40 岁 | 41-45 岁 | 46-50 岁 | 51-55 岁 | 56-60 岁 | 61-65 岁 | 66 岁以上 |
|---|---|---|---|---|---|---|---|---|---|---|
| 总　计 | 1538 | 455 | 316 | 270 | 303 | 120 | 63 | 6 | 3 | 2 |
| 其中：女 | 635 | 274 | 414 | 84 | 81 | 32 | 18 | 3 | 1 | 1 |
| 按职称分：正高级 | 163 | 0 | 01 | 21 | 62 | 34 | 40 | 1 | 2 | 2 |
| 副高级 | 400 | 2 | 50 | 105 | 165 | 63 | 10 | 4 | 1 | 0 |
| 中　级 | 618 | 124 | 252 | 138 | 73 | 19 | 11 | 1 | 0 | 0 |
| 初　级 | 321 | 293 | 13 | 6 | 3 | 4 | 2 | 0 | 0 | 0 |

续上表

| | | | | | | | | | | |
|---|---|---|---|---|---|---|---|---|---|---|
| 无职称 | [illegible] | [illegible] | 0 | 0 | 0 | 0 | 0 | 0 | 0 | 0 |
| 按学历（学位）分：<br>博士研究生 | 221 | 29 | 40 | 61 | 66 | 15 | 10 | 0 | 0 | 0 |
| 硕士研究生 | 653 | 242 | 173 | 88 | 109 | 28 | 12 | 0 | 1 | 0 |
| 本科 | 635 | 182 | 103 | 120 | 126 | 74 | 26 | 0 | 2 | 2 |
| 其中获：硕士学位 | 72 | 21 | 24 | 7 | 16 | 3 | 0 | 0 | 0 | 1 |
| 专科及以下 | 29 | 2 | 0 | 1 | 2 | 3 | 15 | 6 | 0 | 0 |

## 专任教师、聘请校外教师学历（位）情况一览表

单位：人

| | 计 | 博士研究生 | | | 硕士研究生 | | | 本科 | | | 专科及以下 |
|---|---|---|---|---|---|---|---|---|---|---|---|
| | | 计 | 其中：获学位 | | 计 | 其中：获学位 | | 计 | 其中：获学位 | | 计 |
| | | | 博士 | 硕士 | | 博士 | 硕士 | | 博士 | 硕士 | |
| 1. 专任教师 | 1538 | 221 | 221 | 0 | 653 | 0 | 653 | 635 | 0 | 72 | 29 |
| 其中：女 | 635 | 48 | 48 | 0 | 296 | 0 | 296 | 285 | 0 | 20 | 6 |
| 正高级 | 163 | 65 | 65 | 0 | 46 | 0 | 46 | 48 | 0 | 4 | 4 |
| 副高级 | 400 | 82 | 82 | 0 | 137 | 0 | 137 | 169 | 0 | 19 | 12 |
| 中　级 | 618 | 74 | 74 | 0 | 331 | 0 | 331 | 204 | 0 | 34 | 9 |
| 初　级 | 321 | 0 | 0 | 0 | 139 | 0 | 139 | 179 | 0 | 15 | 3 |
| 无职称 | 36 | 0 | 0 | 0 | 0 | 0 | 0 | 35 | 0 | 0 | 1 |
| 2. 聘请校外教师 | 352 | 113 | 113 | 0 | 108 | 0 | 108 | 131 | 0 | 0 | 0 |
| 其中：女 | 79 | 31 | 31 | 0 | 22 | 0 | 22 | 26 | 0 | 0 | 0 |
| 正高级 | 121 | 48 | 48 | 0 | 30 | 0 | 30 | 43 | 0 | 0 | 0 |
| 副高级 | 155 | 65 | 65 | 0 | 38 | 0 | 38 | 52 | 0 | 0 | 0 |
| 中　级 | 76 | 0 | 0 | 0 | 40 | 0 | 40 | 36 | 0 | 0 | 0 |
| 初　级 | 0 | 0 | 0 | 0 | 0 | 0 | 0 | 0 | 0 | 0 | 0 |
| 无职称 | 0 | 0 | 0 | 0 | 0 | 0 | 0 | 0 | 0 | 0 | 0 |
| 聘请校外教师中：外教 | 0 | 0 | 0 | 0 | 0 | 0 | 0 | 0 | 0 | 0 | 0 |
| 其他高校 | 118 | 51 | 51 | 0 | 17 | 0 | 0 | 50 | 0 | 0 | 0 |

## 分学科专任教师数一览表

单位：人

| | 计 | 正高级 | 副高级 | 中级 | 初级 | 无职称 |
|---|---|---|---|---|---|---|
| 总　计 | 1538 | 163 | 400 | 618 | 321 | 36 |
| 其中：女 | 635 | 25 | 121 | 250 | 218 | 21 |
| 哲　学 | 14 | 2 | 2 | 4 | 6 | 0 |
| 经济学 | 133 | 17 | 47 | 41 | 27 | 1 |
| 法　学 | 75 | 10 | 21 | 35 | 7 | 2 |
| 教育学 | 140 | 9 | 40 | 45 | 39 | 7 |
| 其中：体育 | 52 | 3 | 22 | 18 | 7 | 2 |
| 文学 | 296 | 33 | 70 | 99 | 87 | 7 |
| 其中：外语 | 143 | 5 | 24 | 67 | 42 | 5 |
| 其中：艺术 | 81 | 15 | 20 | 24 | 21 | 1 |
| 历史学 | 6 | 0 | 1 | 2 | 1 | 2 |
| 理　学 | 129 | 12 | 26 | 48 | 39 | 4 |
| 工　学 | 284 | 22 | 82 | 125 | 50 | 5 |
| 其中：计算机 | 88 | 7 | 24 | 38 | 14 | 5 |
| 农　学 | 317 | 49 | 87 | 152 | 29 | 0 |
| 其中：林学 | 29 | 3 | 9 | 13 | 4 | 0 |
| 医　学 | 5 | 0 | 1 | 3 | 1 | 0 |
| 管理学 | 139 | 9 | 23 | 64 | 35 | 8 |

## 2009年聘请外籍教师名录

| 序号 | 姓名 | 性别 | 国家 | 任教单位 |
|---|---|---|---|---|
| 1 | Andrew Wiquang Wang | 男 | 美国 | 经济与管理学院 |
| 2 | TAN YEAP LEONG | 男 | 马来西亚 | 海外课程教育中心 |
| 3 | Li Shizheng | 男 | 荷兰 | 人文传播学院 |
| 4 | Andrew Milne | 男 | 英国 | 外国语学院 |
| 5 | Richard Kronick | 男 | 美国 | 外国语学院 |
| 6 | Rhys Warren | 男 | 英国 | 外国语学院 |
| 7 | Masahiro Fujita | 男 | 日本 | 外国语学院 |
| 8 | Ozaki Mitsuko | 女 | 日本 | 外国语学院 |
| 9 | Vera Dumnazeva | 女 | 俄罗斯 | 外国语学院 |

续上表

| | | | | |
|---|---|---|---|---|
| 10 | Sue Thornton | 女 | 澳大利亚 | 应用科技学院 |
| 11 | Paul Barry | 男 | 澳大利亚 | 应用科技学院 |
| 12 | Kim Sun Hue | 女 | 韩国 | 旅游学院 |
| 13 | John Fredric Haynes | 男 | 美国 | 旅游学院 |
| 14 | Edward Donofrio | 男 | 美国 | 外国语学院 |
| 15 | Richard Gregoire | 男 | 加拿大 | 外国语学院 |

2009 年调出、调入及离退休人员统计表

单位：人

| 类别 | 计 | 正高 | 副高 | 中级 | 初级 | 正处 | 副处 | 正科 | 其他 | 毕业生 |
|---|---|---|---|---|---|---|---|---|---|---|
| 调出人员 | 27 | 2 | 5 | 9 | 3 | | | 1 | 7 | |
| 调入人员 | 118 | 3 | 8 | 24 | 4 | | | | 76 | 37 |
| 离退休人员 | 14 | 1 | 2 | 3 | 2 | | | | 6 | |

# 学生基本情况

## 研究生分专业（领域）人数统计表

单位：人

| 专业名称 | 年制 | 毕业生数 | 授予学位数 | 招生数 | | 在校学生数 | | | | 预计毕业生数 |
|---|---|---|---|---|---|---|---|---|---|---|
| | | | | 计 | 其中：应届生 | 计 | 一年级 | 二年级 | 三年级及以上 | |
| 总　计 | | 534 | 530 | 884 | 573 | 2229 | 884 | 664 | 681 | 681 |
| 总计中：女 | | 229 | 229 | 433 | 292 | 1020 | 433 | 295 | 292 | 292 |
| 学术型学位博士 | | 15 | 15 | 27 | 6 | 107 | 27 | 26 | 54 | 54 |
| 博士中：女 | | 4 | 4 | 12 | 1 | 50 | 12 | 11 | 27 | 27 |
| 国家任务学术型学位博士 | | 15 | 15 | 27 | 6 | 101 | 27 | 26 | 48 | 48 |
| 植物学 | 3 | 3 | 3 | 0 | 0 | 6 | 0 | 3 | 3 | 3 |
| 作物栽培学与耕作学 | 3 | 3 | 3 | 3 | 0 | 14 | 3 | 3 | 8 | 8 |
| 作物遗传育种 | 3 | 4 | 4 | 3 | 2 | 17 | 3 | 3 | 11 | 11 |
| 植物分子遗传学 | 3 | 4 | 4 | 3 | 2 | 10 | 3 | 1 | 6 | 6 |
| 种质资源学 | 3 | 0 | 0 | 4 | 0 | 15 | 4 | 6 | 5 | 5 |
| 农业生物技术 | 3 | 1 | 1 | 8 | 1 | 22 | 8 | 6 | 8 | 8 |
| 南药学 | 3 | 0 | 0 | 2 | 1 | 3 | 2 | 1 | 0 | 0 |

续上表

| | | | | | | | | | | |
|---|---|---|---|---|---|---|---|---|---|---|
| 作物害虫学 | 3 | 0 | 0 | 1 | 0 | 3 | 1 | 2 | 0 | 0 |
| 能源植物 | 3 | 0 | 0 | 2 | 0 | 2 | 2 | 0 | 0 | 0 |
| 橡胶学 | 3 | 0 | 0 | 1 | 0 | 1 | 1 | 0 | 0 | 0 |
| 分子植物病理学 | 3 | 0 | 0 | 0 | 0 | 8 | 0 | 1 | 7 | 7 |
| 委托培养学术型学位博士 | | 0 | 0 | 0 | 0 | 6 | 0 | 0 | 6 | 6 |
| 植物学 | 3 | 0 | 0 | 0 | 0 | 1 | 0 | 0 | 1 | 1 |
| 作物栽培学与耕作学 | 3 | 0 | 0 | 0 | 0 | 1 | 0 | 0 | 1 | 1 |
| 作物遗传育种 | 3 | 0 | 0 | 0 | 0 | 3 | 0 | 0 | 3 | 3 |
| 植物分子遗传学 | 3 | 0 | 0 | 0 | 0 | 1 | 0 | 0 | 1 | 1 |
| **学术型学位硕士** | | 412 | 408 | 629 | 479 | 1613 | 629 | 482 | 502 | 502 |
| 硕士中：女 | | 187 | 187 | 317 | 243 | 776 | 317 | 231 | 228 | 228 |
| 国家任务学术型学位硕士 | | 376 | 373 | 613 | 479 | 1294 | 613 | 252 | 429 | 429 |
| 中国哲学 | 3 | 0 | 0 | 4 | 2 | 11 | 4 | 4 | 3 | 3 |
| 外国哲学 | 3 | 4 | 4 | 3 | 1 | 6 | 3 | 2 | 1 | 1 |
| 政治经济学 | 3 | 0 | 0 | 5 | 4 | 8 | 5 | 3 | 0 | 0 |
| 世界经济 | 3 | 8 | 8 | 14 | 11 | 25 | 14 | 6 | 5 | 5 |
| 金融学 | 3 | 0 | 0 | 11 | 11 | 15 | 11 | 3 | 1 | 1 |
| 法学理论 | 3 | 0 | 0 | 5 | 4 | 10 | 5 | 3 | 2 | 2 |
| 法律史 | 3 | 0 | 0 | 5 | 4 | 10 | 5 | 2 | 3 | 3 |
| 刑法学 | 3 | 0 | 0 | 7 | 5 | 18 | 7 | 7 | 4 | 4 |
| 民商法学 | 3 | 11 | 10 | 15 | 13 | 33 | 15 | 11 | 7 | 7 |
| 诉讼法学 | 3 | 14 | 14 | 12 | 9 | 40 | 12 | 12 | 16 | 16 |
| 经济法学 | 3 | 6 | 6 | 8 | 4 | 20 | 8 | 7 | 5 | 5 |
| 环境与资源保护法学 | 3 | 0 | 0 | 2 | 2 | 2 | 2 | 0 | 0 | 0 |
| 国际法学 | 3 | 0 | 0 | 4 | 3 | 10 | 4 | 3 | 3 | 3 |
| 政治学理论 | 3 | 0 | 0 | 8 | 5 | 17 | 8 | 5 | 4 | 4 |
| 中共党史 | 3 | 0 | 0 | 4 | 2 | 9 | 4 | 4 | 1 | 1 |
| 马克思主义基本原理 | 3 | 0 | 0 | 3 | 1 | 3 | 3 | 0 | 0 | 0 |
| 马克思主义中国化研究 | 3 | 0 | 0 | 4 | 3 | 7 | 4 | 0 | 3 | 2 |
| 思想政治教育 | 3 | 0 | 0 | 16 | 14 | 27 | 16 | 5 | 6 | 6 |
| 马克思主义理论与思想政治教育 | 3 | 12 | 12 | 0 | 0 | 2 | 0 | 0 | 2 | 2 |
| 文艺学 | 3 | 10 | 10 | 10 | 4 | 26 | 10 | 8 | 8 | 8 |

续上表

| | | | | | | | | | |
|---|---|---|---|---|---|---|---|---|---|
| 比较文学与世界文学 | 3 | 0 | 0 | 7 | 6 | 11 | 7 | 3 | 3 | 3 |
| 英语语言文学 | 3 | 0 | 0 | 8 | 4 | 14 | 8 | 6 | 0 | 0 |
| 外国语言学及应用语言 | 3 | 0 | 0 | 7 | 4 | 11 | 7 | 4 | 0 | 0 |
| 美术学 | 3 | 0 | 0 | 8 | 5 | 13 | 8 | 3 | 2 | 2 |
| 应用数学 | 3 | 0 | 0 | 8 | 6 | 20 | 8 | 6 | 6 | 6 |
| 海洋生物学 | 3 | 0 | 0 | 7 | 6 | 15 | 7 | 6 | 2 | 2 |
| 植物学 | 3 | 13 | 13 | 16 | 13 | 46 | 16 | 13 | 17 | 17 |
| 微生物学 | 3 | 17 | 17 | 16 | 14 | 47 | 16 | 17 | 14 | 14 |
| 发育生物学 | 3 | 0 | 0 | 7 | 3 | 12 | 7 | 0 | 5 | 5 |
| 生物化学与分子生物学 | 3 | 29 | 27 | 25 | 19 | 64 | 25 | 13 | 26 | 26 |
| 生态学 | 3 | 14 | 14 | 11 | 7 | 29 | 11 | 5 | 13 | 13 |
| 农业生物技术 | 3 | 15 | 15 | 15 | 11 | 32 | 15 | 4 | 13 | 13 |
| 材料物理与化学 | 3 | 0 | 0 | 10 | 8 | 15 | 10 | 4 | 1 | 1 |
| 材料学 | 3 | 13 | 13 | 19 | 15 | 37 | 19 | 4 | 14 | 14 |
| 通信与信息系统 | 3 | 12 | 12 | 12 | 11 | 20 | 12 | 3 | 5 | 5 |
| 信号与信息处理 | 3 | 0 | 0 | 6 | 5 | 10 | 6 | 1 | 3 | 3 |
| 计算机应用技术 | 3 | 0 | 0 | 8 | 7 | 9 | 8 | 1 | 0 | 0 |
| 岩土工程 | 3 | 0 | 0 | 9 | 5 | 10 | 9 | 1 | 0 | 0 |
| 化学工艺 | 3 | 0 | 0 | 8 | 6 | 9 | 8 | 0 | 1 | 1 |
| 生物化工 | 3 | 0 | 0 | 11 | 11 | 12 | 11 | 1 | 0 | 0 |
| 应用化学 | 3 | 10 | 10 | 15 | 14 | 20 | 15 | 2 | 3 | 3 |
| 农业机械化工程 | 3 | 0 | 0 | 4 | 3 | 8 | 4 | 1 | 3 | 3 |
| 环境工程 | 3 | 6 | 6 | 6 | 5 | 10 | 6 | 1 | 3 | 3 |
| 食品科学 | 3 | 0 | 0 | 15 | 15 | 20 | 15 | 0 | 5 | 5 |
| 农产品加工及贮藏工程 | 3 | 14 | 14 | 12 | 11 | 33 | 12 | 1 | 20 | 20 |
| 作物栽培学与耕作学 | 3 | 19 | 19 | 10 | 8 | 27 | 10 | 0 | 17 | 17 |
| 作物遗传育种 | 3 | 41 | 41 | 26 | 17 | 73 | 26 | 15 | 32 | 32 |
| 植物分子遗传学 | 3 | 8 | 8 | 8 | 7 | 20 | 8 | 3 | 9 | 9 |
| 种质资源学 | 3 | 9 | 9 | 10 | 8 | 23 | 10 | 1 | 12 | 12 |
| 南药学 | 3 | 0 | 0 | 6 | 5 | 7 | 6 | 1 | 0 | 0 |
| 橡胶学 | 3 | 0 | 0 | 6 | 6 | 7 | 6 | 1 | 0 | 0 |
| 能源植物 | 3 | 0 | 0 | 2 | 2 | 3 | 2 | 1 | 0 | 0 |

续上表

| | | | | | | | | | | |
|---|---|---|---|---|---|---|---|---|---|---|
| 作物害虫学 | 3 | 0 | 0 | 1 | 1 | 1 | 1 | 0 | 0 | 0 |
| 果树学 | 3 | 10 | 10 | 5 | 3 | 17 | 5 | 1 | 11 | 11 |
| 土壤学 | 3 | 9 | 9 | 6 | 4 | 14 | 6 | 2 | 6 | 6 |
| 植物营养学 | 3 | 6 | 6 | 7 | 5 | 18 | 7 | 4 | 7 | 7 |
| 植物病理学 | 3 | 5 | 5 | 7 | 7 | 19 | 7 | 2 | 10 | 10 |
| 农业昆虫与害虫防治 | 3 | 11 | 11 | 3 | 3 | 16 | 3 | 1 | 12 | 12 |
| 农药学 | 3 | 9 | 9 | 6 | 4 | 18 | 6 | 4 | 8 | 8 |
| 分子植物病理学 | 3 | 6 | 6 | 8 | 7 | 22 | 8 | 5 | 9 | 9 |
| 草业科学 | 3 | 6 | 6 | 3 | 3 | 15 | 3 | 2 | 10 | 10 |
| 林木遗传育种 | 3 | 0 | 0 | 3 | 3 | 7 | 3 | 0 | 4 | 4 |
| 森林培育 | 3 | 3 | 3 | 1 | 0 | 7 | 1 | 1 | 5 | 5 |
| 森林保护学 | 3 | 0 | 0 | 5 | 3 | 9 | 5 | 0 | 4 | 4 |
| 野生动植物保护与利用 | 3 | 0 | 0 | 6 | 5 | 10 | 6 | 1 | 3 | 3 |
| 园林植物与观赏园艺 | 3 | 0 | 0 | 15 | 15 | 38 | 15 | 10 | 13 | 13 |
| 水产养殖学 | 3 | 15 | 15 | 20 | 17 | 42 | 20 | 4 | 18 | 18 |
| 企业管理 | 3 | 0 | 0 | 14 | 11 | 26 | 14 | 7 | 5 | 5 |
| 旅游管理 | 3 | 0 | 0 | 10 | 9 | 12 | 10 | 2 | 0 | 0 |
| 农业经济管理 | 3 | 11 | 11 | 15 | 11 | 17 | 15 | 0 | 2 | 2 |
| 委托培养学术型学位硕士 | | 3 | 3 | 16 | 0 | 26 | 16 | 10 | 0 | 0 |
| 中国哲学 | 3 | 0 | 0 | 1 | 0 | 1 | 1 | 0 | 0 | 0 |
| 金融学（含：保险学） | 3 | 0 | 0 | 0 | 0 | 1 | 0 | 1 | 0 | 0 |
| 法律史 | 3 | 0 | 0 | 0 | 0 | 1 | 0 | 1 | 0 | 0 |
| 民商法学（含：劳动法学、社会保障） | 3 | 0 | 0 | 2 | 0 | 2 | 2 | 0 | 0 | 0 |
| 诉讼法学 | 3 | 0 | 0 | 1 | 0 | 2 | 1 | 1 | 0 | 0 |
| 国际法学（含：国际公法、国际私法） | 3 | 0 | 0 | 0 | 0 | 1 | 0 | 1 | 0 | 0 |
| 马克思主义基本原理 | 3 | 0 | 0 | 1 | 0 | 1 | 1 | 0 | 0 | 0 |
| 马克思主义理论与思想政治教育 | 3 | 1 | 1 | 0 | 0 | 0 | 0 | 0 | 0 | 0 |
| 文艺学 | 3 | 0 | 0 | 0 | 0 | 1 | 0 | 1 | 0 | 0 |
| 英语语言文学 | 3 | 0 | 0 | 2 | 0 | 2 | 2 | 0 | 0 | 0 |

续上表

| | | | | | | | | | | |
|---|---|---|---|---|---|---|---|---|---|---|
| 外国语言学及应用语言学 | 3 | 0 | 0 | 3 | 0 | 4 | 3 | 1 | 0 | 0 |
| 美术学 | 3 | 0 | 0 | 2 | 0 | 2 | 2 | 0 | 0 | 0 |
| 应用数学 | 3 | 0 | 0 | 1 | 0 | 1 | 1 | 0 | 0 | 0 |
| 植物学 | 3 | 0 | 0 | 0 | 0 | 1 | 0 | 1 | 0 | 0 |
| 微生物学 | 3 | 0 | 0 | 1 | 0 | 1 | 1 | 0 | 0 | 0 |
| 生物化学与分子生物学 | 3 | 0 | 0 | 1 | 0 | 2 | 1 | 1 | 0 | 0 |
| 生态学 | 3 | 0 | 0 | 0 | 0 | 2 | 0 | 2 | 0 | 0 |
| 作物遗传育种 | 3 | 1 | 1 | 0 | 0 | 0 | 0 | 0 | 0 | |
| 水产养殖 | 3 | 1 | 1 | 0 | 0 | 0 | 0 | 0 | 0 | 0 |
| 企业管理（含：财务管理、市场营销） | 3 | 0 | 0 | 1 | 0 | 1 | 1 | 0 | 0 | 0 |
| 自筹经费学术型学位硕士 | | 33 | 32 | 0 | 0 | 293 | 0 | 220 | 73 | 73 |
| 外国哲学 | 3 | 3 | 3 | 0 | 0 | 3 | 0 | 2 | 1 | 1 |
| 政治经济学 | 3 | 0 | 0 | 0 | 0 | 2 | 0 | 0 | 2 | 2 |
| 世界经济 | 3 | 5 | 5 | 0 | 0 | 12 | 0 | 7 | 5 | 5 |
| 金融学 | 3 | 0 | 0 | 0 | 0 | 12 | 0 | 9 | 3 | 3 |
| 法学理论 | 3 | 1 | 1 | 0 | 0 | 2 | 0 | 2 | 0 | 0 |
| 民商法学 | 3 | 1 | 1 | 0 | 0 | 2 | 0 | 2 | 0 | 0 |
| 诉讼法学 | 3 | 5 | 5 | 0 | 0 | 0 | 0 | 0 | 0 | 0 |
| 经济法学 | 3 | 1 | 0 | 0 | 0 | 2 | 0 | 1 | 1 | 1 |
| 中共党史 | 3 | 0 | 0 | 0 | 0 | 1 | 0 | 0 | 1 | 1 |
| 马克思主义基本原理 | 3 | 0 | 0 | 0 | 0 | 3 | 0 | 2 | 1 | 1 |
| 马克思主义中国化研究 | 3 | 0 | 0 | 0 | 0 | 2 | 0 | 2 | 0 | 0 |
| 思想政治教育 | 3 | 0 | 0 | 0 | 0 | 9 | 0 | 4 | 5 | 5 |
| 马克思主义理论与思想政治教育 | 3 | 3 | 3 | 0 | 0 | 0 | 0 | 0 | 0 | 0 |
| 文艺学 | 3 | 3 | 3 | 0 | 0 | 2 | 0 | 1 | 1 | 1 |
| 比较文学与世界文学 | 3 | 0 | 0 | 0 | 0 | 5 | 0 | 4 | 1 | 1 |
| 英语语言文学 | 3 | 0 | 0 | 0 | 0 | 5 | 0 | 0 | 5 | 5 |
| 外国语言学及应用语言学 | 3 | 0 | 0 | 0 | 0 | 3 | 0 | 0 | 3 | 3 |
| 美术学 | 3 | 0 | 0 | 0 | 0 | 6 | 0 | 4 | 2 | 2 |

续上表

| | | | | | | | | | | |
|---|---|---|---|---|---|---|---|---|---|---|
| 海洋生物学 | 3 | 0 | 0 | 0 | 0 | 2 | 0 | 0 | 2 | 2 |
| 植物学 | 3 | 0 | 0 | 0 | 0 | 7 | 0 | 4 | 3 | 3 |
| 微生物学 | 3 | 0 | 0 | 0 | 0 | 1 | 0 | 1 | 0 | 0 |
| 发育生物学 | 3 | 0 | 0 | 0 | 0 | 3 | 0 | 3 | 0 | 0 |
| 生物化学与分子生物学 | 3 | 0 | 0 | 0 | 0 | 9 | 0 | 9 | 0 | 0 |
| 生态学 | 3 | 0 | 0 | 0 | 0 | 3 | 0 | 3 | 0 | 0 |
| 农业生物技术 | 3 | 0 | 0 | 0 | 0 | 7 | 0 | 7 | 0 | 0 |
| 材料物理与化学 | 3 | 0 | 0 | 0 | 0 | 6 | 0 | 4 | 2 | 2 |
| 材料学 | 3 | 0 | 0 | 0 | 0 | 11 | 0 | 11 | 0 | 0 |
| 通信与信息系统 | 3 | 0 | 0 | 0 | 0 | 9 | 0 | 6 | 3 | 3 |
| 信号与信息处理 | 3 | 0 | 0 | 0 | 0 | 4 | 0 | 4 | 0 | 0 |
| 计算机应用技术 | 3 | 0 | 0 | 0 | 0 | 9 | 0 | 5 | 4 | 4 |
| 岩土工程 | 3 | 0 | 0 | 0 | 0 | 5 | 0 | 2 | 3 | 3 |
| 化学工艺 | 3 | 0 | 0 | 0 | 0 | 4 | 0 | 4 | 0 | 0 |
| 生物化工 | 3 | 0 | 0 | 0 | 0 | 8 | 0 | 4 | 4 | 4 |
| 应用化学 | 3 | 0 | 0 | 0 | 0 | 15 | 0 | 9 | 6 | 6 |
| 农业机械化工程 | 3 | 0 | 0 | 0 | 0 | 2 | 0 | 2 | 0 | 0 |
| 环境工程 | 3 | 0 | 0 | 0 | 0 | 3 | 0 | 3 | 0 | 0 |
| 食品科学 | 3 | 0 | 0 | 0 | 0 | 9 | 0 | 9 | 0 | 0 |
| 农产品加工及贮藏工程 | 3 | 0 | 0 | 0 | 0 | 8 | 0 | 8 | 0 | 0 |
| 作物栽培学与耕作学 | 3 | 0 | 0 | 0 | 0 | 7 | 0 | 4 | 3 | 3 |
| 作物遗传育种 | 3 | 2 | 2 | 0 | 0 | 11 | 0 | 6 | 5 | 5 |
| 植物分子遗传学 | 3 | 0 | 0 | 0 | 0 | 4 | 0 | 4 | 0 | 0 |
| 种质资源学 | 3 | 0 | 0 | 0 | 0 | 2 | 0 | 2 | 0 | 0 |
| 南药学 | 3 | 0 | 0 | 0 | 0 | 4 | 0 | 4 | 0 | 0 |
| 橡胶学 | 3 | 0 | 0 | 0 | 0 | 1 | 0 | 1 | 0 | 0 |
| 能源植物 | 3 | 0 | 0 | 0 | 0 | 1 | 0 | 1 | 0 | 0 |
| 果树学 | 3 | 0 | 0 | 0 | 0 | 6 | 0 | 6 | 0 | 0 |
| 土壤学 | 3 | 0 | 0 | 0 | 0 | 3 | 0 | 3 | 0 | 0 |
| 植物病理学 | 3 | 0 | 0 | 0 | 0 | 1 | 0 | 1 | 0 | 0 |
| 农业昆虫与害虫防治 | 3 | 0 | 0 | 0 | 0 | 3 | 0 | 3 | 0 | 0 |
| 分子植物病理学 | 3 | 0 | 0 | 0 | 0 | 1 | 0 | 1 | 0 | 0 |

续上表

| | | | | | | | | | |
|---|---|---|---|---|---|---|---|---|---|
| 草业科学 | 3 | 0 | 0 | 0 | 0 | 1 | 0 | 1 | 0 | 0 |
| 野生动植物保护与利用 | 3 | 0 | 0 | 0 | 0 | 2 | 0 | 2 | 0 | 0 |
| 园林植物与观赏园艺 | 3 | 0 | 0 | 0 | 0 | 5 | 0 | 5 | 0 | 0 |
| 水产养殖 | 3 | 7 | 7 | 0 | 0 | 12 | 0 | 12 | 0 | 0 |
| 企业管理 | 3 | 2 | 2 | 0 | 0 | 9 | 0 | 7 | 2 | 2 |
| 旅游管理 | 3 | 0 | 0 | 0 | 0 | 11 | 0 | 6 | 5 | 5 |
| 农业经济管理 | 3 | 0 | 0 | 0 | 0 | 13 | 0 | 13 | 0 | 0 |
| 专业学位硕士 | | 107 | 107 | 228 | 88 | 509 | 228 | 156 | 125 | 125 |
| 硕士中：女 | | 38 | 38 | 104 | 48 | 194 | 104 | 53 | 37 | 37 |
| 自筹经费专业学位硕士 | | 107 | 107 | 228 | 88 | 509 | 228 | 156 | 125 | 125 |
| 法律专业学位 | 3 | 56 | 56 | 51 | 27 | 172 | 51 | 65 | 56 | 56 |
| 法律专业学位 | 2 | 0 | 0 | 99 | 61 | 99 | 99 | 0 | 0 | 0 |
| 工商管理专业学位 | 3 | 51 | 51 | 78 | 0 | 238 | 78 | 91 | 69 | 69 |

## 普通本、专科分专业学生数统计表

单位：人

| 专业名称 | 学制（年） | 毕业生数 | 授予学位数 | 招生数 | 在校学生数 | | | | |
|---|---|---|---|---|---|---|---|---|---|
| | | | | | 计 | 一年级 | 二年级 | 三年级 | 四年级 |
| 总　计 | | 6934 | 5743 | 6990 | 27625 | 6990 | 6933 | 7299 | 6403 |
| 总计中：女 | | 3164 | 2630 | 3511 | 13114 | 3511 | 3362 | 3422 | 2819 |
| 本科 | | 6191 | 5743 | 6990 | 27317 | 6990 | 6933 | 6991 | 6403 |
| 本科中：女 | | 2759 | 2630 | 3511 | 12913 | 3511 | 3362 | 3221 | 2819 |
| 高中起点本科 | | 5675 | 5257 | 6780 | 26761 | 6780 | 6587 | 6991 | 6403 |
| 国际经济与贸易 | 4 | 167 | 157 | 88 | 551 | 88 | 80 | 176 | 207 |
| 金融学 | 4 | 151 | 146 | 81 | 507 | 81 | 92 | 137 | 197 |
| 法学 | 4 | 269 | 251 | 134 | 796 | 134 | 163 | 246 | 253 |
| 思想政治教育 | 4 | 58 | 55 | 33 | 210 | 33 | 36 | 66 | 75 |
| 汉语言文学 | 4 | 129 | 122 | 106 | 451 | 106 | 108 | 126 | 111 |
| 对外汉语 | 4 | 0 | 0 | 118 | 323 | 118 | 122 | 83 | 0 |
| 英语 | 4 | 281 | 274 | 320 | 1345 | 320 | 260 | 398 | 267 |
| 俄语 | 4 | 0 | 0 | 29 | 88 | 29 | 30 | 29 | 0 |
| 日语 | 4 | 30 | 29 | 59 | 241 | 59 | 61 | 60 | 61 |

续上表

| | | | | | | | | | |
|---|---|---|---|---|---|---|---|---|---|
| 广告学 | 4 | 120 | 112 | 111 | 444 | 111 | 108 | 115 | 110 |
| 音乐表演 | 4 | 59 | 45 | 63 | 255 | 63 | 57 | 67 | 68 |
| 绘画 | 4 | 30 | 20 | 66 | 226 | 66 | 56 | 60 | 44 |
| 艺术设计 | 4 | 69 | 56 | 110 | 428 | 110 | 98 | 100 | 120 |
| 舞蹈编导 | 4 | 0 | 0 | 45 | 161 | 45 | 37 | 44 | 35 |
| 戏剧影视文学 | 4 | 58 | 56 | 50 | 257 | 50 | 42 | 80 | 85 |
| 数学与应用数学 | 4 | 0 | 0 | 55 | 209 | 55 | 56 | 55 | 43 |
| 信息与计算科学 | 4 | 90 | 77 | 55 | 235 | 55 | 55 | 56 | 69 |
| 应用化学 | 4 | 109 | 101 | 71 | 422 | 71 | 80 | 127 | 144 |
| 生物科学 | 4 | 0 | 0 | 63 | 118 | 63 | 55 | 0 | 0 |
| 生物技术 | 4 | 127 | 121 | 107 | 486 | 107 | 110 | 161 | 108 |
| 资源环境与城乡规划管理 | 4 | 0 | 0 | 57 | 116 | 57 | 59 | 0 | 0 |
| 海洋科学 | 4 | 0 | 0 | 58 | 167 | 58 | 54 | 55 | 0 |
| 环境科学 | 4 | 45 | 45 | 69 | 256 | 69 | 71 | 60 | 56 |
| 统计学 | 4 | 45 | 39 | 40 | 192 | 40 | 39 | 58 | 55 |
| 高分子材料与工程 | 4 | 59 | 56 | 75 | 312 | 75 | 74 | 87 | 76 |
| 材料科学与工程 | 4 | 75 | 63 | 93 | 364 | 93 | 97 | 75 | 99 |
| 机械设计制造及其自动化 | 4 | 59 | 54 | 73 | 293 | 73 | 85 | 65 | 70 |
| 车辆工程 | 4 | 56 | 55 | 78 | 275 | 78 | 82 | 63 | 52 |
| 机械电子工程 | 4 | 0 | 0 | 77 | 266 | 77 | 71 | 67 | 51 |
| 电气工程及其自动化 | 4 | 71 | 64 | 82 | 326 | 82 | 89 | 82 | 73 |
| 电子信息工程 | 4 | 189 | 173 | 52 | 492 | 52 | 65 | 190 | 185 |
| 通信工程 | 4 | 128 | 117 | 108 | 428 | 108 | 97 | 118 | 105 |
| 计算机科学与技术 | 4 | 192 | 174 | 114 | 630 | 114 | 117 | 206 | 193 |
| 网络工程 | 4 | 0 | 0 | 124 | 362 | 124 | 87 | 87 | 64 |
| 建筑学 | 5 | 0 | 0 | 30 | 115 | 30 | 30 | 28 | 27 |
| 土木工程 | 4 | 150 | 136 | 173 | 605 | 173 | 178 | 127 | 127 |
| 风景园林 | 4 | 0 | 0 | 63 | 63 | 63 | 0 | 0 | 0 |
| 化学工程与工艺 | 4 | 67 | 52 | 100 | 352 | 100 | 77 | 79 | 96 |
| 制药工程 | 4 | 121 | 117 | 86 | 394 | 86 | 65 | 113 | 130 |

续上表

| | | | | | | | | |
|---|---|---|---|---|---|---|---|---|
| 交通运输 | 4 | 45 | 42 | 77 | 265 | 77 | 76 | 66 | 66 |
| 食品科学与工程 | 4 | 137 | 131 | 142 | 551 | 142 | 140 | 127 | 142 |
| 食品质量与安全 | 4 | 64 | 63 | 96 | 337 | 96 | 92 | 75 | 74 |
| 生物工程 | 4 | 84 | 77 | 69 | 316 | 69 | 73 | 76 | 98 |
| 农业机械化及其自动化 | 4 | 43 | 41 | 73 | 189 | 73 | 79 | 37 | 0 |
| 农学 | 4 | 104 | 93 | 151 | 583 | 151 | 136 | 153 | 143 |
| 园艺 | 4 | 191 | 183 | 195 | 745 | 195 | 164 | 192 | 194 |
| 植物保护 | 4 | 134 | 127 | 171 | 507 | 171 | 146 | 92 | 98 |
| 设施农业科学与工程 | 4 | 0 | 0 | 78 | 233 | 78 | 75 | 43 | 37 |
| 草业科学 | 4 | 43 | 42 | 50 | 164 | 50 | 46 | 36 | 32 |
| 园林 | 4 | 177 | 164 | 148 | 603 | 148 | 161 | 132 | 162 |
| 农业资源与环境 | 4 | 48 | 44 | 48 | 178 | 48 | 52 | 44 | 34 |
| 动物科学 | 4 | 82 | 73 | 48 | 275 | 48 | 46 | 93 | 88 |
| 动物医学 | 4 | 0 | 0 | 65 | 118 | 65 | 53 | 0 | 0 |
| 水产养殖学 | 4 | 49 | 45 | 59 | 229 | 59 | 52 | 62 | 56 |
| 信息管理与信息系统 | 4 | 54 | 51 | 73 | 253 | 73 | 74 | 51 | 55 |
| 工程管理 | 4 | 0 | 0 | 55 | 55 | 55 | 0 | 0 | 0 |
| 工商管理 | 4 | 165 | 146 | 78 | 466 | 78 | 79 | 117 | 192 |
| 市场营销 | 4 | 269 | 261 | 247 | 995 | 247 | 315 | 239 | 194 |
| 会计学 | 4 | 245 | 225 | 154 | 1055 | 154 | 252 | 350 | 199 |
| 财务管理 | 4 | 74 | 74 | 117 | 493 | 117 | 78 | 164 | 134 |
| 人力资源管理 | 4 | 0 | 0 | 136 | 445 | 136 | 142 | 86 | 81 |
| 旅游管理 | 4 | 290 | 258 | 573 | 2058 | 573 | 677 | 519 | 289 |
| 行政管理 | 4 | 190 | 177 | 181 | 855 | 181 | 175 | 256 | 243 |
| 土地资源管理 | 4 | 71 | 69 | 73 | 298 | 73 | 72 | 74 | 79 |
| 公共关系学 | 4 | 0 | 0 | 56 | 224 | 56 | 54 | 59 | 55 |
| 农林经济管理 | 4 | 69 | 63 | 82 | 254 | 82 | 64 | 52 | 56 |
| 专科起点本科 | | 516 | 486 | 210 | 556 | 210 | 346 | 0 | 0 |
| 计算机科学与技术 | 2 | 59 | 55 | 0 | 58 | 0 | 58 | 0 | 0 |
| 植物保护 | 2 | 54 | 54 | 0 | 50 | 0 | 50 | 0 | 0 |

续上表

| | | | | | | | | | |
|---|---|---|---|---|---|---|---|---|---|
| 市场营销 | 2 | 117 | 108 | 65 | 127 | 65 | 62 | 0 | 0 |
| 会计学 | 2 | 115 | 111 | 68 | 127 | 68 | 59 | 0 | 0 |
| 旅游管理 | 2 | 89 | 83 | 77 | 137 | 77 | 60 | 0 | 0 |
| 农林经济管理 | 2 | 82 | 75 | 0 | 57 | 0 | 57 | 0 | 0 |
| 专科 | | 743 | 0 | 0 | 308 | 0 | 0 | 308 | 0 |
| 专科中：女 | | 405 | 0 | 0 | 201 | 0 | 0 | 201 | 0 |
| 高中起点专科 | | 743 | 0 | 0 | 308 | 0 | 0 | 308 | 0 |
| 园艺技术（观赏园艺） | 3 | 78 | 0 | 0 | 0 | 0 | 0 | 0 | 0 |
| 园林技术（城市园林） | 3 | 92 | 0 | 0 | 0 | 0 | 0 | 0 | 0 |
| 计算机网络技术 | 3 | 75 | 0 | 0 | 0 | 0 | 0 | 0 | 0 |
| 涉外会计 | 3 | 97 | 0 | 0 | 0 | 0 | 0 | 0 | 0 |
| 旅游管理（旅游信息管理） | 3 | 79 | 0 | 0 | 115 | 0 | 0 | 115 | 0 |
| 涉外旅游 | 3 | 93 | 0 | 0 | 0 | 0 | 0 | 0 | 0 |
| 旅行社经营管理 | 3 | 61 | 0 | 0 | 84 | 0 | 0 | 84 | 0 |
| 酒店管理 | 3 | 89 | 0 | 0 | 109 | 0 | 0 | 109 | 0 |
| 商务英语 | 3 | 79 | 0 | 0 | 0 | 0 | 0 | 0 | 0 |

## 成人本科、专科分专业学生数统计表

单位：人

| 专业名称 | 学制（年） | 毕业生数 | 授予学位数 | 招生数 | 在校学生数 | | | | |
|---|---|---|---|---|---|---|---|---|---|
| | | | | | 计 | 一年级 | 二年级 | 三年级 | 四年级 |
| 总计 | | 2536 | 0 | 2256 | 6253 | 2256 | 2352 | 1329 | 316 |
| 总计中：女 | | 1188 | 0 | 1003 | 2820 | 1003 | 1060 | 618 | 139 |
| 函授 | | 1004 | 0 | 1144 | 3455 | 1144 | 1328 | 759 | 224 |
| 木科 | | 406 | 0 | 123 | 597 | 123 | 324 | 150 | 0 |
| 其中：女 | | 189 | 0 | 55 | 242 | 55 | 134 | 53 | 0 |
| 高中起点本科 | | 2 | 0 | 0 | 13 | 0 | 0 | 13 | 0 |
| 农林经济管理 | 5 | 2 | 0 | 0 | 13 | 0 | 0 | 13 | 0 |
| 专科起点本科 | | 404 | 0 | 123 | 584 | 123 | 324 | 137 | 0 |
| 法学 | 3 | 45 | 0 | 22 | 69 | 22 | 30 | 17 | 0 |

续上表

| | | | | | | | | |
|---|---|---|---|---|---|---|---|---|
| 英语（商务英语方向） | 2 | 0 | 0 | 0 | 17 | 0 | 17 | 0 | 0 |
| 资源环境与城乡规划管理 | 3 | 17 | 0 | 0 | 8 | 0 | 0 | 8 | 0 |
| 机械设计制造及其自动化 | 2 | 0 | 0 | 7 | 7 | 7 | 0 | 0 | 0 |
| 机械设计制造及其自动化 | 3 | 0 | 0 | 0 | 2 | 0 | 2 | 0 | 0 |
| 车辆工程 | 3 | 0 | 0 | 0 | 7 | 0 | 7 | 0 | 0 |
| 计算机科学与技术 | 3 | 25 | 0 | 0 | 25 | 0 | 0 | 25 | 0 |
| 计算机科学与技术 | 2 | 0 | 0 | 39 | 77 | 39 | 38 | 0 | 0 |
| 土木工程 | 2 | 0 | 0 | 0 | 17 | 0 | 17 | 0 | 0 |
| 农学 | 3 | 111 | 0 | 0 | 58 | 0 | 34 | 24 | 0 |
| 园艺 | 2 | 0 | 0 | 4 | 4 | 4 | 0 | 0 | 0 |
| 园艺 | 3 | 29 | 0 | 0 | 23 | 0 | 3 | 20 | 0 |
| 动物科学 | 2 | 0 | 0 | 7 | 7 | 7 | 0 | 0 | 0 |
| 动物科学 | 3 | 0 | 0 | 0 | 11 | 0 | 11 | 0 | 0 |
| 管理科学 | 2 | 0 | 0 | 3 | 3 | 3 | 0 | 0 | 0 |
| 管理科学 | 3 | 0 | 0 | 0 | 18 | 0 | 18 | 0 | 0 |
| 工商管理 | 3 | 53 | 0 | 0 | 0 | 0 | 0 | 0 | 0 |
| 会计学 | 3 | 100 | 0 | 0 | 51 | 0 | 23 | 28 | 0 |
| 会计学 | 2 | 0 | 0 | 24 | 54 | 24 | 30 | 0 | 0 |
| 旅游管理 | 2 | 0 | 0 | 17 | 23 | 17 | 6 | 0 | 0 |
| 行政管理 | 2 | 0 | 0 | 0 | 47 | 0 | 47 | 0 | 0 |
| 土地资源管理 | 3 | 4 | 0 | 0 | 2 | 0 | 1 | 1 | 0 |
| 农林经济管理 | 3 | 20 | 0 | 0 | 54 | 0 | 40 | 14 | 0 |
| 专科 | | 598 | 0 | 1021 | 2858 | 1021 | 1004 | 609 | 224 |
| 其中：女 | | 293 | 0 | 423 | 1120 | 423 | 371 | 241 | 85 |
| 高中起点专科 | | 598 | 0 | 1021 | 2858 | 1021 | 1004 | 609 | 224 |
| 经济管理 | 3 | 61 | 0 | 0 | 285 | 0 | 146 | 139 | 0 |
| 法律事务 | 3 | 69 | 0 | 0 | 90 | 0 | 45 | 45 | 0 |
| 法学 | 2 | 0 | 0 | 37 | 37 | 37 | 0 | 0 | 0 |
| 英语 | 3 | 4 | 0 | 0 | 1 | 0 | 0 | 1 | 0 |
| 农业机械化及其自动化 | | 11 | 0 | 0 | 8 | 0 | 0 | 8 | 0 |

续上表

| | | | | | | | | | |
|---|---|---|---|---|---|---|---|---|---|
| 数控技术 | 2 | 0 | 0 | 110 | 110 | 110 | 0 | 0 | 0 |
| 数控技术 | 3 | 0 | 0 | 0 | 24 | 0 | 24 | 0 | 0 |
| 汽车检测与维修技术 | 2 | 0 | 0 | 106 | 106 | 106 | 0 | 0 | 0 |
| 汽车检测与维修技术 | 3 | 0 | 0 | 0 | 130 | 0 | 129 | 1 | 0 |
| 模具设计与制造 | 2 | 0 | 0 | 41 | 41 | 41 | 0 | 0 | 0 |
| 机电一体化技术 | 2 | 0 | 0 | 123 | 123 | 123 | 0 | 0 | 0 |
| 机电一体化技术 | 3 | 0 | 0 | 0 | 140 | 0 | 95 | 45 | 0 |
| 机电一体化技术 | 4 | 0 | 0 | 0 | 83 | 0 | 0 | 0 | 83 |
| 电气自动化技术 | 2 | 0 | 0 | 13 | 13 | 13 | 0 | 0 | 0 |
| 电气自动化技术 | 3 | 0 | 0 | 0 | 12 | 0 | 12 | 0 | 0 |
| 计算机应用技术 | 2 | 0 | 0 | 98 | 108 | 98 | 10 | 0 | 0 |
| 计算机应用技术 | 3 | 0 | 0 | 0 | 127 | 0 | 75 | 52 | 0 |
| 计算机应用技术 | 4 | 0 | 0 | 0 | 107 | 0 | 0 | 0 | 107 |
| 建筑工程技术 | 2 | 0 | 0 | 24 | 97 | 24 | 73 | 0 | 0 |
| 园艺技术 | 2 | 22 | 0 | 23 | 44 | 23 | 21 | 0 | 0 |
| 园艺技术 | 3 | 34 | 0 | 0 | 1 | 0 | 0 | 1 | 0 |
| 作物生产技术 | 2 | 0 | 0 | 5 | 42 | 5 | 37 | 0 | 0 |
| 作物生产技术 | 3 | 0 | 0 | 0 | 19 | 0 | 9 | 10 | 0 |
| 作物生产技术 | 4 | 0 | 0 | 0 | 32 | 0 | 0 | 0 | 32 |
| 畜牧兽医 | 2 | 0 | 0 | 48 | 83 | 48 | 35 | 0 | 0 |
| 畜牧兽医 | 3 | 36 | 0 | 0 | 54 | 0 | 0 | 54 | 0 |
| 工商管理（工商企业管理） | 3 | 6 | 0 | 0 | 3 | 0 | 0 | 3 | 0 |
| 工商管理 | 2 | 0 | 0 | 38 | 65 | 38 | 27 | 0 | 0 |
| 市场营销 | 3 | 5 | 0 | 0 | 17 | 0 | 0 | 17 | 0 |
| 会计 | 2 | 0 | 0 | 16 | 20 | 16 | 4 | 0 | 0 |
| 会计 | 3 | 206 | 0 | 0 | 74 | 0 | 17 | 57 | 0 |
| 会计 | 4 | 0 | 0 | 0 | 2 | 0 | 0 | 0 | 2 |
| 财务会计 | 3 | 1 | 0 | 0 | 0 | 0 | 0 | 0 | 0 |
| 电子商务 | 2 | 0 | 0 | 34 | 34 | 34 | 0 | 0 | 0 |
| 电子商务 | 3 | 29 | 0 | 0 | 111 | 0 | 107 | 4 | 0 |
| 物流管理 | 2 | 0 | 0 | 47 | 47 | 47 | 0 | 0 | 0 |
| 会计电算化 | 2 | 0 | 0 | 258 | 258 | 258 | 0 | 0 | 0 |

续上表

| | | | | | | | | | |
|---|---|---|---|---|---|---|---|---|---|
| 会计电算化 | 3 | 0 | 0 | 0 | 9 | 0 | 0 | 9 | 0 |
| 涉外旅游 | 3 | 0 | 0 | 0 | 1 | 0 | 1 | 0 | 0 |
| 行政管理 | 3 | 50 | 0 | 0 | 137 | 0 | 89 | 48 | 0 |
| 商务管理 | 3 | 42 | 0 | 0 | 82 | 0 | 43 | 39 | 0 |
| 农业经济管理 | 3 | 13 | 0 | 0 | 81 | 0 | 5 | 76 | 0 |
| 业余 | | 261 | 0 | 1112 | 2300 | 1112 | 744 | 444 | 0 |
| 本科 | | 100 | 0 | 609 | 1009 | 609 | 244 | 156 | 0 |
| 其中：女 | | 45 | 0 | 260 | 462 | 260 | 123 | 79 | 0 |
| 高中起点本科 | | 0 | 0 | 52 | 58 | 52 | 6 | 0 | 0 |
| 法学 | 5 | 0 | 0 | 26 | 26 | 26 | 0 | 0 | 0 |
| 美术学 | 5 | 0 | 0 | 7 | 7 | 7 | 0 | 0 | 0 |
| 计算机科学与技术 | 5 | 0 | 0 | 19 | 25 | 19 | 6 | 0 | 0 |
| 专科起点本科 | | 100 | 0 | 557 | 951 | 557 | 238 | 156 | 0 |
| 国际经济与贸易 | 2 | 0 | 0 | 14 | 14 | 14 | 0 | 0 | 0 |
| 法学 | 3 | 56 | 0 | 0 | 45 | 0 | 0 | 45 | 0 |
| 法学 | 2 | 0 | 0 | 90 | 152 | 90 | 62 | 0 | 0 |
| 英语 | 2 | 0 | 0 | 34 | 47 | 34 | 13 | 0 | 0 |
| 商务英语（电子商务英语） | 3 | 12 | 0 | 1 | 11 | 1 | 2 | 8 | 0 |
| 音乐表演 | 3 | 3 | 0 | 0 | 2 | 0 | 0 | 2 | 0 |
| 音乐表演 | 2 | 0 | 0 | 3 | 5 | 3 | 2 | 0 | 0 |
| 艺术设计 | 2 | 1 | 0 | 7 | 8 | 7 | 1 | 0 | 0 |
| 舞蹈编导 | 3 | 3 | 0 | 0 | 1 | 0 | 0 | 1 | 0 |
| 舞蹈编导 | 2 | 0 | 0 | 9 | 11 | 9 | 2 | 0 | 0 |
| 计算机科学与技术 | 3 | 1 | 0 | 0 | 6 | 0 | 0 | 6 | 0 |
| 计算机科学与技术 | 2 | 0 | 0 | 18 | 27 | 18 | 9 | 0 | 0 |
| 土木工程 | 3 | 24 | 0 | 0 | 7 | 0 | 0 | 7 | 0 |
| 土木工程 | 2 | 0 | 0 | 77 | 107 | 77 | 30 | 0 | 0 |
| 管理科学 | 2 | 0 | 0 | 20 | 20 | 20 | 0 | 0 | 0 |
| 工商管理 | 3 | 0 | 0 | 0 | 48 | 0 | 0 | 48 | 0 |
| 工商管理 | 2 | 0 | 0 | 73 | 131 | 73 | 58 | 0 | 0 |
| 会计学 | 3 | 0 | 0 | 0 | 39 | 0 | 0 | 39 | 0 |
| 会计学 | 2 | 0 | 0 | 79 | 138 | 79 | 59 | 0 | 0 |

续上表

| | | | | | | | | | |
|---|---|---|---|---|---|---|---|---|---|
| 财务管理 | 2 | 0 | 0 | 16 | 16 | 16 | 0 | 0 | 0 |
| 人力资源管理 | 2 | 0 | 0 | 26 | 26 | 26 | 0 | 0 | 0 |
| 行政管理 | 2 | 0 | 0 | 48 | 48 | 48 | 0 | 0 | 0 |
| 农林经济管理 | 2 | 0 | 0 | 42 | 42 | 42 | 0 | 0 | 0 |
| 专科 | | 161 | 0 | 503 | 1291 | 503 | 500 | 288 | 0 |
| 其中：女 | | 87 | 0 | 265 | 769 | 265 | 321 | 183 | 0 |
| 高中起点专科 | | 161 | 0 | 503 | 1291 | 503 | 500 | 288 | 0 |
| 法律事务 | 2 | 0 | 0 | 21 | 21 | 21 | 0 | 0 | 0 |
| 商务英语（电子商务英语） | 3 | 14 | 0 | 0 | 11 | 0 | 0 | 11 | 0 |
| 商务英语 | 2 | 0 | 0 | 33 | 76 | 33 | 43 | 0 | 0 |
| 旅游英语 | 3 | 9 | 0 | 0 | 2 | 0 | 0 | 2 | 0 |
| 传媒策划与管理 | 3 | 11 | 0 | 0 | 20 | 0 | 0 | 20 | 0 |
| 传媒策划与管理 | 2 | 0 | 0 | 16 | 46 | 16 | 30 | 0 | 0 |
| 音乐表演 | 3 | 1 | 0 | 0 | 1 | 0 | 0 | 1 | 0 |
| 音乐表演 | 2 | 0 | 0 | 3 | 4 | 3 | 1 | 0 | 0 |
| 美术学 | 3 | 1 | 0 | 0 | 0 | 0 | 0 | 0 | 0 |
| 艺术设计 | 3 | 10 | 0 | 0 | 3 | 0 | 0 | 3 | 0 |
| 艺术设计 | 2 | 0 | 0 | 8 | 17 | 8 | 9 | 0 | 0 |
| 舞蹈表演 | 3 | 0 | 0 | 0 | 1 | 0 | 0 | 1 | 0 |
| 舞蹈表演 | 2 | 0 | 0 | 3 | 4 | 3 | 1 | 0 | 0 |
| 计算机网络技术 | 3 | 9 | 0 | 0 | 9 | 0 | 0 | 9 | 0 |
| 计算机网络技术 | 2 | 0 | 0 | 16 | 41 | 16 | 25 | 0 | 0 |
| 计算机应用技术 | 3 | 9 | 0 | 0 | 10 | 0 | 0 | 10 | 0 |
| 计算机应用技术 | 2 | 0 | 0 | 20 | 45 | 20 | 25 | 0 | 0 |
| 建筑工程技术（土木工程） | 3 | 15 | 0 | 0 | 22 | 0 | 0 | 22 | 0 |
| 建筑工程技术 | 2 | 0 | 0 | 23 | 53 | 23 | 30 | 0 | 0 |
| 建筑工程项目管理 | 2 | 0 | 0 | 22 | 34 | 22 | 12 | 0 | 0 |
| 作物生产技术 | 2 | 0 | 0 | 52 | 52 | 52 | 0 | 0 | 0 |
| 畜牧兽医 | 2 | 0 | 0 | 34 | 34 | 34 | 0 | 0 | 0 |
| 工商企业管理 | 3 | 50 | 0 | 0 | 93 | 0 | 0 | 93 | 0 |
| 工商企业管理 | 2 | 0 | 0 | 35 | 143 | 35 | 108 | 0 | 0 |

续上表

| | | | | | | | | | |
|---|---|---|---|---|---|---|---|---|---|
| 市场营销 | 2 | 0 | 0 | 13 | 13 | 13 | 0 | 0 | 0 |
| 会计学 | 3 | 0 | 0 | 0 | 92 | 0 | 0 | 92 | 0 |
| 会计学 | 2 | 0 | 0 | 54 | 175 | 54 | 121 | 0 | 0 |
| 旅游管理 | 3 | 26 | 0 | 0 | 16 | 0 | 0 | 16 | 0 |
| 旅游管理 | 2 | 0 | 0 | 24 | 91 | 24 | 67 | 0 | 0 |
| 商务管理 | 2 | 0 | 0 | 14 | 14 | 14 | 0 | 0 | 0 |
| 经济管理 | 2 | 0 | 0 | 33 | 33 | 33 | 0 | 0 | 0 |
| 酒店管理 | 3 | 6 | 0 | 0 | 8 | 0 | 0 | 8 | 0 |
| 酒店管理 | 2 | 0 | 0 | 16 | 44 | 16 | 28 | 0 | 0 |
| 行政管理 | 2 | 0 | 0 | 40 | 40 | 40 | 0 | 0 | 0 |
| 国土资源管理 | 2 | 0 | 0 | 23 | 23 | 23 | 0 | 0 | 0 |
| 脱产 | | 1271 | 0 | 0 | 498 | 0 | 280 | 126 | 92 |
| 本科 | | 448 | 0 | 0 | 354 | 0 | 136 | 126 | 92 |
| 其中：女 | | 227 | 0 | 0 | 185 | 0 | 69 | 62 | 54 |
| 高中起点本科 | | 216 | 0 | 0 | 315 | 0 | 97 | 126 | 92 |
| 法学 | 4 | 63 | 0 | 0 | 104 | 0 | 32 | 32 | 40 |
| 美术学 | 4 | 0 | 0 | 0 | 12 | 0 | 7 | 2 | 3 |
| 计算机科学与技术 | 4 | 48 | 0 | 0 | 62 | 0 | 14 | 37 | 11 |
| 工商管理 | 4 | 22 | 0 | 0 | 2 | 0 | 0 | 0 | 2 |
| 会计学 | 4 | 63 | 0 | 0 | 126 | 0 | 43 | 50 | 33 |
| 财务管理 | 4 | 0 | 0 | 0 | 1 | 0 | 0 | 1 | 0 |
| 旅游管理 | 4 | 19 | 0 | 0 | 4 | 0 | 1 | 0 | 3 |
| 行政管理 | 4 | 0 | 0 | 0 | 2 | 0 | 0 | 2 | 0 |
| 公共关系学 | 4 | 0 | 0 | 0 | 2 | 0 | 0 | 2 | 0 |
| 农林经济管理 | 4 | 1 | 0 | 0 | 0 | 0 | 0 | 0 | 0 |
| 专科起点本科 | | 232 | 0 | 0 | 39 | 0 | 39 | 0 | 0 |
| 法学 | 2 | 65 | 0 | 0 | 1 | 0 | 1 | 0 | 0 |
| 英语（商务英语方向） | 2 | 36 | 0 | 0 | 0 | 0 | 0 | 0 | 0 |
| 音乐表演 | 2 | 24 | 0 | 0 | 14 | 0 | 14 | 0 | 0 |
| 艺术设计 | 2 | 5 | 0 | 0 | 9 | 0 | 9 | 0 | 0 |
| 舞蹈编导 | 2 | 3 | 0 | 0 | 0 | 0 | 0 | 0 | 0 |
| 计算机科学与技术 | 2 | 15 | 0 | 0 | 1 | 0 | 1 | 0 | 0 |

续上表

| | | | | | | | | | |
|---|---|---|---|---|---|---|---|---|---|
| 土木工程 | 2 | 22 | 0 | 0 | 6 | 0 | 6 | 0 | 0 |
| 会计学 | 2 | 22 | 0 | 0 | 2 | 0 | 2 | 0 | 0 |
| 旅游管理 | 2 | 8 | 0 | 0 | 6 | 0 | 6 | 0 | 0 |
| 农林经济管理 | 2 | 32 | 0 | 0 | 0 | 0 | 0 | 0 | 0 |
| 专科 | | 823 | 0 | 0 | 144 | 0 | 144 | 0 | 0 |
| 其中：女 | | 347 | 0 | 0 | 42 | 0 | 42 | 0 | 0 |
| 高中起点专科 | | 823 | 0 | 0 | 144 | 0 | 144 | 0 | 0 |
| 法律事务 | 2 | 10 | 0 | 0 | 0 | 0 | 0 | 0 | 0 |
| 旅游英语 | 2 | 2 | 0 | 0 | 0 | 0 | 0 | 0 | 0 |
| 商务英语 | 2 | 20 | 0 | 0 | 0 | 0 | 0 | 0 | 0 |
| 应用英语 | 2 | 77 | 0 | 0 | 0 | 0 | 0 | 0 | 0 |
| 传媒策划与管理 | 2 | 11 | 0 | 0 | 0 | 0 | 0 | 0 | 0 |
| 音乐表演 | 2 | 8 | 0 | 0 | 8 | 0 | 8 | 0 | 0 |
| 艺术设计 | 2 | 15 | 0 | 0 | 9 | 0 | 9 | 0 | 0 |
| 舞蹈表演 | 2 | 3 | 0 | 0 | 5 | 0 | 5 | 0 | 0 |
| 建筑工程技术（土木工程） | 2 | 37 | 0 | 0 | 2 | 0 | 2 | 0 | 0 |
| 数控技术 | 2 | 18 | 0 | 0 | 0 | 0 | 0 | 0 | 0 |
| 汽车检测与维修技术 | 3 | 50 | 0 | 0 | 0 | 0 | 0 | 0 | 0 |
| 汽车检测与维修技术 | 2 | 67 | 0 | 0 | 0 | 0 | 0 | 0 | 0 |
| 计算机网络技术 | 2 | 15 | 0 | 0 | 0 | 0 | 0 | 0 | 0 |
| 计算机应用技术 | 3 | 58 | 0 | 0 | 0 | 0 | 0 | 0 | 0 |
| 计算机应用技术 | 2 | 99 | 0 | 0 | 0 | 0 | 0 | 0 | 0 |
| 机电一体化技术 | 2 | 23 | 0 | 0 | 0 | 0 | 0 | 0 | 0 |
| 电气自动化技术 | 3 | 31 | 0 | 0 | 0 | 0 | 0 | 0 | 0 |
| 电气自动化技术 | 2 | 37 | 0 | 0 | 0 | 0 | 0 | 0 | 0 |
| 作物生产技术 | 2 | 0 | 0 | 0 | 118 | 0 | 118 | 0 | 0 |
| 市场营销 | 3 | 5 | 0 | 0 | 0 | 0 | 0 | 0 | 0 |
| 市场营销 | 2 | 3 | 0 | 0 | 0 | 0 | 0 | 0 | 0 |
| 会计学 | 2 | 56 | 0 | 0 | 1 | 0 | 1 | 0 | 0 |
| 会计 | 2 | 2 | 0 | 0 | 0 | 0 | 0 | 0 | 0 |
| 旅游管理 | 2 | 4 | 0 | 0 | 1 | 0 | 1 | 0 | 0 |
| 电子商务 | 3 | 1 | 0 | 0 | 0 | 0 | 0 | 0 | 0 |
| 电子商务 | 2 | 111 | 0 | 0 | 0 | 0 | 0 | 0 | 0 |
| 酒店管理 | 2 | 4 | 0 | 0 | 0 | 0 | 0 | 0 | 0 |
| 会计电算化 | 2 | 35 | 0 | 0 | 0 | 0 | 0 | 0 | 0 |
| 农业经济管理 | 2 | 21 | 0 | 0 | 0 | 0 | 0 | 0 | 0 |

# 教职工表彰与奖励

（不含教学、科研）

## 省级以上表彰与奖励（集体）

### 全国教育系统先进单位

| 获奖单位 | 颁奖单位 |
|---|---|
| 材料与化工学院 | 人力资源和社会保障部、教育部 |

### 全国专业技术人才先进集体

| 获奖单位 | 颁奖单位 |
|---|---|
| 材料与化工学院化学工程重点学科组 | 中共中央组织部、中共中央宣传部、人力资源和社会保障部、科学技术部 |

### 2005—2008年度全国群众体育先进单位（2009年表彰）

| 获奖单位 | 颁奖单位 |
|---|---|
| 海南大学 | 国家体育总局 |

### 先进集体（综合）

| 获奖单位 | 获奖称号 | 颁奖单位 |
|---|---|---|
| 海南大学 | 第三届全国群众体育现状调查工作先进单位 | 国家体育总局 |
| 海南大学 | 中国高等农业院校中南区第七届田径运动会体育道德风尚奖 | 中国高等农业院校中南区第七届田径运动会组委会 |
| 海南大学 | 省教育工会第五届直属基层工会教职工排球赛优秀组织奖、男队亚军、女队冠军 | 省教育工会 |
| 海南大学体育部 | 工人先锋号 | 省总工会 |
| 统战部 | 省统战宣传信息工作先进单位 | 省委统战部 |
| 统战部 | 省统战理论研究优秀成果二等奖 | 省委统战部 |

续上表

| | | |
|---|---|---|
| 爱心协会 | 第四届全国模范扶残助残先进集体 | 全国残联 |
| 海南大学 | “创建国际旅游岛”海南2009首届大中专学生时尚形象设计大奖赛组织奖 | 省教育工委、省教育厅、省工业经济与信息产业厅、省团委、省人力资源开发局 |
| 海南大学 | 来华留学生教育先进集体 | 中国高等教育学会外国留学生教育管理分会 |
| 海南大学 | 毕业生就业工作先进单位 | 省人力资源开发局 |
| 海大学子革命老区德育支教团队（园艺园林学院团委） | 海南省2009年暑期大学生社会实践优秀团队 | 省团委 |
| 应用科技学院观光农业专业社会调查实践队 | 先进实践队 | 省教育工委、团省委 |
| 计算机基础实验室教学中心 | 海南省高校先进实验室 | 省教育厅 |
| 土木工程试验教学中心 | | |
| 汽车运用工程试验教学中心 | | |
| 园艺学试验教学中心 | | |

# 省级以上表彰与奖励（个人）

## 全国模范教师

| 姓　名 | 工作单位 | 颁奖单位 |
|---|---|---|
| 王崇敏 | 法学院 | 人力资源和社会保障部、教育部 |

## 全国杰出专业人才先进个人

| 姓　名 | 工作单位 | 颁奖单位 |
|---|---|---|
| 罗素兰 | 海洋学院 | 中共中央组织部、中共中央宣传部、人力资源和社会保障部、科技部 |

## 全国优秀教师

| 姓　名 | 工作单位 | 颁奖单位 |
|---|---|---|
| 罗玲球 | 经济与管理学院 | 教育部 |

## 全国优秀辅导员

| 姓　名 | 工作单位 | 颁奖单位 |
| --- | --- | --- |
| 罗玲球 | 经济与管理学院 | 教育部 |

## 全国高校就业工作先进个人

| 姓　名 | 工作单位 | 颁奖单位 |
| --- | --- | --- |
| 周孝怀 | 毕业生就业指导中心 | 教育部 |

## 全国群众体育先进个人

| 姓　名 | 工作单位 | 颁奖单位 |
| --- | --- | --- |
| 肖水平 | 体育部 | 国家体育总局 |

## 全国侨联系统先进个人

| 姓　名 | 工作单位 | 颁奖单位 |
| --- | --- | --- |
| 华世佳 | 外事侨务处 | |

## 全国归侨侨眷先进个人

| 姓名 | 工作单位 | 颁奖单位 |
| --- | --- | --- |
| 傅国华 | 经济学院 | 国务院侨办、中国侨联 |
| 林少敏 | 统战部 | |
| 黄绵佳 | 园艺园林学院 | |

## 纽斯塔特国际文学奖

| 姓名 | 工作单位 | 颁奖单位 | 备注 |
| --- | --- | --- | --- |
| 多多（栗世征） | 人文传播学院 | 《当代世界文学》九人国际评委会 | 获得此奖的第 21 人和第 1 位华人 |

## 中国杰出设计师

| 姓　名 | 工作单位 | 颁奖单位 | 备注 |
| --- | --- | --- | --- |
| 谭晓东 | 艺术学院 | 中国建筑学会室内设计分会 | 实现海南省该项奖零的突破 |

## 2009年度中国公关十位杰出人物

| 姓名 | 工作单位 | 颁奖单位 |
| --- | --- | --- |
| 徐国定 | 图书馆 | 2009年度中国公关十位公共关系人物评审委员会 |

## 宝钢优秀教师

| 姓　名 | 工作单位 | 专业方向 | 颁奖单位 |
| --- | --- | --- | --- |
| 傅国华 | 海南大学 | 农经管理 | 宝钢教育基金会 |
| 杨小波 | 园艺学院 | 植物学 | |
| 李志林 | 信息学院 | 数学 | |

## 海南省教育工委系统敬业奉献道德模范

| 姓名 | 工作单位 | 颁奖单位 |
| --- | --- | --- |
| 罗素兰 | 海洋学院 | 省教育工委 |

## 第八届海南省青年科技奖

| 姓名 | 工作单位 | 颁奖单位 |
| --- | --- | --- |
| 尹学琼 | 材料与化工学院 | 省委组织部、省人力资源和社会保障厅、省科学技术协会 |
| 陈　永 | 材料与化工学院 | |
| 林仕伟 | 材料与化工学院 | |
| 尹绍武 | 海洋学院 | |
| 黄　惜 | 农学院 | |

## 海南省三八红旗手

| 姓名 | 工作单位 | 颁奖单位 |
| --- | --- | --- |
| 刘四新 | 食品学院 | 省妇联 |
| 肖　霞 | 体育部 | 省妇联 |

## 第六届海南省普通高等学校青年教师教学大赛本科组获奖名单

| 姓　名 | 工作单位 | 获奖课程 | 获奖等次 | 颁奖单位 |
| --- | --- | --- | --- | --- |
| 李辽宁 | 政治与行政管理学院 | 当代社会主义思潮 | 一等奖 | 省教育厅 |
| 范士陈 | 旅游学院 | 旅游策划 | 一等奖 | 省教育厅 |
| 曾　峰 | 管理学院 | 现代推销学 | 三等奖 | 省教育厅 |
| 覃成海 | 公共外语部 | 大学英语 | 三等奖 | 省教育厅 |
| 张勇军 | 信息科学技术学院 | 高等数学 | 优秀奖 | 省教育厅 |
| 李　艳 | 土木工程建筑学院 | 工程项目管理 | 优秀奖 | 省教育厅 |

## 海南省五四青年奖章获得者

| 姓名 | 工作单位 | 颁奖单位 |
| --- | --- | --- |
| 宋希强 | 园艺园林学院 | 省团委 |

## 海南省优秀组工干部（2008 年获奖　补录）

| 姓名 | 工作单位 | 颁奖单位 |
| --- | --- | --- |
| 武　丹 | 组织部 | 海南省组织部 |

## 先进个人（综合）

| 姓名 | 所在单位 | 获奖称号 | 颁奖单位 |
| --- | --- | --- | --- |
| 王崇敏 | 法学院 | 海南省“五五”普法先进个人 | 省普法办公室 |
| 罗荫渠 | 统战部 | 全省统战宣传信息工作先进个人 | 省委统战部 |
| 洪家云 | 体育部 | 第三次全国群众体育现状调查工作先进个人 | 国家体育总局 |
| 陈明锐　陈　丹 | 信息科学技术学院 | 海南省试验教学与管理优秀工作者 | 省教育厅 |
| 陈雪芬 | 海洋学院 | | |
| 杜治光 | 土木建筑工程学院 | | |
| 张永明　陈永平 | 材料与化工学院 | | |
| 刘文波 | 环境与植物保护学院 | | |
| 王　英 | 农学院 | | |
| 白新鹏 | 食品学院 | | |
| 覃成海 | 外国语学院 | | |

续上表

| | | | |
|---|---|---|---|
| 杨志昕 | 外事侨务处 | 来华留学生教育优秀工作者 | 中国高等教育学会外国留学生教育管理分会 |
| 黄海宁 | 武装部 | 全国高校军事理论讲课比赛二等奖 | 教育部国防教育办公室、全军学生军训协调中心 |
| 陈明锐 陈褒丹 | 信息科学技术学院 | 海南省优秀学会工作者 | 省科学技术协会 |
| 宋静敏 | 体育部 | 民革海南省优秀党员 | 民革海南省委会 |
| 王毅武 | 中国现代经济理论研究所 | | |
| 闫超副 | 艺术学院 | | |
| 杨　洁 | 艺术学院 | | |
| 范才云　邱庆棠 | 体育部 | 中国高等农业院校中南第七届田径运动会“优秀教练员” | 中国高等农业院校中南第七届田径运动会组委会 |
| 王　托 | 后勤集团 | 第四届全国木球锦标赛男子个人冠军、男子双人冠军 | 第四届全国木球锦标赛组委会 |

# 校级表彰与奖励（集体）

## 海南大学先进基层党组织

| 获奖单位 | 颁奖单位 |
|---|---|
| 信息科学技术学院党委 | 海南大学党委 |
| 法学院党委 | |
| 管理学院党委 | |
| 应用科技学院党委 | |
| 材料与化工学院化工系（海甸）党支部 | |
| 食品学院教工（海甸）党支部 | |
| 海洋学院海洋科学与实验中心教工党支部 | 海南大学党委 |
| 政治与行政学院思想政治教育系教工党支部 | |
| 艺术学院音乐系教工党支部 | |
| 社会科学部(海甸）教工党支部 | |
| 离退休人员工作处党总支部离休党支部 | |
| 离退休人员工作处党总支部城西校区第三党支部 | |
| 儋州校区机关党支部 | |
| 后勤集团第二党支部 | |

### 海南大学深入学习实践科学发展观活动先进单位

| 获奖单位 | 颁奖单位 |
|---|---|
| 管理学院党委 | 海南大学党委 |
| 法学院党委 | |
| 政治与行政管理学院党委 | |
| 环境与植物保护学院党委 | |
| 信息科学技术学院党委 | |
| 后勤集团党委 | |

## 校级表彰与奖励（个人）

### 海南大学首届十佳教师

| 姓　名 | 工作单位 | 颁奖单位 |
|---|---|---|
| 杨小波 | 园艺术园林学院 | 海南大学 |
| 陈明锐 | 信息科学技术学院 | |
| 陈奕柏 | 土木建筑工程学院 | |
| 周永灿 | 会议学院 | |
| 罗丽娟 | 园艺术园林学院 | |
| 范士陈 | 旅游学院 | |
| 金　山 | 外国语学院 | |
| 骆焱平 | 环境与植物保护学院 | |
| 韩汉鹏 | 信息科学技术学院 | |
| 廖宇兰 | 机电工程学院 | |

### 海南大学2009年优秀共产党员

| 姓　名 | 工作单位 | 颁奖单位 |
|---|---|---|
| 杨　亮 | 材料与化工学院 | 海南大学党委 |
| 周邦华 | 土木建筑工程学院 | |
| 夏　兵 | 食品学院 | |
| 骆剑亮 | 机电工程学院 | |
| 陈明锐　欧少红 | 信息科学技术学院 | |
| 胡新文 | 农学院 | |
| 黄绵佳　杨小波 | 园艺园林学院 | |
| 骆焱平 | 环境与植物保护学院 | |
| 冯永勤 | 海洋学院 | |

续上表

| | | |
|---|---|---|
| 黄　盛 | 经济学院 | 海南大学党委 |
| 邹立刚 | 法学院 | |
| 吴朝阳 | 政治与行政学院 | |
| 段捷频 | 管理学院 | |
| 陈杨乐　张　琳 | 旅游学院 | |
| 符其武 | 人文传播学院 | |
| 金　山 | 外国语学院 | |
| 陈泽锐 | 艺术学院 | |
| 许　苗 | 国际文化交流学院 | |
| 丁民宜 | 继续教育学院 | |
| 陈　彪 | 应用科技学院 | |
| 费秋香 | 社会科学部 | |
| 符壮慈 | 公共外语部 | |
| 袁　航 | 体育部 | |
| 蔡瑞平　许惠君 | 图书馆 | |
| 周伟民　许德兴　范则辅 | 离退休人员工作处党总支 | |
| 卢江海　黄海民　占　琳　莫泉平　张井富　胡先文 | 机关 | |
| 符气刚　郭胜才 | 后勤集团 | |

## 海南大学2009年优秀党务工作者

| 姓　名 | 工作单位 | 颁奖单位 |
|---|---|---|
| 陈秀妍 | 机电工程学院 | 海南大学党委 |
| 陈明宝 | 信息科学技术学院 | 海南大学党委 |
| 崔昌华 | 环境与植物保护学院 | |
| 王林桂 | 海洋学院 | |
| 符史岱 | 经济学院 | |
| 俞花美 | 管理学院 | |
| 金　晟 | 旅游学院 | |
| 罗远标 | 体育部 | |
| 陈行远 | 离退休人员工作处 | |
| 郑再喜 | 学校机关 | |

## 海南大学深入学习实践科学发展观活动先进个人

| 姓　名 | 工作单位 | 颁奖单位 |
| --- | --- | --- |
| 王崇敏 | 法学院 | |
| 许惠君 | 档案馆 | |
| 宋增伟 | 政治与行政管理学院 | |
| 黄良颖 | 旅游学院 | |
| 符　新 | 机电工程学院 | |
| 公衍峰 | 人文传播学院 | |
| 卢家政 | 图书馆 | |
| 王　珍 | 园艺园林学院 | |
| 莫明锦 | 应用科技学院 | |
| 俞花美 | 管理学院 | |
| 涂刚鹏 | 社科部 | |
| 肖国良 | 体育部 | |
| 何　佳 | 国际文化交流学院 | 海南大学党委 |
| 胡新文 | 农学院 | |
| 崔昌华 | 环境与植物保护学院 | |
| 符壮慈 | 公关外语部 | |
| 陈泰义 | 艺术学院 | |
| 周邦华 | 土木建筑学院 | |
| 王茂刚 | 材料与化工学院 | |
| 杨新中 | 经济学院 | |
| 曲　涛 | 信息科学技术学院 | |
| 金　山 | 外国语学院 | |
| 熊德华 | 公共实验中心 | |
| 龙　腾　林洪冰　张君成 | 学校机关 | |

# 在社会各层任职名录

## 农业部热作产业发展专家咨询委员会委员名录

| 姓名 | 工作单位 | 任职时间 |
|---|---|---|
| 刘康德 | 海南大学 | 2009 年 3 月 10 日 |

## 国家可持续发展试验区专家委员会委员名录

| 姓名 | 工作单位 | 任职时间 |
|---|---|---|
| 傅国华 | 海南大学 | 2009 年 5 月 |

## 国务院学位委员会第六届学科评议组成员名录

| 姓名 | 工作单位 | 任职时间 |
|---|---|---|
| 郑服从 | 环境与植物保护学院 | 2009 年 3 月 |

## 农业部现代农业产业技术体系植物保护岗位科学家名录

| 姓名 | 工作单位 | 任职时间 |
|---|---|---|
| 郑服从 | 环境与植物保护学院 | 2009 年 2 月 |

## 海南省科协副主席名录

| 姓名 | 工作单位 | 任职时间 |
|---|---|---|
| 陈国华 | 海洋学院 | 2009 年 |

## 挂职干部名录

| 姓　名 | 工作单位 | 挂职单位 | 挂职职务 | 挂职时间 |
|---|---|---|---|---|
| 林　强 | 海南大学 | 儋州市 | 副市长 | 2009 年 5 月 |
| 刘湘洪 | 校长办公室 | 定安县 | 县委常委、副县长 | 2009 年 5 月 |

# 在各级各类学会（协会、研究会）任职名录

（2009年任职）

| 学会名称 | 学会级别 | 姓　名 | 职务 | 工作单位 |
|---|---|---|---|---|
| 中国农业工程学会农产品加工与储藏分会 | 国家级 | 白新鹏 | 理事 | 食品学院 |
| 海南省大学英语研究指导委员会 | 省级 | 陈鸣芬 | 副会长<br>常务理事 | 外国语学院 |
| 海南省翻译工作者协会 | 省级 | 刘亚儒 | 常务理事<br>副秘书长 | 外国语学院 |
| 海南省计算机协会 | 省级 | 陈明锐 | 常务副理事 | 信息科学技术学院 |
| 海南省教育厅高职评估委员会 | 省级 | 潘贤丽 | 委员 | 应用科技学院 |
| 海南省植物学会 | 省级 | 杨小波 | 副理事长 | 园艺园林学院 |
| 海南省民族学会 | 省级 | 金　山 | 常务理事<br>副秘书长 | 外国语学院 |
| 海南省大学英语研究指导委员会 | 省级 | 陈鸣芬 | 副会长<br>常务理事 | 外国语学院 |
| 海南省计算机学会 | 省级 | 陈明锐 | 常务副理事长<br>兼秘书长 | 信息科学技术学院 |

# 2009 年大事记

## 一月

4 日，海南大学与海口市人民政府签订合作框架协议。省委常委、海口市委书记陈辞出席签字仪式。

11 日，学校举行第一届教职工代表大会第二次全体会议。

20 日，海南大学海洋生物实验教学中心被评为“2008 年国家级实验教学示范中心建设单位”。这是海南省在国家级实验教学示范中心评审上实现零的突破。

## 二月

18 日，环境与植物保护学院院长郑服从被聘为国务院学位委员会第六届学科评议组成员。

26 日，信息科学技术学院学生潘东升在海口市海甸岛白沙门附近海域冒着生命危险救出两位溺水老人。

## 三月

海南大学男、女篮球队获得海南省第七届大学生篮球联赛“双冠”后，代表海南省参加第十一届 CUBA 中国大学生篮球联赛东南赛区联赛，女子篮球队进入赛区八强，男、女篮双双被授予“体育道德风尚奖”。

12 日，天津大学对口支援海南大学合作协议签字暨正式启动仪式在北京举行。海南省委副书记、省长罗保铭，教育部副部长陈希出席仪式并讲话，副省长姜斯宪主持仪式。天津大学党委书记刘建平、校长龚克，海南大学党委书记黄国泰、校长李建保、副校长谭基虎出席签字仪式。

16 日，国家体育总局授予海南大学体育部“第三次全国群众体育现状调查工作先进单位”称号。

23 日，海南大学举行深入学习实践科学发展观活动动员大会。

24 日，海南大学获海南省毕业生就业工作优秀高校称号。

## 四月

21 日，学校与台湾宜兰大学签署学术交流与合作协议及师生交流实施细则。

28 日，体育部获海南省“工人先锋号”称号。

## 五月

11 日，马来西亚高等教育部副部长何国忠博士莅临学校访问并作专题讲座。

11 日，新闻总署批复同意《华南热带农业大学学报》更名为《热带生物学报》。

12 日，学校与马来西亚敦胡先翁大学签署校际学术交流与合作备忘录。

17日，学校与英国合作BTEC(HND)教育项目顺利通过评审。

26日，学校8项教学成果获省级教学成果奖。

31 日，校党委授予赵红亮同学“优秀共产党员标兵”称号。

## 六月

2 日，香港言爱基金邢李火原先生莅临学校访问，实地考察由他资助人民币1500万元的“思源学堂”选址和设计方案。

9日，省委常委、组织部部长楼阳生到学校进行学习实践科学发展观等工作的调研。

12日，学校知识产权服务站正式挂牌。

22日，中共中央政治局常委李长春就赵红亮同学先进事迹作批示：“云山、周济同志，赵红亮同志事迹感人，展现了当代大学生风采，可征求教育部的意见进行宣传。”

22日，海南大学（合并后）第一次归侨侨眷代表大会召开，选举产生海南大学（合并后）侨联第一届委员会。

23日，中共中央政治局委员、中央宣传部部长刘云山就贯彻落实李长春同志的批示作了批示：“树刚、周济同志阅办。”

26日，政治与行政学院研究生赵红亮、信息科学技术学院潘东升同学被列入第二届全国道德模范候选人。

29日，中央宣传部新闻局发出《关于做好赵红亮事迹宣传报道的通知》。

30日，省委决定：曹献坤、刁晓平同志任海南大学党委委员、常委；谭基虎同志不再担任海南大学党委常委、委员职务，另有任用。

## 七月

副校长谭基虎调任省教育工委委员、省教育厅党组成员、副厅长。

2日，学校与澳大利亚查尔斯•达尔文大学签署《中国海南大学与澳大利亚查尔斯•达尔文大学学术交流与合作备忘录》和《中国海南大学与澳大利亚查尔斯•达尔文大学汉语学习项目合作协议书》。

3日，学校爱心协会获第四届“全国扶残助残先进集体”称号。

23日，学校获“来华留学生教育先进集体”称号。

## 八月

海南大学新增北京等23个省（市、自治区）一本批次招生。

16日，省政府任命曹献坤(海口市人民政府党组成员、秘书长，办公厅党组书记、主任)为海南大学副校长，任命刁晓平(重点项目办公室主任)为海南大学副校长，任命程立生(教务处处长)为琼台师范高等专科学校校长。

31日，儋州校区第二批学生搬迁工作启动，搬迁学生2500多人。

31日，第五教学楼（建筑面积24093平方米）破土动工。

## 九月

材料与化工学院获全国教育系统先进单位称号。

化学工程重点学科组获“全国专业技术人才先进集体”称号。

罗素兰获“全国杰出专业技术人才”称号。

王崇敏获“全国模范教师”称号。

罗邻球获“全国优秀教师”和“全国高校优秀辅导员”称号。

第四教学楼竣工。该教学楼建筑面积22845平方米，拥有教室96间、座位9783个。

1日，学校与日本群马大学签署《中国海南大学与日本国群马大学校际友好关系协议》和《学生交流实施细则》。

9日，学校举行庆祝教师节暨首届“十佳教师”表彰大会。

24日，省政府任命经济学院院长傅国华为海南大学副校长。

11日，学校召开深入学习实践科学发展观活动总结大会。

18日，天津大学对口支援海南大学工作座谈会举行。天津大学党委书记刘建平和海南大学党委书记黄国泰、常务副书记刘康德、副校长刁晓平参加了座谈会。

23 日，副省长符跃兰率领慰问团到学校慰问李建保校长、张本教授、郑学勤教授、周永灿教授等 4 位全国劳动模范、全国先进工作者。

24 日，省政府聘请南开大学原校长侯自新教授为海南大学顾问，省委副书记、省长罗保铭代表省政府给侯自新教授颁发聘书。

24 日，省史志办公室副主任符和积向学校图书馆赠送重要地方文献 2000 余册。

24 日，原海南大学党委书记林亚珉向学校图书馆赠送《传世藏书》130 卷。

27 日，艺术学院合唱团在第七届中国音乐金钟奖合唱比赛中获优秀奖。

29 日，农学专业被批准为国家级第四批高等学校特色专业。至此，学校有 4 个国家级高等学校特色专业。

## 十月

国家体育总局授予海南大学“2005-2008 年度全国群众体育先进单位”。

学校马克思主义理论学科赵康太教授主编的专著《世界马克思主义理论教育比较研究》获教育部高等学校科学研究优秀成果奖（人文社会科学）二等奖。这是迄今为止海南省高等教育在人文社科类研究中获得的最高科研奖项。

14 日，学校“植物学课程群教学团队”（负责人：杨小波教授）获国家级教学团队称号，实现了海南省在国家级教学团队项目上零的突破。

10 日，省重点科技计划项目“海南省高新技术产业发展战略研究”（李建保校长为项目课题组组长）通过验收。省人大常委会副主任、省科协主席康耀红和省政协副主席、省科技厅厅长王路出席验收会议。

## 十一月

1 日，人文传播学院教授、诗人多多（栗世征）获纽斯塔特文学奖，成为获得此奖项第一位华人。

14 日，教育部副部长郝平莅临学校考察指导工作。

## 十二月

5 日，艺术学院谭晓东副教授获“2009 中国杰出设计师”称号，实现海南省该奖项零的突破。

2 日，天津大学姚建铨院士来校访问，省人大常委会副主任、省科协主席康耀红会见了姚建铨院士。

2 日，海南大学教师获第六届海南省普通高等学校青年教师教学大赛本科组 2 个一等奖、2 个三等奖。

7 日，政治与公共管理学院研究生赵红亮同学获海南省第二届助人为乐模范称号，信息科学技术学院潘东升同学获海南省第二届见义勇为模范称号。

# 海 大 学 人

## 中国科学院“百人计划”入选人员名录

| 姓　名 | 工作单位 | 专业技术职务 | 入选年度 |
| --- | --- | --- | --- |
| 何朝族 | 农学院 | 研究员 | 2000 |

## “新世纪百千万人才工程”国家级入选人员名录

| 姓　名 | 工作单位 | 专业方向 | 入选年度 |
| --- | --- | --- | --- |
| 傅国华 | 海南大学 | 经济管理 | 2009 |
| 王崇敏 | 法学院 | 法学 | 2009 |
| 邓湘云 | 材化学院 | 材料学 | 2009 |

## 海南省第五届普通高等学校教学名师

| 姓　名 | 工作单位 | 入选年度 |
| --- | --- | --- |
| 王崇敏 | 法学院 | 2009 |
| 陈明锐 | 信息科学技术学院 | 2009 |
| 翁绍捷 | 机电工程学院 | 2009 |

## 2009年晋升正高职称人员名录

| 序号 | 工作单位 | 姓　名 | 取得专业职务名称 | 取得专业职务等级 | 聘任专业职务名称 | 聘任专业职务等级 |
| --- | --- | --- | --- | --- | --- | --- |
| 1 | 海南大学 | 韦　勇 | 教授 | 正高 | 教授 | 正高 |
| 2 | 研究生处 | 蒋国州 | 教授 | 正高 | 教授 | 正高 |
| 3 | 211工程建设办 | 黄东益 | 教授 | 正高 | 教授 | 正高 |
| 4 | 材料与化工学院 | 廖双泉 | 教授 | 正高 | 教授 | 正高 |

续上表

| | | | | | | |
|---|---|---|---|---|---|---|
| 5 | 材料与化工学院 | 尹学琼 | 教授 | 正高 | 教授 | 正高 |
| 6 | 材料与化工学院 | 孙炳全 | 教授 | 正高 | 教授 | 正高 |
| 7 | 材料与化工学院 | 熊春荣 | 教授 | 正高 | 教授 | 正高 |
| 8 | 法学院 | 徐　民 | 教授 | 正高 | 教授 | 正高 |
| 9 | 法学院 | 王　琦 | 教授 | 正高 | 教授 | 正高 |
| 10 | 法学院 | 刘云亮 | 教授 | 正高 | 教授 | 正高 |
| 11 | 法学院 | 童伟华 | 教授 | 正高 | 教授 | 正高 |
| 12 | 国际文化交流学院 | 李渝凤 | 教授 | 正高 | 教授 | 正高 |
| 13 | 海洋学院 | 胡碧煌 | 教授 | 正高 | 教授 | 正高 |
| 14 | 机电工程学院 | 李　粤 | 教授 | 正高 | 教授 | 正高 |
| 15 | 经济与管理学院 | 刘殿国 | 教授 | 正高 | 教授 | 正高 |
| 16 | 经济与管理学院 | 刘家诚 | 教授 | 正高 | 教授 | 正高 |
| 17 | 经济与管理学院 | 郑远强 | 教授 | 正高 | 教授 | 正高 |
| 18 | 旅游学院 | 胡　涛 | 教授 | 正高 | 教授 | 正高 |
| 19 | 旅游学院 | 赵全鹏 | 教授 | 正高 | 教授 | 正高 |
| 20 | 农学院 | 林　电 | 教授 | 正高 | 教授 | 正高 |
| 21 | 人文传播学院 | 李　溢 | 教授 | 正高 | 教授 | 正高 |
| 22 | 人文传播学院 | 焦勇勤 | 教授 | 正高 | 教授 | 正高 |
| 23 | 食品学院 | 申铉日 | 教授 | 正高 | 教授 | 正高 |
| 24 | 食品学院 | 刘四新 | 教授 | 正高 | 教授 | 正高 |
| 25 | 食品学院 | 钟秋平 | 教授 | 正高 | 教授 | 正高 |
| 26 | 食品学院 | 黄广民 | 教授 | 正高 | 教授 | 正高 |
| 27 | 体育部 | 肖国良 | 教授 | 正高 | 教授 | 正高 |
| 28 | 体育部 | 肖　霞 | 教授 | 正高 | 教授 | 正高 |
| 29 | 信息科学技术学院 | 周又玲 | 教授 | 正高 | 教授 | 正高 |
| 30 | 信息科学技术学院 | 杨厚群 | 教授 | 正高 | 教授 | 正高 |
| 31 | 信息科学技术学院 | 韩汉鹏 | 教授 | 正高 | 教授 | 正高 |

续上表

| | | | | | | |
|---|---|---|---|---|---|---|
| 32 | 信息科学技术学院 | 李志林 | 教授 | 正高 | 教授 | 正高 |
| 33 | 园艺园林学院 | 陈惠萍 | 教授 | 正高 | 教授 | 正高 |
| 34 | 园艺园林学院 | 单家林 | 教授 | 正高 | 教授 | 正高 |
| 35 | 园艺园林学院 | 吴庆书 | 教授 | 正高 | 教授 | 正高 |
| 36 | 园艺园林学院 | 宋希强 | 教授 | 正高 | 教授 | 正高 |
| 37 | 政治与公共管理学院 | 宋增伟 | 教授 | 正高 | 教授 | 正高 |
| 38 | 政治与公共管理学院 | 黄崇利 | 教授 | 正高 | 教授 | 正高 |
| 39 | 农学院 | 罗越华 | 研究员 | 正高 | 研究员 | 正高 |

## 2009年晋升副高职称人员名录

| 序号 | 工作单位 | 姓　名 | 取得专业职务名称 | 取得专业职务等级 | 聘任专业职务名称 | 聘任专业职务等级 |
|---|---|---|---|---|---|---|
| 1 | 科研处 | 李辽宁 | 副教授 | 副高 | 副教授 | 副高 |
| 2 | 材料与化工学院 | 陈国良 | 副教授 | 副高 | 副教授 | 副高 |
| 3 | 材料与化工学院 | 刘钟馨 | 副教授 | 副高 | 副教授 | 副高 |
| 4 | 材料与化工学院 | 杨建新 | 副教授 | 副高 | 副教授 | 副高 |
| 5 | 材料与化工学院 | 付云芝 | 副教授 | 副高 | 副教授 | 副高 |
| 6 | 材料与化工学院 | 张永明 | 副教授 | 副高 | 副教授 | 副高 |
| 7 | 法学院 | 张静焕 | 副教授 | 副高 | 副教授 | 副高 |
| 8 | 法学院 | 解玉娟 | 副教授 | 副高 | 副教授 | 副高 |
| 9 | 国家文化交流学院 | 刘　亮 | 副教授 | 副高 | 副教授 | 副高 |
| 10 | 海洋学院 | 李　军 | 副教授 | 副高 | 副教授 | 副高 |
| 11 | 海洋学院 | 张英霞 | 副教授 | 副高 | 副教授 | 副高 |
| 12 | 海洋学院 | 顾志峰 | 副教授 | 副高 | 副教授 | 副高 |
| 13 | 环境与植物保护学院 | 谢昌平 | 副教授 | 副高 | 副教授 | 副高 |
| 14 | 机电工程学院 | 朱冬云 | 副教授 | 副高 | 副教授 | 副高 |

续上表

| | | | | | | |
|---|---|---|---|---|---|---|
| 15 | 机电工程学院 | 林妙山 | 副教授 | 副高 | 副教授 | 副高 |
| 16 | 机电工程学院 | 樊军庆 | 副教授 | 副高 | 副教授 | 副高 |
| 17 | 经济与管理学院 | 张长海 | 副教授 | 副高 | 副教授 | 副高 |
| 18 | 经济与管理学院 | 邓须军 | 副教授 | 副高 | 副教授 | 副高 |
| 19 | 经济与管理学院 | 郭慧芳 | 副教授 | 副高 | 副教授 | 副高 |
| 20 | 经济与管理学院 | 张丰伟 | 副教授 | 副高 | 副教授 | 副高 |
| 21 | 经济与管理学院 | 孙　容 | 副教授 | 副高 | 副教授 | 副高 |
| 22 | 经济与管理学院 | 王晓云 | 副教授 | 副高 | 副教授 | 副高 |
| 23 | 经济与管理学院 | 沈　琳 | 副教授 | 副高 | 副教授 | 副高 |
| 24 | 经济与管理学院 | 唐　荣 | 副教授 | 副高 | 副教授 | 副高 |
| 25 | 旅游学院 | 王　红 | 副教授 | 副高 | 副教授 | 副高 |
| 26 | 旅游学院 | 李洁琼 | 副教授 | 副高 | 副教授 | 副高 |
| 27 | 旅游学院 | 施　光 | 副教授 | 副高 | 副教授 | 副高 |
| 28 | 旅游学院 | 冯艳昌 | 副教授 | 副高 | 副教授 | 副高 |
| 29 | 农学院 | 杨福孙 | 副教授 | 副高 | 副教授 | 副高 |
| 30 | 农学院 | 张荣萍 | 副教授 | 副高 | 副教授 | 副高 |
| 31 | 农学院 | 刘子凡 | 副教授 | 副高 | 副教授 | 副高 |
| 32 | 农学院 | 阮云泽 | 副教授 | 副高 | 副教授 | 副高 |
| 33 | 食品学院 | 李永成 | 副教授 | 副高 | 副教授 | 副高 |
| 34 | 食品学院 | 王志国 | 副教授 | 副高 | 副教授 | 副高 |
| 35 | 食品学院 | 白新鹏 | 副教授 | 副高 | 副教授 | 副高 |
| 36 | 体育部 | 高　健 | 副教授 | 副高 | 副教授 | 副高 |
| 37 | 体育部 | 宋　练 | 副教授 | 副高 | 副教授 | 副高 |
| 38 | 体育部 | 钱　猛 | 副教授 | 副高 | 副教授 | 副高 |
| 39 | 外国语学院 | 曾传生 | 副教授 | 副高 | 副教授 | 副高 |

续上表

| | | | | | | |
|---|---|---|---|---|---|---|
| 40 | 信息科学技术学院 | 唐朝胜 | 副教授 | 副高 | 副教授 | 副高 |
| 41 | 信息科学技术学院 | 冯思玲 | 副教授 | 副高 | 副教授 | 副高 |
| 42 | 信息科学技术学院 | 邱　钊 | 副教授 | 副高 | 副教授 | 副高 |
| 43 | 信息科学技术学院 | 黄筱燕 | 副教授 | 副高 | 副教授 | 副高 |
| 44 | 信息科学技术学院 | 黎才茂 | 副教授 | 副高 | 副教授 | 副高 |
| 45 | 信息科学技术学院 | 张永辉 | 副教授 | 副高 | 副教授 | 副高 |
| 46 | 信息科学技术学院 | 黄梦醒 | 副教授 | 副高 | 副教授 | 副高 |
| 47 | 艺术学院 | 许潇尹 | 副教授 | 副高 | 副教授 | 副高 |
| 48 | 应用科技学院 | 周其良 | 副教授 | 副高 | 副教授 | 副高 |
| 49 | 园艺园林学院 | 商　桑 | 副教授 | 副高 | 副教授 | 副高 |
| 50 | 园艺园林学院 | 李新国 | 副教授 | 副高 | 副教授 | 副高 |
| 51 | 园艺园林学院 | 陈　萍 | 副教授 | 副高 | 副教授 | 副高 |
| 52 | 园艺园林学院 | 吴友根 | 副教授 | 副高 | 副教授 | 副高 |
| 53 | 园艺园林学院 | 田丽波 | 副教授 | 副高 | 副教授 | 副高 |
| 54 | 园艺园林学院 | 姜成东 | 副教授 | 副高 | 副教授 | 副高 |
| 55 | 园艺园林学院 | 林世平 | 副教授 | 副高 | 副教授 | 副高 |
| 56 | 园艺园林学院 | 申益春 | 副教授 | 副高 | 副教授 | 副高 |
| 57 | 政治与公共管理学院 | 江红义 | 副教授 | 副高 | 副教授 | 副高 |
| 58 | 后勤集团 | 樊　燕 | 副教授 | 副高 | 副教授 | 副高 |
| 59 | 产业集团 | 牛文健 | 副教授 | 副高 | 副教授 | 副高 |
| 60 | 海洋学院 | 张吉贞 | 副研究员 | 副高 | 副研究员 | 副高 |
| 61 | 材料与化工学院 | 杨先会 | 高级实验师 | 副高 | 高级实验师 | 副高 |
| 62 | 农学院 | 高和琼 | 高级实验师 | 副高 | 高级实验师 | 副高 |
| 63 | 食品学院 | 邵远志 | 高级实验师 | 副高 | 高级实验师 | 副高 |
| 64 | 图书馆 | 林帼贞 | 副研究馆员 | 副高 | 副研究馆员 | 副高 |
| 65 | 图书馆 | 黄海燕 | 副研究馆员 | 副高 | 副研究馆员 | 副高 |
| 66 | 财务处 | 占　琳 | 高级会计师 | 副高 | 高级会计师 | 副高 |
| 67 | 学校医院 | 朱新民 | 副主任医师 | 副高 | 副主任医师 | 副高 |

# 著名校友

| 姓名 | 所在单位 | 主要职务 | 毕业时间 | 备　注 |
|---|---|---|---|---|
| 姚树洁 | 英国诺丁汉大学 | 英国诺丁汉大学当代中国学学院院长、诺丁汉大学孔子学院院长、联合国粮农组织经济顾问 | 1982年毕业于华南热带作物学院 | 著名华人经济学家 |
| 林辰涛 | 美国加州大学 | 教育部长江学者、中国农业科学院博导 | 1982年毕业于华南热带作物学院 | |
| 何　帆 | 中国社会科学院世界经济与政治研究所 | 中国社会科学院世界经济与政治研究所所长助理、国际金融研究中心副主任、《世界经济》编辑部主任 | 1993年毕业于海南大学 | |
| 郑小波 | 南京农业大学 | 校长 | 1982年毕业于华南热带作物学院 | 农业部突出贡献中青年专家、全国优秀科技工作者、教育部跨世纪优秀人才计划入选人员、中国农业科学院学术委员 |
| 卢　江 | 美国佛罗里达农工大学 | 佛罗里达农工大学终身教授 | 1982年毕业于华南热带作物学院 | |

注：本栏目收录的著名校友系2009年收集到的著名校友，已收录在《海南大学年鉴》的著名校友不再重复收录。

# 媒体看海南大学

## 2009年媒体报道海南大学的主要消息索引

（不完全统计）

| 序号 | 新闻标题 | 媒体 | 日期 |
|---|---|---|---|
| 1 | 海口与海大开展广泛合作 协议建立联合实验室 | 海南日报 | 1月5日 |
| 2 | 天津大学对口支援海南大学“211工程” | 海南日报 | 1月5日 |
| 3 | 天津大学将对口支援海大“211工程” 建设 | 海南经济报 | 1月7日 |
| 4 | 海大服务地方“智”字当家 | 海南日报 | 1月8日 |
| 5 | 中日专家研讨海南抗战七十周年暨战后遗留问题 | 海南日报 | 1月11日 |
| 6 | 专家研讨琼抗战70周年暨战后遗留问题 | 新华网 | 1月11日 |
| 7 | 中日专家研讨海南抗战七十周年暨战后遗留问题 | 日本新华侨报网 | 1月11日 |
| 8 | 09中国大学评价报告出炉 海南大学再上百强榜 | 海南日报 | 2月23日 |
| 9 | 刘琦出席省农垦总局科级干部培训班开学典礼 | 海南农垦网 | 2月25日 |
| 10 | 海南大学校长李建保：建议大学生就业“三农” | 海南日报 | 3月3日 |
| 11 | 海南大学校长：大学生就业“三农”是新契机 | 南国都市报 | 3月3日 |
| 12 | 海南大学校长:安排专项资金鼓励大学生回乡 | 人民网 | 3月10日 |
| 13 | 清华大学博导：海南大学应开设海洋油气专业 | 海南日报 | 3月11日 |
| 14 | 天津大学对口支援海南大学各项工作将全面展开 | 新华社 | 3月12日 |
| 15 | 天津大学对口支援海南大学 | 南国都市报 | 3月13日 |
| 16 | 天津大学对口支援海南大学 罗保铭出席仪式 | 海南日报 | 3月13日 |
| 17 | 天津大学对口支援海南大学启动仪式在京举行 | 中国教育报 | 3月13日 |
| 18 | 海大研究生7年捐款助学近万元 自己穿破衬衫 | 南国都市报 | 3月18日 |
| 19 | 好人“向群弟” | 南国都市报 | 3月19日 |
| 20 | 海大研究生捐款助学七年 周文彰赞其感人(图) | 南国都市报 | 3月19日 |
| 21 | 省委宣传部省文明办慰问赵红亮 | 海南日报 | 3月19日 |
| 22 | 残疾大学生赵红亮:赠人“玫瑰” 我心欢喜 | 海南日报 | 3月19日 |
| 23 | 海南大学借力“大外事”提升国际化水平 | 中国产经新闻报 | 5月4日 |

续上表

| | | | |
|---|---|---|---|
| 24 | 依托特色与优势 创建国际水准高校品牌---记海南大学国际文化交流学院 | 中国产经新闻报 | 5月4日 |
| 25 | 加快地方综合性“211工程”大学国际化步伐 | 中国产经新闻报 | 5月4日 |
| 26 | 海南大学国际交流与合作特色项目展示 | 中国产经新闻报 | 5月4日 |
| 27 | 海南举行“五四运动与陈独秀学术报告会” | 新华网海南频道 | 5月5日 |
| 28 | 五四运动与陈独秀学术报告会昨举行 | 海南经济报 | 5月5日 |
| 29 | 海大本月将派汉语教师志愿者赴泰国菲律宾任教 | 海南经济报 | 5月5日 |
| 30 | 海大公关周"微笑"开幕 | 人民网 | 5月9日 |
| 31 | 不能丢脸！ 海南19名大学生志愿者援川纪实 | 南国都市报 | 5月10日 |
| 32 | 手系绿丝带千里寄思念 海大学生纪念“５·１２”汶川大地震 | 海南经济报 | 5月12日 |
| 33 | 汶川地震周年祭：海南大学举行纪念活动 | 海南新闻 | 5月12日 |
| 34 | 海南19名大学生志愿者援川工作获当地人称赞 | 新民网 | 5月15日 |
| 35 | 海南举行“五四运动与陈独秀学术报告会” | 新华网 | 5月15日 |
| 36 | "微笑公关和谐海大" 海大公关周"微笑"开幕 | 人民网 | 5月15日 |
| 37 | 海南首个大学生旅行社揭牌 在校生出任总经理 | 海南日报 | 5月18日 |
| 38 | 一封求助信引起海南省委书记重视 | 中国旅游报 | 5月18日 |
| 39 | 海南首个大学生旅行社揭牌 在校生出任总经理 | 海南日报 | 5月18日 |
| 40 | 海南大学“公关周”素质拓展活动成功举办 | 人民网 | 5月19日 |
| 41 | 50名海大研究生获海钢助学金 | 海口晚报 | 5月21日 |
| 42 | 海大2009年新办本科专业评估工作顺利完成 | 南海网 | 5月25日 |
| 43 | 许文深教授伴《海南大学学报》走过27年 | 人民网 | 5月25日 |
| 44 | 海南省推荐第二届全国道德模范候选人公示名单 | 海南日报 | 5月27日 |
| 45 | 天津大学管理学院与海南大学签署对口支援协议 | 人民网 | 6月3日 |
| 46 | 海人44名学生境外留学 喜获22.7万元奖学金 | 海口晚报 | 6月17日 |
| 47 | 条件放宽成本降低 海南09年留学热升温 | 海南特区报 | 6月24日 |
| 48 | 努力把海南大学建设成为有特色、高水平“211工程”教学研究型重点大学 | 光明日报 | 6月25日 |
| 49 | 海南大学全员参与就业工作 | 光明日报 | 6月25日 |
| 50 | 海南第20例造血干细胞成功采集救治广州患者 | 南海网 | 6月29日 |
| 51 | 我省第20例造血干细胞采集成功 | 海南经济报 | 6月30日 |
| 52 | 《这么快配型成功，感觉像中大奖》追踪：造血干细胞今天送往广东 | 海南特区报 | 6月30日 |
| 53 | 赵红亮　展现当代大学生别样风采 | 光明日报 | 7月3日 |

续上表

| | | | |
|---|---|---|---|
| 54 | 达尔文大学与海南大学签署友好合作备忘录 | 南海网 | 7月3日 |
| 55 | 海大与达尔文大学或将共建孔子学院 | 海南特区报 | 7月3日 |
| 56 | 海大与达尔文大学建立友好关系 | 海口晚报 | 7月3日 |
| 57 | 海南大学与澳洲学校商谈　中西合璧共建孔子学院 | 人民网 | 7月3日 |
| 58 | 海大与达尔文大学建立友好关系 共商建孔子学院 | 中国新闻网 | 7月3日 |
| 59 | “助人的双手比怜悯的心灵更温暖”——记海南大学残疾硕士研究生赵红亮 | 新华社 | 7月8日 |
| 60 | “我也要多帮助别人”——记身残志坚的海南大学硕士研究生赵红亮 | 人民日报 | 7月8日 |
| 61 | 海南7万余名高校学生 参加社会实践服务活动 | 海南经济报 | 7月9日 |
| 62 | 海南省大学生暑期“三下乡”社会实践活动启动 | 海口晚报 | 7月9日 |
| 63 | 海大男生勇救两名溺水老人———记海南省见义勇为先进分子潘东升 | 南国都市报 | 7月17日 |
| 64 | 大三学生创办旅行社的一波三折 | 中国青年报 | 8月10日 |
| 65 | 旅游创业日记：大三学生创办旅行社一波三折故事 | 中国网 | 8月26日 |
| 66 | 海南干部国外硕士学位培训项目初选结束 | 海南日报 | 9月8日 |
| 67 | “授人以渔”的好教授——海南大学海洋学院院长陈国华的故事 | 光明日报 | 9月21日 |
| 68 | 立足海南　“有机结合”结硕果 | 海南日报 | 9月22日 |
| 69 | 中国诗人多多获纽斯塔特文学奖 | 中国读书报 | 11月4日 |
| 70 | 诗人多多获纽斯塔特文学奖 | 东方早报 | 11月4日 |
| 71 | 诗人多多胜过村上春树 获2010年纽斯塔特文学奖 | 广州日报 | 11月5日 |
| 72 | 中国多民族文学史上划时代的60年——访中国少数民族文学学会副会长李鸿然教授 | 中国民族报 | 11月9日 |
| 73 | 中国诗人多多打败村上春树 获美国纽斯塔特国际文学奖 | 成都商报 | 11月9日 |
| 74 | 海南诗人多多获纽斯塔特文学奖 | 南国都市报 | 11月10日 |
| 75 | 48名海南学生到台湾成功大学免费学习 | 南国都市报 | 12月5日 |
| 76 | 海南台湾两所高校续签双方学术合作与交流协议 | 海南日报 | 12月6日 |
| 77 | 于迅会见台湾成功大学校长赖明诏 | 海南日报 | 12月7日 |
| 78 | 海南大学与台湾成功大学学术交流协议延至2014年 | 海南新闻 | 12月7日 |
| 79 | 五年合作结硕果 琼台两校再续情 | 海南日报 | 12月8日 |
| 80 | 海外琼籍青少年在海南岛冬令营寻根探亲 | 中国新闻网 | 12月9日 |
| 81 | 第十届世界海南青少年冬令营开营 | 海南日报 | 12月10日 |
| 82 | 第十届世界海南青少年冬令营昨开营 | 海南特区报 | 12月10日 |
| 83 | “世博校园行”走进海南大学 | 东方热线 | 12月10日 |

续上表

| | | | |
|---|---|---|---|
| 84 | 海大爱心协会义卖捐助南南 | 南海网 | 12月11日 |
| 85 | “力加杯”省篮球联赛落幕 海南大学队夺冠 | 海南日报 | 12月29日 |
| 86 | 2009年海南省篮球联赛落幕 海南大学队斩获冠军 | 南国都市报 | 12月29日 |
| 87 | 省篮球联赛圆满落幕 海南大学战胜澄迈斩获冠军 | 海南在线 | 12月29日 |
| 88 | 缘于对海南美景和创作的痴迷 | 海口晚报 | 12月30日 |
| 89 | “对话海南”画展 锦地翰城终身教育服务体系首秀 | 海南在线 | 12月30日 |
| 90 | 人，文化人——对话锦地•翰城油画展古铁雷斯、牧之 | 海南日报 | 12月31日 |

注：以上统计仅包括主要纸质和网络媒体的部分报道，不包含电视、广播的报道和其它网络媒体的转载。

（撰稿：陈 菲 审稿：张继友）

# 编 后 语

《海南大学年鉴》(2010) 记录海南大学 2009 年改革发展的基本情况和各单位、各部门的主要工作。

《海南大学年鉴》(2010) 设置 22 个栏目：学校概况、重要活动、领导重要批示与讲话、重要文件及规章制度、学校机构设置与领导名录、学科建设、“211 工程”建设、招生工作、教学工作、科学研究、学生工作、党建与思想政治工作、行政管理、学院（部）、辅助机构、派出机构、附属机构，各类统计资料、教职工表彰与奖励、在社会各层任职名录、2009 年大事记、著名校友、媒体看海南大学。目的是尽可能全面反映学校各方面的工作，为学校保存较完整的史料。

在编写《海南大学年鉴》(2009) 的过程中，得到学校领导的具体指导和各单位、各部门的大力支持，有些单位、部门的领导亲自为年鉴撰稿。年鉴征求意见稿出来后，校领导和年鉴编委会成员认真进行审阅、修改。省文联副主席、省作协副主席孙绍先教授对年鉴文稿全面审校，并提出指导性的修改意见。在此，一并表示感谢。

由于编者水平所限，年鉴难免存在错漏和不妥之处，敬请广大教职员工和各位读者批评指正。

《海南大学年鉴》(2010) 编辑部

2010 年 10 月 8 日

**图书在版编目（C I P）数据**

海南大学年鉴. 2010 /《海南大学年鉴》编辑部编.
—海口:海南出版社，2010. 11
ISBN 978-7-5443-3538-6

Ⅰ.①海… Ⅱ.①海… Ⅲ.①海南大学－2010－年鉴
Ⅳ.①G649.286.61-54

中国版本图书馆CIP数据核字(2010)第219086号

**海南大学年鉴**　《海南大学年鉴》编辑部　编

---

**海南出版社出版发行**

地　　址:海口市金盘开发区建设三横路2号
邮　　编:570216
责任编辑:朱衡武　崔修彬
封面设计:杜兴彦
海南大学地址:海南省海口市人民路58号
邮　　编:570228　　电话:(0898)66297863
传　　真:(0898)66279045　　网址:http//www.hainu.edu.cn
经　　销:全国新华书店
印　　刷:海口恒久彩色包装印刷有限公司
出版日期:2010年11月第1版　2010年11月第1次印刷
开　　本:889mm×1194mm　1/16
印　　张:28印张
字　　数:730千字
书　　号:ISBN 978-7-5443-3538-6
定　　价:92.00元